CHUANTONG WENHUA
YU YUWEN JIAOXUE

传统文化与语文教学 上册

马玉杰 主编

吉林文史出版社

图书在版编目（CIP）数据

传统文化与语文教学 / 马玉杰主编. -- 长春：吉林文史出版社， 2018.11
ISBN 978-7-5472-5659-6

Ⅰ. ①传… Ⅱ. ①马… Ⅲ. ①语文课-课堂教学-教学研究-中小学 Ⅳ. ①G633.302

中国版本图书馆CIP 数据核字(2018) 第254763 号

传统文化与语文教学

主　　编：马玉杰
责任编辑：王丽媛　陈　昊
责任校对：陈　昊

出版发行：吉林文史出版社
出版社地址：吉林省长春市人民大街4646 号
经　　销：吉林文史出版社
印　　刷：武汉市卓源印务有限公司
开　　本：710mm×1000mm 1/16
印　　张：43.125
字　　数：368千字
版　　次：2019 年3月第1版
印　　次：2019 年3月第1次印刷

标准书号：ISBN 978-7-5472-5659-6
定　　价：198.00 元（全两册）

编　委

主　编：马玉杰

副主编：庞金艳　苍雪梅（上册）

乔凤彩　李树泽（下册）

编　委：

万　云　沈　佳　崔晶莹　訾伟娜　潘艳荣　李海燕　张　涛　关　红

战　磊　杨　文　王立杰　闫传学　徐永刚　王志民　王　颖　邵　艳

宗　颖　张　爽　徐慧影　屈彦奎　杨德林　孙维军　任　恒

写在前面的话

《传统文化与语文教学》分为上、下两册。上册由：教学论文、教学设计、校长论坛、教学案例四部分内容组成；下册由课堂实录、教学反思、中期成果、结题报告四部分内容组成。

该书是根据新课程理念编辑的，是基于“中华优秀传统文化与现代语文课堂教学实践研究”课题组、黑龙江省大庆市区域研究中心的教学与研究实践成果汇编而成的，来自19所省市级重点高中、普通高中、九年义务教育初中、小学等一线广大教师的宝贵实践经验的总结，是学校、校长、教师、学生等相关参加人员近千人的智慧结晶。

该书对校长高端引领的智慧、教师精细钻研的品质、学生积极参与的热情、各类优秀科研成果的丰盈等内容进行选编。其内容丰富、分类多元、可操作性强，是原创性的教学实践经验汇总，更是项目学习型的、经验探究式的成果分享。其宗旨：弘扬中华优秀传统文化，使其与语文教学有效融合。

“教学论文”“教学设计”“课堂实录”三部分，可以说是教学研究的常态，是该书的主体部分，必不可少的内容。教学论文是校长和教师们关于语文教学与传统文化研究的理论与实践的总结，其内容之丰富、思想之深刻、形式之多样叹为观止；教学设计是课堂教学的基本蓝图，教师可依“计”而行，亦可灵活驾驭课堂，相机而动。课堂实录自然是在“教学设计”的基础上的践行，体现了教师综合专业素养的能力。

“校长论坛”部分，其内容：由“传统文化与语文教学的思考”到“传统文化的传承与人文素养的积淀”，由“语文课堂的文化教育管理”到“校园文化建设的实施”，真实地再现了“传统文化”与“语文教学”的有机整合，意在拓展中华优秀传统文化与课程资源的空间，突出文本资源的价值，建设教材文化；中华优秀传统文化博大精深，语文教材文质兼美，二者有机融合，意在突出中华优秀传统文化与学生语文素养的关系，帮助学生感受传统文化的魅力，传承传统文化的精髓，培养学生热爱传统文化的情怀；意在对传统语文课堂教学进行反思等方面进行深入研究，尤其是在语文课堂教学中如何渗透传统文化的教学方法进行了创新研究。这就突出“新”的教师观、学生观、课程观、资源观等。重在“传统文化”的内涵与现代“语文教学”的对接，这对广大语文教师观念的转变，思想的提升大有裨益。

“教学反思”部分，属于修补式学习的方式。我们所选的10篇教学反思：有的从专题教学的角度进行整体反思，有的从一篇文本的设计进行反思，有的从教学环节的一个问题进行反思，有的就目标与生成的关系进行反思，有的就“同课异构”教学有效性与高效性的比较反思，有的从细节方面进行综合性的反思：如时间安排、问题设计、师生互动、评价用语等。教师们通过不同类型的教后反思，得以发现教学过程中的可贵之处与不足之处，有待于进一步完善课堂教学，优化课堂结构，丰富课题研究，促进教师专业成长。

“教学案例”部分，属于行动研究的范围。需要广大教师聚焦课堂，选定目标，明确问题、定位分析、精准研究。本卷书有四个不同类型的教学案例研究值得我们进一步研究，这也是我们今后的一个研究方向，期待同仁们继续努力。

“成果总结”部分分为：中期成果和结题报告。经过两年来的课题研究实践，我们的实验学校、实验教师及参与实验的学生都受益匪浅。无论在传统文化的积累上，还是在语文能力的应用上，无论在课堂学习的体验中，还是在课外经典阅读中，都真切地感受到中华优秀传统文化春风化雨般陪伴着我们成长，无论做人、做事还是做学问。

当然，在本书编辑的过程中，个别地方没有来得及征求作者的意见，略作了改动，尽管如此，亦难免有不妥之处，在此一并表示歉意和谢意。

2018年3月于黑龙江省大庆

目 录

教学论文

教学设计

校长论坛

教学案例

教学论文

在现代语文课堂教学中渗透中华传统文化

张 卉 大庆市第四中学

[摘 要]中华传统文化的学习一直贯穿语文学习的始终，其在传统语文课堂教学和现代语文课堂中的学习方式也呈现出不同的特点。古诗词和文言文是中华传统文化传播的重要载体，对学生学习产生着至关重要的影响。本文以这两类课堂为例，结合教学实践，分析现代语文课堂学习方式的特点，探索在现代语文课堂教学中更好地渗透中华传统文化的策略和方法。

[关键词]传统文化 语文课堂 学习方式 古典诗词

最近几年，随着汉字听写大会、中华成语大会及中华诗词大会在各大电视台的热播，全国掀起了一场学习中华传统文化热潮。其实，中学语文课本始终都贯穿着中华优秀传统文化的内容，而在中学语文课堂上，中华传统文化的渗透和学习也一直贯穿着语文学习的始终。随着新课改的实施，对中学语文课堂上教与学的关系有了全新的阐述，中华传统文化在传统语文课堂和现代语文课堂中的学习方式也随之呈现出不同的特点，现代学习方式的优点已日益凸显出来。那么，如何在现代语文课堂教学中更好地渗透中华传统文化呢？我们可以通过传统语文课堂与现代语文课堂学习方式特点的对比分析得出经验。

一、传统语文课堂学习方式的特点

传统的中学语文课堂是以教师为主体，教学方法以讲授法为主，而学生的主要学习方式是听讲，对于课堂知识往往只是被动地接受。在课堂上，师生的交流很多时候只是简单的问答，没有更多思想和语言交流。老师高频率、高速度的讲课，让学生的注意力都集中在黑板上，学生忙于将老师所讲的知识点记在笔记上，根本没有时间进行更加有效深入的思考，也无暇与老师进行更多的交流。“一言堂”的授课方式让语文课堂变得气氛沉闷、缺乏活力。

中华优秀传统文化的内容大多集中在语文课本的文言文、古代诗词鉴赏两

[作者简介]张卉（1980年—），大庆市第四中学，一级教师，主要从事高中语文教学研究。

个部分，很多教师在备课时往往关注的是学生如何会做题，如何在考试中拿高分，很少基于语文能力的培养及语文素养的提高而选择学习内容，所以很多学生都是机械地记忆文言知识点，背诵古诗词。对于这一类优秀古典篇目的学习，学生经常是还没来得及进行细细品读和思考，老师就已经迫不及待地将文本分析一股脑儿地倒给学生，这样就破坏了学生对于文本的自主及创新性的解读。传统语文课堂学习方式的弊端已经在教学实践中显露出来。

二、现代语文课堂学习方式的特点

随着学习型社会的到来，学会学习比学习本身更为重要。与传统语文课堂相比，现代语文课堂的学习方式呈现出多元化的特点。语文课堂从以教师为主体转变为以学生为主体，学生的学习方式也由过去单纯的“听老师讲课”转变为“自主、合作、探究”式的学习。课堂上的学生不再是被动接受知识，而是以课堂主人的身份学习、思考，自己提出问题，再通过合作、探究，自己解决问题。这样自主学习的方式为语文课堂注入了新的活力，让课堂气氛不再沉闷。

对于文言文、古诗词鉴赏一类的篇目学习，现代语文课堂学习方式不再是听老师读、听老师讲，按老师要求记忆、背诵。在自主预习中，学生会搜集与之相关的材料，为正式学习做好准备；自主学习的过程中，学生会在预习的基础上对作品预先做出自我理解；合作探究学习会让学生在思维的碰撞中、在老师的指导下对作品进行个性化解读，学习过程中充满着学习的乐趣。现代语文课堂的学习方式因最大程度地提升了学生学习的主动性，其优势及良好的学习效果已经被长期的教学实践证明。

三、如何在现代语文课堂中更好地渗透中华传统文化

中国古典诗词是古人经过历史的积淀留给后人最经典的作品，是中华传统文化最直接的体现，但由于年代的久远不容易被学生轻易地解读，如何在语文课堂中更好地解读作品，如何更好地渗透中华传统文化呢？经过长期的教学实践，我得到了以下三点经验：

（一）通过课堂诵读，有效调动学生的情感体验

诵读是古诗词教学中必不可少的一环，学生对作品的理解往往都要借助诵

读来实现。重视诵读教学，学生就必然会认真仔细揣摩作品，细细品味其中的情感，这就有效地调动了学生的情感体验，为进一步理解作品的情感内涵打下基础。记得讲《扬州慢》的时候，四个小组的同学经过内部的评选各推选出一位代表进行小组竞赛，前三个小组的同学大有谁都不服谁的劲头，当最后一组的代表刁帅文同学伴随着略带没落伤感的音乐开始朗诵时，大家顿时安静下来，那声音的抑扬顿挫完全与作品内在实质契合，直到朗诵结束几分钟后，班级才响起了热烈的掌声。语文课堂一瞬间成了中华传统文化作品赏读的舞台,他说:“在读的时候，我感觉自己就是姜夔，走在已经衰败的十里扬州路上，满目青青的荠麦，悲伤感油然而生。”而其他同学也在缓慢而低沉的音调中，有了扬州昔盛今衰的强烈情感体验。

（二）通过古诗词背诵比赛，调动学生学习的积极性

古诗词背诵默写一直被教师视为检验学生诗词学习最基本的方法，浩如烟海的中国古典诗词常常就是通过吟诵来体现其魅力，如果只是一味地背诵、做题,学生会觉得特别枯燥。因此,在语文课堂上组织一场小型的古诗词背诵比赛,可以有效调动学生学习的积极性。比赛的形式可以依托高考默写题的形式，采取分难度答题的方法，采用给上对下、给下对上或者情景式默写的题型，也可以借鉴中华诗词大会的形式,设置“飞花令”等环节,让语文课堂充满传统文化的魅力,也让语文课堂充满比赛的热烈气氛，最大程度地调动学生学习传统文化的积极性。

（三）通过传统文化的知识拓展，提高学生学习的兴趣

中华传统文化灿若星河，知识体系完整，而中学语文课本由于篇幅的限制，对于中华传统文化的体现往往只是完整体系中的一个点，如果在课堂上老师只是简单说明便一带而过，便不会在学生头脑中引起学习的兴趣，但是，教师如果能抓住这个契机进行知识的拓展，往往会收到意想不到的学习效果。比如：在高中，学《诗经》中的《氓》这篇课文时，当学到“总角之宴，言笑晏晏”一句中的“总角”，我便问学生还学过哪些表示年龄称谓的词语，学生想起了《桃花源记》中“黄发垂髫”中的“垂髫”一词，以及花甲、古稀等。学生对古时候不同年龄的称谓产生了莫大的兴趣，我就抓住这个学习的契机，对传统文化中对于不同年龄的称谓进行了知识的拓展，学生也了解到“襁褓”“孩提”“总角”“黄

学生露出恍然的神色，听到他们说出“懂了”的声音，我的自信心瞬间爆棚，这么难懂的知识都让学生明白了，我上了一节多么成功的课！可课后一位老师却这样评价：“今天讲课的不是一位语文老师，而是一位建筑学老师。”是啊，语文课到底教什么啊？我讲的真的是语文课吗？我让学生学会的知识是从这篇文章里学习的吗？是分析这篇文章的语句段落得来的吗？我离文本十万八千里远了。

第二次上课时，我改变了授课方式，不再一味地解读建筑学知识，而是和学生一起探究文本，引导学生品析词句、划分层次、梳理结构、咬文嚼字，找准关键词、关键句。学生在梳理文本的过程中学习作者的行文思路，感悟作者在文字中所寄予的对中华民族优秀传统文化的热爱，收获颇丰。

二、文化传承是散发“语文味”的灵魂

中国拥有着五千年悠久灿烂的文明。优秀的传统文化是我们文化自信的源头和基础，也是我们不断奋斗的源泉和力量。因此，语文教师要在带领学生对文本挖掘与感悟的同时，将传统文化自然而然地渗透到教学当中，使学生在学习过程中培养并建立起深厚而持久的文化自信。所以，我希望借助本次授课激发学生学习语文的兴趣，感受我国建筑艺术的魅力，增强对传统文化的热爱之情。

在总结中国建筑的九大特征时，我不仅带领学生了解建筑的结构、布局、构建等的实际功用，更有意识地注重文化内涵的渗透。比如讲装饰特征时，我举例介绍了惊鸟铃，重点讲解了它的实际功用外的静心养性、警示、祈福的作用，特别强调这是它折射出的一种文化内涵。学生听后兴趣极高，我顺势就留了一项作业：任选中国建筑的一种装饰物，查阅相关资料，了解它的实际功用和文化内涵，写一段200字左右的介绍文字，上传至QQ群，与同学分享。课后，学生上传了马头墙、仙人走兽、吻兽、歇山顶、飞檐、瓦当、悬鱼等40余种传统建筑装饰，交流分享的过程中学生不由得感叹我们国家的建筑居然承载和体现了这么丰富的知识和文化，真是大开眼界。

在概括、了解了中国建筑的特征后，为了检验学生的掌握程度，我给出两张图片，请学生在这两座建筑中找出中国建筑的九大特征。学生顺利完成任务后，我却告诉他们，这些并不是中国的建筑，而是日本的法隆寺和韩国的仁政殿。学生在感叹中国建筑体系对世界建筑的发展产生了巨大而深远影响的同时，也不

禁发出了“中国真强，他们一直向我们学习”的感叹，民族自豪感油然而生。

课后，我又向学生推荐了一些浏览的网站，希望借助相关的文章和视频，开阔学生的视野，使其更好地了解中国建筑的知识，体会中国建筑的特点，理解中国建筑大师的工匠精神，感受中国人民的审美与智慧，加深对中国传统文化的热爱，增强民族自豪感。从作业反馈的情况看，学生在交流群中讨论激烈，纷纷表示没想到看似枯燥的科技文居然有这么浓厚的文化味道，能够学习到这么多的知识。

三、技术应用是增强“语文味”的手段

《中国建筑的特征》是一篇自然科学小论文，但多数学生对这类文章并不十分感兴趣。因此，创造活跃的学习气氛，激发学生的学习兴趣，提高课堂的参与度是学习本课的关键。而新媒体新技术的应用使我能够轻松、顺利地解决这一问题。

在本课中，通过手机助手拍照上传学生梳理总结的内容，与 PPT 课件灵活切换，及时给图片做批注，使抽象的内容具体化、生动化、形象化，使学生直观、轻松地理解了特征知识；白板的桌面注释功能轻松完成了师生、生生、生机、师机的对话，学生亲自操作，激发了学生浓厚的学习兴趣；以 QQ 作业的形式发布课后作业，学生的热情很高，原本计划三天完成，结果大大出乎意料，学生在一天半的时间内就全部提交了作业，而且质量非常高。事实证明，合理、恰当地在语文教学中使用新媒体新技术，对优化课堂教学、有效提高教学质量具有重要的意义。

但同时我们也要清醒地认识到，信息技术是一把双刃剑：用得好，对教学给力；用得不好，反而会影响教学，甚至拖教学的后腿。在此次授课中，因为对手机助手的使用不太熟练，我操作时因为紧张出现了三次失误，略微干扰了学生的思路，影响了教学进程。

所以，我们在使用信息技术时，要做到合理、恰当，要根据教学需要，结合语文学科特点和语文课堂教学的特征，了解教学中的重点、难点所在，处理好教师的主导作用、学生的主体地位和信息技术的辅助手段这三者的关系，把信息技术有机地融入语文课堂教学中，不仅要使语文课堂生动起来，还要在新

媒体新技术的支持下更好地展现语文课堂的文化味，传承中华传统文化。

语文课就要有“语文味”，不能让语文本体淡化和失落。因此，作为语文教师的我们，要注重文本的赏析与体悟，不断丰富自身的文化素养和文化底蕴，提高语文教育陶冶人文情怀的能力，让语文课堂洋溢文字的芬芳，彰显传统的魅力，展现文化的力量。

中华优秀传统文化在教学中的渗透

刘原序　大庆市第四中学

[摘　要]把优秀传统文化经典融入教学各个领域、各个环节，与学生学习体验深度融合，才能使其有长久生命力。高中语文教材选入的大量文言文是传统文化最直接的表现。为实现高中语文教学大纲“在文言文学习中能诵读古典诗词和浅易文言文，并能用现代观念审视作品的内容和思想倾向”的要求，同时弥补现代教育与传统文化经典学习中的断链，本文从导课环节入手，探讨将经典文化渗入学生认知的策略和方法。

[关键词]中华优秀传统文化　策略方法　学生认知　导课

中华文明源远流长，绵延不断，在创造了灿烂文明的同时，也铸就了自身辉煌而独特的文化经典。这些中华优秀传统文化积淀着中华民族最深沉的精神追求，代表着中华民族独特的精神标识，是中华民族生生不息、发展壮大的丰厚滋养。要使这些优秀传统文化经典在岁月流逝中继续散发魅力，只有使其融入教学各个领域、各个环节，与学生学习体验深度融合，才能使其有长久生命力，真正实现活起来、传下去的目的。所以，把中华优秀传统文化经典嵌在学生脑子里就显得尤为重要。

人教版高中语文教材的编排可谓用心良苦，秦汉辞赋、唐诗宋词、元曲清文，等等，把经典文化渗透得淋漓尽致。而传统文化最直接的表现方式就是大量的文言文运用，学生面对这些历史感厚重、距离感较远的古文学习，往往产生厌烦情绪，“避而不谈”，进而对传统经典文化“知其然而不知其所以然”，不但与高中语文教学大纲中要求“在文言文学习中能诵读古典诗词和浅易文言文，并能用现代观念审视作品的内容和思想倾向”产生矛盾，更加深了现代教育与传统文化经典学习的断链，所以要在学习之初就找寻合适的策略和方法，让学生的兴趣油然而生，这就需要在上课伊始的导课环节中，激发学生对传统经典文化学

[作者简介]刘原序（1986年—），大庆市第四中学，二级教师，主要从事高中语文教学研究。

习的求知欲和热情，达到“嵌”在学生脑子里的目的。

一、故事引入，激情引趣

用故事性的方法讲述历史，是教学中最常见的导课方法。课堂上学生往往对课本外的内容十分感兴趣，积极性很高。教师课堂中如能根据学生的这一特点，以一些故事来导入课文，无疑会起到事半功倍的效果。这样在古文学习中既拉近了学生与文本的距离，又降低了学生对古文的抵触情绪，学习起来就轻松许多。

例如，在《荆轲刺秦王》一文学习中，我将战国四大刺客故事进行简略讲述，让学生找寻不同，学生普遍得出四人中仅荆轲刺杀失败，但却是名声最大的结论。这样让学生带着疑问和好奇走进文本，在史料记载中找寻答案，趁机进行课文学习，让学生对古文的学习不再停留到翻译和识记上，将高中古文的难度弱化，培养其欣赏、评价经典文学作品的能力。这种故事导入，不但可以解决单一古文课文的学习，还可以迁移延伸到《过秦论》《六国论》等与秦国相关的文言文学习中，方便学生调动已有知识，唤醒旧知。将较远年代的文言文学习变得生动有趣，使得学生提起经典篇目想到的不是晦涩难懂的古文知识，而是意蕴丰厚的文化故事。

二、设置情景，革新意境

互联网时代的到来，带给高中课堂教学更多的尝试和更为广阔的领域和前景。行、声、色的感官刺激，新颖形象的引入，创设更加轻松愉悦的课堂教学，刺激学生对知识学习的主动性。

以往对高中语文经典篇目《琵琶行》《阿房宫赋》等的学习，仅就耳听乐曲、脑随师授慢慢入境，现在利用电子白板等多种互联网手段，除古典音乐配乐外，加入丰富动感画面、视频链接、情景短片等元素让学生沉醉其中，去感受“同是天涯沦落人”的文化境界，在培养文学美感时顺其自然地进行背诵指导，降低了学习难度，开启了学生心中对传统文化的经典新认识。

三、讲坛评析，古今共鸣

时下，社会对古典文学越来越推崇，各类讲坛、评说、民俗文化栏目精彩纷呈。这恰恰为高中文言文学习提供了新的导课尝试，合理运用讲坛评析观点，将名人大家看法与课文结合，让学生在古今文化中感悟古文魅力，如《鸿门宴》教学中，央视《读书》栏目中“历史上著名的饭局”，专家按照课文章节进行讲坛式的授课，在步步悬疑中让学生自主体会文本，轻松消除学生对篇幅较长的文言文的抵触情绪，同时也扩大了学生文学积累范围，为学生独立思考提供更多机会。

古今视角的切换，让学生在空间与时间的交织中，形成自我意识，突破了语文课堂的局限性，学生对传统文言文的学习也就不会显得那么抵触，嵌入脑海里的就不单是“死记硬式”的知识了，而是一种“狂野式”的思维题库。

四、背景延伸，填补“遗憾”

“残缺可以造就别样的美丽”，我觉得这句话完全适用于古文，我们不可能从千年前的文学记录中还原当时的社会场景，古文学习依然如此。“形象大于思想”，是文学作品的特征，这就决定了我们不能以现有的结论来规范作品的解读，所以在导入时，恰到好处地为学生提供文章中涉及的一些内容，或是作者的身世背景等，这样能帮助学生建立与文本的感官联结，有利于学生更深层次地理解文章的内容和主题。而向学生提供背景等材料，绝不是让学生“戴着脚镣跳舞”，而是启迪学生的思维，为学生提供了一种解读文章的方式。

中华优秀传统文化是学生精神营养套餐中不可或缺的珍贵部分，要让学生从这些内容中不但了解自己的传统文化，更要增强传承弘扬传统文化的自觉意识。对学生而言，学什么比会学重要；对教师而言，教什么比会教重要。赞可夫曾说，“教学法一旦触及学生的情绪和意志领域，触及学生的精神需要，这种教学方法就能发挥高度有效的作用。”而传统文化经典导课就是要触及学生的情绪和精神领域，从而把学习活动变成学生的精神需要，激发学生对传统文化学习的兴趣。立足教材，播撒传统文化种子，把中华优秀传统文化真正“嵌”在学生脑子里，让莘莘学子在优美诗词、深刻内涵、高远意境、精湛语言中体味传统文化之美，在深厚的文化底蕴和情感资源中感受华夏文明，完善人格，浸润心灵。

小议语文教学中传统文化的渗透

安　莉　大庆市第二十八中学

[摘　要]语文是民族文化的载体，传承优秀传统文化也是语文课的灵魂。语文教师在教学中要承担起“体认中华文化、厚植传统精神”的重任，逐渐将传统文化的本质和内涵渗透到学生的思想中去，充分发挥语文学科实施人文素质教育的特殊功能。

[关键词]传统文化　教学　课堂　阅读

中华文化博大精深，蕴含着五千年的深厚文化底蕴，它经历了岁月的洗礼，成为中华民族宝贵的精神财富，更是中国精神的见证。习总书记指出“实现中国梦必须弘扬中国精神”，而中国精神就蕴含在中华的文明和传统文化中。但随着国际间交流的不断深入，外来的文化强烈地冲击，使传统文化出现了不断淡化的现象。语文是民族文化的载体，传承优秀传统文化也是语文课的灵魂。所以站在时代的讲台，语文教师在教学中要承担起“体认中华文化、厚植传统精神”的重任，逐渐将传统文化的本质和内涵渗透到学生的思想中去，充分发挥语文学科实施人文素质教育的特殊功能。

在语文教学中，传统文化的渗透对于学生感受中华传统文化的精髓，提升课程学习的兴趣，健全其人格，培养其综合素质，提升其爱国情怀等方面都有着积极的不可替代的影响。如何更有效地进行传统文化的渗透，应该是我们不断钻研、不断追求的目标。在教学活动中，我认为高中语文教师可以在以下三方面，采取灵活多样的形式进行传统文化的渗透和传承。

首先，依托课堂、发掘教材，在常规教学中高效渗透传统文化。

在课堂教学中融入传统文化是提高学生文化修养的重要途径。研究教材，我们会发现教材精选的作品都有着很强的民族特色，体现了传统文化的文化观和价值观，这为传统文化的学习提供了一个广阔的天地。所以挖掘教材内容，在课堂上有意识地渗透传统文化，是传统文化传承的主阵地。例如，在学习《鸿

[作者简介]安莉(1980年—)，大庆市第二十八中学，高级教师，主要从事高中语文教学研究。

门宴》时，当讲到宴会中座位分配感悟项羽人物形象的时候，我就介绍了一下古代的乘车、宴会等座位方面的礼仪文化，并让学生当场示范展示，既调动了学生的学习积极性，又渗透传统文化于无形；在学习《荆轲刺秦王》的时候，从荆卿的称谓可以引入古代人的谦称和敬称；在学习《林黛玉进贾府》时可以讲讲中国的传统建筑文化；在讲《采薇》君子之车的时候，可以介绍古代的战车文化。这样既丰富了课堂内容，培养学生的兴趣，同时能积累传统文化知识。

教材中许多的篇目还承载着传统文化的精髓，《出师表》中“鞠躬尽瘁，死而后已”的忠心，《陈情表》中“乌鸟私情，愿乞终养”的孝心，《师说》中“古之学者必有师”的尊师之美，《劝学》中“学不可以已”的学习精神，等等。同时，也要关注作家对学生的感染，走进屈原、陆游、杜甫，品味深沉的爱国情怀，走进苏轼、李白，理解豁达与豪迈。通过学习这些内容，学生接受了心灵的洗礼，潜移默化，学生就可以形成一种强大动力，最终积淀为积极健康的价值观和人生观，实现传统文化与教育的结合。

其次，生活处处为语文，日常生活中进行传统文化的渗透。

传统节日教育是传统文化传承的重要组成部分，我们要以传统节日为契机进行传统文化渗透。学生只有真正地了解、体会，才能自觉地热爱并传承传统文化。我国五千年的文明，每一个节日都有其历史渊源，美妙的传说和不同的习俗，它体现着我们中华民族特有的气质，彰显了民族独特精神。在高中语文教学中，教师必须重视传统节日对学生的文化熏陶。教师要以传统节日为契机，利用这些节日来引导学生去探索这些节日的渊源，不能只流于表面，要让学生真正地感受中国传统文化的深邃。

在传统节日前后，教师可以专门利用课堂时间和学生交流介绍传统节日的来历、相关的神话传说相关的习俗。课堂下可以让学生深入节日其中，去体会节日的精髓。例如，端午节可以组织学生踏青，中秋节可以组织学生赏月，并进行有关节日诗文的搜集和创作，让学生真正地融入节日之中，真正地体会节日的文化。这样通过教师的引导，学生慢慢地就会有意识地去关注传统文化，也能逐渐增强他们的民族自豪感。

最后，在大量的经典阅读中积淀传统文化。

单纯的课内阅读已不能满足学生的认知需要，我国的优秀著作浩如烟海，对传统文化的传承也不可忽视。语文教学中，要开展名篇的拓展教学，进而更加合理地进行传统文化的渗透教育。语文教材中涉及的经典名篇，是优秀传统文化的重要组成部分，更是经典中的经典。但是，在进行教材教学时，学生只能接触到很少一部分内容，那么教师就可以这些经典内容为切入点，然后以点带面，扩大学生的阅读量。当然，教学中对传统文化的引入，也要避免盲目崇拜，要批判创新有选择地学习。例如，一些诗人的落魄之语，一些隐士消极避世的情绪，应该批判性地汲取，客观地看待，这样才可使传统文化的融入满足语文教学的目标要求。

为了更好地传承文化，更好地体会文化的精髓，教师还应该引导学生进行中西文化的比照。重点在于对国家意识、民族意识、公民意识的比较，侧重在于对价值观、价值取向、个人修养之间的区别，让学生对整个文化体系具有差别化、立体化的认识。通过对比阅读，学生可以更清楚地认识到中国传统文化与西方文化的异同，明白了当今文化的源头，甚至自主了解一些文化思想的流变，从而提高学生的文化修养及现代化的文化思维，提高学生的综合素质。

总之，让传统文化回归语文教学要精选、学透、体悟，帮助学生真正从传统文化中汲取精神营养，形成积极的人生态度，全面提升人文素养。只有全面而深刻地把握好传统文化之根，使其真正成为塑造国民灵魂的教育，语文教学之舟才能在传统文化博大精深的海洋上扬帆远航！

传统吟诵在高中古诗词教学中的运用初探

——以杜甫《登高》为例

赵 胤 大庆实验中学

[摘 要]吟诵是中国最古老的读书方式，也是一种遵循中国汉字特征的读书方式。吟诵古诗是把静态的文字符号转化为音韵和谐、节奏鲜明、生动活泼的动态声音形态过程。用传统吟诵的方式适时适当地进行古诗词教学，对提升学生语文素养、传承优秀传统文化、增强文化自信大有裨益。在教学实践中，笔者以《登高》为例，分四步进行吟诵教学实践的探究。

[关键词]吟诵 古诗词 运用

教育部2017年版《普通高中语文课程标准》中，明确提出"核心素养体系"，由关注知识、教书到真正关注育人。"语文素养是学生在积极的语言实践活动中构建起来，并在真实的语言运用情境中表现出来的个体言语经验和言语品质；是学生在语文学习中获得的语言知识与语言能力，思维方法和思维品质，情感、态度和价值观的综合体现。"

核心素养给高中古诗词教学带来了新的使命和挑战，在古典诗词的教学中，对语言、思维、审美、文化四个素养的要求将达到前所未有的高度。古诗词是富有中国特色语言的精华呈现，是培养学生体会祖国优秀文化魅力的重要载体。故基于核心素养的高中古诗词教学应从传统的单一诵读、词句精讲、全面串讲、以多媒体代替想象的教学模式中跳出来，从重视教师怎么教、教什么转变为重视学生怎么学、学什么，从仅重视字词句段转变为重视诗词本身的美感，从为应试学诗词转变为审美，为传承中国优秀文化而学诗词。笔者以为，把中国传统吟诵适时适当地引入古典诗词的教学中，能更好地使古诗词焕发出其文化魅力，提高学生鉴赏古典诗词能力，进一步提升语文素养。

[作者简介]赵胤（1992年—），云南省蒙自人，大庆实验中学，二级教师，主要从事高中语文教育教学研究。

风急天高猿啸哀，平仄 平平 平仄平
— ▲ — — — | ——
渚清沙白鸟飞回。仄平 平仄 仄平平
| — — ▲ | ——
无边落木萧萧下，平平 仄仄 平平仄
— — ▲ ▲ — — |
不尽长江滚滚来。仄仄 平平 仄仄平
▲ | — — | | ——
万里悲秋常做客，仄仄 平平 平仄仄
| | — — — ▲ ▲
百年多病独登台。仄平 平仄 仄平平
▲ — — | ▲ ——
艰难苦恨繁霜鬓，平平 仄仄 平平仄
— — | | — — |
潦倒新停浊酒杯。平仄 平平 仄仄平
— | — — ▲ | ——

（二）裸读文本，因声求气

明确押韵、平仄、入声字、吟诵规则。在《登高》每一句下面写出平仄，并在每一句上方用符号标出韵角和平仄。其中“——”为韵脚，“—”为平声（延长高音），“|”为仄声（短而低沉），“ ▲ ”为入声字。

按照字正腔圆、韵字拖长、平长仄短、平高仄低、入声短促有力的吟诵规则进行裸读文本。并谈谈诵读中你感受到的韵字、平声、仄声、入声的韵味。

1. 押韵：押 ai 韵，似“哀”声，长音中带有无限的愁情。

2. 平声字：环境的阔大，情感的无限绵长。例如“无边——”一词让我们于无边无际之中感受到一种前所未有的壮阔的萧瑟。

3. 入声字：有强调之意，表单一孤零之感。例如“急”字发音时短促有力，把四起的秋风的速度之快描摹得极为形象。

4. 平声入声相间：错落有致中形成鲜明的对比。例如“不尽长江滚滚来”中，两个仄声“不尽”的“短”和后面的“长江”之长形成鲜明的对比，既突出江水之不尽，又凸显江水之长。

5. 鼻音效果：极其沉闷之感。“艰难苦恨繁霜鬓”这一句中有六个字都是鼻韵母，其中“艰”“难”“恨”“繁”“鬓”为前鼻韵，“霜”为后鼻韵，发音时显得压抑沉闷，这和杜甫诗歌中所体现出来的沉郁厚重是完全相符的。

（三）寻情明理，吟咏诗韵

结合已学的杜甫诗、注释及对杜甫的了解，小组合作探究声音给我们的直观感觉是否和诗人当时的处境及心境相符？

学生结合杜甫晚年人生经历和相关作品,把理性分析和感性体悟融为一体。

（四）学生展示，体悟升华

学生以小组为单位进行吟诵展示，深切体悟杜甫沉郁顿挫的诗风。

通过这一课，我们深刻地感受到，每一个声音都像生命一样，在形象地演绎着一个忧国忧民而敦厚深挚的杜甫，一个以生命、激情和美赋予诗以永恒意义的杜甫，一个以诗为血为肉为骨为灵魂的杜甫。我们深知，这是一个值得尊崇和敬仰的生命。这便是声音的力量所在。吟诵不是万能的，但借助古人的方法去读古人的诗篇，我想，我们会有更多意外的收获。

［参考文献］

[1] 中华人民共和国教育部普通高中语文课程标准（2017 年版）[S] 北京：人民教育出版社，2017

[2] 叶圣陶：叶圣陶语文教育论集 [M] 北京：教育科学出版社，1980

[3] 秦德祥：“绝学”探微吟诵文集 [M] 上海：上海三联书店，2010

[4] 张哲英：清末民国时期语文教育观念考察——以黎锦熙、胡适、叶圣陶为中心 [M] 福州：福建教育出版社，2011

[5] 陈向春：吟诵与试教 [M] 长春：东北师范大学出版社，2013

问：我们能否用形容词概括出周瑜的形象？

提示：一个人的形象包括外貌特点，内在的性格，还有社会给予的身份、地位、职业等。让学生批注周瑜的形象。

总结：年轻英俊、春风得意、从容潇洒的豪杰形象。

问：苏轼为什么要写这样的周瑜呢？

答：周瑜年轻有为，而苏轼有截然不同的遭遇。他想积极从政，乌台诗案后被贬黄州做团练副使。周瑜指挥赤壁大战时33岁，苏轼47岁。周瑜取得了赫赫战功，而苏轼却壮志难酬。周瑜有小乔，婚姻幸福美满，而苏轼痛失爱妻王弗。通过苏轼和周瑜形象的对比，加之写作背景、作者的经历，可以感悟到苏轼想成为周瑜那样的人，为国建功立业。从而过渡到最后苏轼的情感体悟。批注周瑜和苏轼的人物形象，可以帮助同学们更加深入地理解作者思想情感的变化。

四、批注情感，悟诗人之情

同学们通过批注“笑”“多情”“华发”“人生如梦，一尊还酹江月”等词句感悟到了作者的多种情感。有的同学批注到了苏轼的自嘲、自我开解。课堂上的一个亮点在于有的同学批注到了作者消极的态度，有的同学认为是积极的情感，两种想法交织，碰撞出了思维的火花。“人生如梦”“一尊还酹江月”，同学们议论纷纷、各抒己见。批注“酹”这个动作时，同学们写的是把酒洒到地上，以示凭吊。我趁机找一位同学加上动作朗诵表演，同学们此时感受更加深切。古人是借酒消愁愁更愁，而苏轼却是把酒洒掉，通过这一动作能感受到他的洒脱、豁达。批注“江”“月”这两个意象时，可以结合《赤壁赋》中对于水与月的议论。可以感受到苏轼的人生哲学，即使不能施展抱负，也可以把自己寄托到山水田园间，能体会到“用舍由时，行藏在我”的旷达乐观、随遇而安的积极态度。

圈点批注阅读教学法应用广泛，在教材其他篇目的教学实践中也常有运用。例如，讲授必修一第二单元古文时，可以让学生批注出他认为重要的字词句式和有疑问的地方；讲授《记念刘和珍君》和《记梁任公先生的一次演讲》时，可以让学生圈点批注刻画人物的语句，批注出人物的性格品质；在讲授《荷塘月色》的景色描写时，让学生批注惊心动魄之处，谈一谈自己的看法；在讲授《故都的秋》时，把景色分为五幅画面，学生分成八组，每组选择一幅图画，圈点批注打动你的，你认为精彩的语句，分组展示交流。课外阅读活动也实践了圈点批注的方法。我曾让全班学生阅读《读者》卷首语汇编《笨拙的力量》一书，每周三篇文章进行圈点批注，每天课前三分钟展示自己的批注心得。这学期的课前三分钟在班级开展了“朗读者”的活动，每个同学挑选一篇名家散文，节选出八百字左右的段落给大家朗读。我会把整篇文章给全班同学印出来，让大家做批注阅读，取得了良好的效果。

批注精彩之处，感受语言的温度；批注动人之处，感悟到了别样的人生态度；批注疑问之处，增加了思维的厚度。批注阅读，是与作者的对话，文本的交流，也是思想的碰撞，灵感的流露。春日融融，愿你能沉淀下来，安静地沏上一杯香茗，唇齿留香，手捧一本好书，享受批注阅读带给你的快乐与美好。

课堂诵读对学生学习传统经典作品的作用

马宪颖　大庆市育才中学

[摘　要]中华传统文化博大精深，传承与发扬是语文学科的重要使命，诵读经典作品对培养学生的语文素养有很好的促进作用，课堂上的诵读不仅能够建立起学生的阅读自信，更能够让教师有针对性地对学生进行指导。教师的引领，诵读方式的灵活运用也同样重要。

[关键词]诵读　课堂　经典

语文课堂上，引导学生准确感悟古代传统经典作品的情感十分重要，由于目前高中学生的阅读时间有限，课余时间也被电子产品占满，但是“书读百遍，其义自见”，没有阅读的过程，怎么能够让“义”“见”出来呢？所以，高中语文课堂上的诵读，显得尤为重要，尤其是对传统经典作品情感的把握起到了很重要的作用。

课堂诵读首先有助于建立学生的阅读自信。我的学生不止一次向我抱怨，古诗、古文不好理解，每一次做古诗阅读题，总是比标准答案少考虑一点甚至更多，因此留下了心理阴影。遇到这种情况，我总会告诉学生，其实是你读得不够。一是阅读数量，二是有效阅读即阅读的质量不高。作为一名语文教师，要舍得将诵读放在课堂上，利用课堂及时展示学生的感悟成果，一点一点建立学生的自信心。每一个学生在诵读时都会有如节奏、音准、音色、情感把握等方面的优点，将勇敢站起来进行诵读展示的学生的优点适度放大，小小的骄傲会变成更大的进取心。同时教师进行进一步的鼓励与表扬，也会带动其他学生展示的欲望，形成融洽的课堂氛围，让更多的学生在诵读中建立对传统文化的兴趣及信心。

相对于课下诵读，课堂诵读更具有针对性。在课堂上的诵读，学生会将自己对文本把握上的偏差直接表现出来，齐读时表现出来的是共性，单个诵读表现出来的是个性。但是这些都是学生与教师在课堂上的交流，教师对出现的问

[作者简介]马宪颖（1986 年—），黑龙江大庆人，大庆市育才中学，一级教师，从事高中语文教学研究。

题直接点拨会起到更好的效果，让学生印象深刻。在对《虞美人》进行赏析的一次课堂上，学生进行了齐读，在“问君能有几多愁，恰似一江春水向东流。”这一句上，很多学生将“东”重读并脱了很长的重音。针对这一问题，我向学生询问原因，一名学生回答说“中国的地势西高东低，所以水都流向了东边，所以将‘东’进行了重读。”语文课堂上的诗歌与地理课堂上强调的内容有了交叉，导致大部分学生自然联想到了中国的地势，这样就没有办法把握诗歌的情感。于是在那堂课上，我及时地强调了在语文诗歌鉴赏时要注意“知人论世”，不能够只考虑诗歌的字面。类似这样的例子还有很多，课堂上诵读的好处就在于学生能够及时反馈，教师也能够及时与学生沟通，针对性更强。

课堂诵读教师的引领示范很重要。进行了多年的语文教学，备课时，我们习惯于在网络上查找名家对名篇的诵读，即便不是名家诵读也要找到有配乐、有图片的视频，仿佛只有这样才能够给学生创设好情境，让学生去体会作品。就如同演讲一样，如果我们表达的内容是别人的理解，完全没有自己的体悟，那就是没有打动自己，连自己都打动不了，如何去打动别人。课堂上，教师亲自示范诵读，将自己对文本的理解融入进去，会更好地带动学生的情绪。教师不一定有很好的音色，也不一定有很好的表现，但只要真诚、真实，学生就会有所打动。教师如果读得像名家一样，会让学生为有这样的老师而自豪，从而向自己的老师学习；教师如果朗读水平一般，那就权当作抛砖引玉，鼓励学生超越老师，青出于蓝。所以，教师在课堂上的诵读示范十分重要。

课堂诵读并不是只有齐读一种诵读方式。作为语文课堂上的诵读，采取多种形式进行诵读也会起到很好的效果。听读、模仿诵读、小组齐读、诵读比赛、接力诵读等形式会让语文课堂更加精彩活跃。在一堂《将进酒》的鉴赏课上，我给学生播放了濮存昕、胡乐民的朗诵，让学生对两种截然不同的风格进行比较评析。当时大多数同学喜欢胡乐民的一边表演一边朗诵的形式，但是喜欢濮存昕朗诵的同学也有自己独到的见解。于是这一节诵读课，我就组织了一次“诵读大赛”，两方同学分别用自己喜欢的方式进行诵读，诵读后要谈出自己选择这种诵读方式的理由。诗歌的诵读融合了辩论，学生不仅很好地朗读了作品，更将自己对诗歌的把握表达了出来，课堂气氛十分活跃，课堂效果超出想象。之后的古文鉴赏，我们又尝试了对文本进行分角色朗读。一次课堂上学生朗诵了诸葛亮的《出师表》，学生在朗诵时进行了小小的修改，把刘备、刘禅的形象加了进去，虽然这是初中学过的篇目，但是学生们对诸葛亮鞠躬尽瘁死而后已的精神，有了进一步的体会。

课堂诵读要适时地延伸到课下。虽然课堂上的诵读作用很大，但是毕竟学生课堂诵读的时间机会有限，语文学习也不仅仅是在学校这短短的几年。在明确了学生诵读的重要作用之外，也要适时地将课上的诵读延伸到课下，可以利用早自习的时间，或者学生读书会的机会进行诵读。最重要的是，帮助学生养成诵读经典的习惯，张开嘴，大声地诵读，将诵读传统经典作为一种习惯坚持下去，这样才真正达到语文教学的目的。

浅析语文教学中行为子过程的具体表现及重要意义

——以《“渔父”意象探究》教学设计为例

逄治乐　大庆实验中学

[摘　要] 行为子过程是构成探究式教学的最基本且最重要子过程之一，它强调用全部心灵去体验学习情境；在活动中强化体验，在体验中促进活动。因而，行为子过程，就反映了教学系统中听、说、读、议等要素存在的稳定性和它们之间发展变化的层次性，有利于学生分清学习层次，理顺学习步骤，促进学习效率的提高。本文将以《“渔父”意象探究》教学设计为例，阐述行为子过程在语文教学中的具体表现和重要意义。

[关键词] 行为子过程　活动与意义　“渔父”意象

一、《“渔父”意象探究》教学设计

（一）情境导入

【问】古代钓鱼的人都叫什么?

（钓叟、渔翁、渔夫……）

【问】中国古人真是博学雅致，他们还给出了一个名称“渔父”。这个词是什么意思?

（父，通“甫”，是古代对男子的美称。所以，渔父，指捕鱼的男子。那么，渔父是渔民吗? 他们究竟是什么样的人? 我们走进具体诗歌进行分析，探寻“渔父”意象的含义。）

（二）教学过程

1. 诵读“渔父”主题的诗作

（1）　　渔歌子　　张志和

西塞山前白鹭飞，桃花流水鳜鱼肥。青箬笠，绿蓑衣，斜风细雨不须归。

[作者简介] 逄治乐（1991年—），黑龙江双城人，大庆实验中学，二级教师，主要从事高中语文教育教学研究。

（2）　　　　　　　　　　渔父　　　　　　　李煜

一棹春风一叶舟，一纶茧缕一轻钩。花满渚，酒满瓯，万顷波中得自由。

（3）　　　　　　　　　　渔父（其二）　　苏轼

渔父醉，蓑衣舞，醉里却寻归路。轻舟短棹任横斜，醉后不知何处。

诵读是理解语文学习的重要环节之一，学生们可以通过诵读诗作，来初步感受诗歌的情感和意蕴，对于强化感性认识和辅助理性分析都很有帮助。

2. 翻牌活动

为检测学生们导学案的完成情况，先来做一个翻牌小游戏，PPT上有九张图片，请各个小组随机挑选一张图片，每张图片后面所对应的数字，即为每组同学需要分析的诗歌序号。

3. 课堂讨论

学生在游戏环节选择好对应的任务诗歌后，分析诗歌中分别塑造了一个怎样的人物形象？

【提示】诗歌中塑造人物形象的方法有哪些？请同学们举出具体例子分析说明。

【学生 A】对比、衬托。《诗经·卫风·氓》中通过女子和氓的想象对比，来展现女子的温柔勤劳、刚烈独立，以及氓的暴躁善变、二三其行。

【学生 B】侧面烘托。《涉江采芙蓉》中首句以“芙蓉、兰泽、芳草”美好的香花香草展现主人公纯洁美好的形象。

……

【教师】塑造人物的方法主要有直接描写、侧面烘托、对比衬托、用典等，请同学们根据回顾的知识，打开脑洞进行讨论，5 分钟后分享结论。

此环节中，要注重行为子过程从“迁移”到“运用”。通过创设相应的教学情境，诱导学生以探索者、研究者的主体身份去分析古典诗歌的规律性。这其实就是我们强调的认识论中的“再实践、再认识”的一个过程，“运用”过程实质上是一个“再探索、再研究”的过程，或者说，“迁移”过程实质上是一个“再观察、再思考”的过程。

4. 学生成果展示

这一环节学生展示课堂讨论成果，老师根据学生的发言情况适时地加以引导，在充分尊重学生的自主性的前提下，启迪学生的思维，注重课堂知识的生成。

（1）张志和《渔歌子》中“渔夫”形象分析。

【3组】闲适自得的渔父形象。“青箬笠、绿蓑衣”属于肖像描写，这种装扮可以挡雨，也正好对应“斜风细雨不须归”的行为动作，不管风雨多大，烟波江上的钓叟不会在意外物干扰，融于自然的意境美。

【教师】这种意境是靠什么营造出来的？

明确：意象有西塞山、白鹭、桃花、流水、鳜鱼，美好的意象，色彩对比鲜明，画面感极强，正是在这样美好的环境中“渔父”是“不须归”的，是悠然的。所以找同学来给我们总结一下这首诗塑造的形象。

【5组】开头两句通过对意象和意境的侧面描写展现渔父享受自然美景，后两句通过直接的肖像和动作描写，展现出了闲适悠然的渔父形象。

【教师】根据大家所说的内容，我们可以看到张志和的这首诗为我们展示了桃花流水窅然去，此间钓者适悠然的一个悠然闲适的山林隐者形象。

（2）李煜诗歌《渔父》中“渔夫”形象分析。

【6组】洒脱率真、醉心自然、潇洒自在的渔父形象。在花酒之间享受自然与生活，画面感强，融情于景。

【教师】同学们注意到了吗，李煜用来4个“一”字，这几个字应该怎么样理解？

【学生D】这首诗作于李煜的前期，写于当太子时期，表现自己受到兄长压迫，热爱自由，洒脱自在。

【教师】王士祯的《题秋江独钓图》

一蓑一笠一扁舟，一丈丝纶一寸钩。

一曲高歌一樽酒，一人独钓一江秋。

李煜在这么多“一”字之后又用了一个“万”字，我们来脑补一下这个画面，这是浩瀚天地间享受自由的悠闲者形象。

（3）苏轼的《渔父其二》中“渔夫”形象分析。

【1组】狂放不羁、烂醉如泥的形象。最后寻找归去之路，“任”字展现天水之间唯有一舟一人的不羁形象。

【2组】我有不同意见，有句诗叫作“或因寄所托，放浪形骸之外”，所以诗人是自己踉踉跄跄的在披着蓑衣跳舞，酒醒之后不知归处，也是说明“醉翁之

意不在酒，在乎山水之间也”，他在醉酒也在醉心自然山水。

【教师】咱们同学注重知人论世的方法来解读诗歌中的人物形象。“蓑衣舞”是借代的手法，它不同于霓裳羽衣舞和惊鸿舞，没有那种娇媚风韵。而且我们再看，渔父是“醉里却寻归路”，这个“却”字是形声字，是退却、后退之意。所以，渔父是在后退着寻找归路。

【学生 E】苏轼此时是被贬状态，个人前途茫茫，不知道未来的方向。

【教师】苏轼笔下的渔父是一个人在狂欢，一个狂放不羁、旷达的失意者。

该环节要充分考虑到学情，由于高中生的知识储备有限，所以需要充分发挥教师的引导作用，具体来说，就是在教师导向性信息诱导下，学生活跃气氛、合作探究的“满堂学”，实现了学生的主体地位。

5. 拓展延伸

综上所述，渔父形象是复杂多元立体的。谁是将这一形象引入文学作品的鼻祖呢?

《楚辞·渔父篇》中，渔父劝屈原可与世推移，大可不必过于坚持清高，世道清廉可以为官，世道浑浊亦可以与世沉浮。渔父虽是作为屈原的陪衬人物而存在的，但却是一个善于变通、参破人生、随性自适的遁世隐者形象。而后世文人们便沿着这一轨迹不断创造渔父形象。

（三）课堂总结

通过本节课的学习我们看到“渔父”并不是作为“渔夫”的形象而存在的，这两个词在概念上相去无几，但到了艺术形象的领域，却几乎是一字千金了，这也恰恰表明了诗歌语言不同于一般的概念，它更加注重内涵和外延。所以“渔父”由一个单纯而客观的象因为在诗歌作品中被赋予了多元的文化意蕴，而成了诗歌当中的意象而存在。

所以，今后在解读诗歌作品时，要注重对意象的把握和挖掘。正如刘勰在《文心雕龙》中所说“积学以储宝，酌理以富才，研阅以穷照，驯致以怿辞；然后使之宰，寻声律而定墨；独具之匠，窥意象而运斤：此盖驭文之首术，谋篇尤端。”今后同学们在学习诗歌的过程中一定要注重对特定意象的把握和分析。

二、行为子过程的重要意义

本课中的教学活动总是围绕着高中生的认知情况进行，所以有效地利用行为子过程来连接学生已有的知识储备。让学生在诵读、思考、讨论、听讲和展示中了解和学习“渔父”意象，既激发了学生的学习兴趣，又能在活动中训练学生的思维，形成思维链条，进而透过课堂生成内容达到启迪心智、文化濡染的目的。

综上，自主地“读和听”是基础，“思和议”是辅助，“说和做”是学习过程的深化。因此，教学中老师们要高度重视并且认真设计课堂行为子过程。

［参考文献］

[1] 王道俊、王汉澜：《教育学》（新编本），人民教育出版社，1989 年版

[2] 成有信：《教育学原理》，河南教育出版社，1993 年版

[3] 王开东：《深度语文》，漓江出版社，2015 年版

实施课下诵读 传承传统文化

唐媛媛 大庆市第二十三中学

［摘 要］本文就传承传统文化问题，提出了采用深化诵读教学、注重抓好课下诵读的方法，并对诵读教学在具体实施过程中出现的问题进行了梳理。通过课上与课下诵读的结合，实现了传承传统文化的目的。

［关键词］诵读 传统文化 实施

中国传统文化是中华民族在长期历史发展过程中形成和发展起来、具有相对稳定形态，至今仍对中国人产生重要影响的文化。传统文化素养是学生掌握传统文化知识、了解传统文化内涵、认同祖国优秀文化，并且有效促进学生全面发展的综合反映。教师在平时教学中正确运用诵读教学法的优势，加强诵读教学的力度，使学生理解与领悟的能力得到提升，诵读经典传统文化作品，是落实传统文化教学的一个行之有效的方法。

目前部分教师仍机械地把朗诵理解成了背诵，把背诵的熟练度与默写的准确性作为衡量诵读教学成效的唯一尺度；诵读的范围、方式选择不当；公开课上朗读成了必走环节，缺少点拨指导，流于形式。课堂上当然要诵读，但要适度与精当，唯有更好地抓好课下平时的诵读与积累，以课下促课上，二者相结合，才是真正意义上的成功的诵读教学。

基于此，我认为语文教师在进行诵读教学时可以注重如下三个方面。

一、明确诵读的意义，建立长期系统诵读的构想

自古以来，诵读都是基本和有效的教学方法。“操千曲而后晓声，观千剑而

［作者简介］唐媛媛（1979年—），大庆市第二十三中学，一级教师，主要从事高中语文教学研究。

后识器”，诵读借助声音来体验语言文字外表下的文本形象，与倾听相比，诵读调动了更多的感觉器官及脑功能，强调了视觉与知觉的作用，从而可以增进学生对文本意义的理解和对作品思想内容的感悟。甚至在传统文化教育方面，在吟咏的同时，咀嚼品味，消化吸收，丰富了自己的语言储备，更有助于今后自我写作的确立实施，有助于将优秀传统文化深深植根到学生的生命底蕴中。如若不读、少读，就难以形成有效语感，不能丰富充实自己的意蕴情趣。诵读这种最具生命力与感染力的方式，在对学生心智的开发、情操的陶冶、人格的健全方面都起到了无可替代的作用，所以说诵读的教学意义重大。

然而单凭有限的课堂时间进行诵读远远不够，我们一定要建立长期系统诵读的构想。其中编选校本教材，启动诵读活动就是一个有力的依托和扎实的落脚点。充分利用学校的校本教材，有计划、有规模地进行诵读活动，是一个可行的办法。我根据学生实际编辑了《中华经典诵读本》。在具体操作时，首先按一定比例将课内外适合诵读的作品选编出来，依照年代、体裁或文化专题的形式进行排列，每个篇目前有诵读方法指导，后有思想内容分析点拨，同时按照学段进行相应的背诵篇目分配，做到有计划、循条理、融趣味、重实效。从初一到高三，人人都参与到活动中，利用早自习、课间等时间全面开展起诵读实践，让诵读教学成为学生的一种生活状态。同时适当地利用语文课的时间进行相应的诵读指导，注重安排不同阶段、不同层面学生的不同层次的活动，除全员参与外，也可以为有余力、有兴趣、有特长的同学专门设计竞赛、讲座等活动。在这种全员性参与的背后，学生诵读水平乃至理解能力都得到了加强，学生不再畏惧文言文了，对现代文的理解与领悟也更加深刻准确。

二、运用多种方式，促进诵读的多样性与有效性

（一）明确诵读的基本点

诵读旨在培养语感，重在长期坚持。要求学生出声读、反复读，通过视觉与听觉相互作用，使大脑逐步理解文本，让学生在自主诵读中感知、积累，实现认读、吟哦、融情和感悟，将诵读变成自己语言习惯的一个部分。这一切主要依靠学生自主诵读来实现，避免架空分析和肢解文意。而对于诵读中个别不太懂的地方，要在理解诵读的基础上以机械诵读为补充，培养学生自行领悟的习惯。

只要教师善于启发引导，学生勤于深入思考，很多内容也不难理解。

（二）根据诵读的不同阶段进行相应的指导

根据诵读内容的不同，诵读可以分为几个不同能力层级，包括朗读、熟读、情读、背读等，要求也不同。对于需要精读鉴赏的内容，分阶段让学生自主诵读。可分为初读感知阶段、细读感悟阶段、熟读背诵阶段、回忆巩固阶段。

在初读感知阶段，要让学生自主地、大胆地诵读，注意字音准确，连字成句，流畅地用普通话朗读全文。此时允许学生对文本思想情感的理解存在模糊。但要借助工具书及注释扫清读音障碍，初步理解文意，划出关键句，把有疑之处用笔记下来。在细读感悟阶段，要求学生针对文本中的关键词与含义深刻或有暗示意义的语句进行细致地、反复地诵读，让学生能够通过自己的联想与想象，再现文中的情景，自主进入文本所描绘的境界当中。在熟读背诵阶段，要求学生把作者的情感与抑扬顿挫的诵读形式在脑海中确定下来，最终实现文本的内化，形成自己的语感，丰富自己的语汇。在回忆巩固阶段，更可以培养学生及时复习的良好习惯，让学生了解遗忘规律与记忆窍门，及时进行自查、互查，对所诵读的内容进行回顾与反思。

（三）具体操作中的方式方法

首先可用小组合作方式诵读。这样可以增强学生的主动意识，给学生提供相互学习交流的场所与机会，使之在小组中交流、互助、分享，增强学生诵读的兴趣。小组的组建要符合“组内平衡”的原则，依据学生普通话的掌握程度、嗓音气质等先天条件、表达交流能力及自我控制能力等后天努力因素分组，形成相对稳定、合理的组合，以保证组内成员间既有共通性又有互补性，使得在诵读过程中各成员各尽所能，交流合作，同时又有共同的前进方向。小组组建后，任何问题都可以先由组内各人员提出，组内先交流，寻找适合自己的诵读理解方向，培养适合自己的最佳诵读方式。组内有解决不了的问题，在更大的范围里共同讨论。 各组间以竞赛、延伸阅读等形式进行诵读巩固练习与探讨。如此学生便不再吃大锅饭，形成了人人参与的局面，

此外，不仅限于小组，还可通过教师与教师间、学校与学校间、初高中衔接间找到共同点与欠缺点。同时，还可以运用循环渐进法、鼓励赞赏法、活动促进法等进行具体的诵读活动。

三、依据文体及专题的特点，进行有针对性的诵读指导

（一）针对文言文，重在反复读，读出语感和情境

如同学哪个国家的语言，最好的方法就是把他带到那个国家，拥有相应的语言环境，耳濡目染，学得就快。而文言文距今已久，许多词语从读音、含义到用法都发生了很大变化，不反复诵读，就难以营造文言语境，更难以体悟文字的精妙。具体诵读时，可以结合如下方法：了解背景，结合主旨句把握作品的情感基调；细读人物语言行动，体会人物的性格特征；注意处理好声音的表达，特别注意停顿、语速、重音、语气等的把握。同时，文言文诵读，教师的范读也起到引领性的关键作用，教师除了注重对声音的叩击，还要注意表情的感染、动作的辅助，让教师本身的素养和功力得以展现，让学生产生敬佩感、幸福感，争取使原本不喜欢诵读的同学加大对诵读的投入，增强诵读文言文的兴趣。

（二）针对古诗词，重在多样读，读出思想和感情

给诗歌配画面、化诗为文、名句点评、仿写缘情等。古诗词语言精练、意蕴深厚，运用这一系列方法，可以使学生深入到诗词情境当中，从字面到文后，从意象到情感，深度体悟其思想内涵。朱熹曾强调读书“不可牵强附会，只是要多读诵数遍，自然上口，久远不忘”。所以，熟读成诵仍然是古诗词诵读的不二之法。

（三）针对现代诗，重在逻辑读，读出停顿与节奏

现代诗歌具有自身的特点，有的三字一停顿，有的两字一停顿，节奏感很强。要根据语义划分好停顿位置，还要注意一般把停顿前的一个字的读音拉长一些。从这些点滴的方法入手，让学生大胆诵读，自主体悟，发掘潜能，提高原有水平。

教师在教学实际中一定要把握诵读教学的基本原则，善于摸索适合自己学生的诵读方法，走出诵读教学中的误区，形成自己的一套方法。只有结合了课上与课下的时间进行系统性诵读，诵读教学的意义才能够真正得以实现，落实传统文化教学的目的才能真正得以实现。

扎根语文课堂　彰显传统文化

崔晶莹　大庆市第十三中学

［摘　要］传统文化是中华民族内在的灵魂和血脉，是中华民族生生不息的不竭动力。在日常语文教学中渗透传统文化知识，既是中华文化传承的需要，也是民族发展的需要。语文教学承担着文化传承的责任，具体在高中教学中，既要有一个清醒的认识，又要有一个钻研的态度，在实践中总结提升。在几年的教学中，我针对不同课型，做了很多尝试。

［关键词］语文课堂　传统文化　古代哲思　人物精神　魅力

传统文化是中华民族内在的灵魂和血脉，是中华民族生生不息的不竭动力。在日常语文教学中渗透传统文化知识，既是中华文化传承的需要，也是民族发展的需要。语文教学承担着文化传承的责任，具体在高中教学中怎样落实传统文化学习呢？

首先，要有一个清醒的认识。我所任职的学校是大庆市一所普通高中，生源普通。要在课堂中落实传统文化，就要清楚地认知学情，运用恰当的教学技巧，扎实落实传统文化教学。

其次，要有一个钻研的态度。我们知道传统文化是一个非常宏观的概念，他可以包含传统文化常识、传统文化礼节、传统文化思想、传统文化习俗等内容。要真正落实传统文化，和课堂紧密联系在一起，绝不是一蹴而就的，需要教师静下心来，分析学生，思考传统文化和课堂的关系，找好课堂教学的“点”，在实践中总结提升。在几年的教学中，针对不同课型，我做了很多尝试。

一、品味“典故”，感受传统文化的魅力

《辛弃疾词两首》是高二年级新课标版教材必修四的内容。这首诗词是辛弃疾思想的典型代表。辛弃疾忧国忧民，渴望收复河山，壮志难酬的思想初中时

［作者简介］崔晶莹（1984 年—），大庆市第十三中学，二级教师，语文教研组长，研究领域为语文教学中的传统文化。

学生就有了解，孩子有基础认知，难就难在我校学生根本读不懂诗歌，读都读不懂，何谈理解诗歌？

我发现这两首诗词里面的典故非常多。学生一边读词，一边看书下注释，顾得了诗歌本身，就顾不了书下注释，何况弄懂一个注释，就需要孩子的大量时间。课文自然学的支离破碎，没有真的触摸到理解文本的程度。

如何在有限的课时内，处理好两首诗词？我大胆整合，调整教学内容。确定先背，再通过学习典故分析文本的授课思路！

我先花一课时理解典故，课前考查学生背诵。把两首诗歌每一个典故当成文本材料，弄懂典故含义。这些处理看着似乎没什么技术含量。但对我们的孩子而言，真的是教学难点。我在处理典故时按照以下方式进行。

典故内容——相关人物——典故用意——作者评价——作者态度

鲈鱼堪脍——季鹰——归隐——休说——不赞同

求田问舍——许汜——求财——怕、羞——批判

刘郎才气——刘备——救世——郎、才气——赞美

树犹如此——桓温——无奈——犹，如此——感慨

由此，我通过分析四个典故，抓住典故涉及的人物，寻找辛弃疾隐藏在字里行间对他们的评价，进而得出作者对他们四人的态度，再联系辛弃疾背景，知人论世，诗歌的难点就迎刃而解了。

这节课效果很好，课后反思时我意识到，类似的典故完全可以通过这个方式进行教学。甚至可以在典故学习方面扩展学生讲故事、演绎典故等形式，加深学生对典故的理解，扩展学生传统文化知识。

二、分析形象，感受人物精神的魅力

《烛之武退秦师》是新课标高一语文必修一的第一篇古文。对我校学生层次而言,文言文知识点是古文教学的教学难点。除此以外,教师还要教授什么呢?我觉得最重要的就是学习古人身上的不懈追求和精神魅力，使学生真正理解古人的行为，向先贤们学习。

这一课应该讲出烛之武的“大义”“大勇”。这是烛之武家国情怀的深刻体现。在讲授完文言知识后，我再花一课时时间分析烛之武这一形象。可以提出两个问题：烛之武愿不愿意去？烛之武说服秦伯时是怎样层层展开的？以这两个主问题展开他心系国家，勇说秦伯的形象。

在具体分析时，我会寻找矛盾冲突处设置问题。比如佚之狐预知烛之武“必退”师，他也很有能力，为什么他不去？比较两人可以发现烛之武什么特点？比如烛之武对郑伯说的话，用意何在？比如烛之武是否预知他一定能退秦师？每个问题都能激发学生更深的思考。从而使学生真正地站在当事人的立场考虑问题，最终发现烛之武的勇气，是一种敢于抛弃生命的层次。

课文中的苏武、蔺相如、李密、荆轲等人，他们至情至性，倘若没有一点人生追求，没有比生命还要宝贵的理想，他们怎么能够做到精神境界的“大”呢？古文中“活着”的历史人物身上的精神魅力，不正是我们应该让学生感受到的吗？值得我们好好挖掘，在矛盾冲突处中设问，在行文中寻找答案，进而真正的感受“活着”的伟大之处。

三、感受情怀，品味古代哲思的魅力

无论是古文教学还是古诗教学，我认为最能体现传统文化魅力的是古人对宇宙、对人生的哲学思考。《春江花月夜》，诗意的春江月色下的美景里包含作者对宇宙永恒和人生短暂的思索，写出了张若虚永恒的哲思情怀；《赤壁赋》月夜泛舟饮酒赋诗中，作者感叹人生短暂无常却又超脱豁达的豪迈情怀。它们无不引领着学生探索哲学层次的世界。可以说挖掘出这类文章中的古代哲思，感受作者情怀，就能真正地理解传统文化的思想境界。

《逍遥游》里“逍遥”境界令人神往，“逍遥游”就是自由自在地存在。怎样讲清楚这个境界呢？我把文章分成四部分。三种“游”即三种境界：一是蜩与学鸠之游，“决起而飞，枪榆枋而止，时则不至，而控于地而已矣”；二是大鹏之游，“鹏之徙于南冥也，水击三千里，抟扶摇而上者九万里，去以六月息者也”；三是列子之游，“夫列子御风而行，泠然善也，旬有五日而后反”。

通过这三种境界的比照、递进，学生会发现，这三种游都不是真正的“逍遥游”，因为它们都“有所待”。“有所待”就是有条件限制，有条件限制的游不

是真正的自由。

世界上真的有什么是不需要凭借外物，自由自在地存在的事物么？什么样的游才是最好的境界呢？

庄子又说："若夫乘天地之正，而御六气之辩，以游无穷者，彼且恶乎待哉？"真正的自由是无条件的，这当然是一种"心游""神游"，是一颗无牵累的心在宇宙间的自由自在地遨游。

以上是我在语文课堂上对传统文化教学方面的几点尝试，弘扬传统文化是一项浩大的命题，需要我们每个人以身作则，在实践中探索，在探索中总结。希望我们的传统文化能够在课堂里生根发芽，让语文课堂真正触摸到传统文化的灵魂。

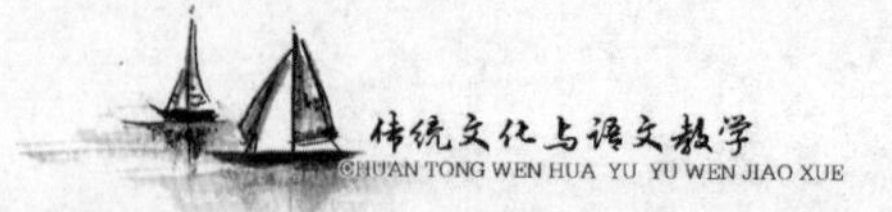

迢迢牵牛星　皎皎河汉女

——相思爱情文学中的阻隔模式

李海燕　大庆市肇源县第一中学

[摘　要] 在中国古代文学创作中，异性之间爱情最直接、最有意味的表达方式是相思。中国古代抒情文学的爱情文学作品，按主题大致包括相思、闺怨、弃妇、婚爱等几类。中国文人情诗，有一个显著的特点，即更喜欢咏唱一种有缺憾的爱，从中表现一种怅惘不甘的情调。

[关键词] 爱情相思　阻隔　古代抒情诗

丹麦文学史家勃兰兑斯在《十九世纪文学主流》中指出："在文学表现的所有感情中，爱情最引人注意；而且，一般来说，给读者留下的印象最深。了解人们对爱情的看法及表现方式对理解一个时代的精神是个重要因素。从一个时代对爱情的观念中我们可以得出一把尺子，可以用它来极其精确地量出该时代整个感情生活的强度、性质和温度。"

在中国古代文学创作中，异性之间爱情最直接、最有意味的表达方式是相思。中国古代抒情文学的爱情文学作品，按主题大致包括相思、闺怨、弃妇、婚爱等几类。

相思，当起于人类对偶婚定型，两性之间建立了较为稳定的情感联系之后，其具有明确的目的性和异性客体对象化的特征。就中国古代来说，相思有广义和狭义之别。广义上讲也包括思念亲友，狭义的相思才专指男女两性间的情感投注。这种情感并不都是双向性的，有时那位相思对象尚未知晓，而相思主体这里却意有所属，这种情形一般谓之"单相思"。

汉乐府《有所思》"有所思，乃在大海南"，极言相思主体与相思对象所隔的空间之遥；《上邪》"我欲与君相知，长命无绝衰"，则在时间上充分延展了相思欲念要冲破阻隔的主观意志。曹植《洛神赋》结尾写道：于是背下陵高，足

[作者简介] 李海燕（1979年—），大庆市肇源县第一中学，一级教师，主要从事高中语文教学研究。

往神留。移情想象，顾望情怀。冀灵体之复形，御轻舟而上溯。浮长川而忘返，思绵绵而增慕。夜耿耿而不寐，沾繁霜而至曙。命仆夫而就驾，吾将归乎东路。揽騑辔以抗策，怅盘桓而不能去。将迷离恍惚、可望不可即的相思企慕，表现得凄艳哀婉。梦幻与现实的巨大反差，给人以恒久的回味与感发。而这一切美感效应的生成都与“阻隔”不可分离，都来自阻隔所产生的主体相思属盼的巨大心理趋力。

围绕由阻隔而生成的相思情感的抒发，文学作品生成了一系列有特色的表现模式。

第一，相思无人理解模式。相思之忧空怀无着，不为人晓，每每令相思主体深感怅然若失。《古诗十九首》言“盈盈一水间，脉脉不得语”，表达出对象自我间的无法交流对话之痛。清人贺贻孙《诗筏》如此品味《九歌·湘夫人》：

“思公子兮未敢言”，注不出，想不得，与古诗“盈盈一水间，脉脉不得语”，皆相思谱中佳话，用以降神，奇极！

在这里，似乎阻隔不是一重而是多重的——最初的阻隔是空间的，由此形成的相思与心中的阻隔，而心中阻隔往往更能表现楚楚相思之苦。

第二，愈阻隔相思愈烈模式。由于相思之于对象的专注，往往体现为追求不得，而相思弥烈。《诗经·蒹葭》约略察觉到阻隔对于相思的作用，相思并不因有阻隔而止，反而是有阻隔才有了相思：“所谓伊人，在水一方。溯洄从之，道阻且长。”隐约可望又无法企及，情感冲动促使价值指数上升，“溯游从之，宛在水中央”，越是思而不即，越思之不已。

第三，人不如异类模式。鲍照《拟行路难》曾痛发激愤之语：“宁作野中之双凫，不做云间之别鹤！”宋人梅尧臣诗《一日曲》也有此惯常思路：“不如水中鳞，双双依绿蒲；不知云间鹄，两两下平湖。鱼鸟尚有托，妾心谁与俱？”人不如飞禽游鱼，在相思阻隔的痛苦感情支配下就很自然地在叙事性文学中产生人不如异类的想法。

第四，死后化为相思鸟、连理枝模式。生前不能实现，或不能持续相聚的痴愿，在死后世界里才能得以变形实现。像《孔雀东南飞》写焦仲卿、刘兰芝二人美好的爱情被毁灭后，双双自杀，殉情后被合葬，“东西植松柏，左右种梧桐。枝枝相覆盖，叶叶相交通。中有双飞鸟，自名为鸳鸯，仰头想向鸣，夜夜达五更”；

祖冲之《述异记》中的一对恩爱夫妻合葬后，“未一岁，冢上生梓树，同根二身，相抱而合成一树。每有双鸿，常宿于上”。仿佛阳世间的痴情良愿，就是可以在冥间绵延。后世的化蝶、化鹦鹉等也属此模式。

相思无人理解，便设想生发出许许多多神秘奇怪的表现对象来；越阻隔越相思，积聚了目标实现的焦虑、痛楚，构成了蚌病成珠的情感。

中国文人情诗，有一个显著的特点，即更喜欢咏唱一种有缺憾的爱，从中表现一种怅惘不甘的情调。通观古代爱情诗词，诗人们极少去吟咏那一份正在爱中的欢乐意识，亦极少以乐观的眼光，去憧憬爱的明天，而是对消逝的往日之恋，一往情深。”作为对于儒家主流文化的一种冲击，阻隔相思又弘扬了个体的自由奋争精神，有利于在爱情相思文学中突出人性，表现人的主体情感意志的顽强执着。相思的人性价值就在于要不为阻隔所折损，百折不挠地冲破阻隔，这一过程中个体的磨难、灵魂挣扎尤其是人的精神价值、人性的光辉，得以较多凸显。

阻隔不限于诗赋，还在戏曲小说中扩展并大量呈现。对相思阻隔的研究，还可感到我们揭示传统爱情文学中的民族特色与文化成因。尽管在一夫多妻制的古代社会，现实生活中的抒情主体未必痴情专一，但不妨碍其在文学作品中卖力地、动情地大咏用情专一的相思。阻隔与冲破阻隔的表现，使生活中的矫情者，也往往能够成功地运用喜闻乐见的抒情传统，写出感人的诗篇。

［参考文献］

[1] 刘卫英：《辽宁师范大学学报 1999 年 02 期》
[2] 王立：明清通俗小说异族女性群像的形象学分析 [J] 东方丛刊，2000(2)：69-82

浅析优秀传统文化在写作中应用的重要意义

张美多　大庆市林甸县第一中学

[摘　要]高中语文学科的核心素养包括语言构建与应用、思维发展与提升、审美鉴赏与创造，以及文化传承与理解。从最后一点，即“文化传承与理解”中，我们不难发现，新课改后，传统文化越来越受重视。从高考语文学科的考核目标和要求上看，写作仍然占据重要地位，除了分值高之外，写作也是整张试卷中开放性、创造性最大的一道试题。曾有人说，得语文者得天下！那么我认为，写作绝对要占据其中的半边天！对于高中生而言，若是能在基础写作中，巧妙地融入一些传统文化元素，那定会使文章变得与众不同，从而提高语文成绩！所以说，将优秀的传统文化应用于写作中，其意义重大。

[关键词]传统文化　写作教学　高中语文　高考

传统文化与写作，看似两个不相关联的名词，其实二者之间有着千丝万缕的关系。中国的传统文化以儒道互补为内核，还有墨家、法家、释教类、西学格致类、近代西方文化等文化形态。如此广阔的范畴，让人觉得“传统文化”太不易把握。更何况将其与写作结合，到底该写哪些东西?不该写那些东西呢，我觉得我们完全没必要有这样的困惑。因为将优秀的传统文化应用到写作中，这并不是一种华而不实的作秀行为，也不是一种简单枯燥的复古运动，而是充分利用本土民族资源，对传统文化的继承与发扬，这符合新时代语文学科教育教学的要求。在日常的写作教学中运用这种方法，有利于激发学生对民族传统文化的学习兴趣与热情；也有利于提高学生对语言知识运用的综合性能力；更有利于提高学生的人文素养，强化文化底蕴。

一、学习传统文化，积累写作素材

如果说，语文教学是继承和发展中华民族传统文化的主要渠道，那么写作则是其中重要的表现形式。就高中阶段而言，在日常语文课学习中，学生可以通过必修及选修教材中的相应文本，不断掌握并积累一些传统文化常识。我们常

[作者简介]张美多(1986年—)，黑龙江大庆人，大庆市林甸县第一中学，二级教师，主要从事高中语文教学研究

说的“熟读唐诗三百首，不会作诗也会吟”，就是这个道理。举个例子，在教材中，我们学习了很多名人大家的诗词，在平时的教学中，教师可以引导学生，让学生懂得逆境中学习司马迁的坚强与隐忍、苏轼的豁达与豪放。东坡先生可谓是集词人、书法家于一身，同时又是一位杰出的政治家。但在当时的年代，尽管屡屡遭受排挤与压迫，他却依然旷达乐观，一蓑烟雨任平生！这样的励志人物，这样的精神气质，不正是我们该学习的吗？从“山回路转不见君，雪上空留马行处”中，我们看出了岑参送别友人后的不舍与忧愁，从“天生我材必有用，千金散尽还复来”中，我们看到了李白的自信与对金钱的不屑……在写作中，恰当地引用历史人物或者古诗词名句，无形中提高了文章的品味，激发了学生的学习热情，帮助学生树立正确的人生观、世界观和价值观，增强了学生的文化底蕴。

二、学习传统文化，创新写作形式

之前我们一直在谈如何通过学习传统文化、继承传统文化，让优秀的传统文化为文章润色。然而对于写作而言，创新也是至关重要的。依据中华人民共和国教育部2003年颁布的《普通高中课程方案（实验）》和《普通高中语文课程标准（实验）》，明确高考语文学科要求考查学生的探究能力。所谓探究，是指针对某些问题进行探讨，有发现、有创见，是以识记、理解和分析综合为基础，在创新性思维方面发展了的能力层级。足以见得创新的重要性。而中华传统文化，就像中华民族一样，是多元的，具有深厚的人文底蕴和独特的文化内涵。若将优秀的传统文化融入写作当中，相当于为写作注入了新鲜的血液。相信大家还记得《赤兔之死》这篇文章吧！它是2001年全国高考满分作文，作者蒋昕捷可以说是课改后满分作文第一人。也正因如此，蒋昕捷被南京师范大学破格录取。他的这篇高考作文全篇用古白话文写作，以《三国演义》中的故事为基础，续写了赤兔马为诚信而献身的感人故事。《赤兔之死》之所以能在众多高考作文中脱颖而出，一方面在于它的写作内容，以经典为背景；另一方面在于它的写作形式，通篇古文，这能看出作者扎实的文言功底。这篇文章，就是将传统文化与写作相融合的典范，其创新意义是不言而喻的。那么我们在日常教学中，也要鼓励学生融会贯通，学为所用。让学生尝试用文言去写一些自我介绍或者是进行简单的诗词创作，从而提高学生的文字运用能力，提高写作水平。

三、学习传统文化，深化写作主题

高考作文的评判标准通常分为两个等级，即基础等级和发展等级。发展等级肯定是分值高,同时难度也是最大的。它要求文章要深刻、丰富、有文采。对此，我们可以从教材文本中去挖掘传统文化的精髓，提炼传统文化的内涵，寻找传统文化的价值，再将其融入写作中，探究深意。比如中华民族有许许多多传统的节日，这些节日各具特色，充分体现了中华民族文化的博大精深。古代的文人墨客也常常为此吟诗作赋。例如我们耳熟能详的唐代诗人王维所作的《九月九日忆山东兄弟》，就是为重阳节而作；北宋苏轼所作的《水调歌头·明月几时有》，就是为中秋节而作……随着时代的进步，越来越多的人开始遗忘传统节日，反而过起了所谓的“洋节”——情人节、万圣节和圣诞节等。是该遵循传统，还是接受“新事物”？对此，人们众说纷纭。曾有一道作文题，就是针对这两种争论而作文。要想让文章出彩，就绝不能停留在表面，单纯地去评判谁对谁错，而是必须要挖掘出争论的本质，这样才能让文章更加有说服力。而我们的观点，则源于我们对传统民族精神、民族文化的认知与理解。正是因为我们不断地学习、积累，我们才有话可说、有理可辩、有据可依。当然，我们在学习传统文化时，应该“取其精华，去其糟粕”。切记不可以偏概全，造成“一刀切”的局面。

通过上述内容,我们可以看出,学习优秀的传统文化对写作具有重要的意义。在今后的教育教学中，我们应该扩大对传统文化的学习比重，既要课内学习，又要课外拓展。既要多阅读,又要勤练笔。注重积累,通过开展语文综合实践活动,鼓励学生通过不同的方式去感受民族传统文化的丰富内涵，让学生体会传统文化的独特魅力，用文字去传承经典，铸造未来!

让语文课堂成为传统文化传承的主阵地

李　霞　大庆市第四中学

[摘　要]我们的传统文化源远流长、博大精深，对于学生来讲，语文课堂是获得传统文化教育最直接的途径。语文教学要渗透传统文化因素并以此作为教学内容。所以我们在教学中，不能仅仅停留在语文的工具性，满足于让学生理解文言文字词的含义、句式特点上，更应该加强优秀传统文化的渗透。

[关键词]语文课堂　传统文化渗透：　渗透形式　方法　效果

自古以来“文以载道、歌以咏志、学以致用”，对传统文化的学习和传承，是一个人文学素养和综合素质的体现。腹有诗书气自华，一个人有了传统文化做底蕴，方可思接千载、海纳百川、文如泉涌。

我们的民族是伟大的民族。在五千多年的文明发展历程中，中华民族为人类文明进步做出了不可磨灭的贡献。

我们的传统文化源远流长、博大精深，对于学生来讲，语文课堂是获得传统文化教育最直接的途径。新课标也在“课程的基本理念”中规定：“高中语文课必须充分发挥自身的优势，弘扬和培育民族精神，使学生受到优秀文化的熏陶，塑造热爱祖国和中华文明、献身人类进步事业的精神品格。”这意味着语文教学要渗透传统文化因素并以此作为教学内容。所以我们在教学中，不能仅仅停留在语文的工具性，满足于让学生理解文言文字词的含义、句式特点上，更应该加强优秀传统文化的渗透。

“取法乎上，仅得其中；取法乎中，仅得其下；取法乎下，其下下矣。”在语文课堂中渗透传统文化，首先要知道渗透的是什么。“阅读与鉴赏”必修课目标中就有明确的要求：“学习中国古代优秀作品，体会其中蕴涵的中华民族精神，为形成一定的传统文化底蕴奠定基础。学习从历史发展的角度理解古代作品的内容价值，从中汲取民族智慧；用现代观念审视作品，评价其积极意义与历史局限。”

[作者简介]李霞（1982年—），大庆市第四中学，一级教师，主要从事高中语文教学研究。

中国的传统文化蕴涵了先贤对于齐家、治国、平天下的智慧、理念和原则，其中格物、致知、正心、诚意、修身、养性等。这些在经典文学作品尤其是《诗经》《春秋》《孟子》等先秦文学中处处有所体现,对学生的精神塑造有着很好的感染作用。

在品读古诗中渗透传统文化，古诗文中蕴含着的强大的人格力量，能陶冶情操、激人奋进，对培养学生高尚的审美情趣，塑造学生美好的心灵，起到不可估量的作用。高中语文教材中在诗歌鉴赏这个部分，提出了三种循序渐进的方法：以意逆志，知人论世；置身诗境，缘景明情；因声求气，吟咏诗韵。了解诗人的生平事迹，感悟诗人写诗时的心境，阅读作者相关的作品，为理解这首诗奠定了正确的情感基调，同时代入自身的主观感受和生活体验更利于更深入地理解诗境，体会诗情。根据诗句内容，借助合理的联想和想象，将作者所描绘的意象和画面一一在脑海中再现，使学生的整个心灵都沉浸在一个想象的世界中，得到审美享受。同时根据作品中典型意象的组合方式，以及情景之间的关系，来采取不同的欣赏方法，体会每一首诗歌独特的意境。如李白的《行路难》，学生了解了当时李白不为朝廷重用，心情惆怅、孤独寂寥，因此通过有感情地朗读一下子就进入了意境，感受到了诗人茫然的心情，也懂得了“长风破浪会有时，直挂云帆济沧海”的含义，对自己的今后的道路也充满了自信。古诗学习中，学生认识了许多著名诗人，积累了许多好词佳句，这对于学生来说是一笔宝贵的精神财富。

在古文解读中渗透传统文化，古诗语言简练、重在抒情，古文重在塑造形象、分析说理，所以对待古文我们要运用不同的方法。在文学作品解读中对于传统文化的挖掘分为两个方面：一是人物形象的塑造，中国古代文学作品中的形象描写，多姿多彩，美不胜收。与诗歌相比，散文的实用性较强，有鲜明的主旨，叙述、说明乃至议论性成分比较多，理性较强。但优秀的散文会避免枯燥的说理，以生动鲜明的形象吸引读者。如《苏武传》中宁死不屈、执节牧羊，北匈奴囚禁在苦寒之地 19 年才回家的苏武，在他的身上散发着为了国家利益无所畏惧的气息，有着一种坚贞不屈的民族气节和高尚的爱国情操，为了民族尊严与国家利益视死如归，在他的身上完美地体现了“富贵不能淫，贫贱不能移，威武不能屈”的大丈夫精神。在中华民族几千年绵延发展的历史长河中，爱国主义始终是激昂的主旋律，始终是激励我国各族人民自强不息的强大力量。二是表达方式、表现手法的分析，一个民族的语言与该民族的思维方式有密切的联系。“夫言语者，代表国民之思想者也，思想之精粗广狭，视言语之精粗广狭以为准，观其言语，而其国民之思想可知矣。”如在篇章修辞上，我国传统修辞理论讲究前后照应和首尾照应，强调修辞的效果在整体，而不在部分。这种修辞观是中国传统文化整体思维的反映。因此在教学中，我们要注意突出传统文化的这种思维特点。《六国论》发于“六国”，收于“六国”，首尾呼应，布局周严。教学时，我们可针对这一特点做进一步说明，这样首尾呼应能使文章前后文气贯通，形成一个有机的整体，从而体现了传统文化重视整体的观念；并要求学生学习这种写作特点，在作文时重视文章的整体构思。古代汉语中讲究对偶修辞，如《孔雀东南飞》中就运用了大量的对偶句。这是汉民族讲究对称、均衡、喜欢整齐的思维方式的反映。教学时，我们应结合对课文中对偶句的分析，启发学生感悟这种思维方式的特点。

“教材无非是个例子”，传统文化的传承和弘扬不能局限于教材文本。优秀传统文化之所以在今天仍有鲜活的生命价值，就因为它们在传承过程中，无论是从传承的对象、传承的范围，还是从传承的途径、传承的方式来看，它们所栖居的范围绝不仅仅局限在教材这一方领地里，而是渗透到了当今生活的很多领域里。如传统节日“端午节”，就蕴含了对爱国诗人屈原的一种怀想，是对他那崇高的爱国民族感情的一种弘扬；优秀传统礼仪中的廉耻观在今天就被赋予了有时代特色的“八荣八耻”。所以，我们在教学中渗透优秀传统文化也就不应该只局限于某一篇课文,而应该向语文教学的其他方面延伸拓展,如讲授李密的《陈情表》就可以引导学生对中国的“孝道”作探究。通过这样的学习和探究活动，使学生能意识到:孝道是中国传统伦理的重要内容;孔子的“仁”之根本就是孝悌，不是单纯的赡养，而是要对父母、兄弟怀着诚心诚意的敬爱的感情。孝道之德，造就了中国人“老吾老以及人之老，幼吾幼以及人之幼”的高尚社会道德风尚。

学史可以看成败、鉴得失、知兴替；学诗可以情飞扬、志高昂、人灵秀；学伦理可以知廉耻、懂荣辱、辨是非。博大精深，学习和掌握传统文化中的各种思想精华，对树立正确的世界观、人生观、价值观大有益处。作为语文教师的我们，是文化的传承者，有责任和义务在语文课堂中融入传统文化的教学，为挽救正在流失的优秀传统民族文化而努力，让语文课堂成为传统文化传承的主阵地。

中华传统文化进驻课堂迫在眉睫

关　红　大庆市第三十九中学

[摘　要]古老的民族走过了五千年，经历了风雨、磨难，也积淀了许多丰富的物质和精神财富，语文学科作为中华民族传统文化的载体，担负着传承中华民族的精神和灵魂的重任，作为一名语文教师，在教学活动中传承弘扬中华民族的传统文化有着义不容辞的责任。传统的课堂已无法满足日益变化的时代和学生的需求，中华传统文化进驻课堂已迫在眉睫

[关键词]传统文化　审美体验　道德　灵魂

中华传统文化可谓博大精深，古老的民族走过了五千年，经历了风雨、磨难，也积淀了丰富的物质和精神财富，这些就是我们中华民族的弥足珍贵的传统文化。这些文化在五千年时间的长河中，慢慢地沉淀、积累，变成值得我们每一个中国人呵护、传承的文化遗产。然而随着外来文化的渗透，传统文化在我们下一代心目中的地位越来越低，我们的学生对其知之甚少，甚至带有不屑。语文学科作为中华民族传统文化的载体，担负着传承中华民族的精神和灵魂的重任，因此语文课堂更应该适应时代的要求，语文教育者更应该更新教育理念，改革教学内容和方法，以提高学生的素养为目的，以促进学生的终身发展为宗旨。我只能说，作为一名语文教师，在教学活动中传承弘扬中华民族的传统文化有着义不容辞的责任。

一、传统文化进驻课堂有助提高学生的审美体验

传统的语文教学模式方法无法满足学生的需求，以传统的方式授课，学生理解文本存在不够深入、透彻的情况，获得的审美体验较少。把传统文化融入课堂，即可以满足学生的需求，又可以很好地适应社会的发展。

基于上述情况，我们语文教育工作者要努力缩短传统文化与现代教学的时

[作者简介]关红（1980年—），大庆市第三十九中学，一级教师，主要从事高中语文教学研究。

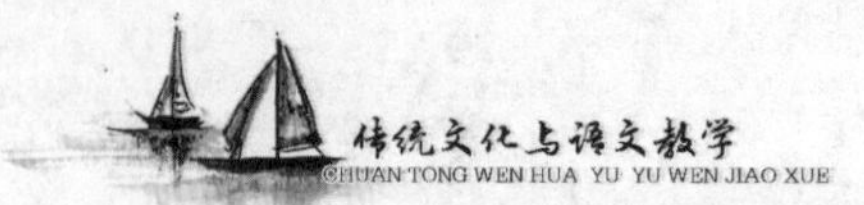

空距离，最行之有效的办法是在课堂上将经典篇目进行现代化解读。通过画面、音乐的转换引起学生兴趣，进而加之历史文化的渗透理解。例如《阿房宫赋》一文，播放阿房宫动画风景图，调动学生用自己的语言去描述图景，猜测在这样的历史背景下，如此雄伟的建筑能体现出的那个时代特点。学生兴趣十足地进行了分析评论，教师适时引入，让学生尝试还原古文语句。如此一来，经典古文的学习变得轻松，学生对传统文化的掌握也会水到渠成。古诗文篇目的学习还可以从题目、作者、注释、情感关键词等入手，在“蛛丝马迹”中品读诗歌，感悟作者感情，将诗歌难点简易化。

在语文教学中重视传统文化的融入，会使得学生不自觉地仔细揣摩作品，品味其中情感,更有效地调动、激发学生的兴趣和体验。例如《念奴娇·赤壁怀古》一课，三国这个历史背景很重要，那是个英雄辈出、充满魅力的时代，其中的赤壁之战是一次以少胜多的战役,它奠定了三分天下的局势。时光荏苒,过去了千年,但赤壁之战却萦绕不去，一旦来到赤壁，当年那火光冲天、壮阔气势仿佛又在眼前。在赤壁之战八百年后，一位文坛巨匠来到赤壁，写下了和赤壁之战一样流传千古，震撼后世的词作。这样的课堂氛围会让学生领略诗词的意境，进而领略苏轼的博大胸襟。此时，同学伴随着略带忧郁伤感且雄壮激昂的乐音诵读，班级顿时安静下来，抑扬顿挫的声音完全与作品内在实质若合一契。这样的语文课堂一瞬间成了中华传统文化作品赏读的舞台，学生在读的时候，感觉自己就是苏轼，走在陡峭雄壮的赤壁之上，那惊人的巨浪拍打着江岸，卷起千堆雪似的层层浪花，满目滔滔江水，悲壮之感油然而生。 学生对文本的理解有了全新的认识和更深刻的理解，并从中获得了大量的前所未有的审美体验。

二、传统文化进驻的课堂再现意境承载道德

传统文化承载道德，传统文化时时刻刻在我们身边，在我们生活中，故我们的课堂必须是有意渗透，将中华民族的传统文化，融入教育生活的各个层面，让我们的传统文化大放异彩，永远传承。学校的教育是润物无声的，这是全体教育工作者应该思考的。所谓言为心声，所有的文学作品都带有时代的烙印，高中语文课本中选入了大量经典的古诗、古文，因此在古诗词教学中，我们更要改变以往的方式，注重整合吟咏，针对不同对象的篇章，教会学生审美，在优

美的文字与意境中吸取文化精髓，完成我们三维目标中的情感目标。如吟咏自然山水的篇章，可以运用多媒体展示的方法，再现诗词画面，让学生受到美的熏陶。

问渠那得清如许，为有源头活水来。浇树浇根，教人教心，找到根本才是解决问题的所在，所以有必要让学生了解传统文化，把它融入课堂，有助于全面把握作品主旨，领略其精髓。一如《念奴娇·赤壁怀古》从滚滚东流的长江着笔，随即用“浪淘尽”把大江与千古人物联系起来，在广阔而悠久的空间时间背景下，我们仿佛看到大江的汹涌奔腾，想到风流人物的非凡气概，体味到作者立于赤壁岸边的情怀、气魄。

将中华博大精深的经典文化融于课堂教学，以丰富活泼的形式开展教育教学活动，让学生快乐地学习、科学地传承、健康地成长，提升道德素养。

三、传统文化进驻课堂重塑民族灵魂

高中语文教材的编排可谓用心良苦，秦辞汉赋、唐诗宋词、元曲散文等，可谓把经典文化渗透得淋漓尽致。而传统文化最直接的表现方式就是大量的文言文运用，通过对课本的学习，让学生在接触、了解、诵读经典诗文的同时，初步感受中华民族的优秀传统文化，激发其热爱祖国的情感。在教学中让学生学会运用多种阅读方法，诵读并理解经典名篇，培养高尚情操与学习兴趣，发展学生的个性，丰富他们的精神世界。五千年的传统文化，孕育积淀了民族的魂灵、诚信、有礼、谦让优秀的人格魅力，它将道德与教育化而为一，提出了许多做人的原则和道理。如范仲淹的那句“先天下之忧而忧，后天下之乐而乐”的精神，震撼激励了多少有志青年；欧阳修的那句“忧劳可以兴国，逸豫可以亡身”又是多么发人深省；王安石的“此学者不可以不深思而谨取之也”，简单明了，却引领了多少求学的人的思想，影响了多少人的行为，改变了多少人的人生轨迹，这便是文化的魅力！

传统的教学方式无法适应这种大量的古文教学，传统的课堂已无法满足日益变化的时代和学生的需求，我只想说一句：中华传统文化进驻课堂已迫在眉睫。

弘扬传统文化 势在必行

朱东媛　大庆市肇源县第三中学

［摘　要］中华传统文化是中华文明成果根本的创造力，是民族历史上道德传承、文化思想、精神观念形态的总体，因此国家强大离不开文化根基。但面对物欲横流的社会，我们的青少年思想偏离了轨道，传统文化受到了冲击，所以作为教育工作者，我们承担着教育下一代的责任，更肩负着弘扬传统文化的历史使命。弘扬传统文化，势在必行。

［关键词］传统文化　教育　使命

尼克松80年代出了一本书叫《1999，不战而胜》，在书中的最后部分说了这么一句话："当有一天，中国的年轻人已经不再相信老祖宗的教导和传统文化，我们美国人就不战而胜了。"不战而胜是孙子兵法的最高境界，美国总统都意识到传统文化是中国智慧的精髓，并能运用中国文化战胜对手，可想而知，中国先贤智慧的伟大。可是我们现在的青年人却在物欲横流的社会中，对传统文化无视着，随意践踏着，甚至诋毁着，这是一种可悲的现象。梁启超曾说过"少年强则国强"，是国家强大离不开青少年的努力进取，同时要汲取国粹精华，丰富头脑，让自己更加睿智。当我们偏离了中国优秀传统文化的轨道时，那么我们就无法与对手抗衡。如果我们丢掉了老祖宗的智慧，也就成了没有信仰的人。人无信仰在外物的干扰下就会影响价值判断，就会不懂是非，不知取舍，使我们停滞不前。作为老师不仅仅传道、授业、解惑，更是国家栋梁的培养者，传统文化的弘扬者，教育下一代我们是责无旁贷的，更是我们的历史使命。

那么什么是传统文化呢？中华传统文化，是中华文明成果根本的创造力，是民族历史上道德传承、各种文化思想、精神观念形态的总体。中华传统文化是以老子道德文化为本体，以儒家、庄子、墨子的思想、道家文化为主体等多元文化融通和谐包容的实体系。中华传统文化是中国五千年优秀文化的统领，流传

［作者简介］朱东媛（1980年—），黑龙江省大庆市肇源人，大庆市肇源县第三中学，一级教师，主要从事高中语文教学研究。

年代久远，分布广阔，文化是宇宙自然规律的描述，是道德的外延；文化是人类特有的现象，文化是生命，生命是文化；文化是软实力，是影响一切的内在驱动力;文化又是社会意识形态，是中华民族思想精神，是社会政治和经济的根本。中国传统文化博大精深，源远流长，真正做到弘扬、传播难度确实很大，但我们可以以德入手，把老祖宗留下来的思想、文字、著作、习俗传给我们的学生。

现在的孩子是在蜜罐中长大的，不能承受风雨的侵袭，甚至明辨是非的能力都有所欠缺。现代社会飞速发展，学生被当前一些不良的事物或现象迷惑着：拜金主义、利己主义、享乐主义、见利忘义、损公肥私、不分是非等，如果不能及时解决这些问题，必然会对正在成长的中学生思想造成极大影响，同时网络也充斥着我们的学生的生活，网游、网络小说、网购成了生活的主流，有的学生追韩剧不惜通宵达旦，而对本国的诗词文化不屑一顾。如果说十九世纪鸦片战争毒害了中国人的躯体,那么今天的电子鸦片则毒害着青年人的心灵。所以弘扬优秀传统文化，改正孩子们的弊病，势在必行。但我们必须寻找病因，对症下药，孩子们之所以出现这些问题除了社会原因外，主要还有其他三个方面：

(一)来自家庭。现在的孩子大多数都是独生子女,长辈的娇纵使他们目中无人、自私自利、唯我独尊。有的学生家庭条件较好，养成了骄奢的坏习惯。有的学生虽然家庭条件不好，但是父母宁可苦自己也不能苦孩子，致使孩子不知节俭、不懂感恩，当父母不能满足自己要求时，孩子就开始抱怨，思想狭隘。有的家长对孩子要求过于偏颇，只求成绩不求素质，使孩子饭来张口、衣来伸手，只要成绩好便可以目空一切，读书功利化日益严重；还有一些家长由于自身素质原因，不注意家庭教育，整天沉迷于麻将、扑克、歌舞厅等赌博娱乐场所，忽视了言传身教，通过长期的耳濡目染，给学生带来了极大的负面影响。

（二）学生原因。有些学生自我约束能力较差，对于道德行为能够正确理解，但在其行动上却不能按照道德标准去做；有的孩子道德意识薄弱，有些孩子做了不道德的事，却不知道这是违法的，比如，随意殴打辱骂同学，或者经受不住利益的诱惑，做出犯法的事；有的学生在处理集体和个人关系时，集体观念淡薄；有的学生鄙视劳动、懒惰成性，尊敬师长意识差。

（三）学校因素。学校是学生接受知识、培养道德的地方，但是当前的教育过于看重升学率，结果出现重智轻德的情况，德育教育只是形式上重视。口号喊得

响亮，可实际上为了提高学生的学习成绩，其他活动一律取消，对优秀的传统文化知识，只要考试要求的内容加以重视，而其他的如古代经典视而不见；对于古圣先贤的思想弃之不用;对于老祖宗留下的忠、孝、悌、义放置一旁。成绩提高了，素质却降低了，这一现象不是可笑而是可悲。

学生大部分时间是在学校，作为育人场所学校要转变观念，教育工作者要转变方法，让优秀的传统文化走向课堂、走向生活。弘扬传统文化，势在必行。

首先,优秀传统文化走进校园。学校改变以往“以分为首”的理念,把“德育”教育放在主位，注重教育实践，不能走说教的路线，开展多姿多彩的文体活动，让学生朗读经典、背诵经典，用小品的形式把传统文化融入其中，揭露社会的阴暗面，找出自己的不足，完善自我，寓教于乐。但学校要防止形式化、片面化，应做到持续化、多样化、系统化，真正让学生懂得传统文化的精神内涵，让学生明白学习传统文化不是停留在懂得，而是在生活的每一个角落能够正确运用，教育的目的在于培养对社会有用的人，而非口若悬河的书虫。

其次，把优秀传统文化引入课堂。我们教学的三维目标是知识与技能、过程与方法、情感态度和价值观。对于第三方面，实际上就是让学生形成积极的学习态度、健康向上的人生态度，具有科学精神和正确的世界观、人生观、价值观，成为有社会责任感和使命感的社会公民，我们把传统文化引入课堂其目的也在于此。因此我们要根据各学段学生的认知特点设计要点，使之相互衔接、层层深入，让学生在学习文化知识的基础上，不知不觉培养起尊重历史、关爱自然、和谐发展的人文理念，老师应做到有的放矢、因材施教，避免传统文化教育沦为形式主义。

第三，让传统文化走入生活。老祖宗留给我们优秀的传统文化是经历千百年以来生活的历练保留下来的，他是先圣先贤与劳动人民共同努力的结晶。所以传统文化应该走入生活，孩子们把这种智慧应用于生活中才是真正的法宝，背诵古诗领略人生意境之美。一句“父母呼，应勿缓。”让孩子懂得这不仅仅是一种礼貌，更是一种尊敬父母的表现。祭祖的活动，不但是感恩先人，更让孩子明白家与家族的关系，体味人性美。传统文化不是说教，传统文化是行动，让传统文化教育在孩子身上产生积极影响，同时潜移默化地影响家长，让我们每一个人都对传统文化保持一种崇敬感、自豪感。传统文化走进生活，生活就会变得更美好。

家是最小国，国是千万家，而中国优秀传统文化就是镇国之宝。弘扬传统文化，陶冶情操，丰富文化内涵，让我们树立起民族自信心、自豪感。弘扬传统文化，势在必行。

基于翻转课堂下的高中语文阅读教学

郭婷婷　大庆市第三十五中学校

[摘　要]新课改之后，为了提高高中生语文的阅读水平，一线教师进行了大量探索。"翻转课堂"理念的出现，为高中语文阅读教学的优化提供了契机。通过新的教学模式优化语文的教学方法，打破传统的教学模式，从而真正的提升学生的阅读素养。本文通过对翻转课堂的认识，探讨了翻转课堂在高中语文阅读教学中的应用实践，以提高学生的语文阅读水平。

[关键词]翻转课堂　高中语文　阅读教学

一、翻转课堂模式探究

翻转课堂（Flipped Class Model）主要指的是课堂内外学习时间和学习重点的翻转，即学生在课堂以外完成知识学习，而在课堂内强调师生互动、生生互动的教学模式。翻转课堂是一种以学生为中心的全新教学模式，它要求学生围绕终极学习目标、根据自身需求、采用个性化学习方法进行自主学习。在信息化环境中，课程教师提供以教学视频微课等为主要形式的学习资源，学生在上课前完成教学视频等学习资源的观看和学习，师生通过小组讨论在课堂上一起完成作业答疑、协作研究和互动交流等活动的一种新型教学模式。翻转课堂真正意义上实现了学生的主体地位，学生不再单方面接受教师的传输，而是可以通过自己的途径去主动获取，由被动变为主动是对学生爱好的一种培养，同时也可以让他们结合自身有目的、有方向地去预习、复习，并且还能及时地巩固自己的不足，引发新的思考。在学习的过程中，教师还可以鼓励学生多参加互动，触动学生的思维，让学生在交流探讨中发现问题，从而去自主解决问题，有利于学生创新思维的培养。同时学生在探讨的过程中，学到了其他同学分享的知识，弥补了自己的不足。

[作者简介]郭婷婷（1989年—），大庆市第三十五中学校，从事语文教学，二级教师，擅长教学管理和科研。

二、翻转课堂模式运用

（一）运用视频和微课实现课前自主学习

翻转课堂模式最重要的是学生主体作用的发挥，这种教学模式有利于优化课堂教学效果，让学生多方面地、主动地获取教学资源。教师在整个过程中起到引导的作用，不能像传统课堂一样作为课堂的“主宰者”，要通过这种模式培养学生自我阅读和合作探究的能力。翻转课堂模式重视学生自我学习的过程，但是自主学习不是漫无目的搜集资料。对于时下的课堂教学，运用视频和微课是这一模式的重要前提，是学生主动获取知识的重要途径。这就对教师提出了更高的要求，教师课堂上的“放松”是课下更多的努力与付出，教师要针对阅读课堂的主要内容制作相关的微课、视频，预设学生阅读中可能存在的障碍，把相应内容的重点难点在制作中体现出来，主要包括阅读内容的作者及背景介绍，让学生能够知人论世，还要介绍阅读的方法等，学生在自主预习中不能解决的可以课下进一步查资料，还不能解决的可以与同学深入探讨，最后不能解决的课上师生互动，整个过程学生真正地去思考，这是阅读思维的培养过程。

例如在诗歌教学中，针对析意象、品意境这一知识点的鉴赏，教师首先通过微课介绍析意象、品意境的知识点，让学生对这一知识有系统的认识。学生通过自主学习能够掌握这一知识点，并对答题方法有了深刻的认识，这方便学生的解题，也有利于学生自主探究，同时针对具体的诗歌，教师还可以通过小视频，让学生了解写作相关的作者和写作背景，让学生对诗歌能够理解透彻，让学生把课上即将讲解的内容进行充分地预习。在观看视频过程中不仅掌握了诗歌阅读的主要内容，还让学生扩充了知识，增强了学生的自信，使学生潜能得到发挥。

（二）课中通过小组合作探究共同解决疑难问题

翻转课堂教学环节中教师应注重培养学生独立思考和合作探究的能力，让学生在自主学习的过程中构建学习框架和知识体系。小组合作探究是高中语文课堂中经常采用的一种教学方式。教师通过交流平台把学生在预习过程中遇到的问题进行整理，课堂上通过多媒体展示出来，学生采用小组合作方式，集思广益，提供多种解决问题的策略。学生通过自主学习出现的问题可以在课上进行交流与辩论，这一过程是对学生创新思维能力的培养。例如在讲解小说阅读的时候，学生对小说的主题理解得不是很透彻，针对这种情况，教师给予适当点拨，在让学生进行小组讨论，之后对重点的部分集中讲解，同时创设一些与这一主题相关的学习活动，让学生在真正的探讨中解决实际问题，从而实现学生的主体作用，知识消化的过程，提高学生知识迁移的能力，这样也有效地带动了优秀生，鼓励了后进生。

（三）利用翻转课堂模式课后及时进行巩固评价

课后巩固评价是语文翻转课堂必不可少的环节。课后巩固评价，可以让学生对所学知识进行温习巩固，帮助学生对课堂知识查缺补漏。在进行课堂教学之后，教师也需要与学生及时沟通来了解课堂的设计和教学效果，对教学中的不足进行反思，这样能够有效地防止在以后教学中出现同样的错误。同时，教师可以借助 QQ、微博、微信等社交软件实现与学生的及时交流，评价学生的课堂学习表现，积极帮助学生解决学习中遇到的疑难问题。通过翻转课堂创新评价体系，更好地实现学生的个性发展和终身发展。学生在课后可以充分利用教师的视频，对自己不理解的地方反复观看，对问题进行仔细思考，从而能够更好地理解和巩固所学知识。通过交流平台与教师或同学对课堂中的问题继续进行探究和交流，从而不断深化和拓展学生的知识面，提高阅读理解能力。

总之，作为一种新型的教学模式，“翻转课堂”还有很多值得去探索，例如学校教学设备的情况、时代信息化发展的提高，学生学习日常习惯的养成等问题。但是，毫无疑问，翻转课堂这一教学模式打破了传统的课堂模式，为学生学习提供了更加广阔的空间，提高了学生的自主探究能力，也吸引了学生学习的兴趣。因此，在今后的教学实践中，我们应该更加深入地研究这种教学模式，切实提高高中语文教学的效率和效果。

［**参考文献**］

[1] 张瑜：翻转课堂在高中语文教学中的应用研究 [D] 哈尔滨师范大学，2015

[2] 李旦丹：高中语文“翻转课堂”教学模式的实践与思考 [J] 学子月刊，2015（14）：51-52

[3] 张建斌：翻转课堂教学模式在高中语文教学中的应用 [J] 西部素质教育，2016，2（12）

浅谈如何在高中语文教学中渗透传统文化

宗 颖　大庆市第三十五中学校

[摘 要]新课标下的高中语文教学过程，不能只是单一地注重理论知识灌输，更重要的是从人才培养和发展视角出发。其中，传统文化在教学中的渗透就是一个非常好的途径，使他们在熟练地掌握语文知识和语文能力的过程中，能接受地方文化教育、传统文化教育及人文教育，并对他们进行实用语文的指导。本文将从高中语文教学中的传统文化渗透这一角度，谈谈自己的一点认识。

[关键词]高中语文　传统文化　渗透　研究

高中阶段的学生，他们已经有了一定的文化基础，对传统文化有了一定的了解，因此，高中语文教学中的传统文化回归和渗透具有一定的必要性。

一、传统文化渗透到高中语文教学的意义

站在时代的讲台，手执新教材的语文教师，应该义不容辞地担当起这个历史使命：充分发挥语文学科实施人文素质教育的特殊功能。对中学生进行传统文化教育，并且把它渗透到学科教学中，使他们在熟练地掌握语文知识和语文能力的过程中，能接受地方文化教育，传统文化教育及人文教育，并对他们进行实用语文的指导，使他们在热爱家乡文化，热爱传统文化的基础上发挥自己的创造潜能，提高语文素养与语文能力，从而提高他们的思想素养和道德修养，使中华传统文化在新的历史时期不断发扬光大，进一步实现语文课程在促进学生的全面发展方面的价值追求。传统文化的渗透有利于课堂教学内容的深挖，新课改下的高中语文教学实践要求老师不再是单纯地教教材，而是提倡如何有效地利用教材。在此过程中，倡导的是教师以校本教材为基础，发掘和应用语文课程资源，对语文教材中的内容进行拓展、补充和优化重组，从而确保学生们能够更好地理解和把握。对于中国传统文化而言，可谓博大精深，可有效充实当

[作者简介]宗颖（1979 年—），大庆市第三十五中学校，一级教师，主要从事高中语文教学研究。

前高中阶段的语文教学内容。传统文化的渗透对培养学生健全的人格具有非常重要的作用。

实践中我们可以看到，关于传统文化的文章，几乎或多或少地存在着浓厚的情谊、爱国热情等，这对树立学生健全的人格，具有非常重要的作用。在高中语文教学过程中，通过渗透传统文化、爱国情感，可以让学生认识到自身的缺陷与不足，以此可对自身进行积极地改善，从而形成健康的心理素质。

二、传统文化渗透高中语文教学的方法

基于以上分析，传统文化的渗透对高中语文教学具有非常重要的作用，那么如何在高中语文教学实践中有效地融入传统文化，笔者认为可从以下三个方面着手：

（一）高中语文教学中的传统文化融入

亲近古诗文，营造文化氛围，领略民族文化风采。语文本来就是“文化”最基本、最重要的载体，历来是一个人文化水准的最外在、最鲜明的标识。因此，我们要努力营造语文课堂的文化氛围，力求语文课多一点文化气息，让学生在课堂上领略到“文化”应有的魅力。

高中语文教学实践中，学生之所以会摒弃传统文化，主要是因为他们觉得传统文化是高高在上的之乎者也之类，与他们的现实生活关系不大。之所以会出现这样的问题，主要是学生们通常会忽视一些习以为常的事情。针对这一问题，需要教师更多地关注学生们的现实生活，以此来调动学生的学习积极性，激发他们学习和弘扬传统文化的热情。我认为首先应该让学生了解课文背景，感受传统文化。如在苏洵的《六国论》教学过程中，苏洵认为六国破灭，“非兵不利，战不善，弊在赂秦”，并借古讽今“苟以天下之大，而从六国破亡之故事，是又在六国下矣”；欧阳修借五代后唐庄宗先盛后衰，先成后败的历史事实，扼要地提出“忧劳可以兴国，逸豫可以亡身”“祸患常积于忽微，而智勇多困于所溺”等论断，精辟透彻，发人深省，在今天仍值得我们学习。我知道将高中语文传统文化融入教学之中，并且与我们的现实生活有机地结合在一起，可以起到非常好的教学效果。

（二）利用网络资源，有效弘扬中国传统文化

对于高中阶段的学生教学而言，虽然课业负担非常的重，但是这并不妨碍学生对电视节目、影视剧及电影的追捧。因此，在高中语文教学过程中，应当结合实际，积极引导学生将传统文化与学生的现实生活紧密结合在一起，以此为基础扩展课堂教学内容。

比如，有学生喜欢《百家讲坛》，针对这一特点，可引导学生多关注其中的传统文化内容；有学生喜欢相声、歌曲，不妨要求他们分析一些周杰伦歌曲（如《青花瓷》），或郭德纲相声段子中关于中国传统文化部分。在此过程中需要强调的是，利用网络技术和多媒体视频参与教学，融入传统文化时，古典名著改编而成的影视剧目非常多，但质量上参差不齐，而且成语使用错误，因此，老师应当在教学资源选择过程中应严格把关。互联网技术的普及和应用，为高中语文教学和传统文化的学习提供了非常广阔的空间。网络上的资料特别丰富，这是学生取之不尽的学习素材库。在高中语文学习中，学生要学会从众多的网络信息中提炼对自己有利的信息，若能够合理地应用网络资源，则可以有效弘扬中国传统文化。

（三）渗入中国传统文化，培养学生人文素养

高中语文教学中渗透传统文化时，首先应当注重人文知识的输入。语文教材是语文知识、文化知识的重要载体，同时也蕴含了非常丰富的人文知识，其中涉及社会、政治、历史和地理等方面的内容。在现代高中语文教学实践中，应当注意结合教学内容和教学目的，针对性地给学生介绍一些人文知识，从而使他们能够了解、认知和思考，引导他们去学习和借鉴。比如，《归园田居》《归去来兮辞》等内容，在教学过程中可让学生了解我国隐士文化精神，寄情山水、追求人格的自我完善的精神力量，都可以引起学生们的学习兴趣。

其次，培养学生的人文精神。语文教材既承载了传统文化之精华，又张扬着生生不息的华夏民族人文之精神。因此，要想全面提高高中生的综合人文素质，在传输人文知识的基础上要大力培养学生们的人文精神。中华民族精神品格，比如民本思想、舍生取义、身体力行、自强不息和勤奋好学等，需要我们在继承过程中不断发扬光大。教材里还有数不胜数的榜样，比如屈原“路漫漫其修远兮，吾将上下而求索”的不懈追求；苏武“杖汉节牧羊，卧起操持”的民族气节等。

三、结语

我们掬古典之泉，濯蒙尘之心，我们在愉悦中学会孝敬、学会关爱、学会诚信、学会思考、学会勤奋、学会优美、学会深刻…… 语文让我们快乐、语文让我们聪明、语文让我们美丽、语文让我们高尚、语文让我们有了内涵，语文让我们体现出了人的意义、人的价值、人的尊严！

总之，中华传统文化的弘扬需要每一位语文教师的努力，需要每个学生的努力，更需要每一个中国人的关注和努力，使学生热爱祖国文户的感情充盈胸中，良好的人文素质也在祖国文化熏陶下形成。只有这样，中华传统文化才会永远屹立于世界民族文化之林。

［参考文献］

[1] 廖海兰：高中语文教学中如何渗透传统文化 [J] 素质教育，2013(10)
[2] 周喜平：兰兴国．中小学综合实践活动案例与反思 [M] 北京：光明日报出版社，2010
[3] 秦学：人教版高中语文教材中的传统文化分析 [D] 长春：东北师范大学，2011

理解文化内涵　丰富作文思想

刘　丽　　大庆市林甸县第一中学

[摘　要]随着课改的需求，高考注重考查学生的语文素养，写作题目中对传统文化的考察也越来越多。学生的习作大都外延广而对内涵的理解不够透彻，导致作文的思想不够丰富和深刻。本文将阐述理解文化内涵的必要性，将从三个方面阐述，在平时的学习中，如何更好地理解文化内涵并以此来丰富自己的作文。

[关键词]思辨　主人翁意识　“点、面” 转换　“常动笔”

近年来传承传统文化如火如荼，各种文化类的节目应运而生。在高考中，对传统文化的考察也屡见不鲜。对高中生来说，了解传统文化迫在眉睫。

2016 年课标二卷高考作文题。阅读下面的材料，根据要求写作。

1. 天行健，君子以自强不息《周易》。

2. 露从今夜白，月是故乡明（杜甫）。

3. 何须浅碧深红色，自是花中第一流（李清照）。

4. 受光于庭户见一堂，受光于天下照四方（魏源）。

5. 必须敢于正视，这才可望敢想、敢说、敢做、敢当（鲁迅）。

6. 数风流人物，还看今朝（毛泽东）。

中国文化博大精深，无数名句化育后世。读了上面六句，你有怎样的感触与思考？请以其中两三句为基础确认立意，并合理引用。写一篇文章，要求自选角度，明确文体，自拟标题；不少于 800 字。

2016 年北京高考题。《白鹿原上奏响一支老腔》记述老腔的演出每每“撼人肺腑”，令人有一种“酣畅淋漓”的感觉。某种意义上，可以说“老腔”已超越了其艺术形式本身，成了一种象征。请以“‘老腔’何以令人震撼”为题，写一篇议论文。要求：从老腔的魅力说开去，不局限于陈忠实散文的内容，观点明确、论据充分、论证合理。

[作者简介]刘丽（1986 年—），黑龙江大庆人，大庆市林甸县第一中学二级教师，主要从事高中语文教学研究。

前一道题的六句话涉及的时代自周至现代，其思想有一定的代表性。题目直接告诉考生，从传统文化的内涵方面去写作。后一道高考题考察的是对地域文化的理解。这类作文更加注重考察学生的思辨能力和社会主人翁意识。学生们的作文往往外延广而内涵理解不够透彻，大都说一些高大上但是不接地气的话，作文内容不够丰富，思想不够深刻。我们会发现，写作时那种万能例子越来越不管用了，更加注重考察学生对社会热点和民生的自我思考，要写出我对国、对家的思考。要能体现出主人翁意思，要求学生不能只站在观察者的角度去写作，更要站在主任的角度去写作。让学生积极参与到社会生活中来，充分发挥学生的主观能动性，学生要有主人翁意识。

理解传统文化内涵则可以丰富作文的思想，深化作文的主题，体现学生的思辨。

中国传统文化就是通过不同的文化形态来表示的各种民族文明、风俗、精神的总称，包括诸子百家、琴棋书画、传统文学、传统节日、中国戏剧、中国建筑、传统中医、宗教哲学，衣冠服饰等多项内容。中国传统文化博大精深，我们该从哪里着手呢？对高中生来说如何来更多地了解中国的传统文化呢？

首先，要立足课本，抓住“点”，捕捉“面”。

以课本中的诸子百家和传统文学为切入点。熟读、理解文本的基础上，了解作者自己的思想和那个时代的思想状况，教师要做到系统性地掌握并有选择性地介绍给学生，让学生诵读并思考。由点及面，由个体到整体，由个性到共性，要有一个整体的把握。

其次，教师要 把“高大上”转换成“接地气”。

时代在进步，人们关注的更多的是“新”“异”，而忽视了“旧”。社会主义核心价值观：富强、民主、文明、和谐、自由、平等、公正、法治、爱国、敬业、诚信、友善。习主席说其核心就是“德”，国无德不兴，人无德不立。传统文化中的众多思想的核心就是“德”，所以这是对“旧”的新解释。

教师在授课过程中要把这些高大上的理论变成接地气的语言，这样学生才会很好地接受和理解并运用于写作。语文教师要挖掘传统文化的现代价值，找到传统和现代的切合点，把传统文化的传承渗入到平时的教学中，做好“旧”与“新”的转换。以下面这道考题为例：

材料一：9月21日9时整,G1次中国标准动车组“复兴号”驶出北京南站，最高时速达到355公里，历经4小时28分的飞驰，抵达上海虹桥站。355公里时速的正式运营，标志着我国成为世界高铁商业运营速度最高的国家。

材料二：在广西首府南宁与边城凭祥市之间，有一列“慢火车5511次列车，全程220公里，时速仅为41公里，全程用时5个多小时。列车停靠14个车站，平均15公里停靠一个车站，两个车站间平均票价仅2.5元。对于许多百姓来说，这趟火车就是他们生活的希望。

要求：全面理解，确定立意；不少于800字；不得抄袭，不得套作。

分析这两则材料我们不难发现，为改善人民的生活条件，提高人民生活水平，中国政府选择发展高铁；为人们生活的希望，提高人民生活质量，中国政府选择保留“慢火车”。看似相对立的两种事物可以同时存在，原因都是人民的需求。无论“快”，还是“慢”都是源于人民的需要。这是两则材料的“同”。接下来教师就要把“接地气”转化为“高大上”。其实这个“同”就是这是社会主义核心价值观的体现，也是中国古代很典型的民本思想的体现。初中的《得道多助，失道寡助》和高中的《寡人之于国也》说的都是民本思想。如果在讲解文本的时候，教师能把民本思想的基本信息讲得全面些、透彻些，再配以现代事件、社会热点，学生们就会更全面和深刻地理解其思想内涵，遇到这道题自然就会抓住要点，有所感悟。

最后，多看、勤思，常动笔；交流、讨论，多展示。

对传统文化的了解非一日之功，对高中生来说也没有那么多时间和经历去系统学习，所以我们要抓住每一个机会。在了解传统文化的同时，学生要多看新闻、了解时事、关注热点，思考传统与现代的关系，能把传统的思想和文化融入现代事件当中去，也就是找到传统和现代的切合点。当有所感有所悟的时候，要把自己的感悟记录下来，形成小论文。教师在教学中每周可以给出一个明确任务并检查，全班交流讨论并展示优秀论文。另外可以留下两个不确定热点，让学生自己写作，教师规定字数并定期检查。经过这样的一个循环，学生才能真正地理解并运用所学。学习不是单行道，也不是个体行为，我们要把它变成一个圆，形成一个循环。以高考为圆心，以学生为半径，画出一个满意的圆。以学生为主体，以教师为主导，形成师生共同成长的一个循环。如果学生能养成思辨和动

笔的习惯，那么不论什么样的考题都难不倒他们。

都说得作文者得语文，作文对学生来说至关重要，而高考又着重考察学生的语文素养，要求学生关注时事，所以传统文化与现代时事的结合尤为重要。身为教师的我们要带学生去发现，引学生去思考，和学生一起进步，助力写作，助力高考。当然，学习传统文化的意义，不只在于作文，更能丰富我们的思想，对语文乃至生活都有着重要的作用。让我们一起重温传统，增长见识，丰富思想。

《六国论》在作文教学中渗透的传统文化

丁海辉　大庆市林甸县第一中学

[摘　要] 在作文教学中明晰议论文写作方法，提升学生议论写作能力，渗透优秀传统文化，在语文作文教学融合传统文化，在语文作文教学带领学生接受传统文化的熏陶，培养学生的社会责任感。

[关键词] 议论文写作　优秀传统文化　渗透

我国是文明古国，有上下五千年的历史积淀，有内涵博大精深的传统文化，中华优秀的传统文化是我们立足世界的根本。中华优秀传统教育与高中语文教学密不可分，互相依存，而高中语文教学中的作文教学更是渗透优秀传统文化的重要手段。

《六国论》是人教版高中选修教材《中国古代诗歌散文欣赏》中一篇具有典型示范作用的议论文，是学生学习写作议论文典型的模板，对规范学生议论文写作有着典范性的引导作用，在教学中明晰议论文写作同时可以带领学生接受传统文化的熏陶，提升学生议论写作能力的同时可以培养学生的社会责任感。

一、开篇观点鲜明，传统文化蕴含其中

《六国论》是典型的提出问题、分析问题、解决问题（结论）三段式议论文。文章开始就开宗明义，简洁明了地提出了中心论点："六国破灭，非兵不利，战不善,弊在赂秦。"接着又提出了"赂秦力亏"和"不赂者以赂者丧"两个分论点，使论证更加严密，让学生了解并明确这种方法对高中作文写作模糊学生的优势，并尝试运用开门见山提出论点的方法，从而明确议论文怎样简明清晰地提出问题。

解析首段时为学生提供唐太宗李世民在名相魏征去世后，所发出的感慨"人以铜为镜，可以正衣冠；以史为镜，可以知兴替；以人为镜，可以明得失。"让

[作者简介] 丁海辉（1980 年—），黑龙江大庆人，大庆市林甸县第一中学，一级教师，主要从事高中语文教学研究。

学生以身边人为镜，取长补短有则改之无则加勉，接受优秀传统文化的熏陶，提升学生传统文化的素养。

二、方法多样论证，传统文化为其护航

议论文写作需要从多角度、多层次对论点分析问题，不会说理论证不充分，会严重影响学生的作文质量，这就需要学生了解运用多种论证方法，《六国论》在分析问题时采用了多种论证方法，值得学生借鉴。

《六国论》开门见山地提出问题后采用并列式结构分析问题，分两层来证明中心论点；第一层是论述第一个分论点“赂秦而力亏，破灭之道也”；第二层是论述第二个分论点“不赂者以赂者丧。盖失强援，不能独完”。分析问题过程中运用了举例论证、对比论证、引用论证、假设论证等论证方法，尤其让学生了解举例论证不是重复事实，而是用简洁明晰的语言分析观点，让举例自然而然成为说理的一部分，例如“思厥先祖父，暴霜露，斩荆棘，以有尺寸之地。子孙视之不甚惜，举以予人，如弃草芥。”以简洁的语言阐述“先祖父”的天下的不易，“子孙”的“不甚惜”，同时还运用了对比论证，进而用事实说明了“赂秦而力亏”。

在为学生解析此实例时，引导学生深思简洁的事实中蕴含着什么道理，“天行健，君子以自强不息”的坚强进取；三军可夺帅也，匹夫不可夺志也”的威武不屈；“人生自古谁无死，留取丹心照汗青”的崇高气节；“富贵不能淫，贫贱不能移，威武不能屈”的浩然正气，这些蕴含着中华民族崇高精神、人生哲理、道德修养的诗句被学生从脑中梳理出来，这些宝贵的文化财富是我们的重要精神支撑，这些是学生树立正确的世界观、人生观、价值观正确的精神指引和强大的精神动力。

“至丹以荆卿为计，始速祸焉。赵尝五战于秦，二败而三胜。后秦击赵者再，李牧连却之。”这段是进一步论证观点的举例论证，从不赂的角度分析齐、燕、赵三国覆灭的历史，照应分论点二“不赂者以赂者丧”。

“赂者”与“不赂者”对比，秦与诸侯土地得失对比，赂秦之频与“一夕安寝”对比，六国与北宋对比，突出论点；用“向使”假设论反面论证；“以地事薪，犹抱薪救火，薪不尽，火不灭”引用且是比喻方法论证，不仅使文章论证充分，也为学生渗透经典传统文化。

这种并列式的论证使文章的议论层次清晰，论证方法多样，说理透彻，分析问题中的史实也为学生提供了优秀文化资源与文化代表展开更加详细的讲述，在潜移默化的过程当中夯实当代青年群体对中华民族传统文化的信心。语文教学是培养传承中华优秀传统文化的主渠道、主阵地，语文教学是中国优秀传统文化发扬传承的重要手段，所以我们要在语文课堂教学，特别是作文教学中渗透传统文化，不断提升学生的文化素养。

文章的最后解决问题，总结历史教训，主张重用谋臣、礼贤下士、合力抗秦，文末借古讽今明确写作目的。

三、作文教学是渗透优秀传统文化的重要途径

《六国论》摆事实，讲道理，使用举例、对比、引用、比喻，假设等多种论证方法，加强了说服力，文本中的史实为学生提供了大量的文化背景，让学生积累了很多传统文化素材，懂得很多道理，增强社会责任感。

作文教学中渗透中国传统文化，可以让学生学会逆境中司马迁的坚忍、苏轼的旷达、欧阳修的随遇而安，学会国家大义前岳飞的精忠报国、辛弃疾的壮心无奈、杜甫的忧国忧民。同样在写作中，中国优秀传统文化无形中提高了文章的品位，提升了学生的文化素养，增加了学生的文化底蕴，提高了学生的道德水平。

学生文化素养的提高，道德观念的提升直接影响到社会发展，因为学生是民族的未来、国家的希望。中华优秀传统文化是几千年来中国文明发展沉淀下来的精髓，通过在语文作文教对学生进行优秀传统文化引导，深化学生对于我国优秀传统文化的认识与了解，进而提高学生个人素养，提升学生自身综合素质，增强社会责任感，为祖国的建设做出贡献。

高中语文诗文诵读教学研究

赵新怡　大庆实验中学

[摘　要]从高中语文教学上看，古诗文教学具有十分重要的地位，是学生语文学习的重要内容，同样也是难点内容。从学科核心素养上看，青少年在学习阶段重视古诗文的诵读，对于学生的终身发展大有裨益。林语堂在《吾国吾民》中说，诗歌是中国人的宗教。假如没有诗歌——生活习惯的诗和可见于文字的诗——中国人就无法幸存至今。

[关键词]高中语文　诗歌　诵读

南宋严羽《沧浪诗话》云："诗者，吟咏性情也"。诗歌的最初形态与舞蹈、音乐密不可分，既共同承担多元的社会作用，又可以抒发诗人的个人情志。追溯中国诗歌的源头《诗经》，淳朴的先民便使用了行吟歌唱的形式，再到乐府、词曲，皆可歌咏入乐。随着时间的流逝，原本的曲调已经丧失，但由于诗歌在形式上往往具有节奏铿锵、韵律整齐、句式整齐的特点，我们依然可以从声韵入手，解读诗歌，所以诵读法成为古诗文教学中重要的一部分。

诵读不是单纯的"背"与"念"，更不是单纯的朗读，清代古文家曾国藩谈到自己的诵读体会时说："非高声朗读则不能展其雄伟之概，非密咏恬吟则不能探其深远之韵。"换言之，诵读更偏重于吟咏，并在这样的过程中，深切体会声调气韵与作者蕴于其中的丰富的情感，来达到情感的共鸣。通过诵读古诗文培养良好的语感，深入体会情感，在潜移默化中得到熏陶感染，从而体会古诗文的文化美感。

在《短歌行》课堂教学中，以诵读为切入点，通过学生品读、互相评价、教师讲解、再次品读的过程，让学生了解并深入认识作者，分析作者的思想感情及主题。

诵读诗文有以下四种基本方法：

[作者简介]赵新怡（1992年—），黑龙江黑河人，大庆实验中学，二级教师，主要从事高中语文教育教学研究。

1. 熟读成诵法。南宋朱熹对于诵读的看法是,“要读得字响亮,不可误一字,不可少一字,不可多一字,不可倒一字,不可牵强暗记,只要多诵数遍,自然上口,久远不忘”。朱熹所说的就是熟读成诵的方法。在实际教学之中,这种方法也是使用最为频繁的,但是比较常见于文意浅显、容易背诵、情感直白的诗文,对于一些有深刻内涵的文段,难免有学生只能机械复述,而对于其中丰富的气韵、语言的美感及作者的情感毫无体会,将那意蕴丰富的古诗文变得支离破碎。

2. 情感诵读法。比如在《短歌行》的第一小节,学生在诵读时不仅有意识地把握诗歌的节奏、语音的强弱,更在一种无意识中主动去探索诗人的情感内核。学生在诵读之后,有意识地思考曹操在横槊赋诗时的情绪矛盾之处,“对酒当歌”实属人生乐事,为何却紧接着抒发出“人生几何”的感慨,在赤壁之战的前夜,曹操与战士同饮,明明“慨当以慷”,为何却又说“忧思难忘”,经过师生合作探究,学生提出,在这一段的诵读中应当是时高时低、时慷慨时低沉的,恰恰符合曹操的“人生苦短”感慨。

在实际教学过程中,几位同学对同一文段的把握不甚相同,他们均提出了自己的独特理解与观点,比如在第三小节中,有的同学提出,此时曹操面对乌鹊离自己而去飞向对方应该是十分心痛,但是却看到他们“无枝可依”时应该是有一些矛盾情绪的,不仅是惋惜贤才的流落,也有一点愤恨。也有同学说,曹操是一个“外简易而内机警”的人,他是一个久争沙场、心怀天下的大人物、真英雄,应该只是单纯的惋惜与喟叹,而没有愤恨不满,而且曹操在后文也加以解释“契阔谈宴,心念旧恩”,说明他是一个不计前嫌、胸怀大度的人。而且该同学通过查阅资料,以曹操在官渡之战后烧掉密函的事加以印证,同学们针对此进行了详细的讨论,以诵读为切入点,深入细致地探讨了曹操的情感内核与人物形象,相对于教师的单纯讲授,课堂效率显著提升。

3. 画面想象法。在追求诵读美感的同时,应该让学生兼顾着想象画面。可以引导学生去想象曹操作《短歌行》时的场面。曹操在赤壁之战前来到江边,巡视战舰,置酒大宴将士,酒至兴处,以酒奠于江中,复又满饮三爵,之后横槊赋诗,曹操握着这把陪自己征战沙场的兵器,他会想到什么?这把槊陪同自己破黄巾、擒吕布、灭袁绍、收袁术,只要再经此一役,便可以遂大丈夫之志。以及第三节中,曹操站在战舰之上,仰望滔滔江水,观“月明星稀,乌鹊南飞”之景。让学生开展想象，有感情地诵读诗歌，充分体会其丰富的三重忧思。

4. 文本深读法。在《短歌行》中，曹操有意识地选择了“呦呦鹿鸣，食野之苹。我有嘉宾，鼓瑟吹笙。”“青青子衿，悠悠我心”，以及“周公吐哺，天下归心”等典故，借此充分地表达自己“求贤若渴”“志在天下”的愿望。诗经中有大量描写宴会场面的诗，但《鹿鸣》一诗地位非同一般，它是诗经中的四始之诗，描写的是君王宴会的场面。而《子衿》一句原来是指女子思念有学识的男子，此时曹操借以表示他深切呼唤着有学识的人。诗经中表示“思慕”的诗句很多，但曹操选择这两句的重要原因是这两句诗后面的：“纵我不往，子宁不嗣音？”解释为，即便我不去你那里，你为什么不传信来！暗含着曹操求贤若渴的情感。

学生在熟练、有感情、有画面感、有深度地诵读古诗文时，不仅使学生对《短歌行》的内在情感得到深刻体会，更培养了学生的审美情趣，语句简洁而意韵深远，齐整而音韵和谐，在诵读过程中将文字外化为灵动的声，内化为深刻的情，让学生从中发现美，将自己的情感与诗人形成一种强大的共鸣，在诗歌的留白中借想象对美的事物进行再创造，不断提升学生的学科核心素养。

总而言之，学生在诵读的过程中，不仅有效地提高了语言表达能力，更加更有助于加深对作品的整体感受与内在探究。是陶冶情操与培养审美的重要方法，因此，我们要不断重视语文古诗文教学的诵读教学。

[参考文献]

[1] 叶国炎：波动学生文言文学习的心弦 [J] 语文教学之友 2006(9)
[2] 解爱静：诗教学模式初探 [J] 山东教育出版社 2000(4)
[3] 钟启泉：现代教学的模式化研究 [J] 山东教育出版社 2000(6)
[4] 徐华：古典诗词诵读教学论 [D] 成都：四川师范大学 2005 年
[5] 张隆华：曾仲珊著 . 中国古代语文教育史 [M] 四川教育出版社 2000 年 10 月
[6] 孙培青：主编中国教育史 [M] 上海华东师范大学出版社 2000 年 8 月

采撷散文的花朵　聆听圣人的教诲

——先秦诸子散文的教学与人文精神的培养

周园园　大庆市第十三中学

[摘　要] 如何对学生进行人文精神的培养成为当今高中教育的重点。高中生正处于世界观、人生观、价值观形成的最佳时期，他们有个性，有一定的人生经历和明辨是非的能力，他们紧跟时代潮流，却十分欠缺人文精神。先秦诸子散文在高中语文教学中无论是从基础的字词还是蕴含的智慧道理都是不容忽视的，先秦诸子散文蕴含了许多中国特有的文化元素，对提升中学生的人文素养具有重要意义。本文将围绕高中阶段先秦诸子散文的教学来探讨其中蕴含的人文精神以及如何实施人文精神的教育。

[关键词] 先秦诸子散文　人文精神　语文教学

人文精神是一种普遍的人类自我关怀，表现为对人的尊严、价值、命运的维护、追求和关切，对人类遗留下来的各种精神文化现象的高度珍视，对一种全面发展的理想人格的肯定和塑造。

语文课程标准在“针对高中语文课程的特点实施教学”中明确指出：“语文课程具有丰富的人文内涵和很强的实践性。应该重视语文的熏陶感染作用和教学内容的价值取向，尊重学生在学习过程中的独特体验。”同时，高中语文新课程标准在“课程的基本理念”中也指出：“高中语文课程必须充分发挥自身的优势，使学生通过优秀文化的浸染，塑造热爱祖国和中华文明、献身人类进步事业的精神品格，形成健康美好的情感和奋发向上的人生态度……”所以，语文教师不仅是书本知识的传授者，更应该是学生思想引导者。在注重成绩的同时，更应该培养学生的人文精神和智慧。那作为师者的我们，如何才能做到双管齐下呢？挖掘教材中潜在的文化智慧和人文精神，是切实的办法之一。在现在这样一个现代化信息技术和网络技术的快速发展的时代，网络文化中的一些不良因素冲击着我国人文精神的传承，所以我们更需要从传统文化中探寻人文精神，使

[作者简介] 周园园（1981 年—），大庆市第十三中学，二级教师。研究领域高中语文教学。

其在社会发展中发挥积极的引导作用。在中国古典文学中，先秦诸子学派“百花齐放、百家争鸣”，它们承载着丰厚的中国文化，给后人智慧的启迪。作为中华上下五千年文明历史的遗留产物，先秦诸子散文所展现不仅仅是那些人物的充满哲理的语言，最重要的是这些文章所反映的中华文明和社会思想，这些珍贵的思想成为我国现阶段人文精神培养的要内容。所以，我们应该把对先秦诸子散文的学习作为一个很好的契机来把握。对于高中生来讲，通过先秦诸子散文课程的指导既可以让他们了解我国优秀的文化、先进的思想，同时也可以让他们的人文精神得到培养。

那么，在高中语文课本先秦诸子散文中，蕴含着哪些人文精神呢？在这里简单举三个方面：

1. 以人为本

人文精神始终坚持以人为本，尊重维护人的价值，认为人是最重要的，是社会的中心，而先秦诸子散文中有不少的篇章反映了人文精神中以人为本的观念。在高中语文课本中，有一篇经受历史沉淀的名篇，就是荀子的《劝学》，在这篇文章中，荀子认为人的知识的来源并不是先天的，而是通过后天不断地努力学习得来的，强调了人的主观能动性。究其根本，还是说明荀子的理念是坚持以人文本的，这也正符合人文精神所体现的以人为本的观念。

2. 人道主义

先秦诸子散文中孔孟的思想是最为体现人道主义精神，尊重个人的理念的。语文教材《寡人之于国中》中，孟子认为在国家建设中，人民的地位是最高的，要高于君主和国家社稷，所以要让老百姓“养生丧死无憾”才是“王道之始”。“七十者衣帛食肉，黎民不饥不寒，然而不王者，未之有也。”只有对广大人民博爱，为民生着想，解民困，不对广大人民施行暴政。才能得到人民的拥护，其统治地位才能长久下去。水能载舟亦能覆舟，你爱民，民才爱你。这就是孟子著名的“民为贵，社稷次之，君为轻。”的思想，在今天仍有现实指导意义。

3. 个体人格

先秦诸子散文人文精神的另一个重要内容是对个体人格的重视，这反映了他们对信仰的追求和坚守。提到这一点就不得不提先秦诸子散文中的道家代表人物——庄子。庄子在追求“道”的路上尝遍辛酸，他作品中体现的精神独树一帜，是个体人格的完美展现。庄子关心的不是伦理政治问题，而是个体存在的生命和精神。通读《逍遥游》一文中，可以深刻地体会到庄子所向往的自由，这种自由的实现是要无己无功无名，这其实是精神境界的自由。庄子追求精神独立，他重视人的内在精神，他崇尚宁静的心境，逍遥的境界，所以“不乐寿，不哀夭，不荣遇，不丑穷。”著名学者鲍鹏山说：“庄子执着地追求自由和超越，拒绝强势和物欲，为人类守住了一个‘清洁的精神’。”

在现代社会主义和谐社会的构建中，利义两全、谦恭礼让、严于律己、宽以待人、诚信待人、维护团结、顾全大局、公平正义、诚信友爱等多种人文精神都需要继续发扬光大，并且在下一代人的精神生活、物质生活中发挥着积极的引导作用，促使他们形成科学的社会观、价值观及道德观等各种思想体系。

那么我们怎样才能切实有效地利用好先秦诸子散文对学生进行人文精神的培养，从而有利于学生正确的人生观、价值观及世界的形成呢? 笔者拙见：

一、明确人文精神的内涵。

只有明确了什么是人文精神，才能在具体教学中做到主次分明、重点突出、有的放矢。

二、树立“人文之师”的良好形象

使学生对语文产生浓厚兴趣的，首先是教师的人文素养和教学水平。相对于其他学科教师“授业解惑”的职能，语文教师更多了一份“传道”的责任，所以，语文老师的形象显得非常重要。要有丰富的知识、高尚的情操、优雅的举止，语文教学就会变得轻而易举、事半功倍。古人所说的“行不言之教”“其身正，不令而从；其身不正，虽令不从”，就是这个道理。这需要教师长年累月默默地努力。

三、立足中学语文教材，用科学的方法从课本与读本中充分挖掘诸子散文所蕴含的人文因素。

1. 用科学的教学方法引导学生积极思考，领悟人文精神内涵。

例如在《庖丁解牛》一文中，除了使学生明白一些养生之道外，还应该引导学生科学地分析文中的内容：“依乎天理，批大郤，导大窾，因其固然”——顺乎事物的自然规律，摸清脉络，才能化解其中的矛盾，把问题处理好。通过学习先秦诸子散文，运用文中所蕴含的人文精神，处理朋友、同学及亲人之间所产生的矛盾。

2. 用比较的方法指导学生学习先秦散文，领悟人文精神内涵。

在教学时，可对作品进行对比阅读教学，促使学生在对比的过程中，领悟其人文精神内涵。例如在教读庄子的《逍遥游》一文时，可以结合《兰亭集序》《归去来兮辞》等著名篇目，共同分析、鉴赏庄子所要表达的人文精神，指导学生联系自己的实际生活，深刻地认识和理解庄子哲学思想中所反映出来的人文精神，以此来净化学生的心灵，提高他们的思想。

3. 以人文精神为主题，开展丰富多彩的活动，采取灵活生动的教学方法。

比如辩论，先秦诸子散文中有许多本来就是以对话形式展开思辨性讨论的，因此在教学中，教师应该鼓励学生大胆提出对先贤思想的理解，甚至是质疑；比如播放一些以先秦诸子为主人公的影视作品；比如让学生收集先贤富有智慧的语录；比如让学生畅所欲言地谈谈自己的烦恼，由其他同学从先贤智慧中找到办法帮助这个同学来解除烦恼……方法有很多，只要教师有这个意识，就一定能创新教学方法。

总之，先秦诸子为我们留下了一大笔无比宝贵的遗产。这些经典著作是我国文化传统和人文精神最重要的根，我们没有理由不加以珍视。高中生正处于人生观、世界观和价值观形成的最佳时期，他们有个性，有一定的人生经历和生活经验，有一定分辨是非的能力。作为教师应下足功夫挖掘先秦诸子散文中的人文精神，引导学生通过充满兴味的学习，来增长见识、开启智慧、涵养德行、砥砺人格。

我们的语文教学该何去何从

刁国利　大庆市第十三中学

[摘　要] 摘要：一个一线教师不去思考自己脚下的路伸向何方，只是不断地思考该迈左脚还是右脚，我们又如何能把这路走得长远，走得安稳？所以咱们今天就是实实在在地说点大话。

[关键词] 九年语文　三年语文　一生语文

我今天想要讲的题目是《我们的语文教学该何去何从》，是的，就是这样一个大的话题，可能不该我想也不该我说。但是如果一个一线教师不去思考自己脚下的路伸向何方，只是不断地思考该迈左脚还是右脚，我们又如何能把这路走得长远，走得安稳？所以咱们今天就是实实在在地说点大话。

2017 年的高考对我的触动很大。实话说成绩很不理想，平均分、最高分都低得前所未见，于是我开始思考“为什么？”“问题究竟出在哪里？”是学生素质、考题变化、复习策略，还是其他的什么呢？可是我发现我所思考的问题似乎都是在给成绩不好寻找一个理由罢了，并不能起到真正的作用。于是我的大脑就开始跑题了，我在想这一张高考卷子究竟体现了什么样的语文呢？是高三一年翻来覆去、题山题海的语文，是高中三年一篇篇课文精讲略读的语文，还是初小九年，日积月累、识字背词的语文呢？我想这都不是完整的语文。完整的语文应该是语言应用能力、审美能力、与探究能力及良好的思想道德素质和科学文化素质相结合的关乎于一生的语文。大家可能觉得我说的这话有点虚，其实不然。此话出自《普通高中语文课程标准》，也就是我们经常提到的一个热词“语文素养”的出处，那么何为语文素养呢？标准里面大致分了六点：一、必要的语文知识。二、丰富的语言积累。三、熟练的语言技能。四、良好的学习习惯。五、深厚的文化素养。六、高雅的言谈举止。我想这么一说，大家就应该清晰了，我们怎么还能将现在的语文当成是九年三年甚至一年的一门学科来对待呢？

[作者简介] 刁国利（1981 年— ），大庆市第十三中学，二级教师。研究领域：高中语文教学。

2016 年、2017 年两年高考语文成绩逐年走低（我这里说的不是我们学校，是全市乃至全省，我要说明一下，我并没有做相关的数据统计，只是大致地问了一下市里的同行及外市县的一些同行，不能说绝对准确，但我认为有一定的采信度）。我觉得其中很重要的一个原因就是高考命题越来越开放，而我们的语文教学却还停留在讲精某一模块、做熟某一题型等传统的应考模式上，那么就势必会造成学考分离。换句话讲就是高考长大，而我们还在用棒棒糖哄它，它能给我们高分吗？而且 2016、2017 两年还仅仅是为 2018 年高考全面改革做的一个铺垫，2018 年马上就到了，我们该何去何从？

第一组关系：九年语文与三年语文

九年语文，即初小时期的语文教学，我们是高中教师，很多人可能会说初中、小学语文于我们有何关系？其实不然，正所谓知己知彼才能百战不殆。我们不妨从这样的两个方面去思考这个问题。

一、了解教学任务，明确目标，调整策略

我们只有清楚了解初小时期的语文教学任务及学生所应达到的语文水平，才能更好地安排我们的教学目标和调整我们的教学策略。这一点是我在批中考卷子的时候得出的感悟。今年的中考卷作文题目是《慢慢的，我懂了》，是一个命题作文。批阅的过程当中我发现，除少数优秀作文外，大多数文章可以分为两类：一种是确立一个我懂了的内容，例如勇气、智慧、包容、诚信等，然后套入之前备好的一个例文之中，多数大讲特讲名人故事。第二种则是以我为叙事中心，表述重点为懂了亲情、友情、师生情等。这两类文章，主评给出的大致评分标准为 36 分上下及 42 分上下，也就是说是中等文或是中上等文。那么问题就出现了，这类的文章在高中作文评价体系当中是比较低级的，也是高中老师比较不认可的写法，我就曾经对学生说“你们那个作文不要一上来就春花、秋月、夏日、冬雪的一大通排比，而是要实实在在地先表明自己的观点。”或者是“咱能不能不一写作文就写故事，一写故事就我小学时怎样怎样，我初中时怎样怎样？”现在想想学生听了这样的话一定是懵的，为什么呢？“我初中老师是这样教的呀，而且分也不低呀，怎么到了高中这就变成差文了呢？”这样他就会产生一定的认知混乱，甚至影响他以后的学习。所以我们不能武断地告诉学生是怎样或该怎

样，而应该与其一同分析高中语文与初小语文本质上的不同，使其做到知其然并知其所以然。

我们正确认识初小语文的教学任务及我校学生的完成度对我们的教学有很大帮助。《义务教育教育课程标准》中对教学任务有非常详细的规定，一共十条，概括下来与我们说的语文素养的六条基本相同。但是我们实话实说，大多数的初中学校所真正关注的，也就是初中毕业生能够真正完成的也就是前三条：

（一）必要的语文知识。

（二）丰富的语言积累。

（三）熟练的语言技巧。

而根据我校学生层次，这三条的完成度恐怕也不会太高。所以才会出现作文的错字连篇，答题的毫无逻辑，常识的一无所知等诸多的问题。这也是我们老师抱怨最多的地方，可是抱怨归抱怨，它并不能解决什么问题，转变思路、放下身段才是解决问题的办法。不要认为我们是高中就只讲高考内容，因为现在的高考针对的已不是三年，而是十二年甚至是十五年。所以我认为针对我校学生现状，至少在高一年级，我们的重点还应该放在语文知识、语言积累和语言技能上。

第二组关系：三年语文与一生语文

看到这样的一组关系对比，很多老师可能又会认为我在唱高调。“三年就是三年嘛！学生上高中不就是为了三年后的高考吗？说一生，有点太抬高自己了吧。”若是在高考改革前我还真不敢说，可现在我恰恰认为理清这两者的关系才是高中语文教学的重中之重。

在之前的高考背景下，因考试所涉及的内容和知识与多方面的能力和素养并不匹配，又因素质教育不可量化而高考成绩可以被衡量，导致了高中教师将高分作为了第一教学目标，教师在课堂教学中对高考所涉及的内容反复强调训练，不涉及的则不管不顾，课堂内容就只剩下循环往复地做题讲题。我们的老师花费大量的时间研究高考真题、分析命题规律、猜题押题，却忽略了语文学科的本质。而这样的现象不仅在高三年级出现，甚至要贯穿整个高中。有时候你的课堂内容是否体现高考都成了是否是好课的评价标准之一；这种短期内急于求成的教学方法也就造成了学生的知识面、阅读面的狭窄，造成了语文课的枯燥无味、现实功利。举个例子，诗歌是中国传统文化中非常重要的一种题材，诗

歌鉴赏题也是高考卷子中的重点和难点。我们的语文老师都知道鉴赏诗歌就要从内容、语言、技巧等几个方面去做，于是讲诗歌课的时候也基本上会从这几个方面去设课，可是我们是否忘记了一个最基本的内容，那就是我们干的不是一个操作工的活，我们培养的也不应该是流水线上的工人，诗歌所带给我们的，也是最需要我们鉴赏的，应该是美的体验。这就像前段时间我和咱们学校的一个化学老师探讨《声声慢》《雨霖铃》《江城子》中的离别所体现出来的不同的美学特质一样，相信他的语文老师绝不是只告诉他鉴赏诗歌该如何答题。我们教会学生的不应该只是怎样做题，还应该有语文的审美与浪漫，而这些就不仅仅关乎学生三年的那张考卷，而更关乎于其一生。

二、课堂实践，培养能力，解决问题

我曾经不止一次地听过这样的说法：语文阅读不需要读懂，不需要感悟，只要掌握一定的答题技巧就能得分。我想经过这两年的高考，持这种态度的人应该会越来越少了，我们的语文高考将会越来越开放，越来越灵活，技巧终将成为必要的辅助，而综合素养的提高才是王道。那么在新高考背景下，高中语文教学该有怎样的对策呢？我认为应该注意以下三点：

第一，注重课堂的人文性

语文学科不仅仅具备工具性，更多的是较强的人文属性，提高学生素养，丰富学生的精神世界。分数不应该成为语文教学的唯一目的，我们更应该思考在传授知识的基础上激发学生的人文素养，强调人文性，更有助于学生认识自己认识社会认识世界，形成正确的人生观和价值观。

第二，注重课堂的开放性

新高考背景下语文教学将不再把学生视为接受知识的容器，不再让学生毫无见解地接受教师讲述的所有知识。而是更加注重学生的反馈、开发学生的思维。这就需要我们教师创新教学手段，打破封闭的教学模式，依据不同的课程和内容，灵活采用不同的教学形式，引导学生积极获取信息。

第三，注重课堂的欲望性

欲望是学生学习的原动力，“我要学”所收获的一定比“要我学”多得多，而理想的语文课堂恰恰应该是一种扎实推进语言实践的课堂，是切合实际的“听、说、读、写”的课堂，是充满了趣味性、愉悦感的课堂。学生在这样的课堂中，欲望得到了满足，素养得到了提升，成绩自然会稳步提高。当然，我这里所提到的理想课堂绝不是举着高考素质教育的大旗，打着“学科渗透”“合作学习”的幌子的形式主义课堂，而是真正能够引起学生兴趣，产生探究欲望的课堂。

总之，在高考深化改革的大背景下，语文作为母语学科的重要地位将得到凸显，对我们语文老师来说，既是新的挑战，同时也是新的机遇。“路漫漫其修远兮、愿吾等上下而求索”。以上就是我的思考，既不成熟也不系统拿出来与大家分享，希望各位同仁批评指正。

立足现代语文课堂 弘扬中华传统文化

邵江涛 大庆市第二十三中学

[摘 要]中华传统文化是中华民族精神的精华，从古至今通过各种载体广泛传播。而在现代的语文教学中，古诗文与传统文化的关系最为密切。古诗文不仅是中华民族优秀传统文化的重要载体，更是高中语文教材的重要内容。所以本文选取了古诗文这个立足点来探讨语文教师如何在现代课堂的古诗文教学中弘扬传统文化，让学生汲取民族智慧。我从自身的实际教学出发对此进行探究。

[关键词]中华传统文化 现代语文课堂 古诗文教学

习近平总书记在十九大报告中指出，“文化是一个国家、一个民族的灵魂。文化兴国运兴，文化强民族强”。中华传统文化是中华民族经过五千多年历史孕育出的优秀文化，并在历史的长河中积累、沉淀、传承，形成了自己独特的风格。古诗文中蕴含的报国情怀、忧国伤时、宁静致远、思乡怀人等情感都是传统文化的缩影。它是弘扬民族文化的基石，也是传承民族精神的纽带。2003年颁布的《普通高中语文课程标准(实验)》课程目标中明确指出：“学生要学习中国古代优秀作品，体会其中蕴涵的中华民族精神，为形成一定的传统文化底蕴奠定基础。”所以作为语文教育的工作者，我们应该在平时的课堂教学中弘扬传统文化，让学生接受传统文化的熏陶，拓宽学生的文化视野和思维空间，树立正确的世界观、人生观、价值观。

一、现代课堂教学中营造传统文化的氛围

课堂是学生接受教育的主要阵地。教师在课堂上可以创设情景，拉近学生和古诗文的距离，借助课堂教学营造传统文化的氛围，培养学生的传统文化意识。

教师可以借助与古诗文有关的背景音乐、情景画面、视频和动画等信息技术。调动学生的情感，激发学生的兴趣，促进学生融入营造的氛围中。比如在

[作者简介]邵江涛(1988年—)，大庆市第二十三中学，一级教师，主要从事高中语文教学研究。

《念奴娇·赤壁怀古》的课堂教学过程中，教师可以先播放这首词的配音朗诵激发学生的学习热情，让学生从听觉上感受到辛弃疾慷慨豪放的诗风。初步感知后，教师再播放视频加深学生对诗词的理解。视频以三国历史为背景，穿越时空，使学生从视觉上回想赤壁的辉煌，体会辛弃疾的旷达、伤感。教师利用多媒体的教学形式、古诗文的教学内容，可以把传统文化更形象化，也可以提高学生的学习兴趣和学习记忆效果。传统文化是一种熏陶、一种影响，教师通过课堂上古诗文的讲授，可以营造浓厚的课堂传统文化氛围，将学生引入到传统文化的氛围中，学习古诗文，了解传统文化。

二、现代课堂教学中组织传统文化的诵读

古典诗文富于声情韵律，字字经典、内涵丰富，有着独特的韵律美。所以在课堂教学中教师不能只是枯燥地讲解文字，应该组织诵读活动让学生感受传统文化蕴含的音韵之美。

节奏就是古诗文的生命，在诵读中应该把握诗文的节拍韵律，字音强弱响沉，声调轻重缓急，语速曲折疾徐。为了让学生能体验到古诗文的文情之美、意境之妙，教师在课堂上要和学生反复研读。例如，读《琵琶行》时既要读出大弦的粗重急促，又要读出小弦的轻细急促；既要读出嘈嘈切切的急切愉快，又要读出大珠小珠的清脆圆润；既要读出幽咽泉流的低沉凝涩，又要读出银瓶乍破的激越雄壮。短短的几句话却绘声绘色地描写出琵琶女的弹奏效果。如此多变的弹奏效果需要教师在课堂上引导、激发学生反复地诵读，帮助学生把自己的全部感情融入文章的境界中，从而收获美的享受和感情的陶冶。

课堂上教师可采用自由读、示范读、分组读、全班读等多种诵读方式，指导学生像品尝美酒那样去品味语言，把握古诗文的感情基调，从而领悟其中饱含的深厚感情。

三、现代课堂教学中丰富传统文化的知识

高中语文教材中有很多经典的古诗文，但学生对篇目的理解仅局限于书本的字里行间，这对了解传统文化是远远不够的。这就要求教师在课堂教学中丰富教学内容，以这些经典内容为切入点进行适当地扩展，让学生对课文外的传

统文化知识有更多的了解。

从历史的角度丰富传统文化知识。比如在《鸿门宴》的课堂教学过程中，教师可以把课文当成一个历史故事来讲解。教师可以从《史记》中“楚汉争战”的背景入手，引出鸿门宴这个历史事件，通过对人物间的复杂关系、相关历史事件、事件的结局、历史影响等方面的介绍，丰富学生的认知，让学生对这段史实有更进一步的学习。

从民俗的角度丰富传统文化知识。教师在课堂上讲解杜甫《登高》、李清照《醉花阴》“佳节又重阳”时可以拓展到重阳节的起源、活动、相关传说，以及写重阳节的其他古诗词。讲解《离骚》时，教师为了激发学生的学习兴趣、帮助学生理解文中晦涩的语句，可以投其所好从我国端午节的起源、发展、传承、活动、饮食及不同地区端午节的风俗习惯等多方面入手讲解。

从礼仪的角度丰富传统文化知识。中国是礼仪之邦，在古代日常生活中的座位也是很有讲究的，不同地位的人座次是不一样的。例如，《鸿门宴》中“项王、项伯东向坐；亚父南向坐，沛公北向坐；张良西向侍。”这样的座次充分展现了人物的地位尊卑。教师在讲解这部分内容的时候可以拓展到古代尊卑礼仪的常识讲解，丰富学生的传统文化常识。

除此之外，教师还可以引导学生去了解原著内容，熟读原著，并组织学生对名篇、名著进行探讨。通过这些扩展和丰富，学生对古诗文的理解不再止步于字里行间，而是在丰富文化知识的基础上，更加深入地投入到课堂的学习中，加深学生对传统文化的认知。

四、现代课堂教学中融入传统文化的精神

古诗文是中国文学史上璀璨的明珠，它蕴含着我国古代人民无数的思想、情感和智慧。现行的人教版高中语文教材中饱含爱国情怀、传统美德、高尚情操的古诗文屡见不鲜。因此在现代的语文课堂教学中要融入传统文化的精神。学生通过学习古诗文，感受和领悟传统文化精神内涵和人文情怀。

教师在课堂教学中结合古诗文中重点的名言名句、作者的情感态度，着重分析诗文中蕴含的精神品质，让学生挖掘传统文化的内涵。例如，《荆轲刺秦王》中荆轲“风萧萧兮易水寒，壮士一去兮不复还”的义无反顾、慷慨献身；《离骚》

中屈原“长太息以掩涕兮，哀民生之多艰”的忧民忧国；《定风波》中苏轼“竹杖芒鞋轻胜马，谁怕？一蓑烟雨任平生”的从容淡定、豁达不羁。《归田园居》中陶渊明“羁写鸟恋旧林，池鱼思故渊”的质朴平实、安贫乐道。《师说》中韩愈“无贵无贱，无长无少，道之所存，师之所存也”的不耻相师、尊师重道。这些丰富的精神内涵对塑造学生的人格起到了潜移默化的作用。

在人格操守、道义担当、天下情怀、逐渐退位，传统文化精神逐渐淡化的今天，古诗文的课堂教学对培养学生的人文精神、形成理想的价值取向具有深刻的现实意义。

五、总结

在现代语文课堂教学中教师有意识地培养学生的传统文化素质，是每一名语文教师义不容辞的责任。学生通过教师以上四种途经的培养，不但对语文课堂上的知识内容充满了兴趣，同时也丰富了自己的传统文化底蕴。灿烂悠久的传统文化是中华民族的骄傲，也是每一个华夏子孙的精神食粮。这种食粮需要传承、需要发扬，所以在今后课堂教学中教师应继承优秀教学方法，运用良好教学策略，让中国传统文化千古流芳。

关于古诗词教学的思考

杨永梅　大庆市第二十八中学

[摘　要] 中国传统文化博大精深，包括睿智的哲学思想、辉煌的文学艺术成就和完善的道德体系，语文正是中国传统文化传承的重要载体。中学语文教材所选的古诗文，不仅积淀了多样的古代文化知识，也积淀着浓厚的民族优秀传统文化。因此，我们要在高中古诗文教学中渗透中国传统文化教育。 使古诗词的教学成为学生打开中国传统文化宝库的钥匙。

[关键词] 中国传统文化　古诗文　以意逆志　情贯古今

随着中国国际地位的不断提高，中国传统文化的影响力也在逐渐扩大。无论是在中国还是外国，中国传统文化都受到了不同程度的追捧。这种追捧有利于中国传统文化的传承和发展，有利于中国的进一步改革开放。但是，如果我们盲目推崇中国传统文化，往往会不得要领，这样的直接后果就是使中国传统文化的精华遭到破坏，甚至会带来某些误解，有些戏说、改编等行为还会歪曲历史原貌，将传统文化庸俗化，这无疑是对传统文化的践踏，而并非弘扬。因此，作为中华传统文化的传承者的语文教师，应该以冷静的态度面对，认真学习中国传统文化，努力传承中国传统文化，让我们的传统文化以自己本色的面貌面对世人，使中国传统文化的精华闪烁出璀璨的光芒。

在教学中构建学生学习中国传统文化的平台，传承本民族的文化是高中语文学科的一项重要任务。诚然，学生汲取中国传统文化的营养可选的道路有很多，比如看一些大家对某一部文学经典的讲座，或者为了规避字词障碍而追读一些古典名著的精简本。这些做法虽然看起来可行，实际上却如同饮鸩止渴。它只会使我们的学生不愿去拜读原著，可一千个读者就有一千个哈姆雷特，我们永远也无法复制别人的大脑，更无法将别人的思想全盘接收。况且这些无须咀嚼便可吞咽的中国传统文化少了点味蕾上的直接刺激，也就少了许多唇齿留香、回

[作者简介] 杨永梅（1982 年—），大庆市第二十八中学，二级教师，主要从事高中语文教学研究。

味无穷的美妙。由此看来，要想挖掘出中国传统文化的中国味儿来还应该溯于原文。然而因为久远的年代背景和晦涩难懂的古代文字，学生对中国古诗文的学习是有一定排斥心理的，如何帮助学生掌握自主学习古诗文并最终能够独立阅读中国古代文化典籍就成了语文教师应该研究思考的问题。

一、巧识意象，以意逆志

“说诗者，不以文害辞，不以辞害志。以意逆志，是为得之。”这就要求我们在阅读古诗文时，既要正确理解字义词义，同时又不拘泥于字词的字面义，要学会尊重古人的用字遣词习惯，学会识记古典诗歌中常用词语的特定含义。古人习惯以柳、杜鹃言离情，以梅、菊、竹寓人顽强、淡泊、有气节的品质，以羌笛、胡笳寄戍守思归之思等。在日常语文教学中，教师应帮助学生积累相应的意象，做好总结，有了这些基础知识的掌握，学生才能够顺畅地阅读中国古诗文。

例如在学习阅读马致远的《天净沙·秋思》时，曲中短短的二十八字中排列着十种意象，学生应该意识到这些意象既是断肠人生活的真实环境，又是他内心沉重的忧伤悲凉的载体。只有这样，学生才能真正体会到这首诗绝不仅仅是简单的景物的堆砌。作者所选取的每一个意象都是经过深思熟虑的，这些意象既是大漠地区特有的景致，同时又能烘托渲染出一种荒凉、孤寂、漂泊、凄苦的氛围，使作者的情感有以寄托，使读者与作者的心灵产生共鸣。

二、心系全篇，慧眼察情

即便我们熟谙古人用词习惯，也需要根据具体情况来论断，要求有全文观。

如初读孟浩然的《春晓》，有很多学生就提出了不同的见解，学生认为诗歌最后一句的“花落知多少”中写到了花落之景，而花在中国古典诗词中往往是美好事物的象征，美好的事物败落自然含有一种让人不舍的愁情。乍一看学生的想法是有一定道理的，但是我们细推敲起来，首先我们要简单了解一下作者的生平经历和本诗创作的背景，孟浩然早年隐居鹿门山，后入长安谋求官职，考进士不中，还归故乡。《春晓》是他隐居鹿门山时所作。因此诗歌应该是在抒发诗人热爱春天、珍惜春光的美好心情。至于对最后一句的理解也应该是一种惜春的表现，诗人由喜春到惜春，再用惜春衬爱春，全文一气呵成、言简意浓、情真意切。

三、情贯古今，知人论世

文学作品内涵蕴含情感与作者所处年代和生活环境紧密相连，因此在学习文学作品时应当深入探究作者的生平和为人，全面了解他所生活的环境和时代。只有这样才能体会到作品中蕴藏的真情实感，对于理解文学作品有着促进作用。

例如，王昌龄的《出塞二首》(其一)被人称为唐人七绝压卷之作，首句“秦时明月汉时关”无论时间上还是空间上都极具跳跃性，因此，很多读者未能领会作者独具的匠心。著名的诗评家沈德潜认为诗中互文，即词句可翻译为秦汉时的明月、秦汉时的关隘，这种解释很有见地，但仅仅停留于词语的表层意思。事实上，明月和关隘是描写边塞生活的乐府诗里常见的词语，在这两个词语前加上秦、汉两个时间性的限定词，顿使诗歌显得新鲜奇妙。这样落笔于千年以前、万里以外，一种雄浑苍茫的意境油然而现，而且人未还的人所指也不仅仅指当时的人们了，而是指自秦汉以来世世代代的人。

又如，我们不知道我国唐代的士大夫阶层，曾普遍存在着从师“位卑则足羞，官盛则近谀”的心理，就无法理解韩愈写《师说》的真正意义。这可以从柳宗元《答韦中立论师道书》的一段话中得到印证：“今之世不闻有师，有，辄哗笑之，以为狂人。独韩愈奋不顾流俗，犯笑侮，收召后学，作《师说》，因抗颜而为师。世果群怪聚骂，指目牵引，而增与为言辞。愈以是得狂名。居长安，炊不暇熟，又挈挈而东，如是者数矣。”韩愈反对“士大夫之族”的这种错误的观念，提出以“道”为师，“道”即师所在，在当时是具有极大的进步意义的。即便是在今天也对教师行业起到了很好的规范作用。

悠久的历史，灿烂的文化是中华民族的骄傲和自豪，是中华儿女情感的根源、智慧的结晶。在古诗文教学中弘扬中国传统文化不能一蹴而就，这还需要师生共同的努力。在今后教学中，教师要勇于创新、勤于思考，研究有效的教学策略，让中国传统文化万古流芳。

[参考文献]

[1] （宋）吕大防《韩愈年谱》中华书局出版 1991-5-1

[2] 柳宗元《柳河东集》上海古籍出版社 2008-5-1

探究式学习在语文教学中的具体运用

李艳侠　大庆市东风中学

[摘　要]新课程改革已实践多年，但实际教学中并未完全将很多先进的理念落到实处，本文以探究式学习方式为例，以课堂教学实践为依托，具体地展示了探究式学习方式在教学中的点滴运用及这种方式对学生思维方式的引领。

[关键词]探究式学习　探究式教学举例

《高中语文新课程标准》要求:“积极倡导自主、合作、探究的学习方式”，“全面提高学生的语文素养”，“注重语文应用、审美与探究能力的培养，促进学生均衡而有个性的发展”。探究式学习方式是课改新亮点，其核心要求教师作为学习的引导者在教学过程中根据学习的规律、学生接受能力等具体情况，对学生合理引导、恰当激发学生自己探究知识的兴趣，把书本知识和实践相结合，培养自主学习的习惯，达到开发学习潜能的目的。

一、把问题交给学生

如何变被动学习为主动学习，变教师主动教、学生被动学为教师辅助教、学生主动学？如何调动起学生学习的积极性、主动性呢？在教学中可用问题引导学生探究，放手发动学生主动解决问题进行这样一种尝试。根据不同学习阶段针对学生不同的学习状况设置了不同问题，让问题吸引学生去主动查找资料、主动熟读课文、主动思考，在求得问题的答案的过程中自然而然地调动起学生学习的积极性、主动性、创造性，培养了自己动手解决问题的实践能力，开发了主动思维的潜质，激发了学生创造性思维的活力，为终身学习和有个性的发展打下牢固的基础。下文以《祝福》为例，来演示用问题带动学生探究学习的过程。

预习阶段中设置的问题之一：网上搜集材料，了解“五四”时期束缚妇女的

[作者简介]李艳侠(1972年—)，大庆市东风中学，一级教师，研究领域是传统文化课堂教学研究。

封建礼教。预习结果展示如下:关于封建礼教,学生准备的材料很多,如三从四德、封建贞节观、贞节故事、贞节牌坊、封建礼教的具体内容、祝福的仪式及意义等,图文并茂，增加大量课外知识。课堂生成第一个大问题：那时封建礼教为什么能束缚妇女。经过热烈探究后达成共识：男权社会，男性主宰女性的命运。第二问题：为什么男性可以主宰女性命运，男权社会为什么能存在。这一问题难度大些，学生探究的方向较散，教师适时合理引导：追根溯源，从社会制度的角度思考才能抓住问题的本质。学生边讨论边肯定边否定，很快得出结论：封建社会制度保证了男权的优越性。教学中,探究出来的观点是学生自己挖掘出来的,容易为他们接受，避免了灌输式教学学习的被动性，而知识的得来全部缘于学生的自主探究，一切顺其自然、水到渠成，课堂气氛非常活跃。自主搜集材料探究问题得到的知识，远比教师给的要多得多，它调动了参与意识，激活了学生的思想，让思想的火花在彼此碰撞中形成了智慧。

二、把握探究问题的方向

探究式学习方式在文本分析中的作用发挥得如何取决于教师如何把握问题导向。“祥林嫂”的形象是《祝福》的重点，被挖掘得很深、很透，学生认为这是分内之事。但“柳妈”就没人重视，学生认为这是个非常次要的人物，对她没有什么思考。这个现状提供了用问题引导学生探究学习机会，可由浅入深地逐层设问：

问：根据课文提供的信息看“柳妈”的生活状况如何?

(面对这一突然发问学生很茫然,因为文中并未有明显的交代,探究式学习开始)

问：同学们在文中写“柳妈”有关的情节中勾画出对她的肖像描写部分。

答：“柳妈的打皱的脸也笑起来，使她蹙缩得像一个核桃；干枯的小眼睛一看祥林嫂的额角，又盯住她的眼。”(学生抓住了重点)

问：通过这一细节推断她年龄大概是多少?生活过得大概怎么样?

答：大约五六十岁，生活过得怎样看不出来。

问：在鲁镇家家户户准备过新年、祝福的时刻，柳妈在哪里干什么呢?

答：她在鲁四老爷家洗器皿，做帮工。

问：柳妈为什么做帮工?(学生思索了片刻)

答：啊（恍然大悟），她是为了生活吧，她家应该也很穷。

问：说到这里同学们想想柳妈与祥林嫂有无相同之处呢？

答：（学生几乎同时说）：他们都是穷人，都给鲁四老爷作帮工。

（好，同学们总结得很准确，她们都是穷人，都是那个时代的劳动人民，是一样的阶级出身，请记住这一结论，后文我们还要用到它。）

问：同学们读一读柳妈对祥林嫂说的话，思考，柳妈为什么把阴司里的事说得如此具体、生动？她相信阴司里的事情吗？

答：柳妈善于讲鬼故事；柳妈相信阴司里的事情。

问：柳妈为什么相信阴间的事情呢？（这个问题有些难度，学生思维一时间陷入了僵局，设法从旁降低难度帮助学生思考）

答：是因为那个时代人们没文化都有迷信思想。

（总结：那时候中国的劳动人民思想深受统治者控制，统治者给他们灌输许多迷信思想，这些思想麻醉着、束缚着、威慑着一代又一代的劳动人民，使他们除了安于统治者的权力束缚之外，还要安于封建礼教、封建迷信思想的束缚。）

问：有迷信思想的柳妈想不想帮祥林嫂？

答：想帮。

问：怎么帮？

答：让祥林嫂去捐门槛。

问：捐完之后如何？

答：祥林嫂神气舒畅了，但鲁四老爷仍不让他摆祭品，祥林嫂绝望了。

（总结：祥林嫂看来是必死无疑，很多人厌弃她，就一个想帮她的人却把她推向更恐怖的深渊。）

三、探究式学习的价值

在教师预设的问题范围内层层设问，学生思维紧跟其后，步步前行，逐步探究出人物形象的深层含义，挖掘出作品的社会意义。这里就是不断地用问题激起兴趣，推动学生主动向前思考的探究式学习的作用。正如卢梭所说："问题不在于教给学生各种学问，而是在于培养他们爱好学问的兴趣，当这种兴趣充分地增长起来时，教给他们研究学问的方法。"

通过在不同的学习阶段设置不同系列的问题来不断地引领学生、带动学生、使学生发现问题、思考问题、研究问题。学生受年龄、经历、学识、环境等客观因素的限制，他们的理解、思考、探究有可能很幼稚、偏离主方向很远，但是，这一学习过程培养了他们带着问题走进文本、研读文本、搜集相关信息、组织材料、形成最佳答案的习惯，如果在学习中养成这些习惯，就会培养出自学能力，达到叶圣陶所说的“教是为了不教”，探究式学习的终极目标就真正实现了。同时，问题式学习方式还能给学生提供更多的综合训练机会，促进学生各方面的发展 。

探究式学习方式在课堂中给学生提供一个能够充分展示自我的机会，给每个学生提供平等参与到课堂中的机遇。学生在学习和生活中，从精神层面上看主要的需要是自尊感和归属感，探究式学习方式为每个人都提供了展示自我、表现自我的机会和条件，参与者相互交流观点，共享成功的快乐。在不断被肯定的过程中提高自己，最终学生获得了全面发展，实现了教育的终极目标。

高中古典诗歌教学有效性初探

安 静 大庆铁人中学

[摘 要]高中生学习诗歌存在“理解难、背诵难、得分难”的问题。本文主要针对古典诗词教学中“低效性”问题提出几点思考。

[关键词]古典诗词 语文教学 有效性

“诗言志，歌咏言”，诗歌是一种阐述心灵的文学体裁，也是最具文化魅力的文学形式。古典诗词在幼儿启蒙教学中就频繁出现。格式和韵律自由，读起来朗朗上口，容易让人接受。反观当下高中的诗歌教学，大多数学生由起初的饶有兴致到谈“诗”色变，诗歌已走向衰落。诗歌教学重新引发语文教育界的思考。

诗歌是古人生活、思想和文化的体现，今人学习诗歌存在两大障碍。一是时空跨度大，情感出现断层。学生对古诗的意境，古人的生存环境上存在理解障碍，难以达成情感的共鸣。二是表达上的差距，文言文和白话文表达上存在差距，再加上诗歌语言凝练含蓄的特点，造成诗意上理解的困难；这是现实问题，但绝对不能成为学生学习诗歌的主要障碍和问题。吕叔湘先生曾指出“10年的时间2700多课时，用来学本国语文，却是大多数不过关，岂非咄咄怪事！”要解决高中生学习诗歌存在“理解难，背诵难，得分难。”的问题；不仅要考虑诗歌自身的特点，更要解决如何提高诗歌课堂教学有效性的问题。

以下是我就古典诗词教学存在的问题，以及如何实现教学的有效性，提出自己浅薄且不成熟的想法和建议。

[作者简介]安静（1986年—），大庆铁人中学，一级教师，从事高中语文教学研究。

一、古典诗歌教学中低效性的体现

在高中诗歌鉴赏教学过程中，教师不考虑学情，不关注诗歌的题材内容的特点，千篇一律地讲解。大都以“一解题、二释词、三解构、四总结”这样一种模式来组织整个教学活动，整个教学过程机械呆板。很多诗歌中都蕴含着诗人丰富而强烈的思想情感，用这种机械的教学方式来解析诗歌，将诗歌肢解开，用直白的语言转述诗歌的内容。那么学生最多只能感受到教师所表达出来的教学情感，不能深刻领会诗人饱满丰富的情感，无法走进诗歌，走进诗人心里，与诗人达成情感的共鸣。即使学生熟练地背诵，记住了相关的艺术手法，实际上是教师强加给学生的，学生只是被迫接受。教学的无味最终导致“理解难、背诵难”。其次教学上的无序。没有对高中三年的诗歌教学进行系统地安排，在平时教学中仅完成教材内容，不进行引申和拓展。不注重学生知识的积累和情感的储备。导致最终教学是低效的甚至是无效的。

二、提高诗歌教学有效性的几点思考

（一）积累文化知识，形成文化素养

提高诗歌教学的有效性，首先就必须破功利化。积淀必要的文化知识、文学常识，积淀个人的文化素养。不能急功近利，语文教师要明确文化积淀的重要性。而只有积淀才能在长久的积累中形成经久不变的文化素养，融入自己的思想情感中。正因为高中诗歌教学的首要任务是积淀；所以在诗歌教学中必须通过品读多体味，让学生反复诵读优秀诗歌，不断揣摩，通过背诵强化个人的学习。当然这种文学积淀并不是高中三年就能解决的，需要一整套的语文基础教育的规定进行落实。让学生进入小学那一刻前，就接触经典诗词，积累背诵，从诵读中品味诗歌的内涵，积累文化知识，形成文化素养。

（二）多元化解读文本，激发学生学习诗歌的兴趣与创新能力

诗歌因为时空的跨越大，表达的差距，会出现理解和情感的断层。这就需要教师在教学中，找准鉴赏诗歌的切入点，鼓励学生多元化解读文本。找到传统与现实的平衡点，激发学生学习诗歌的兴趣与创新能力；最终达到读者与作者情感的共鸣。如《雨霖铃》这首词，首先让学生回忆和分享自己与朋友离别时

的心情感受；其次要求把自己离别时的感受用词中的语句来表达；再次让学生找出词中最触动自己的词句，进行讲解，让学生充分表达自己的想法，创造性的解读诗歌；最后分享作者的境遇及写作背景，让学生明确鉴赏诗歌要“知人论世”；一起再讨论哪位学生的解读更接近作者的情感，最终达成统一。激发学习动机是前提和基础，培养了兴趣，在落实相关的鉴赏考点也就水到渠成。

（三）整合诗歌教学和诗歌鉴赏

1.整合教材资源。在具体的教学实践中,我们不仅要将一首诗讲得有声有色，从整体把握诗歌，以诗人的情感为主线，引导学生体味鉴赏；还要将教材中的诗词整理分类，打破教材分册限制，以教材为主要教学资源，整合必修和选修的诗歌教学内容，强化学生对相同题材或相同情感，抑或是相同手法的诗歌的理解、把握和比较。

2.整合诗歌鉴赏的知识点及考点。教师以高考考试大纲为指导，归纳整理诗歌教学中的知识点；做到教学与考试相结合；将考点落实到具体的诗歌教学中来。做好教学规划分，专题落实考纲中对诗歌教学的要求。如高一介绍诗歌的基本常识、分类，如意象、形象、意境及艺术手法等；高二主要讲解诗歌鉴赏的思路，教给学生具体的梳理诗文的方法；高三实战演练，规范学生的答题步骤。查缺补漏，能较好地完成诗歌的鉴赏。

关于诗歌教学的有效性是高中语文有效性教学研究中一个重点问题。我还需要在教学实践中进一步摸索，进一步完善我的教学思想，任重道远。

［参考文献］

[1] 于漪：《课堂教材教法》

[2] 冯隽：《诗歌有效性教学初探》

[3] 靳娜：《语文天地高中版》

传承传统文化　回归语文本原

吴宏光　大庆铁人中学

[**摘　要**]语文教学的本原应该是以语言文化为核心，以语文学习活动为主要形式，以提高学生的人文素养为根本目的。本文通过分析高中语文教学传承传统文化的尴尬处境，探索如何在语文教学中传承中华传统文化，旨在明确语文教学必须牢记本原，让传统文化回归语文教学，以努力弘扬传统文化为己任，以让学生继承文化精神，提高文化修养为宗旨，让语文成为中华文化传承的载体。

[**关键词**]传统文化　语文教学　本原

中华文化源远流长、博大精深，如果说我们的传统文化是一片土壤肥沃的大地，那么我们的语文学科便是扎根于这片土壤中的参天大树，唯有根深才能叶茂，唯有固其根本才能求木之生长。我们的语文教学必须牢记本原，以努力弘扬传统文化为己任，以让学生继承文化精神，提高文化修养为宗旨，让语文成为中华文化传承的载体。

一、高中语文教学传承传统文化的尴尬处境

我们的高中语文教学是语文教学体系中最尴尬的一环，一方面作为有着突出人文属性的学科，肩负着神圣的文化使命感，希望将祖国语言文化中最精髓的东西传承给学生，另一方面作为升学预备式教育的最后一环，随着高考竞争的不断加剧，我们的教学不得不向应试倾斜。在课堂教学时淡化教材，重做练习，师生终日沉浸于成语病句、背诵默写、答题套路、高分方法中，诗词歌赋、传统美文、经典名著且都靠边歇息。脱离了文学的滋养、文化的熏陶，本来丰富多彩、魅力无穷的语文教学变得苍白单调、毫无趣味，进而造成现在的中学生整体性的阅读理解能力下降，写作能力退化，普遍性的文化常识欠缺、文化素养低下。而青少年的素养低下，整个民族的素养又从何谈起？

[**作者简介**]吴宏光（1979 年—），大庆铁人中学，一级教师，从事高中语文教学研究。

作为语文教师，在教学活动中传承和弘扬传统文化是义不容辞的责任，绵延不绝的传统文化也绝不能在我们这一代断裂。因此，我们有必要将传统文化与语文教学有机结合起来，搭建学生热爱母语、热爱传统文化的平台。

二、如何在语文教学中传承中华传统文化

（一）教师具备深厚的传统文化素养，是语文教学中深入开展传统文化教育的前提。

要想学生继承文化精神，传承文化传统，教师首先必须是传统文化的传承者。一个合格的语文教师应案头常备经典，手中常有书卷，心中常存圣贤智慧，口中常诵诗词文赋。一个不热爱文化的老师，怎么可能教出热爱文化的学生？与其每日对着学生苦口婆心耳提面命，画一张传统文化的大饼给他们充饥，不如每日晨读时与学生共读《诗经》，遥想那“蒹葭苍苍，白露未晞”的美丽清晨，每天课前给学生读几则《论语》，体会“士不可以不弘毅，任重而道远”的圣人情怀，每周末和学生相约共赏《世说新语》《浮生六记》，品一品魏晋人物的风流、士子文人的雅趣。

教育是以素质培养素质、以灵魂塑造灵魂的过程，正如苏霍姆林斯基说的那样，“人只能由人来建树”。教师只有以思想点燃思想，以素养熏陶素养，才能让课堂绽放文化的光彩，才能提升学生的人文素养和文化品位。

（二）深入开发课程中的文化资源，让语文课堂成为展示传统文化的窗口。

文化是一座巨大的矿藏，一个人穷毕生之力也难以窥尽其全部。而语文教材是编写者精心选编的。身为语文教师，挖掘教材中的传统文化，也是让学生深入认识传统文化的一种方式。

语文教材中的一篇篇文章诗词，闪烁的不仅仅是优美辞藻的光辉，更有其千百年来传诵的经典思想和传统美德。《荆轲刺秦王》体现了荆轲重然诺、轻生死的侠义精神；《廉颇蔺相如列传》体现的是顾全大局、尽职尽责的人臣之道；《离骚》中屈原的忧国忧民、正道直行，令人敬仰；《饮酒》中陶渊明的超尘脱俗、恬然自适，引人向往；“忽如一夜春风来，千树万树梨花开”“大漠孤烟直，长河落日圆”中诗人豪情与边塞盛景相映生辉；“箫鼓追随春社近，衣冠简朴古风存”“遥知兄弟登高处，遍插茱萸少一人”中节俗文化与风物人情淳厚美好。这

些文字背后的思想情感和传统美德千百年来打动着一批又一批的读者，滋养着一代又一代的心灵，但这仅是文化矿藏之一角，其背后所隐含的更为宏大宽广的忠义文化、迁谪文化、隐逸文化、边塞文化、地域文化、风俗文化，足以为学生打开一个丰富的古代文化世界。善于开掘课程资源的老师可以以教材为依托，引领学生开设众多文化专题研讨课。

（三）多方创设彰显文化魅力的情境，让语文课堂成为学生亲近传统文化的舞台。

孔子云：“道不远人，人之为道而远人，不可以为道。”语文教学中传承文化亦是此理，任何脱离了个体和生活的文化都是虚无的。所以语文教学中，教师需要注重实际，讲求方法，尽可能地通过实践活动寓教于乐，让学生感受传统文化的魅力，增强文化积淀。比如，教授汉乐府名篇《孔雀东南飞》时，为了让学生更深刻地体会这个悲剧故事，我让学生把它改编成剧本精心演绎，当学生们身着汉服纷纷登场，兰芝进退依礼，仲卿孝道备至，太守家说亲迎亲礼数周到盛大，学生凭借着自己对文本和相关历史背景常识的深入研究，生动地还原了故事，也展现汉代时的文化风貌——服饰文化、礼仪文化、制度思想文化，从而使这个悲剧故事深深地印在他们的脑海里。再比如，在学习梳理探究课《优美的汉字》时，怎样让汉字的魅力直击人心，让学生们深刻感受？我还是采取了让学生亲自去表现去领会的方式。根据汉字音、形、义相结合的特点，我总结汉字具有音美、形美、意美三方面的特点，将学生分成三个小组，让他们自己去探究汉字的优美。于是，第一小组用诗歌朗诵的形式来表现汉字声韵铿锵、音节和谐、抑扬顿挫的声音美；第二小组用一幅幅的书法作品来展示汉字的字体沉稳、笔意奔放、自由流畅的形体美；第三小组采用拆字组谜、百变组诗等新奇有趣的方式来展现汉字千变万化的、有如神奇魔方般的意义之美。渊深博大的汉字文化在丰富多彩的形式中得以生动呈现，它不再单调枯燥，它变成了一幅优美的历史画卷，一片丰厚的文化土壤，深深地吸引了每一个学生。

三、回归语文教学的本原

由于语言文字本身就是概念化的符号，又是文化的媒介，所以传承传统文化，既符合语文学科的基本特点，又是实现语文课程的基本价值的途径。语文教学的本原就应该是以语言文化为核心，以语文学习活动为主要形式，以提高学生的人文素养为根本目的。

母语教育就是人的教育，人文素养就是人的素养。只有让传统文化回归语文教学，在平时的课堂教学中去渗透，去潜移默化地引导强化，才能帮助学生真正从传统文化中汲取精神营养，形成积极的人生态度，全面提升人文素养。只有全面而深刻地把握好传统文化之根，语文教学这棵大树才能在中华文化的坚实土壤中汲取丰富的养料不断生长，荫庇后世。

关于古代经典与议论文写作能力提升的几点思考

王德英　大庆铁人中学

[摘　要]中国传统文化博大精深，华育后世，给后人留下了大量的精神财富和深深的启迪，被选入高中教材的中国古代经典更是其中的佳品，其价值体现在语文能力的诸多方面，在作文写作上也可给我们提供多元借鉴。

[关键词]古代经典教学　议论文写作　思想　素材　结构

中华传统文化博大精深、源远流长，不仅涵养了整个中华民族的文化底蕴，也塑造了中华民族的品格风范。而高中语文教材，收录了大量的中华传统文化经典，通过古代经典的教学实践，既可以传承经典、品味经典，使其薪火相传、长盛不衰；也可以帮助处于思想动摇期的青少年形成积极向上的人生观、价值观，使其更好地把握自我、体悟生活。同时，古代经典的教学实践更可以全面提升学生的语文应试能力，在写作教学，尤其是新课标卷比较常见的议论文写作教学方面为我们提供良好的借鉴。

一、思想结晶、沉淀诗情

议论文写作的关键是思想性，审题立意要准、议论分析要深。而承载着几千年文化精髓的中华古代经典无疑可以修炼思想、提升认识。

从《离骚》中可以学习屈子忠君爱国、九死不悔的执着；从《归园田居》中可以学习陶潜超然物外、淡然自守的洒脱。在《烛之武退秦师》中既可以学到高超的论辩技术，更可以学习他敢于担当、大义爱国的精神；在《兰亭集序》中既可以感受古人的雅趣逸志，也可以品味王羲之宴饮之余的人生体悟。《赤壁赋》既可以帮助学生从自我的渺小和生命的短暂的悲怆中跳脱出来，也可以让学生知晓把握当下、忘怀得失的生命要义；《游褒禅记》既可以使学生明确只有兼有矢

[作者简介]王德英（1985年—），大庆铁人中学，一级教师，研究领域为高中语文教学。

志不渝的决心、充足的力量和外物的帮助才可能获得成功的人生哲理，又让学生明确深思慎取的治学态度。

与此同时，作为中华文化之根的先秦时代更是提供了不竭的思想源泉，诸子百家、百花齐放。读《孔子》领略至圣先师的智慧与担当，“天下有道，丘不与易也”！读《孟子》培养自己的浩然之气，“富贵不能淫，贫贱不能移，威武不能屈。”读《荀子》学习先哲对天人关系的处理，发挥人的主观能动性，“大天而思之，孰与物蓄而制之”。学《墨子》的热忱，“兼爱、非攻、尚贤”；学《老子》的朴素辩证法，无为而为；学《庄子》的逍遥世外，“至人无己，神人无功，圣人无名”……

二、素材积累、厚积薄发

中华古代经典既是学生思想的源头活水，也为高中生议论文写作提供了丰沛的素材。高中教材选择的中华古代经典篇章是经典中的经典，随意一篇文章或其作者、主人公都可以成为相应主题的优秀范例。

爱国主题可以使用蔺相如、苏武、杜甫、陆游、辛弃疾等事例。蔺相如智勇双全，维护国家大义一马当先，无畏生死;面对廉颇的挑衅却能隐忍退避，“以先国家之急而后私仇也！”苏武为保气节，“空自苦亡人之地”，壮年出使，皓首而归。杜甫、陆游“位卑未敢忘忧国”，辛弃疾为北伐大业更是一生执着。

超然主题可以使用陶渊明、苏轼、庄子等事例。作为隐逸诗人之宗的陶渊明虽然也有入世的愿望和现实的胁迫，但当他意识到官场终究不是自己的归宿，便毅然与官场诀别，回到他心心念念的自然，守住内心的清明。苏轼的一生受儒释道三家思想的交融影响，当政，则执政为民；被贬，则超然物外，“回首向来萧瑟处，归去，也无风雨也无晴。”庄子更是将超然物外发挥到极致，虽然他追求的绝对自由有一定的消极成分，但对于在名利的泥沼中迷失的人也不失为一种救赎。

反思主题可以使用《阿房宫赋》《伶官传序》《种树郭橐驼传》等素材。秦始皇得天下难，守天下更难，只知横征暴敛、满足私欲，落得个二世而亡的结局。后唐庄宗李存勖打天下时意气风发，失天下时仓皇逃窜，“满招损，谦受益”，“忧劳可以兴国，逸豫可以亡身”。郭橐驼种树打好基础后就让其回归自然本性，柳宗元意在借此阐明为官者不要烦政扰民的思想。其实，种树之法不仅在为官，在时下的今天，对于一些领导者、一些家长不仍然有很大的借鉴意义，值得深入地反思吗?

此外，坚持、责任、勇敢、自信等诸多主题都能在中华古代经典的学习中找到很好的范例。

三、结构借鉴、形神兼备

很多课本中的中华古代经典篇章在议论文写作的结构上也提供了很好的借鉴。

孟子在《寡人之于国也》中先是由梁惠王提出“民不加多”的疑问，孟子先是以战场逃走的不同距离这个生动形象的比喻分析原因，进而指出称霸天下需要施行“仁政”,进行礼乐教化。提出问题 —— 分析问题 —— 解决问题,一气呵成。

荀子的《劝学》在论述学习的方法和态度时，先后运用了对比论证和排比论证的论证方法，阐述了学习中积累、坚持、专一的重要作用，气势充沛。

韩愈的《师说》在论述从师学习重要性的时候进行了三个层次的对比：“古之圣人”和“今之众人”的纵向对比，父母对待孩子教育和对待自身疑惑的自身对比，“巫医乐师百工之人”和“士大夫之族”的横向对比，进而又以孔圣人为例并引用他的话使自己观点鲜明，无可辩驳。

苏洵的《六国论》用总分的方式阐述六国破灭的原因在于贿赂秦国，希望当朝统治者可以引以为戒。

中华古代经典就像是一个丰富的宝藏，可以提供我们需要的诸多营养。我们唯有学之、悟之、用之，才能无愧这几千年的精髓；也唯有如此，才能让其永葆活力，熠熠生辉！

浅谈古代经典探究性学习与高中学生作文思想性的关系

余雪利　大庆铁人中学

［摘　要］在高中语文作文教学中，我们往往被学生作文的低幼化所困扰，要想摆脱作文低幼化倾向，写出一篇言之有物，充满思想内涵的作文，需要学生在思想上快速成熟起来。而古代经典探究性学习无疑会为我们学生思想的丰厚提供充足的养分。因为古代经典探究性学习不但可以培养学生思辨的深度，还可以拓展学生思维的广度，进而引导学生对生活本质进行思考，对灵魂精神进行升华。

［关键词］语文作文　思想性　古代经典

在高中语文作文教学中，我们往往被学生作文的低幼化所困扰。许多学生的作文里充斥着司马迁、屈原、杜甫等事例的罗列，大段的无意义的叙述，家长里短的生活琐事。鲜见对某些事件有深度的论述，可谓“言之无物”，甚至“面目可憎”。原因何在？我觉得这和当今社会的泛娱乐化的阅读氛围有关。学生喜欢阅读的书籍是什么？言情小说、武侠玄幻、恐怖悬疑等刺激感官的作品恐怕是他们读得较多的。这就好像是饮食，孩子们往往喜欢汉堡、可乐等快餐，吃起来方便口感好；而不爱青菜豆腐谷物等富含维生素和膳食纤维的蔬菜和主食。长此以往无疑就长成了思想的豆芽菜。我认为要想让学生思想的土壤肥沃起来，必须给他们充满营养的精神食粮，而古代经典探究性学习无疑会为我们学生思想的丰厚提供充足的养分。

首先，古代经典探究性学习可以培养学生思辨的深度。

我们在学习《先秦诸子散文选读》时，就可以充分锻炼学生的思辨性。春秋战国是文章极盛的时代，古圣先哲给我们留下了一批弥足珍贵的文化遗产。因此，我们在先秦诸子的思想碰撞中也会激发出自己思维的火花。比如，在学完儒、道、墨、法四家之言后，对于如何做人这一人生观，我们的学生在讨论后就能得

［作者简介］余雪利（1979 年—），黑龙江大庆人，大庆铁人中学，一级教师，研究领域为高中语文教学。

出具有较深思辨色彩的思想，有的从儒家的智慧中得出做人应该有情有义。“克己复礼”“己所不欲，勿施于人”“入则孝，出则悌”“泛爱众而亲仁”等儒家文化精髓也在学生的头脑中扎根。有的学生在墨家思想中感悟到做人应有一颗博爱的心，懂得平衡的智慧。兼爱、非攻的止战思想为崇尚和平、和谐的时代寻得了中华文化的根源，因此也更具时代意义。而在道家的处世智慧中学生又看到了一个洒脱自由的灵魂，为张扬个性，标榜自由人格的现代精神找到了栖息之处。法家的法治思想，让我们的学生马上和社会主义核心价值观联系起来，从而从公民的角度认知到真正想成为社会中有尊严的人就要有遵法守法的自觉。面对同一个问题，学生可以从不同思想的不同侧面得出不同的观点。正如易中天先生所说：读孔读出一颗爱心构建和谐，读孟读出一股正气平治天下，读墨读出一腔热血救助苦难，读韩非读出一双冷眼直面人生。我想我们的学生在先秦诸子的思想浸淫中，在作文的立意思考中，也会有深刻的思辨认识。比如对于如下作文材料：《论语》里有如下记载：子贡问曰：“乡人皆好之，何如？”子曰：“未可也。”“乡人皆恶之，何如？”子曰:“未可也，不如乡人之善者好之，其不善者恶之。”这段话的意思是说，子贡问孔子：“一个乡的人都称赞他，这个人怎么样？”孔子说：“还不行。”子贡又说：“一个乡的人都讨厌他，这个人怎么样？”孔子说：“这还不行，最好是一个乡的好人都称赞他，一个乡的坏人都讨厌他。”

以往的学生思想匮乏，动辄就立意为“如何选择人生”“ 细节决定成败”等，而学习了先秦诸子散文后，学生就能较辩证深入地分析，这篇作文不是如何去评价别人，而是如何通过评价者来衡量被评价者。评价者的善恶好坏可以折射出被评价者的为人处世。我们要怎样做事、怎样为人，怎样把握好自己的原则标准，让好人说好，坏人说坏。从而得出《毁誉之中尽显英雄本色》《做好人，不做“好好先生”》《 成功者，在称赞与诋毁中永生》《在支持和反对中做自己》等具有思辨色彩的立意。

其次，古代经典探究性学习可以拓展学生思维的广度。

文言文承载了中华民族的丰厚养料，学生如果能在一篇篇古诗文的学习中不断地涵泳、汲取，一定会收获丰富的思想和智慧。我们高中阶段学习的古诗文共 26 篇，从机智爱国的烛之武到坚贞不渝的苏武子，从举世皆浊我独醒的屈原到旷达自适的苏东坡，从明知不可为而为之的孔孟到知其不可为而安之若素的老庄，无不闪耀着智者的光辉，流淌着中华民族精神的血液。在教授这些课时，不要只重文言语法知识的分析，更要将它当成一次次中华文明的洗礼。在这一篇篇富含古韵的文章中，让学生感悟一段段生动的历史，结识一个个鲜活的人物，感悟他们身上承载与浓缩的精神文化，一定会对学生的心灵有所触动，使他们的思想有所提升。如在教授陶渊明的《归去来兮辞》时，我们可以联系初中学过的《桃花源记》及《五柳先生传》，使一个淡泊名利、嗜酒爱菊的隐者形象更加立体丰满。但这对于学生来说似乎有些老生常谈了，无法引起他们的兴趣。我们在教学时可以适当拓展，引导学生寻找陶渊明身上其他的侧面，它是一开始就厌弃官场、向往田园的吗？作为一个受儒家思想教育的士大夫，似乎不太符合实际。引导学生探寻他身上不为人知的思想源头及变化原因，既可以增加他们的学习兴趣，在整个探寻的过程中也是一个思想深化的过程。

当然，这个探究的过程可以放在课下，借助典籍或互联网完成，如果确有困难，教师也不妨把自己准备的资料与学生共享。比如补充朱光潜对陶渊明的评价："自钟嵘推陶渊明为隐逸诗人之宗，一般人都着重渊明的隐逸一方面；自颜真卿作诗表白渊明眷恋晋室的心迹以后，一般人又看重渊明的忠贞一方面。渊明是隐士，却有非一般人所想象的孤高自赏、不食人间烟火气，像《红楼梦》里妙玉性格的那种隐士；渊明是忠臣，却也不是他自己所敬仰的荆轲、张良那样的忠臣。渊明还有极实际极平常的一方面，他处处都最近人情，保持着一个平常人的家常便饭的风格。"这样一来兴趣点激起了，再补充材料，解答疑惑，定然会对学生的思想产生积极影响，让他们明白对待一个历史人物，不能片面单一地去理解，就如我们讲过的文章要写得深刻，需要透过现象看到本质是一样的。这样的探究性学习打开了学生的眼界，让他们学会联系现实，将古人的风骨品格融入自己对人生的感悟和对世界的看法上来。这样无疑就扩展了学生的思维广度。

古人云：言而无文，行之不远；文质彬彬，然后君子。要想摆脱作文低幼化倾向，写出一篇言之有物，充满思想内涵的作文，需要学生在思想上快速成熟起来，因为青涩的果实是无论如何也榨不出甘甜的果汁的。这就要求我们的教师摆脱匠气，学生去除功利，引导学生对生活本质进行思考，对灵魂精神进行升华，而古代经典探究性学习承载着中华五千年文明的深厚内涵，在这样的沃土中我们希望可以塑造出灵魂健全、精神高尚、思想深邃的人，而这，任重而道远。

落“本”生根　回归文本

崔　敬　大庆铁人中学

[**摘　要**] 文言文阅读一直是高中语文教学的重要内容，也是高考的必考内容，但是每年高考学生的得分情况并不理想。缘何如此？值得深思。本文通过分析近几年高考题所涉及的文言考点与教材知识点的关系，进而明确，课本是学习文言的根本，落实课本，就是在夯实文言根基，而根基牢固，理解文言的能力才能向外延伸、向上生长。

[**关键词**] 文言文教学　教材　高考

文言文阅读一直是高中语文教学的重要内容，也是高考的必考内容，但是每年高考学生的得分情况并不理想。缘何如此？值得深思。由于高考所选的阅读篇目均来自课外，所以很多人就主观地认为课内的文言文学习不重要，进而忽视课本知识点的整理与积累，盲目地做大量的课外练习，企图通过题海战术打磨文言的功底，其实这是一种事倍而功半的做法，甚至是本末倒置。翻阅历年的高考试题就会发现文言文阅读的考查，无论是实词、虚词，还是句式，乃至文化常识，几乎都可以在课本中找到相关的知识点。因此，关于文言文的教学，与其大海捞针似的疲于奔命，不如退而悟“本”，“本”落则根生。

下面仅以 2015 年到 2017 全国卷为例，探讨紧抓课内文言知识点的重要性。

一、落“本”实词——根深基厚

实词，文言的基石。能否读懂一篇文章，首先就要看能否读懂实词，读懂的实词越多，翻译就越容易，文意也就越容易理解。而对文言实词的理解和翻译也是历年高考检验文言文阅读能力的重要方法。所以，正确把握文言实词是学习文言文的关键。但是文言实词又数量庞大、灵活多变，比如一词多义、词

[**作者简介**] 崔敬（1981 年—），大庆铁人中学，一级教师，研究领域为高中语文教学。

类活用、古今异义等。那么，如何以不变应万变，找到解读文言实词的金钥匙呢？答案在课本中。

比如，2017 年全国卷 I 的古文阅读《宋书 · 谢弘微传》要求翻译的两个句子中出现的实词，基本上都是初高中教材里出现过的，即便是其中稍有难度的词语也是教材中出现过的，例如第 1 个句子中的“事继亲之党”的“事”字的正确解释正是来自课内《史记·鸿门宴》中的“君为我呼入，吾得兄事之”，译为“侍奉，服侍”。而第 2 句中“曜好臧否人物”中的“臧否”的含义也能在《出师表》中的“陟罚臧否，不宜异同”这一句找到答案，译为“褒贬”。

又如，2016 年全国 III 卷《明史·傅珪传》翻译题第 2 句“吏部请如雍言，不报”中的“报”字，是一个重要的采分点，而此字的正确解释也是出自教材《史记·廉颇蔺相如列传》中的“求人可使报秦者，未得”一句，译为“回复，答复”。

2016 年全国 II 卷《明史 · 陈登云传》一文中对文本概括和分析的试题中，也涉及对文言实词的理解。其中选项 D“……皇上当即派遣寺丞钟化民筹措钱款赈济灾民。”的考查点即是对原文“赍”这一实词的理解，是不是“筹措”的意思，如果不知此词的含义，结合语境似乎解释成“筹措”也能说得通，但是此处“赍”的正确解释却是“赏赐、给予”的意思，此意也是出自教材《孔雀东南飞》中的“赍钱三百万，皆用青丝穿”。

再如，2015 年全国 1 卷《宋史 · 孙傅传》翻译的第 1 个句子“吾唯知吾军可帝中国尔，苟立异姓，吾当死者。”中有难度的“帝”和“死”的翻译，一个是名词活用为动词译为“称帝”或“为帝”，另一个是为动用法译为“为……而死”。而这两个词的活用在教材中均可以找到，比如《过秦论》中“子孙帝王万世之业也。”中的“帝王”的活用，还有《阿房宫赋》中“后人哀之而不鉴之”中的“哀”字的活用。

由以上例子可知，虽然高考的阅读篇目是课外选段，但是所考查的实词却是来自课内，如果我们能立足课本，注重积累，加强记忆，寻找规律，夯实文言根基，那么提高文言文阅读能力将不是难事。

二、落“本”虚词——语通意顺

虚词，文言文的润滑剂。只有实词的语句略显生硬，辅以虚词，则语意微妙。

古人说："之乎者也焉矣哉，用得不错是秀才。"可见虚词的重要性。虽然近几年高考取消了对文言虚词的直接考查，但是这不意味着虚词的地位可有可无，因为无论是文言翻译还是文意理解，虚词仍然具有不可忽视的作用。而高考常考的18个文言虚词，在教材中均能找到对应点。

比如，2017年全国I卷《宋书·谢弘微传》中要求翻译的第2个句子"弘微常以它语乱之"中涉及虚词"以"字的考查，该词的意义和用法很多，在教材中也多次出现，到底应该解释为什么呢？如果对教材熟悉的话，根据语境，很快就能找到相关语句，比如，《烛之武退秦师》中的"以乱易整"，《鸿门宴》中的"请以剑舞"，《荆轲刺秦王》"使工以药淬之"等，解释为介词，用。

再如，2017年全国卷III《宋史·许将传》要求翻译的第1个句子"申饬边臣乞不可，何以使为？"中涉及"为"字的考查，该词的意义和用法也很多，而此处的理解亦出自教材，比如，经典篇目《鸿门宴》中的"何辞为？"中的"为"与此句中的意义用法相同，即语气词，用于句尾，表示反诘、疑问，多与"何"相配合使用。

虚词的使用较为灵活，如果能在课内的教学中引导学生结合语境整理归纳，形成体系，并烂熟于心，那么才能使学生更好地理解课外文段中虚词的意义和用法，进而通畅语句，理顺文意。

三、落"本"句式——枝分叶明

如果说词语是构建大厦的砖瓦，那么句式则是撑起大厦的筋骨，只有理清了筋骨才能更好地理解砖瓦的意义与作用，才能枝分叶明、准确翻译。而高考中所涉及的文言句式，在课本中均能找到答案。

比如，2015年全国I卷《宋史·孙傅传》翻译的第2题"金人虽不吾索"一句，涉及了否定句中代词宾语、宾语前置的倒装句式，只有将语序按照宾语前置的特点进行调整才能更好地理解"索"的含义，才能更准确地翻译句子。而这种类型的宾语前置句在教材中多次出现，例如，《寡人之于国也》中的"然而不王者，未之有也"，《石钟山记》中的"古之人不余欺也"等。

又如，2016年全国I卷《宋史·曾公亮传》翻译的第1个句子"锡宴不赴，是不虔君命也"其中涉及"是……也"句式的翻译，只有弄清楚了此句是由"也"

表示判断的判断句，才能更好地理解此处的“是”是代词“这”，不表示判断。而这样的句式在教材中也多次出现，比如《烛之武秦师》中的“是寡人之过也”。

再如，2017年全国卷III《宋史·许将传》翻译的第1个句子“此事，申饬边臣岂不可，何以使为？”中的“何以”是“以何”的倒装，而此种倒装在教材中多次出现。比如,《鸿门宴》里的“不然，籍何以至此？”又如,《廉颇蔺相如列传》中“何以知之？”等。

综上，文言实词、虚词、句式三者共同构成了文言的世界，而课本则是学习文言的根本，落实课本，就是在夯实文言根基，而根基牢固，理解文言的能力才能向外延伸、向上生长。

高中语文古代经典教学探究

梁喜静　大庆铁人中学

[摘　要] 古代传统经典是经过岁月涤荡而积淀下来的最有价值的文化瑰宝，它博大精深，承载着人类文明的精髓，也是现代语文教学的重要资源。近年来，语文教育界愈来愈意识到传统经典在语文教学课堂中的作用与意义。但在具体的教学实践过程中，古代经典教学能否真正走进语文课堂，接受经典教学的学生能否从内心接受、喜爱并受到熏陶等，这些才是研究者们应该思考和探讨的问题。笔者针对古代经典教学开展过程中出现的一些普遍问题，初步探讨了高中语文教学中的古代经典教育，也希望本研究能对古代经典教育实践提供一些有益参考。

[关键词] 语文　古代经典　经典教学

一、高中语文教学中的古代经典教育阐释

（一）古代经典阐释

通常我们认为历史上经过大浪淘沙留下来的金科玉律的典故和文化遗产是经典。华夏文明的长河中，“经典”最有价值的部分在于古代文化经典。它以优美独特的语言承载着人类思想的精髓、人生的智慧，更负载着中华民族的历史与文化，是中华民族智慧的结晶，体现了五千多年连绵不断的中华文明，反映了中华文明永恒的价值特征。

（二）古代经典教学的意义

语文教学中的古代经典教学正是让学生诵读学习古代经典，让经典陶冶学生的心灵，提升学生的文化素质，进而实现对语文教学本质的回归及对中华优秀传统文化的传扬。

（1）提升学生的语文能力

古代传统经典的一个显著特征是言简意丰、耐人寻味。这是语文学习难得的课程资源。注重古代经典的教学，无疑是提升学生语文能力的重要途径。如

[作者简介] 梁喜静（1987 年—），大庆铁人中学，一级教师，研究领域为高中语文教学。

《论语》，从牢固语文基础知识方面看，《论语》收录了很多成语、熟语、名言警句，像《论语·学而》中的“巧言令色”“慎终追远”，《论语·颜渊》中的“君子成人之美”，《论语·为政》中的“温故知新”“学而不思则罔，思而不学则殆”等。学生在不断熟读成诵的过程中，日积月累能记下这些佳词美句，扩充大脑词汇容量，打牢语文功底。

（2）培养学生的审美情操

古代散文精炼含蓄。在学习中，学生认真推敲传神的词语，琢磨富有个性的对话，欣赏优美的句子，这样既能提高学生的语感，又能使学生得到美的熏陶。

古代经典诗歌用字精练传神，诗歌的语言、形象、情感无一不是富含美感的。在诗歌的海洋中，学生能领略蓬莱文章建安风骨中的格调，学会苏东坡“也无风雨也无晴”的乐观豁达，体会杜甫“致君尧舜上，再使风俗淳”的政治理想。

（3）传承民族传统文化

古代文化经典是华夏五千年积淀下来的最有价值的文化瑰宝，世界上没有哪一个民族的文化能像中华民族文化这样源远流长并保留得如此完好，古代经典不仅仅是我们中华民族的骄傲，更是世界文化宝库中的奇葩。学习古代经典就是传承民族的优秀传统文化，我们每一个人都肩负着历史赋予我们的使命，古代文化经典成了我们无法退让的精神底线、捍卫自身思想的盾牌，是我们通向世界的身份证，是中华民族向其他民族的文化馈赠。

二、高中语文古代经典教学现状

（一）形式化的现象普遍

随着“国学热”“读经热”的发展，“经典教育”也被越来越多的学校纳入教学工作之中，各种经典诵读活动也成了研究的焦点，期间虽然争鸣不断，经典还是正在以自己的方式走进基础教育，但很多经典教学流于表面，形式化的现象比较普遍。开展经典教育过程中教学方法不当，很难摆脱传统文言文教学的桎梏，教师往往只讲那些考试会出现的文言知识点，诗歌鉴赏中的方法和技巧，却忽略了古代散文的艺术特色的体味，诗歌语言的美感体验，古代经典教育变成了一场只重形式而忽略内容的“走秀”。

（二）教师缺乏必要的关怀和指导

我们的《语文课程标准》明确规定了“课外自读文学名著”，列出了“课外阅读推荐书目”，高中生每年应该阅读两三部名著。然而，当我们把目光投入到当今高中学生时，却发现课外阅读的缺失已经成为制约当前学生发展的痼疾。其中，教师对学生的名著阅读缺少必要的关怀与指导成为不可忽视的原因。很多教师只将目光盯准在考试范围上，很少关注学生精神层面的提高。巨大的高考升学压力也使很多学生自动放弃了阅读经典名著的机会。当学生难以对作品产生共鸣时，教师又不做经典阅读的指引者，久而久之，学生就会自动放弃对名著的选择。

三、高中语文古代经典教育实施

针对语文教学中的古代经典教育现状并结合经典教育实践，笔者认为可以从以下三方面实施经典教育：

（一）搭建经典教育平台

教师提高经典教育素养，特别是对经典诗文的感悟和诵读能力，重言传更重身教。学生都有一种向师性，教师对于经典如果能够信手拈来，并能充满感情的读之吟之，孩子定会向你投来羡慕和钦佩的目光，接下来的模仿肯定会有声有色。教师只有身体力行地去实践了，才能让学生耳濡目染。

（二）课堂拓展，成果展示

为了将课堂教学与名著阅读结合起来，提高教学效果，教师可以根据课堂教学的进度，向学生推荐相关名著。每一个学生都是有表现欲的，只要你给他们创造机会，他们一定会让我们大吃一惊。如：“贾宝玉的前世今生”“我最喜欢的《红楼》人物”等，这些题目都能够让学生有话可说。这样的作业会激发学生的阅读兴趣和表现欲望，从而达到促进学生阅读名著的目的！

（三）讲究经典教育的教学方法

要更改以往一味地让学生背来背去的做法，创造多种形式，引导学生对古诗词进行创造性体验。许多古诗文都有非常形象的意境描写，在阅读过程中注意引导学生抓住诗眼和关键词，并开启他们的视觉和听觉等多个感官通道，选择合适的音乐和画面同时作用于学生，激发学生的丰富情感，让学生徜徉在诗的海洋里。学生的诵读兴趣被激发了，自然也就体会到了阅读的审美趣味。

（四）合理利用多种教学资源

连接语文教材与经典读本；充分利用图书馆，广泛阅读经典；利用电视、网络等多媒体资源，提升学生学习经典的兴趣；利用社会资源，开展实践活动，让学生在实践活动中体验经典。

四、结语

2014年9月，习近平总书记参观北师大时说："我很不赞成把古代经典诗词和散文从课本中去掉，'去中国化'是很悲哀的。应该把这些经典嵌在学生脑子里，成为中华民族文化的基因。"

"雅言传诵文明，经典浸润人生"，最是书香能致远，我们要充分利用古人留下来的精神财富，不断挖掘经典诗文的人文内涵，从而更好地利用积淀着中华民族优秀的民族文化和民族精神的"经""典"熏染学生的心灵，从而唤醒他们的智慧灵气，提高他们的语文素养。愿我们的学生爱经典，愿我们的老师好经典，愿我们的民族尚经典！

［参考文献］

1. 陈扬《简论中学语文教材中蕴涵的传统文化》[J] 读与写（教育教学刊）；2007年01期

2. 何志军《经典教育的"学"与"术"》[J] 广东教育（综合版）；2010年02期

3. 叶飞《学校德育的"经典缺位"及其表现》[J] 教育科学研究；2011年08期

4. 倪文锦《阅读经典：提高学生语文素养的必由之路》[J] 课程、教材、教法；2004年12期

5. 张志刚《语文教育文化传播研究》[D] 山东师范大学 2011年

6. 刘宏业《文化渗透：文言文教学的终极追求》[J] 教育研究与评论（中学教育教学）；2013年05期

7. 潘庆玉《全球化语境中的经典教育》[J] 当代教育科学 2003年12期

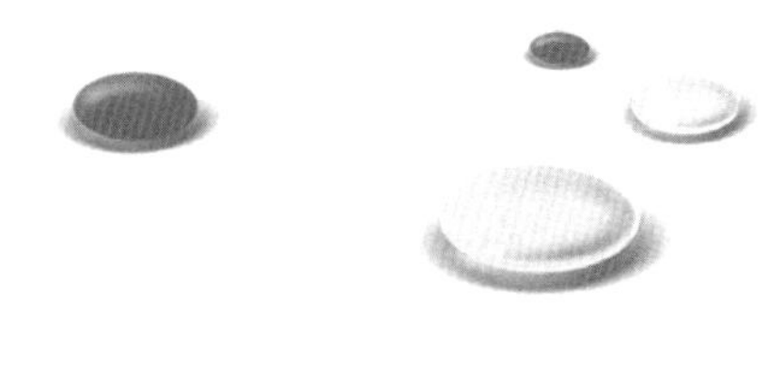

浅谈中学生作文教学中的情感培养

于慧梅　大庆市万宝学校

[摘　要] 情感是文章塑造的重要推动力，更是文章写作的生命，通过丰富情感提高学生的写作能力重在实践。所以，我努力尝试在作文教学中培养学生的情感。

[关键词] 中学生　作文教学　情感培养

写作过程中，情感是文章塑造的重要推动力，情感贯穿于写作的全过程，真诚的情感是文章的生命。没有情感，就没有想象，也就没有写作创造。情感本质上是活动的情感，与人们丰富的想象力相结合所构成的运动结构，在社会因素和心理因素的交叉作用下，使写作的表现形式更加丰富多彩。

一、“无情”“无意”说

作文离不开思想，思想常与感情相伴。感情是与生俱来的，但离不开后天的培养。有了丰富的思想感情才会有写作水平的提高，才会出现好的作品。

融入情感的作品往往深情款款，触景而发，直抒胸臆。《沁园春·雪》是毛泽东主席的名篇。上篇描写北国雪景，展现祖国山河的壮丽；下篇由祖国山河的壮丽而感叹，并引出英雄人物，纵论历代英雄人物，抒发诗人伟大的抱负。整首词画面雄伟壮阔而又妖娆美好，意境壮美雄浑、气势磅礴、感情奔放、胸怀豪迈，是中国词坛杰出的咏雪抒怀之作。

有了丰富的情感体验，灵感就在丰富的情感体验中蕴孕并且最终产生。《我的叔叔于勒》一文中，通过“我”一家人在去哲赛尔岛途中，巧遇于勒经过，刻画了菲利普夫妇在发现富于勒变成穷于勒的时候的不同表现和心理，揭示并讽刺了在阶级社会中，人与人之间关系的变态情形。

[作者简介] 于慧梅（1979年—），大庆市万宝学校，二级教师，主要从事初中语文教学研究。

再如,《出师表》一文阐述了北伐的必要性,以及对后主刘禅治国寄予的期望。“臣受命之日,寝不安席,食不甘味。”字里行间透露出诸葛亮时刻不忘报答刘备的知遇之恩,诸葛亮将“鞠躬尽瘁”体现得淋漓尽致。全文情真理透、词婉意切、慷慨深沉,读来“心有戚戚焉”。从那铿锵振响的语句里,可以感受到穿透千年的情感力量。文章开头便分析了天下形势,陈述了先帝的遗愿。希望以形势之危急,激励后主刘禅奋发图强。节奏顿挫、音韵铿锵、由势入理、起笔峥嵘。然后又平下心来,将为政之道与后主刘禅娓娓道来,节奏舒缓,隐隐透出几分暖意。从那轻缓的文字里,可以看出诸葛亮与刘禅之间,并不仅仅是君臣关系,更是一种暖融融的长辈与后辈的关系。最终,以“今当远离,临表涕零,不知所言”作结。那泪水终于像大潮般汹涌而至,其情沛然如注,不禁让人掩面长叹。南宋诗人陆游曾高度评价这篇表文,说道:“早岁那知世事艰,中原北望气如山,楼船夜雪瓜舟渡,铁马秋风大散关,塞上长城空自许,镜中衰鬓已先斑,出师一表真名世,千载谁堪伯仲间。”

从以上例文中可以看出,每篇文章都饱含着情感,包含着形象思维力、创造力和概括力。作者生活的任何瞬间,都有可能被某种思想感情所占据或激发,于是就会在自己的文章中寻觅这种思想感情的表现,在生活的瞬间中创造出好的文学作品来,这种由情感所激发出的写作源泉应该就是常说的“灵感”。一篇文章的主题是灵魂,而这灵魂就是情感,是属于思想性的东西。只有充满感情的创作才能和更多的欣赏者产生共鸣。

二、“两情相悦”说

作文课上,老师会告诉孩子很多“写作技巧”。但那些都属于“小技”的范畴,最大的技巧“真情实感”却总是被忽略。或者,尽管很多教师在讲“作文技法”时都会讲到写作要有真情实感,可学生在实际写作中很少被鼓励表达真情实感。来自教师、家长和社会的“道德说教”意识仍强有力地控制着学校教育,从孩子开始自我表达的那一天,就急于让他们学会说“主流话语”,而很少给他们留下自我思考和自我表达的空间。教师对作文的指点和评判,使学生们被训练得面对作文本时,内心一片虚情假意,到哪里去寻找真情实感呢?

之所以说“情感”是写作的最大技巧,因为写作激情来源于表达的愿望,在于表达情感可以让人产生写作兴趣，发现写作内容，即想写，并有东西可写，没有这两点，写作就是件不可想象的事。写真实情感才清楚自己想表达什么，才有可表达的内容，才能带来表达的满足感。

情感与写作的紧密联系要坦然吐露真情，按照“我手写我心”的原则，在扣题的前提下，写自己亲历的事情，不必回避自己的过失，不必着意取悦他人。要找准抒情的载体，在描写之中自觉地涂抹上情感的色彩。要描画动情细节，将情感集中到某一点上，着力描画好每个“动情点”。

具体来说，如何通过丰富情感提高学生的写作能力呢？

（一）重视学生的个性品质的开发

“要为文，先做人。”这是文道统一原则的基本要求，也是传统语文教学思想的精华。教育的实质始终是育人而非教术。在作文中不能只着眼于技能的传授，必须时刻把整个人的培养放在首位，教育学生做真人、说真话、写真事、抒真情，引导学生写出自己亲身经历之事，写出想要所说之话，抒发内心的真实情感，力求在真字上下功夫，把“诚信”放在首位，培养学生良好的个性品质，引导学生在观察思考中发挥自己的个性，保持自己纯真的本色，说出“诚实的、自己的话”。这样，其“文字的生命是作者给予的，终究是一种独创的东西”。以此为前提，引导通过细致的观察、理性的思考，体验琐碎而平凡的生活，从而产生对人生的、社会的基本问题的深刻认识。而这良好的个性品质正是素质教育的根本要求。

中学生的思想正处在最活跃、最敏捷的阶段，而处在价值多元化的社会，人的价值也是多元化的。教师应该怎样点拨，引导学生在生活中寻找自己的人生坐标？首先就必须让学生学会倾吐。为他们创造良好的情境，鼓励他们谈生活、谈人生，积极引导他们真诚说出自己的心里话，鼓励学生说实实在在的话，不说空话，说现成的话，不在内容方面提出过高的要求，让作文成为学生主动倾诉自己思想感情的精神活动，让他们在作文中得到思想的启迪和情感的陶冶，从而发展学生良好的个性。这个良好的个性的基本点便是敢于讲真话、抒真情，以“实事求事”为出发点，用纯朴真挚的情感抒发内心的激情和感受，这也正是提高作文技巧的途径。因为他们说的是真话，真话质朴，质朴中蕴含着技巧。

（二）重视学生对生活的开发观察

同一篇作文，为什么有的人写得出，有的人写不出，这中间抛开写作技巧外，根本点在于学生缺少做生活主人的态度。生活中对周围的人与事熟视无睹，对外界的“风声、雨声”充耳不闻，平时不观察，不积累，作文时自然成为“无米之炊”了。因而，要写好作文，帮助学生打开生活这个源头，应成为当务之急。

生活的积累是写作的源泉，要培养学生做生活的有心人，善于留心观察身边的事物，到大自然中去陶冶美的性情，到社会生活中去发现美的事物。只有生活丰富多彩，热爱生活的人，他的思想才会活跃，感情才会丰富，才可能写出感人的文章。再者，要结合实例分析，引导学生学会观察生活。当学生逐渐注意观察生活时，教师要联系实际，具体指导学生观察生活，教给学生观察和分析的方法。

（三）搭建沟通阅读和写作的桥梁

阅读和写作紧密相连，应充分利用语文教材中蕴含丰富的情感因素，以读导写，以写促读，读写互促，相融则优。阅读是教育之本；如果不阅读，写作就成了无源之水，无本之木。

中学语文教材不仅是教的蓝本、读的范本，它还是写作的样本。中学语文教材里面蕴含着丰富的情感因素，教师要凭借这些情感因素，引导学生理解和发掘作品的情感，与作者、主人公的感情产生共鸣；还应促进学生的情感体验与情感表达，激励学生表情达意，达到丰富学生的情感、培养学生的移情能力和写作能力的目的。

文章是有情之物，情感是文章的灵魂。春雨润物，滋润读者心田的，正是文中的真善美，文中奔涌着的浓浓的情。但情感又是以认识为前提的，只有在理解的基础上，才能对这一事物产生一定的情感。教师要引导学生了解作品背景，深入理解文章内容，进而深切体察作品中的情，引导学生从鉴赏作品中品味感情、领悟感情，从而为写作蓄积感情。

教师必须充分利用教材中的文学资源来培养学生高尚的审美情趣，培养学生细腻的情愫。先让学生摘录文中的精彩片段或仿写，久而久之，他们就会抛弃模式化的范本，写出自己想写的东西和自己创作的东西。

想象既是阅读的桥梁，又是作文的翅膀，可以思接千载、视通万里。合情合理又符合科学的想象是有利于情感体验和人生感悟的。只有调动学生的感官、全部心思、全部真情去体味，才有可能触发他们的灵感，才有可能形成自己的真切的感受和独到的见解。

情感是沟通写作的桥梁，我们应该引导学生自己去发现、自己去感受、自己去领悟，让学生感受到生活中最熟悉、最感兴趣、感触最深的事情，捕捉自己的情感火花，拨动自己的心弦，开发自己灵魂深处的宝藏，在写作中掀起自己的感情波澜，舒展心灵，张扬个性。

与时俱进 创新教学

张 妍 大庆市第四中学

[摘 要]授之以鱼，不如授之以渔。教师应该细心、谨严、善思、博学、好问、笃行，然后融百家之长，成一己之论，个性之法，让学生学会学习、学会生存、学会合作、学会发展、学会独立、学会思考等。这既是课改的新方向也是每位教师应该做的。

[关键词]思考 感恩 兴趣 完善 交流 反思 再认识

全球经济的一体化，教育的国际化接轨，教师也将由一种职业转变为一种专业。教师的专业化是社会进步、时代发展的要求。它对每一位教师提出更高、更严格的要求。因此，在新的历史条件下，我们语文人必须重新审视自己，找到自己的人生坐标。不断提升自己的专业水平和专业能力。

回首15年来的语文教学历程，许多零散的记忆碎片在刹那间连缀成无数触动自己，发人深省的历史画面。

一、一朵玫瑰花的思考

那是2005年的一天，参加完高三学生的毕业式，便拿着学生送的玫瑰回到下届的班级，到了教室，触景生情，心难平静，于是，便拿起手中的玫瑰让大家来谈一谈对此花的认识。出乎意料的是没有一个人去谈它爱情的这层含义。谈的是真挚的师生情、人生的短暂、聚散匆匆、时光易逝、花开花落亦如人去楼空，繁华落尽是护花的本真，得失成败不若过眼云烟。

每个人都深深地为当时的情景所打动，于是我知道了“现实生活就是最好的、最生动的教材”。任何文字和理论在现实生活面前都显得那么苍白无力。从此，我便争取每节课都尽量让学生学会感动，感受生活、感悟生命，让语文课堂成为学生心灵交流的驿站，去体味“送人玫瑰，手留余香”的那份幸福。

[作者简介]张妍（1977—），大庆市第四中学，一级教师，致力于高中语文教学研究。

二、衷爱文学少年的大学梦梦想成真

2009年9月，我新接了一个毕业班。这个班对语文学习毫无兴趣，形势严峻。用批评和埋怨是无济于事的，只有用心去感化，用知识去熏陶，才能治标又治本。其中A同学从小就热爱足球等体育运动，最不愿意学习语文这科，成绩一直不好。我接班后，常常讲一些古今中外的哲人古圣先贤的典故和一些名篇佳作，听后，他深深地被吸引，开始向我借书去读了解更多的历史和知识。于是，我便借给他如《项羽大传》《菜根谭》《说三国话人生》等书。经过一段时间的阅读，他开始渐渐喜欢读书，兴趣也由脚上的球变成了手上的书。他特别喜欢项羽这个历史人物，大家为其取绰号“项羽无敌”，他也欣然接受。时常吟诵杜牧那首《乌江亭》“胜败兵家事不期，包羞忍辱是男儿。江东子弟多才俊，卷土重来未可知。”我想正是这种愈挫愈勇的精神，才使他语文成绩在短短的几个月内由70多分上升到高考的100多分，圆了他的大学梦。

于是，我知道了“兴趣是最好的老师”。有兴趣，才有激情，才能用心去做，用心去做才能做得最好，才能创造奇迹。

三、一封来信、一条短信

一日，毕业生信一封。写道："回想往昔，恍如隔世。二十年轻狂浮躁，酒腥时繁华落尽，人世至此应无怨。今入学多日，虽无大成却有小进。唯有求学之事，苦于心间。惶惶不安，终日无语，虽感恩以图报之。但愁江流石不转，梦中常醒惊魂处，醉卧他乡，不见归途。今借鱼燕相告，尽书衷肠。为求信心之法，为人之道，望虑之"。

又一日，一生发来一条短信。题为“梦碎”，诗曰："黄粱美梦始是虚，寒风入骨将吾欺。无奈身无长人物，空作黄粱望天惜。"

看罢，我不禁起步徘徊，心难平静。既为师生间这种跨时空的真挚感情所欣慰，更为当今青年之脆弱而担忧。这些各个表面上看似个性张扬，轻狂无忌、叛逆倔强，不过是为了掩盖内心的空虚、寂寞、孤独、无助。

作为一名人类灵魂的工程师，我开始思考，课该怎样上？该传授些什么？作为人类文明的传承者，帮他们形成健全的人格、拥有健康的体魄，应该让他们学会学习、学会合作、学会生存、学会做人。

四、汲取源头活水，与时俱进

秋风又起又将去，挥手之间，我已经在教育战线上蹒跚、探索了15年，经历了教育教学的风风雨雨，感受着课改教改的点点滴滴。刹那间，有种“识迷途其未远,觉今是而昨非”的感慨。转过身去,重新审视,竟有许多不完美和不完善。于是，我决心破茧、涅磐，在痛并快乐的自我更新过程中，摆脱心理的干扰，走出思维的定势。在反思中探索，在求索和学习中不断反思、不断创新。

首先，对教材的再认识。辩证地看待新旧教材的异同，善于取舍，掌握教材的内容和内在联系。把本学科的指导思想引入到实践教学课堂当中。注重提高学生的科学素质、人文素养、思想道德修养。不生搬硬套、死扣教参，不做教书匠，要成为“但开风气不为师”的研究者和探索者。

要改变常规课的课堂教学，把知识重新排列组合，变被动式、封闭式为开放式、自主探究式。让学生成为课堂的主体，使其“得益于课内，得法于课外”，常常换位思考，与学生平等对话。把高考“由德而能、由封闭而开放”的变化方向渗透给学生。让每个生命体在温馨、祥和、自由、动态的课堂情景中享受学习的乐趣和生命的自由。

其次，要明确教育的深层含义。关注时代和社会人生，关照人类生命，要以对生命个体的尊重和开发为支点，并取得成效。要把教育演变成一种生命和生命的对话和交流，在对人生的感悟中，重塑自我。

要树立终生学习的思想。人不学,不知道;人好学,虽死犹存。要勤学、善学、博学、乐学,非学无以广才。要在乐以忘忧的人生境界中实现生命的价值和意义。

孔子云:“学而不思则罔，思而不学则殆。”教、学、思三者相辅相成，而教学反思对我们这些不成熟的青年教师尤为重要。在反思中，我迅速找到了自己在教师行业中的位置，不断地成长起来，让我少了几分轻狂、浮躁、自满、虚夸、幼稚、脆弱，多了几许沉着、冷静、谦虚、挚诚、成熟、坚毅。在成长过程中，长者语重心长的教诲，友人中肯、至诚的诤言，学生全方位、多角度的评价，使我更深一层体会到课堂教学的生长性和多变性，优化了课堂教学。

我知道没有完美的课堂，但有不断完善的课堂。这个完善的过程，就是师

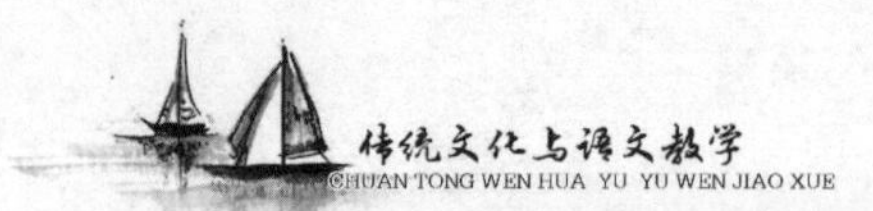

生互动的过程,是自我完善的过程。教师应为他们搭建自由论坛的舞台,创设想象、创造的情景，让课堂成为学生心灵交流的驿站。每至黄昏，常常反省检讨自己。有人说："失败者找理由，成功者找方法"，而我要找的是失败的缘由和成功后的反思。有的熟记于心，有的笔录于册。不断地发现问题、解决问题。使教学步入正轨，注重孔子的因材施教，倡导知识的经世致用，实施愉悦式、开放式教学模式。

案例交流、教学反思，使我在教师专业化发展的道路上又迈了一大步。其实，在接近发展目标、缩短差距的过程中，既不能惯性地参照过去，限制思想，又不能盲目地畅想未来，而是脚踏实地地让专业化发展之路在脚下延伸，把自强不息地追求完美的课堂教学作为教师的终极目标。

孟子曰：得天下英才而教育之"。我亦有同感。能成为一名教师，我很快乐。有人说："教育是孤独的、低微的、没有回报的。"我却要说：即使孤独，也是种美丽的孤独；即使低微，却平淡而不平庸。平凡而能宁静，在淡泊宁静中思索、追求、创造，化作春泥，泽被万物，即使没有回报，我也无怨无悔，默默耕耘。相信：成功来自坚持，执着创造奇迹。

教学之路上，我甘心做一个点灯传灯的行者，摸索前行；做一个严谨求实的学者，刻苦钻研；做一个爱岗敬业者，立身成事；做一个施仁乐群者，得道多助；做一个顶天立地的教育开拓者，心底无私，关注社会人生。将平凡演绎成美丽，将爱好演绎成事业。尽心即是完美，淡泊方为至高。

在教化英才的漫漫长路上，我将义无反顾，衣带渐宽终不悔。

“游民”的颂歌

——关于《水浒传》主导意识之我见

赵雨楠　大庆市肇源县第一中学

[摘　要]历来大家比较关注《水浒传》这部文学名著的主导意识。我比较赞同“宋江起义是封建社会中游民的武装斗争”这个观点。《水浒传》歌颂了游民的江湖义气、路见不平、拔刀相助、仗义疏财等思想。他们没有农民那种“知足常乐，能忍自安”的苟且与怯懦；他们也没有知识分子的委曲求全、小心谨慎；他们更没有市民那种顺风转舵、逆来顺受的市侩性。

[关键词]歌颂游民　侠义性格　道德理想　社会理想

《水浒传》这部文学名著主导意识的问题，历来是大家比较关注的。《水浒传》这部书究竟是反映哪个阶级思想意识的著作呢？

很久以来，人们把梁山泊聚义这样大规模的起义定性为农民起义，或者把它定性为市民武装反抗斗争的。我认为这些都没有抓住《水浒传》的本质。梁山泊英雄们的“江湖义气”思想又不完全是农民、市民的思想意识。曾经有人说过“历史上的宋江起义，并不是代表农民利益的农民起义，而是封建社会中游民的武装斗争。”我比较赞同这个观点。以下就说一下《水浒传》中“游民”的主导意识。

《水浒传》之所以是“游民”的颂歌，主要原因就是在这一百单八将身上集中体现了市民意识中的“侠”义，超越了一般市民的软弱。当然，并不是所有的游民都成为《水浒传》歌颂的对象，但这一百单八将中也没有歌颂其他某类人的赞歌。

有人认为这是“农民起义”，农民要以李逵为例。李逵是农民出身，但他并不是农民，他的行为品德不是农民性格的体现，而是一种江湖豪气的体现。有人说鲁达是市民的代表，他反映的是市民的思想意识。一般，我们认为市民聚

[作者简介]赵雨楠（1981年—），大庆市肇源县第一中学，一级教师，主要从事高中语文教学研究。

财而不疏财，而鲁达倾囊相助金氏父女，要李忠也“拿一点出来”，见李忠拿得少，便说：“也是个不爽利的人。”这就表现了李忠那种市民的吝啬，而相对比出的却是鲁达那种游民的江湖义气。

《水浒传》歌颂了游民的江湖义气，最主要是赞扬他们那种朋友有难，为朋友赴汤蹈火；路见不平，拔刀相助；周人之急，解囊相助，仗义疏财等思想。他们没有农民那种“知足常乐，能忍自安”的苟且与怯懦；他们也没有知识分子的委曲求全、小心谨慎；他们更没有市民那种顺风转舵、逆来顺受的市侩性。

“游民”这个词所代表的就是那些在社会上没有地位、没根基，脱离了社会秩序（许多游民无家无妻无亲人），失去了社会的尊重，随着时势浮沉游荡的一群人。这些人没有立足之地，以至失去了经济来源，甚至性命难保，所以才聚义于水泊梁山，有些人是名副其实地“逼上梁山”。

而《水浒传》恰恰揭示了这一百零八人不同于农民和市民的性格、理想、道德思想，可以说是典型的“游民”的思想意识。当然，也有他们思想中不妥的一面。

一、“游民”的侠义性格

这一百零八人的性格极为明显地体现了“游民”侠义的性格。由于当时的专制制度，不容许人民结党营私，游民便失去了土地、固定职业，他们为了生存，拉帮结伙来互相帮助，以获得生机。他们受到了社会的歧视和孤立。这样的结果就是越孤立他们就越增强了他们的凝聚力和侠义的思想。他们无固定的思想道德标准，凡事以自己的思想作为标准，认为自己永远是无懈可击的。《水浒传》中写了许多杀人放火的勾当，但其中只肯定了与梁山有关的人，而对于其他人持否定态度，没看出他们的“义”，这也体现了“游民”思想中狭隘的一面。

其次，他们宣扬暴力，以杀人来报仇雪恨，这也是他们侠气中的一部分。那些裂体分尸、鲜血淋漓的残酷场面。如武松杀嫂、血溅鸳鸯楼、宋江杀阎婆惜等，这些是他们为了报仇雪恨，不计后果的乱杀乱砍。鲁达三拳打倒镇关西被传为佳话，从而使他成为《水浒传》中最高大完美的豪侠形象。这种“侠”，“是全仗一条杆棒，只凭两个拳头”，依靠个人的勇气和力量的，他们所解救的也是单个人物。他们的这些“侠”是逞个人豪气的“侠”。

再次，他们垂涎于财货金银。这些游民不同于农民、市民，他们不掩饰自己对金钱财富的追求，他们的目的就是“论秤分金银，整套穿衣服”，他们深信金钱的力量可以无坚不摧。晁盖、吴用等人就是抱着靠“献金银”入股的思想去梁山的。而鲁达那样慷慨的汉子竟在朋友主持的桃花山上把“金银酒器都踩扁了，拴在包裹胸前的度牒袋内”偷偷拿走了。再有梁山英雄排座次，在36天罡中，扑天雕李应、鲁智深、武松、李逵等排在前面，阮氏三雄排在最后，燕青倒数第一，石秀倒数第三，这也无非是他们出身微贱而已，这也反映了“游民”性格中狭隘的一面。

二、游民的道德理想

他们的道德理想就是“义”。不同的社会阶层的人，不同经历的人会对“义”做出不同的解释。游民生活在社会底层，在肚子尚未填饱、安全也无保障的条件下，他们在建构自己道德规范时怎么能舍弃利害而不讲“求”呢？因此，他们在说到“义”时主要指对自己有利。“讲义”就是能提供金钱或其他物质上的帮助。“仗义”就要疏财。梁山上的英雄都慷慨大方、不吝惜金钱。以宋江为首。走到哪里，金钱撒到哪里。“仗义”帮助的不是一般人，而是可能与自己结成群体的游民。《水浒传》中赞颂宋江、晁盖、柴进等人“仗义疏财”指的是他们肯于救助“江湖上的好汉”。至于鲁达救金翠莲；宋江资助唐手儿本钱，给卖药汤的王公点帮助，是被视为自上而下的施舍。而他们结义所形成的关系并不是施舍，而是求回报的。比如，宋江舍着性命向晁盖通风报信，不是出于什么相同的政治倾向，而是他在江湖上一笔“投资”，晁盖、吴用等人也完全懂得这一点，当他们在梁山站稳脚跟后马上想到“早晚将些金钱可使人亲到郓城走一遭”以为回报。

这些并非是对梁山好汉“义气”的揭露，因为游民阶层的这种特有的“期待回报”是自然的，而不是农民起义中农民那种正直无私为了起义事业。其中林冲、武松等也主张有恩必报、有仇必复，绝不含糊的。

义气是联合游民群体的纽带，如果它是单方面的，群体又如何凝聚在一起呢？义气是他们闯荡江湖的通行证，有了义气的美名，可以畅通无阻；没有义气，则寸步难行。义气是游民的最高伦理观念，道德理想。

《水浒传》在“义”之外，还强调“忠”。其原名为《忠义水浒传》。他们虽游离于社会正常秩序之外，但却不能完全摆脱传统文化影响。江湖好汉上梁山聚义造反，无非三种情况：一是被现实逼得走投无路，二是羡慕“论秤分金银、异样穿绸缎，成瓮吃酒，大块吃肉”的享乐生活，三是被梁山好汉引诱逼迫上山。如果招安后有较好出路，这三种人都不会反对招安。李逵反对招安只是由于粗鲁，过高估计自己的力量，认为凭他两柄大斧便可以打出一个新的“大宋王朝”；鲁智深、武松等人反对招安，只是对招安后的出路有疑惧。所以他们都受着封建的“忠”的思想的牵制。

三、游民的社会理想

游民并没有真正的社会理想，只不过是他们人际关系理想的放大。他们的梁山集团的组成与原则就反映了游民的社会理想。

游民与农民不同，大多没有家室；他们漂泊已久，家在他们心目中已经淡漠了。《水浒传》中就表现出一种厌恶家，特别是厌恶女人和儿童的倾向。他们以禁欲为最高道德标准。他们的期待、向往都寄托在游民团体上，在团体生活中寻找生活出路与精神慰藉。因此他们要设计理想的团体，这种团体便是他们的社会，生活在这样的社会中才有归属感，所以梁山聚义便是他们的社会理想。

游民的原始平等观念实际上是把社会上存在的各种等级、各种职业的人们都降低到游民等级上来，使之成为不事生产，“大碗喝酒、大块吃肉”的一群。

梁山好汉社会理想的闪光部分是他们对于不同个性的容忍和对人尽其才的向往。一百单八将的社会地位、生活经历、文化修养存在着很大的差异，作者认为他们“或精灵、或粗鲁、或风流，何尝相碍”，他主张个性不同的人们要互相容忍与理解。书中这些内容突出了作者对人才的渴望及对社会理想的企盼。

游民的社会理想带有空想性质，但却让人们幻想无限。

他们的这种游民思想对以后的战争、起义和好、社会发展及文学著作的创作都产生了很大的影响。

小组合作学习的有效性研究

蒙慧姝　　大庆市第五十五中学

[摘　要]合作学习不仅仅是学生与学生的合作，更是学生、教师、家长的共同合作，明确自身扮演的角色，完成自己的任务，能真正发挥合作的有效性。因此，笔者想对初中语文教学中小组合作任务分配的问题进行研究。

[关键词]个体差异　任务分配　小组合作　初中语文教学

从时间来看，合作学习已有几十年的研究历史，有许多国家和地区对合作学习都开始重视并成立科研小组对其进行了深入研究，观点和见解所谓仁者见仁、智者见智，搜集他们对合作学习的看法对笔者的研究非常有帮助。

约翰逊兄弟定义合作学习是在教学上采用小组的形式，使学生一起共同活动，并最大限度地促使他们自身和他人的学习。可见，小组合作学习是由个体组成整体，把整体的努力再分化给个人的一个过程，这一过程的产出远远高于个人的努力。

美国约翰斯·霍普金斯大学的斯莱文教授认为：“合作学习是指使学生在小组中从事学习活动，并依据他们整个小组的成绩获取奖励或认可的课堂教学技术”。那么，斯莱文教授对于合作学习的认识更集中在小组评价当中，学生可以在评价当中获取鼓励和认可。

合作学习的历史悠久，现今已经在世界各个国家和地区普遍应用，我们在研究之前就必须知道其理论基础：

群体动力理论认为，群体是成员之间的互赖性可以变化的动力整体，群体的本质就是导致群体成为一个“动力整体”的成员之间的互赖（这种互赖通常是由共同目标而创设）。也就是说小组成员要相互依赖，形成内在动力，在每位成员的努力下实现小组价值，做到互勉、互助。这样就可以培养学生的团体意识和

[作者简介]蒙慧姝（1981年—），1989年生，大庆市第五十五中学，从事初中语文教学研究。

自尊自重的情感，当学生更加热爱小组，更加热爱班级，更加热爱学校，彼此团结，就可以更好地促进学生的学习，使学生的身心得到全面发展。

传统教学观念与建构主义观念冲突很大，建构主义的观点可以让教师做出更多的反思：

（1）课堂教学中角色的转换

传统的课堂中，教师是课堂的主管者。在课堂教学中，教师以偏重自身的教，填鸭式灌满整个课堂，学生参与度有时甚至为零。在课堂管理中，教师统一行为规范，有时甚至会抹杀学生的主动性。这样的课堂与建构主义当中的主动探索、交流、创新的观点相悖。在建构主义看来，在现代教学中，学生应为学习的主角，教师要充分尊重学生的主体性地位，运用各种办法把课堂还给学生。在教学过程中，教师应该是学生的引导者，通过不同的方式激励学生在学习中的主观能动性，让学生明白知识建构需要自身参与才能完成学习目标。

（2）课堂教学方式的转换

要想使学生独立地建构自身的知识体系，必须转换课堂的教学方式。在教学实践中，最有效的方式就是将被动接受知识的单一课堂转换为自主探究、合作学习的多元课堂。自主探究过程中学生可以从以往的经验和知识中获取对新知识的理解，从而构建新的知识框架，合作学习可以让学生之间相互交流、创新，从而对自己构建的知识进行探讨及重整，建构更正确更完善的知识体系。

（3）明确教学活动的目的

教学活动的目的是学生学会，而不是教师讲完预设的知识。所以教师要做的不是给学生特定的答案，而是让学生在主动思考、探索、质疑、徘徊这一过程中不断前行，形成对知识的建构。

合作学习的理论基础很多，这些理论虽然从不同观点出发，但却不相互矛盾，而是能够相互补充、丰富，共同为合作学习奠定了理论基础。小组合作学习可以充分发挥学生的主体作用，在合作中相互启发、在原有的知识框架中进行重新整合，从而进行创新，最后生成结果。同时，学生可以在合作中形成自我认知，并能从他人身上取长补短，在这一过程中学会如何交流。所以，合作学习能够较好地培养学生的合作意识和创新思维。

我们所在学校的小组合作学习模式初步构建，为研究此论题，我们邀请的八位语文教师进行随堂听课，并让这八位教师分别深入到班级的八个组内，对班级的八个组的小组合作进行研究分析。我们所在的研究组进行了一个月的随堂听课记录，共记录了八个班级的小组合作情况。

我们设计的研究问题主要有：合作小组的人数，合作小组的性别比例，本节课需要小组合作解决的问题是什么，小组合作用了多长时间，小组合作组内成员的参与度，教师在小组合作当中是否深入小组，小组展示时教师的评价如何，你对小组合作的意见和建议。

我们想了解一下实施小组合作的课堂授课方式是否有效，就要进行一系列的对比。于是，在七年级的第一学期，我们在一班实行了小组合作任务分配制度，而三班进行无计划小组合作。

下面以七年级一班的合作实际情况为例，阐述一下小组合作的最初实施情况。

我们以学生的性别差异、性格差异、能力差异和家庭环境差异为根据进行分组。分组期间，尽量遵循“组间同质，组内异质，稳中求胜”的原则，将学生分为八组。年级一班共有学生48人，其中女生19人，男生29人。从实际情况来看，男女生不均衡，这是给分组带来的第一个问题，在分组时，尽量保证每一组至少有两名女生。性别不均衡就要靠性格均衡来补救。所以，分组时，尽量做同组内性格均衡。因为是课堂上的小组合作，最终目的是让学生在语文课上提高学习主动性，扩大课堂容量，使学生学到更多的知识，所以能力差异也是分组的最重要的依据。在能力差异的基础上注重组内的性别、性格及家庭环境差异。

我们根据入学考试和入学一个月平时周测试的实际成绩将学生标号为A、B、C三类，本次考试1~16名为A类，17~32名为B类，33~48名为C类。班级共48人，每组6人，共能分为8组。班级的综合能力较强的人基本在A类学生中，我们先选出了8名组长，接下来就在班级自行选择组员，对于组长自行选择组员的做法，我们认为，学生比老师更了解学生，对组员的选择会更合理，在选择组员这一过程中，提升了学生的权衡能力，更有利于培养学生的小组归属感，更能树立小组组长的威信。这一环节进行得很顺利，学生十分钟就把自己的组选好了。在选好小组后，我们针对不同的小组进行复审，学生们自己的选择基本符合分组原则，只调整了几名组员，缘于性格过于相同，不利于组内合作的开展。

我们抽出一节课的时间，让小组建设本组文化，每一组发了一张A4白纸，

让学生在纸上描绘组内建设情况。包括小组名称、小组口号、个人现状、个人目标、团队目标等。学生们都积极主动参与其中，小组文化建设时非常用心。小组成员发挥各自的智慧，共同组建团队文化，提升了小组的凝聚力。

经长期的实践研究，在初中语文课堂中，通过小组合作的学习模式，可以提高学生的主观能动性，更能培养学生在学习中的主人翁意识。而在小组合作的过程中，根据学生的个性差异，合理地进行任务分配，更可以提高小组合作的实效性，从而大大地提高学生的课堂效率。在研究工程中，笔者也有一些疑惑，无论是阅读课教学还是作文教学的课堂中，笔者都过度重视C类学生的学习参与度，A类生在帮助B、C类学生的过程中也得到了很大的收获。但此过程中，最受忽视B类学生的学习情况，而B是班级的大部分学生，也是中坚力量，只有更大程度上调动B类学生的积极性，才能更好地实现小组合作的价值。在今后研究中，我会继续探索如何进行合理地任务分配，充分发现B的价值与潜力。这些问题，我会在今后的实践中不断探索，寻求更有效的小组合作的教学模式的办法，为小组合作学习模式的研究贡献自己的绵薄之力。

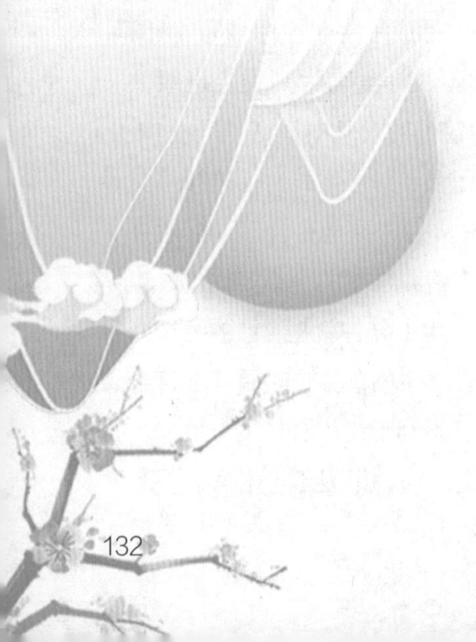

感悟汉字魅力　点燃学习兴趣

张洪岩　　大庆市石化第一小学

［摘　要］中华五千年的文明及丰富的文字记载都已被世人所认可，在这一博大精深的历史长河中，中国的书法艺术以其独特的艺术形式和艺术语言再现了这一历史性的嬗变过程。中国的书法被誉为“有情的图画，无声的音乐”。汉字的一笔一画、一点一顿间，皆蕴含了无尽的美。作为语文教师，我们要教授的不仅有语言，还有文字，不仅要求学生能认识文字，还要求学生能欣赏文字之美，学会美观地书写我们的汉字。为了提高学生的汉字审美能力、增进学识修养、培养爱国情操、提高民族素质，汉字教学显得尤为重要。

［关键词］音韵美、规律美、结构美、意境美、传统美

一、欣赏汉字的音韵美

首先,汉字具有独特的四声。声调使汉语抑扬顿挫,和谐悦耳,既增强了美感,又使汉语更富有表现力和感情色彩。其次，汉字的单音节特性也有利于汉字之间的自由组合，这使汉语的阅读更有节奏感和协调感。在识字课的教学中，我们要充分发挥汉语的有利优势，使学生在对词语的听读和诵读中体会其有美的节奏和韵味。在这节识字课里，我设计了看词想象画面朗读、自由读、开火车读、男女生比赛读等，让学生通过多种形式的朗读来欣赏汉字的音韵美。

二、寻找汉字的规律美

很多优秀的小学语文教师识字教学效果好、质量高。不但是因为他们的教学方法生动活泼，更重要的是他们在课堂中合理地运用了汉字规律，帮助学生从字形入手，理解字义，解决了识记字形这一难点，而且学生一旦能初步掌握汉字构字原理，便会举一反三，思维得到充分的拓展，同时也理解了词义。因此，在这节识字课上，我设计了：让学生在充分朗读表示树木词语的基础上观察这些词语，看看有什么发现。学生很快便能发现：这些字都带“木”字旁，并总结

［作者简介］张洪岩（1979 年—），大庆市石化第一小学，高级教师，从事小学语文教学研究。

出识字的第一个规律：所有树的名字都带“木”字旁。接着，多媒体创设情境，再出示阿木的四个家庭成员，也就是带“木”字旁的四个词语：木材、树枝、杨柳、座椅；再让学生观察这四个词语，看看有什么发现，于是又总结出了识字的第二个规律：带木字旁的字都和树木有关，通过两次观察帮助学生找到了这些字的构字规律，体味到了汉字的规律美。

三、体味汉字的结构美

汉字用抽象的线条，构造出种种展示生命形态的感性造型，在一个个美丽的、形态各异的汉字中，积淀着造化神秀，展示出种种鲜活的生命形态和无尽的生命信号，具有很强的绘画美。汉字还具有建筑美，汉字字形复杂多变，多种结构成分、多种组合方式，相互协调、相互配合，重心平稳，具有中国古代建筑的结构平衡、对称的风格美，这就是汉字的建筑美。因此我们在这节识字课上，为了让学生体味汉字的结构美，在教写汉字时，设计情境:阿木的字写得不漂亮，可是他又想写写他这些森林朋友的名字，谁愿意帮帮他怎样才能写好这些朋友的名字呀?这时，学生一定会仔细观察多媒体上的字，观察这些字的结构，每一笔在田字格中所书写的位置，对于左右结构的字，学生很容易地就会总结出：在写左右结构的字时要横短竖长这一写字规律。对于带木字旁的上下结构的字，学生也会总结出这些字的书写规律：横长竖短。根据低年级儿童的年龄特点和认知水平，教师还编了一首儿歌：“长横到南洋，短竖立中央，撇捺交叉写，木底把字扛”来帮助学生记住写字规律。对于左中右结构的字,多媒体出示一个田字格，“树”这个字的三个部件在田字格里挤呀挤，让学生想想对于这样的结构，怎样才能把它写得漂亮呢?学生高兴极了，便想出了办法，其实也就总结出了左右结构汉字的写字规律:横缩点让。通过总结左右、左中右以及上下结构字的写字规律，让学生深刻体会到了汉字的结构美。

四、领略汉字的意境美

汉字不仅“形美以感目”而且“意美以感心”，在变幻无穷的线条组合中，凝结了华夏民族的审美情趣和生命意识。余秋雨对汉字做过精彩描述：“东方式的线条是精神的轨迹、生命的经纬、情感的线索，在创作过程中又是主体力量盈缩收纵的网络。”一个汉字可以和许多汉字组成新词，极大地丰富了汉语的表现力，使语言具有含蓄的韵味和丰富的内涵。因此在识字教学中，不能仅停留在字面的理解上，还要让学生细细地领悟汉字的丰富的表现力。在这节课中，我设计了让学生用字组词、造句、看图说话来让学生领略汉字的意境美。

五、挖掘汉字的传统美

汉字素有文化“化石”之称，汉字记录了汉文化，深刻反映了汉文化，也强烈地作用于汉文化，因此汉字教学不能脱离其产生的文化根基，要引导学生通过汉字透视中国文化，因此本节课巧妙地设计了此环节，让学生在轻松优美的音乐中，看着多媒体上一个个美丽的、形态各异的汉字，让学生感受汉字的独特魅力；听着老师详细地讲解汉字的由来、演变等来体味汉语的文化美。教者不仅重视了语言表层的文化内涵，更深入了挖掘了汉语自身的文化因素，从而使学生对汉语本身产生浓厚的兴趣。

汉字积淀着几千年的民族文化，是中华文明绵延几千年的力量源泉，是华夏民族凝聚的聚焦点。汉字的功能已远远超出了符号，并外延出更多属于文化、属于民族的内涵。因此，就个人而言，深入了解汉字，规范书写汉字，对提高学生审美情趣、展示才情、改善人际关系、培养爱国精神、增强民族自豪感都有十分重要的作用，尤其对提高学生的语文素养起着更关键的作用。语文教师应清醒地认识到语文教学中，汉字教学是必不可少的组成部分，在教学目标中占有举足轻重的地位。

汉字是一座巨大的宝藏，包含着祖先的智慧，蕴藏着巨大的能量。对这座宝藏的挖掘需要语文教师共同的努力，唤醒汉字沉睡的灵魂，让汉字的魅力点燃学生语文学习的兴趣与智慧，夯实学生语文学习的根基，从而全面提高学生的素养。

传统文化在高中语文教学中的应用

战　磊　大庆市第三十九中学

[摘　要]随着中国的改革开放，西方文化大量涌进，中国传统文化面临尴尬的境地，特别是在高中语文教学中，由于高考任务重、学生对母语文化不重视、教师个人文化底蕴参差不齐等多方面因素下，传统文化所占的教学比例日益减少。针对现状，本文旨在揭示传统文化传承的重要性及面临的困境。

[关键词]文化素养　文化渗透　方式语文　教学现状　传统文化应用

一、传统文化应用的重要意义

中华民族传统文化博大精深、源远流长，对于学生自身综合素质提高有着重要的帮助作用。当前，受到各种文化和思想的冲击，高中生人文素养缺失现象比较严重。所以，在高中教学过程中有效渗透传统文化具有重要的意义。语文作为一门基础性的教育学科，教学内容涵盖了多个方面，所以，在学生文学素养和文化底蕴形成的重要时期，通过语文教学来进行文化教育，提升学生的综合水平有着重要的意义。《语文新课程标准》明确指出："高中语文课程必须充分发挥自身的优势，弘扬和培育民族精神，使学生受到优秀文化的熏陶，塑造热爱祖国和中华文明、献身人类进步事业的精神品格，形成健康美好的情感和奋发向上的人生态度"；新课标让传统文化教育上升到一个至关重要的地位，这一点可以从其他不同版本的新课标教材中看出来。

二、传统文化在高中语文教学中的现状

（一）教师忽视传统文化渗透

高中语文新课程教材增加了不少文学名篇和古诗文阅读篇目，在一定程度上拓宽了学生获取传统文化的途径，但课本的内容相对于涵盖文、史、哲等及融儒、

[作者简介]战磊(1981—)，大庆市第三十九中学，学科教研兼备课组长，一级教师，主要从事高中语文教学研究。

释、道为一体的中国传统文化来说，极为有限。高中阶段是学生人生中最重要的阶段，面对学生高考的压力，语文教学中也更加重视学生的答题技巧，目的在于取得高分，在此情况下，学生对于教学中的传统文化渗透便不求甚解。而高中语文课文中涉及古诗词的文章一般不做重点标记，仅以课外延展称呼。学生对理解这些古文中蕴含的意象、道理，不做过深了解。如围绕女性“自爱”的主题，对《诗经·氓》和《孔雀东南飞》进行比较阅读，《氓》的女主人公被抛弃后敢于为自己控诉负心人的恶行，捍卫自己的尊严；《孔雀东南飞》中的刘兰芝在被丈夫休弃后选择以死抗争，以肉体的解脱获得灵魂的自由。这两首古诗中，女主人公都是凭借着坚强的内心维护着自己作为女性的尊严。而学生了解并感兴趣的传统文化，只有学生理解了文学作品中的意蕴，才能够感受作品蕴含的传统文化精髓，从而产生心灵上、情感上的共鸣。在语文课堂教学中，教师只是在简单地引导学生逐字逐句地学习翻译古诗文，熟记通假字和字意，了解古诗文的时代背景，但对于其内里韵味却不予深入探究，学生对于我国古代文学中的魅力难以体味，从而减弱对古代文学的兴趣。

（二）师生过分依赖教材

当前的高中语文教学中，主要的教学模式都是教师死板地传授知识，学生只是被动地听取，对于涉及的传统文化，依旧是照本宣科，而不对其中的文化韵味进行深究，学生也无法感受到古代传承下来的文化魅力。同时在教学中，教师对于非重点考试科目的文言文没有投入较多的时间和精力进行讨论，迫使文化知识仅仅停留在静态学习上，没有让传统文化和高中语文的魅力完美融合起来。高中教学中，学生主要依靠工具书来查找古代诗文的译文，对其不求甚解，不予深究。工具书的大量使用，使得学生依赖心过大，不依靠自己的能力去理解和掌握文学作品的内涵。同时也会在教师授课中心态懒散，影响高中语文传统人文文化的弘扬，也不利于锻炼学生自主鉴赏、理解传统古诗文的能力。

三、传统文化渗透方式

（一）科学设计，完善课文

我们在面对传统文化学习时，要以“取其精华，弃其糟粕”的态度对待传统文化。继承传统文化，需要秉承推陈出新、革故鼎新的理念，对于传统文化中的精华部分，应该予以继承弘扬，对于其中的不适应现当代时代要求的则应当予以摒弃，总的来说，继承传统文化，重在批判继承。在高中语文课堂教学中，教师需要以新课程标准为指导，对学生教学需要落实素质教育，即不仅仅是作为文化知识的传播者，更是学生们追寻语文课程中传统文化的导引者。例如在学习李白的《将进酒》时，教师可以先让学生在理解全诗大意的基础上让学生去注意了解时代背景，常说知人论世，便是在了解诗人的时代背景，以及诗人的人生境遇的大环境下去理解诗歌的意蕴。李白一代诗仙，被小人暗算，被皇帝逐出京城,可是他并没有消沉。而是抱着一份“天生我材必有用”的自信和一份“人生得意须尽欢”的心态。通过自主寻找李白的人生境遇，便能够更加深刻地明白诗歌中蕴含的思想感情及文化意蕴，有助于提高学生的传统文化素养。

（二）教学延展，兴趣培养

教师观要求我们要发挥学生主体性，强调自主合作探究，教师应该是学生的引路人。学生的知识面毕竟比较狭窄，教师要在传授知识的过程中，指引学生查找资料的方法、途径，让学生知道“如何寻找”，让学生在其他工具辅助下，展开讨论分析，培养学生独立完成资料收集的能力，引导学生以自我思维展开学习、讨论，并向集体思维整合发展。

四、结语

如上所述，高中语文课堂上对传统文化的重视，对学生、教师都是一个很好的学习过程。传统文化是我国现当代文化的根基，一个民族文化的传承是通过一代又一代的继承与发展，才得以永葆生机与活力。鉴于此，高中年级段作为传统文化传承的黄金年龄段，高中生无论生理、心理都已趋向成人化，对他们传统文化的教育是重中之重。

高中语文课堂评价用语的艺术

齐彩霞　大庆石油高级中学

［摘　要］好的课堂教学评价用语能有效地促进高中生的学习积极性，教师可以创造性地对学生课堂活动进行评价，具体做法为课堂评价语言要准确具体、生动丰富、机智巧妙、独特创新等。因此，高中语文教师应该恰当运用课堂评价用语，让学生积极参与学习语文，实现师生有效互动，从而实现课堂教学的高效。

［关键词］语文课堂　评价语言　艺术研究

让课堂有效率、有魅力，让其成为教师和学生共同经营的知识、能力、情感、价值观的交流平台，是教师们共同的梦想。课堂是教师和学生共同的家园，古人所谓“教学相长”正是对这一理想最美好的诠释，我们每一个人都曾在这里成长。重建课堂的魅力，让日常的课堂能够成为学生快乐生活和成长的场所，这需要教育的智慧，也需要行之有效的课堂教学行动。使用好的课堂教学评价用语能有效地促进高中生的知识学习与精神成长。教师要创造性地对学生课堂活动进行评价，让学生在得到成功满足感或知晓错误根源时，获得提升自我的方向和途径。本文在课堂评价教学实践基础上，浅谈高中语文课堂教学评价用语的艺术。

一、评价语言要具体准确

尽量做到课堂教学评价语言具体、准确。具体是要做到指出学生具体好在哪，差在哪，不能只是笼统地说“好”“很好”，这样的评价会让人感觉索然无味，不能很好地刺激和鼓励学生，更不能给出较好的指导。教师的课堂评价语言应

［作者简介］齐彩霞（1985—），黑龙江哈尔滨人，大庆石油高级中学，一级教师，研究领域为高中语文教学。

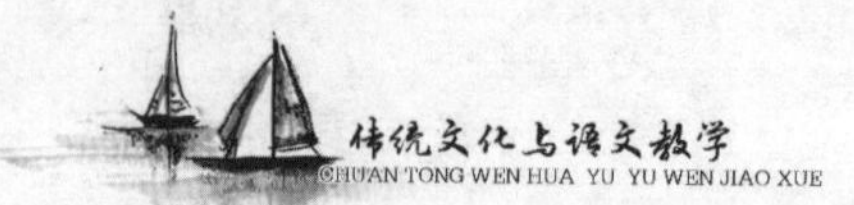

该是给学生以指导，让学生清楚地认识到自己的优缺点，更清楚地认识问题，有了明确的方向，才能有更大的进步。准确是要做到客观地评价学生，不能只提优点不提缺点，如果只是片面地强调优点，时间长了，学生可能会骄傲自大，不能很好认清自己的不足，从而停下前进的脚步。因此，好的评价除了指出优点之外也指出了缺点，提出了希望，并加以鼓励。

教师要平等地对待每一位学生，对学生的课堂表现做出准确而真实的评价，形成一种良性的课堂互动。比如，朗读过后可评价道："你读得很有韵味，如果注意一下字音就更完美了""读得流畅自如，慢一些感情就更加充沛了"等；有的学生见解独特时可评价："你的想法很独特，看来你是个喜欢钻研的人"。此类评价语言,既肯定了学生的长处,又指出了不足之处,具有极强的针对性和导向性。评价中要有批评，教师要善于抓住时机，善意地指出学生的不当之处，同时表达老师的要求和期望。激励性评价不是只有赞美没有批评，得当的批评，不但能使学生心悦诚服，而且能使教师树立起威信，赢得学生的尊敬。

二、评价语言要生动丰富

新课程需要的教学评价要求评价既要体现共性，更要关心学生的个性，既要关心结果，更要关心过程;评价注重的是学生学习的主动性、创造性和积极性，评价关注的是学生在学习过程中的表现，包括他们的使命感、责任感、自信心、进取心、意志、毅力、气质等方面的自我认识和自我发展，这就要求教师课堂的评价用语要生动丰富。

如果评价不分内容、形式一概而论，都以"好"或"不错"的评价语言，就会失去评价的价值，起不到任何感情沟通的作用。课堂教学中，教师多样灵活、生动丰富的评价往往可以使学生感到欣喜，整个课堂充满着勃勃生机。比如，朗读课文后，听到"你读得真好啊，请你为大家再范读一次吧！""大家听了都佩服你读得好！""老师觉得,你有当一个播音员的潜质！"等极具感染力的评价语，学生怎么不会被感染?那么亲切的话语，怎不能让学生兴奋?大家争相表现，把课堂气氛推向一个又一个高潮。由此看来，想要让学生很好地融入课堂，调动他们参与课堂活动的积极性，将课堂评价语言锤炼得更加生动丰富，则不失为一条途径。

三、评价语言要机智巧妙

学生不可能每次回答都很完美，当他们出错时，有些教师以“不对，请坐下！”“错了！谁来回答？”等话语来对他们的表现给予否定，这样将大大挫伤学生的积极性。这种情况下，聪慧的教师会照顾到学生的情绪，想方设法运用巧妙的语言来对学生进行鼓励，引导他们思考，让学生在不停地自我修正中逐渐完善。这样既能避免学生的尴尬，又能保持他们的自尊心。如果老师在课堂上用机智巧妙的方式帮助学生纠正错误，学生自然会不害怕犯错误，卸下心理负担，愉快地参与到课堂活动中了。

此外，还有一种机智的评价用语就是运用幽默，幽默的评价语言会为沉闷的课堂增添色彩，使课堂氛围其乐融融，课堂上的尴尬局面得以化解，师生之间的情感交流得以增进。它是课堂教学中难得的一种语言，不仅使课堂评价语言的品位得以提升，还使课堂效率得到了提高。一位幽默风趣的教师，会让学生欢喜不已；幽默诙谐的课堂评价语言，会使课堂充满妙趣。幽默的评点，不仅可以增进师生情感，还能激发学生的学习热情。

四、评价语言要独特创新

评价语言作为一种口语表达，是多样化的，不应拘泥于单一形式。不同的人、不一样的环境、不一样的课堂，应该使用不一样的评价语言。教师的评价语言不应千篇一律，需根据具体的反馈和当时的情境，以及学生的个性特征，进行独特创新的评价。例如，一节课上，学生朗读了一段赞美荷花的文字，读得不错，而这时贴在班级装饰墙上的一片花瓣正巧掉了下来，教师便借题发挥：“你读得多好啊，就连花儿也来祝贺你，老师将它赠送与你！”说着，便把花瓣递了过去，那位学生激动不已，引得其他学生羡慕。而后学生都争着发言，想要获得老师独具特色的奖励。这位老师以其独特的评价语言在将教学活动推向一个高潮。

评价不能片面追求统一性，只要学生比原来有进步，无论其语文学习状况离期望目标有多远，教师均可采用激励式评价，像“再努力一下你就成功了！”“你回答问题回答得太好了，老师怎么就没有想到呢？”“多好的问题，你真行，会说会思考！”如学生回答错误可说“看得出来，你正在积极思考，就差那么一点点，没关系，再想想。”这话无疑能激发学生的学习热情，鼓起自我挑战的勇气。对于学生的回答、朗读或想法，教师一次发自内心的赞赏，对学生来讲也许是终生难忘的鼓励。所以教师在组织教学时，要有意识创新，关注学生的个体差异，用多元指标来综合评价学生，真正促进学生发展。

得体的教学评价语能有效地促进高中生的知识学习与精神成长，能够促进课堂教学的有效性。让我们以帮助学生多方面发展为立足点，把教学过程看作是对话、沟通、合作共享的活动，恰当运用课堂评价用语，为学生主动探索和发现提供空间和机会，让学生积极参与语文学习，实现有效的、多向的和高质量的互动，从而实现课堂教学的高效。

古诗文中的登高文化

王云秀　大庆石油高级中学

[摘　要]古代诗人热衷于登高远望，为什么有这样的习惯呢？而在登高的同时必赋诗，这又出于怎样的文化习俗呢？古典诗歌中许多诗歌是因登高远眺有所思有所感而作，诗人们在登高所赋的诗歌中往往表现出哪些思想情感呢？本文将就这三个问题进行探讨。

[关键词]古诗　登高　文化　起源　思想

登高望远，目力所及之处，自然会引发登高者的悠悠情思。登高诗是对因登高临远而写景抒情的诗歌的统称。诗人通过登高远望，面对亘古不变的山川河流和浩渺无穷的宇宙苍穹，人的力量显得微弱渺小，山川豪迈、韶光易逝、人生苦短、世事沧桑等情绪便自然产生。

登高诗不是简单的登高写景，往往托物言志、观物反思。“登高能赋”也就成了文人的一种“技能”。登高也就成为人们的一种文化行为，“登高必赋”则成了文人们的文化传统 。登高触发了人们种种情感思想，而人们的种种思想又可以寄托在登高这一行为上。因而登高被赋予了丰富、深刻的思想内涵。

一、登高怀人

我们高中学习的第一篇诗歌就是《卫风·氓》，那个蚩蚩的氓，憨厚可爱，而女主人公更是深陷爱情而不能自拔，因此女子“乘彼垝垣，以望复关”登到高处望着意中人生活的方向来思盼对方，由此，登高这一意象可以寄托思念之情。

登高亦可以引发思念之情。王国维称赞柳永的《蝶恋花》为“专作情语而绝妙者”，这首《蝶恋花》里的“情语”——对恋人的执着的思念，至死不渝爱情，即是从“伫倚危楼”、登高望远而生发的。

[作者简介]王云秀（1980年—），黑龙江省哈尔滨人，大庆石油高级中学，一级教师，主要从事高中语文教学研究。

当然登高不止于思念恋人，《诗经·陟岵》中“陟彼岵兮，瞻望父兮。”“陟彼屺兮，瞻望母兮。”的诗句，王维的《九月九日忆山东兄弟》也歌咏道“遥知兄弟登高处，遍插茱萸少一人。”这些又都是对亲人浓浓的眷爱思念。

因怀人而登高聊以慰藉相思之苦，反过来登高又触发怀人之情。

二、登高怀乡，怀故国

柳宗元的《与浩初上人同看山寄京华亲故》云“海畔尖山似剑芒，秋来处处割愁肠。若为化得身千亿，散上峰头望故乡。”这里道出了所有游子思乡时的常有的行为，就是登到高处，望着家乡的方向，寄托无限乡愁，聊以慰藉不能归乡回家之孤苦。柳永在《八声甘州》中说“不忍登高临远，望故乡渺邈，归思难收”，范仲淹的《苏幕遮》中也道“明月楼高休独倚，酒入愁肠，化作相思泪。”这些都很好地阐释了登高有一个含义：登高以寄托思乡之情。

南宋著名词人辛弃疾《菩萨蛮》:“郁孤台下清江水，中间多少行人泪西北望长安，可怜无数山……”李煜的《虞美人》“凭阑半日独无言，依旧竹声新月似当年。”这里的凭高远眺则含有对故国的怀念。

三、抒发积极乐观的情怀

爱国诗人杜甫曾经欲“致君尧舜上，再使风俗淳”，这一理想壮怀在登上泰山时终于借助登高之际得以抒发：“会当凌绝顶，一览众山小。”

当曹操北征乌桓消灭了袁绍残留部队胜利班师途中登临碣石山时“幸甚至哉，歌以咏志”，一首《观沧海》勾勒了一幅雄伟壮丽的画面，诗人如果没有宏伟的理想抱负，没有建功立业的雄心壮志，没有对政治前途充满信心的气魄，就不能有如此壮阔之语。诗中塑造了高山、大海和高大的诗人形象，流露出的是诗人的豪迈乐观的进取精神，也表达出诗人得胜归来的喜悦和对大好河山的由衷赞美。(《观沧海》是建安十二年九月曹操北征乌桓，消灭了袁绍残留部队胜利班师途中登临碣石山时所作。)

登到高处，敏感的文人视野开阔，心胸也就开阔起来，儒家的那种积极用世、弘毅进取的文化就抑制不住要表露出来，因此也就自然地用诗歌抒发自己的这种壮志、喜悦和赞美之情。

四、感叹人生短暂、自身渺小、不幸际遇，感伤世事时政等忧愁幽思

表现此类思想内涵的诗歌数量是极其丰富的。正如司马迁《史记》中说屈原“忧愁幽思而作《离骚》”一样，正因为人们忧思常占人生“十之八九”，所以表现忧愁幽思思想的诗歌数量也就如此丰富，而这其中许多忧愁幽思常常寄托在登高之上。

杜甫的《登岳阳楼》被誉为古今“登楼第一诗”，其诗云“昔闻洞庭水，今上岳阳楼。吴楚东南坼，乾坤日夜浮。亲朋无一字，老病有孤舟。戎马关山北，凭轩涕泗流。”意境雄阔而又悲凉，深刻地表现了诗人孤寂凄凉的身世，反映了他对亲人的怀念，对国事的忧思。忧愁幽思之深厚沉郁具有强烈的感染力。

然而，杜甫的“古今七律之绝”——《登高》，则将登高这一文化反映的思想内涵丰富的展现出来。

《登高》悲吟道："风急天高猿啸哀，渚清沙白鸟飞回。无边落木萧萧下，不尽长江滚滚来。万里悲秋常作客，百年多病独登台。艰难苦恨繁霜鬓，潦倒新停浊酒杯。”这首诗里的登高意象可以说是极其丰富的，既有常年万里漂泊的羁旅之苦，也有无亲无故无依的孤独，也有广阔天地间自我如沙鸥般渺小的慨叹，也有年已半百壮志未酬的苦闷，也有冒死投主而不遇的理想破灭的愤慨，又有对国家前途、百姓命运的担忧。种种人间的忧思愁苦都集于杜甫一人一生一首诗中。将登高之所有的不愉快的心绪于《登高》一首诗中揭示殆尽。怎么能不称之为“古今之绝”呢?

文人赋予登高丰富多彩的内容。登到高处，眼目所及，一切景物尽收眼底，一切思绪也就涌上心头，因而登高这个意象在一首诗歌中可以不止一种含义，可以是丰富的、复杂的。

古人“登高必赋”带给我们丰富文化内涵和精神享受，如今我们如何来丰富登高的内容呢? 不是举办个登高节就能继承发扬这一文化的，而应该在登高中体会眷恋亲情、爱情，在登高中激励我们浮躁几近麻木的心灵，在登高中心系人生、社会。

浅谈高中古诗文的教学方法

李洪泽　大庆铁人中学

[摘　要]中国古代诗歌渊深海阔，是中华民族传统文化无尽的宝藏，是了解中国古代文化的重要文学体裁。因而其在高中语文教学中有着重要的地位。在平时的语文教学中，笔者发现高中生的古代诗歌鉴赏能力不足，高考古代诗歌阅读试题的得分情况也不容乐观，学生阅读鉴赏古代诗歌困难重重。笔者根据古诗教学理论，结合实践，提出高中古诗的四种教学方法。

[关键词]高中语文　古诗教学

一、引导学生知人论世

"知人论世"一词出自《孟子·万章下》。孟子曰："颂其诗，读其书，不知其人可乎？是以论其世也。"孟子的意思是阅读、研究文学作品时对作者本人的思想、经历等方面要有一定的了解。阅读古诗时，我们不能将诗人与诗歌分裂开来，二者是统一的有机结合的整体，而要从作品的历史背景、作者的生平经历与人格思想来赏鉴诗歌,因为中国的古诗是作者的思想感情的流露与人格品质的体现。"中国诗人不但以他们的思想感情、品格意志、胸襟怀抱、来写他们的诗篇，而且还以他们的生活和生命来完成和实践他们的诗篇。""真正伟大的诗人，不止他的每首诗都传达的是他感发的生命,也不是只用笔墨文字来写诗的,他是用整个生命、整个生活来写诗的。"

所以，在古诗教学中，教师要尤其重视引导知人论世，通过详细的背景资料介绍或阅读、视频介绍、让学生阅读诗人传记等各种手段，使学生把握诗作的背景、诗人的思想品质，进而把握诗歌的内容主旨与思想情感。了解了诗人，感受了诗人的人格魅力,学生才能读懂诗歌,读懂诗人,真正置身诗境,切身体会。

[作者简介]李洪泽（1990—），黑龙江大庆人，大庆铁人中学，二级教师，研究领域为高中语文教学。

二、培养整体阅读意识

《普通高中语文课程标准（实验）》对阅读与鉴赏要求发展独立阅读的能力，它的基本要求是“从整体上把握文本内容，理清思路，概括要点，理解文本所表达的思想、观点和感情。”文学阅读应是整体性的。重分析、轻综合容易使学生对诗歌有歪曲的理解或片面的理解。

教师不妨采用梁启超提出的“三步读书法”。“三步读书法”强调读书分为鸟瞰、解剖、会通三个步骤。具体说来就是从浏览了解内容、寻找重难点到由表及里、探究重难点，再到知人论世、贯通综合。很多学生往往能做到鸟瞰与解剖而忽视了最后的也是最重要的会通。从整体上把握文本需要将了解到的内容、分析的每一个细节整合到一起，形成自我建构的把握与理解。“三步读书法”对学生理解把握文本内涵有着重要的指导意义，有利于培养学生的整体阅读意识，形成整体阅读的策略。

三、渗透古代优秀文化

诗歌，这一中国最古老的文学形式记录了中国古老悠长的历史。其中包括中国古老的官制、礼仪、生活等方面的源远流长的文化。随着时间的流逝，一些文化已然消失。然而，古代诗歌中又到处都有古代文化的影子。

比如，“何当共剪西窗烛，却话巴山夜雨时”中，李商隐想象自己与妻子剪掉烛芯的情景，如果要深刻体会秉烛夜谈中蕴含的深刻情感，就要了解剪掉烛芯这一古代生活文化。虽然现代生活中仍有蜡烛，但是21世纪的人们还是以电灯为最主要的照明方式。所以，现在的绝大多高中生并没有燃烛照明的生活体验。他们并不知道剪掉烛芯可以使光更加明亮，夫妻二人在愈加明亮的烛光下，虽夜深而不寐，彻夜促膝长谈。又如，“去年元夜时，花市如灯昼”中的“元夜”指的是正月十五元宵节。这样的古代生活文化、节日文化是现在的高中生所不能理解的，需要老师在讲古诗时渗透古代文化的教育。如此，学生才能全面把握诗歌内容，深入挖掘诗歌意蕴。高考考试大纲对古诗文的文化常识的考查也提出了要求。高考真题中也有所体现，比如2015年全国新课标二卷的《残春旅舍》的尾联“两梁免被尘埃污，拂拭朝簪待眼明”，其中“两梁”指官帽上的横脊，古代以梁的多少区分官阶，“朝簪”指朝廷官员的冠饰，这些体现了中国的官制文化。

四、让吟诵走进语文课

虽然中国古诗只停留在书卷之中，但是其最初的表现形式并不仅限于书面。中国古代诗歌最初的表现形式是诗歌、音乐、舞蹈三者的结合。曲子词的出现也表现了音乐在诗歌中的重要地位。古代诗人读诗时也并非朗诵，而是吟诵。那悠扬的曲调，在历史的天空中回荡，将诗歌的韵律、情感表现得淋漓尽致。

“中国古代诗歌的生命和灵魂，是伴随着吟诵的传统而成长起来的。诗中的情感也与吟诵的传统密切结合在一起的。”

在今天，我们学习诗歌都是用普通话朗读的，这与古诗原本的表现形式大不相同。在朗读诗歌的过程中，学生很难品味到古诗的音韵魅力和真正的深邃的情感，背诗也比古人困难许多，更为重要的是体会古诗的兴发感动更是困难，甚至走向机械化。这时，吟诵就显得尤为重要了。尽管在当代，中国留下的古诗的吟诵曲调依然不多，但教师可以尽可能多地教学生诗歌的吟诵。这能让学生传承吟诵文化，在吟诵文化中更深入地更投入地体会诗歌。

综上所述，高中语文教师在古代诗歌阅读课上要注意引导学生知人论世，培养整体阅读意识，渗透古代文化教育，并让吟诵走进语文课，尽快脱离一问一答式的、孤立的、片面的、狭隘的、枯燥的古诗教学。中国古代诗歌是中华民族瑰宝，丰富的意象、优美的语言中流淌着中华民族优秀传统文化的血脉。高中语文教师应采用以上方法，不断加深文化的韵味，让学生在中国古诗中置身诗境，驰骋想象，恣意徜徉。

[参考文献]

[1] 万丽华：蓝旭，孟子 [M] 北京：中华书局 2006

[2] 叶嘉莹：叶嘉莹说诗讲稿 [M] 北京：中华书局 2015

现代技术与高中语文古诗词课堂教学研究

相祎宁　大庆铁人中学

[摘　要]当互联网融入我们的生活，每一名语文教师都在为学科改革竭心尽智，科学的教育方法是教育改革成功的必要条件，本文将借助新型教育技术智慧课堂，展示语文古诗词教学和学生核心素养培养的新技术、新手段，借助新技术新手段构建有效、高效的课堂，探索信息技术与语文教学深入融合新方向。

[关键词]智慧课堂　古诗词教学　高效活力课堂　实践研究

现代信息技术在教育界的广泛应用，加速了我国教育教学的改革与发展，云计算、共享课堂等技术的蓬勃发展，使我国逐步迈入教育信息化的时代。这既符合社会发展趋势，也符合培养适应当代社会人才的要求。智慧课堂是一种基于动态学习数据分析和“云、网、端”运用实现教学决策数据化、交流互动立体化、资源推送智能化的综合学习软件，它搭载在Pad上进入课堂。在目前看来，智慧课堂可以大幅度提升课堂互动效率、促进个性化学习、拓展探究学习方法、延伸课堂合作深度，为语文教学提供更为多元化的构建模式，为学生语文素养的建设搭建创新平台。

然而，智慧课堂的引入既是机遇也是挑战，尤其是语文经典古诗词教学的时候，语文教师使用智慧课堂必然要直面传统与现代、静思与互动等问题与困境，思考智慧课堂与培养学生古诗词阅读与鉴赏核心素养的结合点，将技术与人的思辨之箭射向光影之间。笔者通过教学实践探索了四种有效、高效的智慧课堂语文古诗词教学结合点。

一、以学生为主体的课堂互动

在古诗词教学中，由于赏析要求较高、文本难度较大、情感距离较远等原因，让学生取得课堂中的主体地位难度增高，课堂活力下降。然而抛弃传统讲

[作者简介]相祎宁（1991—），黑龙江大庆人，大庆铁人中学，二级教师，研究领域为高中语文教学。

授式的课堂教学又容易让诗词理解流于表面，难以深化。结合智慧课堂则可以在一定程度上取得平衡，利用微课功能可以将一些较为枯燥的如表现手法、修辞、表达方式等知识点融入现代传媒之中作为导学，而在课堂上让学生利用微课导学做一些迁移训练。例如笔者在进行《醉花阴》的教学时，将“诗词中的时间”这一知识内容提炼出来，利用李商隐《夜雨寄北》一诗录制相关知识内容微课。而在课堂上采用抢答、抽签、连线、投票等多种功能让学生自主对《醉花阴》进行赏析，多样化的互动方式让学生在课堂的存在感得到满足，也让学生的声音放大，同时保留教师对诗词思考的纵深引导，让诗词的课堂既有内容也有活力。

二、以意趣为目标的课堂活动

在诗词课堂上，教师最大的担心来自无法带领学生进入诗词意境，领略文韵趣味，让诗词离学生越来越远。而且在学界更是对现代教育技术下的古诗词教学持保守态度，认为现代化的课堂方式很难在传统的授课内容上找到黄金分割点。问题与担忧需要一线教师直面，在古诗词教学中，要精巧设计具有诗意的课堂活动。在进行诗词教学时，笔者经常使用讨论区功能，在讨论区让学生写下诗词，并互相点评、互为灵感，讨论区的功能打破现代教室作为局限，将全班同学划分成为一个集体，用讨论区无声的思考，带动课堂有声的诗意。改变了传统课堂中学生不动笔写诗、自己写不完一整首诗、缺乏灵感的诗词教学状况，同时，也改变了一些课堂中，要写一首诗，全班互分小组大声讨论的课堂状态，为课堂留下一些安静，为诗意留出空间。

三、以有效为原则的课堂检测

智慧课堂是一种AI技术与课堂教学结合的教学软件，其最大的优势在于以大数据、云运算技术为支撑的教学智能化。在课堂上，我们可以通过简答拍照上传，客观题小卷等方式，迅速检查全班同学学习效果，并对全班学习情况作出分析，直接决定下一步课堂教学走向，使课堂教学更加科学、有效、高效。不仅如此，一些特色化的功能也可以作为诗词教学的独特抓手。例如朗读功能，可以预先布置朗读作业、课上布置朗读录音，在结课时再次进行朗读总结，通过对学生三次朗读效果的直观对比，得到教学结果有效与否的结论，同时也为下一步教学提供了新的资料积累。在智慧课堂的教学环境下，每一堂课的教学资料都得以在云端存储，可以对每个学生的知识薄弱点进行准确把握，对学生阅读能力的成长轨迹进行线性记录，让学生的古诗词学习一步一个脚印，踏实前行。笔者在进行智慧课堂教学时经常使用个性化作业功能，针对不同层次学生下发不同的思考讨论题目，让每个学生在课堂上都能积极思考，也能明确地展示教学层次，使课堂思路明确、内容扩充。

四、以素养为诉求的课堂拓展

在智慧课堂的环境下，课堂教学接入互联网，学生在课堂上享有互联网资源，这就使课堂拓展由原来的个人知识相互连接，转化为课堂内容与社会资源的对接。这就使古诗词教学视野得到了拓展，学生的学习拓展既可以深入到硕博论文，也可以推及至各行各业；学习语境既可以是学校课堂，也可是贴吧论坛；学生的表达方式可以是演讲，也可是发帖、直播等。这些课堂的拓展应该以提高古诗词阅读素养作为目标，恰当进行取舍，去粗取精，增强针对性。例如笔者对《雨霖铃》进行授课的时候，就以网络的一篇“高中语文课文中最让你印象深刻的一句话”作为导入，让学生去探索，多大年纪、什么人生经历的人他们被《雨霖铃》感动的原因是什么。在课堂结尾的时候，又让学生在“杭州纵火案”的新闻下、受害人微博下、自己的微博中发表评论和微博，站在不同角度理解诗词，拓宽诗词的内涵。

智慧课堂在语文教学实践中的应用是“互联网 +”教育的成果，是我国教育信息化技术进步的一个体现，但是如何让智慧课堂真正融入课堂，让他为语文教学服务，需要老师们积极地实践探索与科学的理论指导。而诗词教学是最具语文味的课堂内容，如何让传统经典与现代科技巧妙结合，找到课堂叙事的弧光是语文教师不可推卸的责任，我们既要重视经典文化意蕴沿袭的责任，也要正视现代科技发展为课堂带来的挑战，兼容并蓄，用智慧科技打造智慧课堂！

《雨霖铃》中的传统文化情结

赵　圣　大庆铁人中学

[摘　要] 一节公开课的准备过程和授课过程固然重要，但对这节课的反思更加重要，它相当于对这节课的再创作，能发现更多的问题、更多的灵感，对接下来的语文教学有更大的提高。本节古典诗词的公开课就是有益的常识。

[关键词]《雨霖铃》 教学反思

当公开课下课铃声响起的一刹那，我感到了一种解脱，也感到了一种放松，作为铁人中学一名年轻的语文教师，能够有机会在全校教师面前展示自己，既是机会也是挑战，但我是个喜欢挑战自己的人，所以我很珍惜这样的机会，也希望能不辜负师傅、语文组的教师和自己的希望，所以当准备这节课的时候，信心和压力并存，为了这节课，真的是付出了很多，当确定要讲《雨霖铃》的时候，自己都觉得是在冒险，因为诗歌单元并不好讲，自己没有任何可以借鉴的经验，完全是零起点，组内好多老师都是讲授诗歌的大家，感觉自己真有点班门弄斧，可能把自己的缺点暴露无遗，但既然选择了，就有这个心理准备，接下来要做的就是认真准备，尽自己最大努力做好。

古诗词是语文教材中一类特殊的课文，从语言文字上看，它用的是古汉语；从表现形式上看，它含蓄、凝练、节奏强、跳跃大；从叙写的内容上看，它离我们的时代较久远。因此，在古诗词教学中，教师要在创设自由、和谐、开放的学习环境基础上，以层次性的朗读、吟诵为重点，引导学生自主探究，活化古诗词的形成过程，重新焕发古诗词的活力和人文精神。

当准备起来的时候，才发现困难重重，以我自己最初的想法和对自己的了解，想突出自己的激情和创新能力，尽量使课堂活跃，让学生自主鉴赏，充分发挥学生的主体作用，但随着准备工作的进行，才逐渐发现自己有点自不量力，和自己

[作者简介] 赵圣（1983 年—），黑龙江大庆人，大庆铁人中学，一级教师，研究领域为高中语文教学。

所欣赏的教师相比，自己根本没有雄厚的资本和能力，又缺乏经验，所以那样的设计只能是失败。于是一切从头开始，重新审视自己和学生的现状和能力，由于我所教的两个班级都是普通班，基础相对薄弱，所以我要从常规教学和基础入手，让他们对词的基本知识有所了解，对欣赏词的基本步骤和基本方法有所掌握，让他们从这节课当中学习到一些实用性的东西，但我自己的风格又不打算放弃，我还继续我充满激情的风格。师傅和语文组内其他老师又给了我有益的指导，在经过反复的修改之后，我终于确定了自己的教学思路：

首先以朗读为突破口，品味词的意境，体会作者的情感。读一直是诗歌教学非常重要的方法，读让学生理解文意，感受作者情感，体会诗词所描绘的意境。在介绍完作者之后，就以听录音默读、学生自由朗读、个人朗读、集体朗读的方式让学生体会文章的感情基调。这也让学生感受到朗读在语文学习中的重要性，给学生提供了诗歌朗读的指导。所以我的教学环节主要放在了诵读上，通过读，让学生领略诗歌的情感和意境，我设计了教师范读、学生范读、学生自由读、录音朗读等多种形式的朗读。

其次，诗歌主要是通过意象表达情感的，我这节课就想通过意象作为贯穿全词的线索，让学生通过寻找意象，分析意象来体会情感和意境，为了增强本堂课的文学味道，我注重新旧知识的迁移。课堂一开始就设计一些关于离别的诗歌，如“劝君更尽一杯酒，西出阳关无故人”“桃花潭水三千尺，不及汪伦送我情”等，这些诗歌都是以前学过的，重新朗读，既是一种很好的复习，又为本课的学习做铺垫。在语言赏析中关于“今宵酒醒何处？杨柳岸晓风残月时”，又引用了温庭筠的“江上柳如烟，雁飞残月天”和李清照的“扶头酒醒，别是闲滋味”。诗歌的大量引用使这堂课有着浓浓的文学味，比如对民族传统文化的典型景物“柳”之类的提点，都能使学生更好地理解了诗歌的意境，也为他们今后的诗词鉴赏提供钥匙。

再次是对一些名句的赏析，为了活跃课堂气氛，我突发奇想，设计了一个表演环节，让学生表演“执手相看泪眼，竟无语凝噎”这个情节，也算是这节课的一个亮点吧。

最后，让学生通过掌握意象分析的方法来自主分析李清照的《声声慢》。

从最后的教学效果来看，总体令我满意，但还是发现了一些不足和遗憾，首

先在教学节奏方面，我掌握失当，没有完成教学内容，最后的练习没有完成，原因在我，前面对学生的启发不够，课堂应变能力不足，导致前面对旧知识的回忆耽误了时间，影响了后面分析的时间，可能自己的语言还不够精练，这是自己认为最大的失误；另外，在诵读过程当中，指导不够到位，当学生诵读出现差错的时候，我没能及时纠正，也体现自己反应不够快；其次，在分析过程中自己讲解得过多，给学生思考的空间和机会太少；后面还有条理不清的问题，这都是自己今后要改进的地方。但也有表现不错的地方，比如自己诵读还比较满意，学生的表演环节完成也很好，起到了活跃气氛的作用。

毕业后有幸参加了两届春蕾杯青年教师汇报课的活动，我很珍惜这两次机会，也很感谢学校给我们这样的机会，通过这样的活动，我首先克服了心态上的紧张感，我现在能够从容，自信地站在讲台上；其次，每一次讲课，都是一次蜕变，也是一次磨炼，从准备到讲课，对自己来说都是一次提升，从知识、心理、情感上的提升。我想这也是年轻教师所必须经历的过程,我喜欢挑战自己的过程,尽管要付出痛苦的代价，但只有这样，才能更快成长。希望自己能通过这样的活动尽快成长为学校优秀的教师。

《师说》中的传统文化解读

殷晓光　大庆铁人中学

[**摘　要**]在《师说》探究性学习实践中，学生们自主积极地“抢”着学，互动互助“追”着学，寻着问题链主动思考，小组自主探究重难点。我想通过《师说》教学探究一种“抢”—“追”—“问”—“探”的古典文学经典篇目教学模式。这种“以能力为本位，以活动为载体，以问题为主线”的文言教学模式，在一定程度上反映了语文教学规律，符合新课标教学理念。

[**关键词**]《师说》　小组合作　自主探究　问题链　教学模式

现今，传统文化的传授常运用传统教学模式，文言教学就变成了字字解释，全文串译的教学。文言课上成了翻译课，造成了教师吃力，学生被动的结果。我常反思这和新课标提倡培养开发学生发现、探究、解决问题的能力的理念不相适应，于是有了探究教学文言篇目的尝试。如何才能有效地进行“合作、探究”？是该把所有的课堂交给学生进行“合作、探究”，还是在关键处、疑难处进行“合作、探究”？面对这些困惑，本文欲通过对《师说》的教学反思提供几点看法见解。

一、积累梳理

（一）“抢”出信心

我以小组为单位，以抢答得分的形式，检查“师”“传”“道”等重点实词、“之”“其”“所以”等重点虚词、古今异义以及判断句、宾语前置句等特殊句式的积累情况。抢答可以调动学生积极性，主动梳理知识，增强学习文言语言的信心。

（二）“追”出疑难

“追”即追问抢这一环节学生心中剩下的知识盲点，让小组内文言知识能力较强的同学解决疑难问题，以强教弱，如果遇到学生们都困惑不解的地方，我

[**作者简介**]殷晓光（1989年—），黑龙江大庆人，大庆铁人中学，一级教师，研究领域为高中语文教学。

及时加以补充梳理。“追”这个环节可以扫除知识盲点，由易到难，让学生逐一解决疑问，扎实基础。

二、唤醒体验

导入环节，让学生谈谈自己对老师的认知，唤醒学生思考，由己师及彼师，带着自己的体验走进《师说》课堂，再以柳宗元《答韦中立论师道书》中谈及韩愈发扬师道的史实导入，引入《师说》对师道的认识。唤醒体验，水到渠成，话题集中，使学生认识到《师说》关人，也关己。

三、探析寻真

（一）问题链模式

以问题形式，提示文章思路，引导学生思考是有效的教学方式。然而针对循路背诵的《师说》这一篇目，仅仅有零散的问题是不够的，还需要形成链条。问题链是由有序问题形成的。探究有序的问题使学生更好地理清思路，循路背诵。学生在问题链的引领下，遵循逻辑，细心思考探究，反映其本质，锻炼自己的思辨能力。实际上，问题链，也就是背诵的知识链。

我在《师说》第一段和最后两段使用问题链模式教学，比如第一段，我的问题设计为：问题一，第一段的中心论点是什么？问题二，师者的职能是什么？问题三，从师的必要性是什么？问题四，择师的标准是什么？这四个问题是围绕“从师”形成的一系列链条式问题，即要不要从师，从师这个“师”的概念界定是什么，为何从师，从什么师。学生带着这四个问题，筛选信息的同时也理清了文路，进而循路背诵。

再如最后两段，我的问题设计为：问题一，作者列举孔子拜师一事是为了说明什么道理？问题二，文章为什么要阐明这些道理呢，写作的缘由是什么？问题三，请说一说《师说》在当时的社会意义及对我们的现实启示。这三个问题分别指向了写了什么，为何写，写的意义这三个宏观问题。问题的解决也就是文脉的梳理。

学生带着环环相扣的问题寻找答案，梳理文章论证思路，事半功倍。解决问题后，我将以小组抢答背诵形式，引导学生背诵刚梳理过的目的，先背下来的同学加分鼓励。问题链模式教学有利于文言文教学达到有效高效。

（二）自主探究模式

我拟定在课前的预习作业为总结《师说》第二段行文思路，设计背诵提纲。课下我让学生分组收作业，以组为单位，整合作业，将组内的智慧见解整合到一起，课间送到我手中，我选出比较有代表性的三到四个提纲，逐优排序，课上请小组派代表用电子白板展示设计成果，小组代表为大家讲解此段行文思路，引导背诵，边分析边背诵。然后让学生展示提纲成果，

学生展示过后，我也将适当补充遗漏的或欠缺的知识点，并将自己准备的背诵提纲展出。师生互动交流，最后让学生选择一个适合自己的背诵提纲，作为循路背诵的依据。在这一过程中，我会通过几个学生讲解的背诵提纲因势利导，强化此段主要论证框架，即以古之圣人与今之众人、其子与其身、巫医乐师与士大夫这三组对比分析并批判从师之道不传的风气。

四、知识延伸

为培养学生尊师重道、谦虚好学的风气，我展示了一些与师道相关的经典文段，让学生在思想上受到熏陶。

古典文学经典篇目的探究性教学，超越传统灌输式古文教学，也不同于启发式教学、参与式教学。古典文学经典篇目探究性课堂教学的主体是学生，教师的教学活动要注重以人为本，充分发挥学生的主体性，将知识的传授与能力的培养有机地融为一体。通过《师说》探究性教学实践，我认识到文言篇目教学应注重发挥学生自主学习的积极性，而不是一味地灌输知识点，也不是盲目地死记硬背。自主积极地"抢"着学，互动互助"追"着学，寻着问题链主动思考，小组自主探究重难点，形成"抢"—"追"—"问"—"探"的古典文学经典篇目教学模式。学生是主体，同时又不意味放任自由，一盘散沙，老师是引导，恰当点拨，及时补充，提升学生学习能力。这种"以能力为本位，以活动为载体，以问题为主线"的文言教学模式，在一定程度上反映了语文教学规律，符合新课标教学理念。

《师说》要求掌握重点文言基础知识，课上利用"抢"答与"追"问环节调动学习的积极性和主动性，基础差的同学找到了自信，基础好的同学提升了能力，学生之间还可以形成帮教关系，真正实现自主学习。

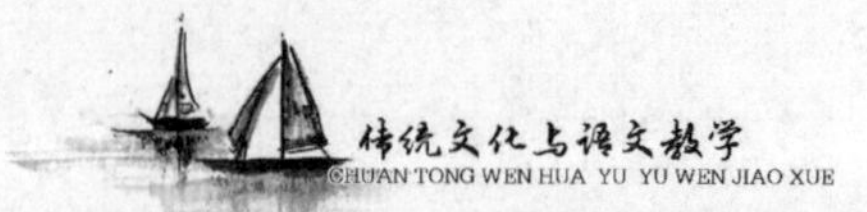

《师说》要求梳理文本脉络，理解文意的基础上背诵全文。课上利用问题链教学，问题设计一定要贯穿文章，提纲挈领，让学生有问题意识，带着问题离开课堂，自己去寻找答案，即立足于课堂，超越课堂。

《师说》要求掌握文章论证方法，课上利用自主探究小组展示活动教学，生为主体，师为引导，学生提升了思考、理解、表达、记忆等诸多能力。

古代文化经典篇目可以在探究性教学实践中绽放光彩，现代青春年少的孩子们应该在自主学习古代经典文化的过程中感受魅力。

古代经典篇章教学中的师生互动

苍雪梅　大庆铁人中学

[摘　要]在学生普遍不爱学习古诗文的今天，师生互动既是学生语文探究活动过程中的必然步骤，又是实现课堂有效教学的重要方法。本文通过对一些课堂教学实践中互动形式的分析，总结出古诗文课堂教学中师生互动的具体原则和方法，以期提高古代经典课堂教学的有效性。

[关键词]古代经典　师生　互动

学生普遍不爱学习古诗文，良好的师生互动对提高古诗文课堂教学的有效性有着至关重要的影响。因为师生互动既是学生语文探究活动过程中的必然步骤，又是实现课堂有效教学的重要方法。

在一些古诗文公开课中，多数老师在实践中的互动形式主要有以下两种：一、多提问，一堂课不间断地提问，力求照顾到全体学生；二、多讨论，老师讲完一个问题后，让学生分组讨论，然后再指派或让学生推举代表发言。这两种形式确实具有易掌控、易操作、有利于按时完成教学任务等优点。但热闹的外在形式揭示不了“互动”的真正内涵，它更应该体现在教学过程中，师生之间通过交流、沟通、合作的方式分享彼此的思考、经验和知识，丰富教学内容，求得新的发现，从而达到共识、共享、共进，实现教学相长。所以教师在师生互动过程中应注意以下四方面事项：

一、注重预习的先导性

传统的教学强调教师要精心备课，对教材要多钻研，教学内容对学生一般情况下也是保密，这导致了学生预习的盲目性，顶多就是读几遍课文，解决一些字、词而已。根据《语文课程标准》的理念，教师在上课前，可设计预习作业，如让学生在学习一篇新课文之前就了解本文的学习内容，从而使他们的预习有意

[作者简介]苍雪梅(1978—)，大庆铁人中学，高级教师，语文教研组长，市兼职教研员，研究领域为高中语文教学。

识、有目的。课前教师与学生有效地互动，可以帮助教师根据学生的预习情况，有效调整自己的教学设计，加强教学的针对性，同时也有利于学生培养良好的学习习惯。

二、注意基础的扎实性

语文教学大纲中，曾明确提出“发展学生的语感和思维”，在教学中要重视“积累、感悟、熏陶和培养语感，致力于语文素养的整体提高”。《全日制义务教育语文课程标准》更是开宗明义明确指出：“语文课程应培育学生热爱祖国语文的思想感情，指导学生正确地理解和运用祖国语文，丰富语言的积累，培养语感，发展思维，使他们具有适应实际需要的识字与写字能力、阅读能力、写作能力、口语交际能力。”由此可见，当前语文教学中要重视基础知识的积累，以达到提高学生的语文素养的目的。

对于高中古诗文教学而言，还有一个不可回避的话题，那就是高考，学生的时间和精力都是有限的，教师要把重要的知识点和例题讲清，不要图“互动”的表面形式而不敢讲课，什么都放手让学生自学。如一些专有名词“虚实结合”“用典”等的解释要让学生有一个明确的概念，学生该掌握的字音字形和词语等基础知识要及时检查验收，来确保课堂教学的实效性。

三、注意教师的主导性

语文课堂教学改革的重点和当务之急是正确处理“导”与“学”的关系，切实抓好学生主体地位的落实，从而提高语文课堂教学效率。但是在教学实践中，我们总是强调学生在课堂教学中的主体地位而常常忽视了教师的主导作用。事实上，课堂教学要想真正激励学生学习的积极性、激发学生的自动力，教师首先要把主导作用发挥好。

从理论上讲，“师生互动”教学对教师提出了更高的要求。首先教师要适应新课程改革的要求，主动研究教育教学理论，积极转变观念；其次要在教学实践上狠下功夫，对课堂教学的每一环节，都要充分体现“互动”的特色。故教师不仅要认真钻研教材，了解学生，从学生的实际出发，周密考虑课堂教学设计，同时要分析和估计学生在“互动”中可能出现的问题。这要求教师不仅具有较广的知识面和扎实的基础知识，而且要具有较强的应变能力，以便及时解决学生提出的各种各样的问题和及时调控教学内容。这对于自己不断改进教学方法，提高教学业务水平是一个很大的促进。

从实践上讲，课堂中，教师真诚的赞美、恰当的评价会让学生如沐春风，保持旺盛的学习热情，从而调动内在的学习需要，参与到课堂中来。学生在学习过程中，精神状态积极饱满，才能在课堂中充分参与自读、思考、质疑、认识、练习等独立活动，让学习活动成为“多向”的信息交流，教学过程成为“立体的结构”。从而师生双方在教学过程中借助互动的方式彼此建构、彼此发展、彼此完善。

四、注意学生的自律性

我们在课堂教学中，总是强调教师要以一种民主、开放的态度，合作、宽松的方式进行课堂管理，但是一定会有几个孩子，让老师费心费神。对此我们不妨尝试以下做法：

⑴教师要用真诚的行动来表明自己接纳、重视、关心每个学生，以此来营造一种积极的课堂氛围。如果我们的课堂能够建立起一种充满信任、理解、真诚、关爱、尊重、宽容、接纳、期望、自由的关系氛围，就能使师生之间发生积极的情感互动。

⑵不要对学生期望过高、要求过严，课堂教学中的评价要有一定的差异性。我们要学会欣赏学生，要注意对学生的激励，对学生的活动多做肯定性的评价，即使学生的意见不成熟，也不要轻易否定、批评，不伤害学生的进取精神和自尊心是我们课堂评价的“底线”。但要让学生认识到自己的不足，加以改进。

⑶对学生的欣赏和激励要有诚恳的态度，要实事求是，要因人而异，不能是老生常谈式的赞语和“礼物奉送式”的奖励，更不能对学生无原则地迁就，甚至是曲意地迎合。

五、注意教材的规范性

很多老师在授课的时候会在学生的思维拓展上大做文章，尤其是上公开课的时候，把教材抛在了一边，甚至是完全脱离了原文，这种做法要不得。我们

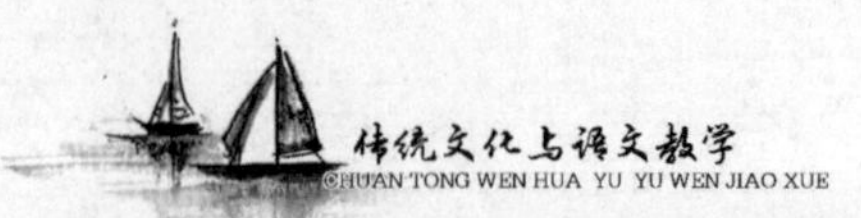

使用的教材是以单元为单位编排的语文知识，所以我们要重视以字、词、句、语法、修辞、逻辑、写作规则、语言运用规律与技巧为内容的陈述性知识。基础教育的性质决定了中学生所学的知识是基础性的，所以，对课本上的基础知识予以重视是我们的分内之事，而且还要把分散在每一课的知识点放在单元知识的背景中来突显，这样建构的知识就具有系统性和逻辑性。

高中语文古典文学质疑式课堂教学浅谈

王　朴　大庆市东风中学

[摘　要]新课程理念要求注重发挥学生的积极主导作用，要调动学生的积极主动性就必须培养学生的质疑能力。但是长期以来受传统教育观念的影响，教学中偏重于学生接受知识形成技能为主，采用教师提问学生回答的课堂教学模式。学生的思维比较规范，不善于甚至也不敢提出问题，禁锢了学生的思维能力，这成为制约语文能力的一个无法摆脱的瓶颈。因此，培养学生的质疑能力是适应新课改，培养学生创新思维的基础和前提。

[关键词]语文课堂　古典文学　培养　质疑

古代教育家孔子说过"疑是思之始，学之端"，质疑可以促进学生思维活跃，激发学生的求知欲。敢于质疑、善于质疑、乐于质疑，培养具有质疑能力的学生是时代对教育提出的新要求。但在高中实际课堂教学过程中高中生的质疑现状却存在很多问题，如参与不积极，对权威的盲从等。这些问题的存在又有着复杂的内因和外因，所以培养高中生的质疑能力并非一朝一夕之功，而是一个循序渐进、逐步提高的过程。就此谈谈体会和知识。

一、高中生课堂质疑现状及影响质疑能力的因素

长期以来，受传统教育观念的影响，教学中偏重于学生接受知识形成技能为主，采用教师提问学生回答的课堂教学模式，课堂中的问题大部分源于教师，学生的思维处于被动。学生所提问题内容较单一，过于关注正确答案，迷信、盲从权威，缺乏深刻思考和提问的技巧。如果学生的质疑能力不加以培养，那么知识面会越来越窄，独立思考分析问题的能力下降，将会影响到学生创新能力的培养和良好的个性发展。

影响高中生质疑能力主要有以下因素。第一学，生的知识水平参差不齐和课堂提问技能的缺乏；第二，学生对语文学习的兴趣不浓；第三，学生的思维

[作者简介]王朴(1983 年—)，大庆市东风中学，一级教师，高中语文质疑式课堂教学研究。

方式存在问题和害羞的心理因素；第四，良好的师生关系是鼓励学生质疑的重要因素。

二、质疑教学的策略

（一）营造宽松民主自主的教学氛围，鼓励学生勇敢质疑

教师要在课堂中鼓励学生大胆勇敢地发疑问难，为学生创设一个轻松、愉快的课堂气氛，引导学生敢于大胆思考，敢想、敢说、敢问，各抒己见，畅所欲言。对不敢大胆提问的学生，不论他问的问题质量如何都要给予鼓励。对所提问题显得荒唐或不成熟的学生，千万不能批评，要启发他用另一种思路去思考发问，让同学树立自信心。对于在课堂不能及时解答的问题教师要直接承认，并且以探究式的态度与学生一起讨论研究该如何解决问题，如果在本堂课解决不了，一定要在下一次课中引导学生进行释疑。

（二）创新学生思维方式，引导学生学会质疑

质疑是学生自主学习的重要内容也是提高教学效率的有效途径之一。引导学生学习质疑的过程中应注意五点：第一，要熟读课文，这是能提出有价值、高质量问题的前提；第二，质疑要贯穿课内课外；第三，学生不仅要学会质疑文本，还要敢于质疑教师和同学，更要学会自我质疑；第四，针对不同的质疑要给学生留下充分的思考时间；第五，质疑要关注集体性，尤其要鼓励基础不好的学生质疑，做到“每问必清”。以下浅谈在平时的教学中引导学生学会质疑的四种方法。

1. 围绕课题质疑。题目是文章的眼睛，是文章精华的集中体现，高中语文教材中许多课文的题目都有画龙点睛的作用。教师引导学生从题目入手，推敲题目，提出问题，再由这些问题入手分析鉴赏课文，既能增强学生对课文的理解、感悟，又能培养学生的质疑能力。如《林教头风雪山神庙》，在课文阅读之前，可以引导学生对题目进行简单质疑：文章中山神庙发生了什么？风大雪大仅是描写当时的天气吗？在课文赏析过程中可以再次质疑题目，风雪在文中除了渲染凄冷、悲凉的气氛，烘托人物沉郁的心情，还起着怎样的作用呢？

2. 围绕课文的遣词造句质疑。理解词语、句段是读懂文章的基础。在教学过程中可以引导学生抓住重点词语质疑，再质疑重点难点句段。如李白《蜀道难》

中，学生对开篇句“噫吁嚱，危乎高哉！蜀道之难，难于上青天。”有很多疑问:“噫吁嚱”是感叹词吗？是在感叹什么？去掉后，开篇句变为“蜀道之难，难于上青天”是不是显得更结构更整齐？高中文言文字词的讲解应该侧重在对字形、字义、词性等方面的辨析上。每节课引导学生对出现频率较高的字词进行辨析质疑。

3. 围绕课文的内容、主旨质疑。对课文的内容质疑有利于学生更准确地把握好文章写作精髓。如《荆轲刺秦王》中行刺的过程惊心动魄，作者是如何描写这一场面的呢，我们能从中学到什么？赏析过课文《荆轲刺秦王》之后，针对文章主旨还可以提出一系列的问题：荆轲刺秦王凭借的是什么勇气和精神？“荆轲刺秦”是进步还是落后？如何看待“刺秦”这一事件呢？

4. 课后质疑。课后可以鼓励学生对课文内容进行再次创造，让他们的思维过程再向纵深拓展，令他们对课文的理解更加深刻。比如学习李商隐的《锦瑟》一诗，对于这首试的主旨历来聚讼纷纭，莫衷一是。诗作赏析完，很多学生对于主旨还有自己的独到见解，如“梦境说”“仕途迷茫说”等，针对这种情况，可以把质疑延伸到课后，让学生以书面的形式谈谈对《锦瑟》的独到理解。

（三）提高学生探究能力，引导学生学会释疑

宋代朱熹有句名言：“读书无疑者，须教有疑，有疑者，却要无疑，到这里方是长进。”要想真正发展学生思维能力只有质疑能力是远远不够的，还要有相当的释疑能力。让“质疑 —— 释疑 —— 再质疑”不断循环往复，这样学生的探究能力才能得到真正意义上的提高。在教学过程中可以用以下三个方法。

1. 小组合作，讨论分析

我国古代伟大的教育家孔子曾经说过：“独学而无友，则孤陋而寡闻。”小组合作学习为学生提供了一个融合、自由的环境，为学生积极的思维创造了条件。并且将这种合作延伸到课外中去，贯穿于课堂内外，贯穿于整个语文教学中。在每堂课中每个学习小组都可以提出问题，然后由其他小组来进行讨论回答。

2. 发挥主导作用，引导学生释疑

教师的主导性体现在与学生合作学习的过程中，在充分尊重学生自主性的前提下，引导学生释疑。课堂中比较浅显的问题个别点悟，一般难度的问题通过小组讨论分析。亦可把问题层次化，放缓坡度，然后由浅显到深刻，启发学生一步一步思考进行讨论。在此过程中要避免简单地让个别学生解决，而是注重集

体研讨问题，集体解决问题。

3. 适当补充资料，帮助学生释疑

高中语文教材的重点和难点，学生理解起来有一定的难度就需要教师适当补充资料，用相关资料来辅助学生的学习。比如在《赤壁赋》的课堂教学中，通过对文章的赏析，学生可以很容易总结出苏轼由写赏玩之乐，到抒写历史人物的兴亡和现实的苦闷，最后归于豁达乐观，展现出苏轼“乐——悲——乐”的感情变化。但是这种赏析流于表面，这时就需要教师适当补充资料，如苏轼在《自题金山画像》写下了“问汝平生功业，黄州惠州儋州”的句子，他以自嘲的语气平淡地说出忧愤坎坷，这就是苏轼的旷达。有利于学生进一步真正理解苏轼的超脱。

总之，课堂中解决问题，是学生的技能而已，要提高学生的创新精神，就要培养学生的质疑能力，可以说质疑是开启创新之门的钥匙。学生质疑能力也是课堂教学的重要组成部分，课堂设疑提问的质量直接影响着教学的质量，是突破教学重点的有效方法。所以，我们教师要有效地培养学生的质疑能力，教师要努力提高自身的素质，根据教学中的实际情况，为学生创造质疑的条件和气氛，采取行之有效的方法，引导学生学会质疑，善于质疑，逐步提高学生的质疑能力，从而培养学生在古典文学课堂中的创新能力。

古代诗词教学中信息技术融合探究

李　晨　大庆铁人中学

[摘　要] 古代诗词语言含蓄、内容丰富、情感复杂，需要学生置身诗词之境，涵泳语言，体会内涵。然而“诗无达诂”，对于古代诗词的教学，教师应该允许学生有个性化的解读，进而引导学生体味经典诗词的精髓所在。借助信息技术能够实现跨越时空，展示个性化解读等传统教学难以达到的效果，本文以经典宋词《念奴娇 赤壁怀古》的教学流程设计为例进行探究。

[关键词] 古代诗词　信息技术《念奴娇 赤壁怀古》为例

一、引言

古代诗词语言富有神韵，内容丰富，情感复杂，但距离学生生活较远，这就需要在教学中引领学生置身诗词之境，涵泳语言，体会内涵。然而“诗无达诂”对于古代诗词的教学，教师应该允许学生有个性化的解读，结合学生个性化的解读，教师进一步引导学生体味经典诗词的精髓所在。基于此，借助信息技术能够实现跨越时空，展示个性化解读等传统教学难以达到的效果，本文以经典宋词《念奴娇 赤壁怀古》的教学流程设计为例进行探究。

二、《念奴娇·赤壁怀古》的教学设计呈现

【教学目标】

（一）知识与能力目标：

理解苏轼豪放词风具体体现，初步了解宋词豪放派的风格特点，提高古诗词的阅读鉴赏能力。

（二）过程与方法目标：

通过诵读、自主探究、合作学习的方式品味语言；掌握知人论世的方法以及品读诗词三步法：读象——读人——读情。

[作者简介] 李晨（1989 年—），大庆铁人中学，一级教师，研究领域为高中语文教学。

（三）情感态度价值观目标：

体会词人渴望为国效力的思想和壮志未酬复杂情感，学习他的旷达洒脱面对人生的态度。

【教学重点与难点】

（一）教学重点

⑴品味语言，梳理意象，体会意境。

⑵分析周瑜形象，体会词人缅怀豪杰，对功业的向往和壮志未酬的感伤之情。

（二）教学难点

正确理解“人生如梦，一樽还酹江月”的思想情绪。

【教学流程】

第一部分：以读感情 导入新课

【设计意图】

让学生通过诵读，感受词味，感知词风，激发他们想要由浅层次地感知，进入深层次地理解的兴趣。

【教学安排】

课前：每小组推荐 1 名选手，针对本词进行诵读比赛，利用 QQ 投票选出最佳选手。

课上：教师展示课前诵读最优选手投票结果 —— 请学生配乐诵读再现，其他学生思考听读感受 —— 学生结合感受自由评价 —— 教师结合评价引出问题“本词能够读出豪放之感，豪放表现在哪些方面？”开启本课教学。

第二部分：赏景品境 感知豪放

【设计意图】

让学生合作探究，品味语言，并且能够准确地从上阕的语言中分析出豪放的具体表现，提高学生分析景物形象的能力，突破教学重点。

【教学安排】

⑴学生散读上阕，思考“词中有哪些意象”。

⑵小组合作，品析字词 —— 学生白板勾画“大江、乱石、空、惊涛、拍岸、千堆雪”表现意象的字词。

⑶教师对应文本中的意象播放视频 —— 教师引导学生结合文本及视频，

思考“这些意象组合表现出一种怎样的意境？”—— 学生结合文本和视频冲击，深入理解意境，梳理表现意境的词语。

⑷师生利用白板共同总结：上阕豪放体现在：写大意象（大江、大山、大石、大浪这些构成抒情的大背景）；大意境（视野开阔、气势磅礴、雄浑恢宏）上。

第三部分：分析豪杰 体悟豪放

【设计意图】

让学生通过分析周瑜形象，理解作者表达的情感，理解下阕豪放的具体体现。学生通过自主、合作、探究的方式，掌握知人论世的方法，培养学生分析诗词中人物形象的能力和品读诗词情感的能力，突破教学重难点。

【内容安排】

⑴学生诵读下阕，找出描写周瑜形象的语句，思考作者从哪些方面描写了周瑜的形象，“为什么在千古豪杰中只写周瑜”？

⑵教师利用作业盒子 APP 推送有关周瑜个人经历，本词写作背景的文本资料，利用白板资料包推送了有关苏轼儒释道思想的网站链接、苏轼个人经历的网易公开课视频。

⑶学生们小组合作时自主选择参考这些资料，细读文本，利用 360wi–fi 快传软件填写苏轼与周瑜（年龄、婚姻、外貌、职务、理想、际遇、结局）的对比表格，通过表格，梳理作者表达的情感。

⑷结果回传白板上，展示交流批注。

⑸教师结合学生答案，选择“旷达情感”的小组阐释答案，之后教师进行点评补充。

⑹教师利用白板总结：豪放不仅体现在写壮景和英豪上，更体现在大情怀和大胸襟上。

第四部分：体悟升知 拓展延伸

【设计意图】

让学生结合本词内容及本词的分析方法，对比分析除本词之外的宋代豪放派其他大家的作品，提高学生古诗词鉴赏能力、学生迁移知识的能力，同时进一步了解宋代豪放派的风格特点。

【内容安排】

教师通过白板呈现功能，出示辛弃疾《南乡子·登京口北固亭有怀》——小组讨论，利用 360Wi-Fi 快传跨屏浏览，实时勾画，运用本课所学的读象——读人——读情的方法对比分析“豪放表现”——概括总结：苏辛豪放表现基本一致，只不过苏词旷而辛词悲。

第五部分：梳理知识 整合思维

【设计意图】

思维导图是一种基于大脑自然的思维方式，因此，它赋予人的思维以最大的开放性和灵活性。依据它的特征使教师和学生用思维导图进行交流展示时会激发不同观点的讨论，让本课所学知识系统有逻辑性的同时又变得丰富、有趣。

【内容安排】

教师利用白板出示本课知识内容关键词——学生小组合作交流——整理本堂课收获，利用思维导图软件绘制思维导图——利用快传思维导图展示——交流补充发现。

第六部分：作业布置

【设计意图】

升华情感，将情感转化成文字。

【内容安排】

让学生们写一篇关于《<赤壁怀古>感悟》随笔投放到作业盒子中，分享交流。

三、结语

对于古代经典诗文的讲授，传统课堂大多通过学生诵读，品教师讲解的方式让学生理解诗文内涵，感受文化精髓。但是，由于时空的限制，一些学生难以想象出古代一些经典诗词中景物的性状，最终导致对一些诗词理解不佳。此外，不同学生由于知识积累、个人阅读能力不同等原因，会对古代经典诗词的理解产生差异，面对这种因人而异的个性化解读，教师需要抓住恰当的教育时机适时引导。根据以上分析，本文认为，现代教学需要借助信息技术突破课堂上的时空限制，帮助教师抓住恰当的教育时机，适时引导学生深度阅读、理解、领会经典诗文的经典所在。

《合欢树》中的文化情结

乔慧颖　大庆市东风中学

[摘　要] 史铁生的《合欢树》，一直被作为赞颂母爱的经典篇目。题记也为读者提供了清晰的阅读线索——“世界上有一种最美丽的声音，那便是母亲的呼唤。”在主题显而易见的基础上，我们将更多地关注给予了“合欢树”这个意象，它与母亲有着怎样的联系，为何题为“合欢树”却又在文章后半段才呼之欲出，“合欢树”中又寄予了作者怎样的情感？如果说它是母爱的象征，为何史铁生又多年未去看那棵“合欢树”呢？我们试图将母爱的薄纱揭开，通过对手法、结构、体裁的思悟，体味史铁生平实质朴语言中表达的复杂心绪。让这曲“母爱之歌”静静地流淌在每个人的心怀。

[关键词] 合欢树　情感　手法　结构　体裁

“不过我承认她聪明，承认她是世界上长得最好看的女的”，当年读《合欢树》时，看到这句话，我清晰地记得自己抿嘴笑了，也在心里佩服着一个人可以把生活写得如此本色却又迷人。不知不觉，我也立世许久了，经历了一些事，也读过了一些文，却未见得活明白了自己。可当发现自己开始有轻微的腰腿痛都紧张得不停问自己是不是老了时，我也就开始操心我妈了。这简直是当下我最清楚要做的事，于是我突然又想读《合欢树》了。因为史铁生笔下的母亲一直是我记忆中无与伦比的天底下最温情的角色。因为现实中我的母亲已经66岁了。

《合欢树》这篇文章是史铁生先生借以怀念母爱的一篇散文。史铁生自己评价自己的一生：职业是生病，业余是写作。在这艰难而又传奇的一生中留下了让人敬仰的人生体验和思想。再次读完《合欢树》，感觉它就像一颗爱的浓荫下的常青藤，给人以希望的回味和母爱的慰藉。

一、细雨湿衣看不见的情感

整个文章中并没有过于华丽的字眼或是深情怀念的文字，仅通过极其平淡

[作者简介] 乔慧颖（1976年—），大庆市东风中学，一级教师，校办副主任，研究领域是口语表达能力在语文学习中的重要性。

地叙述，以笔者年龄的增长和经历为主线，抒发了作者对已过世母亲的怀念，以及满满的愧疚之情。

在整篇近 2000 字的叙述中，我们找不到任何对母亲华丽的修饰，对母爱夸张的赞美，我们感受到的是儿时的史铁生对认为自己作文写得好的母亲满满的调侃和不屑，我们看到的是年轻时身体一下子残疾的史铁生自暴自弃的叛逆，在母亲为他寻医找药的焦虑与不安里，他用对自我的放弃烧灼着一颗滚烫的爱子之心。但母亲呢，因心力交瘁衍生的白发虽无细致描绘却一样让人触目惊心，酸楚顿生，有病乱投医时的无助也在一系列动词当中真切表达出来。找大夫，打听偏方，花很多钱。找稀奇古怪的药，让我吃、让我喝，或者是洗、敷、熏、灸。在儿子被烫伤后迟迟挥散不去的母亲的惊惶里我们感受到一份真实沉重的母爱。尽管我们看过太多抒情叙事散文里都会有的大段对人物形象的描述，尽管我们也承认那样的描写会让我们对人物的个性和特点有更清晰的认识，但我却更喜欢这段文字的质朴无华，喜欢此刻驰骋自己的想象力来勾勒一个最平凡母亲的感人形象，而这一切都源于作者看似平淡实则真切的文字叙述。它充满了画面感，更让人物鲜活，让情感温暖地透彻人心。让人不由地去回想现实中自己的母亲，是否也是这样于生活最朴素的活法儿里给予了超乎你想象的她的全部。

这篇文章的后半段，院中老人唠家常儿，到底把那段尘封在记忆里的往事拖拽出来，印象中的那棵母亲从路边偶然挖来的“含羞草”终究也长成了高可参天的“合欢树”。它也在另一个成长的孩子的眼睛里，成了最有生命力的存在。而仔细思量，合欢树的成长何尝不是作者一路走来的人生，而作者身残志不残的精神也像极了合欢树的成长经历——从弱不禁风到树影婆娑，这其中有作者的坚毅个性，更有着母亲为其看病所付出的常人难以承受的艰辛与不懈努力，才有了史铁生对母亲浓得化不开的怀念与挚爱。

二、层层绽放终见蕊的结构

纵观整个文章，开篇作者先向我们描述了他孩童时期的一个画面，作文得奖后母亲的叙述，让我们看到了一个年轻母亲身上对生活的热爱和对孩子的殷殷寄托。

当我们还沉浸在母子间趣味十足的对话里时，20 岁的史铁生却突遭厄运。

作者的负气与母亲的不放弃形成了鲜明的对比，也让我们深感儿子的疼痛在母亲那里更加疼痛的真理，寥寥数句中处处彰显着儿子患病期间母亲的着急和坚持，那种试图将儿子所有的苦痛转移到自己的身上的真爱跃然纸上。

小说问世及获奖并未给作者带来真正的宽慰，因为那个世界上最爱他的人还没来得及分享他的快乐就走了。在园中他的自责被现实碰触地粉碎，他却反倒获取了安慰，直至他终于敢回到他与母亲曾住的小院儿，亲耳听到了老人们口中竟然还会开花的“合欢树”。

行文至此，与文章标题相呼应的“合欢树”才正式闪亮登场。那是母亲挖出的一棵刚出土的“含羞草”，直到第三年合欢树长出了叶子，并且开始茂盛了。“母亲高兴了很多天，以为那是个好兆头。”。这句话看似是母亲对合欢树复活的欢喜情绪，其实这中间有着一语双关的表达——既可指合欢树的长势，也可指对作者病况好转的一种期待。

作者离家数年再返回，虽未亲见合欢树的风貌，却也在老人们的叙述里感受到了它的坚韧与顽强。而此刻，他更想母亲了。当他终于可以肆意地去感受母亲离别之苦，当他终于明白母亲的离开竟是心底最深切的痛楚，这时就算悲伤逆流成河又能怎样呢?

三、托物寄人寓深情的手法

在母亲的心中，合欢树已不再是随机从路边挖来的植物，而是和家人的命运紧紧相连的一种情感的寄托。所以当看到合欢树出现茂盛的长势，母亲会觉得这是一种对未来好运的预示，她及全家的命运也会出现翻身之感。一棵普通的合欢树，却寄托着母亲对于生命的期待，对于希望的憧憬，对于未来生活的向往。自此它不再仅仅是一棵树，还是母亲对苦闷生活的一种精神寄托和心灵支柱。

而这篇文章之所以能够流传多年，成为脍炙人口的名篇，点睛之笔又在于文章末尾的几句话——“有一天那个孩子长大了，会想到童年的事，会想起那些晃动的树影儿，会想起他自己的妈妈，他会跑去看看那棵树。但他不会知道那棵树是谁种的，是怎么种的。”那个尚在成长的孩子对合欢树只有好奇，而在史铁生心里，合欢树的成长里记录下了母亲对他的全部期望。而他也不知不觉地在自己的人生里茁壮如这无人过问却依旧茂盛的“合欢树”，皆因母亲的爱从未离开。

树欲静而风不止，子欲养而亲不待的道理，很多人都懂，只是懂的刹那恐怕就已经是痛彻心扉的开始。或许作者本不爱这“合欢树”，却因为那是母亲生前种下的，而且和他自己有着相似的经历，使得这棵树的存在意义非凡。母亲生前，合欢树是她对生活的憧憬和寄托；母亲离世后，是他对母亲的怀念和眷恋。而最终作者的愿望，只是多年后依然有人眷恋着这棵树，就像他永远怀念着自己的母亲……

四、清水芙蓉无雕饰的体裁

客观的叙述，细节的描绘，娓娓道来，远比空洞的呼告和抒情的渲染来得更沉静深厚。不事雕琢之美让人体会了生活的本真、清纯，也开启了读者情感迸发的阀门。对于史铁生而言，生活就是在无数的琐碎和平凡中被塑就的，真实的叙事才是对生活最好的还原，它的效果远大于抒情、议论等其他的表达方式。有一种《天净沙·秋思》中“枯藤老树昏鸦，小桥流水人家，古道西风瘦马，夕阳西下，断肠人在天涯”的列锦手法的展现效果，自然形成一种凄凉的思乡惆怅的情境之美。《合欢树》的叙事是纯粹静美的，却更是耐人寻味的。当时间在慢慢地拿走我们身边至亲至爱的人时，我们更愿意以极简的方式，放下所有情绪，仅仅把那记忆中最普通的场景剪影成内心的永恒！

《合欢树》是一篇思想情感自然流淌的精美的河，它渐染着每个儿女的情怀，久久不能平静。此刻，母亲卧室的灯依然亮着，催我早睡的声音绵软却又坚决，而她哪里知道，这曲悠远绵长的母爱之歌，让我心海翻腾、泪光滚烫。我爱《合欢树》，只因，我也爱我的母亲！

《再别康桥》中的文化元素赏析

张魏娜　大庆市肇源县第一中学

[摘　要]作为中国现代新诗的重镇，徐志摩是那个时代极特别的“那一个”，他作为诗人的一生，处处充满着理想的诗意，“爱、美、自由”是他灵魂与理想的全部，而这种对诗歌和世界的真诚品格，与其“康桥理想”又有着莫大的关系。本文通过深度解读《再别康桥》，从其“爱、美、自由”的人生理想出发，力求探索其诗意与诗情的源泉，揭示其难以割舍的“康桥情结”。

[关键词]康桥　爱　美　自由　理想

真率至情的诗文映出的是至情至性的人与个性。徐志摩就是这样一个至情至性之人，胡适说，“他的人生观，真是一种单纯的信仰——这里只有三个大字‘一个是爱，一个是自由，一个是美’，他梦想这一理想的条件能够会合在人生里。他的一生历史，只是他追求这个单纯信仰实现的历史。”从这个意义上说，徐志摩实为纯情的理想主义者，而他这一理想的源泉，无疑便是康桥。他在充满贵族气息的康桥文化中，寻找着自己的精神故乡。而剑桥所体现的英式文明，令徐志摩陶醉，于是，逐渐形成了他心中梦寐以求的“康桥理想”。

徐志摩曾三游康桥，第一次是追求真理，第二次是寻觅宁静，最后一次则是在逃避，因为一切已经物是人非，诗人正陷入一场信仰危机，面对着康桥，他浮想联翩。于是，便有了堪称绝唱的《再别康桥》。读《再别康桥》，如观楼、如吟歌、如赏画，而感受到的却是诗人那淡淡的离别之恋、之愁、之哀。

全诗共七节，每节四行，每行两顿或三顿，不拘一格而又法度严谨，韵式上严守二、四押韵，抑扬顿挫，朗朗上口。这优美的节奏像涟漪般荡漾开来，既是虔诚的学子寻梦的跫音，又契合着诗人感情的潮起潮落，有一种独特的审美快感。七节诗错落有致地排列，韵律在其中徐行缓步地铺展，颇有些“长袍白面、郊寒岛瘦”的诗人气度。可以说，正体现了徐志摩的艺术的诗的主张。

[作者简介]张魏娜（1980年—），大庆市肇源县第一中学，一级教师，主要从事高中语文教学研究。

在诗里他以缠绵怅惋的笔调，抒写了自己对康桥无限留恋和依依惜别的心情，微妙地展露了因“康桥理想”的幻灭而无限哀伤的情怀。当然，之所以对康桥恋恋不舍还在于，这里是诗人青春生命得以辉煌的场所，或者说这里是生命的见证。回到康桥，从某种意义上就是回到生命的过去，去重温生命。正是因为如此，才会见“参差荇菜”而“左右流之”了，才会在康河的柔波里“甘愿做一条水草”。对于这梦幻过于沉迷，而不忍心破碎了这样的梦，所以才“轻轻地”“悄悄地”，所以想放歌而不愿意，而用“笙箫”来代替。笙箫的呜咽则正是诗人内心痛苦而不能说出的情感的代言。

诗的开头 :“轻轻的，我走了”；诗的结尾 :“悄悄的，我走了”。两个一前一后的“我走了”，说明诗人截取的是“走”这一瞬间，而并非从来到走这一个较长的过程。这一瞬间已在诗人心中永远定格，诗人的一系列情感与他所描绘的康桥的一切意境都在瞬间完成。而瞬间便是永恒！“悄悄的我走了”，他不带走一片康桥的云彩，却将无限的依恋永远留存心里，浓缩成一帧帧永不褪色的珍藏。诗人想象着自己撑一支长篙，向远方草色深处漫游，迎着和风，沐着星辉，纵情放声歌唱。大自然的优美、宁静、协调，在这星光与波光的默契中不期然地沁入诗人的性灵。这是甜蜜的回忆，也是美丽的憧憬……

但是，诗人无法放歌，因为离别就在眼前 ——“悄悄是别离的笙箫；夏虫也为我沉默，沉默是今晚的康桥！”最后四个叠句，将全诗推向高潮，正如康河之水，一波三折！而他在青草更青处、星辉斑斓里跣足放歌的狂态终未成就，此时的沉默而无言，又胜过多少情语啊！最后一节以三个“悄悄的”与首阙回环对应。潇洒地来，又潇洒地走。挥一挥衣袖，抖落的是什么？已无须赘言。既然在康桥涅槃过一次，又何必带走一片云彩呢？ 这手势里分明带着自尊的伤感，带着决绝的苦涩，带着潇洒的酸楚……

不稳定的感情生活，让徐志摩在婚后数年里感到无限的困惑与苦闷。爱情的幻灭、地理想的失落、现实的无奈、时局的动荡、诗意的枯竭，使诗人苦不堪言。这里分明已隐约传出雪莱《西风》里的哭声 :“我跌倒在生活的荆棘里，我流血。”然而，尽管如此，徐志摩的“爱”的理想又不仅仅局限于爱情，他的“爱”更是一种广大的对于全人类的博爱大同。他同情大众疾苦，他与众乞丐把酒畅谈，这些都是他人生理想的一部分。而他也确实以其对“美、自由、爱”的人生理想的求索历程，赢得了众多的情谊与尊敬。

徐志摩的一生都在追求着人生的诗性，追寻着生活的诗意，追赶着生命的诗情，“不求自身的完美，但求性灵的纯粹”，为了这梦寐的精彩，他甘愿做一颗陨石，甚至趁着盛年以突兀的告别式实现了雪莱般的“想飞”的梦想；没有眼泪，没有絮语，如一片云，无声飘走，为自己光彩夺目的人生画下句点，同时也让所有爱他和他爱的人留下终生的错愕与怀念。

徐志摩被茅盾称为“中国小布尔乔亚的开山鼻祖，也是中国小布尔乔亚的最后一个诗人”。他的理想是单纯的、非现实的，但他认准了方向，便不顾得失，不论成败，义无反顾地做下去。而徐志摩诗中这种生命的欢乐，就来自他对生活的理想。尽管他的理想只是一个有点朦胧的意念，尽管他有时不知道风在往哪个方向吹，尽管他经常骑着一匹拐腿的瞎马向着黑夜里加鞭，尽管他头顶上载着的花冠是用荆棘编织的，可他的心灵却又总向着一颗明星。他实实在在地以自己的生命实现着“美、自由、爱”的人生理想！

徐志摩走了，距离这个尘世，越来越远；而他那性灵的精神，一定会寻着当年的踪迹，再回康桥，因为康桥是他一切一切的、最初的感动。他走了，唯一没有带走的，是他轻轻挥手作别之后，那片烧焦的却又依依不忍离去的火红云彩，在深情告白他至死不渝地追求的人生理想，在继续述说着中国现代新诗的不朽传奇！

教学设计

《项羽之死》（第二课时）教学设计

巩　固　大庆市第十中学

【教学目标】

1. 知识与技能

（1）培养自主赏析的能力。

（2）分析评价历史人物要客观公正。

2. 过程与方法

（1）通过反复诵读，疏通文意，积累文言基础知识。

（2）公正地分析评价历史人物，并掌握评价人物的方法。

3. 情感态度与价值观

（1）培养学生诵读文言的能力，感受古代散文优美的语言。

（2）培养学生初步评价历史人物，形成正确的审美价值观。

【教学方法】

诵读法、合作探究法。

【教学重、难点】

1. 教学重点

（1）反复诵读，疏通文意。

（2）归纳、积累文言基础知识。

（3）结合文本，分析人物形象。

2. 教学难点

联系时代背景，客观地评价历史人物。

【课时安排】 2 课时

【课　　型】 常规课

[**作者简介**] 巩固（1990 年—），大庆市第十中学，二级教师，从事高中语文教学研究。

【教学过程】第二课时

一、导入

项羽，被誉为中华第一武将，在以成败论英雄的传统观念中，他是一个以失败的英雄的形象留在人们记忆中的。他惊天动地的军事创举、力拔山兮的霸王气概、生死诀别的柔情万丈，都带给后人无尽的遐想和感叹。今天，让我们来一起学习《项羽之死》这篇课文，更加充分地了解这位历史人物。

二、品味语言、分析人物形象

请同学们从刻画人物的方法（语言、动作、心理、神态等）入手，结合《项羽之死》中的三个场面描写来分析人物形象。

（一）第一段：写垓下被围的困境

主要情节：四面楚歌——慷慨悲歌。

找出项羽在“四面楚歌”时的行为表现：惊——起——饮——歌——泣。

从中可见项羽的性格：多愁善感。

（第一场重在抒情，抓住垓下歌的内容来分析其作用：无法保护美人、面对失败心情复杂、为全文营造悲剧氛围。）

（二）第二段：写垓下突围、被困东城。

主要情节：直夜溃围——被陷大泽——决意快战。

师：此段中项羽对部下所说的话占了很大一部分，请认真阅读，分析其中表达的意思。

生：辉煌的过去，失败的今天。反复强调：“此天之亡我，非战之罪也”。

从中可见项羽的性格：自负、勇武。

（三）第三段：写东城溃围之战

三次行动：

（1）第一次：项羽——大呼、驰下、斩将。

汉军——皆披靡。

师：“遂斩汉一将”一句中作者用“遂”字想表达什么？

生：表现出项羽骁勇善战，轻而易举地斩杀了一名汉将。

（2）第二次：项羽——瞋目叱之。

赤泉侯——人马俱惊，辟易数里。

（通过对比，表现出项羽的勇猛。）

（3）第三次：项羽——弛，斩汉一都尉，杀数十百人；亡两骑。

（“杀数十百人”写出了项羽战斗时势不可挡，表现出项羽的勇猛少敌、善战。）

师：这三次行动，从不同的角度表现了项羽猛虎般的气势和非凡的战斗力，塑造了栩栩如生的英武形象。这几个场面描绘得非常精彩！

师：三次行动后，项羽与部下的对话有什么作用吗？

生：说明项羽刚才的勇猛杀敌主要是向部下证明他的失败是“此天之亡我，非战之罪也”。可以看出项羽的性格特征：自负、勇猛。

（第二场重在叙事。）

（四）第四段：写自刎乌江

师：为什么项羽“欲东渡乌江”，却又在有船可渡的时候不渡了呢？

生：亭长的话让项羽觉得“无颜见江东父兄”，所以他决定不渡乌江了。

从中可见项羽的性格：知耻重义。

（第三场重在陈词。）

此外，还用了许多形象生动、蕴含丰富的细节。（此处板书结束）

三、学生讨论

(一) 天命还是人为？历来对项羽该不该过江东看法不一，你认为如何？如果在给项羽一次机会他还会成功吗？结合辅学材料小组讨论，发表自己的看法。

教师提供材料一：

杜牧《题乌江亭》、王安石《乌江亭》、李清照《夏日绝句·咏项羽》、毛泽东《七律·人民解放军占领南京》

教师提供材料二：

破釜沉舟、巨鹿之战、屠城坑杀等历史事件，以及刘邦、韩信眼中项羽的形象。

（二）项羽在乌江边自刎了，请问同学们知道他自刎之后的事情吗?

学生搜集材料，在课堂上展示。

四、学生探究

读他人的故事，走自己的人生。西楚霸王项羽的结局可谓是悲剧，这段历史给了你什么启示?

教师适当点拨，利用课件展示易中天《品人录》中对项羽的悲剧的看法。

学生各抒己见，谈历史故事给自己的启示。

五、课堂小结

（一）总结方法

总结评价历史人物的方法：

1. 要有理有据。

2. 评价历史人物应结合他所生活的时代背景。

3. 要在评价中获得经验教训，以启示今人。

（二）结束语

项羽虽然在楚汉之争中失败了，但是人们没有按照成王败寇的世俗标准来看待他，而是把他当成英雄。他的事迹被司马迁写入了《史记》，到了近现代人们又用戏曲、电影等多种形式，将他“破釜沉舟”的英雄气概，“无颜见江东父老”的悲壮结局淋漓尽致地展现出来。西楚霸王的角色深入人心，项羽的形象更是不朽的。

六、布置作业

（1）阅读《项羽本纪》，全面地了解项羽。

（2）联系如何评价历史人物的三条原则，把你对项羽的评价形成文字。

七、板书设计

项羽之死

司马迁

场面	人物形象
垓下之围	多愁善感
东城快战	勇猛自负
乌江自刎	知耻重义

八、教学反思

这节课的重点是通过场面和细节描写分析和把握人物形象，学生能够结合材料学会理性、公正、客观地评价历史人物。在新知探究部分中学生对项羽性格的分析表现非常积极，但暴露出来的问题一是学生找不到很贴切的词语总结其性格，二是在评价人物时多数学生缺少个性化的品评。究其原因，一是阅读量不足，相关材料仅靠教师提供，只有部分学生有这个方面的阅读；二是学生惧怕写作，学生在课堂上分析时虽然发言很多，一旦让其形成文字他们的畏难情绪比较严重。在今后的教学中我会以深入挖掘文本为基础，不断对学生进行阅读拓展训练，从而为写作服务。

《雨霖铃》教学设计

钱丽华　大庆市育才中学

【教学目标】

1. 知识与能力目标：理解词所蕴含的思想感情，并分析词的意境美。

2. 过程与方法目标：掌握诗歌的诵读技巧，积累诗歌鉴赏的方法。

3. 情感态度与价值观目标：感受词的魅力，体会词人别离时凄凉、哀伤的感情。

【学情分析】

本课是《柳永词两首》中的第二首，通过上节课对《望海潮》的学习，学生已经基本了解了柳永及他的个人经历，对词的相关知识有了充分的认识。授课班级是普通校文科平行班，成绩在年级平行班中较好，但学生学习基础一般，学习方法死板。

【学法指导】

预设学法：1. 查阅资料，了解作者的生平以及创作背景。

2. 把握全词感情基调，有感情地诵读课文。

3. 品读课文，仔细品味语言。

即时学法：加强教师引导

一、导入新课，明确目标

【情景设置】

介绍“雨霖铃”这个词牌，渲染氛围。

【学习目标】

1. 通过诵读感受本词所传递的情感与意境，进而提高审美能力。

2. 了解词及语言风格特点。

[作者简介] 钱丽华（1978 年—），大庆市育才中学，一级教师，语文教研组长，从事高中语文教学研究。

3. 学习分析词的表现手法。

【教学重点】

1. 体会本词的意境和情景交融的表现手法。

2. 体会本词所运用的虚实相生的写作手法。

【教学难点】

把握婉约词的特点。

二、阅读教材、自主习标

（A级）问题一

反复朗读，把握全词的感情基调，熟读成诵。

拓展：本词的感情基调。

（A级）问题二

词中哪句话是反映中心的主旨句？

明确："多情自古伤离别，更那堪，冷落清秋节！"

"多情"是指多情的人。

自古以来，多情的人都是感伤离别的，更何况是在凄清冷落的秋天时节。

三、问题探究、重点讲解

（B级）问题一

中国近代著名学者王国维说"一切景语皆情语"，那么这首词中，哪些句子是景语，哪些句子是情语？作者选取了哪些意象入景？

（B级）问题二

作者选取的这些意象具有什么特点？表达了作者什么感情？这种表现手法叫什么？

凄凉、沉寂。

在作者哀婉伤感心情的笼罩下，"以我观物，则物皆着我之色彩"。

情景交融

（B级）问题三

探讨古典诗词中代表性意象的内涵。

⑴ 意象内涵 —— 月。

月是离合的象征，何况是残缺不全的月，最易引起词人的愁思 —— 思人、思乡。

⑵ 意象内涵 —— 柳。

“柳”与“ 留 ”谐音，古人折柳送别，即挽留之意，表达依依惜别之情。

⑶ 意象内涵 —— 风。

古语有云：秋天是特别让人伤感的季节。晓风轻拂，带来的并不是快意，而是凉意，凄凉的感觉。

（B 级）问题四

“今宵酒醒何处？杨柳岸，晓风残月。”这句历来被称颂为千古名句，请简要赏析。

作者借景抒情，“酒”“杨柳”“风月”这些意象集中渲染了作者借酒浇愁、苦闷难挨的愁苦心情。

这一句被词评家贺裳称为“千古俊句”，“人生自是有情痴，此恨不关风与月。（欧阳修《玉楼春》）”“酒”无味，“柳”留人，“晓风”秀丽，“残月”凄迷，作者的心却是悲苦的。

（B 级）问题五

作者选取的这些意象都是眼前看到的实景吗？哪些是眼前景，哪些是虚设景呢？

（B 级）问题六

根据以上的分析，总结本词的艺术特色。

创读拓展（以下项目供选择）：

⑴ 诗意仿写：从词作核心意象中任选一二，尝试创作一首小诗。

⑵ 为词配画：根据词作意境，为课文配上一幅插图，并说明你的构思。

四、练测拓展 、达成目标

1. 下列词语中加点的字注音全都正确的一组是（　）

A. 凄切（qiè）执拗(niù)良辰美景(chén)

B. 凝噎（yè）吮吸(yǔn)遂心如意(suì)

C. 辑录(jí)恪守(kè)数见不鲜(xiān)

D. 血液(xuè)脑髓(suǐ)兰舟催发(fà)

2. 下面的诗（词）句与“杨柳岸，晓风残月”所用的表现手法不同的是（ ）

A. 杏花春雨江南

B. 楼船夜雪瓜舟渡，铁马秋风大散关。

C. 两情若是久长时，又岂在朝朝暮暮。

D. 鸡声茅店月，人迹板桥霜。

【课堂小结】

通过本节课的学习，我们感受了柳永和恋人分别时的依依不舍之情，学会了情景交融和虚实相生这两种表现手法。这首词的确具有独特的魅力，让人回味无穷。读这首词，我们知道了，人世间有一种情感叫离别，有一种感觉叫心痛，有一种心情叫相思。字里行间弥漫的是柳永说不尽的离别情，道不尽的相思苦。让我们投入地走进《雨霖铃》，感受蕴含其中的无尽韵味！

【布置作业】

1. 背诵

2. 优化学案相应练习题

【课后反思】

诗词赏析是高中学生学习的难点。我校是一所普通中学，学生在领悟作者表达方式，把握课文内容，体会作者情感等方面的能力较弱，知识的积累也比较薄弱。所以对语文素养要求较高的诗歌教学该以何种方式才能发挥最大的课堂实效性，是我在语文教学中一直思考的内容。

在本课的教学设计中，我以所学词作的内容把握和情感体验为重点，以诵读、品味为手段，力图通过情境的创设，以和师生共同感悟达到预设情感体验目标，同时把诗歌鉴赏的一般方法渗透在教学过程中。

《涉江采芙蓉》教学设计

王彤宇　大庆市东风中学

【教学目标】意象解读，形象分析。

【知识目标】注重意象分析，理解诗歌内容。熟读成诵，理解设问、反衬等写作手法。

【能力目标】使学生初步掌握通过意象分析来鉴赏诗歌的方法。

【情感目标】通过本首诗歌的学习，培养和激发学生对我国古代诗歌的热爱之情。

【教学重点】通过分析意象来解读诗歌，进而体会抒情主人公的内心情感。

【教学难点】归纳《古诗十九首》的整体风格及艺术特色。

【课时安排】一课时

【教学过程】

一、导入

今天，我们将要学习《古诗十九首》中的一首——《涉江采芙蓉》，体味一下这“一字千金”的语言魅力。

二、诵读

（一）齐读——全班同学大声朗读，教师适当引导情绪、语调、停顿。

（二）听范读——语文老师在背景音乐下示范朗读。

（三）自由读——根据之前两遍的基础读出自己对于这首诗的理解。

在学生充分朗读之后，指导诵读。结合《古诗十九首》五言的特点，分析断

[作者简介]王彤宇（1988年—），大庆市东风中学语文，一级教师，研究领域是传统文化教法研究。

句规律。多以二三的停顿，可以结合初中学习过的《迢迢牵牛星》加以理解分析。

涉江 / 采芙蓉，兰泽 / 多芳草。

采之 / 欲遗谁，所思 / 在远道。

还顾 / 望旧乡，长路 / 漫浩浩。

同心 / 而离居，忧伤 / 以终老。

三、鉴赏《涉江采芙蓉》

（一）整体感知

读完这篇文章，你认为这首诗要表达了什么思想感情？

明确：游子思乡之情。

诗歌中的抒情主人公表达感情的方式是什么？其目的是什么？

明确：方式：是试图采摘芙蓉，目的是“遗”远方的“同心”者。

（二）自由鉴赏（小组讨论）

鉴赏的角度可以多元化，可以是一个字、一个词、一句话或者是对于整首诗的感悟。

（三）各小组汇报展示

展示的过程中加以点评和简单的指导，以学生的直观体悟为主。先由其他组员进行补充，然后是教师指导。可以对于学生集中讨论的问题加以探讨和升华。

关于《涉江采芙蓉》，有人认为抒情主人公是男性，“涉江”者和“环顾”者都是男子，也有人认为抒情主人公是女性，“涉江”者是女子，“环顾”者则是“所思”的男子。你怎么看？（只要言之有理即可，不求统一 。）

（四）梳理总结

诗篇在表现思妇与游子相思，抒发人间别离之感的同时，深深流露的是对美好人生与理想的憧憬，是对这种人生与理想不能实现的叹喟，是一种可望而不可及的悲凉。自古以来，世间的凄楚悲怆可以数出千千万万种，其中以“无奈”两字最为苍凉。没有一种生命可以和时间匹敌，即使是目睹沧海桑田的神仙。牛郎织女的故事之所以打动人心，大约是那不可超越的无奈以外，偏偏还有一段与无奈相抗衡的感情。用一年的时光去等候一年的相聚，用一生的执着去守望一刻的团圆，难怪世人慨叹“金风玉露一相逢，便胜却人间无数”。

四、拓展探究：对比鉴赏《庭中有奇树》和《涉江采芙蓉》

（一）整体感知

沿袭对于《涉江采芙蓉》的学习，先自由朗读《庭中有奇树》，整体把握诗歌的主题及情感。

（二）对比鉴赏

从诗歌的主题、运用的意象、抒发的情感、艺术特色等多方面进行异同的比较。

庭中有奇树

庭中有奇树，绿叶发华滋。攀条折其荣，将以遗所思。

馨香盈怀袖，路远莫致之。此物何足贵，但感别经时。

⑴奇树：犹“嘉木”，美好的树木。

⑵滋：当“繁”解释。“发华滋”，花开得正繁盛。

⑶荣：犹“花”。

⑷致：送达。

（三）分析总结

庭院裏一株珍稀的树，满树绿叶的衬托下开了茂密的花朵，显得格外生气勃勃、春意盎然。我攀着枝条，折下了最好看的一串树花，要把它赠送给日夜思念的亲人。花的香气染满了我的衣襟和衣袖，天遥地远，花不可能送到亲人的手中。只是痴痴地手执着花儿，久久地站在树下，听任香气充满怀袖而无可奈何。这花有什么珍贵呢，只是因为别离太久，想借着花儿表达怀念之情罢了。

相同点：两首诗都采用了先扬后抑的写法。前面六句，诗人对于花、树（意象）的珍奇美丽极力赞扬，最后两句点明了全诗主题。两首诗歌都意境高洁、清幽；含蓄不尽，余味悠长。

不同点：《涉江采芙蓉》借“芙蓉”“兰泽”“芳草”的幽香等美好欢乐的情景来以乐景衬哀情；而《庭中有奇树》则是以树为寄托物。另外《涉江采芙蓉》的结句哀伤不止，而《庭中有奇树》则自我宽慰。

五、归纳《古诗十九首》整体风格及艺术特色

《古诗十九首》是梁代萧统《文选》“杂诗”类的一个标题，包括汉代无名氏所作的19首五言诗。诗歌的第一句话一般作为诗歌的题目；是《古诗十九首》东汉末年文人五言诗的选辑，并非一人所做。从内容看，主要写的是作者失意和哀伤，写游子、思妇的离愁和相思。清代沈德潜说：“古诗十九首，不必一人之辞，一时之作。大率逐臣弃妻，朋友阔绝，游子他乡，死生新故之感。或寓言，或显言，或反复言。初无奇辟之思，惊险之句，而西京古诗，皆在其下。”

六、课堂小结

对诗歌意境高洁、余味悠长的艺术特点进行总结，加深学生印象。

七、布置作业

《古诗十九首》

从古诗十九首中任选一篇，自主赏析。

《行行重行行》《青青河畔草》《青青陵上柏》《今日良宴会》

《西北有高楼》《涉江采芙蓉》《明月皎夜光》《冉冉孤生竹》

《庭中有奇树》《迢迢牵牛星》《回车驾言迈》《东城高且长》

《驱车上东门》《去者日以疏》《生年不满百》《凛凛岁云暮》

《孟冬寒气至》《客从远方来》《明月何皎皎》。

八、板书设计

涉江采芙蓉

意象：芙蓉 奇树　　手法：情景 交融

意境：高远 清幽　　感情：充沛 真挚

九、设计思路

本课的设计思路始终围绕着“以学定教”，以小组讨论的形式进行自由鉴赏诗歌，可以帮助教师更加准确地了解学情，在学生认知的基础上给予适当地指

导点拨，真正做到以学定教，以学生的现有水平作为课堂教学的起点。这样的教更有针对性，也更能切实地解决学生在鉴赏诗歌中存在的问题。

另外几首诗歌的选择思路是从教材中的《涉江采芙蓉》切入，在充分地品读鉴赏之后对比鉴赏《涉江采芙蓉》和《庭中有奇树》；再温习初中篇目《迢迢牵牛星》，从意象意境、手法、情感等几方面挖掘出新的理解和感情的深化；最后在三篇诗歌的学习之后归纳出《古诗十九首》的整体艺术风格。这样的设计是符合学生的认知规律的，使学生认识从感性向理性转变，也从认识的具体向抽象转化。

《古诗词中的节日文化——清明节》教学设计

于丽丽　大庆市第十中学

【教学目标】

1. 知识与技能：了解清明节等中国传统节日祭祖扫墓的习俗。

2. 过程与方法：回忆生活经历，品读经典诗词

3. 情感态度与价值观：

（1）增强学生对传统文化的了解。

（2）帮助学生对中国传统节日产生浓厚的兴趣和深切的热爱。

【教学重、难点】

1. 教学重点：品读诗歌，理解清明节祭祖扫墓的习俗。

2. 教学难点：分析品味清明节祭祖扫墓习俗背后的文化内涵。

【教学方法】阅读赏析法、对话交流法、情景教学法。

【课时安排】1 课时

【课　　型】研讨课

【教学过程】

一、导课

中国是一个诗的国度。在古代诗词中，有许多诗词与我国的传统节日有关，这些优美的诗词，传承着民族的文化，守护着国人的精神信仰。今天，我们就来一起品读几首脍炙人口的作品。（教师板书课题）

［作者简介］于丽丽（1981—），大庆市第十中学，一级教师，从事高中语文教学及研究。

二、清明诗歌话"清明"

（一）赏析《清明》（唐 杜牧）

1. 多媒体出示一张图片。

教师：请同学们看这幅图，大家能想到我们曾经学过的一首诗吗?

（学生回答，多媒体出示诗歌。）

清 明（唐 杜牧）

清明时节雨纷纷，
路上行人欲断魂。
借问酒家何处有？
牧童遥指杏花村。

2. 师生共同赏析诗歌中"欲断魂"的心境。

（1）指名读、齐读。

（2）教师：这首诗歌中的哪一句让你最有感触?

（"雨纷纷""欲断魂"——清明时，人们通常会去祭扫先人，想起已经不在人世的亲友。）

（3）教师：诗人想什么办法来排解这份愁苦忧伤呢?

（饮酒，既能暖身又能温心。）

（二）赏析《送陈秀才还沙上省墓》（明 高启）

1. 教师多媒体出示诗歌，学生齐读诗歌。

送陈秀才还沙上省墓（明 高启）

满衣血泪与尘埃，
乱后还乡亦可哀。
风雨梨花寒食过，
几家坟上子孙来？

（注：作者高启（1336 – 1373)，是元末明初著名诗人。）

2. 教师：同学们能判断出这首诗歌写的是我国哪个传统节日吗?（清明节）

3. 师生赏析诗歌的主要内容与诗人抒发的情感。

（清明时节，春雨纷飞，诗人和陈秀才一起回到他们的先祖所在的沙山，尘土和雨水一身，匆忙而凌乱。此时又在战争和清明节期间，内心非常悲伤。）

（三）赏析《寒 食》（宋 赵鼎）

1.（教师多媒体出示诗歌内容，但是先不出示诗歌的题目）

学生齐读诗歌。

寂寂柴门村落里，
也教插柳记年华。
禁烟不到粤人国，
上冢亦携庞老家。

（注：南宋政治家、词人赵鼎（1085–1147，字元镇），曾经一路做官至丞相。“粤人国”是指赵鼎曾被贬至潮州，在此处的“粤人国”也就应仅指广东省潮州市。庞老家：这里指庞德公一家。此处泛指一般平民百姓全家上坟的事情。）

2. 教师：请同学们猜猜这首诗描写的是我国的哪个传统节日？

学生回答并说明理由。

（学生有答“清明节”的，引导学生注意颈联中的“禁烟不到”，说明现在需要禁烟火，而不是重启新火，因此是清明节。此处需要提醒学生今天的清明节是古代寒食、上巳、清明的统称。）

3. 学生结合注释解析诗人所在村落的节日习俗。

（“插柳”“上冢”）

三、节日诗歌显“温情”

1. 教师：在我们中国最传统最重要的纪念祖先的节日，就是清明节。祭祖扫墓是其最主要的形式。结合上面三首诗歌，请思考：在清明时节，人们为什么要上山扫墓、乡祭祖？

（学生们思维活跃，争相发言。）

2. 教师小结：

扫墓祭祖是慎终追远、尊亲睦族及体现孝道的一种具体表现。祭扫祖坟、祭拜自己的祖宗，表达感恩之情，体现的是血脉相连的亲情之爱。

3. 教师：自古以来，就有诸多的文人雅士、诗人墨客，为我们这些传统节日写下了许多不朽诗篇。同学们还记得我们学过，或者你课外还知道哪些记录传统节日的诗词吗？这些诗词中又涉略到了我国的哪些传统习俗？

学生回忆、思考、背诵，师生交流。

《元日》宋 王安石

爆竹声中一岁除，春风送暖入屠苏。

千门万户曈曈日，总把新桃换旧符。

《九月九日忆山东兄弟》唐 王维

独在异乡为异客，每逢佳节倍思亲。

遥知兄弟登高处，遍插茱萸少一人。

《水调歌头·明月几时有》宋 苏轼

词前小序说：丙辰中秋，欢饮达旦，大醉，作此篇，兼怀子由。

从这首词的小序中可以知道当时是中秋之夜，在密州（今山东诸城）做太守的苏轼，赏月饮酒直到天亮，创作了这首《水调歌头》怀想自己的弟弟。

（以上选自人教版初中教材）

《登高》唐 杜甫

风急天高猿啸哀，渚清沙白鸟飞回。

无边落木萧萧下，不尽长江滚滚来。

《醉花阴》宋 李清照

薄雾浓云愁永昼，瑞脑消金兽。佳节又重阳，玉枕纱橱，半夜凉初透。

东篱把酒黄昏后，有暗香盈袖。莫道不销魂，帘卷西风，人比黄花瘦。

(以上选自人教版高中必修教材)

四、文化传承记心中

1. 教师：从古到今，优秀的传统文化通过经典的诗篇在我们的生活思想中留下了痕迹，而如今，我们随处都可以感受到国家对弘扬传统文化的重视。

2. 多媒体播放“2017 年丁酉年轩辕黄帝祭祀大典”视频

3. 学生观看视频，抒发个人感想。

（传统节日的重要性 节日习俗的传承文化的重要意义 国家对弘扬中华传统文化的重视从我做起，不让年味、节味变淡 望看到传统节日被忽视替代 传统节日核心价值出现割裂的情况 重视传统 擎起传承大旗 ）

4. 教师课堂总结：

我国的传统节日包括春节、元宵节、清明节、端午节、七夕节、中秋节、重阳节、腊八节等。它们继承了中华民族的美德，捍卫了中华民族的精神信仰。这些传统节日是联系在一起的，它们构成一副丰富而浪漫的历史文化卷，色彩斑斓，让人陶醉。

老师希望同学们能在今后学习古诗词时，不仅仅是学诗，还应该多多体味诗与作业歌中蕴含的文化真谛，我们一起把这份传承民族文化的责任担在肩上。

五、布置作业

学生课下查找有关传统节日的诗词作品，整理传统节日的习俗文化，体味这些节俗文化背后的精神内涵。

附：板书设计

古诗词中的节日文化

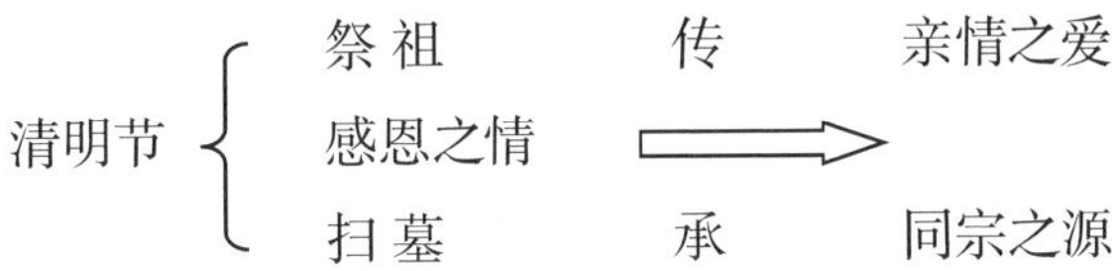

《优美的汉字》教学设计

范玉珠　大庆实验中学

【教学目标】

1. 知识与技能

（1）积累并梳理汉字的起源、形体、构成、文化等知识，从整体上了解汉字。

（2）了解汉字所承载的文化底蕴。

2. 过程与方法

通过探究汉字的“三美”，深入体会汉字的独特魅力。

3. 情感、态度与价值观

增强学生对汉字和中华文化的了解和热爱。

【教学重难点】

了解汉字丰富的文化内涵，深入理解汉字的三美。

【教学方法】

提问引导法、点拨引导法

【教学手段】PPT 课件辅助教学

【教学过程】

一、导入

以汉字对联“横竖撇点折，书九州风采；篆隶行楷草，写华夏春秋”（篆字书写）来导入本课。

二、教学过程

（一）初识汉字之美

展示十二生肖的象形文字

[**作者简介**]范玉珠（1982 年—），吉林省公主岭人，大庆实验中学中教一级，主要从事高中语文教学研究。

屏幕上展示的是图画还是文字？——找出对应的今天的汉字——你觉得哪个更美？

学生探讨：象形字——图画美、智慧美等。

方块字——简洁美、便捷美等。

师总结：从汉字演变来看汉字的美，每一种字体都代表了那个时期汉字的特征，无不凸显汉字的灵动与飘逸之美，每一种字体都有属于自己的美！

（二）解读汉字之美

汉字美在哪里？

由汉字“音形义”三位一体的特点来深度解读汉字的美，引入鲁迅先生的“三美”理论：意美以感心，一也；音美以感耳，二也；形美以感目，三也。

1. 音美·感耳

（1）学生讨论汉字的音美是怎样表现出来的？

师点拨引导：有人说，汉字是世界上最适合音乐的文字，语文课上经常有配乐朗诵，而英语老师却从来不这样做，想一想为什么？

音由声、韵、调三部分构成，汉字的语音按照不同的声韵规律组合在一起，加上双声、叠韵、叠音、声调等声音因素，再辅以停顿、轻重、缓急等，使汉字读起来具有抑扬顿挫、悦耳动听的音乐美。

韵：叠音——《荷塘月色》——朗朗上口，韵律美。

押韵——《小苹果》——音节和谐，韵律美。

声调——汉字语音有四声。外国人说汉语（如“您好，您吃饭了吗？）为什么觉得不像我们自己说得那么亲切自然，反而很生硬？——对汉字的声调把握不准，基本都用一个声调，缺乏抑扬顿挫之美。

平仄——节奏美。以王维《相思》为例，划出平仄，让学生拍手体会其节奏之美（平音轻拍，仄音重拍）。

仄仄平平仄，平平仄仄平。

平平平仄仄，仄仄仄平平。

师总结：四声平仄，起伏相间，抑扬顿挫、铿锵有力、短音促平，长音舒缓，轻重缓急，各有变化——这就是我们汉字语音独特的魅力：音乐美。

2. 形美·感目

（1）学生谈汉字的字形美在哪里？

绘画美、对称美、线条美、笔画美、均衡美、演变美等。

汉字的形美在书法艺术中体现得最为突出。

（2）屏幕展示图片 —— 汉字形体演变图。

分析每种字体的特点：甲骨文劲瘦刚直、金文高贵典雅、篆文端庄大气、隶书厚实波折、草书龙飞凤舞、行书潇洒自如、楷书工整秀丽，各有各的美。

（3）汉字的美就在身边，校门口六个篆字：屏幕展示图片。

请学生说说六个大字美在哪里及它的寓意。

共筑和谐，永续辉煌！

3. 意美 · 感心

（1）PPT 展示“北比臼舅”的故事，学生分析。

某人于婚礼上送一横匾，上书：“北比臼舅”四字，旁人皆不解其意。你知道吗？

明确：互不相识，背向而行；展开追求，同向而行；情投意合，相向而行；喜结连理，早生贵子。

师总结：四个字却表达了如此丰富的意蕴。国学大师季羡林曾经说过：汉语是世界上最简洁的语种，同样表达一个意思，如果英语需要 60 秒，那么汉语五秒足够。

（2）出示字谜隐语，让学生品味汉字的巧妙组合体现的意美

利用汉字的结构可以构成字谜和隐语，字谜和隐语是一种文字游戏，也是汉民族特有的一种语言文化现象。它主要根据方块汉字笔画繁复、偏旁相对独立，结构组合多变的特点，运用离合、增减、象形、会意等多种方式创造设置。

①传说，和珅建了一座亭子，请纪昀题字写横额。纪昀挥毫写了两个大字“竹苞”。竹苞，竹笋也，出自《诗经》，是形容事物像竹笋一样可以顶石破土。和珅想，这是说我在仕途上能取得成功，非常高兴。后来，乾隆探访，看到亭上大字，突然发笑。“个个草包”。

②一横一横又一横，一竖一竖又一竖，一撇一撇又一撇，一捺一捺又一捺。

③遇火燃烧，遇水挨浇，若猜尧字，智慧不高。

④老大老二和老三,三个兄弟叠罗汉；老大踩着老二头，老三站在最下边。

⑤推门望一望，门里一大将。你说关云长，他说楚霸王。

⑥正看八十八，倒看八十八，左看八十八，右看八十八，仔细一端详，好像

一朵花。

（3）PPT 展示 2014 年大庆中考语文试题 —— 趣解汉字。

从汉字结构入手，发现将某些汉字拆开并加以联想可以有新的理解。

例如：选 —— 走在前面的人，更有选择的余地。

仿照例句，请学生指出下列汉字的意义：悟、舒、功

（三）创造优美的汉字

汉字如此优美，那么你能创造一个优美的汉字吗？给予她一个响亮动听的声音、赏心悦目的形体及丰富的意蕴。

师点拨：例如武则天造字，曌，圀。

曌：日月当空，普照大地，给百姓带来光明与温暖。

圀：国也。普天之下，莫非王土，率土之滨，莫非王臣。（大臣的建议“囗”里放一个“武”字，来表示国家的“国”字，为什么不好？）

学生展示。

（四）课堂小结

我们的汉字集形体、声音和辞义三者于一体，它的独特魅力，是永远不可能改变，也是无可替代的。汉字是我们的根，它承载着中华民族几千年的文明，它的本身就是一种美，一种静静的美，这种美是我们用言语无法述说清楚的。她的美，需要我们细细地读、静静地赏、用心地品。

（五）布置作业

有人认为，汉字太多，再加上难写难认，所以主张消灭汉字，用拼音字母来代替，你如何看待这种观点？

要求：①观点鲜明；② 联系现实，深入阐述，有理有据；③不少于 300 字。

附：板书设计

优美的汉字

音美：抑扬顿挫 —— 读

形美：姿态万千 —— 赏

意美：意蕴丰富 —— 品

《诗经·氓》（第三课时）教学设计

史丽丽　大庆市第十中学

【教学目标】

1. 知识与能力

（1）了解《诗经》的基本常识。

（2）分清《诗经》中特有的语助词和语气词，理解生僻字及意义特殊的词语。

（3）把握女主人公感情的变化，能够初步鉴赏文中个性鲜明的人物形象。

2. 过程与方法：

熟读并背诵课文，在此基础上学会把握叙事诗的思想感情。

3. 情感、态度与价值观：

（1）使学生了解我国古代人们对真挚爱情的向往，陶冶高尚的情操。

（2）初步培养学生正确的爱情观。

（3）了解《诗经》成书经过及其特殊的文学价值，引导学生珍视汉民族文化，热爱汉民族语言。

【教学重、难点】

1. 教学重点

（1）落实诗歌中的重点文言实词虚词的意义及用法，背诵课文。

（2）理解体会诗歌表达的“怨情”，准确把握诗中女主人公的情感变化。

2. 教学难点

学会分析人物形象，把握赋比兴手法。

【教学方法】诵读法、讨论法、分析归纳法

【课时安排】3 课时

【课　　型】常规课

[作者简介] 史丽丽（1987 年—），大庆市第十中学，二级教师，从事高中语文教学及研究。

【教学过程】第三课时

一、导入

《蒹葭》《关雎》这些诗章，为我们送来三千多年前的醇厚诗风，在风中我们闻到了甜蜜和幸福。然而无论古今，现实不仅只有甜蜜，还有很多痛苦和悲伤。本节课老师将和大家继续体会《诗经》中的一首爱情悲剧诗《氓》。

今天我们继续学习。

二、诗歌赏析

（一）整体把握

1. 齐读诗歌，回顾诗歌的主要情节。

2. 本文可概括为哪几个阶段？

恋爱 (1、2)—— 婚变（3、4、5）—— 决裂（6）。

（二）恋爱阶段

1. 在她人生发生巨变的这三个阶段，女子的性格和感情有什么不同？

我们共同来研读她人生的恋爱阶段。在这一阶段，男女双方各有什么举动？

男：抱布贸丝、来谋、怒 ——（方式）含蓄，易怒。

女：送、定秋为期、乘、望、泣涕、笑、言（感情外露）痴情、热情、纯真、草率、盲目。

2. 从二人的行为看，男女性格有何不同？

3. 最能体现女子的痴情热情的语句是哪句？

朗读指导：不见复关……载笑载言。

恋爱时期，旷野郊外，废墟墙头，有位姑娘，翘首期盼，看不到心上人，泪如雨下；见到心上人，欢欣雀跃。所以，前句要读得慢重低，后句要读得轻快高，女子对爱情的痴情陶醉，一读了然。

4. 此时女子沉醉在爱河里，此时爱情带给女子的是什么样感受？—— 幸福快乐。

（三）婚变

1. 这层中三个章节，分别讲了什么内容？

第三章：劝诫女子不要痴情(比、兴)。

第四章：控告男子移情别恋(比、兴)。

第五章：补叙多年苦楚和处境(赋)。

2. 在这场失败的婚姻中，男子做了什么？体现出他怎样的性格？

表现：士贰其行。士也罔极，二三其德。言既遂矣，至于暴矣。

性格：不负责任、始乱终弃、薄情寡义。

3. 而女子在这段婚姻中做了什么？

表现：自我徂尔，三岁食贫。三岁为妇，靡室劳矣。夙兴夜寐，靡有朝矣。女也不爽。

性格：任劳任怨、感情专一、不畏贫苦。

4. 分析了这一阶段，我们看到，这段婚姻带给女子的是预想中的幸福快乐吗？

痛苦、无奈、怨恨。

5. 诵读指导：

六个“矣”字传万情，读法各不同。

(1)“三岁为妇，靡室劳矣。”倾诉苦水，起调“矣”字宜重而缓。

(2)“夙兴夜寐，靡有朝矣。”日复年复，怨情顿生，“矣”字语气加重，语调升高。

(3)“言既遂矣，至于暴矣。”拳脚相加，家庭暴力，女子内心由怨生恨，“矣”字语气更重，语调更高。

(4)“兄弟不知，咥其笑矣”。爱情已丢失，亲情也难寻，女子的情感由恨转而为悲。感情抒发达到高潮，朗读时“矣”字高重到了极点，可谓大放悲声。

(5)静言思之，躬自悼矣。”静心反思，感慨万千，情绪由激动转为平静，“矣”字语气趋为平缓、低沉。

(四)决裂

1. 女子婚姻的结局怎样？

结果：因年老色衰，受丈夫的暴虐，后来被休回家。使她“及尔偕老”的愿望完全破灭。她无力抗争，在后悔与痛苦中，决绝了断无边无涯的痛苦，维护自己最后的尊严。

2. 这一阶段体现女子怎样的性格?

性格：刚强，冷静，果断。

3. 她对这段婚姻是什么情感?

情感：决绝、伤心、清醒。

（五）手法

1. 女子讲述的故事，使用了《诗经》哪些典型手法来表现?

（1）桑之未落，其叶沃若。

（2）于嗟鸠兮，无食桑葚!

（3）桑之落矣，其黄而陨。

（4）淇水汤汤，渐车帷裳；淇则有岸，隰则有泮。

三、合作探讨

（一）纵观全文，我们看到，女子对自己的婚变有清醒的认识，她从这次失败的婚姻中总结出了什么经验? 用原文回答。

士之耽兮，犹可说也。女之耽兮，不可说也!

（二）你认为她的反省总结全面吗? 造成女子婚姻悲剧的原因还有哪些?

1. 女子恋爱时过于主动热情盲目，过于痴情，忘记自我。

2. 订婚草率，识人不清。

3. 男子意志不坚定，见异思迁，肤浅得只注重色相，对家庭和婚姻缺乏责任感。女子在当时的社会环境下，没有自主权，处处依赖男子，生活境况的好坏，完全取决于男子的行为。所以，一旦她的丈夫不是个“良人”，那么，她的婚姻必然躲避不了悲剧的结局。

4. 自身年老色衰。

（三）同学们都是十六七岁的青春少男少女，也将面临爱情。女子的婚姻悲剧给了你哪些启发?

1. 爱要用真心、有责任心，专一坚守。

2. 婚姻中也应当保持自己的个人魅力，给自己“保值、升值”。

3. 面对爱情不要太过盲目，太过于依赖和迁就，也将迷失自我，失去个性。

要保持平等独立的人格，理智地看清对方，慎做决定。

四、课堂小结

平等独立的人格与个性魅力是我们应该一生保持的。正如舒婷在《致橡树》中说的：

我如果爱你，绝不像攀援的凌霄花，借你的高枝炫耀自己。
我如果爱你，绝不学痴情的鸟儿，为绿荫重复单纯的歌曲。
我必须是你近旁的一株木棉，作为树的形象和你站在一起。
这才是伟大的爱情，
爱
不仅爱你伟岸的身躯，也爱你坚持的位置，足下的土地。

五、课后作业

阅读舒婷的诗《致橡树》，分析其中的女性形象，体会它的主题思想。

附：板书设计

氓

诗经·卫风

情节	性格	情感	
恋爱	痴情	快乐	赋
婚变	勤劳专一	怨恨	比
决裂	刚强	清醒	兴

《登高》教学设计

刘佳莹　大庆市第十中学

【教学目标】

1. 通过景物描写，把握思想内容，体会情景交融的艺术特点。

2. 感受诗人深沉的苦痛与忧思。

3. 体会杜甫沉郁顿挫的诗风。

【教学重、难点】

1. 教学重点：

通过景物描写，把握思想内容，体会情景交融的艺术特点。

2. 教学难点：

感受诗人深沉的苦痛与忧思，体会杜甫沉郁顿挫的诗风。

【教学方法】朗读法、品读法、讨论法。

【课时安排】1 课时

【课　　型】常规课

【教学过程】

一、导入

“茅屋连黎庶，宿儒孤舟叹人间疾苦；草堂铸诗魂，圣哲七律吟世事沧桑。”这个人就是杜甫。杜甫在文学史上被称为“诗圣”，近代著名学者梁启超称其为“情圣”，这里的情是说他的心灵世界丰富多彩不同寻常，今天就让我们一起走进杜甫，探寻他的内心世界，跟随他《登高》一望。

［**作者简介**］刘佳莹（1983—），大庆市第十中学，一级教师，从事高中语文教学研究。

二、背景探寻

杜甫创作《登高》时55岁，当时卧病夔州，苦不堪言。身体受病痛折磨，生活窘迫，加之兵乱不断，国家混乱，诗人备受摧残。这一年的重阳节，杜甫请远亲吴郎来饮酒，吴郎却因故没有赴约。杜甫一人登高，心生感慨，愤懑于胸发于悲恸伤怀之情得此佳作，杜甫创作《登高》后3年后，即病逝于漂泊湘江的船上，可谓令人悲叹。

三、朗读

（一）听录音朗读

（二）自由朗读

（三）个别学生朗读（如果用一个字概括这首诗的感情基调,你会用哪个字？“悲”）

（四）集体朗读

四、品味意象

本诗被胡应林称为“古今七律第一”。律诗的写作特点是先景后抒情，诗歌的前两联写了哪些景？抒了哪些情？

明确：

（一）景物：风、天、猿啸、渚、沙、鸟飞、落木、长江（四句八景，语言凝练）

（二）情感：悲凉、悲壮

1. 风急：秋气逼人，非常冷，人们的内心也是凄凉无比。

2. 天高：在广袤的天地之间，人更加渺小，更加孤独。

3. 猿啸哀：为景物蒙上了一层悲怆、凄凉的色彩。

诗人内心哀伤无比，此刻猿声听起来也格外凄凉。

4. 渚清沙白：颜色上给人一种清冷的感觉。

5. 鸟飞回：为何是盘旋着的鸟？

可能因为风大、风急，让人不禁感叹此时的诗人与在急风中徘徊盘旋的鸟儿何等的相似啊!

此诗中的鸟是一只，还是一群好呢?

都可以：一只鸟是诗人的化身；一群鸟，正好可以反衬诗人的孤单。

杜甫的另一首佳作《旅夜抒怀》则将孤单写得更为透彻：“飘飘何所似，天地一沙鸥”！正是诗人晚年漂泊无依、孤独多病生活的真实写照。

6. 落木萧萧下：落木即落叶。

一叶落而知天下秋! 片片飘落的叶子让人感觉树木都进入了生命的秋季。这萧瑟之景使身心憔悴的诗人想到了自己，年华已去，人至暮年，伤病孤独，将不久于人世矣! 由此感慨生命的短暂!

在这动荡的时代，诗人就像这飘零的落叶，四处漂泊。黄叶飘落尚且归根，可年迈的诗人却远在他乡，这更添了一层悲凉之情!

7. 不尽长江滚滚来：落叶给人生命短暂之感，那么长江呢?

日夜流淌、永不停息的江水，让人感受到时间的永恒。

在无穷、永恒的时间面前，更显得诗人渺小!

（三）手法：触景生情、情景交融、动静结合

有声有色有形，上下联相互照应。

（四）朗读

王国维在《人间词话》中说“一切景语皆情语”，因这些景物含有作者的情，所以我们在朗读时，需要带着情感读这些景物。请大家一起朗读前两联!

五、品味语言

诗人的这几句诗给我们描绘一幅苍凉而壮阔的秋日图，让我们深深感受到了诗人的悲情!

可是诗人悲什么? 罗大经在《鹤林语录》中指出颈联十四字含八层意思，你能读出几层? 请从诗歌中找一找，用笔画一画，最好在每句诗中找出两个。

（一）离家多年，有家难归

“作客”：漂泊异乡，寄居别处。

“常”：经常，多年漂泊他乡。

“万里”：（空间上）离家万里，有家难归（交通不发达，诗人的潦倒处境）。

“悲秋”：季节上给人悲凉的感觉。

（二）晚年多病，孤苦无依

“百年”：即暮年，此时诗人已经55岁。

“多病”：身患肺病等多种疾病。

“登台”：即登高。古人常在九月九重阳节，带上亲朋好友，登高望远，为亲人祈福。而此时诗人却是独自登高！他的好友严武、高适等都已相继离开人世，诗人内心凄苦无比！

诗人仅为自己的身世而悲么？

（三）国事艰难，壮志难酬

“艰难”：既指国事艰难，也指人生艰难。杜甫无论穷达，皆兼济天下。

杜甫所指艰难，先国而后己，心忧天下，奈何安史之乱虽然平定，但社会已然动荡，民心已然不稳，战火褪去但内心的创伤已然无法抹去，无时无刻不透露着悲苦之情。

受儒家思想影响，忠君爱国、忧国忧民是杜甫的思想核心。壮年时，杜甫豪情满怀，心怀报国之心，他的苦是为国家动荡而苦，他的忧是为百姓苦难而忧。杜甫的时代，盛唐国势急转直下，这种突然的变化让他不能接受，也不能真正如儒子那般独善其身，他时刻心怀天下，无论自身的穷或达。在杜甫的诗作中我们可以看到这种压抑不住的情怀，在艰难中行走，时刻充满希望，在其诗作《茅屋为秋风所破歌》中就有最好的表达。

“苦恨”是非常恨，诗人恨什么？

恨国家动荡、百姓悲苦，恨自己人到暮年，体弱多病，飘零异乡，胸中壮志难酬！

（四）人生潦倒，消愁无途

“潦倒”：指生活潦倒。国破则家亡，国衰则民苦，国难当头，生活潦倒，而又无力抗拒。面对现实，诗人该怎么办？喝酒消愁！但是却“新停浊酒杯”，“新停”，刚刚停，为何呢？

年老多病，潦倒不堪，孤苦飘零，胸中愁绪无处排遣，只能郁积心头！借酒消愁愁更愁，悲情不得抒发反而更加悲苦。

六、沉郁顿挫的诗风

沉郁就是指思想内容深刻、深广、深厚；情感真挚、含蓄、凝重；顿挫指语言凝练沉着 、节奏徐疾相间、音调抑扬顿挫、旋律跌宕起落。

七、诵读

有感情诵读本诗，PPT 展示诵读提示。齐背《登高》。

八、比较阅读

阅读杜甫诗作《望岳》，体会诗人不同境遇下的不同心境和情感。

九、小结

伟大的诗歌是天生痛苦的，挣扎的时代灼烧着诗人的灵魂，不能如凤凰般涅槃，便是身心的寂灭，然而，诗人们将痛苦深深埋在大地上，面对这个时代纵情地呼喊。杜甫的诗歌透露无尽悲情，却也如瀚河般深邃久远。他不仅是我们学习诗歌创作的典范,还是我们关注社会、追求人生理想的楷模。因为他是“人民与大地的诗人”。

最后让我们再次有感情得大声背诵这首诗，以此来缅怀我们这位可亲可敬的老人。

十、作业

品味意象，感受诗情。鉴赏杜甫的《江汉》。

附：板书设计

登高 （杜甫）

景：声、色、形

情：羁旅愁、身世苦、家国忧

《声声慢》教学设计

丁欣蕊　大庆石油高级中学

【教学目标】

1. 理解词的上下阕的含义。

2. 理解李清照在词中表达的“愁”。

【教学重难点】

1. 深入研读诗词，抓住意象，体会意境，理解感情。

2. 诵读指导。

【教学方式】诵读品悟

【教授时数】一教时

【教学步骤】

一、对比导入

同学们，上节课我们品读了李清照的《醉花阴》，下面我来检查一下大家的背诵。李清照的词以金兵南渡为界可分为前后两期。上节课我们学习的《醉花阴》是她的前期代表作，这节课我们将学习她的后期代表作《声声慢》。相信大家学完这首词之后会对李清照的词有一个更全面更深入的把握。

二、简介创作背景（多媒体展示）

《声声慢》是她晚年的名作，历来为人们所称道，尤其是作者那哀婉的凄苦情，不知曾感动过多少人。当时，正值金兵入侵，北宋灭亡，志趣相投的丈夫也病死在任上，南渡避难的过程中夫妻半生收藏的金石文物又丢失殆尽。这一连串的打击使她尝尽了国破家亡、颠沛流离的苦痛。就是在这种背景下作者写下了

[作者简介]丁欣蕊（1981 年—），大庆石油高级中学，一级教师，主要从事高中语文教学研究。

《声声慢》这首词。

三、品读作品

（一）播放录音，注意感受朗读中的情感基调，把握朗读的节奏和轻重读音——哀婉凄凉。

（二）学生自由读一遍

（三）多媒体展示节奏，同学顺读，齐读

（四）播放录音，学生跟读，体会词中感情

（五）体会情感

大家读过几遍了，能谈谈感受吗，说说词中弥漫的是一种什么情感？

四、研读作品

（一）初读首句体会叠字的艺术魅力

“寻寻觅觅，冷冷清清，凄凄惨惨戚戚”。

1. 你觉得这句话该怎么读？哪位同学给我们试一下？

2. 这句话你觉得是哪几个层面上抒发愁情？

寻寻觅觅：你觉得李清照在寻觅什么？她当时的境遇如何？该怎么读？明确：从动作——当时李清照国破家亡夫死，她可能在寻觅往日的欢笑的岁月，流亡前的太平生活，丈夫在世时的爱情，还可能是她遗失的金石古玩等心爱之物，但又不知道该到哪里去找。应该读出一种缓慢、迷茫的若有所失的感觉。

冷冷清清：词人寻找到那些曾经失去的岁月了吗？冷冷清清是指哪里冷清？该怎么读？

明确：从环境——寻觅的东西没有找到，不但没有减轻内心的伤痛，反而在这冷清环境中更生了一种凄凉、惨淡、悲戚。处境的冷清更衬托出人心境的冷清，应是轻读、降调。由环境感染到心情，由外而内。

凄凄惨惨戚戚：最后词人心理感受怎样？用通俗的语言概括是怎样的情感？该怎样读？

明确：从内心感受——这里写词人感受沉痛、凄厉。应该一字一顿，字字泣血。

3. 这句话在文中有何作用？它在表达上有何特点？

这三句由浅入深，文情并茂地描写出女主人公寂苦无告的凄凉心境，为全词奠定悲苦愁绝的基调。

这十四字连用七组叠词，这种表达是李清照的首创，历来为词论家所盛赞，称这七组叠字“创意出奇”是“卓绝千古”。音节上轻重相间，抑扬顿挫，读来有“大珠小珠落玉盘”的感觉。

（二）再读词句，需找意象，分析情感

王国维《人间词话》中说“一切景语皆情语”，当词人带着满眼的忧愁来观察周围的事物时，“物皆着我色”请问作者在词中选取了哪些意象来表达她的愁呢？

1. 大家一共从词中找出哪些意象？

明确：淡酒、晚风、孤雁、黄花、梧桐、细雨。

2. 探究性学习

在这些具有丰富文化意蕴的意象中，你感触最深的是哪个意象？说说你对这个意象的理解。

淡酒：为何李清照喝了三杯两盏白酒还说是淡酒，莫非她是李白在世，酒仙第二？在《如梦令·昨夜雨疏风骤》中说“浓睡不消残酒”此时酒力为何如此浓烈？

明确：并非酒淡，而是愁浓，酒力压不住心愁。只因作者愁太重，酒入愁肠愁更愁。看来此时酒是浇不了李清照心中的愁了。正像李白诗云：“抽刀断水水更流，举杯浇愁愁更愁”啊。前期的愁是一种年轻贵族的闲愁，闲愁不痛。前后对比，一个“淡”字突出作者晚年的凄凉，心境的凄苦。

晚风：怎样理解“晚来风急”？它渲染了什么气氛？

明确：由于酒淡，更显风力强劲，环境更清冷。

过雁：为何说是旧相识？在李清照的哪首词中也写到雁？为何是“正伤心”？

明确：秋天大雁由北往南迁徙，李清照南下避难，故觉得大雁是旧相识，并且李清照在《一剪梅》中写过“云中谁寄锦书来，雁字回时，月满西楼”。大雁尚能按时南来北往，而自己却漂流困顿，寄寓他乡。抒发对家乡的怀念以前尚可鸿雁传书，现在丈夫已死，家人疏散，就算是有千言万语，也无人可托，无处可传，内心已是永远的绝望。在急风、淡酒，愁绪难消的情景中，“旧时相识”在异地相逢，更增加了词人的天涯沦落之感。

意象解读：

黄花：黄花是什么花？它象征着什么？与《醉花阴》比较分析。

明确：黄花就是菊花。李清照任凭黄花盛开，此时也无心攀摘。甚至让菊花在枝头堆积，直至凋落。在往年，她定要和丈夫一起来赏花，并且要把盛开的菊花折下戴在头上。而今谁又有这兴趣呢？看到花的憔悴，想到自己飘零的身世，憔悴的容颜，更是愁上加愁。凄凉的心境与残秋败花融为一体。

梧桐细雨：梧桐细雨在一起通常象征着什么？这里运用了什么修辞手法？

请你运用想象的语言来描绘黄昏时，梧桐细雨的画面，注意情景结合。

明确：梧桐、细雨、黄昏是惹人愁思的意象。这里运用了白描的手法。

窗前的梧桐树又飘下了几片枯叶，好不容易到黄昏，偏巧这时又下起了淅沥的小雨，难道上天也在忧愁哭泣吗？“滴滴答答，滴滴答答”的雨声，对于伤心的我来说，不仅是打在窗前的梧桐叶上，也仿佛敲在我那颗破碎的心上。又凄又冷又愁寂寞孤独的意味达到无以复加的地步。

（三）精读品悟，归纳主题，走进词人

“这次第怎一个愁字了得。”此时此地，此情此景，已不是单单一个“愁”字可以概括得了的。尾句点愁，简单直白，反而更觉其神妙。

回首该词：由亡国到丧失，由再嫁到离异，同学们你们愿意这其中的哪一件发生在你们身上吗？但它们都一连串地发生在李清照身上。晚景凄凉，没有子息的李清照就这么去了，带着一腔悲愤，悄无声息地去了，无人知道她死于何时，葬于何地。连最公正的时间老人也没有记录。

三、结语

“一般愁字别样情，半世漂泊感生平”，作为一个女人，李清照何其不幸；作为一个诗人，她又何其伟大。正所谓“国家不幸诗家幸，话到沧桑句便工”，苦难不停地擦拭着李清照的艺术灵魂，这些经历像重物一样压在她生命的弹簧上，但它们不能压垮李清照，相反，苦难越重，艺术的灵魂飞得越高。怪不得一代文豪郭沫若这样评价李清照：一代词人有旧居，半生漂泊憾何如。冷清今日成轰烈，传诵千古是著书。最后，让我们齐声背诵《声声慢》，在诵读声中向李清照坚韧、孤傲的灵魂致敬！

《别了，不列颠尼亚》教学设计

邵　艳　大庆市第二十八中学

【教学目标】

1. 知识与能力：

（1）培养学生阅读新闻的习惯，使学生能迅速、准确捕捉新闻基本信息，针对发生的事件和作者的立场给出真实的评判。

（2）了解新闻特写的特点及其庄重含蓄的语言风格。

2. 过程与方法：

（1）通过展示中英交接相关图片、音视频，回顾历史。

（2）通过小组合作探究的方法，探究历史重大事件的意义。

3. 情感态度与价值观：

激发学生民族自豪感，培养热爱祖国和勤学奉献的精神。

【教学重点】

根据新闻的特点确定，本文的重点在于揣摩新闻语言简洁、准确、委婉的特点和对细节内涵的领悟力。

【教学难点】

根据学情的特点确定，本文的难点在于把握新闻记者喜悦之情和客观冷静叙述表象背后的强烈民族自豪感。

【学情分析】

在这个日新月异的时代，我们每天都会接触到大量的信息，其中最主要的渠道就是各种媒体的新闻报道，因此学生对于新闻并不陌生，但这种熟悉很大程度上仅限于生活中的熟悉，而并非阅读与写作技巧上的熟悉，所以需要教师引导学生通过对文本阅读的把握，分清新闻事实与新闻背景、客观叙述与主观

[作者简介]邵艳（1977年—），大庆市第二十八中学，高级教师，教研组长，主要从事高中语文教学研究。

评价，并且在此基础上去粗存精，抓住有用的信息。

【教学方法】

因对新闻不感兴趣，学生平时很少主动阅读新闻，本节课利用白板的嵌入、图库、批注、容器等功能，最大限度地调动学生参与课堂的积极性，实现了师生互动，借此帮助学生理解新闻的语言特点。

1. 播放有关香港回归的纪录片等，设定情境，引导学生进入课文。

2. 通过介绍香港近百年的发展史激发学生的民族自豪感，课外查找一些香港历史的背景材料，以辅助阅读。

【教学时数】一课时

【教学课型】新授课

【教学过程】

一、情境导入

学生观看《公元 1997》音乐 MV、香港繁荣图片，教师简介背景（结合图片、音乐）。

设计意图：创设情境，引发学习兴趣。

媒体使用及分析（交互式电子白板使用功能）：通过白板嵌入音频和 PPT 展示图片这两个功能的完美结合，从视觉和听觉上调动学生参与热情，创设一种轻松和谐的氛围，成功吸引学生的注意力。

二、知识回顾

通过新闻概念的回顾，引导学生明确新闻相关知识。

设计意图：常识积累，回顾旧知。识记新闻概念、特点、样式等知识，区分消息与特写，回答新闻六要素。

媒体使用：利用白板的隐藏、透明等功能，通过提问，引导学生巩固新闻知识。

三、初步感知

（一）观看香港回归纪录片

设计意图：学生通过观看视频，重温香港回归历史时刻。

媒体使用：利用白板嵌入视频、截取图片、存入“我的资源”等功能，从视觉和听觉上调动学生参与的热情，创设一种亲切的氛围，给学生以身临其境之感。并为下文捕捉场景做好铺垫。

（二）朗读课文，熟识生字，要求学生标注出文中的生字词。

设计意图：从字面上读懂文本，落实高考基础字词的考察。

媒体使用：让学生到白板上书写生字词，并标注读音，教师使用白板圈划、修改、批注等功能，师生合作完成生字词的熟记。

（三）要求学生在文本中标注出新闻六要素，为简要概括新闻内容做准备。

设计意图：通过标注重要信息，学生整理并复述新闻主要内容，教师小结，训练学生的概括表达能力。

媒体使用：利用白板的隐藏功能，最终展示参考答案。

四、解读文本

（一）标题含义阅读

1. 想迅速了解新闻内容，你会看哪部分？

2. 本篇新闻标题的创意在哪里？

设计意图：利用两个连贯的问题，引出本篇新闻标题的语言特点。

媒体使用：利用白板拉幕功能，逐个展示问题参考答案，改变了以往教师利用黑板讲解或PPT展示的模式，增强了学生的学习兴趣，好奇心使他们的注意力更加集中，学语文的欲望越来越强，从而完成预期教学目标。

明确：从标题的句式特征、历史渊源、虚实结合三个方面探讨。

（二）理清层次，划分结构

设计意图：纵观全文，明确新闻的结构特征。

媒体使用：让学生直接在白板上书写，教师修改，通过师生合作，拉近师生的距离，调动全体学生参与学习的积极性，体会学习的乐趣。

（三）理解导语内容

1. 导语主要交代了什么内容？

2. 把导语概括成一句话。

设计意图：通过讨论，明确新闻中导语的重要地位。能够从导语中提炼新闻的要素,并做简要概括,落实高考语言文字运用部分新闻知识的实际应用考察。

媒体使用：利用白板显示、隐藏，以及从“我的资源库”拖拽（已提前设计好的新闻六要素表格）等功能，丰富课堂内容，让学生对新事物产生好奇心，并对他们所谓“枯燥”的语文学习产生兴趣。

（四）主体角度独特

设计意图：展示香港回归图片，明确本篇新闻独特视角。

媒体使用：利用白板拖拽等功能，从“我的资源”中拖拽出已储存图片，多角度展示香港回归画面。

明确：选取英军撤离的角度。

（五）主体场景的描写

设计意图：全面了解新闻主体内容，训练学生概括、表达、书写能力。

媒体使用：利用白板的书写、清除、修改、批注等功能，师生合作完成信息的概括。拖拽出在“香港回归纪录片”展示过程中截取下的各个场景的图片，加深学生对新闻内容的理解，体会强烈的民族自豪感。

明确：四个场景的时间、事件内容、象征意义。

（六）品味语言

设计意图：揣摩新闻语言简洁、准确、委婉的特点和细节的内涵。

媒体使用：利用白板“我的资源”的储存功能，教师提前预设了七个问题及参考答案，以备学生查找不足。利用白板隐藏、展示功能。

（七）背景分析

文中在 4、7、11 段插入背景材料的介绍，加强了新闻的历史深重感。

设计意图：分四组探讨分析某一特写场景给他们留下最深刻的语句，分清新闻事实与新闻背景、客观叙述与主观评价。

五、课堂总结

设计意图：落实新闻相关知识

媒体使用：利用白板隐藏、展示等功能，大大节省教师书写的时间，加大课堂容量。

六、知识拓展

现场解说词的编写：

（一）央视白岩松对“跨越”的解说

（二）对末任总督彭定康离开时绕圈，央视、凤凰卫视、诗人给出不同评说。

设计意图：看新闻，析话意。把握新闻记者客观冷静叙述表象背后的民族自豪感与喜悦之情。

媒体使用：利用白板拖拽（“我的资源”中已储存答案）及容器等功能，让学生体会高科技给学习带来的乐趣，更加积极主动地投入到语文的学习中来。

七、布置作业

（一）展示末任总督彭定康十年后对香港繁荣的赞誉

（二）课后自学《奥斯维辛没有什么新闻》

设计意图：培养学生的社会责任感，学以致用。

媒体使用：利用白板展示，清晰、明确。

八、教学反思

在现实社会中，实用类文本中的新闻与我们息息相关。通过本节课的学习，让学生真正了解新闻的相关知识，分清历史背景和新闻事实，明确新闻的作用和价值。通过白板互动的形式，激发学生对此类文章的学习兴趣，并培养学生迅速准确获取信息的能力，最后通过知识拓展，使学生对新闻报道的深度和广度有了更好的理解，提高学生应对瞬息万变社会的能力。

《梦游天姥吟留别》教学设计

王雪原　大庆市肇源县第一中学

【教学目标】

1. 了解李白的思想性格，理解诗歌的思想内容和艺术特色。

2. 反复诵读，领会想象奇特和比喻、对比、夸张等修辞手法。

3. 理解本诗的意境及其所展示的诗人独特人生态度和傲岸性格。

【教学重难点】

体味李白积极浪漫主义风格。理解本诗的意境及其所展示的诗人独特人生态度和傲岸性格。

一、导入

中国啊是一个诗的国度，说起诗歌，我们会很自然地想到建安风骨、大唐气象。那么在大唐诸多的诗人当中，李白是一座永远闪耀着宝石红光的丰碑。我们回忆一下都学过李白的哪些诗句？李白诗句给你的最大感受是什么？今天我们就再来学习他的另一篇诗作《梦游天姥吟留别》。

二、解题

首先我们看诗歌的题目，梦游天姥吟留别，梦，说明是一首记梦诗，梦游，梦中游历，游历哪呢，天姥山。“吟”是诗体，古诗的诗体（PPT 解释：吟，古诗中的一种体裁，内容上多有悲愁感叹之意，形式上较自由活泼，如同散文中的随笔，不拘一格），“留别”是这首诗的创作目的。跟他在东鲁的好朋友（东鲁诸公）告别以此来表明心志。通过题目我们就可以了解全诗的脉络，梦游有其原因（入梦之由），梦游的过程（梦游之旅），与朋友留别也就是出梦之后的感叹（出梦之叹）。

[作者简介]王雪原（1974 年—），大庆市肇源县第一中学，二级教师，主要从事高中语文教学研究。

三、朗读

（一）教师范读（提醒学生注意字音、语速、语调、重音及情感变化）

（二）自由朗读

同时注意思考，根据题目中体现出的诗歌脉络，找出哪部分是“入梦之由”，哪部分是“梦幻之旅”，哪部分是“出梦之叹”。

四、解读诗歌内容

明确：第一段是“入梦之由”。

瀛洲 —— 衬托（天姥山神奇，笼罩一层神秘色彩）。

五岳、赤诚、天台 —— 衬托（天姥山高大巍峨）天台（四万八千丈）——夸张先声夺人，渲染天姥山高大雄峻巍峨，使诗人对天姥山心驰神往（无比的景仰和向往）。

第二段：于是诗人便有了“我欲因之梦吴越，一夜飞度镜湖月”的奇妙梦境。

问题：接下来我们就随着诗人的脚步去观赏一下他的梦中描绘了哪些景物，读完以后你有何感觉？（景物的特点，描绘的手法。）

【月夜渡湖】时间（夜）地点：（镜湖）。梦、飞、照、送，诗人一入梦幻，随即进入一个神幻空灵境界，一夜之间飞过镜湖，在湖光月色的照耀下又飞到剡溪，降落在谢灵运当年曾经歇宿过的地方，眼见绿水荡漾，耳闻清猿啼鸣，景色十分幽静（清幽）。

【山之日景】时间（天亮了）著、登、见、闻，诗人穿上了谢灵运当年穿的木屐，登上了他当年曾攀登过的石级 —— 青云梯，就像脚下生风，直向高耸入云的山径攀登。山腰只见海日生空，只听天鸡高唱。壮观雄奇壮美（青云梯、红日、天鸡鸣叫）。

【山之夜景】时间（夜），地点（山）。岩万转、忽已暝、咆、吟、栗、惊、云、水，夜幕降临了，诗人耳畔回响着从山谷传来的熊的咆叫声，龙的吟啸声。巨大的声响震得山石、泉水、森林、峰峦都在发抖。此时，天气也急剧地变化，黑沉沉的云天像要下雨，蒙蒙的水面上升腾起烟雾。高峻雄奇的天姥山有声有色，恰似一个光怪陆离的神奇世界。神奇迷离，甚至恐怖的（熊咆龙吟电闪扉开、烟雾笼罩)。

【仙人登场】地点人物皆变。金银台、霓为衣、骑风作马、老虎奏琴、鸾凤驾车、仙人济济一堂，富丽堂皇。列缺霹雳、丘峦、洞天、石扉、青冥、日月、霓、风、云之君、虎、鸾、仙之人闪电划过天际，惊雷震响长空。山峦崩塌，大地动摇。仙境的石门轰然一声从中间打开。放眼望去，青色的高空广阔无边，望不到边际，在日月的光辉照耀下，金银的亭台楼阁发出夺目的光彩。云中的神仙们披着彩霞作为美丽的衣裳，驾着长风当作自己的宝马，纷纷赶来，参加盛大的宴会。你看，那弹琴的是温柔的老虎，那驾车的是妩媚的鸾鸟。仙人们济济一堂，欢歌笑语，其乐融融(绚烂)!

梦境的高潮仿佛是仙人们的一场盛大的聚会!但是李白有没有参加这个聚会?没有，为什么?因为后面两句“忽魂悸以魄动，恍惊起而长嗟”，其实我们大家都有做梦的经历，往往也是到最高潮、最关键、最激动的时候就醒了，这个时候会有一种什么样的感觉?尤其是做美梦的时候——很失落，怅然若失。天姥山这么神奇的景色，李白突然间就惊醒了,(简单解释这两句。悸：因恐惧而心动；嗟：叹息)叹息的是什么呢?梦境是美好的，可是梦醒后眼前却只剩下了什么?——枕席,“失向来之烟霞”没有了(向来)原来的烟雾缭绕云蒸霞蔚的美景了。所以只能是长长的叹息。

大家有没有发现，整首诗诗人描写梦境的篇幅很长，而描写现实的篇幅却很短，为什么?(言外之意，如此长的篇幅描写梦境，有什么作用?)

梦境是美好的，而现实是残酷的，令人失落、感伤、失望的。诗人越是留恋梦境越说明现实是让他失望的，失望到不需要只言片语。

现实是什么样的呢?(补充背景。)

实际上李白在唐玄宗天宝元年的时候，他由他的家乡四川来到了长安，由于别人的推荐，李白当时得到了皇帝的召见，而且他也很有一种雄心壮志想要实现自己的政治抱负。可是现实却是很残酷的，李白到了长安之后没有想象中那样能够得以施展自己的才华和抱负，反而遭受了当时权贵的排挤，而唐玄宗也认为他只是一个文人，御用文人，只是写写诗而已，所以在遭受到权贵的排挤之后，唐玄宗也下了一个决定，将李白“赐金放还”(就是给你一点钱，你离开吧，你不适合做官)，这对李白来说是一个很沉重的打击，也就是说他政治上失败了，通常古代的文人遇到这样的情况会有两种可能：第一，自怨自艾；第二，过上隐居的生活。但是李白这两种都不是，虽然他在仕途上受到了打击，他没有完全把希望寄托于统治阶级，自我悲伤，而是充分显现出他的自信！

第三段：

这一点在第三段“出梦之叹”中也有充分的体现，“且放白鹿青崖间，须行即骑访名山”，他没有悲伤消沉而是寄情于山水之中了。

全诗的最后两句“安能摧眉折腰事权贵，使我不得开心颜”是全诗的主旨句，透过这高亢的呼喊，诗人郁积在胸中的苦闷和忧愤，如火山爆发，毫不含糊地向当时的黑暗现实提出了挑战，这是诗人对权贵的傲视，对污浊社会的抗议，对自己崇高人格的捍卫，同时更是诗人极其自信的外现，因为自信所以他蔑视权贵，统治者不赏识我，我更不会卑躬屈膝地向权贵低头，“仰天大笑出门去，我辈岂是蓬蒿人！”因为蔑视权贵，所以他更加自信，“天生我材必有用，千金散尽还复来！”

五、结语

酒入豪肠，七分酿成了月光，余下的三分啸成了剑气，秀口一吐，就是半个盛唐。李白是一代诗仙，虽然他早已离开了我们，但是他的真性情，他的那种洒脱不羁我想肯定会一直影响着我们。好了，下面就请同学们再一次走进诗歌，重温李白的梦境，感受他的不羁！大家齐读《梦游天姥吟留别》。

附：板书设计

梦游天姥吟·留别

李白

入梦之由　雄峻巍峨　景仰向往

梦游之旅　清幽　　神奇

壮美　　美好

神奇　　自由

绚烂　　和谐

出梦之叹　蔑视权贵　自信

六、教学反思

成功之处：

（一）抓住了诗歌教学的灵魂——读，并且将教学目标贯穿于始终。

（二）能够做到让学生主动参与，大胆发言，学生在老师的引导下自主解读诗歌体会情感。

不足之处：

在细节上教师点拨一定要到位，干脆利落，不然学生会过多纠缠于此而忽略诗歌的感情脉络。

总结：

教学设计中让学生充分活动的环节最难把握，学生总是会有一些教师无法预料的观点和认识。如果遇到这种情况，在学习目标指引下，不如让学生大胆质疑、互相切磋，这本身就是学生主体性的一种体现，不过这对教师随即应对学生问题的能力要求更高，教师应更细致认真备课。

《念奴娇·赤壁怀古》教学设计

孙晓焕　大庆市肇源县第一中学

【教学目标】

1. 品语言、赏意境，体会词人情感，认识豪放词风。

2. 理解词人复杂的心情,用文字的视角去解读词中的景物描绘和人物刻画,体味艺术美的感染力,

3. 体会词人丰富的思想感情和旷达豪放的意境，在词的艺术境界中提升自己的人格，净化自己的情怀。

【教学重点】品味词作豪放雄浑的气势，体会词人所抒发的壮志难酬的沉重感慨。

【教学难点】品味《念奴娇·赤壁怀古》以豪壮的情调抒写胸中块垒的特点。

【教学方法】诵读法　合作讨论法

【教学时数】一课时

【教学过程】

一、导入

在历史的天空中，闪耀着一颗璀璨的明星。他就是苏轼。苏轼才华绝代，却以亲切之怀待人;他一生坎坷，仍以乐观旷达之胸处世。如果没有苏轼，北宋，乃至整个中国文坛不知要失色多少。今天，我们就走进苏轼的世界，聆听他超越千年的感慨。

二、作者

出示“苏轼纪念馆”，学生课下扫描二维码或点击网址了解作者相关资料。

[作者简介]孙晓焕（1989 年—），大庆市肇源县第一中学，一级教师，主要从事高中语文教学研究。

（一）人物生平

苏轼（1036–1101）字子瞻，号东坡居士，四川眉山人，文学家。

1. 遭遇北宋第一起文字狱——乌台诗案。

2. 贬黜到黄州做团练副使。

3. 又贬惠州，再贬儋州（今海南儋州市），后死于常州。

"问汝平生功业，黄州惠州儋州。"

（二）主要成就

文——唐宋八大家

诗——苏黄（苏轼、黄庭坚）

词——苏辛（苏轼、辛弃疾）

书画——宋四家（苏轼、蔡襄、黄庭坚、米芾）

三、朗读课文

（一）教师范读（注意字音、节奏、气势）

（二）自由朗读

思考问题：古人常常借景抒情，在这首词当中，作者写了怎样的景，抒了怎样的情，在景和情之间写的又是谁的事?

（三）找同学朗读（点评朗读:语速快慢、字音轻重、掌握轻重火候。注意指导朗读）

（四）全体齐读。

四、词的结构

（一）上阕主要写的是什么？

（生齐答——写景）

（二）下阕写的是什么？

（生齐答——写人）

衔接：怀古诗主要是借古景、古人、古事来抒发自己的情怀。今天，我们就从景、人、情这三方面入手来赏析这首词。

五、词的分析

（一）景的描写

小的景物常常给人一种优美感，比如说，微风、细浪等。但是大的景物则给人一种崇高壮美之感。苏轼喜欢写大景，他也擅长写大景，这首词就是他雄伟之景的一个经典之作。

1. 思考：苏轼是怎样把这种宏伟之景写出来的？你觉得这首词当中，写景部分，哪些字、词，哪几个意象给了你特别大的一种感受呢？

明确：大江、乱石、惊涛

江、石、涛都是海边非常常见的意象。

这种蓬勃壮阔体现在江、石、涛前面的形容词上面，“大”写出了江水的宽阔；乱石穿空是陡峭的，万石嶙峋的山峰高耸入云；惊涛拍岸是波涛涌上了江岸，拍打着江岸，卷起千堆雪；体现豪迈奔腾，立体而又壮阔的画面。

2. 时间上，哪个词也给我们特别大的感受？

明确：“千古”。“千古”一词道出了时间的悠久。

苏轼从时间和空间这两方面为我们营造了一个空间壮阔、时间悠久的一个人物出场的背景。在这样宏大的时间和空间的背景下，将会是一个怎么样的人物出场呢？

3. 把上阕写景部分齐读一遍，注意读出气势，因为那是宏大之景。

（二）人的描写

1.“江山如画，一时多少豪杰。”这句话在结构上起到什么作用？

—— 承上启下。从上阕的景过渡到下阕的人。这里主要写哪个人？

明确：周瑜

赤壁壮景孕育的也必定是英雄豪杰。三国时期英雄辈出，而苏轼为什么特别仰慕周瑜呢？

齐读“遥想公瑾当年，小乔初嫁了，雄姿英发。羽扇纶巾，谈笑间，樯橹灰飞烟灭。”

2. 苏轼眼里的周瑜是怎样一个人呢？你能否根据苏轼的描写来总结一下周瑜的特点。

①雄姿英发：风流倜傥。

②羽扇纶巾：苏轼让周瑜以羽扇纶巾的形象出现，明是写他的装束，实际上是想表现他也有着与诸葛亮一样的谋略和智慧。

③谈笑间，樯橹灰飞烟灭。

樯橹指的是什么？——曹操的水军。号称百万的水军在怎么样的一种情况下就被打得灰飞烟灭了？——谈笑间。轻松、从容不迫的情况下就取得了战争的胜利，这就是历史上非常有名的赤壁之战。表现出他杰出的军事才能。

④小乔初嫁了。

初：刚刚，刚刚初嫁，但是史料记载，小乔初嫁实在建安三年，而赤壁之战是在建安十三年，作者把相差十年的事情放在一起说，为什么？

明确：用刚刚初嫁的小乔突出周瑜的年轻，不仅仅是年轻，而且是年轻有为。所以我们说，在苏轼眼里，周瑜是这样一位“年少风流”“文武双全”“指挥若定”的青年将领。

（三）情的抒发

1. 周瑜是如此的英雄了得，苏轼又是怎样的人呢？词中哪几句话是描写苏轼自己的？

——“故国神游，多情应笑我，早生华发。”倒装句，“神游故国，应笑我多情，早生华发。”“多情”在这里指的是建功立业的愿望，也就是说，神游故国，应笑我自己，建功立业的愿望，现在已经早早地生了白发了。

2. 建功立业的愿望是一件好的事情，为什么苏轼要嘲笑自己？

对比周瑜产生自嘲之情。那么我们从各个方面把周瑜和苏轼这两个人进行对比。

	周瑜	苏轼
才华	文武双全	才华横溢
年龄	34	47
婚姻	美女相伴	遭遇不幸
外表	雄姿英发	早生华发
职位	东吴都督	团练副使
功业	功成名就	功业未就

3. 面对这样不同的人生境遇，苏轼发出了怎样的人生感慨?

明确 :“人生如梦，一樽还酹江月。”

4. 苏轼在此时他的人生态度是怎样的?（讨论，找同学回答，说出理由。学生回答过程中教师注意点评和引导。）

明确 :“酹” 本义是把酒洒在地上，这里指苏轼把忧愁都洒向了江月，而此时的江月是什么样背景下的江月?联系上阕，有着“大江、乱石、惊涛” 的非常壮阔的空间和非常悠久的时间背景下的江月。

在这么宏大的背景下，作者想到的是周瑜，但是即使是如周瑜这样建立丰功伟业的英雄，最后也被历史的江水给冲刷走了，所以苏轼是把英雄放在了一个非常宏大的时空背景下进行审视，得出的结论是 :“浪淘尽，千古风流人物”。

同样，苏轼也把自己个人的一种际遇放到了一个这样宏大的时空背景下进行审视，作者同样得出的结论是 : 个人的得失放在宏大的历史长河当中，又算得了什么呢?得也是淘尽，失也是淘尽，那么何不放怀一笑，让自己的心灵驰骋在山林、清风、明月当中呢!

由此得出苏轼的 “超脱旷达” 之情。

六、学者评价

“在黄州的苏东坡，是成熟了的苏东坡。这种成熟是一种不再需要对别人察言观色的从容，一种终于停止向周围申诉求告的大气，一种不理会哄闹的微笑，一种洗刷了偏激的淡漠，一种无须伸张的厚实，一种并不陡峭的高度。”

—— 余秋雨《苏东坡突围》

“在人生中还有比成功和幸福更重要的东西，那就是凌驾于一切成败福祸之上的豁达胸怀。”

—— 周国平

七、总结

人生当中，难免有苦难、有坎坷。但你要相信，人生中的任何狂风暴雨都只是历史的一瞬，人生的插曲。乐观、旷达、自信、笑对人生，这就是苏轼留给我们的画外音吧！借此，也与各位同学共勉。

最后，请同学们大声朗读这首词，再次感受苏轼这份虽然壮志未酬但仍豪情长存的旷达之情！

八、作业

1. 背诵默写全词。
2. 推荐学生课下阅读相关书籍。
3. 附带相关网址。

九、教学反思

成功之处：

1. 本课设计围绕词的内容设计了很多直切文本内容的问题，但这些问题又很浅显，可以让学生充分参与到课堂中来，引导学生自主理解词的内容。

2. 设置"苏轼纪念馆"，学生课下扫描二维码或点击网址了解作者相关资料，以及 PPT 附带相关资料查阅网址。这一设计充分与现代网络科技相结合，调动学生学习探究的兴趣。

不足之处：

由于课堂容量有限，本课侧重于对词的内容的解读，以及对苏轼的理解，没有设计拓展练习，在讲练结合的方面有所欠缺，今后还要继续用心探索。

《说“木叶”》教学设计

王雪原　大庆市肇源县第一中学

【学习目标】

1. 积累古诗词名句；学习理解古诗词语言富有暗示性的特点。

2. 根据诗歌语言的特点，领略诗歌的精妙之处，提高鉴赏古典诗词的能力。

【重点难点】

1. 理解“木”与“树”,“树叶”与“木叶”,“落木”与“落叶”,“木叶”与“落木”的不同意味，了解其所造成的诗歌的意境差别，“木”在形象上的艺术特征的理解。

2. 学习文章由“木叶”这一特殊意象入手分析中国古典诗歌语言富有暗示性地从小处着手的写法。

【教学分析】本课作者从“木叶”说起谈论诗歌鉴赏的基本方法“言在此而意在彼”—— 要注意读出诗歌概念后的意味，深入浅出。引导学生真正读进去，并不是一篇十分难于理解的课文，关键在于引导，问题的科学设置。

【教学过程】第一课时

一、预习导学

（一）背景知识

“说”属于议论文体，本文是文化随笔（文艺短评）；“木叶”是文章论题，本文是就古诗中“木叶”意象进行分析说理。

（二）文学常识

林庚（1910.2.22—2006.10.4），字静希。诗人、文史学家，1933 年毕业于清华大学中文系。后留校任教，编文学刊物。1933 年初出版了第一本自由体诗集《夜》，

[作者简介] 王雪原（1974 年— ），大庆市肇源县第一中学，二级教师，主要从事高中语文教学研究。

以后又先后出版了《北平情歌》《冬眠曲及其他》等。1937年到厦门大学任教十年，1947年为燕京大学教授，1952年至今为北京大学教授。曾任古典文学教研室主任，早年以诗闻名于世，与戏剧家曹禺、小说家吴组缃，并称“清华三才子”，是著名的唐诗楚辞研究专家。对明清小说也很关注，并提出颇多精辟的创见。著有《唐诗综论》《诗人屈原及其作品研究》和《中国文学简史》等多部著作。获国家教委教材一等奖。出版过《春野与窗》《问路集》等六部新诗集。他数十年如一日，谆谆教导后学，桃李满天下。2006年10月4日林庚先生病逝于北京，享年97岁。

（三）字音字形

给下列加点的字注音。

灼灼（　　）　寒砧（　　）　窸窣（　　）　袅袅（　　）　柳恽（　　）

筌（　　）　冉冉（　　）　翩翩（　　）　征戍（　　）　沈佺期（　　）

二、导入新课

导入

刚从《咬文嚼字》中领略了运用文字所应有的谨严精神，今天我们就走进“咬文嚼字”的典范之作《说“木叶”》。（板书课题。）

课前预习的时候，我让同学们处理了相关的生字词，并对文中的诗词做了大概了解，同时要求同学们抓住每一段的关键句。

三、阅读文本

（一）速读课文4 ~ 6自然段

问题投放：按字义分析，“木”“树”含义差不多，可是古人写诗为什么多用“木叶”而不用“树叶”呢？说说“树叶”与“木叶”，“落木”与“落叶”的意味的区别。

学生活动：圈画有关诗句，小组合作研讨组间交流共享、补充完善体会“木”与“树”，“树叶”与“木叶”，“落木”与“落叶”的不同意味，了解其所造成的诗歌的意境差别。

教师点拨：抓关键语句，删繁就简，突出特征通过比较发现不同，利于理解问题投放。结合文段分析，请概括文中论述的“木叶”的艺术特征。

学生活动：逐段进行整合小组内归纳整理，组间交流完善补充。

意象	颜色	触觉	意味
树叶	褐绿色	密密层层浓荫	繁密充实
木叶	微黄	干燥不湿	疏朗　飘零之意
落叶	繁密绿色	饱含水分	春夏之交
落木	比木叶还更显得空阔，连“叶”这一字所保留下的一点绵密之意也洗净了，疏朗与绵密交织，一个迢远而美丽的形象。		

（二）梳理探究“木叶”意象

1.“木叶”成了诗人钟爱的形象。

2.“木叶”就是“树叶”，少用“树叶”，常用“树”“叶”及“落木”。

3. 区别关键字在“木”字，用“落木”舍“木叶”。

4.“木”的第一个艺术特征：“木”含有落叶的因素。

5. 诗歌语言的暗示性

6.“木”的第二个艺术特征：具有颜色的暗示性。

7. 艺术形象领域，几乎一字千里。

四、巩固练习

1. 梅花

①王安石《梅花》：墙角数枝梅，凌寒独自开。遥知不是雪，为有暗香来。

王诗中的梅花有什么特点？主要表现怎样的人格特征？

②陆游《咏梅》：驿外断桥边，寂寞开无主。已是黄昏独自愁，更著风和雨。无意苦争春，一任群芳妒。零落成泥碾作尘，只有香如故。

陆词中的梅花与王诗中的梅花有什么不同？具体表现在哪里？

③毛泽东《卜算子 咏梅》中的梅花除了傲雪凌霜的品格，还有什么特点？与陆词比较，这首词表达了怎样的思想情感？

风雨送春归，飞雪迎春到。已是悬崖百丈冰，犹有花枝俏。 俏也不争春，只把春来报。待到山花烂漫时，她在丛中笑。

2. 草

① 赋得古原草送别　白居易

离离原上草，一岁一枯荣。野火烧不尽，春风吹又生。

远芳侵古道，晴翠接荒城。又送王孙去，萋萋满别情。

②送别　李叔同

长亭外，古道边，芳草碧连天。晚风拂柳笛声残，夕阳山外山。天之涯，地之角，知交半零落。人生难得是欢聚，唯有别离多。

诗人赋予“草”怎样的情感？

五、布置作业

古代诗歌中，类似具有暗示意义的意象不胜枚举，如竹、松等。请同学们搜集、梳理这些意象，摘录在笔记本里。（每人课下找 5 个。）

《蝶恋花》教学设计

潘艳荣　大庆市林甸县第一中学

【教学目标】

1. 知识与技能

（1）能够流利地背诵多首《蝶恋花》代表作，掌握诗词鉴赏的一般方法，提升诗词鉴赏能力。

（2）研究词牌《蝶恋花》的一般格律，培养学生尝试填词的兴趣与基本能力。

2. 过程与方法

（1）结合《蝶恋花》典型代表作，总结诗歌鉴赏的一般方法，领会诗人的创作意图。

（2）研究词牌《蝶恋花》的一般格律，鼓励学生尝试填词，借传统文化的形式抒发情感。

（3）情感、态度和价值观：进一步激发学生对优秀传统文化的热爱，培养学生独立创作的精神。

【教学重点】鉴赏名作，总结鉴赏的一般方法，领会诗人的创作意图。

研究词牌《蝶恋花》的一般格律，鼓励学生尝试填词，借传统文化的形式抒发情感。

【教学难点】研究词牌《蝶恋花》一般格律，培养学生填词的兴趣与基本能力。

【教学方式】研习式。

【教学过程】

一、导入新课

常听人说：某某人如何有才气，其实我以为，一个人的成功最根本的，还

[作者简介]潘艳荣（1974 年—），黑龙江大庆人，大庆市林甸县第一中学，一级教师，主要从事高中语文教学研究。

是靠力气，因为力气可以创造才气与运气。钱钟书，人称大英百科全书，他博闻强记、才华横溢，其实他的成功，多半靠的还是力气。入清华园后，他的目标是“横扫清华图书馆”，这拼的就是时间和力气。写作亦如此，诗意的写作更需要才气，但归根结底是靠力气来培养才气，然后才能拥有运气！

同学们，八九点钟的太阳，有的是朝气与力气，好风凭借力，让我们在不断地学习与写作中积累我们的才气吧，相信有朝一日，运气也会伴才气而生！

二、明确目标

教师 PPT 展示，点拨重点，并激励学生有信心，努力创作出属于自己的作品。

三、学生展示

展示方式：朗诵、彼此交流手抄本。

要求如下：

1. 关注作品内容与情感。
2. 关注作者简介与创作背景。
3. 关注积累者的书写格式及书法状况。

四、研习示例

蝶恋花　李清照

泪湿罗衣脂粉满。四叠阳关，唱到千千遍。人道山长山又断。萧萧微雨闻孤馆。

惜别伤离方寸乱。忘了临行，酒盏深和浅。好把音书凭过雁。东莱不似蓬莱远。

蝶恋花　苏轼

蝶懒莺慵春过半。花落狂风，小院残红满。午醉未醒红日晚，黄昏帘幕无人卷。

云鬓鬅松眉黛浅。总是愁媒，欲诉谁消遣。未信此情难系绊，杨花犹有东风管。

具体操作：

1. 学生有感情地朗诵这两首词，要求尽量配乐朗读，初步体会作者所要表达的情感。

2. 知人论世从而深入把握作者所表达的情感。

3. 探讨两词作者用来表情达意的手法。

4. 小结两词的内容情感与鉴赏方法。

明确知人论世，缘景明情等手法的运用，再指导学生领悟这两种方法在词中的具体应用，并学习运用这两种方法表情达意。

5. 自主交流所搜集背诵的代表作。指定两名同学赏析自己所选代表作品，进一步激发学生对优秀传统文化——诗词的热爱，并锻炼学生的口头表达能力。

五、学习词牌

（一）介绍词牌由来及特点

（二）标准体《蝶恋花》词牌格律

以晏殊《蝶恋花·六曲阑干偎碧树》、欧阳修《蝶恋花·庭院深深深几许》为例。

蝶恋花　晏殊

六曲阑干偎碧树。杨柳风轻，展尽黄金缕。谁把钿筝移玉柱？穿帘海燕双飞去。

中仄中平平仄仄韵　中仄平平句　中仄平平仄韵　中仄中平平仄仄韵　中平中仄平平仄韵

满眼游丝兼落絮。红杏开时，一霎清明雨。浓睡觉来莺乱语。惊残好梦无寻处。

中仄中平平仄仄韵　中仄平平句　中仄平平仄韵　中仄中平平仄仄韵　中平中仄平平仄韵

蝶恋花　欧阳修

庭院深深深几许？杨柳堆烟，帘幕无重数。玉勒雕鞍游冶处，楼高不见章台路。

中仄中平平仄仄（韵）中仄平平，中仄平平仄（韵）中仄中平平仄仄（韵）中平中仄平平仄（韵）

雨横风狂三月暮。门掩黄昏，无计留春住。泪眼问花花不语，乱红飞过秋千去。

中仄中平平仄仄（韵）中仄平平，中仄平平仄（韵）中仄中平平仄仄（韵）中平

中仄平平仄（韵）

小结研究学习《蝶恋花》特点：

1. 标准《蝶恋花》的“主韵律”统一是标准“律句”的“仄平平仄”单仄入韵，即四个“意群”，句号结尾。

2. 上下阕第一、四句是“主韵律”“平平仄仄”双仄促韵，逗号结尾，使之韵律呈现双 / 单交错节奏。

3. 标准平仄谱的“中”表示“可平可仄”，其他平仄一字不可易。

六、具体要求

1. 选择内容：结合生活所见，有感而发，立意明确，深思熟虑。

2. 选择题目：能够最集中地体现中心思想，可仿照名作拟题。

3. 选择词牌：每一个词牌都有一定的要求，所以格律与内容要适合，可参考古人作品。

4. 遣词造句力求有诗意，切忌空洞直白，更要花大力气长期练习写作。填词句，除了潜心研究词牌外，更要懂得熟能生巧的道理。其中仔细研究唐宋时期重要大家的作品，揣摩其中无尽的妙处，这也是初学创作者成功的一个重要途径。

5. 学习用典，要求平时多涉猎，关注优秀传统文化，多思考、勤动笔，让力气为才气与运气开路。

内容链接：

余光中，2017 年 12 月 14 日上午病逝，享年九十岁。当代著名作家、诗人、学者、翻译家。请填词《蝶恋花》一首，表达你对余光中先生的追思。

友情提示：请广泛搜集有关余光中先生的生平资料，全面了解他的成就，社会各界的评价……

附板书设计：

《蝶恋花》一般格律：

中仄中平平仄仄韵　中仄平平句　中仄平平仄韵　中仄中平平仄仄韵　中平中仄平平仄韵

中仄中平平仄仄韵　中仄平平句　中仄平平仄韵　中仄中平平仄仄韵　中平中仄平平仄韵

《游褒禅山记》教学设计

张继红　大庆市第二十八中学

【教材分析】

《游褒禅山记》是人教版高一年级必修 2 第三单元的课文。它是北宋著名的政治家、文学家王安石通过一次十分扫兴的游历来阐发道理的说理性散文。作者借游褒禅山，阐发了人要有不畏艰险、勇于进取的精神和治学处事必须“深思慎取”的道理。文章记游，目的却是为了说理。记游时，语言朴素简洁，为说理留下伏笔；说理时，因事而发，生动自然，具有很强的说服力。同时，也为我们提供了生活中的万事万物都可以吸取教益的启示。

【教学目标】

1. 掌握重点字词及文言语法现象。

2. 学习叙议结合，因事说理的写作手法。

3. 借鉴学习作者“尽吾志”和“深思慎取”的思想。

【教学重、难点】

重点：梳理文章思路，体会作者由事说理、循理布事的写法。

难点：弄清“志”“力”“物”的具体含义，举一反三，由游山说开去，联系到为人、学习、做事，把文章中的道理应用到现实生活中去。

【教法学法】诵读法、合作探究法。

【教学手段】多媒体设备辅助教学。

【教学过程】

一、导入新课

人们常说游记是“纸上山水”，上节课我们已经疏通了文意，对这篇文章有

［作者简介］张继红（1980 年—），大庆市第二十八中学，二级教师，主要从事高中语文教学研究。

了一些初步感受。今天我们就跟随作者一起来继续欣赏褒禅山的风景，并一同感悟风景之外的人生体验。

二、知识检测

（一）王安石字介甫，北宋时临川人，著名的政治家和文学家，他的散文雄健峭拔，在文学史上被称为“唐宋八大家”之一，他的著作收在《临川先生文集》中，《游褒禅山记》是他的传世名作之一。

（二）“记”是一种文体，有游记、奏记、杂记。分为四类：记游（《小石潭记》）、记事（《五人墓碑记》）、记亭台楼阁（《岳阳楼记》）、记物（《核舟记》）。它写法自由，可记叙，议论。也可以描写、抒情。《游褒禅山记》不同于《岳阳楼记》，它是作者游褒禅山后所记，所以它是一篇游记。

（三）本文是游记，从第一段的交待看，作者参观游览的三个点是慧空禅院→华山洞→仆碑。从全文看，作者又是以记游华山洞为主，课文第二段就先后写了游前洞、后洞的情况，其重点又在记游后洞。

（四）夯实基础

1. 词义：以其乃华山之阳名之也（山的南面）。

2. 词类活用：火尚足以明也（形容词用作动词，照明）。

3. 文言句式：唐浮图慧褒始舍于其址，而卒葬之（状语后置 省略句）。

4. 古今异义：而世之奇伟、瑰怪、非常之观。（古：不平常，非同寻常。今：副词，十分，极）。

5. 通假字：长乐王回深父（通“甫”）。

（五）翻译句子

1. 有志矣，不随以止也，然力不足者，亦不能至也。

译文：有了志向，也不随从别人而中止，然而力量不足，也不能到达。

2. 此所以学者不可以不深思而慎取之也。

译文：这就是治学的人不可不深入思考、谨慎地选取的缘故了。

三、诵读课文，整体感知

明确：第一部分（1～2 自然段）：记叙 —— 游山经过。

第二部分（3～4自然段）：议论——游山心得。

第三部分（5自然段）：记叙的结尾，补叙同游者。

中心句：（1）尽吾志也而不能至者，可以无悔矣。

（2）此所以学者不可以不深思而慎取之也。

四、合作探究

（一）第一段依次记述：山之名、山之寺、山之洞、山之碑。为什么要特别提到仆碑及仆碑上的文字？

明确：写仆碑是为后面议论埋下伏笔，作者认真考证仆碑上的文字，探究事理的本源，充分体现了他“求思之深”的探索精神，也是后面议论中提出“深思而慎取”的依据。

（二）第二段略写什么？详写什么？这用了哪些对比？有哪些作用？

明确：略写前洞，较详细地写了后洞特点及游后洞的所见所感。

对比如下：

1.前洞的平旷与后洞的幽深对比。

2.前洞“记游者甚众”与后洞“来而记之者已少”对比。

3.“余所至”之浅与“好游者”所至相比。

4.进洞时“其见愈奇”的欣喜与出洞后因“不得极夫游之乐”的懊悔相比。

作用：是为第二部分的议论作铺垫。

（三）第三段可以分几层意思？你对作者在文中所说的道理如何评价？

明确：五层意思：

1.用一“叹”字紧承上文，领起全段。

2.以古人作为立论的标准，从“求思”的深度和广度两方面，分析古人“往往有得”的原因。

3.拿世人的避难就易，同古人的“求思”精神对比。

4.阐述宏伟目标、险远的道路和“志”“力”“物”三者的内在联系。

5.强调只要尽了自己的主观努力，即使不能达到目的，也可以“无讥”“无悔”。

作者揭示了“志”“力”“物”三者之间的辩证关系，首先要有“志”；虽然有失志不渝的决心，但力量不足也不行；尽管志向坚定，力量充足，然而到了幽暗昏惑之境地，如果没有外物相助，也不能至。既强调了“力”与“物”这两个客观条件的作用，反映了作者朴素的唯物主义观点，又强调了“志”这个主观因素的关键作用，强调主要尽己之志，虽然不能达到目的，亦可“无悔”“无讥”，体现了作者朴素的辩证观点。作者在这儿所论述的既是游山之所得，又是治学处事之理，也是成就一切事业之道。这对于我们治学、处事、创业都有很大启发。

（四）第四段中作者表达了怎样的观点？这一观点是怎样发出来的？

明确：作者认为治学不应当轻信盲从，而应该“深思慎取”，也就是要经过自己的头脑认真辨析思考，然后谨慎地采取其中有真理的部分，扬弃那些有谬误的东西。作者采用“不……不……”（“不可以不深思而慎取之也”）的双重否定，强调突出“深思而慎取——深刻的思考，谨慎的采用对于治学的重要”。这种治学态度是作者本人躬身实践的。

作者从第一段的“有碑仆道，其文漫灭”，联想到“古书之不存”，从“音谬”联想到“谬其传”的情况不可“胜道”，自然地得出治学必须“深思慎取”的结论。前面提到的“仆碑”，为后面的议论“深思慎取”的治学态度提供了具体的资料。前面是伏笔，后面是照应。有叙有议、构思严谨、照应紧密。

（五）本文的记游和议论是怎样结合，怎样照应的呢？

明确：本文不同于一般的游记，不重山川风物的描绘，而重在因事说理，以说理为目的，记游的内容只是说理的材料和依据。文章以记叙的内容为喻，生发议论，因事说理，以小见大，准确而充分地阐述一种人生哲理，给人以思想的启发，使完美的表现形式与深刻的思想内容和谐统一。文章前面记游山，后面谈道理，记叙和议论结合得紧密而自然，并且前后呼应、结构严谨、行文缜密。文中的记游内容是议论的基础，是议论的事实依据；议论是记游内容在思想认识的理性概括和深化。前面的记游为后面的议论作铺垫，后面的议论又紧扣前面的记游，赋予其特定的思想意义。

五、拓展探究

记游中都悟出了哪些道理？作者的感悟，很明显不只是针对于“游玩”，结合平时的学习生活谈一下你的理解。

明确：

1. 古人求思之深，往往有得。

2. 世之奇伟瑰怪非常之观，常在于险远，非有志不能至，有志亦要有“力”与“物”。

3. 尽志无悔，其孰能讥之乎。

4. 学者要深思慎取。

欲要见他人之未见，达到他人所不能及的高度，就要“立常志”，且不因外界环境而改变，尽管期间会有滞缓，但坚持是从始至终的。

在平时的学习生活中，要有一个明确的目标，要有理想。在实现理想的过程中，身体与心理的健康就是“力”，否则会心有余而力不足。而老师、家人、朋友是“物”，是帮助我们实现理想的强大力量，还有各种现代化的学习工具，国家、社会为我们创造的良好的发展环境，这一切都为我们实现自我理想与价值提供了强有力的保障。

六、课堂小结

通过本文的学习，我们懂得了很多道理，“尽志无悔”则是这其中的主旋律。“尽志无悔”是对生命的一种珍爱，是对人生一种极端负责精神的体现。

七、布置作业

有人认为假若王安石与其弟弟和朋友一味地走下去，也许会出危险，所以有人及时提议返回，应该值得肯定；做学问也是如此，如果蛮干，也不会有好的效果。你如何看待这些说法？

《琵琶行》教学设计

鲍金玉　大庆市东风中学

【教学目标】

1. 积累文学常识。

2. 欣赏文中描摹音乐的文字。

3. 体味同时天涯沦落人的情感。

【教学重难点】

1. 赏析诗中的描摹音乐的文字。

2. 引导学生抓关键语句，分析诗人和琵琶女的人生遭遇，体会诗人的情感。

【教学过程】

一、故事导入

哪位同学能给我们讲讲高山流水的故事?

而从此以后呢,知音这个词就用来指真正了解自己的人。知音是最难遇见的，因此俞伯牙才会摔断自己的琴一谢知音。诗人白居易在浔阳江头遇到了知音，白居易就将其化为文字《琵琶行》，这堂课我们来继续学习这篇课文。

二、题目解读

首先请大家看题目，琵琶行，这里的行是什么意思?

白居易的名篇《长恨歌》中的歌是什么意思?

古代诗歌的一种文学体裁。我们常接触的还有歌字，例如白居易的另一篇名作 —— 长恨歌。

歌、行、引都是古代诗歌的一种题材。因此《琵琶行》是一篇长篇叙事诗。

[作者简介]鲍金玉(1986 年—)，大庆市东风中学，一级教师，研究领域是传统文化教法研究。

三、文本分析

（一）既然了解《琵琶行》是一首叙事诗，同学们思考一下写了什么人、什么事。下面请大家带着问题一起朗读课文。

琵琶女

（二）请大家找一找哪里比较集中地写到了琵琶女？

咱们女同学来朗读一下集中写琵琶女的段落。

从这一段中我们来提取一下关于琵琶女的信息。我将大家要找出的信息问题列了一个表，大家根据表格来提取并填写琵琶女的资料表。

	身份	技艺	容貌	生活状态
当年				
如今				

学生通过反复诵读诗歌可以提取概括出：身份由当年的京城名倡如今沦为商人之妇，容貌从艳盖群芳变为年老色衰，生活从人人妒忌人人追捧到现在的门前冷落、独守空船。

（三）琵琶女为什么对素不相识、萍水相逢的白居易道出了她的经历？

琵琶女觉得白居易是她的知音，白居易听懂了她的音乐。

我们看看白居易听琵琶女弹奏时的反应是什么，大家找一找。

关键语句："我闻琵琶已叹息，又闻此语重唧唧"。

白居易在听琵琶声的时候发出了叹息的声音，这说明他听懂了琵琶女曲中的悲凉。这从这个意义上说白居易是她的知音。

（四）今天看看同学们能不能也当一次琵琶女的知音，能不能从曲调的变化中，捕捉到琵琶女情感变化及生活变化的轨迹？

读一读描写音乐的部分。大家一起来读一读描写琵琶声的部分，从"大弦嘈嘈如急雨"读到"四弦一声如裂帛"。

适当点评学生的诵读，指导学生读出音乐的变化。注意语速、语调。

预设：大家感觉这段音乐是什么样的？清脆欢快明朗悦耳。如果说这段音乐就是琵琶女生活的真实反映，那么它应该是琵琶女哪个阶段的生活？青年时代，琵琶女的青年时代，所以充满了欢声笑语，音乐自然清脆欢快明朗悦耳，犹如大大小小的珍珠落坠入玉盘般的清脆悦耳，犹如黄莺在花间流转啼唱般的婉转流畅。

再来看第二部分，再找一名同学来读一读。

“幽咽泉流冰下难。冰泉冷涩弦凝绝，凝绝不通声暂歇。别有幽愁暗恨生，此时无声胜有声。”

达到这一部分大家有什么感觉？

预设：用了几个词语从幽咽到冷涩又到凝绝，最后暂歇无声。琵琶女在诉说她生活的变故，从貌美如花到年老色衰，从人人妒忌到无人欣赏，最后委身商人，这些苦楚的变故让她呜咽最后没有了声音，仿佛有着千言万语来又无法言说，只有沉默，又仿佛这一切经历让她陷入沉沉的思考之中。

大家一起读读第三部分。

“银瓶乍破水浆迸，铁骑突出刀枪鸣。曲终收拨当心画，四弦一声如裂帛。”

曲调开始高亢，情绪高涨，水从银瓶中喷射出来，铁骑和刀枪和鸣，这一切都是高亢激越雄壮，如同琵琶女对生活对命运的愤怒之情如破瓶而出的水浆迅猛倾泻出来。裂帛，就像琵琶女心的碎裂，命运的碎裂，激烈地哀号。

对音乐的总结性语言：音乐从婉转到哽咽最后铿锵雄壮，这变化就是琵琶女心情及命运的起伏。大家体会得非常好，听懂了琵琶声。

（五）白居易称和琵琶女同是沦落天涯的人，那白居易和琵琶女的经历到底有何相似？

哪个段落集中写了白居易的经历？

预设：第四段和小序部分

请大家结合第四段和小序部分填写表格。

预设：

	身 份	才 华	境 况	生活状态
当 年	京城高官	才华横溢	高朋满座	欢声笑语
而 今	江州司马	谪居卧病	飘零天涯	孤单冷落

预设总结性语言：因此白居易琵琶女二人都是当年风光无限、春风得意，

如今沦落天涯、境况凄凉，经历了人生从荣到衰的过程，饱尝了人间的冷暖，可谓同是天涯沦落人。而“同是天涯沦落人，相逢何必曾相识”成为千古传诵的名句，成为一种具有普遍意义的情绪，成为后人遭遇祸患变故的人们相遇时的一种心声。

（六）大家看最后一句座中泣下谁最多江州司马青衫湿，诗人白居易泪洒青衫，大家思考这是为什么？

主要来自两个方面：

人悲、己怜，“同是天涯沦落人”。两重感伤交织在一起，诗人怎能不凄凉悲怆，泪洒青衫湿？这眼泪不仅仅是对琵琶女一样遭遇的女子的深切同情，又是一种对社会的控诉。

四、布置作业

给同学们留一个思考题。

琵琶女最后一次弹奏时为什么“凄凄不似向前声”？

《听听那冷雨》教学设计

李　敏　大庆市第四中学

【教学目标】

知识与能力：品味语言，体会情景交融手法的运用。

过程与方法：在品读中感知语言，在赏析中体会妙处，在探讨中明晰情感。

情感态度与价值观：体会余光中先生浓厚绵长的乡愁。

【教学重点】在朗读、浏览、默读中赏析语言，体会情感。

【教学难点】感受地域意义与文化意义上的“乡愁”。

一、新课导入

阅读散文，尤其是篇幅这么长的散文，本身就是一种挑战。这节课，我们就走近这纷繁复杂的雨，试着建构这雨间的关联。（板书：甲骨文雨。）

二、新课教学

（一）品雨

既然写听雨，余光中先生充分调动了自己的哪些感官来体验雨？

嗅觉　雨之味

视觉　雨之形

听觉　雨之声

触觉　雨之感

1. 按照文本的脉络，我们先跟随余光中先生来嗅雨，他嗅到了什么样的味道？

薄荷的香味，淡淡的土腥气。

[作者简介]李敏（1987年—），大庆市第四中学，一级教师，主要从事高中语文教学研究。

为什么雨中竟沐发了蚯蚓和蜗牛的腥气呢?

惊蛰(插入视频)。

在文本中惊蛰唤醒的只有植物和动物吗?

也许这地上地下的生命，也许古中国层层叠叠的记忆都蠢蠢而蠕了。

2. 接下来，我们一起去观雨。余先生觉得观雨要回到哪里?他看见了怎样的雨景?请重点浏览第6段。

回到大陆。

好一派烟雨迷蒙，如梦如幻……

如果将这些文字转化成绘画，你是愿意将他化成中国的水墨山水画还是西方的油画啊?

3. 雨不但可嗅、可观、更可以听……先生听到了哪些雨?(阅读7段到12段。)

在岛上，日式瓦屋，听四月霏霏不绝的黄梅雨，听七月掀翻整个太平洋的台风台雨……

在古老的大陆，瓦屋听雨，想象与北宋诗人、散文家王禹偁一道听雨，而雨声的韵律与琵琶行中的大弦……好像有异曲同工之妙哈，充满着节奏和韵律的流转……

赏疏雨滴梧桐，听诗文中充满诗情画意的雨……

杏花、春雨、江南。(强调标点符号传情达意的作用。)

小结：就像余先生写的，只要不是石破天惊的台风暴雨，在听觉上总是一种美感。不难发现，这些雨，跨越时空，有大陆的雨、台北的雨、美国的雨，有太初有字的雨、宋画里的雨、文字中的雨、诗词中的雨……

(二)说人

1. 余光中先生为什么会想到这些雨?

听雨时，无论是大陆、还是台湾他都喜欢在瓦屋听雨。

观雨时，他提到宋画、汉字。

嗅雨时，他提及节气惊蛰。

文字、诗文、绘画、瓦、惊蛰 ……这雨有什么共同点?

明确：余光中先生想在古大陆听雨，想听有中国意蕴的饱含传统文化韵味的雨。

2. 正所谓知人论世，他为什么如此眷恋这雨？（重点浏览首段。）

写这篇散文时，余光中先生已经离家 25 年。

小结：正如王国维先生所讲“以我观物，故物皆著我之色彩”，余先生的思念里有着遥远的时空距离，有着 25 间人生的辗转……他爱这雨爱得深沉。（板书：乡愁。）

（三）悟情

1. 公寓时代来临了，这雨有着怎样的变化呢？

但不久公寓时代来临，台北你怎么一下子长高了，瓦的音乐成了绝响。

周遭变成了黑白的默片。

现在雨下下来下在水泥的屋顶和墙上，没有音韵的雨季。

雨来的时候不再有丛叶嘈嘈切切，闪动湿湿的绿光迎接。

2. 为什么“现在雨下下来下在水泥的屋顶和墙上，是没有音韵的雨季”？为什么说公寓时代来临“周遭就变成了黑白的默片”？

公寓时代来临，瓦渐渐退出历史舞台，水泥的屋顶取而代之，随之消逝的，并非纯粹听觉意义上的声音，更是雨落在瓦上的古中国情韵。那种带有古中国情韵的声音听不到了，那游子魂牵梦绕的声音成了绝响，时空阻隔、时代变迁，渴望落叶归根的游子，不只是身体无处安放，更是心灵无处皈依……因此，这冷雨之冷，更在于传统文化消逝意义上的乡愁，在于心灵无处安放的落寞。（板书：文化。）

3. 生读最喜欢、最有感触的段落。（配乐朗诵。）

三、拓展

阅读台湾文学中的经典乡愁诗，体悟家国情思。

乡愁是文学的母题，更是台湾文学的重要主题。近乡情更怯，可望而不可即。于右任先生反复呼告葬我于高山之上。

齐读《望大陆》于右任。

洛夫到香港落马洲的边界充满深情地遥望大陆。

齐读《边界望乡》洛夫。

席慕蓉早已吹响了那支清远的笛。

齐读《乡愁》席慕蓉。

2017 年 12 月 14 日，余光中先生在台北高雄逝世，享年 89 岁，也许他至今仍在雨中踟蹰……

四、总结

浅浅的海峡，国之大殇，乡之深愁；前尘隔海，古屋不再，听听那冷雨。

五、布置作业

阅读余光中先生的《白玉苦瓜》《记忆像铁轨一样长》，两部作品任选一部，自选主题，形成文字感想，字数不少于 800 字。

附：板书设计

听听那冷雨　　余光中

乡愁　　地域

文化

《故都的秋》教学设计

温丽丽　大庆市第四中学

【教学目标】

（一）知识与能力

1. 感悟故都的秋的“清”“静”“悲凉”的意境，鉴赏文章以情驭景、以景显情、情景交融的艺术手法，品味课文中精到细腻的语言。

2. 学习用深沉的忧思和落寞的悲凉来颂秋的写作方法。

3. 培养“形散神聚”的写作能力。

4. 培养自主学习和合作探究的良好学习习惯。

（二）过程和方法

1. 自主学习法。用自我陶醉的方式反复朗读文章，体味意境，提高语言鉴赏能力及掌握运用语言表达的一些技巧。

2. 合作探究法。结合老师给出的学习提示在小组进行讨论，理解文意，体会意境。

3. 质疑法。鼓励学生发表自己的看法，提出“匪夷所思”的问题。

（三）情感与态度

1. 联系时代背景，体会作者通过描写故都秋色所流露出来的深远忧思和孤独感。

2. 通过对本文明白晓畅、简洁清丽的语言的学习，陶怡性情，提高审美能力。

【教学重点】

掌握文章以情驭景、以景显情、情景交融的写法，体会故都的秋的“清”“静”“悲凉”的意境。

［**作者简介**］温丽丽（1984 年—），黑龙江省哈尔滨市双城人，大庆市第四中学，一级教师，高中语文教学研究。

【教学难点】

学习用深沉的忧思和落寞的悲凉来颂秋的写作方法。

【教学方法】

诵读法 、讨论法、探究法、指导法

【教学课时】两课时。（本节课讲第二课时。）

【教学步骤】

一、导入

一年四季春夏秋冬，秋以它特有的魅力，吸引了无数的文人墨客，可以说古往今来，咏秋的佳作实在太多，但人们写秋的着眼点各不相同，秋风萧瑟，残荷听雨，秋有声。霜叶黄花，秋草碧水，秋有色。天高云淡，北雁南飞，秋有形。郁达夫笔下的秋是怎样的情景？这节课让我们继续欣赏他的散文名篇《故都的秋》。

上节课我们对文章的创作目的和感情基调等已经有了初步了解，我们知道了故都秋的特点是特别地来得清、来得静、来得悲凉。这节课我们就来深入探究文章主体部分 3~9 段的内容。仔细品一品故都的秋味到底有多美。

板书：清、静、悲凉。 品秋味。

二、初赏课文

第一环节：自主学习，速读课文。

问题：请根据提示概括本文描写的故都的秋景图。

秋院　晨景　、秋槐　落蕊　、秋蝉　残声　、秋雨话凉、秋果美景。

第二环节：合作探究，梳理内容。

要求：

1. 以小组为单位探究合作。（分三组，派出一个代表填空。）

2. 积极参与，高效讨论。

3. 整理答案，总结心得。

第三环节：自由点评，展示成果。

1. 要声音洪亮，自然大方，面向全体同学。

2. 思路要清晰，点评抓重点，注意与同学互动。

3. 其他小组对展示点评的内容，可以进行补充和扩展。

未点评的同学注意倾听、认真记录、积极思考、勇于质疑。

做积极的参与者，不做被动的听课者。

提示：作者所写的景似乎是信手拈来，无序，这正是散文形散特点的体现，这些景虽散，却有一个共同的特点：清、静、悲凉。这就是文章不散的神。本文正体现了散文形散神不散的特点。（体现了清、静、悲凉。）

三、细赏课文

（一）锁定目标欣赏画面。

1. 用自己的话描述一下画面内容。（不少于 50 字）

学生交流后屏幕示例：

碧绿的天底下，五颜六色的牵牛花荟萃成流光溢彩的野花圃，天地之间，偶尔出现一两只白色或灰色的驯鸽，坐在院子里的人，手捧茶碗，举头望碧空，俯身撷牵牛，耳边不时传来驯鸽声。

提示：画面有动有静、绘声绘色，秋的美，秋的情趣就在这蓝天白花中。

2. 画面中是如何体现“清、静、悲凉”的特点的?

冷色：青、蓝、灰、白。

破败景象：破屋、破壁腰。

以动衬静：驯鸽的飞声。

3. 有感情地朗读本段（齐读）。

4. 教师小结：

从这幅画中我们可以看出作者的心境是清闲淡泊的，作者的审美情趣是高雅恬淡的。通过对本段的赏析，我们也明确了写景散文要通过文字展开联想进入意境，把握景与情的内在联系。

（二）自由赏析，另外四幅画

这几幅画面，生动精彩，同学们你最喜欢哪一幅呢? 请放开声音朗读你喜欢的文句。

1. 像花而又不是花的那一种落蕊，早晨起来，会铺得满地。脚踏上去，声音也没有，气味也没有，只能感出一点点极微细极柔软的触觉。

这里从视觉、触觉上写景，景物描写细腻逼真。花铺满地，写视觉形象；脚踏花地，是触觉感受。这里寂静无人，斯人独徘徊，无人可与交流，便只有与自然相交融，作者的心境是孤寂落寞的。

第 4 段“秋槐图”中“落蕊”“铺得满地”，“一条条扫帚的丝纹，看起来既觉得细腻，又觉得清闲”（“清”）“脚踏上去，声音也没有，气味也没有，只能感出一点点极微细极柔软的触觉”（“静”），“潜意识下并且还觉得有点儿落寞”（“悲凉”）。

第 5 段写秋蝉——“衰弱”“残声”（悲凉）。

第 6 ~ 11 段写秋雨——“灰沉沉的天”“云渐渐地卷向了西去”“很厚的青布单衣或夹袄”（清）“息列索落”慨叹着天凉了的话（静，也有悲凉）。

第 11 段写秋果——“淡绿微黄”（清）。

第 3 段写秋院——“很高很高的碧绿的天色”给人一种明净高爽无半点纤尘之感，“牵牛花的蓝朵”给人宁静、淡雅的感觉写出了“清”；“听得到青天下驯鸽的飞声。”“细数着一丝一丝漏下来的日光”“静对着像喇 叭似的牵牛花”（宁静）。有着几分冷落和萧条的“破壁腰”，蓝、白等冷色调的“牵牛花”，以及象征生命的衰竭与凄凉的“秋草”体现了“悲凉”。

第 4 段“秋槐图”中，“早晨起来”，看见“落蕊”“铺得满地”，“一条条扫帚的丝纹，看起来既觉得细腻，又觉得清闲”体现了“清”；“脚踏上去，声音也没有，气味也没有，只能感出一点点极微细极柔软的触觉”体现了“静”；“潜意识下并且还觉得有点儿落寞”抒发了悲秋之感，紧扣了“悲凉”。

第 5 段写秋蝉——“衰弱”“残声”（这本身就是一种悲凉）。

第 6 ~ 11 段写秋雨——“息列索落”“云渐渐地卷向了西去”“很厚的青布单衣或夹袄”慨叹着天凉了的话（这里有境地的清静，也有情和境的悲凉）。

我认为 6 ~ 11 段灰沉沉的天，雨伞天晴，太阳又露出脸来了，青布单衣或夹袄，哪怕是烟管，都能表现清，“息列索落”下雨声，都市闲人的感慨都能体现静。

写秋果——“淡绿微黄”，即使是写“红”也是“红完”。（也是一种清、静的淡色。）

2. 小组讨论

提示：用“我从……的描写中品出了故都的秋的……特点”的形式表述。

3. 交流汇报（结合幻灯片点拨）。

示例：我从秋槐的落蕊中品出了秋的凄清。

我从秋蝉的残鸣声中品出了秋的寂静。

我从秋雨的忽来忽去中品出了秋的凄凉。

我从都市闲人的互答中品出了秋的清闲。

……

面对此情此景，我们不由诗兴大发，我们一起来做诗：

故都的秋天在哪里啊，在哪里？
它在破陋的小屋里，
它在浓浓的香茶里，
在小院的每一朵牵牛花上，
在秋槐的每一片落蕊里，
在秋蝉的每一声残鸣中，
在秋雨的每一个雨点中，
在秋枣的每一丝微黄里，
在都市闲人的互答声中。
……（此处诗歌续写。）

四、总结归纳

在作者笔下，故都的秋就在故都的民宅内外、胡同两旁、槐树前后，就在天上，枝头，嘴边……从这些存在于天空地面，千家万户的秋姿、秋态、秋色、秋声、秋实、秋意中，可以看出作者对具有浓厚的北国地方特色的人情风物的热爱赞美，对故都的秋的神往、眷恋，可以看出作者借此流露出的真切深沉的民族感情和追求淡泊恬静、悠闲的生活情趣，也可以看出作者流露出的深沉的苦闷、忧思和落寞之情。

五、合作探究

尽管作者对秋极尽赞美之情，可我们从字里行间感受到的却是作者的寂寞、孤独、忧伤、悲凉，这是为什么呢？故都的秋在作者那个时代也不乏明艳之色，也有繁闹景象，作者为什么不写这些？此处可以结合12自然段寻找答案。

多媒体显示相关资料：

郁达夫，三岁丧父，从17岁开始，在异国生活十年，饱受屈辱和歧视。在个人性格方面，抑郁善感；在文艺和审美观方面，提倡“静的文学”，写的也多是“静如止水似的文学”，再加上当时的中国，连年战乱，民不聊生，郁达夫居无定所，颠沛流离，饱受人生愁苦，因此作者描写的悲凉已不是故都赏秋的心态，而是对整个人生的感悟。因此文章取材很自然地体现了“清、静、悲凉”的特点，而陶然亭的芦花、钓鱼台的柳影、西山的虫唱、玉泉的夜月、潭柘寺的钟声，虽说是令作者向往的帝都胜景，但游人云集，不够清静悲凉，不如民居家院，街头巷尾的秋味更足，更适合作者心境。这就是散文以情驭景，以景显情的艺术技巧。由此可见，散文鉴赏既要读懂作者笔下的客观景物，又要注意体会作者的情感，而对情感的体会还要结合作者当时的生活经历和本人的气质。

明确：1. 特别的人生经历和特别的个人气质。

2. 中国文人的悲秋情结。

六、拓展延伸

马致远的《天净沙·秋思》是把一个个的物象连缀成一首美妙的诗，郁达夫的《故都的秋》同样是借助于很多物象来表现故的都秋优美的意境，现请同学们仿照《天净沙·秋思》的格式，把故都的秋景连缀成诗，并表达出作者的感情。

例一：天净沙·秋情

破屋小院浓茶，漏光鸽声云霞，秋草秋果满家。槐蕊遍洒，落寞人飘天涯。

例二：天净沙·秋思

破屋槐树秋蝉，清晨浓茶鸽声，桥头树下闲人。秋雨话凉，寂寞人在故都。

例三：天净沙·秋思

碧天驯鸽秋枣，牵牛槐蕊长草，秋雨闲人斜桥。秋蝉残鸣，古都秋有味道。

例四：天净沙·秋思

漏光鸽声碧天，秋草蓝朵残垣，秋雨秋枣人闲。槐蕊满地，赏秋人在北边。

七、总结全文

读完全文，你认为作者是在颂秋还是在悲秋？

明确：作者在秋景中融入了向往和眷恋，主观情感中又有秋的落寞，而且全文的基调是忧伤的、悲凉的，因此可以说，本文是作者对故都的秋的一曲悲凉的颂歌。

附：板书设计

故都的秋　　郁达夫

清　静　悲凉

《一剪梅》教学设计

张贺坤　大庆市第四中学

【教材分析】

孟子说："说诗者，不以文害辞，不以辞害志。以意逆志，是为得之(《孟子·万章上》)"。在赏诗时，不仅要从字、词、句入手，还应从整体观照，把握意象、感悟意境，在准确解读的基础上窥见作品的意旨和作者的情感。知人论世，是指在鉴赏作品时应该深入探究作者的生平经历和性格特征，全面了解作者所生活的时代和环境，与作者进行心灵上的碰撞，这样作品情感基本就可以把握，也是解析作品的重要环节。

【教学目标】

1. 知识与技能：立足意象与意境，体会词人相思闲愁；把握李清照前后期词风及特点。

2. 过程与方法：自由鉴赏，比较拓展阅读。

3. 情感态度价值观：知人论世、以意逆志，品味李清照细腻的情愫，体悟真善美的情感。

【教学重点】立足诗词，把握李清照前后期词风特点。

【教学难点】字、词、句中饱含的情愫。

【教学手段】白板辅助

【教法与学法】提问点拨、启发式追问、个性化解读

【教学过程】

一、导入新课

猜一副对联（白板）：大明湖畔趵突泉边故居在垂柳深处。

[作者简介]张贺坤（1987年—），黑龙江五常人，大庆市第四中学，一级教师，主要从事中国古代文学（先秦汉魏六朝文学）研究。

漱玉集中金石录里文采有后主遗风

这是郭沫若先生在李清照纪念堂中所写的一副楹联，挂在“漱玉堂”门口两侧。

李清照是我国词坛中一位奇女子。她把三分眼泪、七分才气凝结成篇篇妙语，让人柔肠百转。今天我们一同走近李清照，走进《一剪梅》。

二、词牌特色

一剪梅：梅花枝干比较柔软，不易折断，古人用剪刀剪断来采撷梅花，“剪”逐渐由动词转变为量词，“一枝梅”即“一剪梅”。

后又有周邦彦“一剪梅花万样娇”诗句，词牌从此流传。

三、读词品味

师生配乐朗诵：①纠正字音；②体味全词蕴含的情感 —— 愁情。

问：这种愁情为哪种?

明确：闲愁。

问：直抒胸臆的句子有哪些?

明确:“一种相思，两处闲愁。此情无计可消除，才下眉头，却上心头。”其中，“闲愁”为词眼，因相思而生闲愁。

四、背景介绍

伊世珍《琅嬛记》:“易安结缡(lí)未久，明诚即负笈(jí)远游。易安殊不忍别，觅锦帕书《一剪梅》词以送之。”

明确：离别 —— 相思 —— 闲愁。

五、赏析全词

主问题：词人是如何抒发相思闲愁的?请从练字、意象、意境、情感角度分析作答。

（一）“红藕香残玉簟秋”（白板）

1.点明季节，荷花凋谢，玉簟生凉，萧条、冷落的秋季，渲染了环境的氛围，有人去席冷之意。

2. 季节更替，丈夫离家，倍生思念，魂不守舍，浑然不觉。

3. 以点带面，荷花已谢，其他花木就更难见到，一叶知秋之感。

4. 荷花寓红颜，荷花香残色损，预示红颜易老，青春易逝，美好时光无人与之共度。

5.“红藕香残”客观景物，视觉、嗅觉；“玉簟秋”主观感觉，触觉。主客为一，情景交融（白板）。《白雨斋词话》记载：“易安佳句，如《一剪梅》起字七句：‘红藕香残玉簟秋’，精秀绝伦，真不食人间烟火者。”

（二）“轻解罗裳，独上兰舟”（白板）

1. 这是词人在孤寂中想到排遣寂寞的方法，她成功了吗？

2.“轻”，轻手轻脚，小心翼翼，怕惊扰别人，更怕别人打扰，两个人的生活，独自回味甜蜜的苦楚。

3.“独”，一个人独上兰舟，不禁勾起往事，想起与丈夫双双泛舟的情形，诗情画意，夫唱妇随，如今形单影只，本欲泛舟消愁，怎奈愁更愁！（徐志摩《再别康桥》。）

（三）“云中谁寄锦书来？雁字回时，月满西楼”（白板）

1. 传统意象，雁：思乡、雁足传书月：思乡怀人（试举几例：“举头望明月，低头思故乡。”“海上生明月，天涯共此时。”“但愿人长久，千里共婵娟”。）

2. 雁字空回，锦书无有；明月自满，人却未满。无边无尽的月色正如无边无尽的思念，独上西楼，看到明月与大雁，相思之情不禁再一次萦绕心头，挥之不去。

3. 倒装句：顺序：月满时——上西楼——望云中——见雁回——思及谁寄锦书来——赵明诚。

（四）“花自飘零水自流”（白板）

1. 落花与流水是眼前之景还是心中之物？

①眼前之景：落花、流水与“红藕香残玉簟秋”“独上兰舟”相暗合（触景生情）。

②心中之物：起兴的手法（借景抒情）“关关雎鸠，在河之洲；窈窕淑女，君子好逑。”“桑之未落，其叶沃若；桑之落矣，其黄而陨。”——先言它物以引起所咏之辞

2.“自”：

①物之自态，不顾词人感受，不停飘零，不断流逝，让人伤怀。

②词人心中无法排遣的愁绪，这落花与流水可以是人生、年华、时光、爱情、别离……

总之，落花流水不解人情，相思之愁挥之不去，徒增无可奈何的伤感与凄楚。

（五）“一种相思，两处闲愁。”（白板）

“一种”“两处”：数词，此情一而二，二而一，由相思而深化成愁。人居两地，情发一心，推己及人，二人相互信任，心心相印，爱情何等的旖旎、真挚、纯洁。

（六）“此情无计可消除，才下眉头，却上心头。”（白板）

1.“情”要用“计”消除，可见其重，又“无计”可消，可见其深。

2. 化用范仲淹的诗句：“眉间心计，无计相回避。”（白板）

问：李清照添加了“才下……却上……”（有什么妙处？）

明确：“上……下……”句式对“愁”的描写极其形象，化抽象为具体，化无形为有形，赋予愁一种运动形式，“才……却……”写出愁思运动转移速度之快，皱着的眉头刚要舒展，思绪又涌上心头，难于排解。这两句似乎又不合逻辑，更突显千愁万绪无法排解。

总结：词人找寻各种方法排解愁绪，但却无计排解，只因相思太重，闲愁太深。（生成板书）

六、拓展积累

“一般愁字别样情”，比较阅读《一剪梅》和《声声慢》（白板）。

1. 花（不同意象）

《一剪梅》——荷花：清丽，即使凋零满池，仍是轻盈雅致。

《声声慢》——黄花：即使盛开，无人采撷，无人保护，人同花样，憔悴瘦损，给人一种无人保护的孤寂与落寞。

2. 雁（相同意象）

《一剪梅》——传情之物，相思之情，希望。

《声声慢》——北来之雁，相识，念国思乡怀人，绝望。

3. 主题（愁）

《一剪梅》—— 闺阁相思之闲愁（儿女情长）。

《声声慢》—— 国破家亡夫死之悲愁（家国之思）。

总结：

1. 李清照前后期词风的不同：以“南渡”为界，前期 —— 明快妍丽 —— 轻、淡，后期 —— 词情凄黯 —— 重、浓（白板）。

2. 知人论世：结合词人所处时代背景和个人际遇分析词作。

七、归纳总结

本词属闺怨词，传统的闺怨词作者常为男性，以男性的视角书写女性内心。李清照的闺怨词则是以己之手书己之心，描摹自己的真实生活和内心情感，以女性的身份和特殊的人生经历塑造了与众不同的女性形象。她笔下的女子充满着青春活力和生命热情及鲜明的觉醒意识。可以说，李清照是我国词坛放射出的一道奇异的光芒，成为中华精神文明史上的一座丰碑，在以男性为主角的词坛上，李清照以女词人的身份卓然而立，“一代词宗”的美誉当之无愧！

八、布置作业

1. 背诵《一剪梅》。

2. 尝试填词，抒己之愁或喜。要求：字数 50~100，使用生动传神的字和意象，营造意境。

《伶官传序》教学设计

周美辰　大庆市第四中学

【教学目标】

1. 积累常见文言实词的含义、文言虚词的意义及用法，掌握词类活用和文言句式。

2. 学习本文严谨的论证结构和论证特点。

3. 明白“忧劳兴国，逸豫亡身”的道理，在反复诵读中体悟欧阳修对国家强烈的责任意识和文中名言警句对人生的启示。

【教学重难点】

1. 掌握本文重点字、词、句的意义、用法。

2. 学习文中历史人物、历史事件以及本文的例证和对比论证方法。

【教学手段】板书、多媒体

【教学方法】诵读法、问答法、探究法、点拨法

【教学课时】1 课时

【教学过程】

一、导入新课

“力拔山兮气盖世”的西楚霸王项羽在乌江自刎前，曾用一句话总结了自己惨败的原因：“天亡我也！非战之罪也！”他把自己失败的原因归结为天命。其实，不只是项羽，很多的帝王将相，平民百姓也都将人生的失败、苦难、命运的坎坷归咎于天命。那么这种看法对不对呢？今天我们一起来学习欧阳修的《伶官传序》，探讨一下事情的成败究竟源于天命还是人事。

[作者简介]周美辰（1986 年—），黑龙江大庆人，大庆市第四中学，一级教师，主要从事现代汉语研究。

二、解读文题

（一）伶官：

封建时代称演戏的人为伶，在宫廷中授有官职的伶人，叫作伶官。

（二）序：

序，是放在著作正文之前的文章。作者自己写的叫“自序”，内容多说明写作缘由、经过、旨趣和特点等；别人代写的序叫“代序”，常介绍和评论该书的思想内容、艺术特色；古代另有一种“赠序”，内容一般是对所赠亲友的赞许、推重或勉励之辞，有临别赠言的性质，如宋濂的《送东阳马生序》；还有一种写在诗歌前面的“诗序”，多交代与所咏诗歌有关的内容或作诗的缘起，如《孔雀东南飞》、白居易的《琵琶行》，前面都有一段序。

三、背景材料

（一）作者

欧阳修，字永叔，号醉翁，晚年号六一居士，谥号文忠，北宋吉水（今江西吉水人）。官至枢密副使，参知政事。欧阳修是北宋中叶的文坛领袖，诗文革新运动的倡导人，大力提倡古文，并且提拔和奖励后进。著名的古文家三苏父子、曾巩、王安石等都出自他的门下。他在散文、诗词创作和史传编写、诗文评论方面都有很高的成就，而尤以散文的造诣最高。后人把他列为唐宋八大家之一。著有《新五代史》《欧阳文忠公文集》，又与宋祁等合修《新唐书》。

（二）年代

五代，唐宋之间的五个朝代，即后梁、后唐、后晋、后汉、后周，是我国历史上战乱频仍的动荡时期。在这短短53年间，先后换了四姓十四个国君，篡位、弑君现象屡见不鲜。我们今天所学文章的主人公便是后唐中的一位君主，后唐庄宗李存勖。

四、合作探究

（一）朗读课文，尝试翻译

补充注释、用法、句式。

1. 与其所以失之者　　所以：表因果的固定格式……的原因。

2. 此三者，吾遗恨也　　恨：憾事。

3. 君臣相顾，不知所归　　顾：看。

4. 抑本其成败之际　　本：根据，这里是推究，推原。

5. 忧劳可以兴国，逸豫可以亡身　　兴、亡:使动用法;使……兴盛，使……灭亡。

6. 一夫夜呼,乱者四应,仓皇东出　　夜、东:名词活用作状语,在夜里,向东。

7. 方其系燕父子以组　　介词结构后置。

8. 为天下笑　　被动句 为：介词，被。

9. 智勇多困于所溺　　被动句 于：介词，在被动句中引出动作的主动者。

（二）设置问题，点拨重点。

1. 这是一篇思路清晰，一叹再叹、以叹始终的史论文。本文的论点是什么?

明确："盛衰之理，虽曰天命，岂非人事哉!"

2. 接下来欧阳修是如何论证自己的观点的呢?

明确：以庄宗为例，推究他得天下与失天下的原因。

3. 请结合庄宗生平理顺其得、失天下的过程。

明确：

908 年 23 岁，受命继志

912 年 27 岁，系燕父子以组

923 年 38 岁，函梁君臣之首　　得天下 ——15 年 —— 盛

926 年 41 岁，身死国灭　　失天下 —— 3 年 —— 衰

4. 欧阳修得出了哪些历史教训和道理启示?

明确:"满招损,谦得益""忧劳可以兴国,逸豫可以亡身""夫祸患常积于忽微，而智勇多困于所溺"。

5. 本文运用了哪些论证方法?

明确:举例论证,举庄宗为例;对比论证,将他得到天下和失去天下进行对比，得出教训和人生启示。

6. 同学们通过诵读名言警句能得到什么启发?

明确：

（1）学习中要戒骄戒躁；“三人行，必有我师焉”，虚心向他人学习。

（2）要有忧患意识；“生于忧患，死于安乐”，一山更比一山高，强中自有强中手，只有认识到自己的不足，才能有更大的进步。

（3）注意细节;细节决定成败，“千里之堤，毁于蚁穴”，不能一步登天，“不积跬步，无以至千里；不积小流，无以成江海”。希望大家在以后的学习或生活中认真地去实践这三点要求。

小结：欧阳修这篇序，实质上是为北宋统治阶级敲响警钟，以之为镜。同时，也可以说是为我们写的，使我们深切感到做工作、做学问，均应劳神焦思、力戒逸豫，平日要防微杜渐，专心致志地从事学习和工作。

五、拓展积累

万事起于忽微，量变引起质变 。

天下大事，必作于细。天下难事，必作于易。——《老子》

泰山不让土壤,故能成其大;河海不择细流,故能就其深 —— 李斯《谏逐书》

勿以善小而不为,勿以恶小而为之。—— 陈寿《三国志》

丢了一颗钉子，坏了一只蹄铁；坏了一只蹄铁，折了一匹战马；伤了一位骑士，输了一场战斗，亡了一个帝国！—— 西方民谣

学习如春起之苗，不见其增，日有所长；辍学似磨刀之石，不见其损，年有所亏。

—— 陶渊明

附：板书设计

论点：盛衰之理，岂非人事?

论证：举庄宗为例，原其得与失。

结论：忧劳可以兴国，逸豫可以亡身。

推论：祸患常积于忽微，智勇多困于所溺。

《荆轲刺秦王之易水诀别》教学设计

王艳红　大庆市第四中学

【教学目标】

（一）知识与能力目标

1. 复习上节课学习的文言词句，夯实文言基础知识。

2. 赏析易水诀别的场面描写，体会送别场面在文中的作用。

（二）过程与方法目标

①赏析与诵读相结合，增强文学人物形象整体感知能力并激发学生学习古文兴趣。

②合作探究，赏析“易水诀别”这一送别场面在文中的作用。

（三）情感态度与价值观目标：

体会刺客荆轲的视死如归、士为知己死，慷慨赴义等精神气质。

【教学方法】朗读法，讨论法等 。

【课时安排】一课时。

【教学重点与难点】

1. 赏析“易水诀别”这一送别场面在文中的作用。

2. 以樊於期自刎为突破口，引导学生站在历史角度，理解樊於期自刎与荆轲刺秦等行为的文化内涵。

【课时安排】1 课时

【教学过程】

一、情境入课，交代背景

秦乃虎狼之邦，以秋风扫落叶之势荡平赵国，向弱小的燕国扑来，燕国危

［作者简介］王艳红（1977 年—），黑龙江双鸭山人，大庆市第四中学，一级教师，主要从事中国古代文学研究。

如累卵。燕君臣震恐，太子丹计议刺秦王，荆轲慨然允诺。然接近秦王，谈何容易！遂有樊於期自刎甘献人头与荆轲，取信秦王。这就是上节课我们学习过的内容。今天我们继续学习《荆轲刺秦王》，去感受那易水诀别之悲壮（板书课题）。

二、回顾旧知，温故知新

回顾课文前8段，找学生翻译以下文言词句。

破　虏　尽收　北略　则　虽　岂可得　微　谒　有以　穷困　长者　深　涕　把　揕　偏袒　扼　切齿拊心　函　忤视　迟　俱　所以　不测

重点句：①夫今樊将军，秦王购之金千金，邑万家。

②父母宗族，皆为戮没。

三、整体感知，梳理文意

学生梳理前9段故事情节：

第一部分——开端（1~2段）：行刺缘起 /（大军压境、危如累卵、存亡困境）。

第二部分——发展（3~9段）：行刺准备 /（商量对策、杀身图报、准备信物、准备利刃、配备助手、怒斥太子、易水送别）。

四、研习文本，问题探究

讨论1：贪生恶死是人的本性，而樊於期自刎献头是那么从容而甘心情愿，如何理解他的行为。学生自由发言（教师聆听并结合文本引导）

大屏幕出示资料：

（伍）子胥入船，渔父知其意也，乃渡之千寻之津。

子胥既渡，渔父乃视之有其饥色，乃谓曰："子俟我此树下，为子取饷."渔父去后，子胥疑之，乃潜身于深苇之中。有顷，父来，持麦饭、鲍鱼羹、盎浆，求之树下，不见，因歌而呼之，曰："芦中人，芦中人，岂非穷士乎？"如是至再，子胥乃出芦中而应。渔父曰："吾见子有饥色，为子取饷，子何嫌哉？"子胥曰："性命属天，今属丈人，岂敢有嫌哉？"

二人饮食毕，欲去，胥乃解百金之剑，以与渔者："此吾前君之剑，上有七星北斗，价直百金，以此相答。”渔父曰:“吾闻楚王之命:得伍胥者，赐粟五万石，爵执圭。岂图取百金之剑乎？”遂辞不受，谓子胥曰：“子急去，勿留！且为楚所得。”子胥曰：“请丈人姓字。”渔父曰：“今日凶凶，两贼相逢，吾所谓渡楚贼也。两贼相得，得形于默，何用姓字为？子为芦中人，吾为渔丈人。富贵莫相忘也。”子胥曰：“诺。”既去，诫渔父曰：“掩子之盎浆，无令其露。”渔父诺。子胥行数步，顾视渔者，已覆船自沉于江水之中矣。

《吴越春秋》

师点拨：伍子胥命途多舛，父子为楚国忠心耿耿，尽心尽力，因为谗言全家被害。渔夫面对身负血海深仇，遭遇一路追杀的伍子胥，不顾危险施以援手。伍子胥的怀疑让他决然赴死，以牺牲自己的生命来保守秘密。翻开中国古典文学泛黄的书页，这样的故事不断上演：韩信被刘邦猜忌时钟离昧的死，眉间尺的死……我们就不难理解樊於期的自刎了。那就是“正义高于生命，信义高于生命，然诺重于生命”。更何况是身负家仇国恨的樊於期！

讨论2：荆轲一定要去刺杀秦王吗？

师生齐读易水送别一段，生自行疏通文义。

田光以生命为代价的举荐，太子丹的礼遇、恩惠，樊於期的生命之托，荆轲作为侠义之士一诺千金的个人信条，燕国危急的形势，这一切决定了荆轲必去刺秦。然而太子丹的怀疑致使荆轲在准备不足的情况下匆匆上路。荆轲这一去必是永诀，易水一别必定是荆轲生命中最后一次别离！

重点词语　　上：向上　　指：顶着

重点句子　　太子及宾客知其事者，皆白衣冠以送之。

讨论3：易水送别中哪些文字写得好？为什么？

(1) 白衣冠 《殽之战》中“秦伯素服郊次，乡师而哭”。

人未死，着孝服，为他戴孝，以明“死之志”，开篇营造一种庄严、肃穆和悲壮的氛围。

(2) 音乐的变化　为变徵之声，复为慷慨羽声。

变徵即为F，此调苍凉、凄婉，宜放悲声。羽声相当于西乐中的A调。音调高亢，声音慷慨激昂。

音乐的变化就是情感的变化，悲声是知道此去前路凶险定无生还之理。高亢是此去唯一死，既无退路，赴汤蹈火、破釜沉舟的毅然决然。虽悲而壮，慨而慷。

⑶“风萧萧兮易水寒，壮士一去兮不复还”。

萧萧摹写风声。古诗有“白杨多悲风，萧萧愁杀人”，风萧萧带来了高秋之意。寒气逼人的易水，景中渗透着歌者的别时之悲。寒风彻骨，易水冷如铁，作者营造了一个萧瑟、凄清的送别氛围，让读者有如身临其境之感，颇感悲壮！

⑷士皆垂泪涕泣。

泣，无声流泪或低声地哭。悲情压抑，愈被压抑愈深沉。

⑸士皆瞋目，发尽上指冠。

瞋目，目眦尽裂；怒发冲冠。随着音乐的变化，悲歌的加入，士兵从悲情压抑到激愤而同仇敌忾。流泪哭泣，可视为一悲，“瞋目”“发尽上指冠”——怒目圆睁，怒发冲冠，可视为一壮。悲燕国危在旦夕，悲荆轲此去九死一生；壮士为知己者死，壮同仇敌忾之气。

讨论4：点名朗读易水送别一段，要求揣摩情感，读出悲壮之感。

“悲壮”的“易水诀别”这一场面在文中有何作用？

总结

⑴营造悲壮的氛围。

⑵烘托荆轲“视死如归”“士为知己死”的精神气质。

⑵为下文荆轲“血溅秦廷”做铺垫。

师小结：风声萧萧，易水生寒。素服的送行者，唱起悲歌的荆轲，悲壮慷慨的音乐，怒发冲冠的士兵，只身犯险的勇者，这一切让易水之别成为中国文学史上最悲壮的离别！我想起哈维尔的一句话，“我们坚持一件事情，并不是因为这样做了会有效果，而是坚信，这样做是对的。”

《归园田居》教学设计

齐志伟　大庆市第四中学

【教学目标】

1. 知识与技能：能从炼字、意象等角度自主鉴赏诗歌。

2. 过程与方法：问题驱动，自主鉴赏的基础上进一步拓展探究。

3. 情感态度与价值观：引导学生体会诗歌的思想感情，品诗而后品人，感悟诗人的人格魅力。

【教学重点】鉴赏诗歌，体会诗人的思想情感。

【教学难点】诗歌的拓展探究，理解陶渊明的隐逸情怀。

【教学手段】多媒体、朗读、品读、合作探究。

【教学流程】

一、导入新课

东晋大诗人陶渊明从小在家耕种，热爱田园。一次一位知县路过菜园，看见菜园里种有一畦向日葵，刚刚开放，于是灵机一动，便出上联：雏葵俯枝，小脸盘可识地理？让其对下联。陶渊明一听，这不是说自己是雏葵，能会耕种之事么？于是他略为思考，看见荷塘里茁出鲜红的荷苞，对出下联：新苞出土，大朱笔熟点天文！

向日葵、荷苞自然中的平常之物，文人一点，便意蕴深远。今天就让我们走进陶渊明的《归园田居》（其一），看看他笔下的自然之景，经他一点，有着怎样深刻的意蕴。

[作者简介] 齐志伟（1987 年—），黑龙江大庆人，大庆市第四中学，一级教师，主要从事中国现当代文学研究。

二、鉴赏诗文

我想大家在朗读时已经对这首诗歌有所感悟，你认为在鉴赏本诗时，最应该抓住题目中的哪一个字?（归。）那么作者从哪里归向哪里呢?（官场归向田园。）

官场本应是文人墨客尽显才华，一展抱负之地，作者为什么要离开官场归向田园呢? 从开篇到哪句诗为止体现他要归向田园呢?（找同学朗读“少无适俗韵——池鱼思故渊”。）

好，现在我找同学通过解读这些诗句来谈一谈作者为何要归向田园。（从个别的字、词、意象入手。）

说到“旧”“故”我们想到远在他乡的游子始终在遥望故乡的方向,“羁鸟”“池鱼”又怎能束缚于此，失去自由也就失去生的动力。误落尘网的陶渊明也在努力挣脱这张官场之网，陶渊明看透了官场的错综复杂、蝇营狗苟，对此深恶痛绝，因此他在挣脱，也在寻找。对于陶渊明，唯一能让他驻足遥望的便是他的田园。

下面就让我们走进他的田园，体会一下他的田园生活，以及他归后的心情又是如何?（齐读描写田园生活的诗句。）

同学们分析陶渊明的田园环境及他的生活情趣。

如此之景，如此之情，作者看过后的那份闲适喜悦，不言而喻。

三、教师总结

纵观全诗，我们从“归”入手，欣赏了陶渊明为我们描绘的这幅清新自然、恬静美好的田园风光图。其中，有近有远、有动有静、有声有色、有淡有浓，有活泼的生机、有自然的趣味、有曾经的烦扰，更有如今的释然。任何惜乎刻意的观察终不及渊明那无意中的感受。这种感受，是陶渊明多年官场压抑之后心灵即刻的安宁;是陶渊明重返田园那种久别重逢的欣喜;是陶渊明舍弃羁绊,我心依旧,对自由的向往。带着这种感受让我们有感情地朗读全诗。

四、拓展训练

陶渊明被称为“百世田园之主”“千古隐逸之宗”，若想真正了解陶渊明，我们必须再次走进他的诗歌，走入他的内心。

乙巳岁三月为建威参军使都经钱溪

园田日梦想，安得久离析？

归园田居（其五）

欢来苦夕短，已复至天旭。

此时陶渊明担任江州刺史，可见身在仕途，心在田园。归隐后，新生活如同天旭般灿烂。

拟古（其七）

日暮天无云，春风扇微和。

癸卯岁始春怀古田舍

平畴交远风，良苗亦怀新

春风含情，良苗萌动，田园之景与心交融，景含情，人含笑。

移居（其二）

农务各自归，闲暇辄相思。

相思则披衣，言笑无厌时。

闲暇谈笑，劳动不再成为负担，有情趣的田园生活是一种精神的享受。

归园田居（其三）

种豆南山下，草盛豆苗稀。

晨兴理荒秽，带月荷锄归。

道狭草木长，夕露沾我衣。

衣沾不足惜，但使愿无违。

劳动的充实融入于山村美景之中，脱离尘俗，回归自然的闲适喜悦。

饮酒

结庐在人境，而无车马喧。

问君何能尔？心远地自偏。

采菊东篱下，悠然见南山。

山气日夕佳，飞鸟相与还。

此中有真意，欲辨已忘言。

离开官场，回归自然，精神高贵，毫无名利之念的精神世界。

拓展总结：

远离仕途，回归田园，景美、情美、劳动美、生活美、处处美，成就了陶渊明的精神世界。对于这种回归田园，隐逸情怀，苏轼这样评价："欲仕则仕，不以求之为嫌，欲隐则隐，不以去之为高……古今贤之，贵其真也。"人贵真，诗亦贵真，这才是陶诗的魅力所在。

但也有人认为陶渊明的归隐是一种消极的避世。

五、课堂总结

陶渊明就是这样一个人，心不为形所役，人才会向往自由，才能回归生活的本真。正是凭借这份本真，陶渊明义无反顾地选择归隐，选择亲近自然，在自然与哲理之间打开了一条通道，在生活的困苦与自然的旨趣之间达成了一种和解，坚守了中国知识分子"穷则独善其身"的至高理念，为后世文人开辟了一条精神出路。

学完这首诗，老师希望大家有所收获，当生活不能给予你所有时，要学会取舍，坚守内心的本真。梦想注定是孤独的旅行，路上少不了质疑和嘲笑，但，那又怎样？哪怕遍体鳞伤，也要活得漂亮。

最后将陶渊明的一首诗送给大家："放浪大化中，不喜亦不惧，应尽便须尽，无复独多虑。"随着阅历的增加，你会发现生活真的需要这份洒脱，这份率真。

让我们以饱满的热情，恬淡的心境，朗读全诗。

附：板书设计

归园田居

陶渊明

官场——误——归——爱——田园

樊笼——久——返——复——自然

六、布置作业

我心目中的“田园”。

七、教后反思

诗词鉴赏是高中语文课中的教学难点，高考中失分较多。所以平时教学中，一定要注重培养学生的鉴赏思维，提升自主鉴赏的能力。要从读懂诗到品味诗，能力在提升，境界也在扩大，这样渐渐学生的鉴赏思维就形成了，这应是我们课堂追求的方向。本堂课在鉴赏诗歌时，充分调动学生的能动性，力求让学生自主鉴赏，教师只做适时的提点、总结。“诗无达诂”我们期待在一堂诗歌鉴赏课程中，碰撞出智慧的火花！

此外诗歌的情感分析也要立足文本、立足现实，诗人的人格魅力光耀千古，这丰富的营养要让学生充分吸收。学生要从诗歌中、诗人中寻找力量，找到方向！

《归园田居》教学设计

乔凤彩　大庆市肇源县第一中学

【教学目标】

（一）知识与能力

1. 了解山水田园诗的相关常识，了解陶渊明及时代背景。

2. 品味关键词句，理解诗意，欣赏意境，把握诗中情感。

（二）过程与方法

1. 学生交流储备和心得；

2. 教师归纳梳理，通过分析《归园田居》使学生进一步感知山水田园诗的特征，体会鉴赏诗歌的常规方法；

3. 运用鉴赏方法，解决问题。

（三）情感、态度与价值观

1. 体会诗中作者对官场的厌恶和对田园生活的热爱。

2. 把握作者的隐士情怀，领悟归真守拙志趣。

【教学重点】

1. 把握诗中重点词句，理解内容，体悟诗情。

2. 运用鉴赏写景诗词的方法解决相关问题。

【教学时数】一课时。

【教学过程】

每个人心中都有一处美丽的所在，那里没有尘嚣，只有闲静；没有羁绊，只有自由；那里有明月松间照，清泉石上流；那里有池塘生春草，园柳变鸣禽；古代有一群文人将自己心中的桃花源映射在现实的乡野山林，用诗去书写精神的家园、灵魂的港湾。他们的诗被称为山水田园诗，是中国古典文坛上的一朵奇葩。

[作者简介]乔凤彩（1969—），黑龙江省肇源县人，大庆市肇源县第一中学副校长，高级教师，主要从事高中语文教学及管理工作。

今天我们就走近这群人，走近这些诗，一品其香。

（导语设计意图：通过诗意的语言，创设教学情境，能让学生有些感性的了解，更能激发学生的学习兴趣，进而引出正题。）

先来了解一下山水田园诗的发展脉络。

通过田园诗鼻祖——陶渊明的压卷之作《归园田居》（其一）体味一下。先来温习一下陶渊明的相关知识。

回忆一下初中学过的另一首《归园田居》（其三）。

这首诗最后两句“衣沾不足惜，但使愿无违。”表达什么思想感情？——表明自己隐居躬耕，不与世俗同流合污的愿望。

教师范读。

大家读。齐读。我们来鉴赏一下。

先看标题——有一个字是题眼，将全诗内容串缀，起到了统摄全篇的作用？——是“归”（板书“归”）。

围绕这个字，从下面四个问题入手来赏鉴这首诗歌。

——从何而归？归向何处？为何而归？归去如何？

先来看第一个问题——从何而归？

明确：官场（板书“官场”）。

——身处官场，作者是什么感受？

——官场污淖，令人窒息，不自由。

用了比喻，将官场比成束缚人的尘网和樊笼（板书“口”）。

用了类比，将自己在官场类比成在笼中的鸟和在池中的鱼（板书“鸟”“鱼”）。这样说来作者就应是官场中的囚人（板书“口”中之“人”）。

③作者对于自己出仕为官用怎么样的一个字做出总结？

——误。（板书“误”）

这个“误”反映出作者怎么样的思想感情？

反映出作者对官场生活的厌恶，对自己曾经的选择的极度痛悔。

接着来看第二个问题——归向何处？归向田园，归向自然。

①作者在诗中写了田园中哪些具体的景物（意象）？找出诗句读一下。描绘了怎样的生活场景？

方宅、草屋、榆树、桃李、村庄、炊烟、狗吠、鸡鸣。非常普通的村居生活场景（板书“村居”）。

②为什么这些寻常的农村生活场景一经作者写出便生出让人心驰神往的美感呢？以我观物，物皆着我之色彩。表明作者对田园生活的热爱。爱它它才美丽。

这段描写创设了怎样的意境？用了什么手法？

白描：
- 方宅十余亩，草屋八九间（田畴平阔，屋舍俨然）
- 近景：榆柳荫后檐，桃李罗堂前（绿意润泽，桃李芬芳）
- 远景：暧暧远人村，依依墟里烟（村落悠然，炊烟朦胧）
- 声音：狗吠深巷中，鸡鸣桑树颠（犬吠鸡鸣，以动写静）
- 明确：淡雅开阔，恬静和谐，宛若仙境的田园，怎能不让弃官归隐的诗人流连忘返呢？

其实乡村的生活是艰苦的，作者为什么毅然决然地从官场退隐乡间呢？第三个问题——为何而归？

——少无适俗韵，性本爱丘山。

是本性让他对乡野充满了眷恋与热爱，这种召唤让他挂印归乡。

——羁鸟恋旧林，池鱼思故渊。

官场上的八面玲珑和尔虞我诈，让诗人感到厌倦，厌恶。

因此才选择“开荒南野际”，在这片园田里可以——守拙（板书“拙”）。退隐乡野，独善其身。

这里面“守拙”的“拙”指什么？自然、纯洁、刚正的本心。“守拙”就是守住本心，保持精神上的正直与高洁。

那么归去如何？也就是说回到乡间的生活与在官场上的生活有何改变？作者的心情怎样？

通过“无尘杂、有余闲”（板书“无、有”）“久”“复”，没有了官场上的纷纷扰扰，党同伐异，回归自然（板书“自然”），伫立原野，笑对南山，心灵和晨风一起舞蹈，灵魂和清泉一同歌唱。拥有了久违的自由、闲适、洒脱。人格提升，赛了神仙。（板书“人”）官场生活、田园生活两相对比，我们不难理解为什么在陶渊明眼中乡村生活是那么可爱了。

全诗在这种喜悦中收束。再回顾一下内容。

（教学过程设计意图：通过诵读整体感知，通过提问、讨论，深入理解探究内容和方法，通过总结、归纳和点拨，提炼整合，进而固化结论，整个过程以学生为主，既能调动学生学习的积极参与热情，又能让学生真正深入理解掌握鉴赏这类诗歌的方法，形成技能。）

下面从鉴赏的角度总结一下这首诗如下三方面的特点——意境特点，抒发情感，表达技巧。

通过这首诗的学习，想提供给大家一个范例，该如何鉴赏一首写景诗歌。

其实所谓鉴赏就是弄懂作者在诗中写了什么景（意象和意境），抒发了什么情（情感和主旨），怎样抒发的（表达技巧）。

在山水田园诗发展的过程中形成了其独特的艺术特点，我们来了解一下。自编两段顺口溜帮助学生分析诗歌，解决相关问题。

外 围 篇

作者身世判眼光，背景事由触感伤。

标题如扉细细叩，注释高妙金钥藏。

内 部 篇

寻象关注动叠形，象象结境境含情。

情景关联因技巧，风格套用记分明。

知识了解了，诗歌分析了，方法给出了，那么，需要我们学以致用，牛刀小试一下——

附：课堂练习及课后作业：

田园乐　　　　　（唐）王维

桃红复含宿雨，柳绿更带朝烟。花落家童未扫，莺啼山客犹眠。

（1）这首诗在写景方面有哪些特点？

答：诗中有画，绘形绘色；动静结合，情景结合。

（2）诗中的“山客”是怎样的心境？

答：这是一首写景抒情诗，体现了诗人内亲近自然的闲适恬静的心境。

滁州西涧　　　　（唐）韦应物

独怜幽草涧边生，上有黄鹂深树鸣。春潮带雨晚来急，野渡无人舟自横。

（1）诗的第一句表明了作者对涧边草的什么情感？最能体现这一情感的是哪个字？

答：情感。喜爱。体现情感的字是：怜。

（2）后两句历来为人们称道，这两句描绘了哪些意象？这些意象又创设出一种怎样的意境？表达出作者什么样的感情？

答：意象：春潮、雨、野渡、舟自横。

意境：创设出一种孤寂、闲适的意境。

感情：作者自甘寂寞的恬淡胸襟。

书湖阴先生壁　（宋）王安石

茅檐长扫静无苔，花木成畦手自栽。一水护田将绿绕，两山排闼送青来。

注：排闼，闯进门来。闼，小门。

"两山排闼送青来"用了什么修辞手法？有什么妙处？结合全诗看，表达了作者怎样的情感？

答：该句使用了拟人的手法。

写开门见"山"，"两山"似迫不及待地把苍翠的山色"送"进门来（点明拟人具体内容）。化静为动，化无情为有情，赋予山以灵性，生动地写出了田园风光的盎然生机。

写出了诗人身处其间的愉悦，表现了诗人对这种美好的田园生活的喜爱之情。

《小狗包弟》教学设计

万　云　大庆市第四中学

教学目标

1. 能够正确评价作家放弃小狗包弟的行为。

2. 领悟作者深刻的思想和真挚的感情，培养学生的反省忏悔意识。

教学重点

领悟作者深刻的思想和真挚的感情，培养学生的反省忏悔意识。

教学与方法

了解巴金，导入新课。快速概括文意，把握作者的情感，探究文章的主旨及重要段落。《随想录》介绍，拓宽视野，引导学生深入思考，进行价值观教育。

一、导入新课

师：同学们好，请坐，今天我们一起研习巴金先生的一篇文章《小狗包弟》（板书课题）。说起来中国现当代文学的大师，巴金老人啊、冰心老人啊、钱钟书先生啊、季羡林先生啊……有一些值得我们国人骄傲乃至世界骄傲的文学大师，他们的学术造诣和人格魅力，都堪称世界一流。好的，同学们请看这样两段文字。（展示屏幕一：舒乙、王火对巴金的评价。）

屏幕一：中国现代文学馆馆长舒乙先生在巴金先生九十八岁华诞的庆贺会上，说过这样一句话："有你在，灯亮着，我们不在黑暗中，我们放心了。"

诗人王火在《敬寿巴老百岁》的诗中写道："时光如水，巴金是金；真心真爱，深意深情"。

师：第一句话是现代文学馆馆长舒乙先生对巴金老人的评价，第二句话是新生代诗人王火对巴金老人的评价。好，同学们齐读一下划线部分的句子，起。

[作者简介] 万云（1979—），黑龙江大庆人，大庆市第四中学，一级教师，语文教研组组长，主要从事高中语文教学研究。

二、问题牵引

从这两段文字里我们看到了巴金老人之于国人的巨大影响和深远价值。巴金先生也是语言大师之一，现在就请同学们打开书 32 页,《小狗包弟》，请划上自然段。

问 1：文章共 13 个自然段，现在请同学们自由地阅读文本，可以默读，可以出声读。思考这样一个问题,“我”和小狗包弟之间经历了哪三个阶段的情感变化? 请读书。

师:好,读到这里吧。哪个同学想好了,先说一说,咱们交流一下。(生回答 1 ~ 2 人，6 分钟)

解析：

A. 你读书很精细，三个阶段概括得很准确，老师很高兴。谢谢。

B. 你第一阶段分析得很准确，后两个阶段我觉得你概括得欠准确。

C. 请你继续阅读文本，你自然会发现巴金先生为我们提供的表现他情感的文句。

三、教师解析

小狗在　　欢快而忧虑

小狗走　　“轻松”而沉重

小狗死　　煎熬而自责

问 2：同学们看到了巴金先生和小狗之间有这样的情感变化，我想我们也会有一些思考，巴金先生为什么会选择一只小狗做这样的反思，而且很深刻，集中在那几段呢? 同学们找一找。请同学们读 11 ~ 13 段，寻找最能代表巴金先生思想情感和反思精神的一句话。

导学：同学们做了一些思考，也都有自己的感悟，老师很高兴，老师也做了一点思考，我想啊，我们是不是从这样四个角度来审视巴金老人所做的自我解剖。

1. 作为作家的巴金，他是敏感而有良知的。

2. 作为普通人的巴金，他是善良而有同情心的。

3. 作为当事人的巴金，他是恐惧而又痛苦的。

4. 作为目击者的巴金，他是那样的震惊而又无可奈何。

问 3：我们今天学习的《小狗包弟》选自《随想录》，这本书有同学读过吗？请举手，你知道多少，为大家介绍一下。

扶学：老师为大家准备了一点小资料，请看巴金的《随想录》简介。

《随想录》是巴金文学道路上的又一座丰碑，一部无比沉重的“忏悔录”，一部说真话的大书。

问 4：为什么巴金的《随想录》被给予了这么高的评价，我想啊，他作为有良知的作家，选择一只小狗作为记叙的对象，通过以小见大的手法，来说真话，写真事，给了我们一次灵魂的洗礼，下面我们走进巴金先生的《随想录》，作拓展性阅读。

四、拓展阅读

文段一：那些时候，那些年我就是在谎言中过日子……我回头看背后的路，还能够分辨这些年我是怎样走过来的。我踏在脚下的，是那么多的谎言，用鲜花装饰的谎言。 ——《随想录·真话集》

文段二：在白天里我忙碌，我奔波，我笑，我忘记了一切地大笑，因为我戴了假面具……在黑夜里我卸下了我的假面具，我看见了这世界的面目，我躺下来，我哭，为了我的无助而哭，为了看见人类的受苦而哭。 ——《复仇》

文段三：只有在反胡风和反右运动中，我写过这类不负责任的表态文章，说是划清界限，难道不就是“下井投石”？！ ——《怀念非英兄》

文段四：我没有想到就这样我的笔会变成了扫帚，会变成了弓箭，会变成了解剖刀。要清除垃圾，净化空气，单单对我个人要求严格是不够的，大家都有责任 。 ——《随想录·合订本新序》

师：（第一遍播放后）来，同学们任选其中你感受最深的使你最震撼一段文字，谈谈你的感悟。（文段 1~4 循环播放）（1~2 生，谈得好，继续 3~4 人。不好的话，就过去。）

五、课堂小结

同学们谈得很好，我建议大家课后多读读《随想录》，巴金先生敢说真话的担当，敢于解剖自己的勇气，会给大家做人、做事、做学问带来一些帮助和启示，这是老师的一个愿望。老师还有第二个愿望，文章的第一段老师没有解读，我们在分析巴金情感变化时也没涉及，那么第一段文字在文中有什么作用呢？这有一个留白，请大家课后再做一些研究。

下课！

《琵琶行》教学设计

任恒　　大庆市第三十九中学

【教学目标】

1. 掌握本诗的主要内容，理清诗歌的结构。

学习本诗以文字表现音乐的写作手法。

2. 学会运用本诗描写音乐的高妙手法。

提高学生用文字描写音乐的写作能力。

3. 激发学生对古典诗歌文化的热情。

【教学重点】体会文章音乐描写的妙处。

【教学难点】把握声音的特点和音乐的节奏变化。

【教学思路】采用情景导入——整体感知——局部研读——综合领悟——迁移提高的教学模式，体现教师的主导作用，学生的主体地位。

【教学方法】运用激越法、问题法、点拨法、情感体验法相结合的教学方法。

【教学资源】教材 多媒体 课件

【教学课时】第 2 课时

【教学过程】

一、意境导入

走在湖畔，千年之前的那声裂帛，仿佛就在耳边，仿佛就在昨天，那一瞬间，白居易走在歌女的弦上，琵琶声响在诗人的诗里，拨弦的人轻拢慢捻，弦上的人醉不成欢。这节课我们就伴着优美的《琵琶语》，走进白居易的琵琶行。

在轻柔的音乐背景下，教师深情的朗诵：

［作者简介］任恒（1985 年—），大庆市第三十九中学，一级教师，致力于古代文化在高中语文课堂应用的研究。

二、整体把握

（一）教师范读课文，学生感知，概括文章的主要内容。

明确：

在一个风清月白的夜晚，浔阳江边的诗人与一位沦落江湖的歌女相遇，诗人被其琴声感动、二人互述身世的故事。

（二）学生扫读课文，回答以下问题

诗中几次写到琵琶女的演奏？他们分别呈现在诗中的哪些地方？

明确：文中三次写琵琶女的演奏。

第一次：忽闻水上琵琶声，主人忘归客不发。

第二次：寻声暗问弹者谁……唯见江心秋月白。

第三次：江州司马青衫湿。

三、赏析文本

请精读第二段，看一看作者用了哪些表现手法来描写音乐的？（学生会马上找到比喻。）

（一）比喻（板书）

1. 我们学过苏轼的《赤壁赋》，其中就有描写音乐的句子，谁来说说？

明确：

其声呜呜然，如怨如慕，如泣如诉，余音袅袅，不绝如缕。

2.“如怨如慕，如泣如诉”用了什么手法？描写音乐怎样的特点？

明确：

（1）比喻的手法。

（2）写出了洞箫声音的萧瑟悲凉。

3. 现在请一名同学朗读课文第二段，其余同学分小组合作共同完成以下的问题：

（1）哪些地方运用了比喻？

（2）这些比喻分别描写声音怎样的特点？

（3）从整体上把握这首曲子的音乐是如何变化的？

①经过合作寻找答案后，各小组展示讨论的结果。

②重点强调："大弦嘈嘈如急雨，小弦切切如私语"是用急雨的声音来喻大弦的演奏，写声音之急促；用窃窃私语来喻小弦的演奏，写声音的轻细。这是用了以声喻声的手法。

找一找第2段中还有哪些以声喻声的句子?

明确：以声喻声

大弦嘈嘈如急雨

小弦切切如私语

大珠小珠落玉盘

间关莺语花底滑

幽咽泉流冰下难

银瓶炸破水浆迸

铁骑突出刀枪鸣

③教师质疑："间关莺语花底滑"到底描写声音怎样的特点呢?谁有不同的看法?（学生回答。）

为什么是"滑"呢?"滑"的反义词是什么？

明确：

冬天溜冰，一滑就到了很远的地方，以此想到滑的反义词应该是涩、钝、迟，所以可以看出声音是流畅的、愉悦的。

作者这样以声喻声有什么好处?

明确：充分调动人们的视觉和听觉，发挥人们的想象，使形象更加生动。

4.小结：

比喻句与音乐的特点：

比喻句	音乐特点
大弦嘈嘈如急雨	粗重深沉
小弦切切如私语	细腻柔美
大珠小珠落玉盘	圆润清脆
间关莺语花底滑	婉转流利
幽咽泉流冰下难	低沉抑郁

银瓶乍破水浆迸　激越高亢

铁骑突出刀枪鸣　气势雄壮

四弦一声如裂帛　戛然而止

音乐的节奏：

从粗重深沉到急切愉悦，再到幽愁暗恨，直到激越雄壮，最后突然戛然而止。

（二）叠词

1. 第二段中，作者除了用比喻来描写音乐之外，还用了什么方式？

提示："大弦嘈嘈如急雨" 除了用比喻的手法外还用了什么方式？

嘈嘈 —— 嘈嘈 ——

明确：叠词（板书）。

2. 第二段中还有哪些地方用了叠词？

明确：小弦切切如私语，弦弦掩抑声声思。

3. 对于叠词我们应该很熟悉，刚刚学过李清照的《声声慢》，我们一起回忆一下？

明确：寻寻觅觅，冷冷清清，凄凄惨惨戚戚。

小结：叠词富于语言音乐感、节奏感，朗朗上口。

（三）侧面烘托

1. 第二段中，作者除了用比喻和叠词来描写音乐，还用了什么方式？

①教师启发：先把这个问题放一放，老师请大家看美女。

行者见罗敷，下担捋髭须。

少年见罗敷，脱帽著帩头。

耕者忘其犁，锄者忘其锄。

——《陌上桑》

②这一看就是描写罗敷的美，罗敷长得有多美？像范冰冰吗？诗歌直接告诉我们了吗？那是如何传达罗敷的美呢？

明确：通过少年、耕者等人的行为来突显出罗敷的美。这种通过别人的行为来突显主体的方式叫 —— 侧面烘托（板书）。

2. 找一找第二段中哪些地方用了侧面烘托来描写音乐？

明确：东船西舫悄无言，唯见江心秋月白。

3. 文章当中还有哪些地方用了侧面烘托的手法来描写音乐?

明确：主人忘归客不发（第一次演奏）

江州司马青衫湿（第三次演奏）

4. 小结：

使被烘托者更加鲜明、生动，同时起到突出强调的作用。

四、课堂总结

琵琶声渐行渐远，是什么让萍水相逢的两个人惺惺相惜呢?下节课我们共同走进白居易的内心世界。

齐读第二段,然后提问:把无形的音乐变成形象的文字,可以运用哪些方法?它们有什么作用?

明确：

比喻 —— 形象生动

叠词 —— 朗朗上口

侧面烘托 —— 突出强调

五、布置作业

1. 背诵诗歌第二段。

2. 分小组讨论李贺的《李凭箜篌引》和《琵琶行》在内容和表现手法。

附：板书设计

表现手法
- 比喻 —— 生动形象
- 叠词 —— 朗朗上口
- 侧面烘托 —— 突出强调

《定风波》教学设计

任书文　大庆市第四中学

【教学目标】

1. 理解词作意思，学习苏轼旷达坦荡，无惧困难的胸怀。

2. 体会诗歌中包含的人生哲理。

【教学重点】理解作品的思想内容，体会旷达渺远的意境和作者豁达的胸怀。

【教学难点】学习通过行为描写来表现人物思想感情及一语双关的手法。

【教学课时】1 课时

【教学流程】

一、了解作者，知晓背景

（一）作者简介

苏轼（1037－1101 年），字子瞻，号“东坡居士”，北宋眉州眉山（即今四川眉山）人，是宋代（北宋）著名的文学家、书画家。他与他的父亲苏洵、弟弟苏辙皆以文学名士，世称“三苏”。且苏轼与唐代的韩愈、柳宗元和宋代的欧阳修、苏洵、苏辙、王安石、曾巩合称“唐宋八大家”。并与黄庭坚、米芾、蔡襄被称为最能代表宋代书法成就的书法家，合称为“宋四家”。苏氏四门生为：秦观、黄庭坚、晁补之、张耒。

嘉祐元年（1056 年），二十岁的考中进士。神宗即位后，任用王安石支持变法。苏轼上书反对，自求外放，调任杭州通判，后又被调往密州、徐州、湖州等地。后发生“乌台诗案”，差点被杀，被贬为黄州团练副使。

哲宗即位后，又不能容于旧党，因而再度自求外调。他以龙图阁学士的身份，再次到阔别了十六年的杭州当太守。苏轼在杭州修了一项重大的水利工程，也就

[作者简介]任书文（1978 年—），大庆市第四中学，一级教师，主要从事高中语文教学研究。

是著名的“苏堤”。

元祐八年（1093年）新党再度执政，八年后回京，北归途中，卒于常州，谥号文忠。

（二）乌台诗案

苏轼被贬到湖州时写了谢上的表文“臣愚不识时，难以追陪新进，老不生事，或可牧养小民”。表中的话被人摘取，以为他有诽谤朝廷之意。于是下到御史台狱，那里有柏树，所以也叫柏台，上有乌鸦，故称乌台。他写的诗中有“根到九泉无曲处，此心唯有蛰龙知”，差一点被处死。在这九死一生之后，东坡写了《念奴娇》（大江东去），在黄州写了《定风波》（莫听穿林打叶声）。所以经过忧患苦难，苏东坡还能写出这样飞扬、这样潇洒、这样开阔、这样博大、这样超旷风格的作品来，这是苏东坡的修养。

二、解词释句，整体感知

（一）学生朗读（读准字音）

同行（xíng）吟（yín）啸（xiào）一蓑（suō）

（二）教师范读　读出节奏

莫听\穿林\打叶声，何妨\吟啸\且徐行。竹杖\芒鞋\轻胜马，谁怕？一蓑\烟雨\任平生。料峭\春风\吹酒醒，微冷。山头\斜照\却相迎。回首\向来\萧瑟处，归去，也无\风雨\也无晴。

（三）强调下列词语的意思：

1. 芒鞋：草鞋。

2. 吟啸：吟唱长啸，表现泰然自若的情态。

3. 料峭：形容微寒。

4. 齐读

5. 尝试背诵

三、品味语言，鉴赏形象

（一）首句“莫听穿林打叶声”写雨，抓住雨怎样的特点来写的？

雨骤风狂。

（二）“徐行”且“吟啸”，描写了词人怎样的心态？

闲适、坦然的心态。

（三）“竹杖芒鞋轻胜马，一蓑烟雨任平生”，是如何以小见大的？

词人竹杖芒鞋，顶风冲雨，从容前行，以“轻胜马”的自我感受，传达出一种搏击风雨，笑傲人生的轻松、喜悦和豪迈之情。“一蓑烟雨任平生”，此句更进一步，由眼前风雨推及整个人生，有力地强化了作者面对人生的风风雨雨而我行我素、不畏坎坷的超然情怀。

（四）过片到“料峭春风吹酒醒。微冷。山头斜照却相迎”三句，给我们以怎样的人生启示？

（1）阳光总在风雨后。

（2）也许正当我们感到绝望的时候，希望和转机已经在前面等着我们了。

（3）失败和成功是一对孪生兄弟，失败来了，成功还会远吗？

（4）祸兮福所倚，福兮祸所伏。

（5）阴雨之后必有阳光，生活中要充满乐观和希望。

（五）“回首向来萧瑟处，归去。也无风雨也无晴”，你如何理解句中的“风雨”和“晴”的？这三句是此篇的画龙点睛之笔，道出了词人在大自然微妙的一瞬所获得的顿悟和启示，请谈谈是怎样的一种顿悟和启示？

（1）“风雨”比喻词人生中的逆境，如各种政治打击和人生险途。“晴”比喻春风得意的顺境。

（2）人生有顺逆、有成败、有荣辱、有福祸。但无论处于何种境地，我们都要以坦然而超脱的心态去对待，胜不骄、败不馁、福不喜、祸不悲，这样才能完成自己的人格修养。风雨改变不了苏东坡，也改变不了我们。

（六）讨论：“莫听穿林打叶声，何妨吟啸且徐行。竹杖芒鞋轻胜马，谁怕？”刻画了怎样的抒情主体形象？加点的词语表现了词人怎样的精神？

提示：这几句话描写了一个穿着草鞋，拄着竹杖，迎着疾风骤雨，缓缓而行，时而吟唱时而又长啸的潇洒旷达的抒情主体形象，“莫听”“何妨”“谁怕”是关键词，写出了词人在“同行皆狼狈”，其“独不觉”，欣然前行的独立人格精神。

（七）思考："一蓑烟雨任平生"表现了怎样的品质？

提示：自己平生任由各种各样的风吹雨打都是无所畏惧的，表现了词人无惧苦难，勇敢前行的意志品质。

评改依据："五准"原则

①定准题点；②找准诗眼；③抓准主旨；④采准分点；⑤用准词句。

以下四题每题 3 分，你认为所列举的这些答案该打多少分？请简要分析。

（1）在风雨中，"同行皆狼狈"，而词人却能"吟啸且徐行""竹杖轻胜马"，表现了他怎样的心情？

①表现了作者很乐意，很享受当时的雨景，同时表现作者当时勇于面对现实、乐观无拘无束的心情。

②表现了诗人豁达、平静、与世无争的轻松心情。

③运用反衬表达了作者对雨的喜爱和轻松闲逸、自由自在的心情。

④表现了作者的无奈、悲观的心情。

参考答案：闲适、轻松、自如。

（2）"一蓑烟雨任平生"的意思是什么？表达了诗人怎样的人生态度？

①意思是一场风雨正如人生的波折。表达诗人不拘泥于小节，乐观，始终怀着远大志向的人生态度。

②意思是作者一生穿越了多少风雨迷蒙的路，表达了诗人表面轻松对走过的悲伤的乐观，但实质却消极面对未来的人生态度。

③人的一生充满困难，风雨满途，表达诗人乐观阔达的人生态度。

参考答案：披着蓑衣在风雨中过一辈子也处之泰然。反映作者不避风雨，听任自然的生活态度。

（3）"也无风雨也无晴"中"风雨""晴"的含义是什么？

①"风雨"指官场上的争斗，"晴"指官场外的闲适生活。

②"风雨"指官场上的互相倾轧，"晴"指一帆风顺，没有灾害，暗含官场的争斗。

③"风雨"既指刮风下雨，又指对词人的贬官；"晴"既指雨后初晴，又指词人重新被皇上重用。

参考答案：处境的好坏，官职的升降，地位的得失等。

（4）这首词与《念奴娇》“人生如梦，一尊还酹江月”的感情基调是否相同？为什么？

①不同。《念奴娇·赤壁怀古》的基调极为雄壮、激昂，而这首词的基调较为悲凉。

②不同。这首词的基调是乐观恬淡，而《念奴娇》则比较潇洒、豪放。

③“人生如梦”多少表达了诗人无奈之情，也包含了对官场的些许期盼等待之情。而此词，应是后期的作品，是诗人思想内容的转折，显示了其归隐之心，是看淡官场，向往田园之情。

参考答案：不同。前者表现词人豁达、乐观、积极的心境；后者则反映其消极悲观的人生态度。

提示：学生对诗歌主观题的命题形式基本了解，但在真正读懂诗歌的思想内容，把相关的表达技巧与具体的诗句联系分析，准确、规范地解答主观题的能力还有待提高。所以，设计4道评改题，依据“五准”原则，训练学生准确、规范地解答主观题的能力。

四、分析手法

讨论，“回首向来萧瑟处，归去，也无风雨也无晴”的表层含义和深层含义，说说这样写的好处。

提示：这句话的表层含义是回头看狂风大作、骤雨肆虐的情形，现在一切都归于平静；其深层含义是无论人生遭遇多少苦难，只要坦然面对，一切苦难都会成为过去。这是一语双关的手法，以曲笔直抒胸臆，从生活小事件中见出人生大哲理。

五、布置作业

1. 背诵默写《定风波》。

2. 完成课后练习第二、四题。

《清兵卫与葫芦》教学设计

果婷婷　大庆市东风中学

【教学目标】

1. 知识与技能：学习本文塑造人物形象的方法，把握细节描写的作用。

2. 过程与方法：梳理小说的情节和内容，把握小说的主题思想。

3. 情感态度与价值观：关注青少年个性自由发展，批判对孩子天性的扼杀。

【教学重难点】

1. 把握故事的线索与脉络，体会人物间的矛盾冲突。

2. 关注小说的细节描写，增强在阅读和写作中对细节的敏感。

【教学课时】1 课时

【教学过程】

一、创设情境，导入新课

"大人常以为小孩什么都不懂，但大人什么都懂却不懂小孩。"——朱德庸

这是漫画家朱德庸的一句名言，大家觉得他说得有道理吗？在你成长的过程中，是否也有不被年长者理解的情况呢？今天，就让我们一起走近一个叫清兵卫的孩子，看一看他和他身边的大人之间发生的故事。

二、初读文本，整体感知

（一）作者介绍

志贺直哉（1883–1971），日本著名小说家，被日本评论家誉为"小说之神"。日本近代文学史上一个重要流派"白桦派"的主要代表。处女作《菜花与少女》，代表作长篇小说《暗夜行路》。

[作者简介] 果婷婷（1986 年—），大庆市东风中学，一级教师，研究领域是传统文化教法。

（二）浏览课文，整体感知（找同学填空）

课文主要描写了一个叫清兵卫的孩子与葫芦的故事。叙述方面采用倒叙的手法，以葫芦为线索，首尾呼应，主要内容：（清兵卫）痴迷葫芦、（清兵卫）买葫芦、（教员）没收葫芦、（父亲）砸碎葫芦。

三、精读课文，探究问题

（一）小说开头写清兵卫与葫芦用了“热衷”一词，课文中哪些细节体现了清兵卫对葫芦的“热衷”？

明确：课文3、4自然段和后半部分有一些，主要集中在第5段。

根据小组讨论，总结归纳，可概括为玩葫芦、看葫芦、买葫芦三个方面。

玩葫芦　常常　不停　不倦
坐　收拾　装　包　放　藏　看
系　挂

看葫芦　专心　错看　呆呆　一个人

买葫芦　立刻　喜欢　心头发着跳
喘着气　急匆匆地　跑
片刻不离

这些细节描写有什么作用?

明确：文中的几处细节描写，生动传神地写出了清兵卫对葫芦的喜爱，对人物形象的塑造有重要作用。

（二）对于清兵卫的爱好，大人是什么态度?小说通过哪些情节来表现大人的态度?

明确：要回答这个问题，首先需要找到题干中的“大人”在文中所指。通过阅读课文不难发现，“大人”主要指“客人”“父亲”和“教员”。情节方面，“客人”的态度主要是通过和“父亲”的对话表现出来的，“教员”的态度是通过没收葫芦的情节和家访的情节表现出来的，而“父亲”作为本文中“大人”的最典型的代表，他的态度是通过和“客人”的对话，以及砸碎葫芦的情节表现的。

客人：嘲讽

父亲：很不高兴、呵斥、抓、
揍、骂、砸碎

教员：气得声音发抖、没收、访问（告状）、训斥

大人的态度：轻视、反对、压制

（三）小说结尾写了什么内容？有什么作用？

清兵卫放弃葫芦，迷上了画画，可是他的父亲，对于他的喜欢绘画，又开始嘀咕了。

清兵卫：正热衷－新寄托－不怨恨

父亲：又嘀咕

作用：深化小说主题、增强悲剧意味、暗示冲突永存

四、拓展阅读，能力培养

问题：概括《风筝》一文的主要内容，并说一说与《清兵卫与葫芦》有何相似之处。

明确：《风筝》讲述了一对兄弟与风筝之间的故事。哥哥认为弟弟玩风筝是玩物丧志，阻止弟弟玩风筝并粗暴地毁坏了弟弟亲手做的风筝。多年后，哥哥认识到了自己当年所犯的错误，诚心向弟弟道歉，却依然得不到心灵上的救赎。

相似之处：

形式方面：都以某物为线索（风筝、葫芦）。

内容方面：孩子的热衷、天赋，年长者的粗暴扼杀。

情感方面：对年长者自以为是的否定和批判，对保护儿童自由天性的呼唤。

五、展示素材，布置作业

（一）人类登月第一人——美国宇航员尼尔·阿姆斯特朗小时候对妈妈说："妈妈，我想要跳到月亮上去。"他的妈妈说："好啊，不过一定要记得回来喔！"

（二）邓亚萍身材矮小，却喜欢打乒乓球，所有人都不看好她，但是她的父亲对她说："你很优秀，真的！"

（三）达尔文小时候喜欢搜集风干的植物和死了的昆虫，还幻想自己捡到的化石价值连城。他的父亲从未制止他，老达尔文说："这说明这个孩子富有想象力，有一天他会把这种才能用在正事上的。"

看了以上几则材料，联系今天学习的《清兵卫与葫芦》，你有什么感想吗？

请结合自身经历谈一谈。

【教学反思】

《清兵卫与葫芦》这篇小说虽然篇幅较短，但却有很多值得探究的地方，比如故事情节 、人物形象、细节描写、摇摆理论、矛盾冲突、主题把握等。想要在短短的一课时之内完成这些内容,几乎是不可能的。所以在进行教学设计之初,我就在教学目标上做了取舍。

摇摆理论学生比较陌生，不易理解，参考网络上其他的教学设计作品，有在教学过程中穿插摇摆理论而显得较为生硬的弊端，可能反而会打乱整节课的教学节奏，所以我舍弃了这一教学目标。

这个单元的主题是情节，情节设计往往是整部小说最匠心独运之处，但一篇好小说，应该是行云流水，让人找不到设计的痕迹的,《清兵卫与葫芦》就是如此。人物形象的塑造、矛盾冲突的展开，以及文章主旨的把握，都与情节的发展密不可分，因而在精读课文的环节，让同学们仔细阅读课文，抓住细节描写，就能很轻松地完成教学目标。

《清兵卫与葫芦》最打动和震撼我的地方，在于小说所要表现的成人对孩子天性与天赋的摧残与扼杀。自以为是的“大人”总是想要摆布孩子，让孩子完全按照他们的意志去成长，殊不知这样葬送了多少“天才”。所以在教学设计中,我想唤起同学们与清兵卫情感上的共鸣，吸引他们去发现、去思考。

从课堂反应来看，收效不错，导语的设计，对《风筝》的拓展阅读，激发了大家的阅读兴趣。而从正面展示鼓励孩子个性成长的几个例子，也为同学们课后练笔提供了正面论证的论据。

课虽上完了，感触却始终萦绕在心头，但愿我们在生活中，不要成为这样的教员和家长，但愿所有孩子都能按照他们的天性自由地成长。

《定风波》教学设计

赵晓菲　大庆市第三十五中学校

【教学目标】

知识目标：

1. 理解这首词的思想内容。

2. 鉴赏艺术手法。

能力目标：体味旷达渺远的意境和作者豁达的胸怀，感受古典诗词的艺术魅力。

情感目标：感悟诗歌中包含的人生哲理。

【教学重难点】

1. 词所抒发的感情及抒情特点。

2. 理解这首词的思想内容，体味旷达渺远的意境和作者豁达的胸怀。

【教学方法】朗读法，讨论法

【教时安排】1 课时

【教学过程】

一、导入新课

以著名文化学者余秋雨先生关于“成熟”的一段阐述导入：

“成熟是一种明亮而不刺眼的光辉，一种圆润而不腻耳的音响，一种不再需要对别人察言观色的，一种终于停止向周围申诉求告的大气，一种不理会哄闹的微笑，一种洗刷了偏激的冷漠，一种无需声张的厚实，一种能够看得很圆却又并不陡峭的高度。”那么同学们知道余秋雨这一段文字是在评价中国历史上哪一位名人么？是的，他就是我们都熟知的北宋著名文学家苏轼。我们学过

[作者简介]赵晓菲（1989 年—），大庆市第三十五中学校，二级教师，主要从事高中语文教学研究。

《赤壁赋》，领略过一位胸怀超然，哲思深刻的苏轼。我们学过《江城子·密州出猎》，感受过一位豪情万丈、快意恩仇的苏轼。我们也学过《水调歌头》，走近过情深义重、柔肠百转的苏轼。那么今天，让我们一起学习《定风波》，从新的侧面去窥探这位伟大而平易的文学巨人。

二、诵读感悟，疏通文本

教师范读：范读之前要求学生读准字音、把握节奏，初步感受这首词中所表达的感情。

思考：结合小序，这首词讲述了一个怎样的事件？

明确：作者和友人去沙湖买田归来，在道路中，风雨大作，同伴皆狼狈躲雨，作者却不以为意。

追问：那么词中上下两阕，有哪些语句描写了这场风雨？（板书：自然风雨。）

明确：穿林打叶（雨之猛烈、雨之急切。）

料峭春风（春风微冷，吹酒醒。）

山头斜照（雨过天晴，见阳光。）

概括：上阕写雨中情景，下阕写雨后感受。

追问：细读上阕苏轼在这场风雨中的做了什么？（同伴都狼狈躲雨。）

（提示：找出关键词语。）

表现：吟啸徐行 竹杖芒鞋（拄着竹杖，穿着草鞋，轻松自在，一边吟诗长啸于天地之间，一边闲庭信步于风雨之中。）

我们再读这首词，结合一些关键字词看看苏轼对于这场风态度如何？

态度：莫听（不在意，与同行人的狼狈对比）；何妨（不妨，且歌且行，无论风吹雨打，我自闲庭信步）；谁怕？（胆不颤，心不惊，不怕风吹雨打）；任（泰然自若，任凭风吹雨打）；归去；无（雨过天晴，回首再望，已无风雨）（板书：莫听，何妨，任，谁怕，归去）。

教师总结：面对疾风骤雨，苏轼没有退缩，没有躲避，而是闲庭信步，吟诗长啸，那么我们在朗读的过程中需要把这些表达苏轼态度和感情的词语读重一些，这样节奏和感情要分明一些。

齐读：这一遍要比第一遍好多了，看来大家已经渐入佳境。那么我们再看上下两阕，一会儿疾风骤雨，穿林打叶；一会晴空万里，春风料峭。作者的态度也从不怕，任凭，到归去和也无风雨也无晴，现在请大家结合这首词创作背景和以前对苏轼经历的了解，去思考：这里的风雨仅仅指自然风雨吗？有没有更深层次的意义？

三、知人论世，深化文本

学生表述：乌台诗案——苏轼反对王安石的变法，招致改革派的不满，当时有人故意曲解他的诗句，大做文章，穿凿附会，说他讽刺变法。最终，苏轼以“文字毁谤君”相被捕下狱，坐牢 103 天，濒临被杀境地，史称“乌台诗案”。

教师补充：乌台诗案之后，1080 年作者被贬黄州，1082 年作此词。乌台诗案，让苏轼魂魄飞扬，“梦绕云山心似鹿，魂飞汤火命如鸡”，差点一命呜呼，打击至深。

同学们，乌台诗案只是苏轼人生风雨中的一个缩影呀！请看这张幻灯片。杭州、密州、徐州、湖州十年的外放生活，之后因乌台诗案，入狱 103 天；现在，被贬黄州，人生不自由；以后，预测不到的风雨更多，改贬汝州，后回朝，又外调到杭州，再回朝，又贬谪到颍州，惠州，儋州，再被召还，却死于途中。时间长达 32 年，被贬的地方之多达 10 个，无人能及，足可见他的心灵伤害之大。所以，他自己有一首自嘲的诗“心似已灰之木，身如不系之舟。要问平生功业，黄州惠州儋州”。

那么，这首词中的风雨还有什么深层次的内涵呢？

明确：人生风雨，政治风雨。（板书：政治风雨，双关。）

四、涵脉品咏，体悟苏轼

过渡：同学们，我们已经知道苏轼一生风雨起伏，宦海沉浮，面对人生的大风大浪，面对官场的沉浮不定，我们再读这首词，结合我们所讲的一些关键词和关键句，去探讨：在这首词中，我们看到一个怎样的苏轼形象？请用一个词进行概括。

小组讨论展示：

1. 沉着自若："莫听穿林打叶声"，再大的穿林打叶声，都打不乱作者既有的步伐,他视风雨为无物,吟啸徐行,闲庭信步,泰然自若。(注意"莫听"二字。)

2. 豪迈洒脱："竹杖芒鞋轻胜马"，作者认为竹杖芒鞋无所畏惧，只要你以之为乐，一样可以轻胜马（注意"轻胜马"三字，适当可以追问学生，深入思考，炼字炼词）

3. 旷达超然："也无风雨也无晴"，无论任何人生风雨，宦海浮沉，在作者眼里都可以安之若素。(注意品"无"字,菩提本无树,明镜亦非台。本来无一物，何处惹尘埃？只要旷达处之，不以物喜，不以已悲，纵浪大化中，不喜亦不惧，那么世间也再无风雨。)

4. 无所畏惧：谁怕？一蓑烟雨任平生。不惧任何人生风雨，一身蓑衣，任凭人生狂风骤雨。关注"任"字，补充郑板桥的《竹叶》"千磨万击还坚韧，任尔东西南北风"。

5. 随遇而安:料峭春风冷，山头斜照暖，风雨无常，人生不定，祸福难晓，不如"过去"，看破人生风雨，也无风雨也无晴。(提示：如何理解作者的归？无论是居庙堂之高，还是处江湖之远，对于苏轼而言都是外部世界，本无差别。他最后归到自已的内心中，心灵才是最好的避风港。)

过渡：笑对人生风雨，看破人生风雨，苏州在黄州的第三年真正走向了成熟。成熟是一种明亮而不刺眼的光辉，一种圆润而不腻耳的音响，一种不再需要对别人察言观色的从容，一种终于停止向周围申诉求告的旷达。这不正是苏轼的写照么？

五、拓展迁移，观照人生

卜算子·黄州定慧院寓居作 （苏轼）

缺月挂疏桐，漏断人初静。谁见幽人独往来，缥缈孤鸿影。

惊起却回头，有恨无人省。拣尽寒枝不肯栖，寂寞沙洲冷。

过渡：成熟和豁达是需要时间积淀的，面对人生风雨的苏轼，一开始也是和大家一样痛苦，怨恨、孤独和寂寞，那么，老师相信大家学了这首词，一定能将苏轼的乐观、豁达和豪迈融入自己的血液中，去笑对人生风雨。

所以，最后请同学们化用词中的一句话，写一段话，表达自己面对人生风雨的乐观和豁达。

总结全文：心有东坡词，人生无难题。人生再多的雨，经过东坡的过滤，都变成一片晴空了。苏轼为我们撑起了一把伞，撑出了一片晴朗的天空，我有竹杖芒鞋，何惧风霜雪雨？谁怕？一蓑烟雨任凭生。愿我们活得像他一样明达、一样豁达、一样旷达！

《蜀相》教学设计

马宪颖　大庆市育才中学

一、课前：课前预习，完成学案

（一）学法指导

以意逆志：欣赏诗歌时，从作品的整体出发，由表及里、由浅入深地理解诗作的主旨，用自己的切身体会去推测作者的本意。

知人论世：欣赏诗歌时，应该深入探究他们的生平和为人，全面了解他所生活的环境和时代，与作者成为心灵相通的好朋友。

鉴赏诗歌四个步骤：

⑴ 参读资料，了解诗人。

⑵ 初读感知，觅得诗心（基调）。

⑶ 涵泳字句，品出诗味。

⑷ 研读品评，滋养诗情。

（二）学习目标

1. 了解常见的艺术手法并运用其解读古代诗歌、体味意境。

2. 把握重点词语，分析景物意象，体味作者的思想感情和作品的深层意蕴。

3. 学会用以意逆志、知人论世的方法鉴赏诗歌。

（三）学习重点

1. 了解诗歌创作的时代背景，理解作者的思想感情，初步掌握古诗的诵读。

2. 把握诗歌的景与情，感受品味诗歌的意境。

（四）学习难点

把握本诗中所描述的景物特点及主旨。

[作者简介] 马宪颖（1986 年—），黑龙江大庆人，大庆市育才中学，一级教师，从事高中语文教学研究。

二、课中：导入新课，明确目标

（一）看对联猜历史人物

收二川，排八阵，六出七擒，五丈原前，点四十九盏明灯，一心只为酬三顾；取西蜀，定南蛮，东和北拒，中军帐里，变金木土爻神卦，水面偏能用火攻。——诸葛亮

诗史数千言，秋天一鹄先生骨；草堂三五里，春水群鸥野老心。

——杜甫

一位是三国时期军事家，一位是唐朝的诗人，这两位是如何跨越时空联系在一起的呢？今天我们来一起学习杜甫的《蜀相》。

（二）出示学标

1. 了解常见的艺术手法并运用其解读古代诗歌、体味意境。

2. 把握重点词语，分析景物意象，体味作者的思想感情和作品的深层意蕴。

3. 学会用以意逆志、知人论世的方法鉴赏诗歌。

三、课中：研读教材、自主解标

A 级问题一

如果让你用“一个 ______ 的杜甫”介绍作者，你会填什么词？为什么填这个词？

A 级问题二

1. 作者简介：

杜甫，字 ____，自称 ______。他创作的许多诗歌，显示了唐代由盛转衰的历史过程，被称为“____”，是我国古代 ______ 诗歌的代表。杜甫也被誉“____”。

在艺术上，他善于运用各种诗歌形式，风格 ______；语言精练，具有高度的表达能力。代表诗歌有《________》《________》。

2. 写作背景简介

此诗作于 ______（皇帝名号）上元元年 (760)。杜甫避乱的次年春天， 之乱仍未平息，唐王朝仍处于风雨飘摇之中；唐肃宗信任宦官，猜忌如杜甫这样

真正忧国忧民的文人。

杜甫经历了一系列仕途打击，其“______”的理想彻底落空。诗人流落蜀地，寄人篱下，困厄穷途，家事、国事均忧心忡忡，苦闷彷徨。在朋友的资助下，诗人定居在浣花溪畔。成都是当年蜀汉建都的地方，城西北有诸葛亮庙，称______。760年春天，他探访了诸葛亮庙，写下了这首感人肺腑的千古绝唱。

A级问题三

请大家朗读诗歌

要求：①读准字音；②读出诗歌情感基调。

设计意图：本环节旨在引导学生通过了解诗人及诗作背景，并通过朗读来初步感知《蜀相》诗歌情感基调。

四、课中：合作探究、重点讲标

（B级）问题一

首联：丞相祠堂何处寻？锦官城外柏森森。

1. 运用了什么方法描写“武侯祠”的？

2. 如果改为“蜀相祠堂今安在，锦官城外草木深”，好不好，为什么？

（B级）问题二

颔联：映阶碧草自春色，隔叶黄鹂空好音。

1. 王国维说：“‘红杏枝头春意闹。’著一‘闹’字而境界全出。”参考此说，此联里哪两个字跟境界的关系最为密切？

2. 原本应是肃穆庄严的武侯祠，作者为什么用“映阶碧草自春色，隔叶黄鹂空好音”的景色来表达呢？

（B级）问题三

颈联：三顾频繁天下计，两朝开济老臣心。

1. 概括了诸葛亮一生中哪几件事情？

2. 作者这样写有什么作用？

（B级）问题四

尾联：出师未捷身先死，长使英雄泪满襟。

1. 这一联写出了诸葛亮什么事儿？

2. 英雄是什么英雄?

3. 此联隐含着诗人 ______ 之意。

(B级)问题五

结合诗人及本诗的写作背景，探究本诗的主旨是什么？抒发了诗人怎样的情怀?

(B级)问题六

结合本诗的写作特点，描绘作者是如何表达自己的情感。

设计意图:本环节旨在引导学生通过小组合作的方式，自主、合作、探究，并采用“知人论世、以意逆志”的方法来进一步解读诗歌，探究诗歌感情。

五、课中:练测拓展、达成目标

结合知识链接，用知人论世、以意逆志的方法进一步深入理解唐代诗人李华《春行即兴》，完成题目:

春行即兴

宜阳城下草萋萋，涧水东流复向西。

芳树无人花自落，春山一路鸟空啼。

注释

(1)宜阳:古县名，在今河南省福昌县附近，在唐代是个重要的游览去处，著名的连昌宫就建在这里。

(2)芳树、春山:这两句互文见义，即春山之芳树。

1. 对这首诗中语句的解说，不准确的一项是(　　)(3分)

A. 第一句写宜阳城下春草生长茂盛。

B. 第二句写涧水东流然后转而西去。

C. 第三句写花儿因无人欣赏而凋落。

D. 第四句写鸟儿在春山间不断啼鸣。

2. 对这首诗的赏析，不恰当的一项是(　　)(3分)

A. 一、二两句分别描写萋萋芳草和潺潺流水，一静一动。

B. 三、四句中的“自”“空”渲染了春行路上的冷清氛围。

C. 全诗句句写景，描绘了一幅春行图，具有丰富的意蕴。

D. 全诗情景交融，以哀景写乐情，表达诗人的惜春之意。

设计意图：本环节旨在通过“达标练测”检验学生本堂课的学习效果，同时为学生下一步学习，教师下一步教学提供依据。

六、课后：跟踪学习、课后达标

1. 课后反思

2. 完成作业

3. 反馈未清问题

4. 导师指导成长

设计意图：教师对课堂教学进行回顾，写出课后反思，总结经验教训。对学生、学习小组在课堂上的表现进行分析评价，加深对各个学生的学习情况了解，对存在问题的学生、学习小组制定出帮教、督学、调整等跟踪措施。同时，注重关注自己承包的学生的学习情况，按照“思想上引导、学业上辅导、生活上指导、心理上疏导”的指导方针，及时与被承包学生沟通与交流，填写好导师工作手册，努力做好承包工作。

“研究性学习”教学设计

赵芳芳　大庆市第三十五中学校

【教学目标】

1. 知识与能力

了解中华优秀传统文化的特点，培养学生的主动学习的能力。

2. 过程与方法

（1）从学生生活和已有的知识储备入手，通过丰富的图片、音像资料、让学生感受传统文化的内容，增强感性认识。

（2）开展探究性学习活动，让学生在探究中形成观点，掌握知识。

3. 情感态度与价值观

（1）激发学生对祖国传统文化的热爱之情。

（2）在活动过程中培养学生自主探究精神、团队协作的精神。

【教学重点】

传统文化在当今社会的特点。

【教学难点】

传统文化作用的双重性。

【教学过程】

一、活动前期准备

自由组成小组，开展多种形式的活动，了解生活中某一方面的传统文化。

1. 将大家提出的专题进行归类，分别归为：神话传说、民间工艺、风俗习惯、诗词赏析、饮食文化。

［作者简介］赵芳芳（1976 年—），黑龙江大庆市人，大庆市第三十五中学校，高级教师，主要从事高中语文教学研究。

2. 根据自己感兴趣的问题组成专题小组，结合某一专题制定计划。

3. 各小组根据制订的研究方案，利用课余时间自主地进行社会实践调查活动并及时地记录活动中所获得的基本资料，在实践调查中发现新问题，随时做好记录。

二、活动过程

1. 教师：引导学生进行实践研究，协助他们做好记录，帮助他们做好资料的整理工作。

2. 学生：分小组进行社会实践调查活动并及时地记录活动中所获得的基本信息。

三、汇报活动成果

1. 导入

同学们，我们的祖国是世界四大文明古国之一，有着博大精深的传统文化。我们认识了古代大思想家孔子，了解了宇宙起源的神话故事，观赏了我国宋代画家张择端的《清明上河图》……其实，在我们的生活中处处都能感受到中华传统文化的魅力。今天就让我们一起走进传统文化世界，去感受它迷人的风采吧！（课件展示精美图片。）

2. 大串门

同学们积极开展活动，搜集到了许多材料，了解到了不少知识，想不想把它们展示给大家看看呢？下面先请各小组组长举起标志牌，大声宣读你们组研究的专题。

组长介绍，师总结，并归类贴词卡；

小组专题研究内容：

风俗民情、民间工艺、诗词赏析、饮食文化、神话传说、民族艺术。

3. 聊天室

同学们拿出自己在实践活动中收集到的资料，在小组内展示、交流，先相互介绍、欣赏大家收集的资料，然后小组协作，把收集到的资料整理，再商量用什么方式向大家介绍，选出代表参加全班“大比拼”的展示活动。

4. 大比拼

（1）每组同学都是有备而来的，那你们都研究了哪些方面的内容呢？“中华传统文化知多少”的大比拼现在开始！由每组派代表汇报，本组的同学可以补充，其他小组的同学可以提问也可以补充（小组依次用自己的方式展示活动成果，向大家展示一些文字资料、图片等。）

如以下的展示形式：

民间工艺组的制作展示：现场剪纸折纸并赠送个人作品等。

诗词赏析组的诵读展示：配乐朗诵关于传统节日的诗词。

民族艺术组的表演展示：现场演唱一段歌曲，演奏一段器乐，表演一段舞蹈。民俗风情组的话题展示：传统风俗民情手抄报，介绍少数民族特殊的风俗等。

神话传说组的趣味展示：我来演，你来猜。学生以诵、讲的形式，介绍有关歌谣、民间传说等。

中华美食组的多方位展示：绕口令——报菜名、我说你猜等。担担面、麻婆豆腐、酸辣豆花、夫妻肺片、棒棒鸡……饮食习俗：九大碗、罐罐肉、盖碗茶、鸣堂……（鼓励学生别具匠心的展示，充分肯定他们的创造力和想象力，以使学生个性得到充分张扬。）

（2）播放课件，升华情感

师：刚才看了你们的表演令我大开眼界，我对祖国的传统文化也有浓厚的兴趣，也专门搜集了一些资料，你们想看吗？（课件展示其他能体现祖国传统文化的图片。）

（3）拓展延伸

除了今天我们研究的专题，你还打算继续探究哪些内容呢？(学生自由发言。) 比如，你可以去制陶，体会制陶的乐趣；可以在中央电视台戏曲频道，欣赏京剧，感兴趣的同学还可以学唱几曲。我们可以用“灿烂辉煌、源远流长”来形容祖国的传统文化。

四、思维碰撞，形成理念

将学生分成正方和反方进行辩论，正方观点“传统文化是财富”，反方观点“传统文化是包袱”，先分小组讨论，准备辩论的事例和观点。选出几位学生进行现场辩论，在允许的情况下，其他同学，可以进行场外的提示。在教师的适时引导下，使学生在针锋相对的激烈辩论中，正确看待传统文化，形成辩证看问题的观点。

进一步生成知识，形成以下认识：

（1）传统文化的作用。

教师：通过刚才的辩论，我们明确了传统文化在世代相传中保留着基本特征，同时它的具体内涵也要因时而变，传统文化如果能顺应社会生活的变迁，不断满足人们日益增长的精神需求，就能对社会与人的发展起积极作用。反之，如果一成不变，传统文化也会阻碍社会进步，妨害人的发展。

（2）对待传统文化的正确态度。

师生共同归纳：

如何继承传统文化，正确的态度是“取其精华，去其糟粕”，批判继承，古为今用。在中华民族丰富多彩的传统文化中，有符合社会发展要求的、积极向上的内容，如“卧薪尝胆”精神，“和谐理念”等，应该继续保持和发扬。也有不符合社会发展要求的、落后的、腐朽的东西，我们必须“移风易俗”，自觉地加以改造或剔除。

五、学生践行，回归生活

为落实新课程生活化理念，让学生在生活中感受、在感悟体验中生成、在体验生成中提高，在课堂的最后环节，教师设计一个开放性作业，要同学们写一篇以“春节”为话题不少于800字的文章，已达到学以致用的目的。

校长论坛

关于语文教学的思考

王立杰　大庆市第四中学校长

［摘　要］语文学科是学校学科建设中最重要的学科，是其他学科建设的基础，肩负着传承中华优秀传统文化的责任，也是体现立德树人的教育思想的重要学科之一。我校的语文教学在传承中华优秀传统文化的基础上，做出了很多有益的尝试与探索，我们的语文课堂显得愈发厚重，越来越有生命力。

［关键词］语文教学　优秀传统文化　实践探索

我曾经思考过这样的问题：鲁迅、郭沫若、郁达夫等人都是现代文学史上的大家，堪称文学巨匠，可当初他们都是立志学医并且走过一段医学之路的，为什么弃医从文就能取得非凡的成就呢？毕淑敏、罗大佑也都是医学专业的毕业生，一位成了著名作家，小说、散文极其畅销；一位成了著名音乐人，作词、谱曲样样在行。这算不算一个奇怪的现象呢？我们的学生中能否出现一个周杰伦式的人物？当然不是长相，也不是唱歌，单单要他写出像《爱在西元前》《菊花台》一样的歌词。其实，答案很简单。上面提到的那些人成功的原因就在于他们的知识的丰富性，他们应该是突破了"术业有专攻"的局限，所以才能跨领域发展而依旧成绩斐然。

随着思考的深入，我又想到了另外的问题：在过去一段相当长的时期内，我们对于语文的教和学都没有给予足够的重视，总是把语文简单地定位为语文题目。教语文教什么？就是要教会学生做语文题的方法和技巧。学生学语文学什么？就是要学会做语文题的方法和技巧。于是，对于语文教学的评价标准就非常显见，那就是考试成绩；对于语文老师的评价标准也非常显见，那就是学生的考试成绩。因此，很多老师即便认识到了其中的弊端和不足，也会非常功利地去片面追求学生的考试成绩。语文就被狭隘地定位在字音、字形、标点、成语、病句等上，其实这是极端错误的，严重地影响了语文教育和学习的效果。

［作者简介］王立杰（1961年—），大庆市第四中学校长，特级教师，全国首批高中骨干校长、全国优秀教育工作者。研究领域为高中生物学科，主管学校教育教学。

语文，可以理解为语言和文字，也可以上升到语言和文学的层面，更应该提升到语言和文化的境界。什么是语文？语文就是一个民族的语言及其所承载的文化。所以，无论是教语文还是学语文，都不能局限于几本教科书和课堂上的四十分钟，更不能满足于几个所谓的解题技巧和试卷上的一个分数。语文的教学资源其实是没有穷尽的，语文的教学活动其实是没有止境的，这是我们应该也是必须认识到的。作为学校的管理者，则更应该及时地更新观念，转变认识，推进新的语文教学理念和模式。

教育，不仅仅要育人，使之由自然人变成社会人，由原始状态过渡到文明状态，而且还要承担起民族优秀传统文化传承的任务。这一点，体现在语文学科的教和学上，则更显得重要。

中华优秀传统文化中，有太多的精华等待着我们去汲取，有太多的资源等待着我们去发掘，有太多的传统等待着我们去传承。这是完成教育任务、达到教育目的的要求，也是必由之路和凭借。

因此，转变观念不能停留在认识上，不能体现在口头上，而应该落实到实际行动中。

首先，要要求和引领老师们加强学习，既要学习先进的理念，也要进一步学习专业知识。学习了先进的理念就可以快速地转变观念，尽快地完成角色的转变：自己不应该再做一个传声筒教书匠，而是要做一个引领学生去研读优秀传统文化的带头人。学习和丰富专业知识就可以使自己在原有基础上提升层次，老师的眼界要宽大于学生的眼界，才能真正成为一名引领者。学习的方式有很多种，自主研修的同时，也可以借鉴先行者的经验，还可以走进知识的原产地，去接受原汁原味的熏陶。

其次，要为师生营造一个转变观念，广阔天地、大有作为的氛围和环境。

第一，评价不唯分数。学校看重分数本无可厚非，但要一改前面的错误认识和做法，不单纯以分数为标准评价师生。教学效果可以有多种呈现形式，如学生的阅读种类和数量、学生认识和分析问题的深度和角度、学生的表达能力和写作水平等，这些都可以显示出一个人的素质和素养。唯其如此，才能使师生停止那种功利地教和学，才能让教师可以大胆地突破教材的局限，拓展教学资源的广度和深度；才能让学生有精力、有热情去学习一些本来所谓“无用”的东西，才能让学生一些“看课外书”的行为变得合理合法。传统文化的各种呈现形式就是最好的教材。

第二，广泛培养兴趣。我们不否认学生在课堂上、课本中学到的知识的价值，但是如果没有丰富的知识积累和沉淀作支撑，其实语文水平是不容易提高的。经典名篇《劝学》中还提出了“君子博学”的观点。广泛地学习，不仅仅要求内容的广泛，也要求形式的多样。听说读写四种基本能力应该形成和提高于多种形式的学习和活动中，兴趣才是最好的老师。所以，我们有责任有义务为师生解放思想，创造条件，培养学生的各种兴趣:阅读、写作、鉴赏、探究、诵读、演讲、辩论，甚至还有书画……

第三，开展多种活动。我非常喜欢中央电视台举办过的《汉字听写大会》《成语大赛》《诗词大会》，这不仅仅是一个节目、一场比赛，它的意义在于激发了各个阶层的国人的学习热情，学生自然就不会撇开历史，不会忘记传统，使优秀的传统文化得以传承。还有近期的“魅力中国城”的评选，更是在这方面起到了积极的作用。胜负在其次，关键是评选过程中对城市历史和文化的发掘，其实就是学习和受教育的过程，丰富了知识，提高了认识，更是增强了民族自豪感。这些节目形式也给我们以启发，我们也完全可以通过多种多样的活动来激发学生学习的兴趣和探究的欲望，进而得到更有效的收益。诗词的吟诵可以使学生更好地去体会古人的心境和情感，个性化的理解和赏析可以使学生见仁见智地发表自己的见解、借鉴他人的看法而弥补自己的不足，书画比赛可以使学生重新认识文房四宝，借助笔墨纸砚来重温其中的精神……

中华优秀传统文化是语文教学资源的一个部分，我们应该大胆地、及时地去开掘利用，这样，我们就既可能高质量地完成我们的教育教学任务，也可以高效地完成传承优秀传统文化的任务。

天地诗心，共筑文化自信

徐永刚　大庆市肇源县第一中学校长

[摘　要] 2018 年是新时代的开局之年，十九大描绘了未来 30 多年的美好蓝图，要把美好蓝图变成现实，就必须一步一个脚印走下去，那就是“九层之台，起于累土”。“累土”就是我们现在一步一步的工作，“九层之台”就是中华民族伟大复兴的宏伟蓝图，天地诗心，共筑文化自信。

[关键词] 宏伟蓝图　天地诗心　文化自信

习近平总书记在党的十九大报告中指出，深入挖掘中华优秀传统文化蕴含的思想观念、人文精神、道德规范，结合时代要求继承创新，让中华文化展现出永久魅力和时代风采。

2018 年新年伊始，习总书记在新年贺词中引用老子的“九层之台，起于累土”，展现事物开端重要性，以及积少成多的意义。引用中国共产党主要创始人之一李大钊同志名言“不驰于空想、不骛于虚声”，展示中国共产党人不忘初心、砥砺奋进的勇气担当。将近 1700 字的 2018 年新年贺词里，明显地引经据典共有四处：习近平在回顾过去一年的工作和成绩时，使用了“天道酬勤，日新月异”；在说到 340 万贫困人口实现易地扶贫搬迁，各类棚户区改造开工数提前完成 600 万套目标任务时，引用了杜甫的名句“安得广厦千万间，大庇天下寒士俱欢颜”；在展望十九大描绘的我国发展今后 30 多年的美好蓝图时，使用了“九层之台，起于累土”，要靠一步一个脚印，变蓝图为现实；2018 年将迎来改革开放 40 周年，说到将改革进行到底时，使用了“逢山开路，遇水架桥”。

“九层之台，起于累土”：这个典故来自老子《道德经》，原文是“合抱之木，生于毫末；九层之台，起于累土；千里之行，始于足下”。九层之台是什么台？是

[作者简介] 徐永刚（1966 年—），大庆市肇源县第一中学校长兼党支部书记。多次获得县劳动模范，县优秀教育工作者。大庆市劳动模范。黑龙江省“教书育人　管理育人　服务育人”先进个人，黑龙江省劳动模范。全国群众体育先进个人。主要从事教育教学管理研究。

一层又一层积累的高台；起于累土，“累”是集聚的意思，就是那么高的高台也要由一点一点的土集聚起来。意思就是：人要做成大事，就必须从基础做起，要长成一棵大树，要从一棵小树苗做起；要堆成一个高台，要从一点一点的土开始；要走出一千里路，要从一步一步迈出做起。

其实，习近平每年的新年贺词都有让人耳目一新或用意深刻的典故，比如2017新年贺词中的“新故相推，日生不滞”，出自明代思想家王夫之所著的《尚书引义·太甲》，指新旧事物交替变更，不会随着时间的变化而停滞不前。2016新年贺词中的“化干戈为玉帛”，比喻使战争转变为和平，鼓励各国走符合自身国情的发展道路，使合作共赢成为21世纪国际关系主旋律。2015新年贺词中“开弓没有回头箭”，宣示了继续全面深化改革的决心。2014新年贺词中的“一元复始，万象更新”，蕴含了丰富的传统文化信息，寄托了崭新的开端。

2015年9月3日，胜利日大阅兵的天安门城楼上，习近平以《诗经·大雅》中的“靡不有初，鲜克有终”，展望民族复兴的光明前景、世界和平发展的美好未来，让“正义必胜，和平必胜，人民必胜”的真理之声振聋发聩。

儒家讲究修身、齐家、治国、平天下。在治学方面，习总书记指出“学而不思则罔，思而不学则殆。”“知之者不如好之者，好之者不如乐之者。”“三人行，必有我师焉。”“博学之，审问之，慎思之，明辨之，笃行之。”“非学无以广才，非志无以成学。”在修身方面，习总书记曾说“莫见乎隐，莫显乎微，故君子慎其独也。”“三军可夺帅也，匹夫不可夺志也。”“慧者心辨而不繁说，多力而不伐功，此以名誉扬天下。”“君子检身，常若有过。”在以民为本方面有“民惟邦本，本固邦宁”“乐民之乐者，民亦乐其乐；忧民之忧者，民亦忧其忧”“知屋漏者在宇下，知政失者在草野。”

“幸甚至哉，歌以咏志。”千百年来，诗词始终是中国人的心灵独白。在习近平治国理政实践中，不少千古名句“似曾相识燕归来”，而又激荡起“新声曲度”，讲述的是今天的中国故事。或庄严、或豪迈、或深沉、或空灵，品读这些句子，人们品味的是多彩的中国、进步的中国、和平的中国、开放的中国。

“文化自信”，是近年来习近平使用的一个高频词。这份自信何来？首先来自老祖宗留给我们的深厚文化家底。别的不说，从诗经、楚辞、汉赋，到唐诗、宋词、元曲等，中国文艺星河灿烂，创造力之强大、成就之辉煌，在世界文化之林中独领风骚。

这份自信，更源于坚信中国文化、中国智慧对今天的中国与世界的巨大价值。吟咏习近平用过的诗句，人们可以感悟他治国理政的情怀与智慧、胸怀与自信。

述文明之多元，则借“一花独放不是春，百花齐放春满园”；励青年之志向，则言“宝剑锋从磨砺出，梅花香自苦寒来”；察风气之紧要，则有“历览前贤国与家，成由勤俭败由奢”；明信仰之坚贞，则用“千磨万击还坚劲，任尔东西南北风”；道爱民之情深，则引“些小吾曹州县吏，一枝一叶总关情”；不仅引用古典诗词，习近平还曾亲自填词《念奴娇·追思焦裕禄》。“百姓谁不爱好官？把泪焦桐成雨。生也沙丘，死也沙丘，父老生死系。暮雪朝霜，毋改英雄意气！”这首词情真意切、质朴动人，人们纷纷为之点赞，成为当代共产党人的“明志篇”。

古人云：诗者，天地之心也。诗人者，必有至真之性、至悯之情、至旷之怀也。“众里寻他千百度，蓦然回首，那人却在灯火阑珊处。”诗意不在远方，它就在我们心中。人生自有诗意，时代呼唤新篇，正如习近平总书记所说：“我们有责任写出中华民族新史诗。”

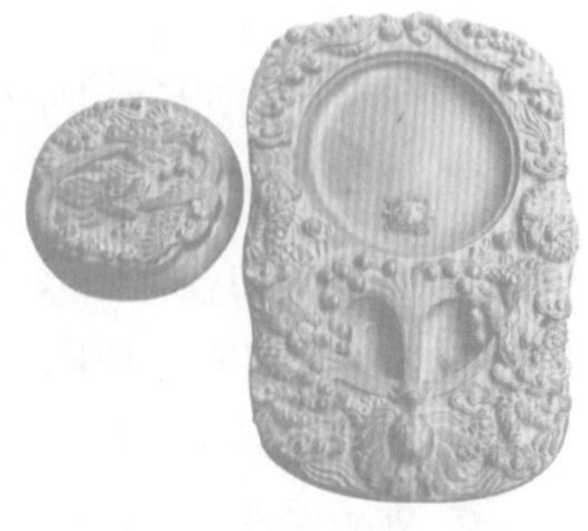

智慧教师与文化自信的有效教学

王志民　大庆石油高级中学副校长

[**摘　要**]有效教学不仅可以让学生在愉快的学习过程中提高学习效率，增强学习效果，同时能够让教师在教学过程中收获工作的成就感，体现教师的智慧。为了实现有效教学，智慧教师应制定有效的教学目标，关注目标的达成度；在教学过程中，关注环节设计的合理性；在教学效果的评价上注重“三度”的统一。

[**关键词**]有效教学　智慧教师　教学目标　教学设计　教学评价

常常听到教师这样抱怨，“一节课下来，讲得口干舌燥，学生听得昏昏沉沉，啥也没学会！”有时还会听到学生这样抱怨，“课堂死气沉沉，老师讲的没有一点意思！”每每听到这样的声音，我不禁感叹，既感叹于教师在课堂中的付出之大，又感叹于学生在课堂中的压力之大，更感叹于课堂教学的有效性之差。

那么，什么样的课堂才是有效的课堂呢？什么样的课堂才能让教者乐教，学者乐学呢？

“效”有“效果、功用”之意。“有效”，则指通过教师在一段时间的教学后，学生所获得的具体进步或发展。教学有没有效益，并不是指教师有没有教完内容或教得认不认真，而是指学生有没有学到什么或学生学得好不好。如果学生不想学或者学了没有收获，即使教师教得再辛苦也是无效教学。同样如果学生学得很辛苦，但没有得到应有的发展，也是无效或低效教学。因此，学生有无进步或发展是教学有没有效益的唯一指标。“有效课堂”是指教师在教学的过程中能遵循教学活动的客观规律，通过一定的教学活动，以尽可能少的时间、精力和物力投入，取得尽可能多的教学效果，从而实现特定的教学目标，满足社会和个人的教育价值需求。

[**作者简介**]王志民（1965年—），黑龙江省五常人，大庆石油高级中学副校长，高级教师，主要从事高中语文教学及高中生的教育教学管理研究，获“黑龙江省教育系统德育先进个人”等荣誉。

课堂是学生学习的重要战场,而教师是课堂教学的主导者。一个智慧的教师,能够成就一堂有效的教学;同时,一堂有效的教学,也能够成就一位教师的幸福。

那么,如何才能在有效教学中,成就智慧教师的幸福呢?我作为一位从事语文教学的教师,有一点浅薄的认识,在这里和各位做以探讨。

一、想要成就一堂有效的教学,在教学目标的确立上,要体现教师的文化自信

教学目标是课堂教学的核心和灵魂。有效的教学必先具备有效的教学目标。老师在课堂教学过程中要心中有目标,关注目标的真实达成度,并对教学做出有针对性地调控。

教师在确定课堂行为目标时,要立足于是否有利于课堂教学活动的有效开展,是否有利于学生积极主动地参与课堂活动,是否有利于学生完成课堂活动计划。

在讲授《雨霖铃》一课时,在教学目标的确定上,我颇下了一番功夫。处于青春期的高中生们,对于爱情是懵懂的,对于离别之情是朦胧的。而《雨霖铃》这样一首表达情人分别时哀婉缠绵之情的词作,是可以满足学生对于离愁别绪抒发的需要的。如果按照以往教学中“重分析、轻诵读”的教学倾向,不让学生将自身由词作引发而来的情绪淋漓的抒发,学生是不会真正进入词作的情景之中的。因此,我确定了“强化诵读”的教学目标,有利于课堂教学活动的展开,让学生在朗朗的读书声中,自觉、自主地去体会情感,这比老师反复讲解要有效得多。同时,这首词由于词人所处时代的特点,使得本词格调不高,体现了词人消极、颓败的精神态度,如果不加以解释与强调,难免学生会产生“靡靡之音便是柔美”的错误认识。所以在教学目标中,我确立的情感态度目标为“正确认识作者情感的时代局限性,树立高尚、健康的审美情操。”让学生在课堂中,有所得,让学生在课堂内能够自觉、主动地区别什么才是真正的美,这才是一堂语文课真正要做到的。

二、要想成就一堂有效的教学，在教学优化的设计上，要体现教师的灵活机制

教师在教学内容的组织中，应结合课堂实际，在教学环节设计中应考虑到教学目标合理性，教学主体的各种合作活动与行为，如思考、探索或讨论等，教学手段的选用，时间的安排及教学效果的预计等，让课堂变为师生之间互动、合作与交流的平台。其次，教师可通过创设教学情境来激发学生探究与学习热情，加深对课文的理解与把握。

在《雨霖铃》一课的教学过程中，我在情境导入环节中利用乐曲《送别》营造了一种离别的意境，渲染了离别的哀婉氛围。在同学静静体会这种离别之情时，我适时地引导学生吟诵熟悉的离别诗句，让学生在诗句中进一步体会“离别”时特有的情绪。以此导入新课，自然流畅，使学生易于接受。

在接下来的教学过程中，我将丰富的课程资源提供给我的学生。我利用多媒体课件，将抽象的诗词语言用唯美的图片表现出来，很多学生看到如此漂亮的图片，眼中闪烁着惊喜的光芒，这极大地激发了学生的学习兴趣，同时，也为学生提供了语言环境。我要求学生将抽象的诗词语言与具体形象的画面结合起来，用自己的语言谈谈对《雨霖铃》的理解。学生们觉得有话可说，有话想说，纷纷表达自己的感受，往常沉闷的诗词赏析课顿时变得热闹起来，活跃起来。

但热闹的课堂绝不等于随便的课堂。“课上热热闹闹，课后无痕迹”，绝不是有效课堂的特征。有效课堂要让学生有“听的效果”“学的收获”。这要求教师严格把握和遵守教学目标的要求，在课堂的教学环节中，有目的地进行学习的引导，从而实现教学目标，完成有效的课堂教学。

三、要想成就一堂有效的教学，在课堂教学的评价上，要体现教师的综合素养

教学结果是课堂教学的核心指标，教学结果不仅表现在双基上，而且表现在智能上，尤其是思维方式的发展。我心目中的有效课堂应注意提高三“度”，即：教学目标的达成度，学生参与教学的参与度，学生学习过程的兴奋度。在提高学生参与教学的参与度和提高学生学习过程的兴奋度的同时提高教学目标的达

成度，让学生为达到教学目标积极主动地参与到教学活动中去，让课堂显现出生命的活力，从而使这三个“度”有机地和谐统一。

以上只是我的一点浅薄的想法,有不当之处,敬请谅解。斗胆献拙的目的在于,希望所有的教师都能智慧地教学，以提升教师的幸福指数；希望所有的学生都能有效地学习，以提升学生的学习能力。让所有课堂都能成为有效的课堂，在课堂中能够看到一张张青春向上的笑脸，在课堂中能够看到一张张洋溢着幸福与满足的笑脸。

弘扬优秀传统文化　助力学生终身发展

闫传学　大庆实验中学校长

[摘　要]优秀传统文化一直是教育教学的主要内容，是落实“十九大”“立德树人根本任务，发展素质教育，推进教育公平，培养德智体美全面发展的社会主义建设者和接班人”的重要载体。培养既具有现代的国际化视野，又具有传统中国文化精神的符合我国新形势发展的杰出人才应该称为我们每一个教育者应该始终重点放在心头考虑的重要问题。

[关键词]传统文化　立德树人　培养　新时代人才

优秀传统文化一直是教育教学的主要内容，是落实“十九大”“立德树人根本任务，发展素质教育，推进教育公平，培养德智体美全面发展的社会主义建设者和接班人”的重要载体。尤其在社会更加开放，世界一体化趋势更加明显的情况下，如何根据教育“新常态”提出的要求，培养既具有现代的国际化视野，又具有传统中国文化精神的符合我国新形势发展的杰出人才应该成为我们每一个教育者应该始终重点放在心头考虑的重要问题。

我校作为省级示范性学校，作为全国知名的现代化学校，一直将弘扬传统文化作为我们不可推卸的责任。我们的师生对弘扬传统文化高度重视，自觉努力突出探索，在弘扬传统文化，助力学生发展方面取得了突出成就。

一、立足精细化科学化管理体制

我校鼓励教师不断学习，更新教学理念，将教学问题转化为科研问题，进而转化成课题加以研究。将问题变为课题，有助于教师了解学生的学习情况及学习心理,更有效地展开高效教学。我们始终把教师了解学生作为一项基本素养，鼓励教师积极展开针对学生学习问题的教研与科研。为此，我们设立了相关的

[作者简介] 闫传学（1962 年—），山西太原人，大庆实验中学校长，特级教师。大庆市优秀教师、教学能手、十佳青年、拔尖人才、劳动模范。省课改先进个人、省教育系统劳动模范等荣誉。主管学校教育教学。

评价机制，制定了精细化科学化的科研与课题管理体制。鼓励教师积极展开校本课题研究，课题研究设负责人，设置合理的研究周期，小课题，多步走，逐渐解决大课题。争取教师人人有课题。同时我们设立优秀课题成果的评选、汇报、交流、推广机制。让教师辛苦研究的成果有人看，有人用，有人赞。使教师的研究真正为学生发展助力，为学校教育教学问题的解决奠基。我们在实行走出去的战略同时，还实行请进来的战略，邀请大学、教育学院等科研机构的专家学者到我校讲学，指导学校的教研与科研。这些体制的建立，积极地促进了我校教育科研工作的展开。

二、探索弘扬传统文化有效途径

我们始终坚持课堂为弘扬优秀传统文化的主阵地，坚持在各学科课堂上科学有效地开展教育教学工作。明确主体责任，弘扬传统文化，不仅是某一学科的老师的职责，而是所有老师的共同职责，这既符合我校的教育教学实际工作，也符合我们当前国家对高中阶段各学科教师主体责任的要求。我们积极探索利用多种形式弘扬传统文化，一是展开教学竞赛，促进教师通过转变课程理念，精选教学内容弘扬传统文化；二是利用社团活动开展弘扬传统文化教育，如利用合唱节、诗词大会、戏剧表演等丰富的社团活动，弘扬传统文化，这种方式有利于避免空洞的说教，以鲜活生动的方式向学生传播优秀的传统文化，激发学生对优秀传统文化的长期热爱，使其成为内在的自觉意识；三是利用校园文化建设活动，弘扬传统文化，为学生终身发展奠基。我们重视文化氛围的熏陶作用，以校园文化建设为契机，利用寝室、食堂、大厅、走廊及班级墙壁的展板等，向学生展示丰富的优秀的传统文化内容，使学生沉浸其中，不知不觉地接受中华传统文化的熏陶，变成一个内心热爱中华传统文化，行动上富有文化个性与气质的现代学生。

三、培养学生继承传统美德意识

中华民族的传统美德，经历了上千年文化道德的积淀，源远流长，每一名合格的中学生，都应当有自觉地，继承传统美德的意识。我校在培养学生继承传统美德意识方面，做了积极的尝试与探索。学校鼓励教师言传身教，培养学生自身的责任意识和爱国精神，培养学生具有仁爱孝悌的传统美德，鼓励学生以一颗宽广仁爱之心与人和谐相处。我们要求学生孝敬父母、团结友爱、立志勤学、自强不息、求索创新、爱国爱民，我们始终将这些优秀的精神品质，作为一种内化的道德意识，通过言传身教传递给我们的青年学生。我们利用班会、国旗下的讲话、思想汇报等形式，要求学生，将中华民族的传统美德，内化为自己的精神意识，并在行动当中体现出来。我校学生显示出具有现代的创新精神，全面的国际化视野,而又富有传统的人文精神的独特面貌。我们将继续教育学生，有中国心、说中国话、做中国事。

四、尝试新技术新媒体教学手段

弘扬优秀中华传统文化，使其成为古老而又常新的教育内容，如何有效地将它传递给我们的青年学生，做到既科学又高效，既生动又实用，我们做了很多的尝试。我们深知在传统文化教学内容，也可以通过现代化的教学手段来呈现，所以我们尝试使用新技术新手段，进行传统文化教学内容的开展。我校先后为学生的课堂，配备了交互式一体机、无线 Wifi、学生智慧课堂使用终端、在线教学平台等现代化的教育教学设施，鼓励师生探索利用现代的教学手段，开展智慧课堂的使用，响应国家号召，探索互联网 + 时代的优秀传统文化教育。我校广大青年教师，不断努力积极探索，不仅掌握了最先进的教学技术的使用，而且能够运用到自己的教学实践当中，取得了良好的教育教学效果。以新媒体新技术呈现的传统文化教育教学内容，对于学生来说更容易接受，更加新颖，也更容易理解。所以古老的传统文化再加上具有现代化气息的教育教学手段，两者相得益彰，形成了独特的风采。

我校在本课题研究中，在态度上高度重视，在行动上积极探索，在公开课、教学论文、教学课件、教学设计、教学资源的开发等方面，取得了丰硕的成果。我们将会继续不断探索，弘扬优秀传统文化，为学生终身服务。

仰望中华优秀传统文化 实施中学语文课堂教学

孙维军　大庆市第三十五中学副校长

[摘　要]明晓“中华优秀传统文化与现代语文课堂教学实践研究”课题研究现实意义，界定“中华优秀传统文化与现代语文课堂教学实践研究”相关概念及关系，了解中华优秀传统文化教育的现状，探究有关传统文化教育的重要意义，研究该课题的基本策略。

[关键词]文化自信　中华优秀传统文化　现代语文课堂教学　文化教育　基本策略

文化自信是继制度、理论和道路自信后，2014 年习总书记提出的第四个自信。文化自信，是对自身文化价值的充分肯定，是对自身文化生命力的坚定信念。纵观历史，中国人经历了从傲慢到失落，从他信再到回归自信的曲折过程。目前，在强调突出中华传统文化的背景下，文化自信越发重要。中华传统文化博大精深、源远流长，是中华民族性格与精神形成和发展的土壤。它是中华民族的瑰宝，是民族精神的精华，一直熠熠生辉，流芳百世。然而，当今社会，浅文化、俗文化、网络文化充斥人们的生活，传统文化在学生中的地位越来越低，他们对传统文化知之甚少。基于此，我校全体语文教师参加到《中华优秀传统文化与现代语文课堂教学实践研究》行列中来，承担了该课题的子课题《现代课堂教学特质指导下的古诗文教学研究》《中华优秀传统文化与语文教学资源研究》的研究，就其研究要点及策略简述如下。

一、明晓该课题研究的背景

传统文化是每一个中国人赖以生存和发展的根本，是力量和智慧的源泉。在中华民族五千年悠久的历史长河中，留下了许多源远流长、博大精深的传统文

[作者简介]孙维军（1969 年—），大庆市第三十五中学副校长，高级教师。发表过《诗歌教学要重视主问题设计》等多篇论文，曾任《新课改下的语文教学策略——新课程资源》系列丛书副主编。获得“全国百佳语文教师”、黑龙江省模范教师等几十项荣誉。

化，它是中华民族的瑰宝，它是民族精神的精华。随着国际交往的日趋频繁，中国社会逐渐向现代化转型，各种文化相互交融、碰撞，弘扬中国传统文化则显得尤为重要。然而，当今社会，浅文化、俗文化、网络文化充斥人们的生活，传统文化在中学生中的地位越来越低，他们对传统文化知之甚少。“弘扬和培育民族精神，使全体人民始终保持昂扬向上的精神状态”，这是语文教学毅然决然应该承担的教学任务。

新的《语文课程标准》中要求：“高中语文课程必须充分发挥自身的优势，弘扬和培育民族精神，使学生受到优秀文化的熏陶。”学会用“发展的眼光和开放的心态看待传统文化和外来文化”，从中“吸取民族文化智慧，并能体会其中蕴含的中华民族精神，为形成一定的传统文化底蕴奠定基础”。所以，作为母语教育的语文教育，只有全面而深刻地把握好传统文化之根，使学生精神受到圣哲前贤思想的滋养，让学生既学文化，又学做人，语文教学之舟才能在传统文化博大精深的海洋上吮吸着鲜活的时代气息扬帆远航！

二、界定相关感念之间的关系

（一）“新课程背景下的语文教学”：主要体现新课改的精神，体现四个基本理念：一是要注意培养学生的语文素养，二是挖掘语文教育的人文内涵，三是倡导自主、合作、探究的学习方式，四是建设开放而有活力的语文课程。

（二）“传统文化”：传统是国家和民族的宝贵财富，是学校教育赖以生存的基础。“传统文化”指内容丰富、博大精深的中华民族优秀的文化。本课题从整体上理解和宏观上把握，认为中华民族文化可归结为以下五个方面：睿智的哲学宗教思想、完善的道德伦理体系、辉煌的文学艺术成就、独特的语言文字形态、浩瀚的文化典籍等。

（三）“传统文化与语文教学”的关系：《语文课程标准》明确指出：“语文是最重要的交际工具，是人类文化的重要组成部分。工具性与人文性的统一，是语文课程的基本特点。”语文是民族文化的载体，因此在语文教学中，不仅要注重知识的传授、运用和语感的培养，也要承担起“体认中华文化、厚植传统精神”的重任。在学校教育中，弘扬本国、本民族的优良传统是十分重要和必要的。就中学语文教学而言，传统文化在教学过程中的有机渗透，能提高中学生的语文水平和文化素养。面临着新高考、新教材、新课程标准即将带来的挑战，在中学语文教学中，做到传统性与时代性的统一，已是势在必行。

三、了解传统文化教育的现状

优秀传统文化是一个民族的性格与精神形成和发展的土壤。世界各国各民族风俗习惯不同，思维方式不同，究其根源就是文化背景不同。可见，传统文化和一方水土一样是民族的根。中华传统文化博大精深，源远流长。她养育了一代又一代的中国人，培养了伟大的中华民族精神。可是，传统文化教育的现状却十分令人担忧。改革开放以后，外来文化和俗文化更成为强势的文化主流，传统文化则更加弱势，更加式微。传统文化和历史知识的严重缺失，产生了新一代文盲 —— 中华传统文化文盲。不会使用电脑、不会上网、不会讲英语，被称为现代文盲。随着科技的发展和普及，目前，中学生、大学生中现代文盲越来越少，而缺乏人文素质、不懂中外传统文化和文史知识、不能正确读写文章的“传统文盲”却越来越多。这是中、小学语文教育的一个严重的失误。如今有的学生连写信的格式、称谓都不知晓；有的学生在写作文时，不会使用成语，更别说是名句了；有的学生对阅读古籍文献、对对联更是感到困难；有的学生认为像范仲淹、文天祥这样的人是智障者，或是杜撰的；有的学生甚至对中华传统文明中的讲仁义、讲诚信等传统美德嗤之以鼻。尤其是网络的出现，更多的青少年空暇时间在网络虚拟世界中漂流，以致不懂得起码的做人道理，不懂得起码的尊老爱幼；对自己的父母轻者出言不逊，重则跳楼恐吓，离家出走。有位著名特级教师认为，中国传统文化受西方文化冲击程度之烈为亘古未有。年轻一代正越来越远离自己的传统文化，我们培养了一批无根的孩子，如果一个人缺失自己民族的传统文化，就不能明智地了解自己的过去和审视眼前的处境，就很有可能缺乏社会责任感。缘于此种现状，我校语文教研组一致认同：当前，我们的责任就是要改变现状，要重振传统文化，要采用恰当的途径与策略，导引学生学习传统文化的兴趣，激发学生学习传统文化的热情，以达到“体认中华文化、厚植传统精神”的预期。

再看看高中文、史分家，文、理分科，就知道传统文化在数理化面前处于怎样的弱势。无怪乎现在的青年懂圣诞节的多，懂端午节的少；要求别人的多，要求自己的少；追求流行的多，积累历史的少；大大咧咧的多，彬彬有礼的少。

四、加强传统文化教育的探究

语文是最直接与传统文化打交道的学科，语文是民族文化精神的重要载体。语文教学是对广大青少年学生进行传统文化教育的重要渠道；语文教学承担育人的任务，它要培养人的修养，它要为社会造就有用之才；语文教学要以传承中华民族的传统文化为己任，在学生人格塑造、思想启蒙、人生导向、精神修养方面都要有所作为，只有这样语文课才会教得充实，教得有深度，才能更好地履行育人的神圣使命，同时语文学科也会有蓬勃的生命力。原全国中学语文教学研究会会长、著名学者刘国正认为："中国语文教育与传统文化如胶似漆，密不可分。"《语文课程标准》也明确指出"认识中华文化的丰厚博大，吸收民族文化的智慧"。强调了语文学科在弘扬民族优秀文化，提高国民素质方面的作用，提出语文学科要培养学生热爱中华民族优秀文化的感情。在语文教学中加强传统文化教学分量，将其蕴涵的民族文化和民族精神扎根在学生心灵深处并以次为基础构造自己的精神家园，让他们从早在心底书写出一个堂堂正正顶天立地的"大"写的人，自觉抵制形形色色的精神污染，继承发扬中华民族的优良传统道德和民族精神。这无疑具有前所未有的重大意义。

五、实施科研课题的策略研究

（一）语文教学的课内策略

1. 阅读国学经典。我们的语文教学应该注重对学生人文素质的培养，阅读经典文本可以改变人的气质，教会学生学会做人。儒家的厚德载物、刚正不阿、诚信仁爱、尊师重道，道家的顺应自然、淡泊名利、虚怀若谷，佛学的宠辱不惊、进退从容、自然清静，这些都值得学生去学习、体会和进行创造性转化。学生在课外的时间，能够拥有丰富有益的课外书，对他们的成长与发展是极其重要的。阅读国学经典是一个陶冶学生情操、丰富学生的情感世界、唤醒心智与灵魂、促进生命成长的过程。复兴国学并不是要让学生盲目地熟背经书，复辟到以前的私塾蒙学状态，主要是做好国学的普及工作，保住中华民族的文化之根，让孩子相应了解阅读一些传统的文化经典，从所谓的“速读”“精读”的阅读方法中走出来，这对于全民族整体的人文素质的提升也是有利无害的。

2. 渗透传统文化。对学生进行传统文化教育最基本、最重要的途径就是课程教学。就学科而言，语文课是最有可能融合传统文化的学科，可以通过其教学内容、教学方式的改革，实施传统文化教育。与之相比，其他课程与传统文化教育的融合有一定的难度,但是融合的可能性还是存在的。语文课可以设置“传统文化经典研读”之类的选修课，既可以提高学生的传统文化素养，又能培养他们的语文研究性学习能力和创新能力，实现传统文化教育与语文能力培养的有机结合。抑或是传统文化教育可以与语文课具体的教学内容相结合，比如结合古代文学作品的教学内容进行传统文化教育，让学生深化对古代文学作品的认识。要将传统文化的教育融入语文教学之中，最重要的是培养学生对传统文化的兴趣。子曰："知之者不如好之者，好之者不如乐知者。”可见是否“乐学”是极为重要的。所以，教师要经常向学生推荐经典的、民族的、优秀的视听材料，让学生有更多的机会接触多民族、多国家的多元文化，让学生在对经典的了解之中把握传统文化的真谛，在比较、撞击中逐步培养独立思考和判断的能力，与贤哲进行精神的对话、心灵的沟通。

3. 营造文化氛围。语文课堂上领略民族文化风采，接受人文熏陶。语文本来就是文化的载体，是一个人文化水准的外在、鲜明的标识。因此，文化的精华应该渗透在语文教学的课堂中。我们要努力构建“创设情景 —— 诵读 —— 提出问题 —— 合作探究 —— 课外拓展”的新型语文课堂教学模式，力求语文课多一点文化气息，让学生在课堂上领略到“文化”应有的魅力。

（二）提供文化培育大环境

1. 营造富有人文气息的校园环境。高品位的校园文化环境能为人文素质教育提供广阔的空间。在一个随时随地都能学到新知识、新学问，能意识到一种科学与人文气息，能获得审美感受的校园中，更能激发学生对传统文化的兴趣。具体说来，学校的整体规划建设，可以设计一些能体现我国传统文化精髓的代表性建筑、人物塑像、园林景观等。还有可以举办一些关于传统文化的系列讲座，讲讲学生感兴趣的成语故事、文学典故、文学常识，特别是一些与此有关的奇闻轶事，以奇闻轶事为切入点讲文学典故和文学常识让学生比较有兴趣。这些措施有利于塑造学生的健康人格、价值观和道德行为，学生只有在校园中潜移默化地受到传统文化的熏陶，才能将其内化为做人的基本态度和基本品质。

2. 开发《走进传统文化》的校本课程

本着“汇知识之萃，补教材之缺”的学术精神，采用单元专题形式，按照“名著导读”“经典诵读”“传说故事”“美文选萃”的体例，每一体例下设计以下几个板块：作者介绍、内容提要、注释赏析、温馨提示等。选文以儒学文化的精髓“仁、义、礼、智、信”构建教材的核心内容，同时兼顾近现代涌现出的精美篇章。力求浓缩精华、体现中华文化神韵，拓宽视野。在选文的篇幅长短，内容的难易、阅读与理解的指导等方面体现针对性、层次性。

（1）鼓励搜集相关资料：以作业的形式鼓励学生利用假期搜集相关资料。搜集内容包括：“中国古代神话传说人物”“成语故事”“歇后语、谚语”“历史人物事迹”“中国传统节日传说故事”。开学初，在任课老师的指导下，对搜集的资料进行整理汇总后，交课题组汇编成册。

（2）制订校本课程教学计划：结合学校及学生实际，课题组制订校本课程教学计划。具体包括教学内容及目标的确定、教学时间及形式的安排、课程评价的方法等。

校本课程《走进传统文化》的开发将收到一举多得的效果，既弘扬了传统民族文化，又培育了爱国爱乡的热情，以及民族自尊、自信、自强的精神；既有助于培养学生的阅读兴趣，又有助于提高学生的阅读能力；既开阔学生视野，又有利于提高运用语言文学表情达意的搜集能力、处理信息的能力。

3. 开展“寻访家乡传统文化”实践活动，继承和弘扬本土文化。开展研究性学习活动；引导学生调查了解家乡特有节庆、传统习俗，传统文化艺术及渊源；引导学生广泛阅读有关家乡的文选典籍，并初步了解家乡古代饮食文化、节令文化、革命文化等传统文化形式。开展考察活动。考察家乡的名胜古迹与由来；考察家乡的历史名人和遗迹；考察家乡某些地名的由来；考察家乡的饮食文化、服饰文化特点；访问民间艺人，了解传统工艺。

通过以上活动的开展，我们可以将人类的优秀文化成果内化为学生的人格、气质、素质，能使学生热爱祖国文化，良好的人文素质也在祖国文化熏陶下形成。

总之，让传统文化回归语文教学要选得精，学得透，悟得深；帮助学生真正从传统文化中汲取精神营养，形成积极的人生态度，全面提升人文素养。说到底，母语教育就是人的教育，人文素养就是人的素养。只有全面而深刻地把握好传统文化之根，使学生精神受到圣哲前贤思想的滋养，让学生既学文化，又学做人，语文教学之舟才能在传统文化博大精深的海洋上吮吸着鲜活的时代气息扬帆远航！

弘扬优秀传统文化，构建“实和文化”校园

杨德林　　大庆市第十三中学校长

［摘　要］优秀传统文化，是中华民族的宝贵财富，是全人类的精神财富。从事教育工作的我们更应该意识到优秀传统文化在教育中的重要作用。弘扬优秀传统文化，构建民族精神家园，是教育工作者始终探索的主题。文化发展是内核动力，从优秀传统文化出发，我校在五年规划中明确提出构建“实和文化”校园的发展目标。近年来，大庆市第十三中学在弘扬优秀传统文化方面做出诸多努力：已然形成规模的一二·九经典诵读活动、文化艺术节活动、班级文化展示活动，提升了我校优秀传统文化育人能力，提高了学生优秀传统文化继承能力。

［关键词］优秀传统文化　　实和文化　　校园文化　教育的幸福

优秀传统文化是中华民族的宝贵财富，是全人类的精神财富。从事教育工作的我们更应该意识到优秀传统文化在教育中的重要作用。弘扬优秀传统文化，构建民族精神家园，是教育工作者始终探索的主题。近年来，大庆市第十三中学在弘扬优秀传统文化方面做出诸多努力：已然形成规模的一二·九经典诵读活动、文化艺术节活动、班级文化展示活动等，旨在提升我校优秀传统文化育人能力，提高学生优秀传统文化继承能力。文化发展是内核动力，从优秀传统文化出发，我校在五年规划中明确提出构建“实和文化”校园的发展目标。

校园文化是一种氛围，是学校发展的灵魂，是凝聚人心、展示学校形象、提高学校文明程度的重要体现；校园文化是一种精神，健康、向上、丰富的校园文化对提高师生的人文道德素养，是一种驱动力；校园文化是学校办学品位的呈现，是综合实力的反应，是凝聚力和创造力。文化厚重学校，文化发展学校，文化成就学校。我校确立了以“实和文化”为主题的校园文化建设，正是以此提高学校办学品位、办学品质的思考与举措。

［作者简介］杨德林，大庆市第十三中学校长，中学高级教师。大庆市杨德林名校长工作室主持人，大庆油田教育中心十大模范教育工作者，全国德育工作优秀校长。主管大庆市第十三中学全面工作。

一、“实和文化”的提出和创建思考

校园文化作为一种精神文化是学校文化的深层表现形式，是受一定的社会文化背景、意识形态影响而形成的，为其全部或大部分师生员工所认同和遵循的精神成果和文化理念，作为一种精神文化，必将是民族文化的传承。中华民族有几千年的文化历史，是中华民族智慧的结晶，是精神的大成，是世界文明的重要组成部分。“实”“和”是我国传统文化中的重要范畴。

传统的“实文化”与“和文化”是构建发展和谐社会的重要思想文化资源，它包含：天下为公、选贤与能、讲信修睦的大同社会的理想观；和而不同、兼容并蓄的文化观；仁者爱人、推己及人的道德观；修身正己、精勤治学的教育观；以义统利、群己和谐的社会伦理观；国家统一，协和万邦的民族国家观；厚重朴实、心怀至诚的修身观；以信为本，坚韧扎实的行为观；天人合一的自然观等。这些文化的精髓，正是我们今天办学树人所遵循的原则，也是我们培养人的目标。基于这种理解和认识，我们提出了以“实和”为主题的校园文化建设。我们的思考是，将以“实和文化”创建和谐的团队，以“实和文化”提升精良的管理品质，以“实和文化”打造优雅的育人环境，以“实和文化”营造和谐的教学氛围，以“实和文化”凸显德育特色，以“实和文化”引领学校的全面发展。

二、“实和文化”的内涵与建设愿景

校园文化是学校师生所认同的系统文化，是学校核心价值观和学校个性特色相融合的一种组织文化。它主要包括物质文化、制度文化和精神文化三大体系。作为一种精神理解校园文化，它就是一个区域精神和团队精神的体现，主要包括学校的文化传统、学风教风、人际关系、心理氛围，以及校园群体的世界观、价值观、道德观等内容，集中体现了一个学校的办学宗旨、培养目标及独特风格。

依据对校园文化和学校精神文化的理解，结合学校的实际情况，我们以“实和”为核心内涵，构建校园文化建设，以之统领学校的整体文化建设，意在以儒家传统文化的精髓来滋养、引领教职工，发展学校文化。“实”是指追求真实、为人诚实、做事务实、教学求实；“和”是指环境和美、人际和睦、心境和善、教育和谐。

“实和文化”倡导教育要合理奠基、科学开发、创设空间、激发自由；倡导教育要渊邃自然之理，绵密人文之纲；追求科学与人文相统一，情感与理智相融合。“实和文化”从身心和品德、物质和精神方面，提出了我们的教育所必须达成的人才规格和培养目标，并由此变成我们今天的师生所崇仰并身体力行的准则。“实和”既是我校立校和发展的规范，又是每个教师的立教标准，更是我校培养学生的目标。学校倡导教职工发扬“实和”精神，遵循“诚毅、求是、创新、成才”的校训，践行“乐于奉献、勤于学习、善于思考、勇于实践”的教风，孕育“乐学、勤学、会学、博学”的学风，养成“和谐进取、自信自强”的校风，为的是真正能培养出“德行天下、志存高远、心怀感恩、行知荣辱”的一代新人。

在“实和”文化的涵育下，我们的办学理念是“让师生共享教育的幸福”，这一理念，重在从传承与发展中形成一种学校精神，从精神文化的层面上，彰显学校的原本价值，营造一种师生认同的、优雅的精神环境和浓郁的文化氛围，树立师生群体兼容并蓄、共同成长的核心价值观，力求在理想与情感培养中，使师生自主地发展；力求在满足师生对教育的心理需求中，真正实现教师的发展，从而引领学生的发展，最终促进学校的内涵发展。在办学理念的引导下，我们的办学目标是“现代化、高素质、有品位、具特色”。管理目标是“精细管理、精良队伍、精致课堂、精美文化、精准特色”。我们认为，学校的发展要树立全面意识，着重点要促进人的发展，教育的关键在于人。我们这两个目标从“理念”“素养”“管理”“发展”等几个方面诠释了我校追求方向和发展目标，是“实和文化”的细化和载体。

“教育就是一棵树摇动一棵树，一朵云推动一朵云，一个灵魂唤醒另一个灵魂。”教育的本质就是文化的传承。弘扬传统文化，树立正确的校园文化，坚定不移地做教育，扎扎实实地做教育，响应十九大习主席提出的“中国梦”，树立我们的文化自信，实现我们的民族复兴梦！

美美与共 构建和谐校园

——浅谈学校管理中儒家智慧的运用

杨 文 大庆市第十中学副校长

[摘 要]春秋时，儒家思想开始出现，至汉武帝时期确立为我国思想文化领域的主流思想，杰出的管理思想传承至今，并且是很卓越的。而儒家之管理思想结合现代素质教育，才是更好的组合。才能更好地指导学校管理工作，提高管理效果与发展前景，是值得探讨的问题。

[关键词]儒家文化 和谐校园 美美与共构

十九大报告指出：深入挖掘中华优秀传统文化蕴含的思想、人文、道德的精髓，与新时代接轨既要继承也要创新，要展现出中华文化的永久魅力和时代风采。身为一名多年奋战在教育一线的教师，我们要做好“中华优秀的传统文化”火炬的传递者，让博大精深的儒家文化代代相传，历久弥新。所谓半部《论语》治天下，工作 26 年来，在教学管理岗位近 18 年，下面结合我的工作经历简单谈谈我对儒家文化在学校管理中运用的体会：

一、身正令行，以身作则

子曰：“其身正，不令而行；其身不正，虽令不从。政者，正也。子帅以正，孰敢不正？”为师，重在言传身教。在学校工作中，无论是教师对班级的管理工作，还是校级领导对学校的管理工作，都应本着认认真真施教，踏踏实实育人的原则，立足本职工作和教学实际，在各项工作中恪尽职守，积极发挥党员骨干教师的带头引领作用。作为思想文化的传播者和人类灵魂的建设者，教师的一言一行、一举一动都会成为学生的榜样和镜子，所以要用自己的人格魅力和模范行为

[作者简介]杨文（1969 年—），大庆市第十中学教学副校长，高级教师，主要从事高中教育教学方法研究。黑龙江省大庆市教育科研先进个人。主持、参加多项科研课题研究。多次被评为课题优秀校长、优秀学术指导。多篇论文发表于国家级刊物。

感染学生、关爱学生、坚守初心、奉献爱心、勤勉乐业，承担起一名人民教师应尽的职责与义务。作为学校的领导，必须要保证学在先、用在先、做在前，“正”字为首，严于律己、宽以待人、规范行为、不推不拖，加大执行力度，着眼于大局，上对学校整体负责、下对教师和学生个体负责，春风化雨，甘于奉献，不断增强自我净化、自我完善、自我更新、自我提能，充分发挥引领和推动学校长远发展规划的作用。

身正令行、以身作则是一种无形且伟大的力量，亲其师、信其道；言必行、行必果，我们要用勤奋、扎实、创新的工作态度，创出学校的品牌，明确定位、勇于担责、正觉正悟、开拓创新，为培养高素质的人才，构建理想的教育学校砥砺前行，做出自己应有的贡献！

二、以人为本，和谐校园

子曰：“仁者爱人。”“己欲立而立人，己欲达而达人。能近取譬，可谓仁之方也已。”人本、和谐是校园建设的永恒主题，它不仅包含师生间、生生间、干群间的和谐关系，也包含着人与环境的和谐关系。一所和谐的学校一定要有一个和谐的领导班子，学校领导班子，首先要具备团结协作、干事创业、凝聚力强的条件。其次要有一支和谐的师生队伍，教师爱岗乐业，关爱学生，素质教育，立德树人，突出对学生的人文关怀，挖掘学生潜能，激发学生潜质，积极营造愉快、和谐的氛围，全面提高学生的基本素质，为构建理想教育与和谐社会做出贡献。第三要追求和谐的自然环境建设，美丽源于爱的倾注，美丽的校园倾注了校领导的关怀和无数师生的心血。加强校园建设，提升环境育人功能，营造温馨舒适的环境。以“无声胜有声”的育人效果熏陶感染校园的每一个人，创建良好的学习和工作环境，以“境”来净化师生的心灵，以“境”来营建校园的文化氛围，以“境”来陶冶学生的操守，以“境”来打造具有大庆精神、铁人精神的教师队伍。第四要实施人本化管理，思想上亲近，让教职工自愿接受法规约束；政治上信任，让教师真正体会主人翁地位；生活上关心，让教职工感受家庭般的温暖。

从校园管理的角度看，团结才是力量，全体成员的和谐与团结是这个学校的巨大力量所在，人与人之间要用宽容、真诚的心去对待，上下同心，共谋发展，同心同德、齐心协力、互敬互爱、互帮互助，以人为本，发展校园内涵，才能实现教育环境的和谐、教育主体的和谐和课堂教学的和谐，改变师生的精神面貌，提升师生的道德素养。

三、正德厚生，以德治校

子曰："为政以德，譬如北辰，居其所而众星共之。"儒家文化讲求"道之以德，齐之以礼"的仁政思想，而在校园的管理建设中，更要以德为先，通过教育来提高每个人的道德素质和道德实践能力，使人们"有耻且格"，达到真正自律化，才能构建校园的有序与和谐。落实到学校管理方面，首先要厚"政德"树"正气"，建立健全高效的管理体制。同时强化领导班子的作风建设，先正德再树人，不断提高班子成员和干部队伍的政治觉悟、发展意识和引领学校发展的能力，抓好制度建设，加强纪律约束，注重习惯养成；其次要尚"师德"，可用各类形式来提升我们教师团队的素质。如，开展师德师风宣传讲座；从校园中挖掘"优秀教师事迹"树立榜样号召全校教师学习，总结并推广经验，塑造出教师爱生、修身、淡泊，鲜活而又生动的师者魅力，把我校教师培养成能够适应新时期各项要求的高素质人民满意的教师。以德为先，建立起平等又民主，和谐又亲近的新型教师学生关系；第三要重"学德"精品质，培育有德品优学生。学校可以利用校园班会课、艺术节、黑板报、图书角、运动会等多种载体，集中宣传讲解核心价值观的重要意义，潜移默化的增强学生认同感，进而塑造学生的高尚、健全、积极的人格，为国家培养合格、优秀、守法的生力军创造祖国美好未来。

有德者行必远。学校管理中要坚持以人为本、以德树人、以质立校的原则，以培养学生健全人格为目标，探索践行，正德成才，为新时代的教育事业我们要带着新憧憬，迎接新希望，铸造新辉煌，以崭新的姿态迎接新的挑战，以拼搏的精神抢抓新的机遇。

教学案例

《雨霖铃》教学案例

訾伟娜　大庆石油高级中学

案例背景：

《在现代课堂特质指导下的古诗词教学研究》课题组关注了教材必修1～5，选修《中国古典诗词散文欣赏》中的古诗词。希望通过整理、归纳这些古诗词的艺术特点和教学特点，以此来激发学生学习传统文化的兴趣。

在进行课题研究的过程中，我们特别关注了古诗词教学中的尴尬境遇：课堂上，学生对古典诗词的学习兴趣寥寥，往往是教师慷慨陈词，学生昏睡一片，醒着的，也是一脸的冷漠；平日里，学生缺少对古诗词的积累，教师在课堂上，提到非本课的某一句诗词，很少有学生能接出下一句；表现最为明显的是在学生写作的过程中，少了诗句润色的作文似乎就少了飞扬的文采。而这种尴尬更带来了让人胆战心惊的危害——对人生经验的体会不足，不读古诗词，无法体会“感时花溅泪，恨别鸟惊心”所带来的山河破碎的悲痛；不读古诗词，学生也无法体会“人生自古谁无死，留取丹心照汗青”所表达的忠于国家的矢志不渝；不读古诗词，学生更无法体会“近乡情更怯，不敢问来人”的游子思乡之情。

为了让学生乐于学习古典诗词，让学生更好地感受诗词美，我们课题组将如何通过多样灵活的课堂教学来激发学生的学习兴趣确定为研究的重点之一，今天为大家分享的这一案例就是我作为课题参与教师在课堂教学中引导学生乐学古诗词的一次尝试。

本次的授课内容为《雨霖铃》，是婉约派词人柳永的经典之作，主要抒发了词人与恋人离别时的依恋之情和别后的凄凉之感。全词充满了“景语”“情语”。那如何能让我的学生乐于学习，并能领悟词中的“情语”和“景语”的丰富内涵呢？这也成了我这节课要解决的关键问题。

[**作者简介**]訾伟娜（1981年—），黑龙江省齐齐哈尔人，一级教师，大庆石油高级中学语文学科主任，主要从事高中语文教学研究。

按照传统的教学模式——老师串讲分析诗句，告诉学生诗句的包含的情感内涵，学生被动接受，无外乎隔靴搔痒，学生很难真正走进“景语”，体会“情语”。朱熹说：“读书须要切己体验……咀嚼滋味，方有所益。”那如何才能化被动为主动呢？如何才能让学生在阅读中形成自我的情感体悟？如何唤醒学生对诗词情感的“切己”的审美体验，从而真正领悟诗情呢？为了解决这些问题，我决定在课堂中采用批注法，让学生针对二三句子，写一写“批注”；演示法，根据词中丰富的“景语”，让学生用肢体语言呈现出来。希望通过这样的方法，学生能够更好地领悟本词的情感。

案例过程：

教学环节一：诗意导入以激趣

由于该词的意境凄美，也为了让学生更好地领悟词之情与境，从而产生属于自己的情感体验。我在导入部分用了一段优美而感伤的音乐——古筝曲《雨霖铃》和一段优美的文字，创设情境，以此调动学生的情绪，吸引学生的注意力，帮助学生唤起美好的情感。当学生声情并茂地朗读这段文字时，学生的兴趣被我调动了。

教学环节二：批注阅读品诗味

根据知人论世的教学方法，我引导学生了解了作者柳永的生平经历，以及本次的创作背景。接着我要求学生以组为单位，品读这首词，感受词中所蕴含的情感，就最有感触的语句，写写自己的感受。我在学生品读的过程中，提示学生“读书切戒在慌忙，涵泳工夫兴味长。”诗词阅读也就是细细体会琢磨，读出你自己的感受。

在学生写完“批注”之后，我便邀请同学来读一读自己的“批注”。

赏读“批注”的片断：

生1：我最有感触的句子是“执手相看泪眼，竟无语凝噎”。我的感想是：本想“执子之手，与子偕老”。不想现在越要分离，或许这就是生死的离别，怎能让我不痛彻心扉，心中有千言万语，又觉再多的语言也无法表达我心中的不舍之情，只能双眼蒙泪，无语对视。

师：说得真好，你真是柳永的知音啊！还有没有同学同样是写这一句的？

生2：本以为能陪着你慢慢变老，如今不得不执手而别，无须多言，你是我的知音，你会懂得我的难过！

师：大家都很有诗意。大家还为哪一句做批注了？

生3：我写的批注是关于“今宵酒醒何处，杨柳岸晓风残月”的。寂寞是今晚的残月与冷风，杨柳随风轻拂，却拂不走我心中的凄苦。真希望一醉不醒，才能免受无穷无尽的相思之苦。

师：你的感受，也是一首伤感的诗。关于这句呢，我想补充说几点。

（幻灯片展示前人的评价和“酒、柳、风、残月”等意象 内涵和名句 。）

师：我们先批注品读到此。大家都写出了自己的独特感受，很多同学如诗般的批注也非常精妙。大家之所以能品读得如此深刻、精当；是因为大家都抓住了词中的“景语”和“情语”，才读出了作者的情感，品出了词作的诗味。

教学环节三：情境再现品诗情

经过前个阶段的批注品读，学生的审美情绪被调动起来了，课堂活跃起来，教学也顺利进入第三个环节——请你来演一演！

我要求学生任选词中的一阙或几句，通过肢体动作和语言来表现本词的情感。

学生开始了热烈的讨论和彩排。

学生展示构思片段。

生1：我们要表现的是“执手相看泪眼，竟无语凝噎”一句。

一男一女两名同学上场，四手相握，彼此对视。男同学紧锁眉头，轻轻地吐出两个字“保重！”女同学转身以手掩泪。

师：同学们，她们演得好不好？

生齐答：好！

师：有没有词中写得好？

生七嘴八舌的回答，有的说好，有的说没有词中写得好。

师：谁能说说你认为没有词中写得好的理由。

生：因为词中有离别的环境描写，小道、柳树、兰舟，都带着离别的伤感，而同学在表演的过程中，只有动作和语言，虽也很动人，但少了氛围。

师：说得真好，诗词的氛围很重要，没有氛围的渲染，作品中的情感也会少了七分的味道，这句是“景语”的作用。

案例反思：

（一）灵活多样的教学形式，让课堂焕发生命活力

诗词教学的重心是品味情感，在本课的教学过程中，通过“批注品读”和“演绎品读”两个环节，激发了学生品味情感的主动性，学生开始自主理解作品的“情语”和“景语”，进而产生个性化的解读作品。课堂开始充满诗意，学生学习古诗词的兴趣被激发了出来。

（二）教学灵活运用技术，让课堂充满现代气息

古诗词教学既要生动起来，更要沉得下去。通过多样的手段激发学生的学习兴趣，让古诗词学习的课堂生动起来是必要的，但传统文化博大精深，内涵丰富，唯有沉得下去，静下心来咀嚼体味，学生的心灵才能与作者的心灵发生碰撞，学生才能获得属于自己的体验和感受，学生才能真正品得古诗词的美，传统文化的美。因此古诗词教学的课堂千万不能流于形式，过多、过杂的教学手段只能让学生处于新奇和兴奋中，却不能沉下心来感受诗词之美，所以教学手段的选择和应用是有很多学问在其中的，是值得我们这些语文人研究的，这也是我们课题组确定的研究重点之一。在整个教学环节中，我只利用多媒体一种手段，展示了一段歌曲和文字，甚至都没有一幅生动的画面，就是希望学生能通过文字，通过自己的品读，在头脑中形成具有个人体验的意境，而非现成统一的画面，这样的课堂才是动得起来，也沉得下去的。

（三）教师示范引领学习过程，让课堂具有实践意义

这也是本次教学的遗憾所在，在批注品读环节，有些学生最先表现得茫然无措，当我在课堂上，展示了其他同学的批注内容后，这些同学才恍然大悟——原来批注要这样写才好，课后我认真反思，如果我不是简单地布置任务，而是先将我写好的批注展示给学生，给学生一个范例，给学生一点鼓励，那么，这些学生一定会更早、更好地融入本课的学习当中。

《定风波》教学案例

张　爽　大庆市第一中学

案例背景：

古诗文是古代人民精神活动的产物，是人类生产和发展的一种表现形式。在两千多年的文明史中，古诗深深地植根于中华民族的沃土中，集中了千千万万中国人民的感情、观念、智慧。教育部《高中语文新课程标准》中指出：认同中国古代优秀文学传统，体会其基本精神和丰富内涵，为形成一定的传统文化底蕴奠定基础。

在教学过程中我发现，高中学生对古典诗词的学习兴趣和教师想象的相差甚远。早些年的高中生们对古诗词喜欢得颠来倒去地背，许多学生书或笔记本的扉页上都认真地写着最喜欢的诗句，而现在这种现象已经很少看到了，大部分学生对学习古典诗词已提不起太大的兴趣。有时，在课堂上听完声情并茂的课文配乐朗诵后，望着学生一脸冷漠，我心中塞满了无助与无奈。有时，在课堂上提到一句诗，很少有同学能接出下一句，还有一部分同学对背诵古诗是应付检查。

案例探因：

经调查了解，这种现象并非仅我所教的学生如此，而具有一定的普遍性。于是，我想：现在从小学甚至幼儿园就已兴起了读背古诗之风，为何到了高中阶段学生的古典文学底蕴反而变得如此贫乏？到底是谁伤害了我们的学生？到底是什么导致了高中生对古典诗词学习兴趣的减退？如何才能重新唤起学生学习古典诗词的兴趣呢？

由此，在教学实践中我开始思考。

（一）造成现状的客观原因

1. 课本中所选的某些诗篇确实与学生有一定距离，不能吸引学生。

［**作者简介**］张爽（1975 年—），大庆市第一中学，高级教师，从事高中语文教学研究。

如《离骚》，就有不少学生反映这首诗深奥难懂，提不起兴趣。《离骚》虽然是我国古典诗歌浪漫主义风格的源头，距离学生的时代比较久远。虽然前面学生已经接触了《诗经》，但对于楚辞，无论是形式上还是内容上仍然是陌生的。从字面上看，障碍特别多，学生也就没有了读下去的欲望。

2. 呆板的教学方式一定程度上枪杀了学生的学习古诗词的激情。

不少教师平时教上古典诗词，篇篇逐字逐句串讲，老师讲得多，学生自己体验的时间反而少；或者似乎把一堂古典诗词鉴赏课上成了一般的文言文教读课。而事实上古典诗歌不同于文言文，把教文言文常用的方法放到欣赏古典诗歌的课堂上来，这不能不说是一种失败，也难怪学生不喜欢。古典诗词鉴赏课要充分考虑文体的特点，既要有利于学生理解诗歌内容，又要有利于学生鉴赏能力审美能力的培养。

（二）造成现状的主观原因

现在有一部分高中生对古典诗词学习的认识本身就存在着一定的偏差：

1.“长一点的诗歌，学起来费时费力，又难懂，学了就忘”。

这是一种畏难心理。学生生性好动，从心理学的角度讲，他们注意力保持集中的时间比较短，记忆深度不够。许多同学看到课后“背诵”两个大字就顿生反感，让他们自觉静心背古典诗歌是不容易的。而实际上要想在嘻嘻哈哈的笑闹中轻松学好语文同样也是不太现实的，要想在学习中取得成效，本身需要投入大量的时间和精力。

2.“为了考试，我愿意在语文课堂上读读古典诗词，在课外我从来不读这些诗词”。

这些学生很实际也很纯粹，他们学习古典诗词就是为了考试时的得分。抱着这种应试心理，学生就变得功利、浮躁，不肯静下心来多读多背，至多背几句“名句”“考点句”。

案例描述：

在具体古诗词的教学操作中我选择下面一课进行实践：

课题：《定风波》

一、教材分析

本课是高中语文必修四第二单元第五课的内容，苏轼因乌台诗案被贬黄州之后的作品，词人以道中遇雨，雨具先去，因此淋雨的生活小事，表达了乐观、淡然、自适的人生态度，学习该词有利于学生掌握诗词鉴赏方法，提高学生对古典诗词的鉴赏能力，陶冶性情。

二、教学目标

1. 了解苏轼的成就思想，了解本词的写作背景。

2. 欣赏、评价词中的抒情主人公形象。

3. 探究文中的“词眼”，并以此丰富学生的情感。

4. 学会分析人物形象的方法。

5. 通过主旨句的分析、感悟，培养学生勇敢面对人生风雨的精神。

三、学情分析

1. 通过平时上诗歌阅读课时的穿插讲解，学生已经对于诗歌鉴赏的方法有了一个总体的系统的把握。

2. 根据学生的检测成绩及上课的表现观察得出学生基础较差的事实，适合引导式教学。

3. 对于苏轼，学生高一的学习对其生平及风格已有一定程度的认知。

四、教学设计

本课拟采取提问法、讲解法、点拨法、合作探究法相结合的教学方式。提问法，逐步引导，逐渐深入，调动学生学习积极性。作为一种传统文学形式，词与作者的生平境遇是分不开的，要理解词作中所隐含的传统文化心态必须经历一个探究的过程，需要在教师的指导和讲解下探究。

让学生运用朗读和默读相结合的方法。诗词贵在吟诵，通过反复的朗读，理由在于对词这跳跃性、象征性极强的文学形式的接受必须经过一个由形式到内涵的过程。诵读有利于学生通过揣摩词的音韵、情感，从而体会和把握诗歌的深层意蕴。合作探究法，调动学生思维，学生相互讨论，合作探究主动鉴赏诗词，自己处理文本，提高鉴赏能力。

五、教学重点

本课教学重点和难点在于体会词中所表现出的苏轼的人生态度。

1. 探究文中的“词眼”，并以此丰富学生的情感。

2. 学会分析人物形象的方法。

六、教学过程

教师活动：

1. 遇不是人生平常事一桩，你途中遇雨会怎样？

2. 走进《定风波》去感受苏轼是如何面对人生风雨的？

学生活动：说说自己旅途中突然遇雨的表现。

设计意图：结合学生实际，走进学生的日常生活，引起学生的学习兴趣。

（一）知人论世

教师引领：

1. 知人：作者简介：苏轼

（1）基本信息。

（2）人生经历：《定题金山画像》。

（3）成就风格：①成就；②风格。

2. 论世：背景链接

（1）乌台诗案—贬谪黄山。

（2）沙湖道中遇雨。

（二）全体感知

教师活动：

1. 小序交代了什么关键信息？这样写有什么作用？

2. 词的上下两片分别写了什么内容？都在描写雨中的情况吗？

3. 本词的词眼是什么？

学生活动：

1. 作用：说明了写作缘由。

2. 雨中事：踏雨吟啸 → 怡然自乐

雨后情：蓦然回首 → 云淡风轻

3. 一蓑烟雨任平生 / 也无风雨也无晴

让学生自主学习，独立完成。培养学生提取关键信息的能力，初步感知基本内容，对词的内容有个整体性的把握。

（三）合作探究

教师活动：

1. 从词中我们可以剖析出一个怎样的人物形象？

2 这首词是运用了怎样的表现手法来成就其艺术高度的？

学生活动：

1. 一个拄拐杖、踩草鞋、顶风冒雨、吟啸徐行、不畏艰难、藐视祸难、镇定从容、旷达洒脱的词人形象。①雨中笑对人生风雨的达者；②雨后看破人生得失的智者。

2. 表现手法：① 以小见大；② 曲笔，一语双关；③ 对比；④ 隐喻寄托（象征）。

设计意图：学生合作探究，点拨指导学生分析人物形象的方法（直接描写+间接描写 / 外貌、语言、动作、心理描写 + 他人他物衬托对比），提高学生分析人物形象的能力及概括能力，学生从中可以分析总结出分析鉴赏诗词的方法技巧以及着手点。整体系统地了解一下诗歌的表现手法，细致入微地掌握这几类表现手法的含义并可以在以后的诗歌阅读中轻而易举地分析。

布置作业：

写日常小事一桩，来反映自己的人生观、价值观、世界观。（要求：以小见大的手法，300 字左右）

七、教学评价

1. 学生系统地、具体地、掌握了分析人物形象的方式方法。

2. 本课内容有些过多，学习对词的表现手法中，能完全理解对比及以小见大的手法，对一语双关仍有待拓展。

3. 学生互动积极，真正做到了学生自己“动”起来。

附：板书设计

定　这人：苏轼 —— 智者 // 达者

风　这景：风雨 —— 自然 // 人生

波　这情：旷达洒脱

《苏武传》教学案例

杨永梅　大庆市第二十八中学

教材分析：

《苏武传》是高一语文必修四第四单元的一篇精讲课文，在文章中充分地体现了中华民族传统文化的精神内涵。文章篇幅很长，文句较拗口，对于高一学生来说有一定的难度。为此，我将本课分为三课时来讲解。对于传记类文言文来说，分析人物性格，体会传主的人格精神一定是教学的重点，教学难点则在于评价传主的功过与价值。

在整堂课的教学过程中，“苏武的忠是否是愚忠”的问题引发了同学们的热议和思考，有一部分同学认为李陵劝降时曾经提到苏武的两个兄弟，他们尽心为国却因为算不上罪责的过错而枉死，苏武不记恨也就罢了，却一味坚持汉武帝对他们父子有莫大的提拔之恩，因此愿意为皇帝肝脑涂地、死而后已。皇帝的知遇之恩固然应该感激，但兄弟的枉死也不应该回避，该报的恩要报，该澄清的事实也应该澄清。而苏武却不分青红皂白，始终抱持着“君要臣死，臣不得不死”的信念，从这个角度上来说，苏武是有愚忠的一面的，也因此让学生对苏武的评价产生了很大的争议。而在讲授本课时同样受到学生热议的就是与苏武相对的人物——李陵。

李陵不同于彻底叛国的卫律，他对汉朝还有感情，也许还有过期待。他怯懦、意志不坚定，因一己之私背叛了汉朝，投奔了匈奴，他对国家不够忠诚，然而在苏武归汉之时，李陵却无比矛盾和痛苦。他且饮且歌，且歌且舞，泪如雨下。《礼记》云：“嗟叹之不足，故手之舞之，足之蹈之。”李陵对苏武归汉的羡慕，对苏武誓死不屈的崇拜，最主要的还有对祖国的愧疚和眷念，五味杂陈，不知心中之痛之悲，无以复加。也正出于此，有学生认为李陵其人虽背叛了自己的国家，

[**作者简介**]杨永梅（1982 年—），大庆市第二十八中学，二级教师，主要从事高中语文教学研究。

却并非不爱国，虽然放弃了忠君，却并不是想要叛国。

学生争论的问题往往就是最亟待解决的问题，也是分析人物形象，解决本课教学难点的关键之所在。因此针对他们争论的问题我没有马上给出答案，而是留作了课后网络作业，要求学生第二天在班级 QQ 群里交流研究结果。这样不仅可以使学生有足够的时间通过查阅资料来打开视野，深入思考，也有助于激发学生自主探寻问题答案的兴趣，从而引导学生主动的思考并自己得出结论。实现新课标要求的引导学生主动学习的目的。

那么是不是在课堂上就可以完全放手了呢？当然不是。高一的孩子虽然具有一定的对人物评判的能力，但是在思路整理上和表述的时候还是比较混乱，模糊不清的。因此，我就把接下来的教学重点放在了教授孩子们评价人物的方法上。要求学生们想一想我们应该从哪些角度来评判苏武和李陵这两个人物呢。学生们经过讨论后整理出了以下三个角度：

①从传统文化的角度考虑；②从时代背景角度；③从当今社会意义角度。并决定从这三个角度出发客观公正地评判这两个人物。

人物界定：

经过一天的思考和沉淀，学生们在 QQ 群里展开了热烈的讨论，最后由每个组的组长负责编辑整理，学生们便得出了这样的评判结果：

一、传统文化滋养下的参天大树——苏武

古人云："夫忠，德之正也。惟正己可以化人。惟正心所以修身。故格物致知。当自求诸心。"许慎在《说文》中这样解释忠：敬也。尽心曰忠。从心，中声。并译注曰：忠敬者，肃也。未有尽心而不敬者。所以，人要做到竭诚尽责就是忠的表现。那么在生死和忠义之间我们又该如何取舍呢？孟子曰："生，亦我所欲也；义，亦我所欲也；二者不可得兼，舍生而取义者也。"由此可见"义"的价值要远远高于"生"的意义。而这里的"义"当然包括"忠"这一概念。"忠""义"历来是中国传统文化中核心的精髓部分，世世代代影响和鞭策着中国的仁人志士。历史上许多人物在生死关头都会义无反顾地奉行这样的道德准则。龙逄极谏，为了百姓却被桀王所杀；纪信诳楚，救主刘邦却葬身火海。"人生自古谁无死，留取丹心照汗青"，历史上为守忠义而为国捐躯的英雄不胜枚举，他们为了自己的国家努力奔走，虽然失去了宝贵的生命，却凭借自己的忠义之心成就了一世美名。

“人固有一死，或重于泰山，或轻于鸿毛。”同样的，在《苏武传》中就记录了苏武为了自己的国家几次寻死的经过，而这些都和他为了维护国家尊严有关。身为汉使，在他得知副使张胜致两国关系于不顾，因贪功而陷于虞常谋反事件时，他首先想到的是“见犯乃死，重负国”“屈节辱命，虽生，何面目以归汉”，视死如归，竭忠尽节。用自己的生命在捍卫国家的尊严。就连后汉书的作者班固都这样评价：“孔子称‘志士仁人，有杀身以成仁，无求生以害人’‘使之四方，不辱君命’，苏武有之矣！”

这样的一个苏武，这样的一个忠义之士，我们怎能不敬佩、不敬仰、不敬服。因此，苏武的忠义绝不是愚忠。

二、历史时代造就出的悲剧英雄——苏武

任何一个人物思想的形成都会受到他所生活的时代的影响，苏武也不例外。以今天人的眼光看苏武，他的思想之中的确有时代局限性的烙印。但这并不能就把苏武的忠归结为是愚忠。首先分析人物不能脱离人物所处的时代背景。“我爱我师，我更爱真理”，在现代人看来，应该忠于的是国家、是人民、是真理，这毋庸置疑。然而在当时，中国正处于封建君主专制的时代，当时的人们把“忠、孝、仁、义”作为自己的正统价值观和行为准则。只不过忠诚的对象却只是一个人——皇帝。然而这并不与苏武忠于国家忠于人民相背离。当时的中国人认为君权神授，天下都是皇帝的，因此忠于皇帝就是忠于国家、忠于人民。更何况当时的汉武帝是一个善于治理国家的明君，在他治理下的国家百姓能够安居乐业。苏武忠诚于他就是忠诚于汉武帝治理下的国家。忠诚于国家、忠诚于人民的苏武又怎是愚忠呢?

三、当今社会绽放出的道德明灯——苏武

从现如今看，像苏武这样，作为一个代表国家的外交使臣，把个人生死置之度外，大义维护国家尊严和荣誉，忠于国家、坚守节操，不辱使命。在冰天雪地的北海，连生存的最基本保障都没有，他却一住十九年。这种坚守信念的力量，这种孕于心中的浩然正气不知激励了多少华夏儿女。他的忠义精神空前绝后、光耀千古！为后世的人们的行为划出了准则，点亮了道德明灯。

至于李陵，在今天我们也许能够理解他的苦楚，原谅他的怯懦，但是在面对个人与国家、生与死、情与理、公与私等人生抉择的时候，还是应该坚守社会的道德准则和价值取向，仍然要倡导个人为国家、为社会、为他人多做贡献，而不是个人利益高于一切。这正是我们所生活的社会的道德准则，是中国传统文化留给我们的最珍贵的精神财富。

虽然这节课安排的内容没有当堂完成，但通过学生们的自主学习、广泛地查阅资料和充分讨论，学生对苏武的坚贞爱国精神、伟大的民族精神都有了更深入的认识，并对他产生了由衷的敬意，对中国传统文化里的忠义报国思想有了全新的认识。作为教师，我努力做到以生为本，根据学生的需求灵活地调整课堂教学，使精心的预设和即时的生成和谐统一。从这个角度讲我觉得我这节课就成功了。

我的一次“师生互动学习”案例剖析

钱丽华　大庆市育才中学

背景介绍：

高中语文新课程标准中有这样一个要求：积极倡导自主、合作、探究的学习方式。教学应为学生创设良好的自主学习情境，帮助他们树立主体意识，根据各自的特点和需要，调整学习心态和策略，探寻适合自己的学习方法和途径。情境教学法是教师根据课文所描绘的情景，创设出形象鲜明的投影图画，辅之生动的文学语言,并借助适当的教学辅助工具或方法,使学生如闻其声,如见其人,如临其境;师生就在此情此景中进行一种情景交融的教学活动。因此,“情境教学”有助于培养学生情感，启迪思维，发展想象，提高学习效率。创设情境的目的在于激发学生迫切弄清未知事物的心理愿望，促进学生迅速进入学习的兴奋状态，形成一种主动性，并将其转化为内在的“自我需要”，去自主、合作、探究的学习。

俄国大作家托尔斯泰说：“成功的教学需要的不是强制，而是激发学生的兴趣。”兴趣往往是学习的先导，有了兴趣就有了学习的动力。

新的学年正值我校开展“三环六步教学法”，以及“小班额教学”的教学模式研究，这些都为教师在教学过程中为学生创设良好的自主学习情境创造了良好的环境。“三环六步教学法”将学生的学习过程分为课前—课上—课后三个环节，预习、示标、研习、探究、达标、跟踪六个步骤，其中有一个重要的基本原则就是“预为先导、学为主体、全员参与、师生互动”，而班额的缩小，为学生的全员参与创造了条件。

案例描述：

教学是一门艺术，有些概念较晦涩，教师一味地照本宣科，学生就会觉得

[作者简介] 钱丽华（1978 年—），大庆市育才中学语文教师，教研组长，中教一级。

难学而开始厌学，面对此种情况，我认为教师就要因势利导、深入浅出，用生动形象的语言和巧妙灵活的教学技巧激发学生的学习兴趣，引导学生由被动学习转为主动学习，能够自主探究相关知识，对学习中出现的问题能主动思考，由此提高学习效率。语文课与其他课程相比具有自己的独特性，最典型的就是其情感性。这是因为每篇课文都是作者用来表情达意、交流思想的，包含一定的感情色彩。赞可夫曾说过："艺术作品首先要激发学生的思想感情，其余的工作都应当是这些思想感情的自然结果。"情感教学能大大激发学生的学习兴趣，拨动学生的心弦，使学生有效地掌握语文知识，在潜移默化中受到感染教育。

我所教的班级是普通校的平行班，经过层层选拔以后到这里来的学生，学习基础差，学习习惯不好，个别学生的学习态度也不够端正。要想提高他们的学习成绩，首先必须激发他们的学习兴趣，改变他们的学习态度。针对这种学情，我在教学中尝试在课前或者课中根据具体教学内容穿插一些幽默风趣的语言及故事等，影响学生的情绪，激发学生想要了解探究的兴趣，使学生达到对知识的掌握。

比如学习《再别康桥》一课时，我首先让学生在课前通过小组合作搜集了一些徐志摩的资料，课上让他们自己进行交流，我发现学生找到的都是一些参考资料上对徐志摩的简单介绍，虽然学生找到的很多，但是大多不够生动，于是我就给学生补充介绍了徐志摩的求学经历，比如考入北京大学，去美国学习经济学，又转去英国留学，回国后在名校任教等，激发了学生的佩服之情。我又问学生，知道为什么徐志摩要由美国转为去英国留学吗，由此引出罗素对徐志摩的吸引和影响，这时我又趁机跟学生说，虽然我作为老师无法像罗素那样伟大，给你们更多的启迪，但是我希望能在高中这三年里，给大家更多的帮助，让同学们度过充实的高中生活。不仅拉近了学生和徐志摩的距离，也拉近了我和学生们的距离。随后我又转入正题，用幻灯片展示了徐志摩求学期间的照片和剑桥大学的照片，同时给学生们讲了几个徐志摩求学期间的小故事。这样学生们不仅对徐志摩有了更深的了解，同时也觉得徐志摩不再只是书上生疏的一个名字，而成了活生生的一个人，学习兴趣也一下子被激发出来了。

在下一个环节中，为了让学生更好地认识新月诗派的"三美主张"，我在给出了"三美"的概念后，让学生自己通过朗读和探究，赏析本诗中的"三美"，并且给出诗中典型的几个意象，让学生集中讨论。任务刚一布置下去，学生就马上开始以组为单位讨论起来，其热烈程度确实是我没有预见的。有了前面对徐志摩和康桥的了解，学生这个时候好像就很容易将自己放入到徐志摩当时的状态里，仿佛置身于康河边上，你一言我一语地发表自己的看法：有些同学直接说出了自己的想法供大家讨论,有的小组以朗读带动情感,体会作者意图。作为老师，看到眼前的情境恐怕是最幸福的一刻，在他们的身上已经完全没有了后进生的样子。经过一番讨论,在学生们自主表达对诗中的“金柳”“青荇”“榆阴下的一潭”这三个意象的理解时，各组的代表即兴发言，侃侃而谈。看到他们能那么自信从容地表达自己的看法，作为教师，那种满足感是难以言说的。我想，这样一节课，学生不仅收获了知识，还学会了怎么和同学合作、交流、整合，锻炼了思维和语言表达能力。

反思一：置身其内，情感相融，才能达到更好的教学效果。

好的一节课，应该是学生老师都能完全投入课堂，不只是师、生，而是课堂中的参与者、研讨者。富有活力的学习过程、独立与合作的学习方式、自信的学习氛围，都有利于学生的全面发展，所以在教学过程中，教师不但要引导学生置身课堂之内，而且自己也要融入课堂，与学生、与教学内容情感相容，达到更好的教学效果。

每个老师都希望自己的课上，每一个学生都能以极大的热情投入到学习中，这节课虽然大部分同学表现出了很高的热情和兴趣来感知课文，但是也有一些学生仿佛置身事外，还有一些学生没能很好地表达出自己的想法，表现出基础差，能力不足的特点。受课堂内容和时间的限制，对这样的一些学生没能更好地关注和引导。

反思二：拓展思维，由点及面，才能为无限的课外打基础。

课堂教学只是学生学习过程中的一部分，要想让学生学好语文，不是只上好一节课或几节课，更多的是要教会学生学习方法，在课内给予学生适当学法指导和内容延伸，锻炼学生的学习能力，拓展语文思维，以课内带动课外，达到更好的学习效果。语文教学的效果应该不仅仅止于课堂上，更多的在课堂意外，所以只有高效的课堂，才能更好地培养学生语文学习的能力。

反思三：技巧灵活，方法合理，才能更好地提高课堂效率。

这节课我的想法和初衷是好的，但是有些具体操作不够完美，教学方法有时不够灵活。上好一节语文课，合理的教学方法和灵活的技巧，也是非常重要的，新形势下，语文教师要善于调动学生的情感，用更合理、灵活的方法，适应学生的需求，以期课堂效果的最大化。

目 录

课堂实录

教学反思

中期成果

结题报告

课堂实录

《永遇乐·京口北固亭怀古》

王东旭　大庆市肇源县第一中学

师：同学们，著名诗人臧克家曾经为辛稼轩祠写下过这样的诗句："力挽河山浩气贯日月，空余英雄心一颗；名垂宇宙文光射斗牛，剩有悲壮词千篇。"这揭示了辛词的悲壮意味，今天我们来学习辛弃疾悲壮词的代表，它就是——

生：《永遇乐·京口北固亭怀古》。

师：鉴赏诗词，首先要看它的题目，这首词的题目提示了哪些内容呢？

生 1：永遇乐——词牌。

生 2：京口北固亭——登临地点。

生 3：怀古——怀古诗，通过古今对比，以古讽今。

师：鉴赏诗词，其次要看作者。关于辛弃疾，你了解多少呢？

生 1：字幼安，号稼轩，历城人。

生 2：他一生力主抗金，恢复中原，希望统一国家。

生 3：但他抱负未能实现，有将相之才却得不到施展，遂将满腔幽愤注于笔端，词风豪放。

生 4：写这首词时辛弃疾已经六十多岁了，之前他一直过着"隐居"的生活，不被朝廷重用。后来，辛弃疾被执掌大权的韩侂胄启用，但韩为了巩固自己的地位，草草北伐，不但听不进辛弃疾的劝告，而且降了辛弃疾的职。这首词是辛弃疾被降职之后怀着满腔幽愤的心情登上北固亭写下的。

师：同学们说得都很好，看来大家对辛弃疾还是比较了解的。我们在初中学过辛弃疾的诗歌吗？

生：学过《破阵子》。

师：谁能给大家背一下？

［作者简介］王东旭（1987 年—），大庆市肇源县第一中学，一级教师，主要从事高中语文教学研究。

生：“醉里挑灯看剑，梦回吹角连营。八百里分麾下炙，五十弦翻塞外声。沙场秋点兵。马作的卢飞快，弓如霹雳弦惊。了却君王天下事，赢得生前身后名。可怜白发生！”

师：在这首词中作者写出了梦中战事的激烈，然而梦境和现实终究是有差距的，我们一起去看一下在现实中辛弃疾到底经历了什么。古语有云“书读百遍，其意自见”。诵读对理解诗词的意蕴至关重要，下面就请同学们激情朗诵本词，在朗诵中请注入你们的感情，带着崇敬、仰慕、慨叹的心情去朗诵本词。

（学生朗诵本词，教师巡视指导）

师：好。下面请一位同学来朗诵本词。

（学生朗诵，字正腔圆，感情饱满。）

师：谁能来说一说这位同学读得好在哪里？

生1：感情慷慨激昂。

生2：字音准确。

生3：语速适中。

师：好。这位同学读得很不错。下面请全班同学集体朗诵本词，读出感情。

（学生集体朗诵本词）

师：大家在诵读中发现本词有什么特点吗？

生：典故很多。

师：本词出现几个典故？

生：五个。

师：分别是谁的典故？

生：孙权、刘裕、刘义隆、拓跋焘、廉颇。

师：好。那我们分别来看一下作者用这些典故的用意是什么。第一个是孙权，作者说：“千古江山，英雄无觅孙仲谋处。舞榭歌台，风流总被雨打风吹去。”作者想通过孙权来表达什么意思呢？

生：表达对前人事业无人继承的惋惜。

师：好。这位同学请你来具体说一说。

生：孙权，他胸怀大志，赤壁之战大破曹操，使天下形成三足鼎立之势，后又多次打败曹操，曹操曾说“生子当如孙仲谋”，先人曾经建立这样的功业，但如今的南宋小朝廷却偏安一隅，不思进取，完全忘了前人的功业。“风流总被雨打风吹去”，作者看到当时的局势痛心不已，于是发出了这样的慨叹。

师：非常好，看来这位同学对历史知识也有一定的了解。第二个人物是刘裕，作者说：“斜阳草树，寻常巷陌，人道寄奴曾住。想当年，金戈铁马，气吞万里如虎。”刘裕是何人？

生：刘裕，南朝宋武帝，小字寄奴。史书上说刘裕曾两次北伐，先后征讨南燕和后秦，生擒燕王和秦王，收复了失地，成就了北伐之功业。

师：这样的英雄豪杰正是作者仰慕的人，他想通过刘裕来表达什么呢？

生：作者也想要建立这样的功业，他仰慕刘裕，表达了他的抗金决心。

师：这是词的上阕，作者写了两个英雄人物，表达了他力主抗金和收复中原的决心，以及对南宋统治者的讽刺。

师：我们再来看词的下阕。作者说：“元嘉草草，封狼居胥，赢得仓皇北顾。”刘义隆草率出师北伐，想要建立像封狼居胥山那样的功绩，结果落得惨败而回。这是作者在表达什么意思？

生 1：在告诫韩侂胄。

生 2：劝诫统治者不能草率出兵，否则只会落得惨败而归。

师：接下来作者说：“四十三年，望中犹记，烽火扬州路。可堪回首，佛狸祠下，一片神鸦社鼓。”谁能来解释一下这几句词？

生 1：词人站在北固亭上向北望去，他想起了自己四十三年前自己参加的抗金斗争，后来零落江南，他原想凭借自己的努力，收复中原，谁知南宋小朝廷偏安一隅，不思进取，作者感叹自己没了用武之地。如今四十三年过去了，他仍然没做出任何改变，作者发出了一声叹息。

生 2：这是用了拓跋焘的典故。朝局动荡不安，可是百姓仿佛忘记了昨日的伤痛，“佛狸祠下，一片神鸦社鼓。”如今北方已经沦陷，朝廷不谋求恢复，百姓也安于异族统治，他们仿佛忘记了自己的身份，忘记了自己是宋室的子民。

师：非常好。朝廷不安，百姓不图进取，最后作者发出了“廉颇老矣，尚能饭否”的希冀，他的愿望是什么呢？

生 1：据《史记·廉颇蔺相如列传》记载，赵王想启用廉颇，于是派人去请他，廉颇的仇敌给了使者很多金子，让他诋毁廉颇。使者见了廉颇之后，“廉颇为之一饭

斗米、肉十斤，被（披）甲上马，以示尚可用。”使者回来却报告赵王“廉将军虽老，尚善饭；然与臣坐，顷之三遗矢（屎）矣。”赵王由此认为廉颇已老，不再启用廉颇。

生2：作者在这里是以廉颇自比，虽已年迈仍想为国效力，可当政者不接受他的建议，又有小人挑拨，他感到悲愤，担心像廉颇一样被弃置不用，而现实中他也确实不被重用。这几句抒写了作者虽有远大抱负，却得不到朝廷的重用，写出了他壮志未酬的苦闷，这也正是全诗的主旨。

师：同学们说得都非常好。那本词在艺术手法上最突出的特点是什么呢？

生：用典。

师：何为用典？

生1：所谓用典，就是借古事、古人来比喻今事、今人以抒发情怀，是古代诗文中常见的一种写作手法。

生2：恰当地用典，引用古籍中的故事或词句，就是用典，借用典故可以丰富而含蓄地表达有关的内容和思想。

师：同学们说得都很好,用典是本词最大的艺术特点。本词运用五个典故，每个典故都和作者的感情密切相关，你能总结一下作者想表达的感情吗？

生1：对孙权的敬仰之情，想建立那样的丰功伟业。

生2：对刘裕的赞叹之情，想成就那样的功绩成就。

生3：借刘义隆表达对当局的警告。

生4：借拓跋焘表达自己的担忧。

生5：借廉颇表达自己的壮志未酬之情。

师：好。老师来总结一下。这首词借古讽今，表现了词人抗金救国、恢复中原的热切愿望和壮志难酬的苦闷，也表现了对南宋统治者苟且偷安、不图恢复、不善用人才的愤懑。

师：通过本节课的学习，同学们对辛弃疾的词风有了更进一步了解。请同学们在课后诵读陆游的《诉衷情》—— 当年万里觅封侯，匹马戍梁州。关河梦断何处？尘暗旧貂裘。胡未灭，鬓先秋，泪空流。此生谁料？心在天山，身老沧州。比较《诉衷情》和《永遇乐·京口北固亭怀古》的异同，对比二者在感情上及表现手法上的异同。

师：下课！

《短歌行》

庞金艳　大庆市第三十五中学校

师：曹操这个人我们比较熟悉，初中我们学过他的《观沧海》，同学们能背出来吗？

生：东临碣石，以观沧海。水何澹澹，山岛耸峙……

师：历史上的曹操到底是个什么样的人，你能不能公正地来评价一下？

生：历史上的曹操，是政治家、军事家、诗人，有能力、有才华，在这几方面都有很高的成就……

师:历史对曹操这个人褒贬不一，但他的文学成就却无可否认，建安风骨，以曹操为代表，除了曹操，还有他的两个儿子——曹丕和曹植。

师：出示背景资料：建安十三年，曹操率大军南下，列阵长江，欲一举荡平孙刘势力。这年冬天十一月十五日夜，皎月当空，江面风平浪静。曹操乘船查看水寨后，置酒宴请诸将。酒至兴处，忽闻鸦声往南飞鸣而去。曹操感此景而横槊赋诗，吟唱了这首千古名作——《短歌行》……

下面，给大家2分钟时间，朗读一下这首诗。

请一位同学给我们朗诵一下，同学们一定要透过文字的表面认真体会一下诗中的情感。

一个学生读，感情平淡。

师：想一想面对那么多的兵将，"对酒当歌，人生几何"，他是对谁说的？

生：声音应该读大一些，洪亮一些，他是想平定南方，进而一统天下的，他是一代枭雄啊。

师：再找一名同学读。

又一个学生读，节奏把握得不好。

［**作者简介**］庞金艳（1975年—），大庆市第三十五中学校，高级教师、学科备课组长，兼任大庆市教育科研兼职教研员，市级骨干教师。擅长语文教学研究。

师：哪个同学能来评价一下？

生：总体很不错，有气势。

师：有没有不足之处？

生：快了，可以慢点。

下面我找一个男同学大声地读，有气势地读。

师（兴奋地）：读得怎么样？

生：异口同声的说，好！并且给予热烈的掌声。

师：非常好，情感拿捏得很到位。现在，请同学们以小组为单位，对照注释，理解一下这首诗。要注意，曹操的这首诗一气呵成，没有字斟句酌，完全是感情的迸发，我们不一定一字一句翻译出来，但是对曹操的感情要有一个把握。

学生讨论

师：作为一首诗来说，肯定有一脉相承的东西，就是一首诗的诗眼。那么本文的诗眼是哪个字？

生：不约而同地说“忧”。

师：是的，整首诗歌都是在谈忧，抒发“忧”情，那么，在三国鼎立时期，他为什么而忧？我们带着问题，体会曹操的心境，一起读一遍。

学生齐读

师：我们来看，他“忧”的是什么，他这种忧的感情又是怎么贯穿下来的？我们来分析诗歌内容。“对酒当歌，人生几何”，是不是说忧，忧什么？我们古诗中涉及酒的诗句不少，谁能举个例子？

生：李白的《将进酒》。

生：劝君更尽一杯酒，西出阳关无故人。

生：三杯两盏淡酒，怎敌他晚来风急。

生：举杯邀明月，对影成三人。

生：举酒欲饮无管弦。

师：那么，曹操忧的是什么，“对酒当歌，人生几何”，忧的是人生短暂，还有更深层的东西。我们接着往下读，譬如朝露，去日苦多，人生的短暂就像早上的露水一样，太阳一出来就没了，很短暂。慨当以慷，忧思难忘，何以解忧？唯有杜康。那么杜康酒能不能解此之忧？

生：我觉得不能，他喝完了还是忧，因为举杯消愁愁更愁，诗中有“忧从中来不可断绝”的句子。

师：既然杜康不能解其忧，那什么才能解愁？

生：他可能是忧自己手下人才太少，不够他使用吧，我觉得应该有这方面的意思。

师：除此之外还为什么而忧？

看下一节，“青青子衿，悠悠我心”，这里是用典（用典故是诗歌的一种表现手法，一会我要具体解释）。原来是指男女之间，你穿的这个衣服真好看，我整天想着你，即使我不去，你怎么不主动给我发个微信呢？

生笑了。

师：呵呵，这正契合了曹操的心境。所以是想用这个典故，暗示后面那句话。但为君故，沉吟至今，我天天都在想着你呀。“呦呦鹿鸣，食野之苹”，这句话我们又应该怎么理解？

生：我觉得意思是说你们来，我的属下会鼓瑟吹笙迎接你。

师：哦，很好，所以，他还是在忧，忧的是什么？

生：怕贤才不来

师：（板书）求贤不得。

第一大节到这里结束了，我们读一遍，大家体会“忧”这种情感的变化。（播放朗读带读第一节，体会慷慨之气）

曹操的忧是通过其慷慨之气体现出来的，下面，我们一起读一遍。（齐读）

师：这里老师要给大家讲一下典故的使用方法。用典分为两种，一起看一下幻灯片（呈现内容略），齐读典故的分类和具体作用。

看看这里属于用典的哪一种？

生：语典。

师：作用是什么？

生：丰富内容，扩大意境，引出下面的具体内容。

师：不错，很好，下面大家把幻灯片上的内容整理到笔记上，2 分钟的时间，课下要体会记住，以后我们做题用得到。

师：我们学完了第一节，下面我们来看看第二节，“明明如月，何时可掇”，掇是什么意思，他要做什么？

生：掇，摘取的意思。他想招揽人才。

师：诗人多么壮阔的胸襟和气度啊，那么下一句是什么？齐读出来。

生：越陌度阡，枉用相存。

师：这句话是什么意思呢？

生：曹操要礼贤下士。

师：我们再次齐读这一小节。看看能不能读出忧虑之情，这里就少了些慷慨之气了。

学生齐读

师：刚才第一部分告诉大家了，为求贤不得而忧，在第二节是不是还在忧，此时贤士已经经历千难万险来了，为什么还忧呢？

生：贤士来了，但还没有成就大事，心中的大业还没有实现呢。

师：所以，除了忧人生短暂、忧贤士不得，还有一个最根本的忧：功业未就。三忧一脉相承。功业未就是对贤士不得的升华，这个升华就是贤士来多少，我都不会感到满足，后一节谈到了这个问题，请一位同学给我们读一下。

又一生读（月明星稀……天下归心）

师：月明星稀，乌鹊南飞。刚才我们在背景资料里说道，这是他在畅饮之时，鼓动群臣的时候写的这首诗，所以这里的乌鹊南飞，单单指乌鹊向南飞吗，应该怎么理解？

生：绕树三匝，何枝可依？表示说自己是明君，来我这儿。

生：曹操是北方，你往南飞，哪儿能找得到枝头可依呢？

师：意思是这些贤士不要再犹豫，投奔到我这里来吧。

师：山不厌高，海不厌深。厌，满足。周公吐哺，天下归心，这虽然有一点夸张。这里属于用典的哪一个类型呢？作用如何？

生：还是语典，表达了自己对天下贤士的重视。

师：好，全诗中曹操最忧的是什么（求贤不得），所以这首诗表达的主旨是：为成就功业而招纳贤士。

师：这首诗通篇以"忧"贯穿全诗，一气呵成，我们应该将这首诗背下来。好进一步把握曹操的豪迈胸襟和博大的气度，感受诗人丰富的内心世界和非凡的理想和抱负。在理解完诗中的内容和情感后，让我们跟着朗读，一起体会情感，当堂背诵。

师：下课！

《短歌行》

乔凤彩　大庆市肇源县第一中学

师：上课!

生（齐）：老师好!

师：同学们好，请坐。把书翻到第26页。

中国古代帝王多有不同的“人才观”。商纣王骄傲自大，一意孤行，最终落得葬身火海；楚怀王闭目塞听，弃屈子的进谏于不顾，无奈客死他乡；齐威王善于纳谏，门庭若市，赢得诸侯朝拜；唐太宗广纳贤才，开创“贞观盛世”。这样的事例不胜枚举，它告诉我们一个道理：一个人要想成就一番事业，就要重视人才！三国时魏武帝曹操也是非常重视人才的，他广纳贤才，建立魏国，三分天下。今天我们就一起来解读他的诗作——《短歌行》，来看看他的“人才观”。

首先我们来看导学案上的解题部分。这是一首乐府诗，题目是汉乐府的一个曲调的名称，乐府诗有“长歌”“短歌”之分。这里的长短指的不是篇幅的长短，而是就歌词音节的长短而言。一般说，长歌比较热烈奔放，而短歌的节奏比较短促，低吟短唱，适于抒发内心的忧愁和苦闷。因此我们从题目可以知道这首诗的音节较短。行，则是古代诗歌的一种体裁，可配乐歌唱。

接下来我们看这首诗是在什么背景下写的呢？找同学来读一下。

生1（读）：建安十三年（公元208年），曹操先后击败吕布、袁术等豪强集团，又在著名的官渡之战一举消灭了强大的袁绍势力，统一了北方。但此时孙权统一了江南，建立了东吴政权，刘备在荆州积蓄扩展力量。这年冬天曹操亲率八十三万大军，直达长江北岸，准备渡江消灭孙权和刘备，进而统一全中国。曹操设酒宴请众文武，饮至半夜，忽闻乌鸦向南飞鸣而去，曹操有感此景而横槊赋此《短歌行》。

［**作者简介**］乔凤彩（1969年—），黑龙江省肇源县人，大庆市肇源县第一中学，高级教师，主要从事高中语文教学研究工作，擅长阅读与写作教学。

师：好，请坐。关于背景我不多说了，大家已经预习了。接下来我们通过朗读来走进诗歌。首先，老师现给大家示范朗读一遍。

《短歌行》，曹操（朗读部分略）

大家注意读音，接下来给大家一点时间，自由朗读这首诗，读的过程当中结合书下注释理解诗的内容，然后呢还要拿捏诗歌的情感，好，现在开始，一会儿找同学来读。

大家都读完了？好，请同学们站起来为大家展示你的朗读。

生 2：朗读（略）。

师：情感挺丰富，但是要纠正两个字"'月'明星稀""'乌'鹊南飞"，有点紧张。哪位同学再给大家展示一下？

生 3：朗读（略）。

师：这位同学嗓音很浑厚，非常适合读这首诗，唯一遗憾的是抑扬顿挫方面表现得不够完美。还有哪位同学想展示？

生 4 朗读（略）。

师：很好，就是语速还有点快，再进一步改进会更好。还有谁想展示？

生 5 朗读（略）。

师：这位同学读得就很好了，等我们一起解读完这首诗我相信大家带着对诗歌的情感一定会读得更好。时间关系，咱们就展示到这。接下来请同学们带着情感一起把这首诗读一遍。

学生齐读。（略）

师：很好。接下来咱们一起看一看导学案上的探究题。

历代名家对曹操的评价不一，鲁迅说曹操是一个很有本事的人，至少是一个英雄；东汉末年著名人物评论家汝南名士许劭称之为"治世之能臣，乱世之奸雄"；陈寿在《三国志》中评价他"抑可谓非常之人，超世之杰矣"；南宋朱熹《朱子语类》中说"只有先主名分正，曹操自是贼"。那么，曹操到底是一个什么样的人呢？咱们同学也预习了，通过你对《短歌行》的预习，结合你对曹操的了解，请你谈谈你眼中的曹操是一个什么样的人物？哪位同学来谈一谈？

生 6：有谋略、求贤若渴、能文能武。

师：很好，因为他既是政治家又是军事家，同时又是一个——

生（齐）：文学家！

师：很好。请坐。

可以说，曹操是一个有雄才伟略的政治家，但是我们读了《短歌行》发现诗歌当中充斥着一种什么样的情感？

生（齐）：忧。

师：那么这样一个具有雄才伟略的政治家，诗歌却充满忧伤，是否矛盾？

生（齐）：不矛盾。

师:很好，那他“忧”的是什么呢？谁站起来说一下？从文本中给出答案。

生7：人生短暂。因为“对酒当歌，人生几何，譬如朝露，去日苦多”。

师：面对“人生短暂”之忧，作者是如何排解的？

生7：唯有杜康

师：运用了什么手法？

生（齐）：借代

师：很好，借代的手法。那么杜康解除他的忧愁了吗？

生（齐）：没有。

师：正如李白所说，“抽刀断水水更流，举杯消愁愁更愁。”

除此之外还为什么而忧？

生8：得不到人才。从“青青子衿，悠悠我心。但为君故，沉吟至今”可以看出，诗人想要得到人才。

师:（播放PPT“青青子衿，悠悠我心。纵我不往，子宁不嗣音？”——《诗经·郑风·子衿》）结合课下注释，这句原来是指姑娘思念情人，你穿的这个衣服真好看，我整天想着你，即使我不去，你怎么不主动给我个消息呢？在这里用典有什么作用，同学们思考一下？

生（齐）：表达对贤才的思念与渴望。

师：所以诗人才说“只是因为您的缘故，我才至今都在深思”，表达了他对贤才的思念与倾慕。

“明明如月，何时可掇（摘取，拾取）。”这里用“明月”比喻什么？

生（齐）：人才。

师:人才就像那天上的月亮,我什么时候才能把你摘入我的胸怀?所谓“千金易求,一将难得”,为此诗人“忧从中来,不可断绝”。

同学们再进一步深刻地思考,诗人为什么如此渴望贤才呢?诗人忧的根源是什么?用诗句来回答。

生(齐):天下归心。

师:很好。曹操一忧光阴易逝,二忧贤才难得,因为理想尚未实现,其实这正反映了他内心更深更重的一种忧愁,请大家自己概括一下。

生(齐):建功立业,统一天下。

师:一个有这样雄才伟略的政治家,诗中却充满忧伤并不矛盾,曹操的忧是因为求贤若渴,渴望建功立业!

所以说诗歌的情感是由忧愁转为了壮志,感情基调由低沉转为了昂扬。

曹操有一统天下的雄心壮志,但统一天下拼的不仅是武力,更要讲求谋略,但谋略从何而来或者说想要有好的谋略要依靠什么?

生(齐):人才。

师:那么,当时处于三国鼎立时期的人才是一种什么状态,不单单是曹操渴望贤才能归他门下,贤才们也在犹豫彷徨,想要选择明主,从诗文中哪几句能够体现出来?

生 9:“月明星稀,乌鹊南飞。绕树三匝,何枝可依?”用比喻手法化景为情,“乌鹊”比喻“贤士”!“绕树三匝,何枝可依”比喻贤士徘徊选择主公的状态!以乌鹊南飞的图景比喻这些无所适从的贤士在三国鼎立的局面下无所适从的状态,“有良禽择木而栖”之意!

师:解读得非常好!那曹操为什么转换视角,去写人才们的徘徊犹豫呢?

生 9:诗人暗示,贤才来归顺自己!

师:为了能够得到贤才,曹操报以什么样的态度,打算怎么去做?或者说表现曹操对贤才礼遇还有哪些诗句?

生 10:“呦呦鹿鸣,食野之苹。我有嘉宾,鼓瑟吹笙。”小鹿呼朋引伴说希望贤才能来,“我有嘉宾,鼓瑟吹笙”是说贤才来了我会盛情款待。

师:很好。(PPT 展示:呦呦鹿鸣,食野之苹。我有嘉宾,鼓瑟吹笙。

——《诗经·小雅·鹿鸣》)

这句本是周代朝廷与民间宴请宾客的诗句，鹿喜欢群居，每当找到地上的蒿草，便呦呦地呼唤同伴相聚而食。“我有嘉宾，鼓瑟吹笙”描写宾主欢宴的情景，意思是说只要你们到我这里来，我是一定会待以“嘉宾”之礼的。用鹿在田野找到食物高兴地鸣叫，比喻我得到嘉宾高兴地鼓瑟吹笙，这是比喻。表达诗人尊重贤才的思想感情。

表现曹操对贤才礼遇还有哪些诗句?

生 11：“越陌度阡，枉用相存。契阔谈讌，心念旧恩。”

枉：屈就，用于别人，含有敬意。意思是，希望贤才们屈驾来到我这里，表现了诗人对贤才的尊重。契阔：久别重逢。讌：通宴，宴饮。作者想象大家在一起谈天宴饮，宾主契合，重温昔日的情谊，何等畅快。写出了诗人求贤的心情，以及诗人对贤才的礼遇。

生 12：“山不厌高，海不厌深。”借用《管子・形解》的话用比喻手法说明自己渴望多纳贤才。

以山海，比喻自己的博大胸怀。诗人正是为了成为高山，成为深海，才如此虚怀若谷。同时也极有说服力地表现了人才多多益善。

师：以上两名同学解读得非常好，很准确也很精彩！可是诗中还有一句表现曹操对贤才礼遇的诗句，同学们再找一找。

生 13：“周公吐哺”，书下注释说周公说他自己“一沐（洗头）而三握发，一饭而三（多次）吐哺”唯恐因怠慢（接待贤士缓慢）贤士而失掉人才，以周公自比，说自己也有周公那样的胸襟，礼贤下士。

师：很好。通过对诗歌的解读，结合背景，接下来我们再来认识曹操。

（PPT 曹操简介）

曹操（155–220），字孟德，沛国谯郡（今安徽亳县）人，东汉末年的政治家、军事家、文学家。他“外定武功，内兴文学”，统一中国北方;他知人善察，唯才是举；他是建安文学的开创者和组织者。我们应站在历史的高度看待曹操这一历史人物，承认他对历史的推动作用，肯定他的贡献。

《短歌行》的作者曹操，他是三国时期卓越的政治家、军事家和诗人，如果站在唯物史观的立场上看，他独揽大权，他想统一国家，他为实现自己的政治理想，改革用人制度，这些在历史上是有进步意义的，他顺应了那个时代发展的趋势。我们对他的评价应着重看他对历史的贡献，而不应该仅仅从道德方面来看。

其次，就《短歌行》的思想意义来说，不外乎表达了历史真人曹操感叹人生短暂，渴求贤才辅佐的心情，自己博大的胸襟和清明的政治理想。此诗有悲壮慷慨的个性特征，这一首诗也正体现了那个时代的“建安风骨”。

师：到此，我们基本把诗歌解读完了，我们一起来总结一下：

首先，诗歌中的艺术手法：

一是借代。

唯有杜康：以发明酒的人名来代指酒。青衿：以周代读书人的服装代指有学识的人。

二是比喻。

譬如朝露人生比喻成朝露的，极言人生的短暂。

“明明如月，何时可掇？”贤才喻为明月，恰如其分地表达贤才难得而忧虑不绝的心情。

“乌鹊南飞”一句，以乌鹊比喻贤士；“绕树三匝，何枝可依”，则比喻贤士徘徊选择明主之意；乌鹊南飞比喻贤才尚在徘徊选择之意，流露诗人唯恐贤才不来归附的焦急心情。

“山不厌高，海不厌深”，以山高海深比喻广招人才的博大胸怀。意在表明诗人以开阔的胸怀接纳贤才，唯才是举，多多益善。

三是用典。

“青青子衿，悠悠我心”二句，出自《诗经·郑风·子衿》，用以比喻渴慕贤才。本意是传达恋爱中的女子对情人爱怨和期盼的心情。这里诗人化用诗意，比喻热烈期待贤士的到来。古朴深沉，自然妥贴。

呦呦鹿鸣，食野之苹。我有嘉宾，鼓瑟吹笙：出自《诗经·小雅·鹿鸣》表达诗人礼遇贤才的态度。

周公吐哺：出自《史记·鲁周公世家》作者以周公自比，表达求贤之诚恳，用周公礼贤下士的精神自励。

积累用典的好处：1. 丰富诗歌的内容；2. 使语言更加凝练，庄重典雅；3. 扩大了读者的联想和想象空间。

其次，主旨：

《短歌行》是一首政治性很强的诗作，然而政治内容和意义却完全熔铸在了浓郁的抒情意境之中。诗人以貌似颓废的意态来表达及时进取的精神，以放纵歌酒的行为来表现对人生哲理的严肃思考，以觥筹交错之景来抒发渴慕人才和一统天下的豪情。所以我们说诗歌的情感是由忧愁转为了壮志，基调由低沉转为了昂扬。

那么最后，让我们再次齐声朗读这首诗，体味其中的情感变化。

生齐读（略）

师：最后老师给大家播放电视剧中曹操吟唱《短歌行》视频，请同学们感受当时盛大的场面，体会曹操的情感。

师：下课！

《念奴娇·赤壁怀古》课堂实录

孙晓焕　肇源县第一中学

师：上课！

生（齐）：老师好！

师：同学们好，请坐。把书翻到第36页。

在历史的天空中，闪耀着一颗璀璨的明星，他就是苏轼。苏轼才华绝代，却以亲切之怀待人；他一生坎坷，仍以乐观旷达之胸处世。如果没有苏轼，北宋，乃至整个中国文坛不知要失色多少。今天，我们就走进苏轼的世界，聆听他超越千年的感慨。（教师板书：题目和作者）

接下来我们一起看大屏幕回忆作者生平介绍和相关背景。

学生跟老师一起回忆和朗读：苏轼字子瞻，号东坡居士，四川眉山人，文学家。

师：苏轼博览群书，使他的才情驰骋于多种艺术领域：他的文名列唐宋八大家；他的诗与黄庭坚齐名；他的词与辛弃疾并称；他在书画方面也很有成就，与苏轼、蔡襄、黄庭坚、米芾并称为宋四家。

可就是这样一位天才式的人物，他的一生却是坎坷的。他遭遇北宋第一起文字狱——乌台诗案；后被贬黜到黄州做团练副使，又被贬惠州，再贬儋州（今海南儋县州市），最后死于常州。苏轼在《自题金山画像》一诗中这样评价自己："问汝平生功业，黄州惠州儋州。"

接下来我们通过朗读来走进诗歌。

首先，老师现给大家示范朗读一遍，大家认真听，注意字音、节奏、气势并体会其中的情感。

师读。（略）

［作者简介］孙晓焕（1989年—），大庆市肇源县第一中学，一级教师，主要从事高中语文教学研究。

好，老师读完了，接下来请同学们自由朗读，并思考这样一个问题：古人常常借景抒情，在这首词当中，作者写了怎样的景，抒了怎样的情，在景和情之间写的又是谁的事？现在开始朗读。

生：自由朗读。

师：同学们都读完了，下面请同学单独展示。

生1：朗读（略）。

师：情感挺丰富，但是要纠正一个字“羽扇‘纶’巾”，有点紧张。哪位同学再给大家展示一下？

生2：朗读（略）。

师：这位同学声音很洪亮，非常适合读这首诗，唯一遗憾的是抑扬顿挫方面表现得不够完美。还有哪位同学想展示？

生3：朗读（略）。

师：很好，就是语速还有点快，再进一步改进会更好。还有谁想展示？

生4：朗读（略）。

师：这位同学读得就很好了，等我们一起解读完这首诗我相信大家带着对诗歌的情感一定会读得更好。时间关系，咱们就展示到这。接下来请同学们带着情感一起把这首诗读一遍。

生：齐读。（略）

师：很好。下面咱们从整体出发看一看词的结构，词上阕主要写的是什么？

生（齐）：写景（板书：景）

师：下阕写的是什么？

生（齐）：写人（板书：人）

师：怀古诗主要是借古景、古人、古事来抒发自己的情怀。今天，我们就从景、人、情这三方面入手来赏析这首词。（板书：情）

我们说，小的景物常常给人一种优美感，比如说，微风、细浪等。但是大的景物则给人一种崇高壮美之感。苏轼喜欢写大景，他也擅长写大景，这首词就是他雄伟之景的一个经典之作。那么同学们思考：苏轼是怎样把这种宏伟之景写出来的？你觉得这首词当中，写景部分，哪些字、词，哪几个意象给了你特别大的一种感受呢？找同学回答并讲出原因。

生 5：大江。因为有“大”字，带给人一种豪气。

师：很好，谁还有想法？

生 6：乱石、惊涛。我觉得这两个词给人一种磅礴的气势。

师：非常好。江、石、涛都是海边非常常见的意象。同样是面对长江，李后主李煜就写过这样的词：“问君能有几多愁，恰似一江春水向东流。”同样是写江，为什么李煜的词当中就没有那种磅礴之气呢？同学们发没发现这磅礴之气体现在哪？

生（齐）：修饰词。

师：很好，说对了。所以说这种磅礴壮阔体现在江、石、涛前面的形容词上面，“大”写出了江水的？生（齐）：宽阔、广阔。

师：那么乱石穿空是一幅怎样的画面？找同学来描述一下。

生 7：陡峭的、万石嶙峋的山峰高耸入云。

师：说得真好！

惊涛拍岸这句，“惊”在繁体字当中是上面一个敬下面一个马，像受惊的野马一样的波涛涌上了江岸，拍打着江岸，卷起千堆雪；这是一种何等豪迈奔腾，立体而又壮阔的画面。那么我们用一个四个字词来概括一下这景。（板书：雄浑壮阔）

所以我们说，大江、乱石、惊涛是从一种空间上营造了一种非常壮阔的场面。

有空间就必定有时间，时间上，哪个词也给我们特别大的感受？

生（齐）：千古。

师：很好，浪淘尽，千古风流人物。浪淘尽的不是沙粒，而是千古风流人物，可以看出这条大江，不仅指地理位置上的长江，还指？

生（齐）：历史的长河。

师：一“千古”一词道出了时间的悠久。

苏轼就是从时间和空间这两方面为我们营造了一个空间壮阔、时间悠久的人物出场的背景。

同学们可以想象一下，在这样宏大的时间和空间的背景下，将会是一个怎么样的人物出场呢？

好，下面我们把上阕写景部分齐读一遍，注意读出气势，因为那是宏大之景。

生齐读。(略)

师：好，读得非常好。很有气势。

师："江山如画，一时多少豪杰。"这句话在结构上起到什么作用?

生(齐)：承上启下。

师：很好，从上阕的景过渡到下阕的人。这里主要写哪个人?

生(齐)：周瑜

(师板书：人后面：周瑜)

师：赤壁壮景孕育的也必定是英雄豪杰。三国本来就是一个英雄辈出的时代，有横槊赋诗的曹操，有胆略超群的孙权，有三顾茅庐的刘备，有神机妙算的诸葛亮。而苏轼为什么特别仰慕周瑜呢?词当中描写周瑜的语句有哪些?我们一起把它读一下。

生齐读"遥想公瑾当年，小乔初嫁了，雄姿英发。羽扇纶巾，谈笑间，樯橹灰飞烟灭。"

师：苏轼眼里的周瑜是怎样一个人呢?你能否根据苏轼的描写来总结一下周瑜的特点。找同学来回答。

生 8："雄姿英发，羽扇纶巾。"能看出周瑜长得很帅，很儒雅。

师：很好，那我们不用帅来概括，换个词"风流倜傥"好不好。刚才 8 同学提到了"儒雅"一词，印象当中是谁的装束?

生(齐)：诸葛亮。

师：很好，那苏轼让周瑜也以羽扇纶巾的形象出现，明是写他的装束，实际上是想表现他什么特点?生(齐)：也有着与诸葛亮一样的谋略和智慧。

师：非常好!说明周瑜是能武又能文，文武双全。还有哪名同学来说说?

生 9："谈笑间，樯橹灰飞烟灭"说明周瑜指挥打仗很有方法。

师：很好，樯橹指的是什么?

生(齐)：曹操的水军。

师：而且是号称百万的水军，在怎么样的一种情况下就被打得灰飞烟灭了?

生（齐）：谈笑间。

师：好，找同学描绘“谈笑间”是怎样的场面？

生 10：说说笑笑之间就指挥了一场胜仗！

师：很好，在轻松、从容不迫的情况下就取得了战争的胜利，这就是历史上非常有名的赤壁之战。那么这表现出他的什么才能？

生（齐）：杰出的军事才能。

师：非常好。那么还有没有同学想说说？同学们还落下了关于周瑜的哪一句？

生（齐）：小乔初嫁了。

师：那“初嫁”是什么意思？看好这个“初”字，是不是那个“出嫁”的“出”？

生（齐）：不是，初是刚刚，初嫁是出嫁不久的意思。

师：很好。但是史料记载，小乔初嫁实在建安三年，而赤壁之战是在建安十三年，作者把相差十年的事情放在一起说，为什么？找同学来回答。

生 11：我觉得刚刚初嫁是说小乔比较年轻。

师：很好，那写小乔年轻的目的又是什么呢？应该是突出周瑜的年轻吧？不仅仅是年轻，而且是年轻有为。美女配英雄，如果他不是那么春风得意、年轻有为，我想小乔也不会嫁给他了。

所以我们说，在苏轼眼里，周瑜是这样一位“年少风流”“文武双全”“指挥若定”的青年将领。

那么周瑜是如此的英雄了得，苏轼又是怎样的人呢？（板书：人后面加一个苏轼）词中哪几句话是描写苏轼自己的？

生（齐）：“故国神游，多情应笑我，早生华发。”

师：这句应该是一个倒装句吧，“神游故国，应笑我多情，早生华发。”“多情”在这里指的是建功立业的愿望，也就是说，神游故国，应笑我自己，建功立业的愿望，现在已经早早地生了白发了。建功立业的愿望是一件好的事情，为什么苏轼要嘲笑自己？联系上下文，找同学回答。

生 12：我认为苏轼是在跟周瑜相比，周瑜年轻有为，而自己年岁不小了，依然没有实现自己的抱负，是为了抒发自己功业无成的感慨。

师：这名同学回答得非常好！已经挖掘词人的情感了。我们发现苏轼对比周瑜之后产生了自嘲之情。那么我们从各个方面把周瑜和苏轼这两个人进行对比。

才华方面:周瑜文武双全,苏轼也可以说是才华横溢;年龄方面:周瑜 34 岁，而苏轼此时已经 47 岁了；婚姻方面：周瑜有美女相伴，而苏轼的妻子王弗去世了，可以说婚姻遭遇了不幸；在外表上：周瑜雄姿英发，而苏轼早生华发；职位：周瑜此时已是东吴都督，而苏轼只是黄州的团练副使；功业方面；周瑜可以说此时已经功成名就，而苏轼呢是功业未就。

面对这样不同的人生境遇，苏轼发出了怎样的人生感慨？用词句来回答。

生（齐）：“人生如梦，一尊还酹江月。”

师：苏轼他也是人不是神，他也会有自卑，会有失落，也会有消沉，所以他发出了“人生如梦”的感慨。但是苏轼又是不平凡的人，苏轼在此时他的人生态度是怎样的？你觉得他是随着“人生如梦”消沉下去的呢还是跳出了消沉得到了一种解脱呢？请同学们互相讨论一下，一会儿找同学来回答，并说出理由。

生 13：我认为他是跳出了消沉到达了解脱的境界。因为“一尊还酹江月”是以一杯清酒祭月，感觉他这个举动很潇洒！

师：恩，回答得不错。“酹”本义是把酒洒在地上，这里指苏轼把忧愁都洒向了江月，而此时的江月是什么样背景下的江月？联系上阕，有着“大江、乱石、惊涛”的非常壮阔的空间和非常悠久的时间背景下的江月。

在这么宏大的背景下，作者想到的是周瑜，但是即使是如周瑜这样建立丰功伟业的英雄，最后也被历史的江水给冲刷走了，所以苏轼是把英雄放在了一个非常宏大的时空背景下进行审视，得出的结论是:“浪淘尽，千古风流人物。”

同样，苏轼也把自己个人的一种际遇放到了一个这样宏大的时空背景下进行审视，作者同样得出的结论是个人的得失放在宏大的历史长河当中，又算得了什么呢？得也是淘尽，失也是淘尽，那么何不开怀一笑，让自己的心灵驰骋在山林、清风、明月当中呢！“以酒酹江月”很多同学都想到了是把心中的不快和郁闷洒向江月，那么留给自己的是一颗如明月般皎洁的心灵。

说到这里，苏轼什么情感就油然而生了？

生（齐）：超脱旷达之情。

师：非常好。（板书：超脱旷达）

所以，智者并不是没有苦难，而是智者擅长于用自己的智慧和胸怀来超越苦难。

难怪余秋雨和周国平这样评价苏轼："在黄州的苏东坡，是成熟了的苏东坡。这种成熟是一种不再需要对别人察言观色的从容，一种终于停止向周围申诉求告的大气，一种不理会哄闹的微笑，一种洗刷了偏激的淡漠，一种无需伸张的厚实，一种并不陡峭的高度。"——余秋雨《苏东坡突围》

"在人生中还有比成功和幸福更重要的东西，那就是凌驾于一切成败福祸之上的豁达胸怀。"——周国平

人生当中，难免有苦难，有坎坷。但你要相信，人生中的任何狂风暴雨都只是历史的一瞬，人生的插曲。乐观、旷达、自信、笑对人生，这就是苏轼留给我们的画外音吧！借此，也与各位同学共勉。

最后，请同学们大声朗读这首词，再次感受苏轼这份虽然壮志未酬但仍豪情长存的旷达之情！

生齐读。（略）

今天的作业：第一，背诵默写全词；第二，学完这首词，写一篇 100 字左右的感想。

师：下课！

《春夜宴从弟桃花园序》

李海燕　大庆市肇源县第一中学

师：上课！同学们好！

生（齐）：老师好！

师：饮酒赋诗，自古为文人一大乐事。置酒会友，乃人生快事，又恰值“怀才不遇”之际，于是乎借酒抒情，挥洒个淋漓尽致。本文是一篇脍炙人口的名篇，这篇散文，洋溢着诗情画意，明代大画家仇英还把它转化为视觉形象，绘成图画，流传至今。今天，就让我们一起走进他们聚会的场所，一起来品读李白的《春夜宴从弟桃花园序》。

生自由读课文。

师：请哪位同学来朗读一下课文。注意这篇文章以骈偶句式为主，整句散句穿插其中，要读出错落有致，潇洒流动的音韵美。

生1：读课文。

师正音。

生2：读课文。

师：请全班同学齐读。

生：齐读完毕。

师：好，我们把视线转回到题目上，题目向我们提供了哪些信息？

生：有时间、地点、人物和事件。

师：那么我们还需了解宴饮的起因经过，同学们根据课下注释，快速地疏通课文。

生认真地翻译课文。

师：“夫天地者万物之逆旅也；光阴者百代之过客也。”怎么翻译？

［作者简介］李海燕（1979年—），大庆市肇源县第一中学，一级教师，主要从事高中语文教学研究。

生：大地是万物的旅舍，时间是古往今来的过客。

师：从句式上来说，这是什么句式？

生：判断句。

师：第一句说的是空间，第二句说的是时间。四方上下曰宇，往来古今曰宙。李白是从宇宙的角度来谈的。

师："浮生若梦，为欢几何？"这句如翻译？

生：人生短促，如同梦境一般，得到的欢乐，能有多少呢？

师："古人秉烛夜游，良有以也。"良，实在。以，原因。这句如何理解？

生：古人夜间拿着蜡烛游玩，实在是有原因啊！

师讲解典故。

师："况阳春召我以烟景，大块假我以文章。"怎么翻译？

生：况且春天用艳丽景色来召唤我，大自然把绚丽的文采赐予我。

师："烟景"的"烟"指什么？

生：艳丽。

师：书上没有注释，这个"烟"应该是烟雾，春天雾气蒙蒙。"文"属于象形字，指人身上的花纹、文身。"章"字，是黑色底白色花，"文章"此处指错杂的色彩或者花纹。

师：这个句子又是什么句式？

生：状语后置句。

师："会桃花之芳园，序天伦之乐事。"怎么翻译？

生：相聚在桃花飘香的花园之中，畅叙兄弟间快乐的往事。

师："群季俊秀，皆为惠连"如何解释？

生：弟弟们英俊优秀，个个都有谢惠连那样的才情。

师讲解典故。

师："吾人咏歌，独惭康乐。"怎么翻译？

生：我吟咏赋诗，却很惭愧唯独不如谢灵运。

师："幽赏未已，高谈转清。"谁来翻译？

生：清雅的赏玩还没有结束，高谈阔论又转向清言雅语。

师："开琼筵以坐花，飞羽觞而醉月。"怎么翻译？

生：摆开筵席来坐赏名花，行酒如飞醉于月下。

师：“不有佳咏，何伸雅怀？”怎么翻译？

生：没有好诗，怎能抒发高雅的情怀？

师：“如诗不成，罚依金谷酒数。”如何翻译？

生：倘若有人作诗不成，就要按照当年石崇在金谷园宴客赋诗的先例，罚酒三杯。

师：请同学们再次诵读课文。

生大声诵读课文。

师：开篇两句有何特色？与《兰亭集序》《滕王阁序》的开篇进行对比。

生：从天地、光阴入手，大气，而且有气势。

师：这样的开篇气势，我们还能想起李白的哪些诗句？

生：《将进酒》中的“君不见黄河之水天上来，奔流到海不复回”

师：接下来作者的笔锋一转，话题有了什么变化？

生：转到了时间的短暂和虚无。

师：究竟是醉生梦死地度过还是追求诗意的人生呢？（课件显示秉烛夜游典故的内容。）

师：典故告诉我们什么道理？

生：秉烛夜游的原因。人生短暂，及时行乐。

师：作者不去说自己为什么夜宴，却说明古人秉烛夜游的原因，实际上自己夜宴的原因就蕴含于此，是什么呢？

生：人生短暂，及时行乐。

师：难道夜宴只有一个理由吗？

生：“阳春召我以烟景，大块假我以文章”。

师：对！于是引出了第二点缘由——美景在前，不容辜负。

师：盛宴马上开始了，在桃花盛开的园林中，畅叙着几重乐事？

生1：环境之幽的乐趣。

生2：兄弟亲密无间的欢乐。

生3：不断转换话题，气氛的热烈。

生4：痛饮的快乐。

生5：吟诗酣畅淋漓。

师：好，一共有五重乐事（课件显示）。

师：全文只有119个字，它洋溢着诗情画意，像一首优美的诗，通过诵读品鉴，我们看到李白和他的堂弟们在筵席上，没有轻歌曼舞，没有繁管急弦，而只是观花赏月、吟诗论文、说理谈玄，这是一场纯属文人墨客的集会，《古人观止》对这篇文章的评价是："未数语，写一觞一咏之乐，与世俗浪游者迥别。"（课件显示）

师：同学们在完成课文的解读及诵读之后，感受一下，这篇文章的情感基调如何定位，积极还是消沉?

生：总体感受是积极昂扬。

师：同学们回忆一下，之前学过的《兰亭集序》的情感基调是何特点？将本文与 王羲之的《兰亭集序》比较，说说情感基调有何异同？

生:王羲之《兰亭集序》开篇仰观宇宙之大，俯察品类之盛，所以游目骋怀，足以极视听之娱，信可乐也。结尾却"临文嗟悼，不能喻之于怀"，发出"悲夫"的慨叹。而李白写游宴，却完全摆脱了"既喜而复悲"的陈套，给人以乐观情绪的感染。

师:李白的作品与古人的同类作品相比，它别开生面，自是锦心绣口之文，为什么会有这种不同？可以从时代背景、作者个人情况等方面入手。（同学们小组间讨论交流。）

生1：与时代背景有很大的关系。王羲之所处的时代是东晋，当时政治迫害严重，世人普遍存在消极感伤的特点，而李白所处时代是盛唐，那是封建主义达到鼎盛的时期，国力最强，民族自信最强，积极乐观的情怀充满着整个时期。

师：王羲之写《兰亭集序》时是51岁，会稽内史任上。这时东晋王朝偏安江左已经36年，在士族制度的统治下，社会矛盾重重，当权者无心北伐，只图奢侈享乐。文人士大夫意志消磨殆尽，多崇尚老庄思想，清谈玄理之风极盛。李白的《桃花园序》大致是开元二十一年33岁时所作。当时他虽然求官未得，暂时隐居于安陆，但身处开元盛世，对国家的兴盛、个人的发展都抱有乐观的期望。在感情格调上是有所不同的。王羲之感慨的是当时过境迁之后，游赏之乐便成了陈迹，欢乐和生命总是短暂的，必然"终期于尽"，所以发出了"岂不痛哉”“悲夫”的慨叹。

生2：与个人的情感特征也有关系。王羲之在感慨时过境迁之后，感悟到游赏之乐便成了陈迹，欢乐和生命总是短暂，必然“终期于尽”。因此才有“岂不痛哉”“悲夫”的感慨。而李白骨子里充满的是盛唐士人绝对的自信和自豪之情，他乐观、豁达，他认为正是因为人生短暂，才应珍视光阴，“秉烛夜游”。

生：李白认为美景是春天对自己的召唤和恩赐，他感到能和兄弟们一同歌咏、高谈、观月饮酒，是人生最大的乐趣。

师：同学们谈得非常好！李白是盛唐的骄子，也是盛唐最出色的歌手，他的文章烙印着盛唐时代的乐观、自信、豪迈。千百年来我们在他诗歌光环的照耀下畅怀自己自信的人生。

师：请同学们背诵这篇美文。

师：下课！

《赤壁赋》

于红侠　大庆市肇源县第一中学

师：面对亡国的悲痛，屈原是“路漫漫其修远兮，吾将上下而求索”，面对官场的黑暗，陶渊明选择了“实迷途其未远，觉今是而昨非”。面对权贵的淫威，李白曾大声疾呼“安能摧眉折腰事权贵，使我不得开心颜”。面对被贬的遭遇，柳宗元“以愚辞歌愚溪，茫然而不违昏然”。那么，苏轼这位最浪漫的诗人、最豪迈的词家、最超脱的文人是如何面对仕途的失意的呢？“心似已灰之木呢，身如不系之舟”的他又是如何穿越现实的困境完成他人生中最成熟、最旷达的转身呢？今天就让我们一起走进《赤壁赋》，穿越千年去了解诗人的情感，去透视诗人精神家园中的豪迈与不屈、乐观与旷达 。

师：大家齐读第 1 段，找出文中写景的句子，注意体味其中的意境。

生：写景的句子有：清风徐来，水波不兴；日出于东方之上，徘徊于斗牛之间；白露横江，水光接天。

师：清风如何而来？

生：徐徐而来，所以水面才会平静无痕。

师：月“徘徊”于斗牛之间，写出了月怎样的状态？

生：月亮慢慢升起就像清风徐徐吹来，明月是慢慢升起，似乎有意在天际逗留。

师：“白露横江，水光接天”又描绘了一幅什么样的景象？

生：白茫茫的雾气笼罩在江面之上，充满了整个空间，远处星空与水面相接，星星似乎就在江面上浮动、闪烁。

师：由这些写景句子的分析，我们可知整幅画面有何特点？

生：空阔、茫然万顷，静谧夜晚，月色朦胧、白茫茫的雾气笼罩在江面上，

[**作者简介**] 于红侠（1978 年—），大庆市肇源县第一中学，一级教师，主要从事高中语文教学研究。

天光水色相接，澄澈纯净。

师：在如此诗情画意的境界里主客二人有哪些行为?

生：诵明月之诗，歌窈窕之章……

师:诗人在这空洞、静谧、朦胧、澄清的境界里把酒吟诗，喝得酣畅淋漓，亦醉非醉，产生了什么样的感觉?

生：飘飘乎如遗世独立，乎羽化而登仙，感觉自己超脱世俗、飞入仙境。

师：由此我们可以感觉到作者此时的感情怎样?

生：乐，沉浸在山水中的山水之乐。

师：在月朗星稀的夜晚，主客二人泛舟江上，因美景而乐，乐得逍遥得，乐得自在，乐得无拘无束，但却乐极生悲，因乐而生情，我们来看第二段。

师：齐读第二段。扣弦而歌是乐还是悲呢?

生：是悲，由歌的最后一句“望美人兮天一方”可知，因为美人在屈原的《离骚》中学过，常用来比喻圣贤君子，此时美人在天一方，所以是说遇不到圣贤君主，所以说是悲。

师：由此我们可知主悲伤的原因就是未遇到贤明君主，因而无法实现自己的政治理想。我们看相关背景：任黄州团练副使是个闲职等于充军，而且也没有人身自由，得随时到太守府报道，汇报自己的思想状况，告知自己的行踪，这样的现实是其悲伤的原因。

师：客人悲伤有何行为?

生：吹箫和歌。

师：箫声怎样?

生：如怨如慕、如泣如诉、余音袅袅、不绝如缕。

师：总之，这箫声听起来让人觉得一个字“悲”。那么，客人为什么如此悲伤呢？

（生齐读第三段）

师：客人由眼前的赤壁明月想到了谁?

生：曹操。

师：作者写曹操的语句是哪些？

生：方其破荆州，下江陵，得顺流而东也，舳舻千里，旌旗蔽空，酾酒临江，

横槊赋诗。

师：一个“破”字，一个“下”字写出了曹操的什么？

生：攻荆州便破、打江陵便占取，可以看出曹操是攻无不克战无不胜所向披靡，从而写出了他的辉煌战绩。

师：“酾酒临江，横槊赋诗”又写出了曹操的什么？

生：作为一代霸主他面对大江斟酒，横着长矛赋诗，显示出了他的英雄气度。

师：作者在此想突出其辉煌战绩和英雄的气度吗？

生：不是，由“而今安在哉”可以看出是意在突出其功绩的雨打风吹去，一切成空。

师：如今都已被历史的波浪荡涤得无影无踪，由此我们可知客的第一重悲伤是因为什么而悲伤？

生：英雄终化成空生悲。

师：我们接着看第二重悲伤“寄蜉蝣于天地，渺沧海之一粟”。由此作者把人生比作了什么？意在说明什么？

生：作者把人生比作了“蜉蝣”“一粟”，意在说明人生的短暂渺小。

师：作者由此发了怎样的感叹？

生：哀吾生之须臾，羡长江之无穷。

师：一哀一羡之间我们可知客的第二悲是因什么而悲？

生：人生短暂渺小生悲。

师：我们看最后一悲“挟飞仙以遨游、抱明月而长终”，客沉浸在如此仙境的美景之中，想要与神仙为伴，想要像明月那样永生长存。但他由知道这一切能否实现？诗人怎么做的？

生：不能实现，所以诗人“托遗响于悲风”。

师：这也是客的第三悲，即“梦想不可骤得生悲”，客的三重悲叹，让人涌起无限悲伤，面对客的迷惘与叹息，主人又是如何化解的呢？

（生齐读第四段）

师：面对客的悲叹，苏轼即景说理，从江水明月说起，从而提出了看问题的哪两种角度？

生：变与不变。

师：那客的一二重悲叹是从哪个角度看问题？

生：变，一切都转瞬即逝，人，眼一睁一闭一辈子就完了。

师：苏轼则提出换个角度，从不变的角度看则怎样？

生：物与我皆无尽也。

师：同样是曹操，从客的角度看是英雄终化成空，但换个角度看，其人虽已逝，但其精神流传千古，也就是精神长存。同样是人生，客的角度看是人生短暂渺小，但从另一个角度看，我们虽然已不能延长生命的长度，但我们能拓展生命的宽度。从中我们看出客看问题角度是悲观的，而主则是乐观的，这种乐观使苏轼从人生虚无中解脱出来，从而做了一个哲理的旷达的转身，这也昭示了今天的我们要积极乐观地看待生活。客的一二重悲叹，苏轼已经化解，那么客的第三重悲叹“梦想不可骤得而生悲”苏轼又是如何化解的呢？苏轼说的“莫取”指的是什么？

生：非吾之所有。

师：而吾与子之所共适的是什么？

生：江上清风，山间明月。

师：那么客的第三悲中的梦想“挟飞仙以遨游，抱明月而长终”是哪一类？

生：非吾之所有

师：非吾之所有而选择取。所以客才会悲，所以苏轼告诉他要“莫取”，而是要怎么做？

生：共适，江风与明月，也就是要珍惜眼前拥有的，学会适应现实。

师：至此，客的三重悲叹，主都已一一化解，那么经过这番哲理性的思辨后，客的感情有何变化？

生：转悲为喜，前文的乐是乐极生悲，而此处的喜是喜从悲来，境界得以提升。

师：本文的题目是《赤壁赋》，赋是一种文体，其表现手法是通过主客问答抑客伸主的方式来表现自己的观点，由此我们可知文中的客实际就是苏轼，客的悲叹实际就是苏轼困守黄州时消极思想的反应，但苏轼并没有沉浸其中，他曾一度下狱，三度贬官，妻子多病早逝，可谓是命途多舛，但他并没有像陶渊明那样归隐田园，也没有想贾谊那样抑郁而终，而是顺乎自然地去适应现实，当他积极入世的思想遭遇现实的壁垒时，他能够峰回路转，在乐观旷达中找到精神归宿。

师：下课！

《汉家寨》

徐慧影　大庆市东风中学

师：今天老师要带领大家去一个地方，它既不是世界文化遗产，也不是自然风景区，但它却真实地存在了一千多年，它的名字叫作——汉家寨。课前，我们让大家围绕“环境、人物、精神”三个方面去品读文章，下面请各组组长汇报。

第一组组长：我们组的任务是品味语言，分析汉家寨的环境特点。请组员汇报。

生 1：阴凉死寂。从第一段的“恐惧一样的死寂”“马蹄声单调地试探着和这静默碰击”通过作者的所闻所感来直接描写环境的死寂。

生 2：干燥炎热。第三段运用了对比、比喻的修辞手法，把北麓的蓝松嫩草和天山南麓进行对比，天山南麓的大地被比喻成烤伤的皮肤。

生 3：荒芜贫瘠，寸草不生。第三段“风蚀的痕迹像刀割一样清晰，狞恶的尖石棱一浪浪堆起”运用了比喻的修辞手法，侧面表现出汉家寨的荒芜、寸草不生。

生 4:苍凉广阔。通过文章的第五段作者将八面十方数百里的汉家寨与“我”一个人做对比，衬托出汉家寨的苍凉广阔。

生 5：贫穷落后、荒凉破败。通过第八段“汉家寨只是几间破泥屋”“几间破泥屋里，看来住着几户人”，表现了汉家寨的贫穷落后，荒凉破败。

组长：谢谢大家，第一组展示完毕。

师：通过大家的分析，我们发现，其实分析环境离不开以下几个方面：列举特定环境下的特定景物凸现环境特点，运用感染力的词语营造环境氛围，通过修辞手法形象说明环境特点，描写作者自身的感受表现环境特点。

[**作者简介**]徐慧影（1980 年—），大庆市东风中学，一级教师，备课组长。研究领域是传统文化理论研究。

板书：孤独感

第二组组长：我们组主要分析人物，根据人物的衣着神态动作等分析人物特点及意义。下面我们请生 1 为我们分析小女孩。

生 1：我们找到的是关于眼睛。“不眨眼地”“凝视”“眼睛黑亮”表现出她天真好奇向往外界。

组长：请生 2 补充。

生 2：我是通过小女孩服饰分析的。“破”“乌黑的棉絮”写出小女孩生活贫穷，棉袄是红色的，代表了对未来的希望。

组长：那么汉家寨的老人是什么样的呢？请生 3 说一下。

生 3: 在我问老人问题时，老人始终是不动的，是无语的，最后突然坐进了泥屋，体现了他木讷不愿与人交流。

组长：这一老一少很具典型性，表现了汉家寨的留存经过了一代又一代的努力，他们坚守生活坚守生命坚守血脉的延续。以上是我们以二小组汇报情况，谢谢大家！

师：为什么要选择一老一小？

生 4：这一老一小实际上体现的是一场人生接力，他们分别代表着过往历史的回忆和未来世界的预言，在如此恶劣的环境中，无言地固守，代代相传。

板书：历史感。

第三组组长：我们组研究汉家寨人的精神，可以概括为两个字：坚守。汉家寨人究竟在坚守些什么。

生 1：汉家寨被时代、社会、历史所抛弃，但都没有离开，他们坚守着自己的家园。

生 2：汉家寨孤零零地存在于巨大的恐怖的大自然中。体现了汉家寨人在克服恶劣环境的同时，坚守本心。

生 3：汉家寨人坚守着生活的传统。

生 4：坚守深入骨髓的傲气。

生 5:他们在生活苦难，物质匮乏的条件下，也依然坚持着身着汉人服饰，可以体现汉家寨人对民族精神的坚守。

组长：我们组认为汉家寨人的精神是克服恶劣环境的同时，坚守着自己的家园，生活的传统，汉家寨的傲骨和民族的精神。第三组的汇报到此结束，谢谢大家。

师：吐鲁番盆地是少数民族聚集地，汉家寨人穿着汉服，以汉人的生活方式在此生存了千年，体现了一个民族对自己传统、文化、信仰的执着守候。

板书：民族认同感。

师：汉家寨人会清晰地明白自己是在坚守吗？

生：不会。

师：汉家寨人的坚守只是一种“集体无意识”行动，作者将自己读出的精神层面的意义主观赋予了汉家寨人。那么，作者在坚守些什么呢？

生：故国家园。在国外，当他成为一个海外游子的时候，他倔强地坚守着对故国，对家园的眷恋，坚守着中华民族的种种精神……

生：大好河山。

师：作者说在三岔口找到了自己的人生的答案，三岔口有什么象征意义？

生：人生道路。

师：面对不能确定的人生选择和形形色色的诱惑时，应该像汉家寨人一样选择一种在任何困难面前也不低头的人生信念！在今天这样一个高速发展的时代，“坚守”还有没有价值？它与发展的观念会不会产生矛盾冲突？

生1：不会产生矛盾，坚守与发展是两个不同的过程，面对诱惑和选择，我们可以坚守自己的原则，在不去打破底线的前提下，去发展，坚守是一种选择，而不是被诱惑。

师：也就是说坚守和发展是两个概念，坚守是一种信念，所以两者是不会矛盾的。

生2：我觉得也不会产生矛盾冲突。我记得有一次考试的时候写作文，叫唤醒自己的灵魂，讲的是一个少数民族人走路的时候大声呼喊自己的名字，以此来唤醒自己的灵魂，唤醒灵魂就是在坚守自己的本心，有了坚守才会更好地发展。

生3：我与他们的观点都不太相同，我觉得坚守和发展难免会有一定的矛盾，清朝时我们就一味地坚守和过于自信，做出了错误的决定，闭关锁国，导致我国迅速落后于西方国家，所以有些时候也要注重发展。

师：他的观点是与众不同的，有支持他或者反驳他的吗？

生4：我感觉坚守并不代表有没有价值，而是有价值地去坚守，比如中国传统文化就有价值去坚守，因为作为中国的一分子应该去坚守传统文化，但是中国文化中也有一些是糟粕的，如裹足之类的就应该摒弃，应该用发展的眼光去看待坚守的问题。

师：也就是说有精华有糟粕。

生5：我认为很好地坚守可以促进发展，现代很多的旅游景点如故宫，古代的这些建筑，只有更好地坚守，中国才能更好地发展旅游业，中国才能更好地在国际上占有一席之地。中国几千年来的传统文化是为国人所称赞的，也是被外国人所称赞的。所以我们只有很好地坚守才能有利于中国的发展。

师：也就是坚守某种情况下是为了发展，所以他和发展在本质上是不矛盾的。坚守的意义大家说了很多，那我想问大家，去汉家寨坚守你愿意吗？

生：不愿意。

师：为什么不愿意呢？坚守不好吗？

生6：没有必要去那么苦的环境下虐待自己的肉体。

生7：我们这么大已经经历了很多，见识了外面的世界，外界的世界是丰富多彩的，再回到汉家寨，那里是荒芜的、封闭的，什么都没有，没办法再回去了。

生8：我觉得在某些荒芜的地方坚守不一定是没有意义的，有些官兵坚守的地方是很荒芜的，他们一直坚守就是为了中国国土的尊严，我觉得如果让我们去哪些地方坚守，我会愿意去的。

师：通过大家的分析，我们发现坚守不是一个绝对意义上的褒义词，有它的积极作用，也有它的负面影响。那么，我们到底该不该坚守？

生9：我觉得我们可以在发展中坚守，坚守的是精神，发展的是经济或者是文化建设上的，因为坚守是发展的基石，人要守住自己的本心，才能有大发展，像汉家寨这种寸草不生的荒芜之地就没有必要去坚守了，只要坚守自己的本心、坚守民族精神就好。

师：《汉家寨》是老师特别特别喜欢的一篇散文，实际上有很多想法想要和大家交流，由于课上时间有限，不能一一去说。大家可以课后写成文字。今天的作业是，对比阅读周国平先生的散文《坚守精神的家园》，你更喜欢哪篇文章？说一说你的理由。

师：下课！

《兰亭集序》

屈彦奎　大庆实验中学

师：同学们，大家现在看到这幅挂图，显示的是中国书法中一个重要的概念，哪位同学能结合挂图和你自己所知道的知识介绍一下？

生：这幅挂图显示的是“永字八法”，相传为我国书圣王羲之所创，是练习书法的人必须学习的内容。王羲之擅长楷书、行书、草书。他的作品《兰亭集序》被称为“天下第一行书”。

师：你说得很好，世人一般都知道《兰亭集序》有极高的书法成就，实际上它也有丰富的情感和思想内涵。这节课我们就从情感和思想内涵的角度赏析它。请同学们配合音乐熟读课文。

生齐读课文。

师：这篇文章写于“永和九年”，在文章中有三句集中表现作者思想情感的话，请同学们阅读课文，讨论一下，说一说这三句话是什么。

生：我们讨论后认为，应该是“信可乐也、岂不痛哉、悲夫”三句话。这三句话中“乐、痛、悲”三个字集中表现了作者思想情感变化的过程。

师：那么你能否把这三句话给大家翻译一下呢？

生：“实在值得高兴啊！怎么能不痛心啊！真让人悲伤啊！”

师：他的翻译基本是正确的，可是大家发现了吗，他把“也、哉、夫”这三个语气词都翻译成了“啊”。大家想一想，在现代汉语中意思虽然一样，在古代汉语中王羲之为什么选择了三个语气词呢？现代与古代哪一个更有表现力呢？

生：我觉得古代的更有表现力。

师：为什么呢？

[**作者简介**]屈彦奎（1982 年—），吉林省松原人，大庆实验中学，一级教师，主要从事高中语文教育教学研究。

生：古代这三个词有变化，能够表现出不同的细微的思想情感。

师：能具体说一说吗？

生："也"是一个陈述语气，与"信"搭配在一起，强调的是确实值得高兴；"哉"和"岂"搭配在一起，强烈的反问语气，变成了感叹语气，给人一种确实痛心的感觉；"夫"和"悲"搭配较好。

师：为什么"夫"和"悲"搭配就较好呢？

生："夫"的发音比较长，适合用来表现悲伤持久不断的特点。

师：你能够从发音的形式与情感的关系进行辨析，语言感受力非常好。确实是像他说的这样，这告诉我们，语言的声音形式与情感的表现有密切的关系，因此我们在赏析文学作品的时候，要抓住语言形式的表现，语气词和陈述反问感叹等句式，都是重要的语言形式。

师：请同学们阅读第一、二段，仿照着前面图示中的第一个空格，进行总结，填入作者感觉"乐"的原因，并说明理由。

生：我们组填的是"良辰、美景、赏心、乐事、嘉宾"。

师：能说说具体的理由吗？

生：作者先写"永和九年，岁在癸丑，暮春之初"，这是交代时间，是良辰。"此地有崇山峻岭，茂林修竹，又有清流激湍，映带左右"是美景。"仰观宇宙之大，俯察品类之盛，所以游目骋怀，足以极视听之娱"，让心情开心，是赏心。"一觞一咏，亦足以畅叙幽怀"，喝酒作诗，是乐事。"群贤毕至，少长咸集"，名人名士聚集，高朋满座，是嘉宾。

师：你们组讨论的结果非常好，填写得也非常准确。能用一句话概括作者为什么"乐"吗？

生：我觉得应该是人与人、人与自然和谐相处吧。

师：确实是，人融于自然，是天地间的一大乐事。

师：我们再来看前面的图示，作者接下来表现自己的"痛"。我从文章当中选了五句话，图示当中构成一种总分关系，请同学们讨论一下，哪两句话应该放在这里，哪句话应该作为总结？

生：我觉得作者感觉到沉痛的，应该是"人之相与，俯仰一世""况修短随化，终期于尽"。总括的句子应该是死生亦大矣。

师：为什么这样说呢？能说一说自己的理由吗？

生：“人之相与，俯仰一世”的意思，应该是感叹人生太过短暂，很快就会过去，所以让人感觉痛心。“修短随化中，其余尽”的意思应该是人的生命的长短由造化决定，最终都会走到尽头，表现了作者对人生无常的感慨。所以作者，一是为人生短暂痛心，二是为人生无常痛心。最后引出“死生亦大矣”的话题。

师：这样理解有道理，还有同学有其他看法吗？

生：我的总括结句和他是一样的，但是痛心的理由不一样。

师：说来听听。

生：我觉得作者感到痛心的应该是“取诸怀抱，悟言一室”和“因寄所托，放浪形骸”。因为人生短暂最终走到尽头这种思想是古往今来共同的，不仅作者在抒发这种感慨，很多人也抒发过这种感慨。在短暂的人生当中采取什么样的生活态度，这应该仔细思考。我曾经看过一个资料，说魏晋时期人们普遍存在两种生活方式，一种是“谈玄”，一种是“食散”。“取诸怀抱，悟言一室”应该说的是“谈玄”，大家聚在一起，讨论哲学问题，但是于现实却没有什么好处。“食散”应该指的是服食“五石散”，有点儿像现在的吸食毒品，服食“五石散”之后会有很多怪诞的行为，这就是作者所说的“放浪形骸”。

师：你读的书很多，这个说法确实是有道理，鲁迅先生在《魏晋文学及药与酒的关系》当中，曾经比较详尽地介绍过相关内容，我也给大家找来了一段材料，请大家来读一下。

生读材料。

【材料】

谈玄：或称之为清谈。以三玄为宗：《周易》《老子》《庄子》。所论者，皆为老庄之言，志在玄远高洁之境。

服散：寒食散又称五石散，由魏人何晏首先服用。五石一般认为是“钟乳、硫黄、白石英、紫石英、赤石”，服后使人全身发热，必须喝冷酒，穿旧衣，走路“发散”。魏晋风度如“捉虱子”“狂哭”等多与此有关。它产生一种迷惑人心的短期效应，实际上是一种慢性中毒。然而，许多长期服食者都因中毒而丧命，唐代孙思邈呼吁世人“遇此方，即须焚之，勿久留也”。

师:确实如他刚才所说，在短暂的人生当中，魏晋士人的这两种生活方式，都带来了极大的危害，王羲之有感于此，并为此痛心，才借用古语，重提“死生是一件大事”这一重要命题。他是想提醒魏晋时期的名士，死是必将到来的节日，如何生才是值得我们仔细思考的。很显然他提倡的是积极的生，有意义的生。

师：作者在最后一段当中又表现了“悲”的情绪。“不能喻之于怀”“一死生为虚诞，齐彭殇为妄作”“后之视今，亦犹今之视昔”，哪一个是最让作者感觉到悲伤的呢?

生:“不能喻之于怀”应该不是，我认为让他最感觉到悲伤的，应该是“后之视今，亦犹今之视昔”，作者写作此文，是希望读到这篇文章的人有所借鉴，不要稀里糊涂地活着，尤其不希望后代的人看到作者他们，就像作者看到古人，什么都没有改变，这多让人悲伤啊。

师：作者写作此文，是要说给魏晋时期的名士听，也是要说给后人听，希望大家都能有积极的人生态度，不要有“一死生为虚，诞齐彭殇为妄作”的虚无主义思想，人活着和死了不一样。活就要活得充实，活得有意义，活得精彩。这就是作者感觉到生命的疼痛的痛点。

师：每个生命都有痛点，有感而发，便成为写作契机。生命的痛点就成了文章的爆发点。欣赏文章，就要抓住文章的爆发点。

师：下课!

《兰亭集序》

胡炳瑜　大庆市第三十五中学校

师：同学们，我们中国拥有五千年的历史传承，我们的文化曾经在世界闪耀。在我们中国曾经出现过无数的传统技艺，如国画、京剧、雕刻、书法和文学等。我们今天所学的《兰亭集序》就既是书法瑰宝，又是一篇优美的散文。

师：我们首先来欣赏一下后人临摹的这幅书法作品。

（放映幻灯片，局部放大）

同学们感觉怎么样？

生1：我感觉这幅字画总体上比较整齐而有力，如刀削斧刻一般。

师：对。那么大家能齐声告诉我，这部书法作者是谁？书法史上的别名是什么？

生（齐）：王羲之，书圣。

师：王羲之最大的成就就是——（生答：书法），其书法遒劲有力，入木三分，被称之为“飘如浮云，矫若惊龙”。这就是其代表作《兰亭集序》（幻灯片显示书法作品），其中二十个“之”风神各异，充满生命的灵动（幻灯片显示《兰亭集序》书法作品及二十个“之”字）。与书法交相辉映的，还有其浸润人心的文字。

师：哪位同学回答王羲之是什么时期的人物？我们除了可以叫他王羲之，还可以称呼他什么？

生2：晋朝时期王右军。

师：为什么称他为王右军呢？

生2：因为他曾经官至王右丞将军。

师：对，对于这些名人我们要多了解相关的信息。除了这些我们还需要了

［**作者简介**］胡炳瑜（1983年—），大庆市第三十五中学校，从事语文教学和班主任工作。现任政教处副主任。

解以下内容：

（放映幻灯片）出示：王羲之生平介绍。

师：古人云，书读百遍，其义自见。朗诵可以帮助我们理解文章的内容，这节课我们要将文章读通顺，让每一遍读书都有目的，每一遍读书都有收获。

师：我们开始诵读《兰亭集序》，第一遍诵读，大家随着录音校正自己读音和断句错误，同时标注陌生的字词。

（听录音，学生跟读）

师：好，听完录音，大家齐声朗诵。

师：（朗诵结束）好的现在我们来理解题目

兰亭——地名，在现在的浙江绍兴。（板书：兰亭。）

兰亭集——诗集名称。（板书：集。）

《兰亭集序》——文章名，是王羲之为《兰亭集》作的序。（板书：序。）

师：老师来读第一段，找两位同学分别读二三段。（生举手，指定学生，师生分别朗诵）

师：两位同学朗诵得非常好，都投入了自己的感情。那老师提几个问题：请大家用一句话概括出作者记叙了一件什么事。

生：兰亭集会的盛况。

师：那它给作者带来的感受呢？用原文的话来回答。

生：文章每一段的情感都不一样。第一段写兰亭盛况，情感是乐；第二段抒发人生感慨，情感是痛；第三段交代了作者写这篇序的目的，情感是悲。

师：大家同意不同意？

生：同意。（板书：乐、悲、痛。）

师：好了，一篇文章几百字的内容，作者是如何将复杂的思想情感表现得如此淋漓尽致的呢？让我们走进兰亭聚会。大家齐读第一段，用文中原话找出事件的时间、地点、事由、人物、天气、环境、活动和感受。

生齐声朗读，认真思考。

师：相信大家心中已经有了答案，那么现在来填写这个表格。

（幻灯片展示表格。）

生1：时间——暮春之初；地点——兰亭；事由——修褉事；人物——

群贤毕至，少长咸集。

生 2：天气 —— 天朗气清，惠风和畅；环境 —— 崇山峻岭，茂林修竹，清流激湍，映带左右；活动 —— 流觞曲水，列坐其次，一觞一咏，畅叙幽情。

生 3：感受 —— 是日也，天朗气清，惠风和畅，仰观宇宙之大，俯察品类之盛，所以游目骋怀，极视听之娱，信可乐也！

师：根据大家刚才填写内容的提示，看一看有哪些是让人感到快乐的呢？

生 1：时间好，春光明媚；景物也很美，有山、水、竹。

生 2：活动高雅，喝酒尽兴，吟诗作对。

生 3：天气好，天公作美。

生 4：参加聚会的人也很好，都是文人雅士。

师：王羲之在《兰亭集序》中如何概括了这场盛宴？

生：（整体回答）四美具，二难并。

师：好了，大家对于第一、二段已经有了基本的了解，现在我们来重点研读 3、4 段内容。

师：在这酒宴欢快之时，作者为何而痛呢？大家自由阅读第三段，找出抒发作者感慨的句子，思考作者为何而痛。（学生小组讨论，课前教师分组。）

小组长 1：我们小组认为作者在文章中所说到的“向之所欣”是作者的悲痛之源。此句说作者以前感到快乐的事情已经变为陈迹，为快乐消逝而痛；由此产生人生苦短，变化无常之感。

师：作者想强调的痛的原因是什么？

小组长 2：“修短随化，终期于尽”。

师：很好，老师追问一句“犹不能不以之兴怀”的原因是什么？

生：是快乐短暂。

师：从哪里看到的？

生：俯仰之间，说明时间短暂。

师：接下来我们来看一下王羲之借古人之口提出了死生这个重大的哲理命题，抒发了人生苦短之痛。他对死生这个问题还有什么思考呢？请一位同学读第四段，同学们看看作者是怎么说的？

（学生齐声朗读第四段。）

师：一个人的痛，所有人的悲，作者如何看待死生大事的呢？用原文句子回答。

生：“固知一死生为虚诞，齐彭殇为妄作。”

师：说得好！“一死生”“齐彭殇”又是怎么回事呢？

生：把生和死、长寿和夭折等同起来，表明当时的人很悲观。

师：这里，作者认为生与死是否一样？

生：不一样。

师：对，王羲之在这里是和那些名士划清了界限的。有不少的评论家就此评价，说王羲之在这里痛斥了那些名士，批判了他们的思想。

师：后之览者，有感斯文。我们作为后来者今天是否也有感于斯文了呢？

师：下面，齐读第四段，再次体味这种深沉的伤感，带着王羲之的这份清醒与执着我们结束本堂课的讲解。

师：下课！

《我有一个梦想》

郭婷婷　大庆市第三十五中学校

师:课前播放范吉利斯的《征服天堂》,并配有黑人遭受不公平对待的照片，营造一种沉重而又富有激情的氛围。范吉利斯的这首轻音乐，充满了史诗般的壮丽辉煌和宏伟气势，这与黑人历经苦难而不断崛起的过程很相像，因此在响第一遍铃声时播放这首音乐。

生全体同学全神贯注地看着白板，神情凝重……

师：上课!

生：老师好!

师：同学们，总有一些面孔，总有一些声音，当时空过往的时候在我们心中留下令人感动的痕迹。也许没有伟岸的身躯，有的只是瘦削的脸庞，坚毅的目光，但是却能将自由之希望注入绝望着的心里；也许没有美丽动人的面庞，有的只是布满皱纹的沧桑，但是却能用最无私的爱告诉我们什么才是天使的面庞；也许没有豪言壮语，有的只是发自心底细弱游丝的心声，但是却能告诉我们什么才是净水柔声。正如海滨的低地，强风中的大麦，依然歌唱一样，这些人一次又一次用正义的声音震撼着我们的心灵。《我有一梦想》是马丁发自心底的呼唤，是二十世纪最惊心动魄的声音，今天就让我们再次走进这堂课，来翻开马丁的梦想画卷。(白板相应展示林肯、特雷萨修女、甘地的照片。)

师：请同学们思考一下这篇文章的题眼是哪个词语?

生：梦想！（学生异口同声地回答。)

师：那么全文正面描述梦想的段落是哪部分开始的呢?

生：17 自然段。(从学生的回答可以看出学生进行充分地预习，自我能力有了较大提升)

[**作者简介**]郭婷婷,(1989 年—)，大庆市第三十五中学校，二级教师，从事语文教学、擅长教学管理和科研。

师：从 17 自然段开始正面描述梦想，那么 1~16 自然段在文章中又有什么作用呢？而这篇文章是以情感为线索的，请同学们思考一下刚才的问题。

生 1：我觉得前 16 段起到铺垫的作用。

生 2：我觉得前 16 段起到引起下文的作用。

生 3：我觉得前 16 段是对追求梦想过程的背景介绍……

师：请大家从情感线索入手再思考。

生：情感上的积蓄作用，为后来描述梦想做桥梁。

师：经过大家的回答，我觉得最后一点总结得很到位，前 16 段就是情感上的积蓄，是为后面正面描述梦想的部分 —— 蓄势，情感上的蓄势。那么这节课我们就抛开这篇演讲词其他的优点，只从情感的角度入手，去感受一下这篇演讲词的情感，并分析是什么深深地打动着我们呢

师：请同学们在 1~16 段中推荐你喜欢的段落，分析体会情感并诵读出来。

生 1：我想推荐第 2 自然段，在读这一自然段让我感受到了黑人的呐喊，对黑人平等的允诺历经百年却仍是一纸空言，怎能不让马丁和当时的黑人痛苦和急切呢（学生板书：痛苦和急切）。之后学生深情的诵读了这一段落（学生给予热烈的掌声）。

师：刚才的朗诵让我感受到了马丁当时的痛苦，这位同学的朗诵也是充满激情、沉痛有力的。而这篇演讲词，除了它的情感的深沉，还有就是排比手法的运用。为了让学生更能体会这种情感，请於文晶同学为大家介绍当时黑人生活的情况。

於文晶同学：（准备了四张 20 世纪黑人生活的图片），从图片上我们可以看到黑人备受压榨，他们忍受着白人肆意的侮辱，在街头甚至能看到黑人被吊死在树上的场景，活着对于当时的黑人有时就是奢望，即使后来有了进步，但是公交车上还要给白人让座，这里的图景都让我们看到了那个时期黑人生活的不易。

生 2：我想推荐 10 ~ 14 自然段，这一部分运用了排比修辞，在读起来时更能体现马丁当时的愤怒。（学生走向讲台，板书概括情感：悲愤）。这位学生声情并茂地读了这一部分（学生给予更强烈的掌声）。

师：这位同学的朗诵，如江海汹涌，似急风扫云，铿锵有力、掷地有声，

真的让我们体会到了马丁的愤怒，情感表现得淋漓尽致。

生3：我推荐7、8两个自然段，我看到了除了以上情感的一种理智（学生上台板书：理智）。

师：请同学们合作探究，能让马丁提出非暴力抵抗这一思想的深层原因是什么？而这一思想又打动了当时的黑人、白人，以及今天在座的我们。

生：分小组讨论，小组之间也能交流，研讨气氛浓厚。

学生展示交流结果：让马丁提出这一思想的原因，不仅因为他是基督教徒，最主要的是马丁爱国，深深地爱国，不忍看到过多的牺牲才提出这一思想的。

师：同学们表达得很合情理。所以这位同学的朗诵，像一只温暖的手抚慰着我们的心灵。这些情感，就像一条浪线，在我们心中荡起层层涟漪。也正是因为之前同学读的部分的情感蓄势，才使得后边马丁的梦想部分打动人心。

师：现在我们来欣赏当时马丁演讲的片段，播放视频，马丁直接说梦想的排比段。

师：马丁说到的“优美交响曲”如何理解？

生：各种乐器表现出来的音乐……

师：乐器放在一起就会呈现出动人的乐章吗？最重要的一点是什么？

生：和谐。

师：就是和谐，马丁希望所有的黑人、白人——所有的美国人都能自由，希望美国能够发展得更好，希望美国的公民能够和谐。一个深受如此苦难的黑人，却能发出如此掷地有声的心声，难道不值得我们去思考和学习吗？

师：现在请同学们一起诵读26、27自然段，配乐诵读。背景音乐为课前播放的《征服天堂》。

（学生读得饱含深情，在音乐的带动下，所有人都深深地被马丁的梦想沉醉，深深地体会到了那个时期发表这篇演讲得动人……）

师：同学们的朗诵也可以说是交响曲，和谐而动人。

师：我们来小结一下这堂课，马丁以痛苦、急切、愤怒这些情感构成第一条线索，以情动人；以坚韧和理智这些情感构成第二条线索，以理服人。这两条线索又汇聚成了马丁的梦想与希望，可以说这篇演讲词每一个标点、每一句话都深深地打动着我们。

师：最后让我们以沙拉《像大麦那样》结束本节课。希望同学们都能像郭沫若先生最喜欢的这首诗里的大麦样，像马丁一样，无论生活多么艰难，都有勇气把悲哀化为歌唱。

师：下课！

《虞美人》

宗　颖　大庆市第三十五中学校

师：法国诗人缪塞说："最美丽的诗歌是最绝望的诗歌，有些不朽篇章是纯粹的眼泪。"尼采说："在所有文学作品中，我尤其喜欢那些用血写出来的文字。"

今天我们所要学习的这首诗歌，就是这样的一首诗，不但是用作者的泪铸成的，更是用作者的血铸成的。因为作者在完成这首词后不久，就给他招来了杀身之祸，因而也成了他的"绝命词"。这就是被誉为"词中之帝"的李煜的《虞美人》。

师：诗歌学习重在诵读。诵读诗歌有四个阶段：音读、义读、情读和美读。美读要求较高，是我们的目标和方向，音读是比较低的要求，要读准字音。义读是朗读的基本技能层次，做到停顿科学，重音、脱音合理。先请两位同学来朗读这首词，尝试看看做没做到音读和义读。（生读。）

师：他们读得怎么样？（学生自由评价。）

生 1. 读得很准确，也很流畅，基本做到了音读和义读，但个别词句停顿得不到位。

生 2. 有的词句重音把握得不是很好。

师指导学生朗读课文，要注意停顿和韵律，局部的重音和拖音的处理。

局部重音：何时、多少、又、不堪、应犹、只是、几多、一江

拖音：月——明——中——

向——东——流——

找出韵脚：了、少 / 风、中 / 在，改 / 愁、流（两句一换韵）

[**作者简介**]宗颖（1979 年—），大庆市第三十五中学校，一级教师，主要从事高中语文教学研究。

师：做到了音读和义读，下面就需要有情感地去朗读，是谓“情读”。

师：通过听、读的环节我们基本把握了这首词的思想感情是幽怨、是悲伤、是无奈、是痛苦。请同学们想一想这种情感在词中表现最为明确，最为直接的是哪一句？一起说（问君能有几多愁，恰似一江春水向东流）那这句可以说是这首词的中心句、主旨句，那这句中哪一个字最重要？（愁。）因此它是这首词的词眼。这么说这首词的就是围绕着这个“愁”字来写的。李煜的“愁”是李清照的“一种相思，两处闲愁”？还是苏东坡“人生如梦，一尊还酹江月”的壮志难酬之愁？愁是很抽象的东西，愁总不是无缘无故产生的，为什么作者会有这么多的愁呢？我们读诗歌，还要知人论事。（多媒体课件插入作者介绍及写作背景。）

生平经历：李煜（937–978），字重光，南唐最后一个皇帝，世称李后主，是五代、北宋之交的一位多才多艺的杰出文学艺术家。他工书善画、精通音律，诗词文赋无所不能。青少年时代，过着“享钟鼎之贵”“乐日月以优游”的生活；18岁，与娥皇结婚，而娥皇貌美，通书史、善音律、能为词，对李煜的生活影响很大，因此，夫妇二人的生活以此歌彼舞、审音度曲为主；25岁，先被立为太子留金陵监国；七月，即位金陵，从此开始了偏安江南15年的帝王生活；与近臣游苑赏花、醉酒酣歌、习书作画；尤嗜曲词，并选教坊中最善音乐歌舞者日夕侍宴；39岁时，宋军攻破金陵，后主肉袒出降；40岁时，后主及子弟、属官45人被押送至开封，宋太祖辱封“违命侯”；被视为囚徒软禁在“赐第”中，完全丧失了人身自由；甚至他美风仪、好为诗、喜收藏等的爱好成为太祖父子嘲弄、讥笑的对象。978年7月7日，后主生日宴饮，太宗密遣其弟赵廷美进牵机药，后主被毒，次日卒于赐第，年仅42岁。

词作背景：宋太祖开宝八年（975），宋兵攻克金陵，李煜肉袒出降，被押送到汴京，封“违命侯”，过着“北中日夕，只以泪水洗面”的日子。三年后，李煜四十二岁生日时，作《虞美人》词，并令歌伎演唱，此曲触怒宋太宗，不久，李煜便被毒死。这首《虞美人》也便成了李煜的绝笔之作。

（由学生思考、讨论后回答，老师归纳。多媒体PPT显示板书。）

故国之思

愁亡国之恨

离家之痛

思家之苦

师：李煜因何而愁啊？能否用文中的一个字来回答。

生 1. 我觉得是“了”字，他希望这一切快些结束。

生 2. 我觉得是“改”字，他为什么希望眼前的美景快些结束，皆因“改”。

师：你们同意哪一个字？

生：“改”。

师：（改）它也是前六句的词眼。

师：什么“改”？“改”什么？

生：朱颜改。

师：朱颜是什么？朱是什么颜色？

生：红色。

师：朱颜就是红颜，美人。她们的容颜在改变，变得苍老了。还有什么改变了？

生:李煜自己的容貌也变了，原来养尊处优，保养得很好，现在以泪洗面，面容憔悴。

师：再往深层思考，是……

生：江山易主，国家灭亡。

师：改变的不仅仅是朱颜，改变的是人的心态和地位，由一国之君沦为阶下之囚，尊荣显贵到忍辱蒙羞。

师：有没有没“改”的事物？

师：雕栏玉砌应犹在，一些宫殿还在，但人不在，物是人非。哪些字词写得很有感情？

生 1：应犹在、只是。

生 2:应该还在，是一种对故国的回忆，还有不敢接受现实的悲惨。“只是”表明了叹息和无可奈何的情感，有惆怅。

师：还有哪些没改？

生：春花秋月这些景物永远没改，春花还是春花，秋月还是秋月。

师：一般情况下，文人雅士对春花和秋月怎么看？

生 1：很喜悦，很欣赏。

生 2：泛指春秋美景。

师：而李煜却说："何时了？"

生 1：心情不好，见到美好的事物反倒引起他的痛苦和思念。

生 2：这是以乐景衬哀情的写法。热闹是他们的，我什么也没有。

师：不变的还有吗？

生：小楼昨夜又东风，中的"东风"，东风是春风，东风不来，三月的柳絮不飞，东风是没变的，按时吹过，年年到来。

师：哪个字该重读？

生 1："又"，是说时间的流逝，度日如年，又熬过一年，精神的痛苦。

生 2：落花无意惹春风，春风无意惹人恼。

师：不变的春花秋月的风景，东风带来的春天的信息。

师：那变化的是什么？

生：往事的变化，曾经的帝王生活，如今的阶下囚。

师：他能改变这些变化吗？或者有没有这种能力和雄心壮志？（明确：没有）那他只能？（问）人在无能为力的时候只有哭天喊地，以求自己的精神短暂解脱。

师：有几处问？（明确：三处。）

1. 春花秋月何时了？问天地不懂自己。
2. 问他人往事，知多少？问人人不语。
3. 那就问问自己吧。

师：最后一句问出了千古名，恰是一江春水向东流。赏析名句，分析表现手法。拓展一些写愁的诗句，让中国古代诗歌"愁情飞扬"。

（理解和掌握以上艺术手法，完成教学难点）

师：宋太宗听到这首词后，就觉得他有故国之思，赐酒将他毒死。文人的笔头还是敌不过武夫的斧头。老师忽然想起了另一个投降的君主刘阿斗。刘禅投降后在一次宴会上，司马昭当着刘禅的面故意安排表演蜀地的歌舞。刘禅随从人员想到灭亡的故国，都非常难过，刘禅却对司马昭说："此间乐，不思蜀。"李煜会这样说吗？

生：不会。

师：一个处于刀俎之上的亡国之君，竟敢如此大胆地抒发亡国之恨，是史所罕见的。他的这种纯真深挚的感情流露，大概就是王国维说的“赤子之心”的“天真之词”吧。李煜只是李煜，一个文绉绉的词人罢了。不是勾践，勾践他亡过国，但他能“卧薪尝胆”，能够“三千越甲可吞吴”，最终成就复国大业。当我们的目光越过千年，看着李煜忧郁的脸，我们会觉得李煜如果不当皇帝，放歌于山林之间，相信一定是陶令一流的谪仙。

师（背景音乐）：假设自己就是李煜诵读此词，体会作者的绝望心情。最后，让我们在邓丽君演唱的《虞美人》的歌声中再次去感受品味李煜的哀怨之情。

师：下课！

《说“木叶”》

邵江涛　大庆市第二十三中学

师：中华传统文化灿若星河、包罗万象。诗歌、书画、琴棋等都是传统文化的枝叶。其中文人墨客经常把诗画相提并论。苏轼曾评价王国维的诗，“诗中有画，画中有诗”。诗和画合二为一、融为一体。这正如古人所说，诗是有声的画，就像画是无声的诗一样。诗歌和绘画都有无限意境，使观者产生奇思妙想。大家看大屏幕上的词语，“树叶、落叶、木叶、落木”，想象它们在你的脑海中都是什么样的。

生：嫩绿的叶子。

生：枯黄的落叶

生：萧条的树枝

师：同学们的想象各有不同。这几个词看着相似，但具体形象和表达的意思却截然不同。为什么古代诗歌中某种物象概念相似，但表达出的形象却不一样呢？为了解决这个问题，今天我们来学习《说“木叶”》。

师：首先我们请同学阅读课文，其他同学分析文章的内容。

生：第一段作者引用了大量诗句，提出了需要论述的对象：“木叶”成了诗人钟爱的形象。

生：第二段文中提到“树、木、树叶、木叶、叶、落木”。“木叶”就是“树叶”，少用“树叶”，常用“树”“叶”及“落木”。主要归纳起来就是用“木叶”舍“树叶”。

生：第三段区别关键字在“木”字，用“落木”舍“木叶”，引导我们注意“木”字为诗人们所喜欢的原因。

生：第四段“木”的第一个艺术特征——“木”含有落叶的因素。

［**作者简介**］邵江涛（1988 年—），大庆市第二十三中学，一级教师，主要从事高中语文教学研究。

生：第五段诗歌语言的暗示性。

生：第六段木”的第二个艺术特征——具有颜色的暗示性。

生：第七段“木叶”与“树叶”在概念上相差无几，但在艺术形象领域的差别几乎是一字千里。

师：同学们现在已经对文章的大体内容有所把握，从中我们了解了哪些信息？

生：第一部分 1~3 提出问题——“木叶”是古代诗人情有独钟的意象。

第二部分 6 分析问题——阐明“木”的两个艺术特征，以及为什么会有这样的特征。

第三部分 7 “木叶”与“树叶”在概念上相差无几，但在艺术形象领域的差别几乎是一字千里。

师：其中最关键的是哪个内容？

生：“木叶”是古代诗人情有独钟的意象。

师：从哪看出这个信息的？

生：原文中提到自从屈原发现了“木叶”的妙用，此后的诗人一用再用，再也不轻易放过它。

师：“木叶”有什么样的魅力可以让后世诗人钟爱于它？给我们带来了哪些联想？

生：木叶写出了秋天的草木凋零。

生：木叶暗示了游子的漂泊。

生：木叶营造了凄凉清冷的意境。

师：“木叶”简单的两个字却包含了这么多的信息。那么其他的几个意象与“木叶”有什么区别呢？

师:幻灯片上展示的是本篇文章中出现的古诗词，请从中举例分析“树叶”与“木叶”，“落叶”与“落木”的区别有哪些。（幻灯片中展示文中出现的古诗句，利用诗词的语言来分析意象营造的氛围、表达的情感，这也是本堂课的重难点所在。）

生：“九月寒砧催木叶，十年征戍忆辽阳”中的“木叶”让人感受到了戍守边疆的士兵对家乡的思念之情，也营造出了秋天凄凉萧条的氛围。

生：虽然“木”和“树”指的是一样的东西，但“树叶”就不会有“木叶”的干枯。“树叶”会让人感觉到绿意，例如“庭中有奇树，绿叶发华滋”“午阴嘉树清圆”其中就展现了“树叶”的葱翠。

师：这两位同学分析得很好，生动地区别了“木叶”和“树叶”。那么，“落叶”和“落木”又有何区别呢？

生：“柔条纷冉冉，落叶何翩翩”中的叶子虽是落叶，但用在此语境中却能感受到它饱含的水分。

生：“木”字本身就有干枯之意，而“落木”就更显得没有了生机。大家熟悉的诗句“无边落木萧萧下”就是诗人杜甫大胆的创新，作者利用“落木”把秋天的景象、自己的窘境写到了极致。

师：同学们分析得很透彻，为了更明确更形象地区别这几个事物，我们来填写表格。

意象	颜色	触觉	意味
树叶	褐绿色	密密层层浓荫	繁密充实
木叶	微黄	干燥不湿润	疏朗 飘零之意
落叶	繁密绿色	饱含水分	春夏之交
落木	比木叶还更显得空阔，连“叶”这一字所保留下的一点绵密之意也洗净了，疏朗与绵密交织，一个迢远而美丽的形象		

师：通过表格比较我们可以看出虽然这几个意象很相似，甚至所指代的都是同一物体，但表现出来的意境却迥然不同，这也是古诗词语言的魅力所在。那么本文引用“木叶”仅仅是为了介绍“木叶”的艺术特征吗？写“木叶”的真正目的何在？

生：是为了借助木叶这一意象，来分析诗歌的语言。

生：体现了诗歌语言隐晦委婉的特点。

师：隐晦委婉也可以称为暗示性，作者又是如何阐释诗歌语言暗示性的特点的呢？

生：这种暗示性“仿佛是概念的影子，常常躲在概念的背后。我们不留心就不会察觉它的存在。敏感而有修养的诗人们正在于能认识语言形象中一切潜在的力量，把这些潜在的力量与概念中的意义交织组合起来，成为丰富多彩一言难尽的言说”，诗歌的语言具有很强的感染性和启示性。

师:（讨论）课文主要是为了阐释诗歌语言的暗示性,却拟题为《说“木叶”》,若改为“谈谈诗歌语言的暗示性”，你以为如何？

生：标题若拟为《谈谈诗歌语言的暗示性》，可能会写成一篇理论性较强的学术论文。而标题拟为《说“木叶”》，就可以把深奥的文学理论渗透在对带“木叶”诗句的品读中，化深奥为简单，化抽象为形象，契合读者的阅读心理。

师：本节课我们利用“木叶”这一意象，分析了诗词的语言。我们发现古典诗词的语言含蓄内敛、精妙绝伦，简约而不失丰富，含蓄而不失生动，给我们带来享受，留下回味。文中所举的古诗词更是经典，同学们要熟读诗词，丰富自己的知识，让自己接受熏陶。数千年来中国古典诗歌早已融入中华儿女的血脉，成为民族的精华，传承至今。同学们，热爱古诗词就是热爱祖国的传统文化，所以我们要将诗词牢记心中，将传统文化发扬光大。

师:古代诗歌中写“梅”和“月”的诗句不胜枚举,所表现的感情不尽一致，请同学们梳理出一些自己喜欢的诗句进行语言分析并积累。

师：下课！

《囚绿记》

赵立娟　大庆市第三十五中学校

师：看到绿色你会想到了什么？ 1秒钟想到了什么？

生：想到了绿意盎然。

生：想到了绿树。

生：想到了春天。

生：想到了生机勃勃的大自然。

……

师：太好了，就想一秒钟，你们的思潮就是这样起伏着，我们看到了绿色就想到了大自然，想到了生机勃勃。你见过绿，欣赏过绿，但是你们跟绿说过话、和绿斗过嘴吗？还真的有这么一个人，他就是我们现代文学史上的一个散文家陆蠡，1940年他就写了一篇文章。

至于他跟绿是怎么讲话的，怎么斗嘴的，请大家通读一下文章，把段号标出来，养成习惯，读的过程中你有哪些疑问需要解决，自己标记。好，下面快速朗读。

师：读完之后，大家发现这就是写我和绿，这个绿，先是绿影，接着成了绿友，我和绿友之间的一段事，读完之后，有没有什么问题？（9个组，每组6个人，每组有组长，有记录人员，有中心发言人），下面各个小组进行讨论，把你们的问题整合一下，把通过探究没有解决的疑惑形成一个主问题提出来，每组派一个中心发言人）。

讨论到这，大胆地把自己的问题提出来，哪组先开始？

生：（第三组）为什么作者称常春藤为绿友，绿友是个什么样的绿友？

生：（第二组）为什么这篇文章叫“囚绿记”？我和绿究竟发生了什么？

生：（第八组）从前，我住在乡间草屋里，与上下文脱节，为什么写乡间

[**作者简介**]赵立娟（1980年—），大庆市第三十五中学校，高级教师，擅长语文教学研究。

的小草？

生：（第一组）囚绿之后为什么要放绿？

生：（第四组）与绿相处过程中，他的心情变化怎样？他为什么会有这样的心情？

生：（第六组）作者为什么对绿情有独钟？

生：（第五组）为什么后面写卢沟桥事件？

生：（第九组）绿有什么特点：为什么让作者这么喜欢绿，它有什么品质？

生：（第七组）为什么先跟绿在一起，为什么要囚绿，囚了绿为什么又要放绿？

师：问得太好了，每个问题都非常有价值，整合一下各组的问题。同学提出“我和绿究竟发生了什么事，为什么要先跟绿在一起，为什么后来又要囚绿，囚绿之后为什么又要放绿，在整个过程中我的感情有什么变化？”我们把这个作为第一个探究的问题，就靠大家了。

首先，他是怎样和绿碰面的？

生：选定了有常春藤影子的小房间，小房间很小，而且窗户还是破的，然而他却毫不犹豫地选定了它，所以，和绿的第一次碰面是他寻觅到的。

师：他选了一个有太阳照的，而且夏天他不怕热，房间又小，你知道为什么吗？他为什么这么喜欢绿呀？

生：我疲累于灰暗的都市的天空和黄漠的平原，我怀念着绿色，如同涸辙的鱼盼等着雨水。

生：我怀念着绿色把我的心等焦了。

师：在寻觅到绿后他的心情是怎么样的？

生：喜悦而满足。

师：接下来和绿发生了什么故事？马上就囚绿了吗？

生：赞美绿、欣赏绿。

师：这时的心情怎么样？

生：急切。在房间里赏，为了欣赏方便，他进行了几个动作，第一个动作移徙小台子到圆窗下，而且是急不暇择，就是带着这样急切的心情去欣赏绿，接下来故事怎样发生发展的？

生：囚绿。

师：什么叫囚绿？作者怎么做的？

生：把绿枝从窗外面拉到窗户里面。

师：囚绿后他的心情怎样？

生：恼怒。

师：后来呢？哪一段看出的？

生：释绿，13 段“临行时我珍重地开释了这永不屈服于黑暗的囚人”。

师：他是什么样的心态呀？

生：珍重。

师：他写这篇文章时那个绿还在北平，所以，最后还在怀念那个绿呀！

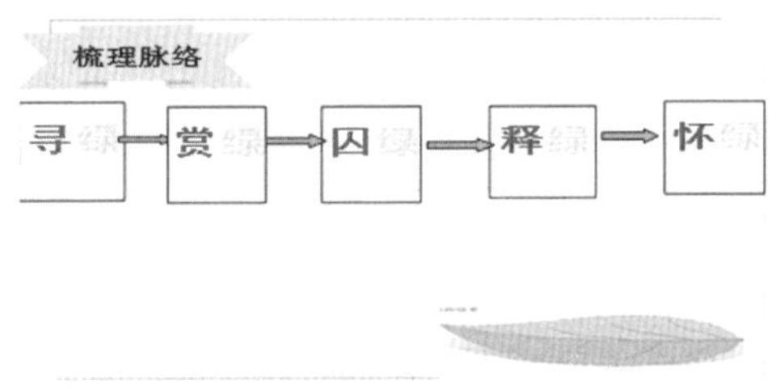

刚才大家提的问题我不知道大家觉得怎么样，你们提他跟绿发生了什么故事，先怎么样，接着怎么样，最后怎么样，整个过程感情有怎么变化，现在自己的问题自己解决了没有？

生：解决了。

师:同学提“绿为什么叫绿友，它究竟有什么样的品质？”（第二个问题。）

这个问题我也回答不了，还得靠同学们去发现，但是我可以建议大家进行以下的活动，在活动过程中，看看我们能不能自己解决自己的问题。

师：读到这，把你找到的那句话读一读。

生：第 9 段，绿的枝条悬垂在我的案前了，它依旧伸长，依旧攀缘，依旧舒放，并且比在外边长得更快。三个“依旧”，表现了它是一个向往阳光，坚持不懈的绿友。

生：第 10 段，它的尖端总朝着窗外的方向。绿友倔强、固执、向往自由。

生：第7段第2句，看它怎样伸开柔软的卷须，攀住一根缘引它的绳索，或一茎枯枝；看它怎样舒开折叠着的嫩叶，渐渐变青，渐渐变老。我爱它淅沥的声音，婆娑的摆舞。

生：第11段，它渐渐失去了青苍的颜色，变成柔绿，变成嫩黄，枝条变成细瘦，变成娇弱，好像病了的孩子。写出了它的柔弱、可怜，但他却是不屈服于黑暗的囚人。

师：当爱异化为占有时，被爱者会受到伤害。

我们刚才通过赏析描写的句子，发现其实描写的句子里面有内涵，这是第一步，“你是永不屈服于黑暗的囚人”，像这样的话还是描写吗？它是议论抒情句。我们看看文中还有没有这样的句子？

生：第10段，植物是多固执啊！

生：第8段，我要借绿色来比喻葱茏的爱和幸福，我要借绿色来比喻猗郁的年华。

生：绿是自然的颜色。

师：和我们刚才品味描写最后得出来的绿树是鲜活的、有生命的，它向往着光明，可不可以整合起来？如果我们还觉得拿不准它究竟有什么样的品质，不要忘了陆蠡不但跟绿对话，而且后面恼怒时也在跟它斗嘴，我们只选择一个节点“绿与我在对峙中进行了怎样的心理对话”。

他恼怒时，觉得绿不了解他，他们两个会有怎样的对话，两个同学商量一下，一个是人，一个是绿，看它内心的潜台词，都能表现出它是什么形象，具有什么品质？

一组：

女（人）：你这讨厌的绿呀，你是多么的固执呀，我对你有爱抚，对你充满善意，我如此爱你，可你为什么总是望着窗外，如此不理我？

女（树）：我讨厌在这黑暗的地方，我向往光明，我希望光明，即使你把我囚在黑暗中，我也总向着光明的方向，我有我自己蓬勃的生命，我向往着自由。

二组：

男（绿）：你真是个自私的人。

男（人）：我把你囚住是因为我爱你。

绿：难道你把我囚禁在黑暗的屋子就是爱我吗？

人：我是想让你陪我度过寂寞的时光。

绿：我是不会为你一个人而放弃我所追求的光明的。

人：你真是一个固执的绿呀，你真是一个永远不屈服黑暗的囚人呀！

师：感谢两组同学的精彩表演。我们走了三段路，进行了三个活动，现在我们能不能把这三个活动整合起来？我们的这个绿友是个什么样的绿友？一起说。

生（齐）：具有鲜活的生命力，向往着光明、追求自由，不屈服于黑暗的形象。

同学你的问题解决没有？

生：解决了。

师：那就好，为什么要写绿友？难道就是为了写这个绿友吗？还有人说怎么写这个绿友，忽然又写到了卢沟桥，还有人说为什么又写到乡下？写到了乡下是不是偏题了？为什么要写卢沟桥，有必要吗？如果想回答这个问题还是由我们自己来探究。

师：这是一段问话答话记录，发生在1942年上海日本宪兵司令部，老师问，学生答。现在聪明的你就会想到这一定和我们这篇文章有关，有没有关，那我现在就跟你们说一说。

大家看一看"我不赞成，绝对不会"，发现和我们刚才所讲的那个绿的哪一句吻合了？

生：永不屈服。

师：回过头来我们看这个问题"为什么要写卢沟桥事件"？

生：交代时代背景。

生：被囚禁起来的绿和困境中的中华民族有着类似的处境。

生：囚绿也就是囚人，被囚禁的绿象征着中国人民追求光明，敢于与敌人斗争到底的决心。

师：绿的精神是陆蠡的精神，是时代的精神，也印证了民族精神。今天我们不仅仅学了一篇《囚绿记》，了解了绿是一个什么样的形象，而且我们也发现了阅读散文就应该这么读，所以希望大家带着问题进课堂，带着问题出课堂。

师：下课！

《锦　瑟》

潘美好　大庆市第二十八中学

师：上课，把书和导学案拿出来。这一单元我们学了唐诗，唐朝是诗歌最鼎盛的时期，当盛唐的繁华落下帷幕，中唐的脚步也匆匆走过，大唐王朝到了日薄西山的时候。李白登仙而去，杜甫困顿而逝，白居易的身影也消失在了历史的尘埃之中。在大唐的余音里，一位诗人走来了，他用他旷世的才情为大唐的黄昏增添了一道绚丽的晚霞，他是谁？

生：李商隐。

师：看导学案，把基本资料填上。

生：答。（强调玉谿生）

师：填李商隐名句集锦。教师解读。

总结李商隐诗歌特点：婉转缠绵，典雅精丽。

李商隐擅长写情诗、无题诗、朦胧诗。今天我们学的这首诗有题目，但是被称为“千古谜题”，它就是——《锦瑟》。

师：看题目，“锦瑟”，华美的琴。那么猜一下这首诗是写什么的？

生：写琴的、写音乐的、写弹琴的美女的……

师：那我们一起来齐读这首诗。

生齐读。

师：感情不到位，男女生分别朗读。

师：读完什么感觉？

生：淡淡的愁绪。

生：李商隐当时喜欢一个女生，求而不得，感到惋惜惆怅。

师：这首诗满含着一个字？

[**作者简介**]潘美好（1989 年—），大庆市第二十八中学，二级教师，主要从事高中语文教学研究。

生：情。

师：什么样的情？

生：愁情。

师：我为大家逐句解读。第一句“锦瑟无端五十弦”，为什么是五十根？

生：泰帝使素女鼓五十弦瑟，悲，帝禁不止，故破其瑟为二十五弦。

师：所以证明这五十根瑟弹奏出的声音是什么样？

生：悲伤。

师：还有两个字“无端”，什么意思？

生：无来由的，无缘无故的。

师：“锦瑟啊你为什么要有五十根弦？”这句话带着诗人什么感情？

生：怨恨。

师：怨恨为什么声音这么悲。所以诗歌要看你怎么去写，你写的时候带着多少感情去写。

师：再看第二句，柱是支撑琴弦的。所以这句话是说每根线每根柱弹奏出的每个音符都让我怀念美好的年华。那我们改一下，改成“每根弦柱思华年”，行不行？

生：不行。没有诗意。

师：这样让我们仿佛看见李商隐在抚摸一根一根弦柱，练字的功底。

师：朗读后四句。查一下里面的意象。

生：庄生、蝴蝶、望帝、杜鹃……

师：里面包含了许多典故。什么叫作典故？

生：典籍里有出处的人物和故事。

师：运用典故有什么好处？

生：委婉含蓄。

师：如果你写文章运用了很多典故，说明什么？

生：增加文章的文学底蕴。

师：说几个字概括了整个故事，有什么作用？

生：简洁凝练。

师：那我写文章要求字数的时候我用典就可以多写一些内容，这有什么作用？

生：使文章内容丰富。

师：好，这都是你们归纳概括出来的，一定要记住。

师：继续看第一个典故“庄生晓梦迷蝴蝶”。

生：读文言故事“庄周梦蝶”。

师：诗人对这个故事进行了加工，加了几个字？

生：晓梦、迷蝴蝶。

师：凌晨做的梦，时间很短。那“迷”呢？

生：着迷、迷恋、痴迷、沉迷。

师：分析情感，经历的事情可能有不同，感情却是相通的。此处，对短暂而美好的事物的迷醉。

师：第二个典故“望帝啼鹃”。感情？

生：悲伤哀怨。

师：“沧海月明珠有泪”，包含哪两个典故？

生：沧海月明、珠有泪。

师：李商隐特别巧妙，先把月亮和珍珠联系到一起，又把珍珠和眼泪联系到一起,珍珠不是那么圆,因为上面带着眼泪。这么美的事物依然带着什么情感？

生：悲伤。

师：“蓝田日暖玉生烟”，可望而不可即，这么美的东西我可以拥有吗？

生：不可以。

师：感情依然悲伤。

师：无论是庄周变成蝴蝶，无论是望帝变成杜鹃，无论成什么形态，都是被感情所扰所困。

师：尾联——“此情可待成追忆？只是当时已惘然”。谁能翻译一下？

生：这样的感情怎么能成为回忆，只是当时很茫然罢了。

师：只是当时深陷其中的时候没有好好珍惜，现在徒留回忆。就像你们过十年二十年回忆现在，思华年，会想到什么？不是爱情。

生：当时没有好好学习，现在只剩后悔。

师：所以内容你们可以自己去体会，而感情一定是悲伤的。

师：李商隐的一生——“虚负凌云万丈才，一生襟抱未曾开”，看一下李商隐的仕途经历。

生：牛李党争，仕途坎坷。

师：感情经历——娶了王茂元之女。他为贴补家用四处做幕僚，与妻子聚少离多，为妻子写下“何当共剪西窗烛，却话巴山夜雨时”的动人诗句。但是在他39岁妻子去世，他悲痛万分。再看下一句话——他是为情所困为情所累的一生。曾经爱上公主的侍女，不被世俗所容，留下了永远的遗憾。那么我们再来看看，这首诗究竟是为谁而写呢？

生：为侍女而写。

师：那你和宋代的刘颁意见是一致的。

生：为自己而写，怀才不遇，万分伤感。

师：那你是你与现在一般说法是一致的。

生：为妻子而写。

师：悼亡说。很好。

生：写音乐的。

师：那你和苏轼想法一样，“咏瑟说”。

师：还有两种说法，“政治说”和“编辑自序说”。一般说法是和你们一样的，看来大家都读明白了。所以不同的人读这首诗都有不同的感觉。近人梁启超的读李商隐法，值得我等深刻体会，他说：“义山的《锦瑟》，讲的什么事，我理会不着。拆开来一句一句叫我解释，我连文义也解不出来。但我觉得他美，读起来令我精神上得一种新鲜的愉快。须知美是多方面的，美是含有神秘性的。”我们再来齐读一下王蒙对这首诗的感悟。

生：情种从《锦瑟》中痛感情爱，诗家从《锦瑟》中深得诗心，不平者从《锦瑟》中共鸣牢骚，久旅不归者吟《锦瑟》而思乡垂泪，这都是赏家与作者的合作成果。

师：所以尽管经历不同，感受却能和千百年前的诗人如此相似，这就是诗歌的力量，就是情感的力量。我们把《锦瑟》诗句重组，咱们齐读一下。

生：锦瑟华年已惘然，庄生望帝两难全。
蝴蝶杜鹃迷愁绪，晓梦春心托残年。
蓝田沧海承日月，暖玉明珠生泪烟。
此情无端成追忆，悲思绕就五十弦。

师：下课！

《氓》

牟东梅　大庆市第十中学

师：上课。

师：上一节课我们共同研习了第3课陆蠡的《囚绿记》。深刻体会了陆蠡对光明与自由的向往之情，以及他忠于祖国的情怀，让我们感动。今天，我们来一起赏读第4课《诗经·卫风·氓》这首爱情诗，来聆听千年前的爱情故事，共同学习《诗经》的艺术魅力，请同学们打开教材，并拿出昨天老师下发的导学案，我们一起来学习这首诗歌。

师：昨天老师把导学案发给了大家，让大家按照导学案进行课前预习，下面请各个学习小组选派代表按顺序到前面来，用实物展台，展示自己的导学案，每个小组长展示一道题，同学们认真比对自己填写的导学案，有疑难请提出。

师：请第一小组选派代表来展示学案中的文学常识填空题。请第二小组选派代表来展示学案中的给加点的字注音，注意读准、读清楚。

生展示自己的导学案。

师：既然大家已经准确掌握了，那么接下来我们就来诵读这首诗歌，鉴赏诗歌最最重要的就是朗诵，老师先来范读一下，请同学们在听的同时，要特别关注老师的语气及语调。

师配乐范读。

师：下面请同学们自由朗读，时间3分钟，在读的过程中，注意体会感情。

生自由诵读。

师：好，3分钟过去了，老师看大家都读得很投入，很棒。现在我们来齐读一遍作品，注意语气、感情。

生齐读课文。

[**作者简介**]牟东梅（1979年—），大庆市第十中学，一级教师，从事高中语文教学及研究。

师：大家反复诵读后，觉得这是个什么样的爱情故事呢？

生：悲伤、凄凉……

师：这到底是怎样一个故事呢？接下来同学们再读作品，借助注释，理解全诗的内容，试着用一句话概括情节？

生：《氓》讲的是一个女子和一个男子相爱结婚后，被男子无情厌弃的故事。

师：那这个爱情悲剧故事，我们可以分成几个部分呢？

生：三个，（1、2）相爱恋、（3、4、5）婚后变、（6）终决裂。

师：梳理完情节，我们来分析人物的性格特点，请大家思考一个问题：随着情节的发展，女主人公的情感是怎样变化的？在不同的阶段，女子表现出怎样的性格特点？请同学们以小组为单位进行讨论。

师：大家讨论得很热烈，我们现在来交流一下。在恋爱阶段，女子的性格是什么样的？

生：女子是快乐、幸福的。

师：你从哪看出来的？

生："不见复关，泣涕涟涟。既见复关，载笑载言。"这里的泣涕涟涟，还有笑和言，都说明女子是幸福快乐的。

师：这几句，写出了女子见到心上人的雀跃、欢欣。很好，请坐，还有别的同学想说说自己的观点吗？

生：女子是温柔、痴情、为男子着想，并且多愁善感的。

师：你从哪看出来的？

生："不见复关，泣涕涟涟。既见复关，载笑载言。"能表现女子的一往情深多愁善感、痴情。"匪我愆期，子无良媒。将子无怒，秋以为期。"能表现出女子的温柔、为男子着想。在男子没有找媒人来提亲，不合规矩的自己来的情况下，还是和男子许下了婚期。

师：很好，这都可以看出这个女子对男子爱得执着、热烈。在第一部分可以看出她是一位温柔、多情的女子。所以，同学们说，在读第一部分的时候，节奏应该是什么样的？

生：轻快的。

师：好，我们再以轻快的语调来齐读第一部分。

生齐读。

师：读得很到位，我们接下来看第二部分——婚变，女主人公内心有变化吗？表现出何等的性格？

生：女子是痛苦的。

师：请举书上句子证明。

生："女也不爽，士贰其行。士也罔极，二三其德。"说明女子在男子变心后，极其痛苦。她在这个部分变现出来的特点是勤劳，比如"三岁为妇，靡室劳矣。夙兴夜寐，靡有朝矣。"

师：很好，请坐。她在婚后过着不幸的生活，身体上辛苦劳累，心灵上痛苦忧愁，是非常不幸的。还有哪位同学来说说不同的见解呢？

生："淇水汤汤，渐车帷裳。"也能看出她的苦痛、愁思，古人喜欢用江水来比喻愁思，我觉得淇水卷起的波涛，就是女子的绵绵不绝的痛苦和哀愁。

师：你说得非常好，尤其，淇水曾经是两个人爱情的见证，"送子涉淇，至于顿丘。"现在，女子，独身一人返回，再渡淇水，尤其痛苦悲伤。我们现在概括一下，第二部分女子的性格，勤劳、善良、任劳任怨。

师：那么诗歌的第六节，也就是决裂的阶段，女子的性格特点是什么？

生："反是不思，亦已焉哉。"女子此时内心应该是充满怨恨的。可以看出来，女子对男子已经没有留恋，全都是怨恨了。

师：还有别的看法吗？刚才有同学小声说，有无奈的情绪，大家同意吗？

生:我不觉得是无奈。我觉得"反是不思,亦已焉哉。"能看出女子的坚强、果决，你不喜欢我，就算了吧，我也不想和你在一起了，再见，有一种放手后的轻松和洒脱。

师：你说得非常棒。男子已经变心了，就不要再留恋了，女子做什么都是错，男子也不会再爱女子了。此时的女子，没有了恋爱时的冲动，也没有了婚变时的痛苦，她说这句"亦已焉哉"是一时冲动吗？

生：不是。

师：对，女子是深思熟虑的，她已经非常平静了，这是她痛定思痛后的决定，"淇则有岸"，淇水都有边，有岸。我和你在一起，只有无边的苦痛，只有离开你，才能结束这苦痛，我再也不要和你生活。所以，女子果断放手。

师：现在，女子的形象在我们大家的努力下已经很清晰了，她是个什么样的女子？我们一起说一下。

生：她是个温柔、痴情、善良、勤劳、任劳任怨、坚强、勇敢的古代劳动女子的形象。

师：这样一个女子，就是古代男子心中标准的贤妻良母的形象，那么，她的爱情为什么会是悲剧呢？我们来接着分析"氓"的性格特点，你认为"氓"品行如何？

生："氓"是个无情无义，善变的人，"桑之落矣，其黄而陨"，在女子年纪大了的时候抛弃了她。

师：好，请坐，还有没有？

生：他是个前后不一致的人，婚前，他忠厚老实，"抱布贸丝"积极热情，信誓旦旦。婚后的男子，善变，"言既遂矣，至于暴矣"说明他有暴力、狠毒的一面。

师：是什么原因，让曾经的爱恋变成了暴力呢？

生：喜新厌旧，没有责任心。

师：妻子不是一个物件，喜欢拿起来，不喜欢了就丢掉。妻子是和你同甘共苦陪你共度一生的伴侣，氓看起来很老实，实际上却是个无情无义、自私自利、喜新厌旧、残酷凶暴的坏男人。

师：我们这节课主要分析了《氓》的主人公的形象、性格特点。现在我们结合我们的分析结果，有感情地齐读《氓》，要读出情绪的变化。

生齐读。

师：同学们读得很好，看得出来，大家这节课掌握得不错。同学们要记住，叙事诗的鉴赏要点有两个：一是反复诵读，二是把握形象特点。我们在以后的诗歌鉴赏中，经常训练，一定能取得高分。今天的作业有两个，一个是背诵《氓》，另一个是思考一下，在那个社会背景下，离异之后的女子能不能获得幸福呢？请大家集思广益，各抒己见。这节课就上到这。

师：下课！

《一剪梅》

沈 佳 大庆市第十中学

师：上课。

师：同学们，看大屏幕："大河百代，众浪齐奔，淘去万个英雄汉；词苑千载，群芳竞秀，盛开一枝女儿花。"你们知道说的是文学史上的哪位名人吗？

生：李清照。

师：对，她就是大名鼎鼎的李清照。在那个唯有男子独尊的年代，她是万绿丛中一点红。她的词自成一家，是婉约派的代表。今天我们就来共同学习她的一首代表作——《一剪梅》。

师范读。

师：方才老师范读了一遍，下面请大家结合多媒体中的朗读指导，自由诵读，体会情感。

生自读。

师：下面请几位同学展示一下。

生朗读展示。

师：这是一首婉约词。朗读的时候，语调应该低缓一些，情感要深沉一些。所以，语速要再慢一点，情感表达会更准确。

师：咱们读了这么多遍，哪位同学来概括一下，上、下片各写了什么？可以参考课前提示和课下注释。

生：上片写景叙事，下片抒发情感。

师：能具体些吗？

生：上片描绘作者的独居生活，下片抒发了作者的寂寞相思之情。

［**作者简介**］沈 佳（1982 年—），大庆市第十中学，一级教师，从事高中语文教学及研究。

师：下面我们采用小组合作探究的形式，从意象、手法两个方面来鉴赏。咱们细化一下，每个小组承担一到两个意象分析的任务。给大家 5 分钟的时间准备，一会儿小组选派代表发言。

生："红藕香残"，红色的荷花凋谢了，只留下几丝残香，表明到了秋天。渲染了冷落、萧条的气氛；也说明丈夫离家很久了，词人感到孤单寂寞；荷花凋谢，又含有青春易逝、红颜易老的意思。

师：那"玉簟秋"呢？同组哪位同学补充一下？

生：到了秋天竹席也凉了。其实作者说的不仅是竹席凉，更想表达心境"凉"，因为丈夫在外，她独守空房，这个"凉"写出了词人的冷清与孤寂。

师：还记得作者在《醉花阴》中写到的"半夜凉初透"吗？是一样的啊！

生："独上兰舟"，"独"本就写出词人是自己，一个人，孤独寂寞。想借"兰舟"散心消愁，没想到愁更深了。

师：是啊，在高一咱们学过的《荷塘月色》中，朱先生"这几天心里颇不宁静……忽然想起日日走过的荷塘，在这满月的光里，总该另有一番样子吧"，心中烦闷就想到荷花塘中走走。可是"兰舟"本身就寄托着相思、伤感之意，还记得柳永的"留恋处，兰舟催发"吗？离别时的难舍难分表达得淋漓尽致。

生："云中谁寄锦书来，雁字回时，月满西楼。"是个倒装句式，词人借助传书鸿雁的常见典故，诉说了对丈夫热切的朝思暮想。圆月如盘，团团圆圆，可是丈夫却并不在身边。借月寄托相思之情。

师：雁回信未达，月满人未圆。作者心中充满浓浓的孤独与寂寞。景与情的这种关系，在诗歌中我们称为什么手法？

生：以乐景衬哀情，反衬。

师：不仅如此，"西楼"也是典型的相思意象。李煜不也写过"无言独上西楼，月如钩，寂寞梧桐深院锁清秋"吗？

生："花自飘零"，写面前的景色，与"红藕香残"遥相呼应。作者说自己的青春像花一样空自凋残，红颜易老，可丈夫远行了，不能和自己共享美好年华，只能让它空然一去不复返。

师：正所谓"花落人断肠"啊。那"水自流"怎么理解呢？

生：也是眼前景。因为水剪切不断，绵软不绝，古人常用水比喻愁。作者心头的相思之愁就像悠悠的流水，仿佛永不停息。“花自飘零水自流”写出了诗人的愁之长、愁之深、愁之切。

师：你还能想到其他用水表达愁思的诗句吗？

生：“抽刀断水水更流，举杯销愁愁更愁。”

生：“问君能有几多愁？恰似一江春水向东流。”

生：“不知江月待何人，但见长江送流水。”

师：这些句子都以水来喻愁苦，汹涌的愁思，如滔滔不绝的江水，无法用刀截断。而在此时作者的眼中，不仅是水、花、月、雁、兰舟、西楼，无论多美，都带着浓浓的萧条、感伤的意味，都表明了词人独居生活的寂寞和相思之苦。

师：后面几句的抒情有什么特点？和前面一样吗？

生：直抒胸臆。“一种相思，两处闲愁”，推己及人，想象远在外地的丈夫和自己此时此刻都在望月怀人。“此情无计可消除”，对丈夫的思念没有办法消除，写出了情之深、愁之重。“才下眉头，却上心头”，化无形为有形，愁从眉间到心头，由外到内，使读者很容易地感知、领略到作者无限的愁苦。

师：咱们齐读一遍，再和词人做一次心灵的对话。

生齐读。

师：这首词是她前期的代表作。我们知道，李清照的一生是极为坎坷、充满波折的。她的一生可以分为这三个阶段：贵族少女时期、幸福少妇时期和老年寡居时期。每个阶段的生活有不同的特点。她出生在一个书香门第之家。早期过着优裕富足的生活，无忧无虑、天真烂漫、活泼热情；结婚后，与赵明诚琴瑟和鸣、快乐幸福；然而，随着金兵入据中原，她流落江南，丈夫病逝，晚年无子，境遇极其艰难。不同时期经历了不同的生活，她会表达同样的情感吗？

生：不会。

师：我们来看看初中学过的《如梦令》，它和我们刚学习的《一剪梅》表达的情感相同吗？这是词人什么时期的作品？

生：是词人少女时期的作品，写作者当时无忧明朗的生活和开朗愉悦的心情。

师：那《声声慢》呢？又是作者什么时期的作品？抒发了什么样的情感？

生：是李清照晚年寡居时孤独、凄苦生活的真实写照。

师：或许是过于完满的前半生透支了李清照后来的幸福，人到中年的李清照经历了亡国、丧夫、下狱等多种折磨，家国之思，孀居之悲，沦落之苦，“这次第，怎一个愁字了得！”《一剪梅》中的李清照虽然哀愁但还甜美，但此时的作者已然哀伤绝望了。

师：我们再赏这三首作品。三首词写于不同的时期，作者的经历有别，表达的情感当然会有差异。所以，我们在鉴赏中国古典诗词时，要用“知人论世”的方法，要注重了解著者的人生经历，熟悉创作的时代背景。因为，不同阶段，不同境遇，会表达不同的情感！

师：我们来做个练习。看看杜甫的这两首诗表达了什么情感。《登高》是我们学过的，它表达什么样的情感？能不能找到表达作者情绪、情感的词？

生：“悲”。表达了诗人长年漂泊、老病孤愁的悲苦。

师：那这首《春夜喜雨》呢？它又表达了什么样的情感？是哪个词看出来的？

生：“喜”。表达对下得及时的、润泽万物的春雨的赞美。

师：其实，这两首诗都是诗人于西南飘零时写的诗作。为什么表达的情感有这么大的差别呢？请同学们阅读学案中的这一时期杜甫经历的介绍，说说原因。

生：《春夜喜雨》是著者携家人随百姓逃难到成都时创作的，那时在朋友严武的帮助下过了一段比较安定的生活。所以体现了暂时享受安乐的闲适逸趣；而写《登高》时的诗人四处漂泊，居无定所，生活困顿，再加上年老多病，壮志难酬，所以借助江边深远空旷的秋景，抒发了长年漂泊、老病孤愁的感情。

师：所以，同一时期，不同际遇，作者表达的情感也是不同的。在鉴赏中国古典诗词的时候，一定要懂得“知人论世”。

师：和我们这节课学习的李清照、杜甫一样，诗人们一生的创作常常因为经历不同而呈现不同的特点。所以我们一定要懂得运用“知人论世”这种方法。这样可以让我们明晰诗歌的内涵和中心，体会诗歌的感情和魅力。

师：请大家在课下运用“知人论世”的方法赏析杜甫的名作——《蜀相》。

师：下课！

《蜀相》和《书愤》比较阅读

关　红　大庆市第三十九中学

师：请同学们拿出笔记我们练一段速写，老师读三遍：“夫君子之行，静以修身，俭以养德。非澹泊无以明志，非宁静无以致远。夫学须静也，才须学也，非学无以广才，非志无以成学。淫慢则不能励精，险躁则不能冶性。年与时驰，意与日去，遂成枯落，多不接世，悲守穷庐，将复何及！”同学们有知道这是谁写的什么文章吗？

生：老师，我知道，这是诸葛亮的《诫子书》。

师：非常正确，那么同学们了解诸葛亮吗？今天我们一起走近杜甫和陆游两位大诗人，看一看他们笔下的诸葛亮。

师：在学习之前，我想请同学们使明确诗歌考什么：形象、语言、技巧、情感、诗歌本身，还要明白答什么：一言以蔽之就是读懂，包括题目、作者、倒序的语言、意象、联想等。为了达到以意逆志、知人论世的目的，今天我们以设题讨论的方式来解读作品。

师：哪位同学可以全面地为大家介绍一下这两首诗的写作背景？

生：老师，我做过预习，我来给大家讲：唐肃宗乾元二年时，杜甫结束了为时四年的颠沛流离的生活，到了成都，在朋友的资助下，定居在浣花溪畔。第二年的春天，他探访诸葛武侯祠，写下了这首感人肺腑的绝唱之作。杜甫虽然怀有报国的远大政治理想，但仕途坎坷，抱负无法得以实现。杜甫在写这首诗的时候，安史之乱还没有平息，他目睹了国家衰微、百姓流离，自身报国无门无路，因此对开创了不朽基业的诸葛亮，无限仰慕敬重。

生：老师，我来说《书愤》的写作背景，这首诗作于公元 1186，这时陆游退居于山阴家中，已是一位六十二岁的老人，此时的他已罢官已六年，挂着

[**作者简介**] 关红（1980 年—），大庆市第三十九中学，一级教师，主要从事高中语文教学研究。

一个空衔在故乡蛰居，直到作此诗的时候，才又被起用。因此，缅怀诸葛亮，对比自己，既有追怀往事又有报国的感情 .

师：同学们说得非常好，看来同学们是在课前查阅了大量的资料，做了充分的准备，那么老师相信在同学们了解了这些的前提下，我们这节课就会变得水到渠成。我也相信同学们学了这节课之后会对这两首诗表达的情感有更详细、更透彻的了解。下面老师用设问的方式，请同学们来以学习小组为单位研究以下几个问题。

师：在杜甫的《蜀相》我设计了以下问题：

1. 本诗写景有哪几句？写了哪些意象？营造了怎样的意境？

2. 此诗中“映阶碧草自春色，隔叶黄鹂空好音”历来被认为是名句，你认为哪个字用得好？请结合诗句赏析。

3. 颈联尾联写了诸葛亮的哪些事？

4. 鉴赏本诗的表达技巧？尾联中“英雄”指什么人？表达了诗人怎样的情感？

师：在陆游的《书愤》中同样设置了以下问题：

1. 作者在本诗中书写了哪些事？

2. 陆游诗“多豪言丽语,言征伐之事”,本诗哪联最能体现此特点？请赏析，并举出一例运用此手法的诗。

3. 鉴析本诗的表达技巧。

4. 陆游的愤懑之情具体表现在哪里？表达了诗人什么样的思想感情？

生：我们组回答第一个问题，这首诗前两联写景。

生：写了祠堂、翠柏、碧草、黄鹂等意象，营造了孤寂、悲凉的意境。

生：我们组回答《书愤》的第一题，写了陆游年轻时的志向对往事的回忆以及对诸葛亮的赞扬。

师：同学们说得非常好，下面请两个小组分别针对第二个问题作出回答。

生：我们组一致认为“自”“空”用得好，这两句写出武侯祠春意盎然的美丽景象。这个“自”“空”却是“徒然，空有”的意思，这也从另一个角度说明无人来访，祠堂的凄凉。

师：说得好，这么美的春色却带了一个“自”，这么美的声音又带了一个

“空”，表明祠堂内景色虽好却如此凄清寂寥。曾经的“开济老臣”已经被世人遗忘，多可悲。

生：我们认为“楼船夜雪瓜洲渡，铁马秋风大散关”最能体现这个特点。这两句形象地概括了25年前两次胜利的战斗：瓜洲渡击退金兵的进犯，大散关失而复得。

师：的确，这两句意在表明南宋人民具有保卫自己国土的伟大力量，也使诗人的恢复之志具体化，可以想见他当年投身战斗恢复失地的强烈愿望。下面请下一组回答第三个问题。

生:颈联尾联写了诸葛亮的丰功伟绩，一方面是诸葛亮非凡的才干和功业，另一方面是对他的惋惜。

生:这首诗用了许多表达技巧，最突出的有反衬、烘托、用典，“塞上长城”句，就是诗人用典明志。

师：很好，下面我们来看最后一个问题，同学们注意对比。

生：借古抒怀，英雄只自己，表达了锦绣自己抱负无法施展的愁绪。

生：抒发了作者对岁月蹉跎、壮志难酬的感慨。

师：好，同学们，现在老师来总结一下第四个问题，在《蜀相》中“英雄”既指历代忠君报国而未能如愿的有志之士，也指杜甫自己，诸葛亮为兴复汉室，六出祁山却病死五丈原，可谓壮志未酬而身先亡，诗人饱经丧乱而屡失意，也未能实现自己的抱负，故而“泪满襟”。表达了诗人对于诸葛的崇敬之情，也表达了对在位者能“三顾茅庐”的希望，更表达了自己壮志未酬忧国忧民的情感。而陆游的《书愤》中的愤也包含多层含义：空有爱国之情，报国无门之愤；奸臣当道，理想落空之愤；有心讨贼，无力回天之愤；年老垂暮，心有余而力不足之愤。

师：同学们回答得很好，相信大家通过两首诗歌的对比学习，对两首诗的社会背景、作者经历、主要意象、个人情感、表达技巧、作品风格都有了详尽的了解，也相信大家会更好地了解掌握诗歌鉴赏的方法。

师：下课！

《春江花月夜》

齐志伟　大庆市第四中学

师：同学们，很高兴能在青城——呼和浩特结识各位同学，更高兴今天我们能一起来学习名篇佳作——张若虚的《春江花月夜》。（板书：春江花月夜）

先看题目，春、江、花、月、夜，这五种意象都是人生中最动人的良辰美景，而这每一种意象又会组成不同的动人的图景，那么整首诗抒发了诗人怎样的情感？我们从中又能感悟出怎样的人生哲理呢？好，让我们带着这样的疑问来读一读这首诗。

首先，老师想找一名同学尝试着初读全诗，请大家推荐一下诵读好的同学，带着你的初步感受去朗读，请大家跟他一起感受，走进《春江花月夜》。

生读全诗。

师：下面我想请一位同学来评价下席文奇同学的诵读。

生：我感觉他在整体诵读上少了一些情愫，柔情吧。

师：那你试着给大家读出你内心的柔情。

生：那我从开头读到"汀上白沙看不见"。

师：可以。

生读部分。

师：刚才两位同学的尝试，各自读出了自己的初步感受，但因为是初读，对整首诗把握得还不够透彻，如果读时节奏上再稍微放缓一些，读出抑扬顿挫，读出意境情感，那会更好。当然随着我们课堂的深入，我相信大家会越读越好。下面老师给大家配上音乐，大家齐读，大家再次共同感受下整首诗的美妙。

生配乐齐读。

师：通过大家的齐读，我们读出了韵味，读出了美感，但《春江花月夜》

［**作者简介**］齐志伟（1987年—），黑龙江大庆人，大庆市第四中学，一级教师，主要从事高中语文教学研究。

的美远不止如此，接下来我们再来欣赏诗画乐三位一体的《春江花月夜》，请同学们调动你的感官，感受诗中的那幅美景，那段情理意趣。

名家诵读

师：诗画人生，尽在春江花月夜之中。通过大家的诵读、聆听和欣赏，我们已渐入佳境。正如我们文本的选修教材单元目标所言："置身诗境，缘景明情。"心境我们已心有戚戚焉了，缘景明情，感悟理趣，下面我们做进一步探究。好，老师提出这样一个问题：这首诗所选意象寄托了诗人怎样的情感？阐发了什么样的哲理？

请同学们大声自由诵读，任选你喜欢的画面，我们共赏。（板书赏景）

学生自由诵读。

师：好，我们先读到这。刚才同学们很投入，老师很感动，其实我知道我读得不好，但老师也想试一试。那我就献丑了，以前四句为范例吧。

师读（春江潮水连海平——汀上白沙看不见）

师：下面我们进入赏析阶段。所绘之景，你最喜欢哪一幅画面？结合诗句，和大家分享。

生：我比较喜欢"江天一色无纤尘——江月何年初照人"。这几句描绘了一幅在江畔一轮明月升起，江天一色，特别空灵皎洁的画面。一个人站在江边，面对一轮明月，心中思索着："这轮月亮在我之前谁第一次看见他呢，在我之后江月又将照耀何人呢？"感觉到了作者的一种人生思索。

师：好，请坐。她读出了思索，她看到了月光朗照，皓月一轮。他说："江畔何人初见月，江月何年初照人？"正如李白所说："今人不见古时月，今月曾经照古人。"好，其他同学，你又读出了什么呢？

生：我比较喜欢"可怜楼上月徘徊……愿逐月华流照君"这几句，因为这几句描写了一位思妇形象。首先"可怜楼上月徘徊"运用拟人写法，月的笼罩，不愿离去，更写人的思念。"此时相望不相闻"，突出了思妇的深情。

师：那你在"春江花月夜"这样的美景中看到了什么？

生：看到了月、人。

师：好，看到了月的徘徊，绰约的人影，看到了思妇，那诗人通过这些景抒发了什么情感？（板书：悟情）

生：愁——思妇思念家人。

师：好，他悟出了这样一种离愁，那其他同学呢？还有没有想说的？

生：我喜欢“春江潮水连海平……何处春江无月明”开头这几句。它写出了夜晚十分，月亮升起，海水汹涌，月光照耀海水，波光粼粼。表现出诗人陶醉于眼前的美景。

师：说得非常好，如痴如醉，月共潮生。那老师想问大家这几句里哪一个字用得传神？

师:有同学说是“连”字,还有同学说是“生”字,大家觉得哪一个字更好？

生：齐答：“生”字更好。

师:“生”字为何传神？我换成“升起”的“升”字可否？大家还记得“海上生明月”也是这个“生”字把？用这个“生”能写出什么？

生：这个“生”字给人一种活泼之感，是一种生命吧！

师:嗯，那是鲜活的生命，这也是作者在诗中对于生生不息的生命的追寻。好，还有没有其他同学，接着来赏析。

生：我比较喜欢“江流宛转绕芳甸……汀上白沙看不见”这几句。

江水曲曲弯弯地绕过花草遍生的原野，月色泻在花树上，色彩绚丽，接着又写整个世界像撒上了一层洁白的雪。

师：说得很好，画面描摹细致，诗人真可谓是丹青妙手，轻轻挥洒一笔，便点染出春江月夜中的奇异之“花”。细腻的笔触，创造了一个神话般美妙的境界，使春江花月夜显得格外幽美恬静。

生：“斜月沉沉藏海雾，碣石潇湘无限路。不知乘月几人归，落月摇情满江树”这几句通过“斜月”更衬托出他凄苦的寞寞之情。“无限路”写出思念的道路是多么遥远。他想到不知有几人能乘月回归自己的家乡！

师：那此时我们看到了思妇，更看到了漂泊在外的游子，他那无着无落的离情，伴着残月之光，洒满在江边的树林之上……

生:“鸿雁长飞光不度，鱼龙潜跃水成文”，春江花月夜给人一种静谧之感，但这里“鸿雁长飞”“鱼龙潜跃”又给人一种动态美感，动静结合，画面生动。

师：他依然在赏景，那大家看课下注解，注意“鸿雁”这个意象，这两句除了动态之美，诗人更想表达的是什么？

生：思念之情。

师:依然是相思之愁吧。还有没有同学读到其他的诗句呢？你比较喜欢的。

我们看到了月，看到了花？还有什么呢？

生：“昨夜闲潭梦落花……江潭落月复西斜”我觉得这几句有时光易逝，离人还未归的思念吧。

师：依然是相思。那此时流水、落花、残月这些意象的叠加加深了相思之情。那还有哪些意象没有说到？

生：“谁家今夜扁舟子？何处相思明月楼？”两个文句写出了人物的孤苦伶仃和思念家乡亲人，应该是情人吧？

师：莫不如“佳人”，心中的对方。她看到了一舟、一月、一楼、一人、一思、一念。老师还看到了一个意象。“白云一片去悠悠，青枫浦上不胜愁”，“胜”是承受的意思。这里“白云”的“悠悠”在写什么啊？是不是在写游子的漂泊无依啊，是不是依然在写内心的相思之情吧。那现在我们来看，通过赏析，大家看到每一幅画面都是自然景物的流转，表达的是诗人情绪的波动，情感的变化。那江天一线，皓月一轮，白云一片，婆娑的花枝，还有绰约的人影，甚至那孤独的明月楼，漂泊的游子，不眠的思妇在我们同学的赏析之下都变得灵动起来，宛如一幅幅淡雅的中国水墨画，仿佛我们穿越了，置身其中，真切地感受到诗人此时此刻的心情。

我们都知道，景物无情人有情，正所谓“一切景语皆情语”。我想如果少了一段浪漫的奇想，少了一段纯真的感情，再美的景也会黯然失色，大家思考一下，诗人通过写景抒情，那这诗句其中又传达了什么样的人生哲理呢？大家请思考然后谈谈你的看法。（板书：明理）

生：“江畔何人初见月？江月何年初照人？”不知是人在先，还是月在先，感觉是那种说不清、道不明的宇宙意识。

师：她说的是说不清、道不明，那咱们能不能把它说清道明呢？诗人到底要说什么呢？面对一轮孤月生发什么样的感慨呢？我们齐读“江天一色无纤尘……但见长江送流水”。

生齐读。

师：读完之后，我们发现诗人看到月，还看到什么？——江水。面对一川江水，诗人在思索什么呢？古人面对江水都会生发感慨，例如……

生：子曰：“逝者如斯夫，不舍昼夜。”

师：大家马上想到孔子了，还有李煜的“问君能有几多愁，恰似一江春水向东流”。那张若虚在这首诗中想抒发什么感慨呢?

生:是写宇宙的浩大和个体的渺小,还有个体生命的短暂吧。

师:说得很好,她说到这些老师想到了我们学过的一篇文章,一篇赋,大家能猜出来吧。对,就是苏轼的《赤壁赋》。苏轼在文中也赞赏美景,他说道:“惟江上之清风,与山间之明月,耳得之而为声,目遇之而成色。”更感叹:“寄蜉蝣于天地,渺沧海之一粟,哀吾生之须臾,羡长江之无穷。”大家再结合《赤壁赋》,谈谈张若虚阐发了什么样的哲理?

生:人生的短暂,个体的渺小。

师:那这样的话整首诗的基调就应是消极的了,我们说张若虚忽而惆怅,忽而喜悦,诗“哀而不伤”。除了看到了这些,他更看到了生命的生生不已、代代相传。这就是张若虚想向我们传达的人生哲理。大家对于“景、情”的把握非常好,对于“理”的体悟还需要老师提点一下。其实整首诗张若虚就是在抒发宇宙的浩大、个体的渺小、生命的短暂,但又不局限于此,他在这样的哀伤之中更看到了人类的代代相传,生生不息。

我们再看全诗,诗人百转千回,看水望月,种种情思都凝缩在这一首诗中,一轮孤月,流转千年。自《诗经》至张若虚,没人把一轮江月写得如此凄美多情,《春江花月夜》本身就如同光耀千古的一轮高天朗月,照亮了盛唐的路,催生了诗国的灿烂。而张若虚之后,又是一千多年过去了,仍然无人能把一夕江月渲染得这般淋漓尽致,历尽沧桑变幻,诗篇不朽而江月依旧,“孤篇横绝,压倒全唐”,沉淀在中华传统文化的血脉里,成为永恒的经典。

师:最后我们再请课堂伊始为我们初读的席文奇同学,看看随着课堂的深入,他对这首诗是不是别有一番理解呢?

生再读全诗。

师:听到大家的掌声,就知道席文奇同学这一次更读出了韵致、读出个人的体悟。最后我们全班齐读,向经典致敬!

生全班齐读。

师:感谢同学们精彩诵读,这堂课就到这里。我们的作业是将本诗和《赤壁赋》对比赏析,借景感悟人生,写300字以上的学习体会。

师:下课!

《游沙湖》

赵雨楠　大庆市肇源县第一中学

师：苏轼是一个什么样的人？

生1：诗人。

生2：文学家。

生3：宋代的书法家。

师：我们学过他的《赤壁赋》，不知哪位同学还记得苏轼作《赤壁赋》的背景呢？

生1：苏轼因"乌台诗案"被贬为黄州团练副使。

生2：他便经常游览山水，写了很多诗篇。

师：因"乌台诗案"，被贬黄州后，苏轼经常游赏赤壁矶，在被贬第四年即1082年，一气写下了《念奴娇·赤壁怀古》和前后《赤壁赋》三篇传世名作，由他的政治低谷转而登上他的文学创作的巅峰。同年，苏轼还写了一篇小短文《游沙湖》，今天我们就来学习这篇《游沙湖》，体会其又寄予了作者怎样的情感。从而了解苏轼其文其人。

（板书）游沙湖

师：请同学们先自由朗读全文。

生自由朗读。

师：请同学们齐声朗读了一遍课文。

生齐读课文。

师：请同学们结合文后的注释自主翻译全文。

师：解释下列句中加点词语。（出示课件）

书不数字，辄深了人意。　　书（　　）

[作者简介]赵雨楠（1981年—），大庆市肇源县第一中学，一级教师，主要从事高中语文教学研究。

余戏之曰　　　　　　　　　　戏（　　）

余以手为口，君以眼为耳　　以（　　）

是日剧饮而归　　　　　　是日（　　）

生：书，写。戏，调笑，逗趣。以，用。是日，当天。

师：下列各句中没有词类活用的一项是（　　）（出示课件）

A. 闻麻桥人庞安常善医而聋　　　B. 以纸画字，书不数字，辄深了人意

C. 水极甘，下临兰溪，溪水西流　D. 君看流水尚能西，休将白发唱黄鸡

生 1：A。

师：“善”怎么解释？

生 1：形容词，好。

生 2：不对，是动词“擅长”。

师：那你选哪个选项？

生 2：选 B。

师：好，你能具体解释一下各选项的活用现象吗？

A 项，“善”形容词作动词，擅长；C 项，“西”名词作状语；D 项，“西”名词作动词，向西流淌。

师：解释下列句中的多义词的意义。（出示课件）

（1）因往相田（　）（2）儿以薄禄相（　）（3）茕茕孑立，形影相吊（　）

（4）疾愈，与之同游清泉寺（　）（5）顺风而呼，声非加疾也，而闻者彰（　）

生 1：（1）观察（2）相貌（3）互相（4）小病（5）强，猛烈

师：翻译下列语句：（出示课件）

（1）安常虽聋，而颖悟绝人，以纸画字，书不数字，辄深了人意。

（2）谁道人生无再少？门前流水尚能西！休将白发唱黄鸡。

（3）余以手为口，君以眼为耳，皆一时异人也。

生 1：庞安常虽然耳朵聋，可是聪明领悟超过一般人，用纸给他写字，写不了几个字，就能够懂得别人的意思。

师（追问）：这句话中“绝”“以”“书”“辄”分别怎么翻译？

生 1：分别是“超过”“用”“写”“即、就”。

生 2：谁说是人老了不再年轻了，你看那流水还能向西流，白发的老人还

能做报晓的公鸡。

师：直译“休将白发唱黄鸡”这一句。

生2：不要因为年老就唱起“黄鸡催晓”、朱颜已逝那种消极悲观的歌曲。

师：好，请坐。（继续追问）这里运用了什么手法？

生3：用典。出自白居易《醉歌》：“谁道使君不解歌？听唱黄鸡与白日。黄鸡催晓丑时鸣，白日催年酉前没。腰间红绶系未稳，镜里朱颜看已失。”作者在这里反用其意。

师：很好。继续翻译第（3）个句子。

生1：我用手当嘴巴，你用眼当耳朵，我们两个都是当代的怪人。

师：这句话是什么句式？

生1：判断句。“——也”为标志。

师：这篇短文从题目看，文体是什么？

生（齐）：游记。（板书）

师：作为一篇“游记”作品，它和我们以往学过的“游记”文章有什么不同？它都记录了哪些内容？请同学们带着问题再读课文，一边读一边思考。

要求：选择自己喜欢的方式读。可以默读，也可以小声朗读，还可以大声诵读。

师：作为一篇游记作品，本文主要写了些什么呢？

生1：并没有以写景记游为主，而是写景同时还写人。

师（追问）：写了哪些景又写了什么人？

生1：写了游清泉寺，属于记游，又写了聋人庞安常。

师：对于庞安常，作者是怎样描写的？

生2：“闻麻桥人庞安常善医而聋，遂往求疗。安常虽聋，而颖悟绝人，以纸画字，书不数字，辄深了人意。”

师：这样一“异人”，可记的事迹必然很多，而作者为什么只突出他虽聋而颖悟绝人？

生：默然。

师：写庞安常的“异”。用的字极少，但抓住了人物的特点，使人物个性极为鲜明。作者写庞安常只是为了突出庞安常的个性特点吗？

生:从作者文中“戏”言可以看到,作者写庞安常,其实也是在写作者自己。

师：苏轼在第一部分中写了自己的什么？是怎样写自己的?

生 1:作者和庞安常相识,“常虽聋,而颖悟绝人”,作者也是有才华之人;“以纸画字,书不数字,辄深人意,”作者“以手为口,当以眼为耳”,“皆一时异人也”。

师：运用了什么手法呢?

生 1：类比。

师：正确。（总结如下，出示课件）

安常“以眼为耳”成一代眼明心慧巧手神医。

作者“以手为口”，是一代诗文绝佳的士子，皆一时异人。

安常“颖悟绝人”却隐居乡间，做一名村医。

作者满腹才华，为官清廉贤能，贬居僻远，境遇相同。

寄寓自身的感叹 —— 因诗文得祸，贬居僻远;但不会就此消沉，乐观积极。

师：第二段记游，写了哪些内容?

生 1：写王逸少洗笔泉。

师：主要抓住所记之景的哪个特点来写？为什么?

生 2：“水极甘，下临兰溪，溪水西流”。

师：本单元的主题是“文无定格，贵在鲜活”，本文只是在被贬黄州后，有感而发，借游抒情罢了。理解本文情感的关键是什么?

生（齐）：借歌声抒情，用典抒情。

师：（出示课件，明确答案）

明确：水极甘。

用简洁的语言，写出了水之异。

溪水西流（特点）（关键）。

借典抒情。

作歌言情。

师：第二部分运用了哪两个典故？这两个典故的作用是什么?

生 1:“谁道人生无再少？门前流水尚能西。”典故出自:《乐府·相和歌辞·长歌行》。

师：（出示课件，明确典故）

《乐府·相和歌辞·长歌行》:“百川东到海，何时复西归？少壮不努力，老大徒伤悲。”

这时的苏轼已在黄州东坡筹划造屋开荒，安于“识字耕田夫”的生活，疾病亦已痊愈，与安常相交甚欢，“余戏之曰”。与庞安常同游清泉寺，心情特别开朗。当他看到王羲之的洗笔泉，又看到兰溪“溪水西流”，便领悟到了一种新的哲理，对人生萌动了一种积极美好的向往和追求。

师：另外一个典故呢？

生2：“休将白发唱黄鸡”出自白居易《醉歌》诗。

师：（出示课件，明确典故）

典故出自：《醉歌》

罢胡琴，掩秦瑟，玲珑再拜歌初毕。谁道使君不解歌，听唱黄鸡与白日。

黄鸡催晓丑（1~3点）时鸣，白日催年酉（17~19点）前没。

腰间红绶系未稳，镜里朱颜看已失。玲珑玲珑奈老何？使君歌了汝更歌。

师：我们看一下，苏轼和白居易有怎样不同的情怀？

生：苏轼反用其意。

师：很好。（出示课件，明确典故）

白诗借“黄鸡催晓”叹时光易逝，人生易老；是消极的。本文苏轼却奉劝大家“休将白发唱黄鸡”。苏轼认为过去的还有可能回来，老年人也可以像年轻人一样的英气勃发（老夫聊发少年狂）。而苏轼借“谁道人生无再少？门前流水尚能西！休将白发唱黄鸡”表达自己积极乐观、旷达自信的人生情怀。蕴蓄着一种催人向上的人生哲理，表现了作者对美好生活前途的憧憬和对高尚精神境界的追求。这是一种多么从容自信、旷达乐观的人生情怀！

师：下课！

《扬州慢》

赵　杰　大庆市肇源县第一中学

（幻灯展示《诗经·黍离》图片）

师：两千多年前，周大夫路过镐京，看到昔日国都的遗址上长满了野麦，有感而发，唱出了流传千古的《诗经》名篇——《黍离》，表达自己对国家沦亡的悲痛和昔盛今衰的感伤，于是后人把这种感情叫作《黍离》之悲。今天，我们就来体味一下这种深沉的哀思，学习姜夔的《扬州慢》。（板书课题：扬州慢。）

师：首先我们需要了解一下作者姜夔（幻灯展示姜夔简介），请薛守峰同学为我们读一下。

生：姜夔（约 1155—1221），字尧章，号白石道人，饶州鄱阳（今属江西）人。一生未入仕途，以布衣出入于公卿之门，善书法、精音乐、能自度曲（自己作词作曲），诗词俱工，词尤负盛名。词多纪游、咏物、感叹身世飘零，亦有寄寓忧国伤时之作，如《白石道人诗集》《白石道人歌曲》。

师：这首《扬州慢》就是作者的自度曲。

师：接下来我们检查一下预习作业，分析一下小序内容（提问）。

生：至日：冬至；弥望：满眼；戍角：守城士兵的号角声；《黍离》：《诗经》名篇，是周人缅怀故都之作，后借指故国之思。（师用幻灯片随之展示正确答案。）

师：非常好，看来我们预习得都不错，那接下来我们看第 2 小题（幻灯展示表格）

写作时间	
写作地点	
写作原因	
他人评价	

［作者简介］赵杰（1987 年—），大庆市肇源县第一中学，二级教师，主要从事高中语文教学研究。

生：写作时间在淳熙丙申至日，写作地点是扬州（维扬），写作原因是感慨今昔，千岩老人评价：有《黍离》之悲。

师：完全正确。那我们就直接进入最后一个预习作业——请两位同学来有感情地朗读一下这首词。（生踊跃举手。）

生（起立）：淮左名都……

师：不错，谁有信心读得比他好？（生举手）邱实。

生（起立）：淮左名都……

师：两位同学读得都很有感情，请大家为他们鼓掌！

（生鼓掌。）

师：接下来我们进入本词的具体分析环节，老师设置了几个问题，请同学们跟着老师一起解决它们。现在请看第一个问题（幻灯）：词人进入扬州城，看到、听到、想到了什么？（生抢答）来，我们按照问题的顺序一起说。先说看到——

生（齐）：荠麦青青、废池乔木、二十四桥、波心荡、冷月、红药（师播放幻灯片）。

师：听到——

生（齐）：清角吹寒（师播放幻灯片）。

师：想到——

生：杜郎重到须惊、难赋深情；二十四桥和明月夜仍在，吹箫玉人不在了；桥边红药还在开，可是无人欣赏。

师：同学们总结得非常好，老师根据大家的答案总结了一个更加简洁的答案，大家看好不好？（播放幻灯片：联想：重到须惊，难赋深情；桥月仍在、玉人已无；花开依旧、人事全非）

生：好。

师：根据我们刚才的总结可以看出，词人的想象与现实产生了巨大的反差，那么面对这种反差，此人心中产生了怎样的感慨呢？

生（抢答）：昔盛今衰/感时伤世/黍离之悲。

师：回答得非常好，看来大家的词汇量很丰富，那么我们接下来再思考一个问题——造成这种反差的原因是什么？

生：胡马窥江。

师：不错，是战争，战争带给人们的从来都是满目疮痍，比如我们学习过的《奥斯威辛没有什么新闻》讲述的就是战争留给犹太人民的伤害；而今天也是南京大屠杀纪念日，我们中国人民也忘不了日本帝国主义在中国犯下的罪行！那么战争给扬州城带来了怎样的伤痛呢？我们齐读一下上阕内容，回答以下问题：（幻灯展示：词人眼前的扬州城是怎样的呢？上阕中哪一个词最能概括扬州城现在的特点？）

（生齐读上阕，思考，举手。）

师：徐露露。

生：空城（师幻灯展示表格，填“空城”）。

师：词人是怎样描述扬州城现在的“空城”景象的？

生：荠麦青青/废池乔木/清角吹寒（教师把三个词语都填到幻灯片中的表格里）。

师：与今天相对的，扬州城的过去是什么样子的呢？

生：扬州城过去是“淮左名都”/“竹西佳处”/“春风十里”。

（教师把三个词语都填到幻灯片中的表格里）

师：概括起来，扬州城的曾经和现在各有什么特点？

生：过去繁华热闹，现在破败荒凉（教师填表）。

师（指表格）：这两者之间形成了——

生（齐）：对比（师填表）。

师生（齐）：表达了昔盛今衰的感伤。

师：扬州城的过去和现在换一种角度来说就是一虚一实，所以我们也可以说词人又运用了什么手法？

生（齐）：虚实结合。

师：此情此景让词人想到了什么？我们来看词的下阕，先齐读一下。

（生齐读）。

师：下阕是如何抒发词人的黍离之悲的？

生：算而今重到须惊/二十四桥仍在/念桥边红药，年年知为谁生？

师：同学们说得都对，那老师把这几句话概括成了三句话，大家可以看一看（幻灯播放：杜郎重到惊、桥在人已逝、红药无人赏）。接下来老师又有一个问题，（指“桥在人已逝、红药无人赏”）写景是为了借景抒情，以哀景写哀情，那么写杜牧是为了什么呢?

生：杜牧到过扬州，写过很多诗。

师：不错，杜牧见识过扬州城最繁华最热闹的景象，并为此写出过很多优秀的诗篇，这些诗在词中也有所体现（幻灯展示表格），请同学们一起来填一下这张表格。

化用	原句、出处	作用
	谁知竹西路，歌吹是扬州。——《题扬州禅智寺》	
	春风十里扬州路，卷起珠帘总不如。——《赠别》	
	娉娉袅袅十三余，豆蔻梢头二月初。——《赠别》	
	十年一觉扬州梦，赢得青楼薄幸名。——《遣怀》	
	二十四桥明月夜，玉人何处教吹箫？——《寄扬州韩绰判官》	

（生齐声填表）

师：在诗歌中化用别人的诗句属于用典的一种，我们曾经介绍过，现在谁能说说词人化用杜牧的诗句有什么作用?

（生举手。）

师：王瑞博。

生：①表崇拜之情。②形象更加鲜明，增加了文采 。③又以昔日的繁华，反衬了今日的荒凉，反而使词更沉郁，内容更丰厚。有力地表达了作者对扬州昔盛今衰的感伤。

师：非常好，但是老师有一点需要强调：我们在鉴赏诗歌的时候是不能脱离原文的。所以你在回答问题的时候需要把第一点和第二点稍微改动下，变成“表达了对杜牧的崇拜之情”和“使扬州城的形象更加鲜明，同时又增加了文采”，这样就更加完美了。

师：我们对这首词的鉴赏，到这里就可以告一段落了，让我们一起来总结一下本节课的内容。

（教师引导，学生参与）本词的写作对象是扬州城，它的过去是名都（教师板书“名都”），如今是空城（教师板书“空城”）；它过去是繁华热闹的（教师板书“繁华”)，如今是破败荒凉的（教师板书“荒凉”)；名都只存在于词人的记忆想象中，所以它是虚写的（教师板书“虚写”)，空城就在词人的眼前，所以它是实写的（教师板书“实写”)。词人用了今昔对比（教师板书“对比”)、虚实结合（教师板书“虚实”）和用典（教师板书“用典”）的手法来写这些内容，主要是为了抒发自己的黍离之悲（教师板书“黍离之悲”)。

师（鼓掌）：看来同学们掌握得非常好，那我们今天的课就到这，作业是背诵这首词。

师：下课！

《迢迢牵牛星》

战 磊 大庆市第三十九中学

师：中国古代有许多美丽而动人的爱情传说，哪位同学能给大家简单介绍一下？

生："孟姜女哭长城"的千古绝唱，"梁山伯与祝英台"的悲欢离合，"孔雀东南飞"的美丽故事，"白娘子和许仙"的人蛇恋，都让我们感动。

师：那《孔雀东南飞》中刘兰芝在泪别小姑时有这样一句话："初七及下九，嬉戏莫相忘。"注释说古代女子在农历七月七日晚向织女乞巧。何谓乞巧？

生：相传农历七月七日夜天上牛郎织女相会，妇女于当晚陈列瓜果于庭中，在月下穿针，向织女乞求智巧。

师:那今天让我们一起来学习另外一首古诗，去走进牛郎织女的爱情神话。

生：齐读《迢迢牵牛星》。

师：这首诗选自何处？

生：南朝梁萧统编的《文选》中的《古诗十九首》。

师：《古诗十九首》是一组诗的名字，它不是一时一人所作，大都出于东汉末年，也就是三国演义开头那个动荡混乱的年代。古诗十九首大都抒发了那个时代离家在外的游子和守候在家的思妇的感伤之情。而本课选取的牛郎织女的故事背后，想告诉我们什么呢？

生：是"怀人"。那"终日不成章，泣涕零如雨"的原因也是怀人，思念远方的人儿。

师：诗中除了"终日不成章，泣涕零如雨"二句外，其余的诗句都能从牛郎织女的故事中得到验证。但为什么整天织布却织不成布，还哭成泪人儿呢？

[**作者简介**]战磊（1981年—），大庆市第三十九中学，一级教师，语文学科教研兼备课组长，主要从事高中语文教学研究。

生：织女是天上最能织布的人，而且那么忙碌，却织不成一匹布，表明她被思念折磨得没有心思织布，织女内心强烈的悲凄之感和悲痛之情。

师：对了，这两句诗和《诗经·周南·卷耳》中："采采卷耳，不盈顷筐。"有异曲同工之妙。为什么会这样呢？原因在下文："嗟我怀人，置彼周行。"

师：那还有哪些关键字在帮助表达这些情感？

生："擢"让人如见其形，"弄"让人如闻其声。这句既写出了织女的勤劳，又写出她试图借忙碌的劳动来掩饰、排遣自己的愁思。

师：那我再问，银河很清很浅，应该能自由往来，为什么两人却不能见面呢？见了面不就排解了愁思了吗？

生：那是因为是有人压制了她的爱情。

师：哦，近在咫尺却如在天涯，这种可望而不可即的痛苦。我们就更同情饱受思念离愁的织女。所以诗歌尾部以女子的饱受离愁、楚楚动人、凝眸深情远视的神态结束，诗文写道：盈盈一水间，脉脉不得语。

师：所以我们把一个女子思念远方的人的诗，加个特定的名称：思妇诗。《古诗十九首》中有不少思妇诗，比如《青青河畔草》也是。和思妇诗相对的是游子诗，这也是古诗一个主题，比如《涉江采芙蓉》，表达游子思念故乡和亲人。

师：这是我们今天要重点学习的内容之一，《古诗十九首》的一个重要主题就是表现生离死别、羁旅情怀，表达思念。古代有位文学评论家叫钟嵘，他评价古诗十九首"天衣无缝，一字千金"。你觉得《迢迢牵牛星》当得起这个赞誉吗？请同学们紧紧抓住诗中的意象，用自己的感情去碰触诗人的感情，用自己的想象去还原填补诗的意境。我们再引申出去，表达思念，古代诗文中除了课文所用的牛郎织女这一意象外，还有哪些常用意象？

生：常用的还有：红豆、枫叶、鸿雁、青丝，青草等。还有最常用的就是月亮，比如：

举头望明月，低头思故乡。

人有悲欢离合，月有阴晴圆缺。

但愿人长久，千里共婵娟。

师：那在以后的古诗学习中，通过一些典型意象，你们能思到什么？

（学生讨论。）

师：为了更好地理解诗词的内在情感，我们现在一起合作读诗改诗。

生（其他同学朗诵）：迢迢牵牛星，皎皎河汉女，纤纤擢素手，札札弄机杼。终日不成章，泣涕零如雨，河汉清且浅，相去复几许？盈盈一水间，脉脉不得语。

女：望着你在河的那边，用扁担把星的闪耀挑在牢靠的双肩。

男：望着你在河的那边，用机杼把夜的深邃织成无尽的长绢。

女：我怎能织起一丝一缕，终日守望你远远的背影。

是思念摇动机杼织出夜幕，将你的闪亮衬托得鲜明。

男：我怎能挑起一两一斤，终日守望你远远的背影。

是思念撑起扁担挑起星辰，将你的面孔映照得清晰。

合：浅浅的河汉告诉我，告诉我岁月的失落，告诉我距离的冷漠。

女：让我的话传到那一边，哪怕单位是光年。

合：浅浅的河汉告诉我，告诉我岁月的失落，告诉我距离的冷漠。

男：你看那流星它悄悄滑落，那是灼热的泪珠在闪烁。

（其他同学朗诵。）

师：我们通过对比朗读，是不是更加体会了古诗词的精妙呢？请你来总结这堂课上你的所学所得，可以从内容，可以从学法，可以从语言，也可以从你的感受或联想等。（略。）

师：同学们谈得很深刻，还有许多同学的许多想法，因时间关系没有表达，课下再读书探讨。最后，请同学作仿句练习。

（多媒体展示）

世界上最远的距离

泰戈尔

世界上最远的距离
不是生与死
而是我站在你面前
你不知道我爱你
………

师：请同学仿照这首诗，结合《迢迢牵牛星》的内容写一段文字。

生1：世界上最远的距离，不是生与死，而是牛郎与织女，盈盈一水间，脉脉不得语。

生2：世界上最远的距离，不是牛郎与织女的距离，而是我无法寻到你。

生3：世界上最远的距离，不是生与死，而是牛郎织女今夕的七夕，和明朝的七夕距离。

师：同学们很机智，对《迢迢牵牛星》的理解深刻。再做一段仿句练习。

（多媒体展示例句。）

金风玉露一相逢，便胜却人间无数的爱情，胜却了西楚霸王与虞姬的生死相依的爱情，胜却了唐明皇与杨贵妃的天上人间的爱情，胜却了罗密欧与朱丽叶的旷世无瑕的爱情。

生1：金风玉露一相逢，便胜却人间无数的爱情，胜却了梁山伯与祝英台化蝶的爱情，胜却了林黛玉贾宝玉木石前盟的爱情，胜却了小龙女与杨过天残地缺的爱情。

（师生鼓掌。）

生2：金风玉露一相逢，便胜却人间无数的爱情，胜却了陆游与唐婉苦难无果的爱情，胜却了李煜与小周后的凄美无助的爱情，胜却了爱德华八世“不爱江山爱美人”的爱情。

师：诗人用织女的意象来表现自己追求美好爱情而不得的痛苦，我们因为有美好的感情，所以读了之后会深深的理解并同情。同学们从不同的角度阐释了本诗所蕴含的爱情之美，仿句很有创意，也展现了较为深厚的文学素养，一种深切的人文关怀，真的很棒！还要多读书。这样“披情入文”，我们会在含英咀华的同时收获感动，我们的感情也变得宽容丰盈。所以说，读诗使人变得灵秀。

师（小结）：当我们再次抬头看那熟悉的夜空时，我们也许会多了浪漫的联想，诗意的感受。所以这堂课我们不仅收获了语言，收获了感动，也收获了诗意。最后让我们伴着音乐齐背这首《迢迢牵牛星》。

（音乐起，师生齐背课文。）

师：下课！

《师 说》

任 恒 大庆市第三十九中学

师：每节课前同学们都要喊老师好，以此来表示心中对老师的尊敬之情。古人就用“天、地、君、亲、师”来表达对老师的尊重。“天”“地”都是虚的，老师排在了国君和父母之后的位置，可见其重要性。那么，教师的作用是什么？用课文中的话来说。

生：传道授业解惑。

师：为什么要跟从老师学习？

生：人非生而知之。

师：择师的标准又是什么？

生：道之所存，师之所存。

师：这节课我们继续来学习课文，走进《师说》。（板书。）

师：请同学们齐读课文第二段，嗟呼——

生齐读。

师：读得很好，但是句子不要读破。举个例子，“师道之不传也久矣，欲人之无惑也难矣。”古人没有标点，用“也”来表示停顿。所以，“也”要轻读。试着读读。

生自读。

师：通过前面的诵读和交流，我们已经对课文有了一定的了解。下面分小组来疏通文义，注意其中的一词多义、特殊句式和词类活用等语法现象。

生：小组合作翻译课文。（教师巡视、指导。）

师：现在请一名同学把第二段快速翻译一下。

生开始翻译，但有错误的地方。

[**作者简介**]任恒（1985年—），大庆市第三十九中学，一级教师，致力于古代文化在高中语文课堂应用的研究。

师：“师道之不传也久矣”的“师道”怎么翻译？

生：从师求学的风尚。

师：也就是说，“道”—— 在这里怎么讲？

生：风尚。

师：上文中“吾师道也”和“道之所存”中的“道”怎么翻译？

生：道理和知识。

师：“彼与彼年相若也，道相似也”中的“道”又怎么翻译？

生：道理。

师：当道理讲有点牵强，谁再说说？

生：他们所懂的道理。

师：这就是“道”—— 在本课中的三种用法。现在，扫读课文，画出本段中有哪些特殊句式？

生动笔寻找。

师：谁来说说？

生：“耻学于师”，介词短语后置，以向老师学习为耻。

师：还有哪些特殊句式？

生：“彼童子之师，授之书而习其句读者，非吾所谓传其道解其惑者也”。判断句。那孩子的老师，教他书，帮助他学习其中的文句，不是我所说的传授道理、解决疑惑的人。

师：第二段还有哪些特殊句式？

生不说话。

师：“句读之不知，惑之不解”怎么翻译？

生：不知道句子的停顿，不能解决疑问。

师：这应该是什么句式？

生：宾语前置。

师：刚才我们把文意梳理了一下，下面我们来分析文章思路。

师：这篇文章我们已经全读过了，是吧。那么，大家想一想，这篇文章是为谁而作？

生：李蟠。

师：作者为什么要为他作此文？用原文的话回答。

生：不拘于时；余嘉其能行古道。

师："不拘于时"是什么意思？

生：不受时俗的约束。

师：古道又是什么意思？

生：古人从师之道。

师：作为学生的李蟠不受世俗的影响，跟从老师学习，作为老师的韩愈，专门写一篇文章来嘉奖他，可见当时的社会风气是怎样的？

生：耻学于师。

师：我们已经了解了课文的内容，那么，当时"耻学于师"的社会风气究竟到了什么程度？自读第二段，画出唐人"耻学于师"的具体表现。

（学生自读课文第二段，画句子，老师巡视。）

生：师道之不传也久矣；今之众人耻学于师；于其身也，则耻师焉；位卑则足羞，官盛则近谀；群聚而笑之。

师：针对这些"耻学于师"的风气，在第二段中作者用了什么论证方法来论证的？从而论证自己的中心论点——"古之学者必有师"。

生：对比论证的方法。

师：以前我们学过《劝学》，其中就有用对比手法的句子，谁来说说？

生：骐骥一跃，不能十步；驽马十驾，功在不舍。锲而舍之，朽木不折；锲而不舍，金石可镂。

师：《劝学》用对比的手法来论证——

生：做事情要专一、坚持。

师：默读课文第二段，找一找作者共用了几组对比？

生：三组。

师：分别是什么人与什么人的对比？

生：圣人　众人
童子　自身
巫医　士大夫

（板书）

师：圣人和众人对从师学习的态度有什么不同？结果怎样？

生：圣人，从师而问；众人，耻学于师。结果是“圣益圣，愚益愚”。

师：第二组对从师学习的态度有什么不同？结果怎样？

生：童子是择师而教，而自身却是耻师焉。结果是小学而大遗。

师：第三组呢？结果怎样？

巫医，不耻相师；士大夫，官盛则近谀。结果今其智乃反不能及。

师：我们总结一下，抬头看板书——

圣人从师　众人耻师

童子择师　自身耻师

巫医相师　士大夫耻师

（板书。）

作者运用对比论证的方法，一方面，从师学习，让人更加圣明;另一方面，不从师学习让人更加愚蠢，显而易见，证明了从师学习的必要性。

生：古之学者必有师。

师：通过刚才的分析我们大家看一下使用对比论证的好处？

生：——

师：老师举个例子，把杨幂和凤姐放在一起，会怎样？

（学生笑。）

师：有比较才会有鉴别，运用对比论证的手法，会形象鲜明地论证自己的观点，也会让论证的内容更具说服力。

师：同学们再一次齐读第二自然段，好好体会一下作者论证的思路。

生齐读。

师：扫读课文，这篇文章除了用对比论证的方法外，还用了什么论证方法？

生：事例论证。

师：以谁为例？

生：孔子。

师：为什么举孔子的例子，而不举他同桌的例子？

生：为了增强说服力。

师：像孔子那样的圣人都要向别人学习，更何况你我？我们更应该向老师学习。这就是典型事例比非典型事例更具有说服力。

师：自读第四段，除了事例论证还有一种论证的手法，是什么？

生："三人行，必有我师"，引证法。

师：作者引用孔子的名言来论证？

生：古之学者必有师。

师：对比论证、事例论证、引证是我们议论文中最为重要的论证方法。

师：同学们，齐读一下第三段，体会一下作者的论证思路。

生齐读。

师：本节课我们不仅梳理了文意，把握文章的内容，还在此基础上，体会作者的论证思路。更为重要的是，我们认识到了从师学习的必要性。我们不仅要以能者为师、以长者为师，更要以身边的人为师，只有寻师、觅师，我们才能日日进步。

师：这节课有两个作业：

1. 背诵全文。

2. 浅谈"尊师重教"的重要性。

师：下课！

《登　高》

赵梦迪　　大庆市第三十九中学

师：据梁朝吴均《续齐谐记》载：汝南人桓景听从了师父的劝告，在九月九日率家人登高避灾，结果幸免于难。所以，后来人们就把重阳节登高的风俗看作是免灾避祸的活动。

另外，在中原人的传统观念中，双九还是生命长久、健康长寿的意思。人们普遍把重阳节当作“老人节”，重阳节就是一个登高节，它与端午节吃粽子、中秋节吃月饼一样，登高成了九月九日重阳节的标志。

今天我们就来学杜甫的登高诗，看看他是否也饮菊花酒，祈求长寿？

生 1 和生 2 有感情地朗读

师示范，播放《二泉映月》，配乐诗朗诵。请同学们注意老师朗读时感情基调？（音乐起。）

生:从老师得朗读中能感受到诗人深沉的苦痛和忧思，杜甫的诗被称作“诗史”，杜甫被称为“诗圣”。

师：概括得非常好，大家都知道，杜甫一生坎坷，穷愁潦倒，似乎已经走到了生命的冬季。而且此时，国家正处在战乱之中，他远离家乡，孤独地一个人在外漂泊。所以面对万里江天，面对孤独的飞鸟，面对衰败的枯树，老人百感千愁涌上心头……

生：老师，通过您的介绍我们已经感受到诗人的愁苦无奈，请您再朗诵一遍吧！

师：好，请大家注意老师朗诵时情感的把握。

（师再朗诵，学生跟读）

师：同学们读得非常好，下面我们就来具体了解一下这首诗。先看诗的头两句，也就是首联：风急天高猿啸哀，渚清沙白鸟飞回。

［**作者简介**］赵梦迪（1977 年—），大庆市第三十九中学，一级教师，擅长古诗文教学。

其实，“言为心声”，诗人在写诗的时候已经把感情融于笔端，从他的诗就可以体会他的内心。诗人给我们营造了一个怎样的意境？这首诗首联共写了几种景物？

生：六种。风、天、猿、渚、沙、鸟。十四字写六种景。

师：语言有什么特点？

生：很凝练。

例如：马致远《天净沙秋思》：“枯藤老树昏鸦，小桥流水人家，古道西风瘦马。夕阳西下，断肠人在天涯。”

师：急风、高天、哀猿、清渚、白沙、飞鸟，各给人什么感觉？设身处地想想。

生：使人感到非常冷，哀猿，使人听到它的叫声非常悲凉。

师：还有那些类似的诗句呢？表达的情感有什么区别呢？

生：李白《早发白帝城》：“两岸猿声啼不住，轻舟已过万重山。”

师：表达的情感有什么区别呢？为什么？

生：全是欢歌笑语，不见半点伤心，是因为李白的好运与老杜的潦倒天差地别。

师：杜甫笔下营造的凄凉哀怨意境让人感觉他的冷，同学们如何理解这种冷？

生1：秋天有人觉得秋高气爽，秋风让人清爽，杜甫的冷一是因为他是个多病的老人，所以身体冷。

生2：我认为主要是内心的冷，心寒。猿的哀声也主要是他的心哀。

师：诗人毛泽东笔下也写过一种鸟，“鹰击长空”；诗人王维笔下也写过一种鸟，“鸟鸣山更幽”。它们有什么不同吗？为什么？

生1：毛泽东笔下的鸟是充满活力和朝气的鸟。王维笔下的鸟是悠闲自在的鸟。

生2：因为毛泽东当时正处在立志改造中国的青年时期。王维特别向往幽静的大自然。

师：杜甫笔下是“鸟飞回”，有几只鸟？一只，把“回”变成了“来”，这有什么不同？

生：“回”说明鸟在盘旋。曹操的《短歌行》“绕树三匝，何枝可依”“飘飘何所似，天地一沙鸥”《旅夜书怀》。这里写出了鸟的孤单无依，鸟的孤单无依背后是什么？是作者的孤单无依。

师：总之，首联所表现的意境是很凄清的。可见诗人心中之寒，心中之哀，心中之孤。

师：颔联："无边落木萧萧下，不尽长江滚滚来。"把"落木"改成"落叶"，哪一个更好一些？为什么？

生 1："落木"更好，落叶有很多种，给人的感觉也不同，"落木"给人感觉比较沉重，"落叶"比较轻飘。

生 2："落木"给人感觉光秃秃的样子，而"落叶"让人感觉到树上还有许多叶子。从颜色上看"落木"往往让人联想到树干的颜色，枯黄。

师：那这里为什么要用"萧萧"不能用"飘飘"？

生：实际上与杜甫的感情有关。

师："萧萧"让我们想到萧瑟，作者的感情到底是沉重还是轻飘？

生：沉重！

师：所以用："落木""萧萧"比较好。

师："滚滚"换成"滔滔"可以吗？表达效果不好？

生 1：古人用江水往往比喻什么？时间！比如，逝者如斯夫，不舍昼夜。"滔滔"只强调水势很大，而"滚滚"强调翻滚向前，一年春夏秋冬四季一滚，"滚滚"似乎是年复一年，有一种圆润绵长不绝的味道在里面，更能够表现出时间的流逝。

师：这位同学分析全面，本诗是他暮年的作品，他看到江水的时候就想到，唉，老了，岁月不待人呀！因此这个地方要用"滚滚"，不能用"滔滔"。这里我们就可以想到杜甫的心情，什么样的心情？

生：悲凉。

师：我们重新读这两联，就感觉满世界的黄叶往下掉，而江水永不停息地滚滚向前，那种一浪接一浪、一波未平一波又起的滚滚而来的长江的雄浑壮阔，永无尽头，读的时候，大家应该把这种豁达、坦荡，那种气魄读出来，应该读得昂扬一些。

师：颈联中万里悲秋常作客，百年多病独登台。这里能体现诗人感情的关键字是"悲"，其实这里何止秋季让他觉得可悲呢？请同学说说这里有多少让他觉得可悲的事情？

生 1：宋代学者罗大经《鹤林玉露》析此联云："万里，地之远也；悲秋，

时之惨凄也；做客，羁旅也；常做客，久旅也；百年，暮齿也；多病，衰疾也；台，高迴处也；独登台，无亲朋也。”

生 2：我们读的时候，要努力传达出杜甫老人那种沉郁顿挫的深层次的内心情感。

师：尾联写“艰难苦恨繁霜鬓，潦倒新停浊酒杯”，造成杜甫愁苦的最根本的原因是什么呢？是国难，是连年的战乱。从哪一联的哪句诗知道？

生：从“艰难苦恨繁霜鬓”一句可知。还有个人艰难。因为杜甫此时已经是“百年”，也就是晚年了，而且浑身是病，颠沛流离。

师：苦，是什么意思？

生 1：是极度的意思。在国势艰难的时候，我极度痛恨我已经老了，以致两鬓斑白了。

生 2：老是不可避免的，诗人为何极度痛恨自己已经老了？

生 3：因为杜甫想为国家出力，平定战乱，但是由于年老多病而不能为国家出力了。恨自己无法救济天下苍生。心有余而力不足。这样表现出杜甫的忧国忧民。

师：潦倒新停浊酒杯重阳节习俗：登高、赏菊、喝菊花酒。“浊酒”是不好的酒。酒味很薄。但是连这样的酒也不能够喝了，什么原因？

生 1：潦倒，喝不起了。

生 2：多病，不能喝了。

师：杜甫这个人特别爱喝酒，“白日放歌须纵酒”，如今他有满腹的愁苦，借酒才能浇愁呀，至少能消散一些愁闷的情绪。但是老人却不能喝酒，因此愁苦无法排解，只能抑郁在心头！ 情感——愁苦（板书）。

我们读的时候，也应该把这种有愁不能解的深沉苦闷表达出来。语速快慢把握好。全诗在沉重的感叹中收结，结得如此悲愤深沉。

生：这是一首“拔山扛鼎”式的悲歌，曾被人誉为“古今七言律第一”。对偶工稳、音调铿锵、朗朗上口。体味出诗人颠沛流离的痛苦心情。情景交融，笔法错综变化却又相互照应。前四句写景，后四句抒情，落笔的角度虽然不同，但都围绕着诗的中心——“悲秋”。语言凝练，沉郁顿挫。

师：一切景语皆情语。最后请同学们再次诵读，并深入体会作者感情的悲愤和无限怅惘。配以音乐《二泉映月》，学生动情朗诵。

下课！

《伶官传序》

訾伟娜　大庆石油高级中学

师：上一节课，我们利用学案中的“预习案”对《伶官传序》进行了基本的文意梳理，也了解到作者欧阳修就是借庄宗得、失天下的历史实事，阐述了“忧劳兴国、逸豫亡身”的道理。欧阳修作为一代大家，留世的作品很多，精品也非常丰富。但是，他自己认为“平生最为得意之作”便是这一篇《伶官传序》。那么，《伶官传序》有哪些艺术上的特点呢，今天，我们就来一起研究一下。

师：下面就让我们一起就导学案中“教学案”里的问题进行研究。作为一篇史论文，论点是全文的气脉所在。那么，本文是如何提出论点，又是如何围绕论点行文的呢？请第一小组的同学回答这个问题。

生：文章开篇点题，指出“盛衰之理，虽曰天命，岂非人事哉！”接着举后唐庄宗得、失天下的史实进行论证，通过对比论证，得出结论“忧劳可以兴国、逸豫可以亡身”。在结构上，属于“总—分—总”的形式。

师：那同学们能体会作者在构思文章结构时的用心吗？

（屏幕展示艺术特点一：开篇点题、条理清晰。）

师：第一组同学，就学案中的这个问题分析得很准确，也很透彻。

师:那作为一篇议论文，论证方法也是值得我们认真研究的一个重要部分。本文主要运用了对比论证的论证方法。你能给同学们分析对比论证的运用过程吗？请第二组的同学来回答这个问题。

生：全文以庄宗得天下、失天下为对比的主线。第二段主要是讲得天下的过程，第三段主要是通过“得”“失”的对比，引出结论。

师：第二段，有哪些动词能够表现出庄宗在“得天下”的过程中的态度。

[**作者简介**]訾伟娜（1981年—），黑龙江省齐齐哈尔人，大庆石油高级中学，一级教师，语文学科主任，主要从事高中语文教学研究。

生：受、藏、遣、告、盛、负、驱、纳。这些动词能表现出庄宗对三矢的恭敬、对父亲遗愿的重视、在挥兵杀敌时的身先士卒。

师：也正是因为庄宗有这样的态度，他才能忧劳，继而得到天下。这一段用大量的笔墨详细地描写了庄宗“忧劳兴国”的场景。

师：那么，第三段作者写什么？

生：先写胜利的结果，再转而写失败亡国的过程。进而得出结论——忧劳兴国、逸豫亡身。

师：在材料的详略分配上，作者是如何安排的呢？

生：详写得天下的过程，略写失天下的过程。

师：为什么这么安排呢？庄宗得天下一共用了15年，而失天下则只用了3年。这一组对比主要是要表现“得天下难而失天下易”。这在写法上有什么特点。

生：欲抑先扬。

师：本文在材料的组织上有什么特点？

（屏幕显示艺术特色二：精心选材，巧妙安排。）

师：本文以庄宗得天下、失天下作为对比的主线，除此之外，在第三段，还有哪些词语具有对比关系呢？

生：盛—衰、难—易、成—败、损—益、兴—亡。

师：这些对比的目的何在？

生：通过对比，突出中心。

（屏幕显示艺术特色三：对比论证，观点鲜明。）

师：在第三段，有一组对比，我个人非常喜欢，“盛——衰“的对比。请同学们读一读。

（学生读。）

师：同学们读得很流畅，字音也比较准确，可是我总觉得大家没有读出情感来。这是两个长句，一个写兴盛，一个接一个的动作描写，表现出庄宗得胜天下的意气风发，“可谓壮哉！”感叹语气，其中充满了赞美之情，笔调激越，要读得昂扬向上。另一个写衰败，同样是一个接一个的动作描写，作乱的声浪此起彼伏，国家土崩瓦解就在一瞬之间，“何其衰也！”感叹语气，其中充满了惋惜之意，笔调低回，要读得凄凉低婉。同学们再来读一读。

（学生读。）

师:对于这一部分，我做了一个改写的尝试，把我的拙作拿给同学看一看。

（屏幕显示：后用兵，请其矢，锦囊盛，负前驱；

得胜归，现枭首，入太庙，告成功，

意气盛，何其壮！仇雠灭，天下定，

一夫乱，四面应，仓皇出，士卒散，

君臣顾，不知去，誓断发，泪沾襟，

其败绩，何其衰！）

师：请同学们读一读，评一评，我和欧阳修的语句，在表达情感上有哪些不同。

生：老师用的都是三字短句，读起来很简洁，但缺少语调的变化，也无法表现“盛、衰”的感叹之情。

生:《伶官传序》中的两个长句，语意较为连贯，语气抑扬顿挫，很有气势，能更好地表达作者的感叹之情。

师：这体现了本文在语言上的特点：

（屏幕显示艺术特色四：抑扬顿挫，语势充沛。）

师:清代的文学家沈德潜就这样评价过本文的语言特点:抑扬顿挫，得《史记》精髓，《五代史》第一篇文字。

师：同学们再来分角色朗读这一段，男同学读“可谓壮哉”要读出庄宗金戈铁马、气吞万里的雄壮。女同学读“何其衰也”，要读出庄宗君臣相对凄然，狼狈不堪的悲惨。

（学生读。）

师：在这生生死死，盛盛衰衰之中，是否蕴含着某种人生的道理呢?

生：盛衰之理，岂非人事哉！

师：与其相呼应的结论是什么?

生：忧劳可以兴国，逸豫可以亡身。

师:文章写到第三段，已经证明了论点，得到了结论，为什么还有第四段。请第三组同学回答这个问题。

生：“故”紧承上文，进一步论证，能使君主丧国的不仅仅是伶人，任何使人沉溺其中的事物都可以导致人们的智勇被困住。。

师：这一段的写作目的何在？

生：是对北宋统治者的劝谏。使得本文的教育意义更具有现实性，更具有针对性和普遍性。

师：本文背景复杂、内容繁多，但始终有一个气脉贯穿其中，使得文章形散而神不散，体现了文学名篇的统一性和完整性。

（屏幕显示艺术特色五：散而不乱，气脉中贯。）

师：本文题目为“伶官传序”，而主人公却是庄宗，为什么？请第四组同学回答。

生：体现本文借古讽今的特点。作者就是通过庄宗的事情警告、劝诫北宋的统治者不要重蹈覆辙。

（屏幕显示艺术特色六：借古讽今，义正辞婉。）

师：北宋的时代背景，用一个四字成语概括。

生：内忧外患。

师:说到劝谏北宋君主励精图治，让我想到了另一位作家，他写了一篇《六国论》，同样是借古讽今的史论文 ，两篇文章有哪些相同呢？请同学从我们刚刚分析研究的这五个角度思考。

生:作为议论文，同样是开篇点题:《六国论》六国破灭，非兵不利，战不善，弊在赂秦。《伶官佳序》盛衰之理，虽曰天命，岂非人事哉！

生：结构都是：总——分——总。

生：在选材上《六国论》选用的是六国相继灭亡的史实，而《伶官传序》则选用了后唐庄宗得失天下的例子。都是通过反面的例子来表现论点的。选材都很精心。

生：在论证方法上都采用了对比论证和事例论证的方法。《六国论》用赂与不赂、现实和假设进行对比，进而得出“弊在赂秦”的观点。《伶官传序》通过得与失的对比，进而得到“盛衰之理，岂非人事哉！”的论点。

生：两篇文章，内容都很丰富，背景复杂。但从头到尾都贯穿着气脉，有明确的中心。

生：两篇文章都是借古讽今，以事论事，劝谏君主。

生：两篇文章都表现得语言生动，《伶官传序》重在语气的变化，抑扬顿挫。《六国论》则表现在使用了多种修辞手法，语言生动。

师：同学们都经过了认真而详细的准备过程，对比得非常详细而准确。

无论是哪一篇，都体现了古典散文“散而不乱，气脉中贯”的特点，体现了文学作品在艺术上的完整性与统一性。

同时也体现了文学作品的另一大功用，即借古讽今，以史论今。欧阳修将后唐的兴衰作为一面镜子，劝谏北宋统治者要励精图治。正所谓“肝胆忠心昭日月，义正辞婉劝君王。”

师：历史上这样因沉溺犬马声色而丧志、丧国的例子屡见不鲜，你能举出例子吗?

生：唐玄宗因宠爱杨贵妃，而不理朝政，最终导致安史之乱。

生：帝王词人李煜因沉溺于诗词、音乐、美色之中，不关心国家百姓，最后成为阶下囚。

师：可见欧阳修的这一篇文章是具有一定普遍性的。那么对于900多年后的我们，是否具有现实意义呢?

师：请以“我身边的伶人”为话题，写一写你学过本文之后的感受，即完成学案中的“延伸拓展二”。

师：李世民有言：以铜为镜，可以正衣冠；以人为镜，可以知得失；以史为镜，可以明兴替。

希望同学们也能以这一篇文章为镜，自我检查、自我反省，正所谓“君子博学而日参省乎己，则知明而行无过矣。”

下课!

教学反思

《蜀相》与《书愤》比较赏析教学反思

胡炳瑜　大庆市第三十五中学校

设计教学简述：

高中语文教学中社会主义核心价值观的教育要立足于中国传统文化。中国传统文化像泉水一样浇灌着社会主义核心价值观，高中语文课程必须充分发挥自身的优势，弘扬和培育民族精神，使学生受到优秀文化的熏陶。

考虑到两首诗歌风格类似，我将《蜀相》《书愤》两篇文章合并在一堂课。这一堂公开课，我采用了两首诗歌比较鉴赏的课堂教学方式。

第一次尝试，对学生而言，比较阅读这样的两首诗有些难度。试课过后，教学问题层出不穷，教学过程困难重重，学生与教师之间没有形成良好的互动。

课后总结反思：

1. 课堂教学过程陷入“教师讲学生听教学”传统模式，没有调动学生的积极性。

2. 知人论世的方法指导不够妥当，不及时。

3. 名为比较阅读课，但是对两首诗歌比较重点没有明确，学生对教学过程中教师的问题无法理解，思维不够活跃，师生互动不好。

教学环节修改：

1. 导入环节让学生寻找作者写作背景，比较不同时期作者情感的不同。

2. 精简教师过多地炫耀教学技巧的环节，增加学生讨论时间，使学生成为教学主体。

3. 赏析的主问题也由原来的“以当时社会背景和作者生平，比较探究它们表现手法、作者情感、对诸葛亮功绩评判等方面的不同之处”换成“联系社会背景和作者身世，比较这两首诗，探究它们在抒发个人情感上的不同之处”。

[**作者简介**]胡炳瑜（1983年—），大庆市第三十五中学校，从事语文教学和班主任工作。现任政教处副主任。

这样修改的目的是简化烦琐的课堂环节，课堂目的更加明确，学生在课堂上有明确的目标。

教学后反思：

（一）诗歌教学要体现新课程理念下中国传统文化的重要性

高中语文教学的使命是汲取中国文明五千年的文化智慧，学习中国传统文化中蕴含的民族精神。高中语文教学需要以中国传统文化为根，以社会主义核心价值观为体，让正在成长中的高中生享受到前人圣贤精神的滋养。新课程理念下的高中语文教学中强调中国传统文化，旨在增强民族自信和文化自信，社会主义核心价值观目的在于引导中国人民坚定走有中国特色社会主义道路的理想和信念。以中国传统文化为根源的社会主义核心价值观对于高中生树立正确的人生观和价值观有至关重要的作用。

（二）诗歌教学以教材为基础，揣摩教材编写意图

首先，《蜀相》《书愤》同处于选修教材《中国古代诗歌散文欣赏》的“以意逆志，知人论世”单元，我的课堂教学目标也就设定为了解作者的历史背景和生活经历，比较诗人思想情感的不同。

其次，本堂课教学是在高中学生对古诗文鉴赏已经有了一定基础的情况下对学生的能力提升教学，那么，课堂的呈现应该有一定的深度和广度。我将教学目标定位为提高学生比较赏析的能力。单单从教学设计上而言，这堂课的设计是体现了课程意识，教材意识的。

（三）不了解学生情况的课堂是一个盲目的课堂，课堂教学应该充分考虑到学生的基本学情

课堂教学是一个师生互动的过程，即使再优秀的课堂教学设计，学生没能够有效地接收到知识，那么精美的设计也只是空中楼阁。

第一次试上过高地估计学生对古诗文鉴赏能力，造成了课堂上老师的“一言堂”现象，听课老师觉得索然无味，学生也觉得收获甚微。

考虑到学生的基本情况，我将设计调整为以“知人论世”方法联系社会背景和作者身世，比较这两首诗，探究作者思想情感。组织学生讨论，形成“教师为主，学生为辅”的课堂教学模式，并且组织学生课下对两首诗歌进行充分预习。

第二次上课因为做了充分的预习准备，也兼顾了学生的实际情况，故而呈现效果比较好，课堂更有序，环节更紧凑，学生对两首诗的解读也会更全面、更深刻。

（四）教师在课堂上要有随机应变的能力

课堂教学是师生的双边活动,教学的对象是活生生的人。学生的知识水平、兴趣爱好、性格特点各不相同。课堂上出现偶发事件在所难免。

1. 教师要灵活驾驭课堂，相机而动

在自学能力较强的班级，我让学生独立思考杜甫生平经历和作品思想情感的联系，学生能够自由发挥出许多创意性的答案，结果令人满意。在积极活跃的班级，我让学生分组讨论诗歌表现手法和作者对诸葛亮功绩的评价，调动学生的学习积极性，训练学生组织语言、临堂表达的能力。

2. 教师要机智组织教学，律人律己

高中学生正处在自控能力不完善，性格不完善的青少年时期，所以经常会出现诸如课堂教学过程中故意刁难教师的现象。教师在处理这类事件时，我们不要认为教师的尊严受到了挑战，教师只有给予学生宽容，才能促使学生进行自我教育和自我反省。

上课伊始，当我问到蜀相指的是谁时，一学生高声回答周瑜，学生们哄堂大笑。这是一个出乎意料的回答，也是一个展现教师教学机智的良好契机，我没有批评那位学生，而是借此机会讲解既生瑜何生亮。由三国典故导入课堂教学，将三国中诸葛亮功绩大略地解释一下。这样既没有扰乱课堂秩序，又有效地与课堂教学内容相联系，有助于学生对于文章的理解与分析。

教学问题多多，如何提高课堂教学效率，全面提高学生的语文素养，提高自身的教学艺术水平，针对不同的学生因材施教，都需要在教学中不断探索，不断认识，及时总结反思。学然后知不足，教然后知困。教师不断地对自己反思才能促进自己的成长，教学是一门永无止境的艺术，需要我们竭尽一生去不断追求。

《新词新语与流行文化》教学反思

赵立娟　大庆市第三十五中学校

《新词新语与流行文化》是人教版高中语文必修一梳理探究单元的内容，教材编入此内容体现了编者们与时俱进、不断创新的意识，同时也使得喜欢接受新生事物的中学生们在语言文字中寻找到广阔的学习和探究的天地。我选择这一课作为公开课就是因为梳理探究应该是学生非常感兴趣的活动课，通过这节课让学生养成梳理探究知识的好习惯，进一步感受中华文化的独特魅力。在这节课的设计上我反复推敲，推翻了之前的很多方案，最终我选择了如下方案。

我主要设计以下几个方面的内容：让学生领略新词新语的奥妙，探讨新词新语与流行文化的关系，新词新语的未来，更主要的是让学生明白如何正确使用新词新语。

我首先让学生了解本节课的学习目标，学生了解了学习目标之后，带着他们初步走进新词新语，通过新词新语出场秀这一环节，让学生体会新词新语的特点并谈读后的感受。在新词新语出场秀这段文字的选择与设计上我花了很大的工夫，我选择的都是一些有趣的新词新语，学生通过齐读进一步激发学生学习新词新语的兴趣。当然每个同学对新词新语的感受是不一样的，是允许个性差异的，但新词新语首先给我们的感受却是一样的，新鲜、新奇，用一个词概括就是耳目一新。为什么会给我们这样的感受呢？自然地引入下一个环节“亲，你是谁”，共同了解新词新语的概念。我课前给学生布置了前置作业，让每组同学收集整理新词新语。

通过展台展示了各组收集的新词新语，既然收集了这些新词新语，这些词语一定给学生心灵的启迪或共鸣，引导学生自由谈自己感兴趣的新词新语，接着引导学生将收集的新词新语归类，这就涉及梳理知识的问题。通过不断地点拨让学生清楚梳理新词新语的标准主要有三种：途径、领域和年份。当然，梳

[**作者简介**]赵立娟（1980 年—），大庆市第三十五中学校，高级教师，擅长语文教学研究。

理新词新语的途径有很多，但是无论从哪一个途径来，它的目的都是为了表情达意，这和社会发展和人们的心态有很大的关系，从这个角度探讨新词新语与流行文化之间的关系，引入“亲，你与谁同行”这一环节，让学生结合课本上的第三个知识点进行讨论。小组得出结论之后，并找学生将同学的发言进行总结，明确新词新语与流行文化之间的关系是相互促进、相互融合的。那么咱们的流行文化能走多远，咱们的新词新语又能够走多远呢，引入“亲，你的未来如何”，探讨新词新语的未来，在探讨的过程中，我给学生准备了一个资料，这个资料是来自《咬文嚼字》2014—2016年它所收集的一些流行语，以及一些落选的流行语。通过讨论明确新词新语的未来：保留、淘汰，我们应该以包容的态度对待。包容到底有个什么样的度呢，是否所有的都包容呢？这就涉及一个问题，对于这些新词新语我们在生活中应该如何正确地使用，明确使用新词新语的注意事项、使用原则，并将高考阅卷老师的建议展示给学生看，进一步明确以后在写作中应该注意的问题。

以上是我这节课的设计，总体看很流畅，环环相扣，学生由于预习充分，表现得也很棒。课堂上的整体氛围是很轻松、融洽的，这节课结束之后，学生还感觉意犹未尽。从我自身而言，有一些不尽人意的地方，比如引导语言的拖沓，不够流畅、评价语言也不够精练、严密。梳理探究课需要学生活动，让学生真正参与进来，我有不太信任学生能力的一方面，放得还是不够开，我应该多给学生展示自我的机会，还没有真正当好“组织者和引导者”。尤其是在小组合作交流、展示成果的环节中，没有真正把时间留给学生，也没有真正实现“动态的课堂”“高效的课堂”，在以后的教学中我会努力做到。课上也缺少让学生练笔的环节，虽然以课下练笔的方式进行，但若能课上设计一部分内容可能会更好。

通过这节课的准备及讲授，我更深切地意识到，不能把梳理探究活动课当做以往传统的阅读课来讲。如何把活动课上好，需要教师精心设计，也一定要根据学情来进行，不能脱离实际，否则将是无源之水。梳理探究活动，课堂不是终点，应该告诉学生方法，指导学生去探究，而不能停留于知识表面的分析讲解，应该给学生方法，授之以渔才是最重要的。学生的思维是很活跃的，老师要重视课堂生成，充分发挥学生的主观能动性，让思维在交流中碰撞，从而更透彻地理解文本。平时我们在上课时，要引导学生有意识地生成学习内容，从这个意义上来说，就是要让学生由“死学”到“活学”，由“会学”到“学会”的转变。对于教材上的某一课，教师要教的不是“全面”，而是“关键点”或者“兴趣点”，从而实现由点到面的飞跃。

新课程下的教学设计注重生成与建构，淡化预设与讲授。所以，语文教学就是如何用课上的“点”点燃学生要了解“面”的渴望。要抓住一点讲透彻，交给学生方法，学生自然可以举一反三，触类旁通。而这个“点”怎么找，怎么设计就需要教师好好下功夫了。新的课程标准注重教学过程和方法，教师的主要任务是组织课堂教学，把主要的时间留给学生，让学生在自主与合作探究中获得乐趣。通过不断激发学生的兴趣，使学生爱学语文；通过让学生体验成功的快乐，使学生对学习语文充满自信；通过在教学中引导、发现，使学生不断掌握学习语文的方法。学生有了学习的兴趣、树立了自信心并掌握了基本的学习方法，自主学习便会落到实处。作为教师的我们任重而道远，这其中的艰辛，只有我们自己最清楚。

对语文课堂中如何渗透传统文化的反思

李　霞　大庆市第四中学

人为什么要受教育？教育的目的是什么？是获得知识、掌握技能、取得成功、赢得尊重、还是享受乐趣？古往今来，教育的目的从不是仅仅学会知识，而是通过教育习得一种思维方式，学会思考、选择，拥有信念、自由，这才是教育的目的，也是我们获得幸福的能力。语文，人文社会科学的一门重要学科，它既是语言文字规范的实用工具，又是文化艺术，同时也是用来积累和开拓精神财富的一门学问。所以语文教育不仅是字词句章、听说读写，更应该是人文情怀的贯彻、道德修养的熏染。这就需要作为语文教师的我们深入思考，怎样才能让我中华民族高贵的灵魂和不朽的经典传承下去。

坐而言，不如起而行。高中语文教材中选取的诗、文，都是中华民族几千年传承中经历了时间洗礼的经典篇目，我们要充分利用课堂讲授来对学生进行传统文化教育，让学生能够在学习知识的同时把中华民族的精神瑰宝刻进骨血中。下面就教材中具体的篇目，谈谈我在备课与讲授中的一些探索和反思。

五千年的文明历史长河中江山代有才人辈出，谈到诗词更是光芒璀璨，在众多诗词大家中，有一位女词人，我们不得不说，那就是李清照。高中语文必修四中选取了李清照两首词《醉花阴》和《声声慢》,分别是诗人不同时期所做，《醉花阴》中，词人与丈夫只是暂时分别，离愁由两人分担，离怀别苦便减轻了许多，更何况还时时有传情的书信作为慰藉。因此，苦涩的离愁中便饱含了夫妻双方心心相印与彼此眷恋的幸福。而词人写《声声慢》时已经52岁，往昔的贵妇人已沦落成孤身漂泊的孀妇。词人此时的愁已不是“怎一个愁字了得”，而是饱含了绝望的悲鸣、无助的呻吟、撕心裂肺的疼痛。同样写愁，前者只是生离之愁、个人之愁，而后者写得是死别之愁、永恒之愁，个人遭遇与家国兴

[作者简介]李霞（1982年—），大庆市第四中学，一级教师，主要从事高中语文教学研究。

旺交织之愁，所以在讲授时重点赏析《声声慢》。

诗词讲授中诵读很重要，充分地诵读可以让学生在读的过程中体会词人情感变化，尤其是本词的词调取名《声声慢》，声调上也因此特别讲究，用了不少双声叠韵字，如凄、惨、戚；将息、伤心、黄花、憔悴，更兼黄昏、点滴、都是双声；冷清、暖还寒，盏淡、得黑，都是叠韵。都是经过反复推敲的，却绝无雕琢的痕迹，同时用心细腻而笔致奇横，使人在诵读的过程中深感其愁的同时不能不赞叹其艺术手腕的高明。古诗词十分重视字、句的锤炼，有诗眼、词眼之说。诵读完成后请同学们找出这首词的词眼，显而易见的是"愁"。词人对景物的描摹不着一个"愁"字，却句句含愁，字字是愁，所有意象，无一不是为了生愁、牵愁、助愁，愁情一重未了更添一重。进而学生们就会发现，这是借景抒情、情景交融的典范。此情此景交织在一起，形成一幅幅美丽画面，营造了一个冷清凄美的意境，传递了词人孤寂凄苦的愁情。此时请同学们再读本词，试着与词人的情感融为一体，仿佛正身受的生离死别的痛苦，耳畔是滴答的细雨，眼前是长天孤雁、梧桐叶落、黄花堆积。请同学们深深地体会本词中绝望凄厉的美。南渡就是李清照人生和创作的分水岭，后半生坎坷颠沛，亲人离散、山河破碎、民族危亡，在她心灵深处刻下永远抹不去的伤痛，她万般愁苦绝望，但是面对时代的风云突变她并没有就此消沉，"虽处忧患穷困而志不屈"，晚年她殚精竭虑，编撰《金石录》，完成丈夫未竟之功。 亦写下了众多不朽的篇章。此时可以让同学们把课前预习时找到的词人的其他作品拿出来，共同品读、赏析。我们会发现除了愁怨、愁苦之情，李清照还在词中表达了满溢的爱国之情，忧国忧民的情怀，不屈的民族意志，不懈的反抗精神。

如:《永遇乐·落日熔金》中"落日熔金，暮云合璧，人在何处？染柳烟浓，吹梅笛怨，春意知几许！元宵佳节，融和天气，次第岂无风雨？"这首词作于绍兴十一年(公元1141年)宋金双方签订"和议"以后，南宋统治者认为高枕无忧了，尽情享乐。"次第岂无风雨"，李清照在这里暗示"金人不可信，和好不可恃"(《宋史·岳飞传》)，表达了作者反对妥协投降的爱国思想，作者的哀怨、留念和感伤都与国家安危系在一起，可见晚年的李清照做到了与国家、民族和普通百姓同呼吸共命运。

李清照作为中国古代文学史上少有的女作家，其作品中所体现的爱国思想，具有积极的社会意义。历史的角度李清照的爱国思想，代表了中国古代广大妇女追求男女平等、关心国事、热爱祖国的一个侧面，让后人从中看到了中国古代女性情感世界的另一面。而且，她还在众多爱国作家中为女性争得了一席之地。不仅如此，李清照还开创了女作家爱国主义创作的先河，为后世留下了一个女性爱国者光辉典范，对现代女性文学的创作产生了重大影响。

灯光是我们发明的，城市也是我们发明的，现代科技文明的飞速发展是我们所企盼的，物质的极大丰富更是我们想拥有的。但是现在我们所拥有和祈求的物质，很多时候让我们失去了对于人文道德的标识。仅追求个性的彰显和物质的繁盛，往往得到的是廉价和卑微的自己。语文教师有责任让学生们明白，那些读起来篇幅不长、用词精练、情感丰沛的诗文，其实背后都有着我们中华民族五千年文明的厚重、巨大的积累，而生命的本质就是生生不息，代代传承。

《陈情表》教学反思

庞金艳　大庆市第三十五中学校

《陈情表》选自人教版必修5第二单元，是中华文化中的经典作品，本文以情动人、以情感人，以“孝”为核心。“孝”是中华民族优秀的传统，然而随着社会的高速发展，孝道慢慢地被人们所淡忘，越来越不受到人们的重视。选择这节课有利于学生树立良好的人伦观念，继承孝敬父母长辈的传统美德。所以我把“孝情”的梳理作为本节课的重难点，现在我从教学设计与教学效果两个方面进行反思。

一、教学设计的反思

这是一篇文言文，文言知识的落实是必不可少的环节，经过一年的文言文学习，学生已经掌握了一些文言知识，为了培养学生自主学习的好习惯，我在课前预习阶段，让学生借助课下注释与工具书，完成了“导学案”的相关内容，课上进行“小组合作”解决难点，教师对重点内容进行点拨，这样的设计，不仅节省了课上时间，更重要的是教给了学生怎样学，这就是所说的“授之以鱼不如授之以渔”。这样的处理让课上大部分时间用于“孝情”梳理与情感态度与价值观的落实。

在“孝情”梳理与情感态度与价值观的落实上，我采用了问题教学法，设置层层深入的问题，通过学生分析理解达到目标的完成。

“良好的开端是成功的一半”“兴趣是最好的老师”我选用“读诸葛孔明《出师表》而不堕泪者，其人必不忠；读李令伯《陈情表》而不堕泪者，其人必不孝；读韩退之《祭十二郎文》而不堕泪者，其人必不友。”的文段并作以深情的解释，

［**作者简介**］庞金艳（1975年—），大庆市第三十五中学校，高级教师、学科备课组长，兼任大庆市教育科研兼职教研员，市级骨干教师。擅长语文教学研究。

直接引入新课，引起了学生的共鸣，使学生的思绪进入课堂。

为了引导学生抓住情感核心，我设计了“综合全文看，作者在哪一个字上做文章？”这一问题,直接把学生带入重点内容的讲解中。在学生回答了“孝”之后，我又提出了李密的孝在文中体现在哪些方面呢？请同学们在文中找出。问题的设计能锻炼学生梳理与整合信息能力，在此基础上感悟李密的孝情体现的诸多方面。问题抛出后，我让学生在读文本，在文中找出有关“孝”的语句进行分析。

如“祖母刘悯臣孤弱，躬亲抚养”学生分析了这句中包含着“躬亲抚养，感激祖母之孝”。“既无叔伯”“外无期功强近之亲，内无应门五尺之童，茕茕孑立，形影相吊。”“而刘夙婴疾病，常在床蓐。”这句中有“自己照顾祖母的生活起居之孝”。

“前太守臣逵,察臣孝廉。后刺史臣荣,举臣秀才。臣以供养无主,辞不赴命。诏书特下，拜臣郎中，寻蒙国恩，除臣洗马。猥以微贱，当侍东宫，非臣陨首所能上报”多次拒绝出任官职，只因供养祖母等。

这些浅显的“孝”梳理得非常好，可是一些深层次地理解就需要教师的引导了，我先是画出一些语句让学生自主探究与合作探究，教师做适时点拨。

如“生孩六月，慈父见背”由“慈父”一词切入引导学生分析出“李密在自己年幼时期就失去了父亲的宠爱，长大成人后称自己的父亲为慈父，这是一孝”。

在分析了作者对父亲的孝之后，我又提出了“作者对母亲是否也是孝的呢？”这一问题。问题提出后我补充了“在宋代以前的社会规范中,是提倡守贞，而不是强制”这一知识，学生很快就确定了“行年四岁，舅夺母志”句，母亲改嫁，李密也不愿说母亲的不是，体现了他对母亲的孝。

“愿陛下矜悯愚诚，听臣微志。庶刘侥幸，保卒余年，臣生当陨首，死当结草。”为了让祖母老有所依，李密情深意切祈求皇帝的应允，可见孝心十足。

这样的设计可以说是环环相扣，能够把“孝情”梳理出来，让学生理解李密的孝。

内容的梳理固然重要，可是深层次探究更重要，所以我又提出了“晋武帝为什么会答应李密终养祖母的请求？”的问题，让学生探究出为李密的言辞和

情理所动，彰显孝治天下的恩德的原因。

语文教学承载着育人的责任，知识梳理是基础，情感教育是目标。根据这一理念，我设置了“什么是孝道文化？现今生活中，你是如何面对孝敬父母这个问题的？学习了《陈情表》这篇课文后,你该如何做？”的问题让学生交流，为的是拓展学生的知识面，加深对孝道的理解，引导学生要感恩父母，懂得孝道。在学生的交流中一些学生声泪俱下，不言而喻情感态度与价值观这一目标也达成了。

二、教学效果的反思

大语文观的教学理念落实不好。这节课，个人觉得过多关注“语”而轻视“文”，重在了知识的落实，忽略了知识的拓展，注重了情感的梳理，但情感的熏陶和引领欠佳。

学生存在差异。这节课的整体设计是好的，可是忽略了学生的差异性，在文言知识落实这一环节上的设计确实能够培养学生自主学习的好习惯，可是就语文基础差一些的学生而言，学生会花大量的时间进行归纳，与基础好的学生相比，有时会挫伤学生的积极性，这就需要课下与学生及时沟通。

学生的参与度不理想。这节课课堂气氛非常活跃，同学之间讨论热烈，你展示我点评，掌声此起彼伏，学生充分诠释了演员的角色。几乎每个学生都乐于参与，每个学生都有话可说，整个过程轻松愉快，整个课堂充满笑声，比较圆满地完成了本节课的教学任务，可是还有一些学生一直是观众，只有提问他时才回答。

教师新理念理解落实不理想。新课程理念重视课堂的开放性，要求把教材当作教学的基本材料，做知识的拓展，我认为作业设计比较新颖，可是落实检查难度大。

教学是一门遗憾的艺术，每一节课，即使是再用心的设计，但是上完课后，总有不尽如人意之处。我会用这些不足在业务成长的道路上不断鞭策自己，努力学习，积极进取，完善自己的课堂教学。

精思探求诗境　勤省觅得诗情

——菩萨蛮（其二）教学反思

崔晶莹　大庆市第十三中学

一、课前立足教材，构思课堂

明确单元目标。韦庄的《菩萨蛮（其二）》是高中课程标准实验教科书《中国古代诗歌散文欣赏》第二单元自主欣赏篇目。第二单元的主题是《置身诗境，缘景明情》，主要学习如何通过对古典诗歌中的意象的把握，发挥想象，体会和品味中国古典诗歌特有的意境美。我对本课的备课就确立在“置身诗境，缘景明情”上，置身诗境，即要反复诵读，借助联想和想象，将作者所描绘的意象和画面一一再现到自己的脑海中，使整个心灵渲染在一个想象的世界之中，得到审美享受。缘景明情，是要根据作品中意象自身的特点、组合方式，以及情景之间的关系，采取相应的欣赏方法，体会独特的意境。最终我确立了立足意象、通过想象和联想的方式构建意境，运用缘景明情的方式体悟作者情感的教学主线。

确立了教学主线，还要根据课文具体内容，确立具体教学过程。教学主线确立统一，但在具体流程上要体现《菩萨蛮（其二）》的特点。本课和《春江花月夜》《梦游天姥吟留别》同一单元。三篇课文作品的精妙之处各不相同。《菩萨蛮（其二）》诗歌短小精悍，意象既没有《春江花月夜》的独特唯美，也没有《梦置游天姥吟留别》的雄奇浪漫，相反，它的意象更接近于我们的日常生活。对意象的分析更容易使用想象、联想的方法进行课堂构思，也容易给学生搭建台阶，能够充分调动学生课堂对意象展开想象和联想的思考和回答。

《菩萨蛮（其二）》文字精悍，决定了它的教学一定要突出重点、强调难点，把课堂更多地让给学生，在与学生互动中锤炼对学生想象、联想的方法运用，

［**作者简介**］崔晶莹（1984 年—），大庆市第十三中学，二级教师，现任语文教研组长，研究领域为语文教学中的传统文化方面。

从而提升其诗歌鉴赏能力。又因为《菩萨蛮（其二）》情感易懂，唯一难点集中在“未老莫还乡，还乡需断肠”这一结句与前文的情感“反差”上。其乐景衬哀情的手法，运用“知人论世”“缘景明情”等手法设计教学流程，难点即可迎刃而解。

二、课堂立足学情，关注情境

我设计一课时完成教学内容。主要教学内容包含导语设计、知人论世、吟咏诵读、置身诗境、缘景明情几部分。

冬日的寒霜风雪，使人更向往江南的温暖湿润。提到江南，必然会想到白居易的那个词：“日出江花红胜火，春来江水绿如蓝，能不忆江南？”确实，江南好，让人长 忆心怀。今天我们学习另外一首咏诵江南的诗歌——韦庄《菩萨蛮（其二）》。

将作者人生经历时期及各时期自我评价及他人评价打出来，使学生找出三个词概括韦庄一生。

· 早年　　“平生志业匡尧舜”

· 始终　　“强亲文墨事儒丘”

· 黄巢乱后　　“有心重建太平基”

· 避居江南　　“不是对花长酩酊，永嘉时代不如闲”

· 携亲远游　　“沧海十年”“客程千里”

· 前蜀开国　　“德高群彦表”“宽平开义路”

· 终年 75　　谥号“文靖”

引领学生自行总结出：文采出众、心系社稷、仕途不顺。

初读——纠正字音，指导意读。

再读——强调重点，指导情读。

三读——理解情感，指导美读。

听读——品味诗歌，评价听读。

四读——取长补短，展示成果。

（一）请学生谈初读诗歌的感受：找出最喜欢的一句，谈理由。

（二）置身诗境，缘景明情：本单元要求，写景诗歌，要通过想象、联想，借助音频、视频，置身于作者营造的诗歌中，依据景色分析情感。

（三）对于江南，你的印象中是什么样的?

艳：日出江花红胜火；美：春来江水绿如蓝；悠然：小桥流水人家。

我们先看几组图片，赏一下江南。

印象中的江南及图片给我们的想象和联想做了铺垫。

缘景明情：

（一）诗歌“言有尽意无穷”，请学生找一句，想象、联想，充盈画面。

教师抛砖引玉，和学生一起试作“画船听雨眠”。

什么样的船?　　过程上注意举出不合理的事物，出现在画面

什么样的江?　　让学生判断是否合理，从而引导学生展开

什么样的人?　　合理想象和联想，并注重锤炼词语。

（二）以上内容为教师进行的联想和想象，哪位学生进行了一下合理展示?

学生：袅袅烟波朦胧，佳人从月色掩映下迤逦而来。蒸腾中的水汽氤氲了她月似的容颜。温玉似的皓白手腕，仿佛凝着月的霜。油伞下，但见碧纱衣袂轻扬。我在春江上坐于孤船之上，远远看去，像昨夜的仙子。

师点评：“桥上的人看你，明月装饰了你的窗子，我装饰了你的梦。”

（三）分析诗歌情感：请学生用一个词形容诗歌中江南景色的特点：美。

（四）江南如此美，作者一定很高兴，是吗?借助诗歌前面的“知人论世”理解作者情怀。点明“游子伤”情感主题。

教师总结：是啊，江南的风景永远是美的。它的艳丽、悠闲；它的缠绵、清秀，打动了每一位读者。可是，风景区越美，我们越感受到作者断肠之伤。正是如此，这水墨山水一样的江南美景，才会在他的心中褪了色。还乡断肠，这是怎样的一种伤情呢?（伤——殇。）

板书设计：

《菩萨蛮（其二）》

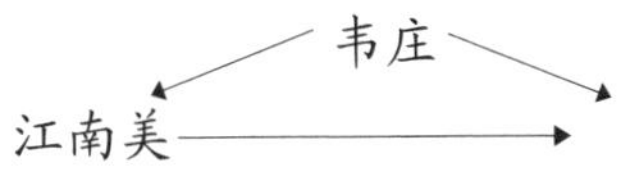

游子伤（殇）

三、课后立足教情，反思提升

《菩萨蛮（其二）》我曾出过两节公开课。两节公开课隔离两年。同一节课面对不同的学生效果差别极大。最有反思价值的就是教学设计要贴合学情，满

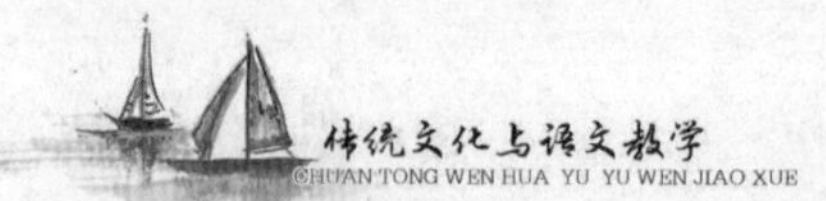

足教情。所谓贴合学情,就要依据教学实际设计教学环节。看似“简单”的课,只有满足学生学情,简单的课也有深度;看似“高深”的课,如果脱离教学实际,再“高深”也不过是师生两层皮,真正所得甚少。只有把握好这个尺度,才能让更多的学生参与进我的语文课堂的学习中。

在具体授课中我发现这节课有很多值得自己进一步斟酌的地方。课堂应该具有提升和升华。本节课不仅要析意象、析情,更主要的是运用“想象、联想”手法“置身诗境,缘景明情”。这一手法的运用贯穿课堂,自然是好的,但应该如何对这一手法进行提升呢?需要在课堂最后加一“提升拓展”环节。这一环节最好是结合白居易的《忆江南》进行对比分析,重点落实在运用“想象、联想”手法分析两首诗在意境上的区别。这样,对课堂既是一种补充,也是一种提升拓展,更符合高二年级语文课衔接高三的年级特征。课堂从《菩萨蛮(其二)》出发,以和《忆江南》对比分析跳出文本,实际始终围绕,实现回环往复、有收有合的张力,这样更能实现了课堂的提升。

其次,本节课需要在“游子殇”的思想情感上做好升华和拓展。新课改教材在设计上更多的是以不同鉴赏方法为角度进行单元设置,这样就削弱了诗歌思想上的同一性。很多时候,高一诗歌讲了表达“怀才不遇”思想的诗歌,高二诗歌单元还有类似诗歌,等到选修课文里,仍然有这样的诗歌。虽然更多时候教参及教材是从学习不同鉴赏方法考虑进去的,但有了“横线”目标,就必然失去“纵线”目标,真正做到“横纵交叉”,有“经”有“纬”,应该是教师需要下功夫的地方,做到活用教材,高效教学。课后我就在想抒发羁旅之情,表达游子之殇的诗歌,尤其是词还有很多。在本节课外,应该多加一课时或者半课时,专门用来把这些诗歌放在一起,做比照阅读。比照内容围绕在意象、抒情手法、思想异同上。这样这节课文本的分析和学习才能做到有的放矢,做到课堂的升华和拓展。

学无止境,教无定法。在语文教学之路上,精思勤省,专于教学,做一名合格的语文教师,是我事业无尽的追求。

静思之　深反之　故诫之

——《岳阳楼记》教学反思

叶　颖　大庆市东方学校

一、潜心钻研，借鉴创新

《岳阳楼记》作为苏教版九年级上册最重要的一篇文言文，讲之前我找了许多与之相关的论文和教学设计，为的是在有限的时间里能让学生们对这样一个千古名篇有一个更深刻的理解。经过认真的思考，吸收借鉴，最终确定了我的教学思路。并将我的教学目标设定为：1. 掌握文言知识，包括重点实词、虚词、一词多义、词类活用、古今异义和一些特殊句式。2. 背诵课文，体会作者的政治理想。3. 理解范仲淹“先天下之忧而忧，后天下之乐而乐”的抱负和“不以物喜不以己悲”的情怀。

经过看大家关于《岳阳楼记》的解读，我对这篇文章有了更深刻的理解，也多了一些从前没有的感悟。经过不断的学习，我明白了《岳阳楼记》这篇文章之所以能经久不衰，其魅力在于立意、构思、语言、章法、意境、情感等方面，她一定程度上代表了我国古诗文成就，也向我们今人传达了古仁人的政治理想和济世情怀。文章首段交代作文缘由“滕子京谪守巴陵郡”“政通人和百废俱兴，乃重修岳阳楼，属予作文以记之”。谁能想到这样给我们如临其境感觉的千古名篇，竟然是范仲淹看着一幅《洞庭晚秋图》所作的？不得不在读后文之前就对范仲淹膜拜了一番。文章的语言意境更是富于变化、笔力豪放，写得是惊心动魄。既有“浊浪排空”“阴风怒号”“商旅不行，樯倾楫摧”的险境，也有“春和景明，波澜不惊，上下天光，一碧万顷”的佳景，一阴一晴、一悲一喜两相对照，情随景生，情景交融，具有了诗歌一般的意境；其次，《岳

[作者简介]叶颖(1989 年—)，黑龙江大庆人，文学硕士，大庆市东方学校语文教师，一级教师，主要从事初中语文教学研究。

阳楼记》的立意高远，作者“先天下之忧而忧，后天下之乐而乐”，这是他的行为准则。当时的士大夫阶层的人生信条多半受到孟子“达则兼济天下，穷则独善其身”的影响，范仲淹则例外。他写《岳阳楼记》时，正和滕子京命运相同，新政失败贬官在外。虽遭迫害，身居江湖，却时刻心优国事，从不放弃理想，此文既是勉励和安慰友人其实更是鼓励自己，有种表明志向的意味。将自然界的晦明变化，风雨阴晴和“迁客骚人”的“览物之情”结合来写，古仁人之心形成鲜明的对比，为我们展示了人生的三重境界，“以物喜以己悲”此第一境也，也就是“迁客骚人”登楼的览物之情；“不以物喜不以己悲”此第二境也，同样登斯楼，览物之情有所不同，“予尝求古仁人之心，或异二者之为”得出观点；接着又由个人的“不以物喜，不以己悲”上升到胸怀国家、以人民为先的政治理想，使本文立意达到了其他写景文章无可企及的高度。最后，值得一提的是本文的构思相当巧妙，它不落窠臼，记楼而不写楼，全文竟没有一处提到岳阳楼，却字字让我们感受没有离开岳阳楼，这种写作方法对学生写作十分有帮助。本文将叙事、写景、抒情、议论结合得天衣无缝，由叙引出景，由景又生情，由情引起议，成为千古佳作不无道理。

我迫不及待地想把这些感受与我的学生们分享，我深深地感受到，想讲好一节语文课离不开老师自身的底蕴，高超的教育智慧支撑起自己的灵性，宏阔的视野支撑起自己的活性，远大的职业境界支撑起自己的特性。而这一切大多来自读书学习，真所谓活到老学到老，我自身就要不断更新自己的知识，丰富自己的储备，一遍遍地对文本的潜心钻研，更是来自自身智慧的思考。我这样去做了，尽管过程是辛苦的，但收获时的幸福是无与伦比的，所以，我的教学设计思路也渐渐明晰了。

二、锐意创新 寻求佳境

经过课前的一系列准备工作，我意识到传统的逐段讲解的方式，对《岳阳楼记》这篇文章来讲，不是最好的教学方式，因为逐段讲解会将整篇文章肢解开来，缺乏连贯性。课时之间学生会丧失对文章本身的兴趣，这与我的教学思路是相悖的，于是我觉得把这篇课文设计成品读欣赏课，让学生整体把握文章结构，理清行文思路，然后从文中发现闪光点，由写景慢慢到抒情再到议论，感情由浅入深，最终理解范仲淹的人生理想和政治抱负。希望学生们不会觉得这是单纯的拔高文章思想而是自然而然的升华。我决定用读作为我授课的切入点，范读、齐读、分段读，各种各样的阅读方式，加以时代背景插入，情感基调的渲染，让学生在不断地读中对文中产生兴趣，想要探求文章背后的内涵，这就成功一半了。果然孩子们读出了范仲淹对滕子京“政通人和”的赞赏；读出了洞庭湖“浩浩汤汤，横无际涯，朝晖夕阴，气象万千”的恢宏;读出了“迁客骚人”“淫雨霏霏”登斯楼时的“去国怀乡，忧谗畏讥，满目萧然”的极度悲伤；“春和景明”时的“心旷神怡，宠辱偕忘，把酒临风”的喜气洋洋；更是读出了“古仁人”的“不以物喜，不以己悲”的旷达胸襟，以及“先天下之忧而忧，后天下之乐而乐”的政治理想和人生抱负。通过多种形式的读，学生达到了自然成诵的效果，我并没有刻意要求，全班同学就都会背了，并且课下时不时会脱口而出几句，还跟我开玩笑说，老师这个《岳阳楼记》好像有魔力，只要起个头，不背完不痛快呢。我感觉时机成熟，我由读转成谈感受，谈读文章的感受，谈“迁客骚人”“古仁人”览物的之情，谈范仲淹的政治理想和行为准则。再从意境美、立意高、构思巧三个方面让学生进行具体的赏析，在赏析中加深对文章的理解。

三、课堂教学的优缺点

（一）教学中的一些亮点

1. 以读代教、以读促悟

《教师教学用书》中提示：“本课要以诵读感悟为主，以检验学生是否理解本文精髓的思想内容和优美的语言为核心。”我的这节课充分体现了这一特点，通过各种形式的读，不但达到了自然成诵的效果，而且使学生情感得到了熏陶，经过师生互评、生生互评，用“以读代教、以读促悟”的方式，达到让学生理解文章主旨的。学生爱读自然有想要了解文章的欲望。

2. 有效抓住课堂生成

虽然我预设的赏析角度重点在意境、立意和构思，但当学生提到本文语言特色时，我及时抓住课堂生成，将语言的鉴赏融入意境美的鉴赏中，通过串讲完成。当我让学生说这篇文章永葆青春的奥秘时，有位男生说到了本文骈散结合的语言特点，我又及时抓住这一生成，表扬他能从语言方面来鉴赏文章的做法，并且以《与朱元思书》为例，讲解了骈句的特点。

3. 学生是学习的主人

生本课堂，学生才是学习的主人，课堂上以学生为主体，老师为主导，我深知其中道理。于是这节课我只是起到一个适当点拨的辅助作用，大部分时间交给学生们自由探讨，畅所欲言。通过学生自主，师生合作、探究的方式，突破重点和难点，在轻松愉快的活动中，鉴赏古代优秀文学作品，感悟其中的美，学习古人积极向上的思想和崇高的政治抱负。

4. 利用阶梯状的板书，把作者在文章中所体现的三重人生境界清楚地展现出来。

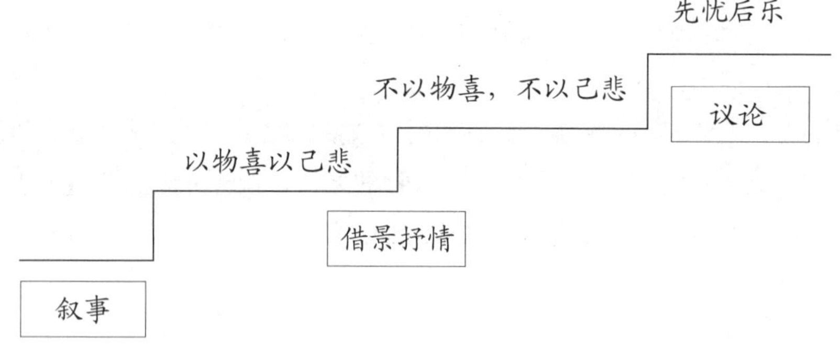

（二）教学中的缺憾

虽然设计的时候自信满满，但教学是一门遗憾的艺术，上完课我深深地感受到还有很多的不足：

1. 时间没有把握好

在朗读和鉴赏环节没有掌握好时间，我预先设定的是朗读过程中进行赏析，没有实现。

2. 教学任务未能圆满完成

由于课时关系，没能鉴赏“构思巧”这一美点。学生在立意和意境上探讨过多导致留给构思的时间太少。

《岳阳楼记》的教学提示我：教学这条路需要且行且反思，学无止境，要想学生学得好，教师自身就要不断地充电。只有自身具备强大的底蕴，才能带给学生们所谓“大语文观”，培养他们学习语文的兴趣，以期有所建树。

关注英雄情结　判定情感态度

——《荆轲刺秦王》教学反思

刘原序　大庆市第四中学

文言文教学一直是中学语文教学的一个重要组成部分，教材中收录的古代文章大家的典范之作，可以说都是中华传统文化的经典篇目，对于弘扬民族文化，培养学生语文素养，加深文化底蕴有着极其重要的作用。所以，在文言文教学中，我们力求发挥其“工具性”作用的同时，弘扬和传承其蕴含的丰富情感，利用时代感去认知经典文学中的不同英雄人物，判断其情感态度。

对于刚升入高中的学生来说，接触古文的学习并不轻松，人教版高中语文必修（一）第二单元完全是古文单元，而他们遇到的第一篇比较长的古文就是《荆轲刺秦王》。其实，荆轲刺秦的故事可以说是家喻户晓、妇孺皆知。其文不仅被选入各种语文教材，据此改编的影视作品，更是一再被搬上银幕。有了这样的熟识程度，学生对该篇古文的学习可以说难度降低了不少。而古文的学习不单单就是字词句的探讨，更深层次的是要透过文本看到历史人物本身所具有的情怀。千载而下，荆轲作为一个英雄早已深入人心，而教材的解读导向“评者大都认为，荆轲虽不懂得以一人之力难以力挽狂澜于既倒的道理，也不懂得秦帝国统一是历史发展的趋势，但他不畏强暴，不怕牺牲，在国家多事之秋挺身而出、不避艰险的精神和气概还是值得称道的”。但对于个性意识极强，看问题喜欢多维度分析的高中学生来说，对荆轲这个英雄的称谓，就要有自己的理解了。所以本节课设置关于文中主要人物的分析和荆轲是不是英雄两个问题的探讨，进而升华到学生对英雄人物的情感感受。

为了更好地调动学生的兴趣，上课伊始，让学生讲讲古代四大刺客的故事，果然，点击率最高的就属荆轲了，趁着这个势头，让学生回归文本，感受古代

［作者简介］刘原序（1986 年—），大庆市第四中学，二级教师，主要从事高中语文教学研究。

先贤笔下的《荆轲刺秦王》有何味道。本次课仍然还是以小组合作方式展开学习活动。

首先，仍然是唤醒文言基础知识，通过重点字词的复习进入对课文中出现的人物形象进行分析。给学生设定考古人员的身份，让他们在复习回顾中走进文史考古现场《荆轲刺秦王》，给定时间让各小组从文中一系列人物对话中找出自己喜欢或欣赏的，进行角色朗读，并说出初步感知的人物性格。学生先后在“丹轲会谈、樊荆会面、荆轲叱丹、易水诀别、秦廷行刺”五大场景中找出人物性格的依据，勾勒出自己眼中的荆轲形象。

其次，带领学生引入探讨话题“荆轲，他是一位英雄吗？”基于前几节课的学习，学生能很好地把握人物形象。学生有的认为是真英雄，有的认为是面子英雄，还有人纠结在他是被动英雄的认知上，总之，学生在对英雄的分析上都有自己的理解，并且证据很认真，他们这一点倒是让我很吃惊。因为总觉得文言文的历史感容易让学生产生隔阂，让他们站在当下角度，思考已经过去千年的问题，这样难度会很大，但我忽略了学生的探索能力，他们看问题解决问题的角度还是挺出色的，虽然纠结在是与不是之间，但都能说出自己的看法，言之成理。

再次，我利用学生的回答，综合归纳并指出“荆轲刺杀秦王，试图用一个人的力量去改变历史车轮的滚滚碾过，这是不可能的。这是不符合历史发展规律的。但荆轲的这种英雄精神，可以称之为侠义英雄。”对于英雄从古至今有很多，我们可以从多方面去认识英雄，来拓宽视野、开启思维，让更多的情感播撒出来。

课下，设置了“你眼中的历史英雄”这个话题小讨论，趁热打铁，让学生在历史文本中去找寻自己的英雄认知。当下，“英雄”可是个流行话题，好莱坞式电影宣传，网络文学熏陶，不同意义的英雄渗入学生的认知世界。学生对于“英雄”这个话题可以畅所欲言。而话题范围限定了要从历史文本中找寻，目的就是让学生感受传统经典文化中的魅力，回归大语文的文学观，其实根本目的就是回归文化自信。学生调动了所有的知识储备，有熟知的三国、水浒、西游中的英雄人物，有古诗歌传诵的经典英雄，有精卫填海的悲情英雄，夸父逐日的勇气英雄，秦风无衣的卫国英雄……经过荆轲侠义英雄的探讨后，学生们学会了客观分析英雄们的行为，不再局限于固定的思维，对人物的认识更显丰富和深刻，这才是一种人文情怀的培养。呈现出的成果大大出乎我的意料。

上完这节课，坐下来思考，我们一说到英雄，其最主要的品质大概不外乎勇于献身和智勇双全，好像这也是古往今来共有的认同。慢慢地，传统经典篇目中的英雄就被我们套住了，过去我们也习惯将思维的缰锁奉献给学生，现在更多的创新，让我们看到教学上的百花齐放，鼓励学生大胆探索，希望在语文课上将课堂的主动权交到了学生手上，真正地还原一个自由求知的学习风气。

当然，在高兴之余，我也发现了高中学习古文时课堂最容易出现的问题：学生的整体气氛沉闷。这样的状况让我有些茫然，明明话题的讨论已经激起了千层浪，学生在下面小声的议论，却不敢张口表达。教师应该怎样激励学生自我探究意识，怎样引导才适当。在今后更多的文言文学习中，就要循序渐进地让学生忘却紧张，降低文本的难度，让文言文学习变成一种随性的聊天探讨，忘却历史距离感带来的恐惧，在潜移默化中提高学生的文言文阅读和理解能力，鼓励学生大胆发表自己的看法，引导学生打开想象的空间，找回高中语文课堂的文化自信，感受古代文学的艺术魅力，唤醒传统经典文学中的人文情怀。

传统文化在古诗文教学中的反思

张　卉　大庆市第四中学

中华民族的优秀传统文化内容丰富、内涵深厚。在历史上，很长时期一直居于世界文化的前列。中国古典诗文是中华民族文化的瑰宝，是中华民族几千年智慧的源泉和结晶。它其中蕴含的语言精华、历史故事、精神情感等在世界民族文化中是绝无仅有的。而高中语文课本中选录的古诗文是中国古典诗文中的精华,而古诗文课堂自然而然地成了中华民族优秀传统文化教育的阵地之一。经过长时间的教学实践和反思，我认为中华传统文化体现在古诗文课堂教学的各个环节中，依托恰当的手法，对学生学习古诗文及文化常识起着至关重要的作用。下面就古诗文课堂的教学经验谈谈中华传统文化在高中古诗文课堂教学环节中重要作用。

一、导入激趣，提高学习热情

导入环节是引领学生走进课堂的重要教学环节，有渗透主题、带入情境、触发情感，立疑激趣等作用。在古诗文课堂中，应用中华传统文化知识进行巧妙地导入设计，不仅可以激发学生的学习兴趣，而且还能提高学生的学习热情。

古诗词的学习一直是高考复习的重点和难点，无论做多少题，学生总是感慨题难。所以我在复习古诗词语言关于炼字题型的时候，便以“苏小妹炼字超苏黄”的故事为背景，将导入环节设置成填字游戏“轻风　细柳，淡月　梅花”出示在多媒体上，让学生进行填写。学生面对这样的句子展开思考，所填的单字各有千秋，而且理由充分，第一处填有“摇”“抚”“拂”等字，第二处填有“映”“吻”“隐”等字，大家七嘴八舌、各抒己见，仿佛一瞬间自己都成了填词高手，纷纷对自己的作品进行解读；课堂气氛瞬间被带动起来。炼字是古人

[作者简介]张卉（1980 年—），大庆市第四中学，一级教师，主要从事高中语文教学研究。

推敲字词的境界，体现的是诗人对环境、情感等因素的综合体悟，是最能体现中国诗词传统文化的精髓之处。在导入环节，依托游戏设计的方法，融入中华传统文化知识，既达到了引入炼字话题的目的，同时也激发了学生的学习兴趣，让学生克服了畏难情绪，树立了学习的自信，也为后续的学习提供了心理保障，最大的限度地让学生参与到课堂中来。

二、课堂拓展，丰富知识储备

近两年对文化常识的考查重新纳入了高考，虽然只是以 3 分的选择题形式出现，但仍让很多学生大感文化常识积淀的不够，但面对浩如海的中国古代文化典籍又望而却步，深感能力不足。其实，高考对文化常识的常见考查点在高中古诗文中覆盖面很广，教师在授课时，可以抓住涉及传统文化的一个知识点进行适度地拓展，以问题的方式带学生进入对古代文化常识的学习记忆。例如：在学习高中必修篇目《鸿门宴》一课时，我抓住了“项王、项伯东向坐，亚父南向坐。亚父者，范增也。沛公北向坐，张良西向侍。”这个细节，把“文中的座位为什么这样安排呢？”作为问题抛给了学生，让学生调动已有经验进行思考。学生想到了项羽所坐位置应该为最尊，但却说不出其中的原因。这样我就抓住机会告诉学生：古代建筑分“堂室”结构，朝堂之上，自然是面南为尊；但在室内却是以东向为最尊，南向次之，北向再次，西向为最卑。因为这场鸿门宴是在室内举行的，学生自然而然地就明白了《鸿门宴》中座次之所以如此安排，是因为几人身份地位的尊卑有所区别，同时也让学生深刻地体会到中国古代文化礼仪的特色。有的同学还能由室内的座次安排联想到车上座位的尊卑排序等。中华传统文化博大精深，在古诗文课堂上选取一个点进行适度拓展，可以有效吸引学生的注意，激发学生学习的兴趣和求知欲，进而丰富学生的知识储备。

三、反馈多样，强化巩固积累

课堂反馈环节是检验课堂学习效果的必要环节，一般情况下，反馈的形式大都以试题形式呈现，要求学生准确作答。但古诗文课堂的反馈环节完全可以借助特色活动的设计以多种形式来呈现。

古诗词背诵默写一直被教师视为检验学生诗词学习最基本的方法，浩如烟海的中国古典诗词常常就是通过吟诵来体现其浪漫的魅力，如果只是一味地背诵、做题，学生会觉得特别枯燥。因此，在检验学生背诵默写的情况时，可以设计一场小型的古诗词背诵比赛，采取分难度答题的方法，采用给上对下、给下对上或者情景式默写的三种题型，让学生分组作答。这样既可以给学生耳目一新的感受，也让学生古诗词背默情况得到了很好的反馈。

古诗文中文化常识的考查涵盖范围比较广，我们可以将其中蕴含的字词的理解、文学典故的运用综合融入考查范围中，借鉴中华诗词大会的形式，依托现有条件设置“聚光灯”“飞花令”等环节，对学生进行文化常识的全面考查，不但让语文课堂充满比赛的热烈气氛，也让语文课堂充满传统文化的魅力，最大限度地调动学生学习的积极性。

有效的传统文化反馈活动设计，既达到了检验学生学习情况的目的，同时也在比赛中强化加深了学生的印象，巩固了学生对传统文化知识的学习效果，实现了知识的沉淀积累。

随着中华传统文化在社会各个领域的强化体现，以及国家主流文化的推崇和重视，其在教育中的重要地位已经逐渐显露出来。学习形式及信息手段的多样化使得中华传统文化在古诗文课堂中发挥的作用更为突出，因此，有效利用古诗文课堂，以优秀古诗文作品为依托，借助形式多样的活动设计，解读并学习中华优秀传统文化，丰富学生的文化素养已成为每一个语文教师必须要做而且要做好的事情。作为一名语文教育工作者，在认识到中华传统文化对学生学习语文的重要作用和意义外，还要在教育教学活动中积极探索传统文化与古诗文课堂融合的新方法和新途径，让中华传统文化在古诗文课堂教学环节中的应用更加广泛，发挥的作用更加突出。

新教材中的探究梳理板块的教学反思

——中国传统节日风俗

张 爽 大庆市第一中学

让学生学会学习，是每位教师终身追求的目标。如何让学生学会学习，我一直在探索，下面以《中国传统节日风俗》一课为例，谈谈我的做法。本课的教学内容是普通高中课程标准实验教科书第二册梳理探究板块《姓氏源流与文化寻根》中的年节风俗一节。由于我们没有现成的模式可依循，所以我也是在探索，不当处请大家批评指正。

课前思考

一、本文属于梳理探究性学习课型

“梳理探究”模块是新教材的一个亮点。梳理，可以使学生对过去所学的知识进行系统地整理，是一种重新学习的过程。通过梳理，学生对知识有了新的认识和体验，并从中掌握了一些规律性的东西；是新课改思想的一个重要体现。探究性学习，是一种在好奇心驱使下、以问题为导向、学生有高度智力投入且内容和形式都十分丰富的学习活动；是根据青少年身心特点提出的学习方法；是培养现代公民和创新人才的需要。探究性学习较之传统的接受性学习，最大的区别在于学生的学习方式发生了根本的变化。自主、合作、探究的精神比较集中地体现在这种课型之中。教师只是引导，不必给学生提供所谓的“标准答案”。探究并非要学生搞什么发明创造，而是培养学生探究的意识和精神，敢于怀疑、勇于探索，富有创新精神。

二、从文化寻根的角度切入，目的是引导学生对文化现象进行思考

《姓氏源流与文化寻根》这篇课文共有三部分，分别是姓氏源流、年节风俗、民族探源，我找了一个小切口，从中国传统节日风俗的角度入手去探索中

[作者简介]张爽(1975 年—)，大庆市第一中学，高级教师，从事高中语文教学研究。

国的传统文化。所谓文化，就是人类在历史发展过程中所创造的物质财富和精神财富的总和。世间万事万物都有个根。根就是源。人类文化历史悠久，灿烂辉煌，必有其产生的根源。寻找这个根源，具有深远的意义。寻根，可以是宏观的，也可以是微观的。寻根不是沉湎于对远古的回忆，也不是陶醉于昔日的辉煌。探源是为了根的复壮，寻根是为了挺出新枝。中学生的探源寻根是一种研究性学习，是走出传统的学习模式向着更加宽广的领域探索的学习方式，是发现自我强大自我的有效途径:一是能从文化寻根的角度了解中国的传统节日；二是通过研究性的学习培养学生自主、合作、探究的精神。

设计过程

这种探究型的课很难通过一节两节课解决问题，往往需要经过一个比较长的过程。具体说分为三个阶段 :

1. 接触阶段。这个阶段要阅读课文，即《姓氏源流与文化寻根》，明白文中所讲的内容,从中受到启发。然后选择自己的课题。我们班学生是自主选题，所选课题相同的就几个学生合做一个课题。将确定的课题告诉老师。最后定下九个探究课题，分别是 : 春节、元宵节、二月二、清明节、端午节、七夕、七月十五、中秋节、重阳节。

2. 准备阶段。每个同学都根据自己的兴趣，利用家庭藏书和学校图书馆查找相关资料，利用广播、电视、手机、互联网等多种信息传播平台，了解中国传统节日的知识。查找资料利用双休日的时间进行，资料尽可能丰富。每个学生将资料带回学校，同一课题组的成员共同对查找的资料进行分析，分出主次，找出那些能够生成课题观点的资料。对资料进行分门别类地整理，哪些直接引用，哪些间接引用，用在什么位置，要考虑妥当，合理安排。所以我教学目标中的情感态度目标定为以下两点 :

（1）通过对中国传统节日的探究，热爱中国的传统节日。

（2）通过对文化现象的思考，了解传统节日蕴含的丰富的人文精神，得到文化的熏陶，让民族文化得以传承。

当学生有了足够的自主时间进行自读自悟，实践探究后，就会有自己独到的体会和感悟。老师要及时安排课堂交流。“课堂交流”是学生有充分探究准备之后的主动要求和自我展示。当学生以成段的话语有头有尾，有理有据地阐述自己的观点和看法时，往往会产生师生之间，生生之间多向思维碰撞，从而有助于激起头脑“风暴”，使同学的不同认识相互排斥、冲撞、融合、认同。

3. 交流阶段。学生在课堂上将自己的成果展示出来，我们班先是小组内交流，然后选出代表班内交流。我们今天这节课就是班内交流。同学们共选出四组，分别是：二月二、七夕、中秋、重阳。

通过课堂上的展示，我发现学生一、二阶段完成得非常好，学习的兴致非常高，不仅仅去搜集信息，还能在占有大量信息的基础上去筛选、整合材料，甚至每组都做了课件，并表现出具有个性的讲授风格。

有些人认为在开展自主探究性学习时，学生是探究的主体，教师就没有太多的事情要做。其实在探究性学习实施过程中，作为教师仅仅为学生提供必要的材料，以及表达、交流的机会是不够的。教师的确应把学生作为学习探究和解决问题的主体，可教师的指导作用也是不可或缺的。这节课如果只停留在了解中国传统节日，那学生的认知可能就停留在表面，他们可能就不会想到今后要怎样去对待传统节日或传统文化，于是我为学生创设了一个延伸探究的情境，去谈谈中国传统节日被淡化的原因，激发学生继续探究的欲望，让他们感悟继承和传承传统文化的重要。这样才能真正体现自主探究性学习鲜明的实践体验、探索感悟的求知特点，从而显示自主探究性学习的优越性。

深入探索：

1. 不仅仅是学生要学会探索，我觉得我也需要。一节课下来，总感觉有这样那样的不足，也总有一些困惑。

2 我打出了两个镜头，可是没要求学生从镜头谈起，而是直接去让学生去寻找中国传统节日被淡化被遗忘的原因，这里是不是从镜头谈起比较好？

3. 从课的设计上看，主要是谈论我国的文化，是不是语文课的氛围不够浓，这种探究梳理的课是可以这样上，还是应该加入一些语文的东西，比如写写对联。

《苏武传》教学反思

朱东媛　大庆市肇源县第三中学

《苏武传》是新课标人教版语文必修四中的经典文章，是历史散文中的典范之作，文章篇幅较长，故事主要叙写了苏武被匈奴囚禁，与其贵族官宦的尖锐斗争，体现了苏武坚强不屈、重义守节，誓死捍卫国家尊严的情操。因此我在教学时，注重把握故事的情节，在苏武与单于一派的斗争中，展现人物的高大形象，从而落实情感教育，经过四课时的讲解，我既有收获也存在不足。

一、收获

其一在教学之前分析教材，注重教学重难点，结合教学大纲，主次分明，知识含量较大，切合高考。

其二授课之前“备”学生，对学生现有认知水平和能力进行分析，学生对《汉书》和班固不是很了解，因此我从文学常识角度加以强调。针对课文而言，学生已经具备了一定的文言语感，对文言实、虚词有一定的积累，这些有利于他们更好地走进文本语境。但是，由于受到心智水平和认知经验的限制，在理解文意、深透解读文本方面还存在问题，因此我注重文本分析，把其基本含义落实到位，文章涉及一些相关的历史事件，学生不甚了解，我在多媒体上做了简要介绍，对双方的斗争策略和人物复杂的内心，我加以引领和分析。

因此在此次教学中，让学生了解了班固及《汉书》的相关知识，学生积累了文言常见的字词和句式，培养了归纳整理字词的能力和习惯，引导学生学习本文塑造人物形象的技巧和方法，更重要的是让学生学习苏武的民族气节，弘扬爱国主义精神，自认为本课的讲解十分完美。既有知识的传授又有爱国情感的渗透，看似无懈可击，学生也提不出任何疑义，但随口提出的一个小问题却

[作者简介]朱东媛（1980 年—），黑龙江省大庆市肇源人，大庆市肇源县第三中学，一级教师，主要从事高中语文教学工作。

引出了我在教学中的不足之处。

二、不足

授课结束之后，我随口一问，如果你是苏武，面对这样一个艰难处境，你该如何处理，原本我以为同学们会像讲座人物形象时一样，把民族大义放在前面，把个人生死置之度外，会选择舍生取义，但同学们的回答让我始料不及。同学甲说：“老师，如果我是苏武我会选择自杀，因为苏武在后期的生活中，渴饮雪，饥吞毡，牧羊北海边，这种痛苦的生活我无法忍受，甚至前途十分渺茫，不如选择死来得痛快。”同学乙说：“老师，我会选择投降，因为父兄死、妻改嫁、儿女不知所踪，回到大汉遥遥无期，或许投降是一个不错的选择。”同学丙说：“老师，我会选择隐忍和坚持，应为男子汉大丈夫，生当作人杰，死亦为鬼雄，能屈能伸。”同学丁说：“我会选择随遇而安。”同学们的讨论特别热烈，甚至还有很多的支持者，由此也引出了一些新的问题，那就是有的同学说：“老师，苏武先前选择死，为什么后期又选择艰难地活？苏武对皇帝是尽忠还是愚忠？匈奴为何折磨苏武而不杀他？”原本认为自己既背了教材又分析了学生。《苏武传》这一课应该非常完美，但学生又提出了这么多的问题，课后我进行了深刻的反思。我备教材只是为了应对高考，对于固有的知识只要老师肯下功夫，学生努力，掌握起来没有问题，但是对其情感态度和价值观取向我只是照本宣科，教科书上说爱国我就固有传授，没有深入实际进行透彻分析，表面上我在学生身上下功夫，本质上我脱离了实际，根本就没有研究学生的心理，更没有联系现实生活对学生的影响。王阳明曾说过，要知行合一。我应该把固有的知识和现有的生活状态结合在一起，走进生活、走进学生心里，对学生的人生观加以指引。

苏武是一个时代的灵魂，面对卫律的威吓利诱、逼迫，苏武选择不惧、不屈、不齿，面对李陵情以致深的规劝，苏武始终保持富贵不能淫、贫贱不能移、威武不能屈的高风亮节，苏武不是“愚”而是智，是民族的大智，他不仅仅是一个中郎将更是一个外交使臣，他们出使不是代表个人，而是整个大汉民族，他选择死是不想国家受辱，他选择活是为了维护尊严。

现在的学生受到物质利益的冲击把“小我”看得比什么都重，而苏武把自己的外交使命深深地根植于自己的内心，他信仰坚定、坚贞不屈，支支利箭只能刺穿苏武的肉体，却无法摧毁他心中坚固的信仰堡垒，苏武只听从灵魂的召唤，只需要内心的平静，他遵从内心地活着。

教学相长，通过这样一课的讲解，我深深懂得教学，不仅仅是教会学生书本上的知识，更要教他们灵魂的升华，教书不是照本宣科，应从学生实际出发，知行合一。

中期成果

中华优秀传统文化与语文教学资源研究

万　云　大庆市第四中学

三皇五帝,《史记》《汉书》;唐宗宋祖，诗词歌赋。中华传统文化源远流长，其中优秀精华部分亦是其他文明所无法比拟的。作为中华传统文化的继承者与传播者，我辈务须对此做深入研究，自 2016 年 6 月承担此课题以来，我校同仁积极探索汲取传统文化的精华部分，深入研究挖掘高中语文教材，取得了些许成果，在此对研究成果做阶段性的总结。在课题推进过程中，我们课题组成员团结协作各司其职，精研教材，从教学设计、论文研究、教学感悟和录像课进行子课题的研究。本人与齐志伟、王学南老师、邹丽丽老师、南丽老师、张贺坤老师负责古诗文教学资源整合与研究，温丽丽和张妍老师以论文的形式对中华优秀传统文化与语文教学关系进行探讨，而李敏老师和张妍老师则身体力行，通过教学实践，把中华传统文化渗透到课堂里，取得了很好的效果。

具体的研究成果如下：

（一）教学设计类：

万云　《奇妙的对联》教学设计　　一等奖

南丽　《孔雀东南飞》教学设计　　一等奖

李敏　《扬州慢》教学设计　　二等奖

齐志伟《兰亭集序 》教学设计　　一等奖

王学南《奇妙的对联》教学设计　　一等奖

邹丽丽《夜归鹿门歌》教学设计　　一等奖

张贺坤《诗经 氓》教案设计　　一等奖

（二）论文类：

温丽丽《用传统文化灌溉现代课堂》　　一等奖

［**作者简介**］万云（1979 年—），黑龙江省大庆市人，大庆市第四中学，一级教师，语文教研组组长，主要从事高中语文教学研究。

张妍《情感教学之我见》　　　　　　　　　　二等奖

（三）录像课：

李敏　《扬州慢》　　　　　　　　　　　　　一等奖

张妍《纪念刘和珍君》　　　　　　　　　　　一等奖

综合我们课题组老师的研究成果与感悟，我现把我们研究这一子课题的一点想法，以及发现的一些问题谈一谈。

一、诵古代诗文，悟文化意蕴

熟读成诵进行语言积累是传统语文教学的法宝，也是语文学习行之有效的手段之一。用诵读的方式学习和积累传统文化是最具民族特色的，传统经典可积累的内容很多，我们根据高中语文教学的实际情况和学生的认知能力，要求学生对每篇学过的古诗文都要熟读，大部分篇目要求背诵，而不拘泥于考试的要求，像《烛之武退秦师》《鸿门宴》《滕王阁序》等经典篇目都要求学生熟读成诵。每天利用晨读时间让学生大声地朗读，让朗朗的读书声充满校园。要求学生对所选内容反复朗读，以至熟读成诵，牢记在心。这个诵读的过程，是培养学生语感、积累语言材料的过程，是博闻强记、增强记忆力的过程，也是对学生潜移默化地进行传统文化熏陶的过程。

二、进古代诗文，赏文化精髓

语文本来就是“文化”的最基本、最重要的载体，历来是一个人文化水准的最外在、最鲜明的标识。因此，我们要努力营造语文课堂的文化氛围，力求语文课多一点文化气息，让学生在课堂上领略到“文化”应有的魅力。对联是中国古诗的一种特殊表现形式，我在设计这节课的时候，除了介绍对联的基本知识，更让学生们领略了对联作为诗歌精华的艺术魅力。我先以故事导入：明人解缙，家门对着富豪的竹林。除夕，他在门上贴了一副春联：门对千根竹，家藏万卷书。富豪见了，叫人把竹砍掉。解缙深解其意，于上下联各添一字：门对千根竹短，家藏万卷书长。富豪更加恼火，下令把竹子连根挖掉。解缙暗中发笑，在上下联又添一字：门对千根竹短无，家藏万卷书长有。富豪气得目瞪口呆。然后介绍对联的基本规则，而这节课的一个重点就是让学生欣赏中国古代优秀的对联，进而在课堂成诵。

名联：

青山有幸埋忠骨 / 白铁无辜铸佞臣　春含情百花齐放 / 人有志万事俱成

天增岁月人增寿 / 春满乾坤福满门　青山不墨千秋画 / 流水无弦万古琴

风声雨声读书声声声入耳 / 国事家事天下事事事关心

名胜联：

①翁去八百载醉乡犹在　山行六七里亭影不孤（岳阳楼 · 范仲淹）

②四面湖山归眼底　万家忧乐到心头（醉翁亭 · 欧阳修）

哀挽联：

①译著尚未成书惊闻陨星中国何人领呐喊　先生已经作古痛洒泪雨文坛从此感彷徨（鲁迅）

②千古奇冤莫须有　百战忠魂归去来（岳飞）

进而让学生学以致用，尝试着对对联：

①上联：孙行者 下联：祖冲之（胡适之）

要求学生讨论，各抒已见，说出理由即可。

②上联：一代文章推《子夜》 下联：毕生心血似《春蚕》

再例如，我校齐志伟老师在讲授《兰亭集序》一文时，也现场挥毫泼墨，用不同的字体，写出几种不同的"怀"字，不仅把握住了王羲之的情感脉络，更给学生及听课的教师以感官上的震撼，让听课者听到了从前从未听到过的一节语文课，这就是语文教材中的文化的精华部分，把语文的教学和中华艺术宝库中的书法结合起来，给人耳目一新的感觉。

三、借古代诗文，承文化精神

高中古诗文不仅贮积了丰富的语文知识，更蕴含着深厚的文化意韵，字里行间处处流淌着中国文化浓浓的鲜活的血液。结合学生实际和教材内容，挖掘教材内在的文化因子，引导学生求真、求美、求智慧。

中国是一个诗的国度，古诗在语文课堂上的运用是最容易的，可以在导入中运用，也可以在任何需要引用古诗词来解决问题的过程中引用，还可以在课堂小结或总结时引用。当然，大量的引用古诗词主要是为了对学生进行情感教

育。

例如，爱国主义情感是中华民族传统文化中最为浓郁、最为强烈的部分。初高中学生都会接触到的一些名篇名句："位卑不敢忘忧国"是南宋诗人陆游一生爱国忧民的真实写照，他在《十一月四日风雨大作》一诗中写道："僵卧孤村不自哀，尚思为国戍轮台。夜阑卧听风吹雨，铁马冰河入梦来。"诗人点明自己虽然年迈力衰独处孤村，但并不悲哀绝望，还想着替国家出征防守边关，表达出诗人坚定不移的报国之志和忧国忧民的拳拳之念。屈原的《离骚》，杜甫的《春望》《登岳阳楼》无不抒发他们的爱国忧民情。教学时，我们让学生在理解诗句意思和时代背景的基础上，深入体会诗人的爱国情感。教育学生学习古人热爱自己的祖国，长大后做祖国的接班人和建设者，为自己的国家做出应有的贡献。教学时，可引导学生深入感知，领会诗中所表达的思想感情，对他们进行热爱家乡的教育，亲情教育、友情教育等，使之受到感染，进而对学生进行中华文化传统教育，让古诗这颗璀璨的历史明珠放射出更加耀眼夺目的光芒。

文言文负载着传统文化信息，语文教师要想更好地让学生理解掌握文言知识，吸取更多的有益成分，弘扬中国传统文化这一教法是必不可少的，更要在中国知识分子那里发现人格的魅力，挖掘他们思想的精华。在《梦游天姥吟留别》里，我们要体会到李白傲岸不屈的骨气，在《归去来兮辞》中我们也会十分羡慕陶渊明的洒脱，我们既钦佩苏轼的才情，也对他得能屈能伸艳羡得五体投地，我们既想拥有杜甫圣人般的情怀，也同情于他漂泊沦落的境遇，我们既想跟辛弃疾点兵沙场，又惋惜他把栏杆拍遍的无奈……

我们弘扬传统优秀文学艺术还要注重文章思想内容的学习，看看作者的思想是什么，为什么会有这种思想，作者的思想内容对我们有什么现实意义，我们写文章怎样才能塑造出如此之深的思想高度。我们在学习《劝学》时，就可顺便将现在学生的学习、生活和过去学生的处境做比较，让学生谈出自己的感受，从而使他们明白读书学习的意义、态度和方法，进而方能成才的道理。在指导诵读《< 论语 > 十则》中的"吾日三省吾身：为人谋而不忠乎？与朋友交而不信乎？传不习乎？"指导我们对朋友要以诚相待。教学中，可用先贤的言论来教育学生养成诚信的美德。教师不须一言说教，学生自然能感受到文学形象的人格魅力。在作品爱憎分明的情感熏陶中，学生能够自然感知是非曲直，接受诚信美德潜移默化的影响。

在课题研究的过程中，也发现了古诗文教学过程中的一些问题：

1. 教师在讲授古诗文时，方法单一，还有很多老师在讲解过程中进行逐字逐句地翻译，解读角度过于单一，导致学生丧失兴趣，这样，无论什么样的优秀文化也都无法传承了。

2. 学生缺乏主动性和积极性，现在社会，知识爆炸、信息多元，学生还处在认知不完全成熟的阶段，学习的兴趣很容易被社会上的一些文化快餐甚至垃圾文化所吸引，中华传统文化若不能与时俱进，在语文教学中走出一条创新之路，中华传统文化的传承将举步维艰，借着这个课题研究的东风，我们将进一步探究。

中国文化、源远流长，文化寻根，探得宝藏。我们要研究中华传统文化与语文教学资源之间的关系，建立起开放式的语文教学理念，努力拓宽语文学习的渠道，把书本学习同实践活动结合起来，让学生成为不仅是文化知识的消费者，而且是文化知识的发现者，要将中华优秀文化成果内化为学生的人格、气质、素质。这个课题的研究还需要我校老师的进一步努力，只有这样，我们的文化才能始终“屹立不倒”，我们的语文课也才能“有血有肉”，丰满起来。

现代课堂教学特质指导下的古诗文教学研究

沈　佳　大庆市第十中学

一、课题简介

2016年5月我校向中国高等教育学会重点科研课题“中华优秀传统文化与现代语文课堂教学实践研究”组申报了子课题《现代课堂教学特质指导下的古诗文教学研究》，同年得以立项，并于2016年7月19日—25日全国课题组的统一领导下顺利开题。一年多来我们力求做到领导重视，课题研究人员工作到位、踏实研究，课题研究紧张有序，开展顺利。

语文新课标指出："诵读古代诗文，有意识地在积累、感悟和运用中，提高自己的欣赏品味和审美情趣。”搞好古诗文教学，既能促进学生的智力和语言的发展，又有助于陶冶性情，激发积极向上的意志，提高学生的鉴赏能力。尤其在现行教育体制下，应试教育使得教师、家长和学生过多地侧重于高考试题的研究，忽略了语文教学本身，尤其是古诗文教学对传统文化的理解和传承。因此，在课题成功申报后，我们课题组成员对课题研究的内容和目标进行讨论，重点确立了以下三个研究策略：

1. 注重知人论世，引导古诗文学习

因为古诗文的写作时代久远，与今日学生的生活经验落差较大。再加上古诗文抽象、精练、含蓄的特点，容易造成学生理解上的困难，因此，通过知人论世，了解作者生活的背景和经历，有利于加深对诗文的理解。

2. 注重个性化解读，培养鉴赏能力

“一千个读者就有一千个哈姆雷特”，由于每个学生的生活积淀、文化底蕴和审美情趣不同，审美的结果自然也就不同。在对古诗文理解方面，一定要充

[作者简介]沈佳（1982年—），大庆市第十中学，一级教师，从事高中语文教学及研究。

分体现和尊重自主学习和自主感悟，通过激发学生的想象力，使诗情画意浮现于学生的脑海，从而产生独特的审美体验。

3. 注重拓展阅读范围，升华古诗文情感

此方面我们主要是从拓展同主题作品、同题材作品、同作者作品来加深学生对诗文内容的理解和对作者写作风格、思想感情、人文内涵的把握，从而真正了解传统文化中古诗文的精华所在。

二、本阶段课题研究内容及目标

（一）研究内容

1. 研究教材中古诗文文本，挖掘传统文化内涵。

2. 研究现代课堂教学的本质，加强教育理论的学习，转变教育理念。

3. 研究适合学生的古诗文教学策略和学习方法。

4. 研究现代教学手段对传统古诗文教学的影响。

（二）研究目标

通过对中学语文中古诗文内容理论和教学实践的研究，找到一条适合我校学生高效学习古诗文的道路，帮助教师运用现代科技融入课堂，在现代课堂教学特质下总结出更加有效的古诗文教学方法，使学生实现兴趣的激发、知识的掌握和能力的提升。

三、课题研究情况

《现代课堂教学特质指导下的古诗文教学研究》课题从 2016 年 5 月进行至今，已经经过了确定课题、制定方案的准备阶段，进入了实施阶段。这一阶段的主要研究任务是进行实践探索，教师在实验中跟踪典型课例，坚持研讨交流，及时反思改进，争取探索出适合我校学生的古诗文教学方法。为了达到目标，我们主要做了以下几方面的工作。

（一）在理论学习中更新教育观念

1. 挖掘古诗文的内涵，提高专业水平

我们采用了集体学习和分散学习相结合的方法，研究教材内古诗文篇目内容和深刻的文化内涵。课题组成员通过查阅专著、阅读教育教学类刊物、网络课堂等方式自主分散查阅了大量有关资料，跨出教材和教参的局限，对包含中华传统文化的古诗文进行全面深刻的理解。之后在课题组内进行交流，互相补充，提高知识储备和专业能力。

2. 参加校内外组织的与课题相关的培训学习活动，提高思想层次和理论水平

2016 年 7 月 19—25 日，课题组成员参加了在山东省威海市举办的“弘扬优秀传统文化，落实少教多学理念，关注学生核心素养，建构现代语文课堂”专题培训活动。会上听取了中国高等教育学会重点科研课题“中华优秀传统文化与现代语文课堂教学实践研究”开题培训会。了解了课题的背景和研究方向，对课题研究方案的制定和实施有重要的指导作用。

2016 年 12 月 6 日，课题组成员参加了大庆市东风中学举办的“大庆市高中语文学科教学模式”研讨会。这次研讨会使我们了解了现代语文教学理念的转变和新型教学模式的应用，并对转变古诗文授课方法有所启发。

2016 年 12 月 12 日，组内成员参加了实验中学举办的“构建高效课堂，聚焦核心素养”语文学科研讨会。这次学习活动令课题组对《中国学生核心素养》有了深刻地了解，从专家的授课和讲座中得到了思想方面的启迪，有助于今后的课堂教学实践。

2017 年 3 月 15 日，成员参加了大庆市中小学骨干教师系列培训（第一期），转变了教学观念，明确了教师是课程改革实践者的重要身份，为成为合格的骨干教师打下基础。

2017 年 3 月 18 日，参加了大庆市东风中学举办的 2017 年大庆市高三语文复习课教学培训会，领会了高考改革的方向和细则，在教学中及时调整方向，培养学生的语文素养。

2017 年 5 月 20—27 日，参加由大庆市进修学院组织的访学团赴深圳学习的交流活动，开阔视野，借鉴经验，为建立一个学习研究的共同体而努力。

2017 年 6 月，多次参加大庆市语文名师工作室开放日活动，深入解读《中国学生发展核心素养》，明确语文教学的任务与责任，学习开展群文阅读研究，在课堂教学中落实核心素养的培养。

（二）在听评课教研学习中摸索教学方法

课题研究开展以来，实验教师依据教学内容和学生情况设计教学，在实验

中跟踪典型课例，以研讨课的形式实践探索，反思课程，相互交流、取长补短、互相提高。课题组成员积极参加校级的公开课、竞赛周、课例课、汇报课等授课活动，取得了多项成果。完成《文言翻译》《名著导读——论语》《<阿房宫赋>试卷讲评》《文言文特殊句式——判断句》《子路冉有公西华侍坐》《优美的汉字》《文言翻译能力提升训练》《劝学》《诗歌传千古，人间有温情——清明节例说》《中国建筑的特征》等课例。每位参研人员从环节、过程、师生地位角色、学生学习方式、参与达成状态、课堂效果等诸方面进行评课。同时完成课堂实录，教学反思等材料，以此促进全体实验教师共同学习、共同研究、共同反思、共同进步，促进课题研究的高质量完成。

（三）在指导学生活动中改善古诗文学习方式

教师在教学中加强古诗文的阅读指导，在日常教学中，教师向学生推荐与课文相关的书籍，通过读书会等活动进行交流评价，使学生在阅读过程中逐渐品味到古诗和古文的魅力。教师利用早自习的时间，组织早读活动，带领学生大声地、有感情地诵读课内外经典古诗文，在朗读中加深记忆，体会古代文学作品蕴含的感情和道理。我们为学生订阅了首都师范大学主办的《语文导报》，其中的古文欣赏板块由教师进行点拨，拓展了学生古诗文的阅读面，增强了兴趣和自学能力。此外成员教师还指导学生参加了第十七届全国中小学生“创新杯”作文征文活动，获得了奖项和荣誉，有助于调动学生积极性，使语文学习变得不再枯燥。

（四）学习现代信息技术，改良教学手段

为了更好地掌握现代教学手段，成员参加了校内定期举办的关于“互联网+”的多项技术培训，学习了电子白板、Camtasia Studio网络录播系统、希沃授课助手、网络教学与网络家长会等现代科技软件的应用，在教学实践中应用多媒体技术辅助教学，探索有利于古诗文教学的手段。

2017年4—6月，课题组成员参加了信息技术应用能力提升工程“融合骨干教师”第三期培训班，进一步学习新媒体新技术，与语文教学有机融合，为改善传统课堂，提高学习兴趣，更好地传授知识提供保障。

（五）初步取得的成绩

1. 学生方面

教师在教学过程中践行了现代课堂“少教多学”的理念，改变了传统“满

堂灌”的教学方式，大大提高了学生课堂的参与度，提升了课堂效率。学生善于利用新媒体学习古诗文，教师就进行合理地引导，利用新媒体新技术进行课堂教学，使古诗文不再是枯燥的文字，变得更加声情并茂，极大地激发了学生的学习兴趣。加强经典古诗文的诵读，又形成良好的诵读习惯，提高了鉴赏能力。

2. 教师方面

学习领会高考改革的精神，善于挖掘教材中的精华，让以前忽视的部分重现光彩。课堂中加强文化常识的渗透，培养学生的文化内涵。转变教学模式，引入“学案导学”“问题驱动”等新型模式，改变传统教学方式，使课堂更加活跃。善于在古诗文授课中增加联系，将学过的知识进行迁移，用课外的知识进行补充，把古诗文原本的面貌展现给学生，增加了课堂的知识性、文化性、趣味性。

四、课题阶段性研究成果

《现代课堂教学特质指导下的古诗文教学研究》课题立项以来，得到了学校领导的关怀与支持，为我们提供了很多学习和科研的机会。我们抓住机会，积极参加教育培训和理论学习。通过培训掌握政策新变化，领会高考改革新方向，调整教学目标，把握考试标准。除了参加大庆市教师进修学院的教师培训活动之外，还参加了实验中学、东风中学、大庆一中、大庆四中等重点学校组织的课例展示与交流研讨活动，加强校际联系和资源共享，学习先进的教学模式，探索适合我校的教学方法。同时校内也组织了周赛课、组内教研课、课例研评、新教师汇报课等不同形式的课堂展示活动，提高了教学能力。成员还参加了国家、省、市级的教育科研活动，并在与全国优秀教师的竞争中取得了优异成绩，为课题积累了实践成果。

（一）教学基本功方面

每学期每位教师做一节公开课。其他实验教师对研讨课进行讨论、分析，并形成文字资料和电子记录。2016 年 5 月至今，课题组完成了《文言文翻译》《名著导读 —— 论语》《<阿房宫赋>试卷讲评》《文言文特殊句式 —— 判断句》《子路冉有公西华侍坐》《优美的汉字》《文言翻译能力提升训练》《劝学》、《诗歌传千古，人间有温情 —— 清明节例说》《中国建筑的特征》等课程的展示，将先进的教学策略引入教学实践，运用“导学案”、问题探究等教学模式，在实践中创新，在创新中积累经验，形成了教学设计、评课记录、教学反思等材料，增强了课题研究的效果，达到了预期的目的。教师在实验中提高了专业水平和教学能力，取得了优异成绩。

2016年7月沈佳、牟东梅在全国教育科学“十二五”规划教育部规划课题“‘少教多学’在中小学语文教学中的策略与方法研究”结题暨“十三五”科研课题“中华优秀传统文化与现代语文课堂教学实践研究”开题培训会举办的全国语文教师教学基本功大赛中表现出色，成绩优异，荣获一等奖。

序号	类别	姓名	题目	等级
1	教学设计	沈 佳	《阁夜》	一等奖
		牟东梅	《文言倒装句式》	
		杨海民	《古代官职的升降》	
		张典群	《项羽之死》	
		刘佳莹	《登高》	二等奖
2	微课	沈 佳	《文言文特殊句式之判断句》	一等奖
		牟东梅	《文言倒装句小练习》	二等奖
		张典群	《交际中的语言运用》	
3	实践活动设计	卢又宁	《〈迎端午，缅故人，扬传统〉端午节班会活动设计方案》	一等奖
		孙 丽	《〈我是向上向善好队员〉主题队会》活动设计》	
		张文明	《中西方节日之比较》	
4	教学课件	黄锦石	《优美的汉字》	一等奖
		沈 佳	《中国建筑的特征》	
		刘佳莹	《登高》	
		王凤华	《雨霖铃》	
		苗占英	《诗词入文神韵来》	
		牟东梅	《鉴赏古代诗歌中的意象》	
		巩 固	《名篇名句默写专项练习》	二等奖
5	教学案例	沈 佳	《激发学习兴趣，生动语文课堂——名著导读 <论语> 教学课例研究报告》	一等奖
		牟东梅	《探寻规律，化难为易——<高考文言文复习之文言特殊句式>教学课例研究报告》	
		高 微	《掌握方法，志在必得——<高考文言文复习之文言翻译>教学课例研究报告》	二等奖
6	教研论文	巩 固	《借助新媒体技术弘扬传统文化——浅谈微课在古诗文教学中的运用》	一等奖
		许艳华	《浅谈高中古诗文的情境教学》	
		张 艳	《古诗词——传统文化中的瑰宝》	
		孙 丽	《把中华优秀传统文化经典“嵌”在学生脑子里》	二等奖
7	教学优质课	孙 丽	《黄山奇松》	一等奖

（二）教育科研方面

多位教师参加了中国高等教育学会教师教育分会科研课题“中华优秀传统文化与现代语文课堂教学实践研究”课题第一届年会举办的优秀科研成果评审，获得了优异的成绩。

（三）学生方面的成果

实验教师通过在课堂上运用新媒体、新技术手段进行古诗文教学，引入视频、动画等素材，学生的学习兴趣得到了明显提高。教师改善了传统的讲授式授课，以学生为主体，教师为主导，发挥学生的自主思维能力，学生的学习习惯得到了改善，能够主动思考问题。课题研究以来，我们为学生订阅了《语文导报》，教师们有意识地引导学生阅读课外古诗文，并在课堂上交流课外阅读的体会，学生的学习能力得到了提高。2016 年 12 月和 2017 年 5 月实验组内的学生在第十七届全国中小学生“创新杯”作文征文中，取得了多个一等奖的优异成绩。

（四）课题进程方面

完成并提交了《开题报告》《课题实验方案》《阶段研究计划》和《阶段总结》，对每个月定期组织的课题组研讨会进行了会议记录。

五、存在的问题及有待研究的问题

1. 未形成具有普遍价值的古诗文教学方法

课题研究至今，还处于实验阶段，很多东西还在继续摸索中，实验材料已积累了很多，已在一些班级的课堂实践中总结出了一些经验，如在讲授古诗文时引入视频素材，在巩固背诵默写环节运用白板工具等方法，起到了提高学习兴趣和帮助记忆的作用。但具有普遍意义的教学方法还有待进一步提炼。今后应做更加深入地研究，从实验材料中归纳适合学生的古诗文教学方法。

2. 未形成科学的教学评价

古诗文的课堂，学生掌握知识的程度比较容易评价。但现代课堂不仅要求学生背诵默写古诗文，还要在课上对学生的主动参与度、教师的合理引导等方面进行综合评价，这样才能判断一节课是否成功。我们在今后的实施过程中要用科学的方法控制变量，来检验实验的结果，使结果更准确，更有说服力。

3. 组内成员科研交流不充分

课题组内成员分布在不同年级，虽然在研究的广度方面占有优势，但缺乏交流与合作。因此定期举行课题组研讨会是非常重要的，平时成员自由进行个人分工部分的研究，在研讨会上互通有无，将自己的研究情况和其他成员进行交流分享，互相提出意见和建议，才能认清不足，进行改进，不断进步。

六、下阶段研究工作计划

在今后的课题研究中，我们针对以上课题研究的一些现状，提出了今后课题研究的着力方向：

1. 整理研究资料，进行阶段总结

在每一次整体研究前，对本次研究要留下的资料进行具体计划，专人专项负责，争取留下完善的研究资料。成员独立研究时，建议将各自课堂提问的内容具体落实在文字上，以便为最终总结提供依据。在资料积累到一定阶段时，举办研讨会，总结经验和不足，将实践经验总结成理论成果，便于再次指导教学实践。

2. 形成教学评价标准

在繁杂的教学活动中，要形成能够判断教学实验结果的评价标准，最好是通过商讨，制定教学评价质量表，包括教师的教学设计评价、课堂效果判断、学生接受情况反馈等。这样将评价形成标准，有助于使研究有理有据，也有利于教师对古诗文教学课堂从整体到细节的把握，更为客观、合理。

3. 增进研究深度，形成有效教学模式

在今后的课题研究中，我们研究小组要抓住每一次教研的机会，有计划、有目的地完成课题研究。做课时，可以考虑把自己所带不同层次的班按“同课异构式”教学，然后进行对比总结，形成适合所有班级的共案和适合不同层次班级的个案。在原有课题研究成果的基础上，不断深入进行课题研究，对课题研究状况进行回顾和反思，对在过去的课题研究中存在的不足进行分析，适当调整研究方向，探索出行之有效的古诗文教学方法。

4. 普及多媒体技术培训

现代课堂多媒体技术必不可少，教师应与时俱进，积极学习，掌握新媒体、新技术，才能与学生的思维接轨，增加课堂的趣味性，提高学习兴趣。使千百年来的文字“活”起来，更加直观，易于接受。今后争取定期举行、参加技术培训活动，使教学更加符合现代课堂的本质。

中华优秀传统文化与语文教学资源研究

崔晶莹　大庆市第十三中学

2016年6月，大庆市第十三中学高中语文组几个老师参与中国高等教育学会教师教育分会“十三五”科研课题“中华优秀传统文化与现代课堂教学实践研究”子课题“中华优秀传统文化与语文教学资源研究”。立项以来，我们严格遵守课题研究的有关程序和要求，认真组织、落实课题研究实施方案。目前，课题组已初步完成了预定的研究任务，在理论和实践两个方面都取得了显著的成果。现将相关研究情况汇报如下：

一、本阶段课题研究的主要活动

1.2016年6月5日，确立本组课题为“十三五”科研课题“中华优秀传统文化与现代课堂教学实践研究”子课题“中华优秀传统文化与语文教学资源研究”。

2.2016年6月，本组课题“中华优秀传统文化与语文教学资源研究”课题进行材料申请。

3.2016年6月，先后展开以课题组为依托的公开课活动，为课题组成员研究提供材料。

2016年6月13日，崔晶莹《定风波》；

2016年6月13日，李素芹《张衡传》；

2016年6月14日，吴婷婷《张衡传》；

2016年6月14日，李佳《千古兴亡多少事，叹人叹已叹人生——读懂咏史怀古诗》；

[作者简介]崔晶莹（1984年—），大庆市第十三中学，二级教师，现任语文教研组长，研究领域为语文教学中的传统文化方面。

2016 年 6 月 15 日，刘丹丹《比兴艺术手法赏析》。

4.2016 年 9 月 2 日，课题组全体人员齐聚会议室进行开题报告。布置阶段性研究策略、要求。

5.2016 年 11 月 30 日，崔晶莹公开课《菩萨蛮》，依托公开课研讨课题。

6.2016 年 12 月 30 日，向课题组提交研究成果共计 20 余项。

7.2017 年 3 月，先后开展以教研组为依托的公开课活动，为课题组成员研究提供材料。

2017 年 3 月 12 日，课题组教研、指导语文教师李腾达《蜀道难》公开课。

2017 年 3 月 13 日，课题组教研、指导语文教师张雅楠《伶官传序》公开课。

2017 年 3 月 14 日，课题组教研、指导语文教师杨琳琳《小说阅读之自然环境描写的作用》公开课。

2017 年 3 月 14 日，高中部校长迟德华参与课题研究讨论会，课题组以传统文化为依托，从课堂问题设计的角度进行解读、讨论，李素芹、杨雪岩、刘矿有等进行了指导，课题研究收获很大。

8.2017 年 3 月 17 日，课题组成员刁国利示范公开课《高三试卷讲评课》，探讨高考试卷中的传统文化知识点。

9.2017 年 4 月 10 日，课题组成员周园园示范公开课《高一试卷讲评课》，探讨高一语文传统文化知识点总结。

10.2017 年 4 月 18 日，课题组成员崔晶莹示范公开课《高二试卷讲评课之诗歌鉴赏》，探讨高考试卷中诗歌鉴赏中相关传统文化知识点。

11.2017 年 5 月 17 日、20 日，课题组成员周园园进行了《声声慢》试讲，课题组成员教研、评课。

12.2017 年 5 月 23 日，课题组成员周园园进行了公开课《声声慢》展示课题成果，依托学校高效精准教研，开展课题传统文化在古诗词中的合理运用。

13.2017 年 5 月 23 日，课题组成员召开会议，汇总课题的阶段研究成果，要求课题组成员将研究成果统一报到主持人。

二、课题研究的主要内容和方法

研究教材——明确优秀传统文化在语文教学资源中对学生产生的巨大作

用。

研究学生——针对学情，我校语文学科可以采取的能够切实提升学生素养的有效中华优秀传统文化能够以何种方式成为语文教学资源，各位教师分别做多种尝试，提高学生语文素养。

研究教师——语文教师要产足学情，整合教学资源，有效教学。“教什么”是科学，“怎么教”是艺术，从而解决以下三个方面的问题：

1. 准确理解教材内容，挖掘教材的教学价值，发挥教材这个“例子”的教育和示范作用。

适合我校学情的课本有关传统文化教学内容的整合。

2. 课外中华优秀传统文化对我校学情下语文教学资源的合理挖掘，教材之外，应该给学生更多的选择空间，研究如何把中华优秀文化经典融入教学活动，把古代教育思想精华渗透到课堂教学中。

3. 语文课堂外中华优秀传统文化对语文教学资源的合理拓展。

三、本阶段课题研究的基本结论

（一）整合教材，在大语文观引领下对教材大胆整合，提升教学效率。

针对普高学校学情精准分析，在考察学生的整体语文水平及现有教材教学任务量的前提下，经过反复实践和调研，我们课题组认为准确理解教材内容，挖掘教材的教学价值，发挥教材这个“例子”的教育和示范作用，应在适合我校学情的课本中对有关传统文化教学的内容进行整合。现行必修五本及各类选修教材，在现有学情下不可能完全讲授完，尤其是高二下学期高考复习阶段，为此我们在个别班级开展教材整合、课文整合的方式进行授课。

比如李佳老师在《千古兴亡多少事，叹人叹已叹人生——读懂咏史怀古诗》一课中就将课文《念奴娇·赤壁怀古》《咏怀古迹（其三）》课内篇目整合，结合选修咏史诗歌进行整合，学生在一节课中重点分析一至两个诗歌，学习了方法和技巧再举一反三，适用到同类诗歌中，提升了实际教学效率。

当然，在几次尝试中，针对课文吃不透、学生学不精的问题，我们设置了先背诵、理解，再讲新课的思路，这样整合课文后，学生学得系统，掌握知识点更轻松。但这类整合，容量比较大，只适合我校重点班级使用，普通班级相关探索仍在进行中。

（二）精讲精学重点诗歌古文篇目，品读经典，讲透讲好。

语文教学学时安排有限，现行教材中将一些经典篇目列入选修课本中，甚至列在选修学生自主研习部分。但无论在文章思想性还是文化传承性上，这样的处理都显得不太好。在经历了三轮的教学后，我发现《六国论》《庖丁解牛》《阿房宫赋》这样的文章，放在选修教材中位置尴尬，不进行精讲精练，对于中国古代哲学思想深入理解和对古代散文文体的系统理解就很不到位。因此，在实际教学中，我往往会把这三篇重点讲，甚至在教学顺序了我也做了调整，凡是能够体现古代哲学思想的文章，放一个单元讲，古代散文文体一致或有前后承袭性的，我也会放在一起讲。这点和第一点研究成果是一致的，要对教材进行大胆整合。精讲精学，不是面面俱到，而是挑一重点，讲透，使学生能够在前后文一系列学习中明确这一重点，做到一讲即透；讲好，使学生能够在学习中感受到文章的本真美，在记忆深处记识这节课，从而真正做到对传统文化的珍惜和喜爱。

（三）开发资源，开展多种形式语文活动。

语文教学归根到底是传统文化的传授和学习过程。在实际教学中我们发现，一些经典内容在教学中需要进行拓展教学。

比如说《诗经》，虽然学生初中已经学过一些，但对于我校学情基础的学生而言，这些学习似乎不足以让孩子们完全掌握《诗经》六艺，因此我校刘丹丹老师以《比兴艺术手法赏析》公开课为研究对象，上了一节《诗经》拓展课，课堂是以高考的问题形式进行展示的诗歌以讲为主，以讲带练，以练带结，新授课与复习课相结合，讲授法与训练法相交替，在课堂上拓展语文教学内容，使传统文化在课堂上的传承更有阶段性，学生便于理解。

当然这些手法的使用，基本出现在高二高三时期，便于教师在总结、拓展知识点时使用，具体哪些课型需要做语文教学内容拓展，仍然需要我们研究。

在实际教学中我们发现一些课文包括梳理探究，在实际学情中不适宜展开调研、报告等方式，根据学校学生普遍分数低、素质较差的实际情况，我们课题组针对传统文化这一核心要素，进行了一系列不需要在课堂学习，通过课下语文活动来展示的活动。比如成语大赛、语文趣味竞赛、诗歌朗诵、书法比赛

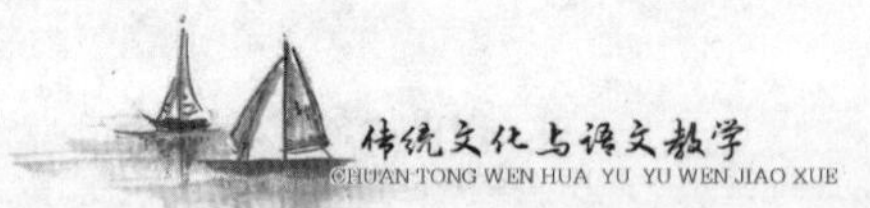

等，这些活动，调动了全体学生参与对传统文化的热情，是现阶段我们最有效、最高效的研究成果和教学手段。

（四）开展传统文化相关的校本教材，拓宽学生视野。

在本阶段研究成果中，最有收获的就是这一点。我校崔广辉老师一直对传统文化的校本教材有独特研究，他的“舌尖上的中国节”“美食与文化”等系列教学独成一系。在几次大型公开课活动上，这种具有整合性、拓展性的教学内容和主题，吸引了学生的关注热情，与生活紧密相连，又十分接地气儿，是现阶段本课题中较为成熟的一项研究成果。我们课题组刁国利老师，在此基础上，针对《诗经》教学这一部分，也进行了类似尝试，学生听课状态、接受程度明显好于正规课堂教学。

现代课堂教学特质指导下的古诗文教学研究

邵　艳　大庆市第二十八中学

2016年6月，我校提交申报的中国高等教育学会教师教育分会“十三五”科研课题《中华优秀传统文化与现代课堂教学实践研究》子课题《现代课堂教学特质指导下的古诗文教学研究》获总课题组批准立项（课题批准号：2016128）。2016年6月—2017年6月，课题组根据课题实施方案及学校教科研工作计划，开展了深入细致的研究工作。现将这一阶段课题研究进展情况作一简要报告：

一、本年度研究工作进展情况

本课题的主要研究内容：

在现代课堂中，如何切实有效地开展古诗文教学，激发学习兴趣，体现学习的主动性、自主性、体验性、问题性和独特性，从而达到提高学生语文素养，汲取传统文化精华，传承并弘扬中华文明的目的。

解决的关键问题：

1. 古诗词教学中，如何突破考试模式的束缚，指导学生个性化的赏析作品。
2. 探究文言文教学的新模式。
3. 如何引导学生对传统文化进行创造性地运用。
4. 如何科学合理运用多媒体网络教学资源辅助古诗文教学。

我们重点围绕“学生在古诗文学习中的困惑”和“现代课堂教学中多媒体网络教学资源的辅助应用”等层面展开研究工作。

（一）2016年6月，我们对古诗文教学“学生学前学习状态”和“学生学后效果”进行了调研，通过调查数据分析，总结出了影响课堂教学质量的一些

［作者简介］邵艳（1977年—），大庆市第二十八中学，高级教师，教研组长，主要从事高中语文教学研究。

因素，分析了现代课堂教学特质与古诗文教学研究的关系，课题组就上述两个调研内容进行了讨论交流，形成了课题调研报告。

（二）2016年9月，我校课题负责人邵艳就课题组在市里召开的子课题负责人会议精神进行了传达，就课题研究任务、研究内容、研究方法、研究进展情况向课题组教师进行了传达，使本课题研究成为教学实践的一个舞台。

（三）2016年下半年，我们开展了以课题研究为核心的“古诗文课堂教学观摩研讨”活动，通过教学活动的展示，提高教师运用多种教学手段的能力，探索现代课堂教学特质与古诗文教学研究的关系。

（四）2017年4月，开展了以围绕《现代课堂教学特质指导下的古诗文教学研究》课题研究内容的教学研讨。通过课题研究的个案研讨，我们就研究过程中出现的问题、展示的成果进行全面地交流研讨，在研讨中我们弥补不足、收获经验、收获成功。

（五）2017年5月，根据总课题组活动，我们进行了“教学设计”的撰写和“教学课件”的选送工作。课题组教师用多媒体辅助教学的方法对教学实践中的难点进行分解，形成自己独特的教学方法，并撰写出切实可行的教学设计，制作了精良实用的教学课件。课题组组织评选，并选送了两篇教学设计和七个教学设计上交总课题组，取得了优异的成绩。

二、课题研究主要成果

1. 以课题研究为载体，突出课堂教学研究实践。把课题研究作为教师展示个性化教学、践行教育理论、构建教学模式的舞台，使课题研究融入课堂教学，在教学实践中分析问题，总结经验，形成浓郁的研究氛围。

2. 通过课题研究，已初步形成了课题研究的基本模式。以篇章整体涵泳触发个性化理解思考，实现阅、读、思、悟的全面结合，积累知识点，潜移默化地培养能力；教学中就地取材，善于利用教材，尽可能在教材本身提供的篇目资料范围内展开古诗文比较式教学，注重同中求异、异中寻同；立足教材文本拓展教学思路，鼓励科学质疑，允许多样解疑，以激发学生的学习思考兴趣，调动积极健康的情感体验，使学习变得快乐而高效。

3. 现在的多媒体教学是特指运用多媒体计算机并借助于预先制作的多媒

体课件来开展的教学活动过程。对于浩如烟海的多媒体网络教学资源，通过课题组成员归纳整合、实际应用，上传课题组资源库，作为其他成员借鉴的资料，在组内达到共享。

4. 教师教育科研成果丰富。本年度，教师参评教学论文获奖 3 篇、教学课件 5 个、教学设计 2 篇；教师参与市级以上各类教学竞赛获奖 2 人次。

三、课题研究存在问题及改进措施

1. 理论支撑的力度不够。教师没有成体系的理论依据来指导自己的课题研究，以致理论依据比较单薄，无法很好地支撑课题；应加大科研培训力度，进一步提高科研意识。

2. 研究过程中总结不够及时。目前教师虽然已经掌握了课题研究的基本方法和步骤，但在研究过程中大多教师没有注意到及时总结和反思的重要性，以致总结不够及时，很多资料保存不够完整，不能为下学期的研究提供有价值的参考，教育规律的总结还有待加强。

3. 教师科学合理运用多媒体网络教学资源辅助古诗文教学的能力有待加强。

四、下阶段研究工作思路

2017 年下半年，我们将基于以上课题研究工作的经验及其成果，着手做好课题的相关工作，分析问题，创新方法，构筑起新的教学模式，深化课题研究工作，努力促进全校师生的共同发展，促进课题研究取得实质性突破。

1. 加强课题组成员教学理念的培训学习，把“转变观念，优化方式，激励上进，普遍提高”作为自己日常教育教学工作的自觉行动。

2. 进一步提高现代课堂教学特质指导下的古诗文教学研究，将完成包括资料、成果的整理归类，简述本课题研究的相关理论认识、主要实践经验及突出的教育教学实效、结题研究报告的撰写等。

现代课堂教学特质指导下的古诗文教学研究

庞金艳　大庆市三十五中学校

我的《现代课堂教学特质指导下的古诗文教学研究》课题自 2016 年 10 月申报以来，经过将近一年的研究与实践，通过对高中阶段学生古诗文学习情况的摸底调查，以及对古诗文课题教学的实践探索，我对“现代课堂教学特质指导下的古诗文教学”，进行了更为全面地思考。下面对课题研究的进展情况和课题研究的一些工作进行阶段性总结。

一、工作进展情况

（一）课题准备阶段

1. 了解学情，确定子课题

古诗文教学是新课程理念要求，也是时代对人才培养的需求，更是作为炎黄子孙传承优秀传统文化的要求。《语文课程标准教学建议》要求“充分发挥师生双方在教学中的主动性和创造性……教师应转变观念；更新知识不断提高自身的综合素质；创造性地理解和使用教材；积极开发课程资源，灵活运用多种教学策略，引导学生在实践中学习”。然而，现在高中语文教学，致使学生对优秀传统文化继承得不足，使学生写的作品粗俗浅显，没有文化品位，没有很好地完成高中语文教学任务，从而荒废了学生的学习时间，主要存在以下问题：

（1）教学方法过分强调讲授，学生自主学习的时间少，缺少积极思考和自主探究的空间，缺乏了问题意识、合作意识，古诗文阅读能力得不到培养。

（2）许多练习缺乏针对性、趣味性，又不能及时反馈矫正，练习的效率低下。

［作者简介］庞金艳（1975 年—），大庆市第三十五中学校，高级教师、学科备课组长，兼任大庆市教育科研兼职教研员，市级骨干教师，擅长语文教学研究。

（3）由于课堂教学形式单一，忽略了古诗文教学的规律和古诗文的文化内涵使教学内容显得生涩而无趣，很难激发学生的学习兴趣。

（4）学生的古诗文积累意识不强。从而影响了初高文言文学习的有效衔接。

（5）特别是高中学生，他们重视数学、文综、理综的同时，忽略了语文的学习，由于课业负担重，更忽视了语文中蕴含的优秀文化，感受不到优秀文化对人生的影响，体会不到“腹有诗书气自华”的深意。

结合我校学生学习古诗文的现实情况，通过课题小组的分析和研究，我们选择《现代课堂教学特质指导下的古诗文教学研究》这一课题，向课题组申报。

2. 学习资料，进行开题

课题被批准后，我们认真学习了“中国高等教育学会教师教育分会重点科研课题“中华优秀传统文化与现代语文课堂教学实践研究”。课题组于 2016 年 11 月 1 至 4 日，在广西钦州市召开了小型结题工作现场会暨开题培训会”的相关资料，积极进行了开题，我校副校长孙维军于 2016 年 11 月 30 日上午，召开了实验学校开题会议。会上孙校长对课题研究进行了细致的指导，对研究过程做了如下要求：

（1）认真研读课题申请书，设计可行的活动。

（2）在 12 月 15 日前召开子课题的论证会，会上一定要明确人员的分工，并将研究中各成员突发灵感产生的好的想法补充到研究中，开题报告时可以反复修改等。

（3）建立课题群，方便下达任务及互相学习。

（4）做好计划，有的放矢，使研究具有时效性，为地方教育提供帮助。

会上课题组负责人庞金艳老师分别从课题选题意义、课题目标、研究的思路和方法、研究步骤与计划、人员分工、预期成果及课题研究的条件和基础等方面陈述了开题报告。课题参与者郭婷婷、赵芳芳、张丽等就课题的实施进行提问、论证，并给出建议。专家组指出，这个课题具有针对性强、实践性强、基础性强和方案设计细致、全面等特点。专家史有和主任、刘永才老师等也给出了非常好的建设性意见。参与人员积极表态认真完成任务，最后学校领导孙维军发表讲话，指出学校将为我们的课题研究提供最有力的帮助，提出了课题研究为教学服务的宗旨，研究要落到实处，要与我们的课堂紧密联系，要有时效性。

通过开题会，全体课题组老师开拓了课题研究的思维，进一步明晰了课题研究的思路，进一步完善了课题研究方案。我们课题组将紧紧围绕这一主题展开教学与研究，以成效推进我校课堂教学工作，促进教师信息化行为的转变，提高自己的教学能力。课题组成员将凝心聚力、潜心钻研，不仅按时保质地把课题做好，而且要争取做成优秀课题、精品课题。

3. 理论学习，明确目标

（1）通过学习，我们课题小组的老师对“现代课堂教学特质指导下的古诗文教学研究”这一课题提出的背景和理论依据，以及遵循的新课程理念，都有了明确的认识。这样对我们今后的研究有何很好的思想指导。

（2）我们利用教研时间深入地学习了《现代课堂教学特质指导下的古诗文教学研究》，对高级中学古诗文教学的内涵和相应的教学模式等有了比较深入地认识。

（3）我们深入学习了新课标，明确了语文课程的基本特点和基本理念，进一步了解了初中古诗文教学的目标。新课改的许多思想都对古诗文教学具有启示和指导意义。有了理论指导作依据，我们重新审视了古诗文教学的问题，发现语文教学中，人们时常把关注的目光投向阅读教学、写作教学，对于古诗文教学换汤不换药，不能激起学生的学习兴趣，更不能达到培养学生传承优秀传统文化能力的目的。因此，我们的古诗文教学的研究就是改变古诗文教学中枯燥、机械，甚至无效教学行为，将学生从大量的练习中解放出来，在轻松、愉悦的学习中更有效地掌握古诗文知识，培养学生对优秀传统文化传承的能力。基于这样的认识，我们制定了如下目标：通过本课题的研究与实践，探索古诗文背景下“感知——理解——运用”认知能力与创新思维能力培养的途径和方法；通过本课题的研究与实践，总结并形成古诗文教学创新教学模式；通过本课题的研究与实践，探索文言文语感教学的基本理论和经验；通过古诗文的学习，掌握古诗文中蕴含的优秀传统文化，并积极传承，培养学生的责任感。

（二）课题研究阶段

1. 深入调查，有的放矢

课题立项后，我们小组精心制定了调查问卷，并针对100份高一与高二的学生问卷进行了总结。

中国传统文化在中国历史长河中是根深蒂固的，但是随着时代的发展，在西方文化软实力的影响下，中国传统文化的影响力逐渐削弱。在大氛围的影响下，我校学生对其关注程度也在逐渐减少，经过对调查问卷的分析，我们不难发现这主要体现在以下三个方面：

（1）学生对中国传统文化认识不深，对其缺乏兴趣。

（2）学生很少阅读中国历史文化古籍、诗词歌赋等，甚至对其反感。

（3）学生对中国传统节日的热情减少，反而热衷于过洋节。

而造成我校学生对传统文化不了解，其原因有以下三种：

（1）社会对中国传统文化的关注程度不够强。

（2）舆论导向的错误引导，媒体、文化等领域在经济利益的驱动下，对我校大学生进行了错误地引导。追星潮的形成就是一个典型的例子，恶搞历史文学作品等卑劣行径不但没有受到制止和谴责，反而有越演越烈的趋势。

（3）学校教育内容全盘西化，学生从小学到大学，传统的东西在中国教育领域没有了自己的位置。传统文化对于一个国家、一个民族而言是非常重要的，文化软实力已经成为一个国家走向世界的决定性因素，作为祖国的未来、当代的高中生更应了解祖国的传统文化。所以，我校应多关注对学生的传统文化教育，给学生一个充满传统文化氛围的学习环境。

2. 借助课堂，深入落实

课堂使学生掌握了大量的古诗文知识，从字词的积累到名家名篇的阅读，落实了蕴含其中的优秀传统文化。课堂是培养学生传承文化的有效阵地，传统节日是落实优秀传统文化的有效途径，有效地利用课堂及传统节日，能够培养学生学习优秀传统文化的兴趣与传承的责任感。

课题立项后正值春节，我就布置学生在假期搜集有关春节的古诗文和过春节的传统内容样式的资料，开学后，我们进行了检查，发现学生不仅对相关信息进行搜集，不少学生能够背诵一定量的名句，还了解了好多不同民族过春节的习俗。

以春节为例的传统习俗有扫尘、做豆腐、接玉皇、赶乱岁、照田蚕、祭祖、小除夕呢？贴门神、贴春联、贴年画、守岁等活动。

所搜集的古诗词：

（1）《田家元日》（唐）孟浩然。

（2）《卖痴呆词》（唐）范成大。

（3）《除夜》（唐）来鹄。

（4）《元日》（宋）王安石。

（5）《元日 玉楼春》（宋）毛滂。

（6）《除夜》（南宋）文天祥。

（7）《拜年》（明）文徵明。

（8）《己酉新正》（明）叶颙。

（9）《癸巳除夕偶成》（清）黄景仁。

（10）《凤城新年辞》（清）查慎行。

（11）《甲午元旦》（清）孔尚任。

（12）《元旦口占用柳亚子怀人韵》董必武。

（13）《春节看花市》林伯渠。

（14）《元会诗》（魏）曹植。

（15）《卖痴呆词》（唐）范成大等。

接着我们又以同样的方式对“清明”与“端午”进行了研究，通过我们的研究，学生深深感知，我们学到的不仅仅是知识，更是对传统文化的深入认识，不仅认识了中华文化的博大精深，还认识到自己的责任——传承。

3. 开展活动，培养兴趣

（1）朗诵比赛。

课题研究以来我们进行了两次古诗文朗诵比赛，第一次是年级内比赛，第二次是学校的比赛，都收到良好的效果，总结如下：

首先，通过大量诵读中华古诗文，激发了学生诵读经典诗文的兴趣，营造了诵读的良好氛围。使学生初步掌握了诵读的方法、并能运用自如。部分学生能把学到的经典语句运用到作文之中，同时锻炼了学生各方面的能力。学生通过自编自演节目、办手抄报，思维能力、动手能力、协调能力、艺术鉴赏力等都得到了极大地提高。

其次，诵读活动的开展，丰富了德育内涵，推动了未成年人思想道德和德育工作的发展，师生的精神面貌得到较大的改观。良好的班风、学风、校风逐步形成，有效地促进了学生养成教育的全面实施。

再次，经典诗文不仅语言精练优美，而且意蕴深刻、境界动人，对青少年进行爱国主义教育，培养学生初步树立正确的人生观和世界观有着重要作用，同时也是进行爱国主义教育的有力手段。有些古诗文抒发了亲情、友情和乡情，诵读这些古诗，可以培养学生爱家乡、爱长辈、爱亲朋的健康情感。有些古诗文歌颂了祖国大好河山和美丽风光，诵读这些作品能够激发他们作为中华儿女的自豪感，培养他们高远的志向和博大的胸怀。

（2）板报设计比赛。

借助“清明”节这一契机，我校进行了板报设计大赛，从 31 个班级中，我们精选了 12 个班级的板报。

通过板报设计比赛，学生不仅掌握了是纪念缅怀的节日，还了解了清明的食俗与文化习俗，并且掌握了大量的名家名篇，对学生学习语文兴趣的培养起到了积极作用。

（3）竞赛培养兴趣。

我们课题组精心选择了 100 道有关文化常识的竞赛题,进行了“爱我中华，传承文明”为主题的竞赛活动，两个年级共有 200 人参加，经过比赛严格地阅卷，选出一等奖 2 人，二等奖 6 人，三等奖 10 人，优秀奖 20 人。

此次中华传统文化知识竞赛使广大同学感受到中华传统文化博大精深、独具特色的无穷魅力，增进了同学们对书画、诗词、古乐、儒学等中华优秀传统文化的理解与传承，更加深了对习总书记重要讲话中有关传统文化所赋予时代内涵的领悟与体会，提升文化自觉与文化自信，为培育和弘扬社会主义核心价值观起到了积极引领作用。在全校同学中进一步弘扬了中华优秀文化，营造了崇德向善、勤俭诚信、积极乐观的校园文化环境。

4. 认真研究，获得成果

（1）获得优秀称号。

庞金艳获得优秀主持人称号。

赵芳芳、李秀华、尹韶俊、胡炳瑜、赵立娟、张丽、郭婷婷 7 人获得优秀实验教师的称号。

（2）科研成果。

说课：尹韶俊获得校级“青年教师说课比赛”一等奖。

论文：赵芳芳的《高中语文诗歌鉴赏教学与现代信息技术的整合优势》在《新教育时代》杂志2017年一月获得一等奖。

赵立娟的《提高文言文课堂教学的有效性》获得“中华优秀传统文化与现代语文课堂教学实践研究”课题优秀成果一等奖。

宗颖《浅谈如何在高中语文教学中渗透传统文化》获得“中华优秀传统文化与现代语文课堂教学实践研究”课题优秀成果一等奖。

郭婷婷《高中作文教学对中华优秀文化的继承探究》获得“中华优秀传统文化与现代语文课堂教学实践研究”课题优秀成果一等奖。

郭婷婷《浅析高中文言文课程资源对传统文化教育的作用》获得“中华优秀传统文化与现代语文课堂教学实践研究”课题优秀成果二等奖。

微课：赵芳芳《诗歌鉴赏语言之练字》获得“中华优秀传统文化与现代语文课堂教学实践研究”课题优秀成果一等奖。

赵立娟《古诗鉴赏答题技巧例说》获得“中华优秀传统文化与现代语文课堂教学实践研究”课题优秀成果一等奖。

庞金艳《诗歌鉴赏之人物形象分析》获得“中华优秀传统文化与现代语文课堂教学实践研究”课题优秀成果二等奖。

教学反思：尹韶俊《拟行路难》获得“中华优秀传统文化与现代语文课堂教学实践研究”课题优秀成果一等奖。

胡炳瑜《伶官传序》获得“中华优秀传统文化与现代语文课堂教学实践研究”课题优秀成果一等奖。

赵芳芳《归园田居》获得“中华优秀传统文化与现代语文课堂教学实践研究”课题优秀成果二等奖。

优质课：庞金艳《短歌行》获得校级“现代信息技术应用”优秀课例评选这获得一等奖。

赵芳芳《归园田居》获得“中华优秀传统文化与现代语文课堂教学实践研究”课题优秀成果一等奖。

迟建国《语言的得体》获得“中华优秀传统文化与现代语文课堂教学实践研究”课题优秀成果一等奖。

张丽《菩萨蛮·人人尽说江南好》获得“中华优秀传统文化与现代语文课堂教学实践研究”课题优秀成果一等奖。

赵立娟《蜀相》获得“中华优秀传统文化与现代语文课堂教学实践研究”课题优秀成果二等奖。

教学实录：庞金艳《雨霖铃》获得“中华优秀传统文化与现代语文课堂教学实践研究”课题优秀成果一等奖。

尹韶俊《拟行路难》获得“中华优秀传统文化与现代语文课堂教学实践研究”课题优秀成果二等奖。

胡炳瑜《伶官传序》获得“中华优秀传统文化与现代语文课堂教学 实践研究”课题优秀成果二等奖。

赵芳芳《咏怀古迹》获得“中华优秀传统文化与现代语文课堂教学实践研究”课题优秀成果二等奖。

张丽《短歌行》获得“中华优秀传统文化与现代语文课堂教学实践研究”课题优秀成果二等奖。

郭婷婷《过秦论》获得“中华优秀传统文化与现代语文课堂教学实践研究”课题优秀成果二等奖。

郭婷婷《劝学》获得“中华优秀传统文化与现代语文课堂教学实践研究”课题优秀成果二等奖。

宗颖《小狗包弟》获得“中华优秀传统文化与现代语文课堂教学实践研究”课题优秀成果三等奖。

教学设计：尹韶俊《雨霖铃》获得“中华优秀传统文化与现代语文课堂教学实践研究”课题优秀成果一等奖。

庞金艳《水龙吟·登建康赏心亭》获得“中华优秀传统文化与现代文课堂教学实践研究”课题优秀成果一等奖。

宗颖《登高》获得“中华优秀传统文化与现代语文课堂教学实践研究”课题优秀成果一等奖。

胡炳瑜《文言文阅读》获得“中华优秀传统文化与现代语文课堂教学 实

践研究”课题优秀成果二等奖。

张丽《醉花阴》获得“中华优秀传统文化与现代语文课堂教学实践研究”课题优秀成果三等奖。

迟建国《劝学》获得“中华优秀传统文化与现代语文课堂教学实践研究”课题优秀成果三等奖。

教学课件：胡炳瑜《归园田居》获得“中华优秀传统文化与现代语文课堂教学 实践研究”课题优秀成果一等奖。

张丽《短歌行》获得“中华优秀传统文化与现代语文课堂教学实践研究”课题优秀成果一等奖。

尹韶俊《劝学》获得“中华优秀传统文化与现代语文课堂教学实践研究”课题优秀成果二等奖。

胡炳瑜《归园田居》获得“中华优秀传统文化与现代语文课堂教学 实践研究”课题优秀成果一等奖。

宗颖《记梁任公先生的一次演讲》获得“中华优秀传统文化与现代语文课堂教学实践研究”课题优秀成果二等奖。

庞金艳《水龙吟·登建康赏心亭》获得“中华优秀传统文化与现代文课堂教学实践研究”课题优秀成果三等奖。

作文竞赛：赵芳芳老师在第十七届全国中小学生“创新杯”作文征文中，获得一等指导奖。

徐双、单新鑫、田雨薇等在第十七届全国中小学生“创新杯”作文征文中，获得一等奖。

胥锦屿、刘萌萌、武辉超等在第十七届全国中小学生“创新杯”作文征文中，获得二等奖。

王纯、于欣彤、等在第十七届全国中小学生“创新杯”作文征文中，获得三等奖。

二、研究存在的问题

经过近一年的实践和摸索，虽然取得了一定的研究成果，但是在古诗文教学方面，我们依旧面临很多的问题和困难。

1. 诵读不够。在古诗文教学中，“字字落实，句句清楚”，教师因为担心学生不明白，特别重视一字一字地讲，一句一句地翻译，力求面面俱到；学生在课堂上也是不停地做笔记，生怕漏掉一个词语解释，生吞活剥、囫囵吞枣，来不及思考，被动地听，结果使学生成了一味接受的容器，失去了学习古诗文的兴趣。

2. 学生整理得积累得不好，在积累的过程中，还存在方法方面的不足，要么整理得不够，要么不够规范。另外即使课上对传统文化进行渗透，可学生也不会灵活运用。

3. 受传统教学的影响，老师们在古诗文课堂教学方式上的尝试不够大胆，思维不开阔，有时注重了形式而忽略了学生掌握的实效；有时，为了学生掌握的牢固，形式又不免刻板；有时两者兼顾，课堂时间又不允许。因此，在古诗文的课堂教学上，不敢大胆放手，学生动手查询较少，不利于优秀传统文化的落实，依旧需要时间进行不断地摸索。

4. “教无定法”古诗文教学应该是多种多样的，在研究过程中，很多时候，我们因为缺少相关的理论指导，意见难以达成统一，或者很难对我们的研究成果有个很好的界定。

5. 高中古诗文教学传统文化的渗透也存在难点。学生的差异较大，文学作品内涵通常所说的都是后代人从他所在的大时代背景下，解释出来的；而且古典的很多作品中，很多重要的基础名词根本就没有定义内涵，所以就更难探讨很多的话题。另外学生对古典文学作品的谋篇布局、修辞锤炼、用韵用典等文学表现手法也存在困难。

三、今后拟改进的措施

虽然在课题研究过程中，我遇到了一些困难，但是，我会继续努力克服这些困难，认真研究和探索在接下来的工作中争取完成这些任务。

1. 继续寻找有关有效教学的理论书籍，为课题研究寻找更多的理论依据，同时更好的帮助我完成后面的工作。

2. 强化教师的“诵读”意识，进而影响学生；加强诵读指导，充分利用早读和课堂的时间，指导学生有效诵读，提高学习文言文的积极性。

3. 教师要进一步改进古诗文的教学方式，充分发挥学生的主体意识。重在学生阅读能力的培养。

4. 继续完善学生的积累本的有效使用方法。

5. 推荐篇幅及内容合适的文学作品让学生阅读，拓宽学生古诗文阅读范围，提高学生的阅读能力。

课题自2016年申报以来，我在研究和探索中收获了很多，但同时也产生了很多的困惑，有些认识也很片面。但是我相信，在领导及大家的帮助和努力下，只要我更专注于研究，就一定能有所突破和收获。

中华优秀传统文化与语文教学资源研究

宗　颖　大庆市第三十五中学校

一、课题情况

在2016年6月我们学校语文组成员有幸参加了中国高等教育学会教师教育分会“十三五”科研课题“中华优秀传统文化与现代课堂教学实践研究”的子课题“中华优秀传统文化与语文教学资源研究”的研究。为了真正探索出一套关于高中语文学科传统文化渗透到传统教学中的创新教学模式和整合语文教学资源，在实施中认真学习总课题的指导理念，用总课题的指导理念来指导实践。实践中坚持遵循课题研究原则，公开教学研究，用课改理念反思教学。寻找策略，吸引学生自觉、自愿地投入到创新的学习活动中去。

二、实施程序

（一）第一阶段：准备阶段(2016年6月—2017年1月)

1.2016年6月—2016年10月：选题论证、制定方案 、组建团队、调查现状、分析成因；整理新教材有关体现中华民族文化的课文，整合教学资源，制订教学方案。

2.2016年11月—2017年1月：讨论研究课题实施策略，设计研究的重点及措施；课题组的老师每人设计一个与弘扬民族文化教学有关的活动课方案，资源共享。

（二）第二阶段：实施阶段（ 2017年3月—2018年6月）

1.2017年3月—2017年9月：开始实施“亲近古诗文”经典工程；邀请专家指导课题。撰写论文，每学期根据研究专题撰写课题论文，不断充实研究

[作者简介]宗颖（1979 年—），大庆市第三十五中学校，一级教师，主要从事高中语文教学研究。

水平。

2.2017 年 10 月—2018 年 1 月：开展语文实践活动；举行优质课展示。

3.2018 年 3 月—2018 年 6 月：整理资料；完成课题阶段总结报告。

（三）第三阶段 总结阶段：（2018 年 7 月 ~ 2019 年 3 月）

1.2018 年 7 月—8 月：开展暑期语文实践活动，扩充教学资源。

2.2018 年 9 月—2019 年 3 月：继续实施完善后的课题方案、课题总结，全面总结课题研究成果，整理资料，完成课题总结报告，并进行成果推广。

第四阶段 巩固总结阶段（2019 年 4 月—2019 年 9 月）

巩固课题研究成果，汇总各种研究资料，进行分析比较，撰写结题报告，召开结题自查会，申请课题验收。

目前，我们的课题已经进行到了第二阶段，已初见成效。

（四）研究方法

诵读经典法：研究如何把中华优秀文化经典融入教学活动中是教学资源开发的主要途径。

调查研究法：运用各种调查方法和手段，了解学情，确定课题实施进度，及时调整实施方法或步骤。完成了学生学习方法问卷调查情况与汇总，为本课题研究提供理论依据。

阶段咨询法：向有经验的专家与教师请教。

行动研究法：参与课题研究的教师，不仅是一个行动者，而且是一个研究者。要通过行动研究理性地分析和评价自己的教学活动，认识制约课堂教学效益的各种因素，每人设计一个与弘扬民族文化教学有关的活动课方案，资源共享。

经验总结法：坚持边探索、边研究、边总结、边修正、边引导等过程性研究，及时形成阶段性小结。

三、具体措施

（一）加强理论学习，促进教师教学理念的提升

认真领会总课题的指导精神，学习现代教育学、心理学理论，坚持记读书笔记、写读后反思。在追求自我、实现自我、超越自我中得到充实。

（二）确定子课题，进行下一阶段的行动研究

在调查问卷分析报告的基础上，课题组确定子课题，安排下一阶段的行动研究。经过课题组成员集体研究，确定以下课题为本研究课题的子课题：

1. 现代中学生对本民族传统文化了解的现状调查分析。

2. 新教材所蕴含的优秀传统文化的挖掘与弘扬。

3. 品味和积累祖国语言文字，解读民族文化典籍的策略研究。

4. 家乡传统文化的发掘与研究。

5. 在新课标下弘扬中华优秀传统文化的策略，以及文化课堂教学资源的研究。

6. 研究如何把传统文化内化为学生的思想内涵，升华为做人的行为。

（三）开展系列活动，培养师生对传统文化的兴趣

1. “传统文化知多少”调查活动，传统文化知识竞赛。

2. 迎教师节师生书画作品展活动。

3. “我们的节日·中秋节”主题文化活动，引导学生认知传统节日，尊重传统习俗，弘扬传统文化，活动分为“我们的节日·中秋节”主题黑板报比赛和班级诗文朗诵会两部分

4. 举办“我爱你中国”主题诗歌朗诵会，庆祝伟大祖国 67 华诞。

5. 举办纪念“一二·九”运动 81 周年演讲比赛。

6. 书法是中华民族传统文化的瑰宝，组织学生开展《弟子规》硬笔书法比赛。

7. “我爱唐诗”朗诵比赛。

8. 师生参观《永远的铁人——王进喜事迹展》，牢记铁人语录，领会大庆精神、铁人精神内涵。2017 年 3 月 21 日，再次观看铁人纪念馆虚拟场馆，让同学再次受到了大庆精神、铁人精神的熏陶感染，对本地区的民族文化有更深地了解。

9. “感悟清明，追忆先烈”板书设计比赛和主题班会，并开展“网上祭英烈”活动。

10. “诵中华经典·品华夏古韵”“迎五四·颂青春”名家名篇师生朗诵会。

11. 师生共同观看《中国诗词大会·第二季》，感悟传统文化的魅力，并感

受同为高中生的武亦姝精彩的表现和对自己的激励作用。

12. 诗词大会之后，董卿主持的《朗读者》节目倍受好评，观看了《朗读者》一期节目，本期节目的主题是“眼泪”，看后反响巨大。陆川朗读的《藏羚羊的跪拜》和斯琴高娃朗读的贾平凹的《写给母亲》。这期节目起到了很好的教育作用，它教育我们的学生如何感恩，让他们懂得感念父母之恩，孝敬父母；感念师长之恩，尊重师长；感念社会之恩，为社会服务；感念祖国之恩，报效祖国……

四、中期成果

（1）2016 年 12 月取得的成果。

郭婷婷老师的论文《高中作文教学对中华传统文化的继承探究》在“中华优秀传统文化与现代语文课堂教学实践研究”课题第一届年会举办的优秀科研成果评审中，荣获教研论文类一等奖。

《劝学》在“中华优秀传统文化与现代语文课堂教学实践研究”课题第一届年会举办的优秀科研成果评审中，荣获教学实录类二等奖。

赵丽娟老师的《蜀相》在“中华优秀传统文化与现代语文课堂教学实践研究”课题第一届年会举办的优秀科研成果评审中，荣获语文教学优质课类二等奖。

《提高文言文课堂教学的有效性》在“中华优秀传统文化与现代语文课堂教学实践研究”课题第一届年会举办的优秀科研成果评审中，荣获教研论文类一等奖。

赵芳芳老师的《咏怀古迹》在“中华优秀传统文化与现代语文课堂教学实践研究”课题第一届年会举办的优秀科研成果评审中，荣获教学实录类二等奖。

《诗歌鉴赏语言之练字》在“中华优秀传统文化与现代语文课堂教学实践研究”课题第一届年会举办的优秀科研成果评审中，荣获微课类一等奖。

胡炳瑜老师的《归园田居》在“中华优秀传统文化与现代语文课堂教学实践研究”课题第一届年会举办的优秀科研成果评审中，荣获教学课件类一等奖。

《文言文阅读》在“中华优秀传统文化与现代语文课堂教学实践研究”课题第一届年会举办的优秀科研成果评审中，荣获教学设计类二等奖。

庞金艳老师的《诗歌鉴赏之人物形象分析》在“中华优秀传统文化与现代语文课堂教学实践研究”课题第一届年会举办的优秀科研成果评审中，荣获微课类二等奖。

《雨霖铃》在“中华优秀传统文化与现代语文课堂教学实践研究”课题第一届年会举办的优秀科研成果评审中，荣获教学实录类一等奖。

尹韶俊老师的《劝学》在“中华优秀传统文化与现代语文课堂教学实践研究”课题第一届年会举办的优秀科研成果评审中，荣获教学课件类二等奖。

《雨霖铃》在“中华优秀传统文化与现代语文课堂教学实践研究”课题第一届年会举办的优秀科研成果评审中，荣获教学设计类一等奖。

张丽老师的《短歌行》在“中华优秀传统文化与现代语文课堂教学实践研究”课题第一届年会举办的优秀科研成果评审中，荣获教学实录类二等奖。

《短歌行》在“中华优秀传统文化与现代语文课堂教学实践研究”课题第一届年会举办的优秀科研成果评审中，荣获教学课件类一等奖。

（2）2017 年 4 月，教师取得的成果

宗颖老师的《小狗包弟》在“中华优秀传统文化与现代语文课堂教学实践研究”课题第一届年会举办的优秀科研成果评审中，荣获教学实录类三等奖。

《浅谈如何在高中语文教学中渗透传统文化》在“中华优秀传统文化与现代语文课堂教学实践研究”课题第一届年会举办的优秀科研成果评审中，荣获教研论文类一等奖。

《登高》在“中华优秀传统文化与现代语文课堂教学实践研究”课题第一届年会举办的优秀科研成果评审中，荣获教学设计类二等奖。

《记梁任公先生的一次演讲》在“中华优秀传统文化与现代语文课堂教学实践研究”课题第一届年会举办的优秀科研成果评审中，荣获教学课件类二等奖。

郭婷婷老师的论文《浅析高中文言文课程资源对传统文化教育的作用》在“中华优秀传统文化与现代语文课堂教学实践研究”课题第一届年会举办的优秀科研成果评审中，荣获教研论文类二等奖。

《过秦论》在“中华优秀传统文化与现代语文课堂教学实践研究”课题第一届年会举办的优秀科研成果评审中，荣获教学实录类二等奖。

赵丽娟老师的《古诗鉴赏答题技巧例说》在“中华优秀传统文化与现代语文课堂教学实践研究”课题第一届年会举办的优秀科研成果评审中，荣获语文教学微课类一等奖。

赵芳芳老师的《归园田居》在“中华优秀传统文化与现代语文课堂教学实践研究”课题第一届年会举办的优秀科研成果评审中,荣获教学反思类二等奖。

《归园田居》在“中华优秀传统文化与现代语文课堂教学实践研究”课题第一届年会举办的优秀科研成果评审中，荣获语文教学优质课类一等奖。

胡炳瑜老师的《伶官传序》在“中华优秀传统文化与现代语文课堂教学实践研究”课题第一届年会举办的优秀科研成果评审中,荣获教学反思类一等奖。

《伶官传序》在“中华优秀传统文化与现代语文课堂教学实践研究”课题第一届年会举办的优秀科研成果评审中，荣获教学实录类二等奖。

庞金艳老师的《水龙吟·登建康赏心亭》在“中华优秀传统文化与现代语文课堂教学实践研究”课题第一届年会举办的优秀科研成果评审中，荣获教学课件类三等奖。

《水龙吟·登建康赏心亭》在“中华优秀传统文化与现代语文课堂教学实践研究”课题第一届年会举办的优秀科研成果评审中,荣获教学设计类一等奖。

尹韶俊老师的《拟行路难》在“中华优秀传统文化与现代语文课堂教学实践研究”课题第一届年会举办的优秀科研成果评审中,荣获教学实录类二等奖。

《拟行路难》在“中华优秀传统文化与现代语文课堂教学实践研究”课题第一届年会举办的优秀科研成果评审中，荣获教学反思类一等奖。

张丽老师的《醉花阴》在“中华优秀传统文化与现代语文课堂教学实践研究”课题第一届年会举办的优秀科研成果评审中，荣获教学设计类三等奖。

《菩萨蛮·人人尽说江南好》在“中华优秀传统文化与现代语文课堂教学实践研究”课题第一届年会举办的优秀科研成果评审中，荣获语文教学优质课一等奖。

迟建国老师的《语言得体》在“中华优秀传统文化与现代语文课堂教学实践研究”课题第一届年会举办的优秀科研成果评审中，荣获语文教学优质课类一等奖。

《劝学》在“中华优秀传统文化与现代语文课堂教学实践研究”课题第一

届年会举办的优秀科研成果评审中，荣获教学设计类三等奖。

3. 教师在课题研究中获得的荣誉：

宗颖老师2016年度被评为中国高等教育学会教师教育分会“十三五”科研课题“中华优秀传统文化与现代语文课堂教学实践研究”课题优秀主持人的光荣称号。

尹韶俊、胡炳瑜、赵芳芳、赵丽娟等老师2016年度被评为中国高等教育学会教师教育分会“十三五”科研课题“中华优秀传统文化与现代语文课堂教学实践研究”课题优秀实验教师的光荣称号。

孙维军2016年度被评为中国高等教育学会教师教育分会“十三五”科研课题“中华优秀传统文化与现代语文课堂教学实践研究”课题优秀实验校长光荣称号。

我所在的“大庆三十五中学”2016年度被评为中国高等教育学会教师教育分会“十三五”科研课题“中华优秀传统文化与现代语文课堂教学实践研究”课题先进单位的光荣称号，并颁发铜牌。

五、存在问题

我们课题组虽然做了大量的工作，在理论上进行了一些探索，但由于我们的科研能力有限，理论素养还有待提高，本课题研究的内容还有待进一步地深入挖掘，研究方法还有待进一步完善。

（一）过程性资料保留不够完善。大家重课堂教学，做了很多工作，但对过程性资料的搜集、整理不太及时。

（二）课题研究的进展不是很顺利。由于课题组教师工作任务重，参与研究的积极性未被充分调动；对本课题研究还不够深入。致使课题研究只是蜻蜓点水式，有“动静”，无“涟漪”。

六、改进措施

（一）提高发展教师的素质，推进课题研究

在今后的课题研究中，我们通过不断地理论学习和课堂教学，营造良好的课题研究氛围，进行阶段性考评;平时做到多思考、多听课，多积累、多交流、

多总结。在原有课题研究成果的基础上，不断深入进行课题研究，对课题研究状况进行回顾和反思，对在过去的课题研究中存在的不足进行分析，充分认识自己课题研究的意图，从而为课题的深入研究打下扎实的基础。

（二）加强直观教学，培养学习兴趣

在教学中，教师单从提高语言表达能力和语言直观上下功夫是远远不够的，要解决知识的抽象性与形象性的矛盾，内在规律和表象的矛盾，使学生学会由表及里，去粗取精的学习能力，还应充分应用多媒体教学，增加教学容量，设计实际问题情景，重新组织教材知识结构网络，提高学生的应用知识能力。探索有效课堂教学策略，一定要增加问题情景设计，激发学生学习数学的兴趣，提高课堂教学效率。

（三）展示研究成果，继续深入研究

实验报告、论文、教学案例、教学故事、学生作品和经验总结等。通过探究，撰写一些有价值的关于激发和培养学生学习中华传统文化兴趣方面的论文和实验报告，并探索出适应新课程理念下新的教学方式和学习方式。同时通过探究，能初步使实验学校里的学生在浓厚的兴趣中认真学习，提高学生的学习成绩。

语文学科传统学习方式与现代学习方式的比较研究

关　红　大庆市第三十九中学

《语文学科传统学习方式与现代学习方式的比较研究》子课题于2016年立项并开题。自开展本课题研究工作以来，我课题组在日常的课堂教学中积极主动地开展专题研究和教改实验，大大提高了我运用中华文化传统资源进行课堂教学的积极性，提高了教育教学的质量和效率。

一、课题提出的背景

（一）中华传统文化博大精深。古老的中华民族在走过的五千年，积淀了丰富的物质精神财富，这就是中华民族的传统文化。五千年的传承，使中华传统文化早已成为重要的文化遗产。然而随着外来文化的渗透，传统文化在学生心目中的地位越来越低，他们对传统文化知之甚少，甚至不屑。语文学科作为中华民族传统文化的载体，承载着传承中华民族的精神和灵魂的重任，因此更应该适应时代的要求，更新教育理念，改革教学内容和方法，提高学生的语文素养，促进学生的终身发展。作为语文学科的教师，在教学活动中传承弘扬传统文化更是有义不容辞的责任。

（二）校园文化现状值得关注。中学语文教学改革取得了较大的成效，但随着社会的发展，应试教育愈演愈烈，学生阅读无个性化、少创意，极大地影响了学生的语文素养发挥。语文教学既要继承传统文化又要赶上时代步伐，积极探索，从理论和实践方面探讨语文教学的新内容、新途径、新方法。

二、课题研究的目的、意义

开展《语文学科传统学习方式与现代学习方式的比较研究》的研究，其目

［作者简介］关红（1980年—），大庆市第三十九中学，一级教师，主要从事高中语文教学研究。

的在于将中华博大精深的经典文化融于课堂教学，以丰富活泼的形式开展教育教学活动，让青少年快乐地学习、健康地成长、科学地传承，从而实现道德素养、全面素质的提升。我课题组教师进行了一系列的针对中华民族传统文化教育的开发与转化的实践，把现代语文学习方式引入课堂，使中华传统文化与现代语文学科教育完美整合。

三、课题研究的依据

语文学科传统学习方式与现代学习方式的比较研究是国内许多教育家所积极倡导的学习方法。布鲁纳的发现法就是主张学生自主地探究，并的去参与知识获得的过程，去发现知识的结构和规律。皮亚杰强调学生是学习的主任，学习归根结底是由学生自己主导完成的。钟启泉也主张转变学生的学习方式就是要转变这种单一的、他主的与被动的学习方式，提倡和发展多样化的学习方式，特别是要提倡自主、探究与合作的学习方式，发展学生的创新意识和实践能力。

四、课题研究的方法

从本课题开始实施至今，我围绕“语文学科传统学习方式与现代学习方式的比较研究”主要采用行动研究法和案例研究法，结合采用调查法、经验总结法、讨论法开展了一系列的研究工作。具体实施措施是：

（一）学习理论，转变观念，明确课题研究的方向

观念是行为的先导。课题的实施需要明确的指导思想和可操作的方法。因此，我们针对课题，对《中国传统文化与教育》《民族文化传统与教育现代化》及《新课程标准解读》等进行了学习，并通过学习相关材料、理论专著，把教师的理性和感性认识集中到“传统文化与高效课堂”上，从而进一步深化了课题思想，丰富了课题内涵，充实了研究方法，并自觉地把全面提高学生素质为己任，努力改进和优化教法，着力提高课堂教学效率。

（二）以点带面，逐步推进，提高课题活动的效率

结合我校学生的实际，我们先在高一年级开展小范围的语文学科的研究，通过一学期的实践后，开始在其他班级推广。采用的形式是：教师之间结成研

究伙伴，边学习、边研究、边总结；使我校的教科研氛围愈加浓郁。

（三）突出重点，优化教学，加快课题研究的进程。

课堂是传播中华传统文化的主渠道。因此，我们把研究重点放在优化课堂教学上，力求通过课堂教学，使学生感悟到中华文化的魅力，懂得弘扬中华民族精神的道理，自觉接受优秀的传统文化教育，成为人格完善、德才兼备的接班人。

五、课题研究的成果

根据研究目的的指导，近阶段我课题组主要做了以下四项工作：

（一）开展多种活动，实施本课题的研究。对中华传统文化与学科教学整合培训，进行学科教学的竞赛，开展中华传统文化应用的心得体会等活动，认真记录，及时总结调整。

通过课堂诵读比赛，有效调动学生的情感体验。学生对作品的理解大都要借助诵读实现。重视诵读教学，学生必然会仔细揣摩作品，品味其中情感，这就有效地调动了学生的情感体验。例如《扬州慢》一课，四个小组的同学经过内部的评选各推选出一位代表进行小组竞赛，前三个小组的同学大有谁都不服谁的劲头，当最后一组的代表刁帅文同学伴随着略带没落伤感的音乐开始朗诵时，大家顿时安静下来，那声音的抑扬顿挫完全与作品内在实质契合。语文课堂一瞬间成了中华传统文化作品赏读的舞台，他说：“在读的时候，我感觉自己就是姜夔，走在已经衰败的十里扬州路上，满目青青的荠麦，悲伤感油然而生。”而其他同学也在缓慢而低沉的音调中，有了扬州昔盛今衰的强烈情感体验。

通过古诗词背诵比赛，调动学生学习的积极性。在语文课堂上组织一场小型的古诗词背诵比赛。比赛的形式可以依托高考默写题的形式，采取分难度答题的方法，采用给上对下、给下对上或者情景式默写的题型，也可以借鉴中华诗词大会的形式，设置“飞花令”等环节。让语文课堂充满传统文化的魅力，也让语文课堂充满比赛的热烈气氛，最大限度地调动学生学习传统文化的积极性。

（二）设计调查表，就此课题的效果进行调查。根据学生学习反馈，调整实验方式，考察兄弟学校在中华文化传统方面的教学情况，吸收先进经验。

（三）根据学情制定评价标准。打造优质高效课堂教学的评价标准，检查并记录其效果。在集体研究中我们还发现高中语文课本中选入了大量经典的古诗、古文篇章，因此在古诗词教学中，我们改变以往的方式，更注意整合吟咏不同对象的篇章，教会学生审美，在优美的文字与意境中吸取文化精髓。如吟咏自然山水的篇章，可以运用多媒体展示的方法，再现诗词画面，让学生受到美的熏陶。杜甫的《登高》，“风急天高猿啸哀，诸清沙白鸟飞回。无边落木潇潇下，不尽长江滚滚来。”八个意象绘出一幅“老病独登台图”，单凭想象，对于多数学生来说，理解上有一定难度，如果借用多媒体就能在学生的脑海中呈现出一幅鲜活的古代生活场景，从而理解诗歌是意象和意境的浓缩和升华。让学生们感受到古典诗词的诗境之美的同时，把传统的内容与现实的生活结合起来，提高了学生的语文素养。

（四）及时发现问题，提出解决的措施。通过这些工作，我课题组成员邵江涛老师设计了适应语文课堂新方法的课件《字之初，本为画》，关红老师设计了《念奴娇·赤壁怀古》教学设计，刘原序撰写论文《把中华优秀传统文化经典嵌在学生脑子里的策略与方法研究》，李霞老师撰写论文《现代语文课堂中的传统文化教育初探》，朱东媛老师设计课件《语文学科传统学习方式与现代学习方式的比较研究》，张继红老师设计新元素课件《念奴娇·赤壁怀古》，这些成果研究在实践的过程中均取得了很好的效果。

摸索语文学科传统学习方式与现代学习方式的利与弊，探索并总结新课改下适合自己校情、学情的教学方式和学习方式，这是本次课题我们力争努力解决的问题。绵延千年的传统文化绝不能在我们这一代手里断裂，要将传统文化与语文教学有机结合起来，构建学生热爱母语、热爱传统文化的平台。

六、课题研究的改进措施

传统的中学语文课堂是以教师为主体，教学方法主要以讲授法为主，语文教师受传统教育思想的约束。这种课堂教与学的方式形式单一，通过课题研究与实践，我虽然取得了成果，但随着研究的深入和新课程改革的全面推进，我们发现现实课堂教学中仍存在着诸多不足，当前我们的教育理论和教育实践存在着种种弊端，尤其是对于语文学习的方法，在培养学生的过程中，往往是教师讲解，学生死记硬背，忽视了教育主体的自主发展，忽视了创新精神、创新能力和个性的培养，造成学生被动地学习，动手与实践能力差，参与意识和参与实践能力不强等，让学生自主地探究性的学习。

传统的教学方式无法适应这种大量的古文教学，我们要利用文本材料，组织学生在疏通文义之后开展研究性学习，课前充分预习、课堂认真探究、课后主动总结延伸等，让学生完成文本材料的初步感知、整体把握、深层理解、学以致用的过程。为此，下一阶段我要弥补不足，以此进一步提升课题研究成果质量，为课题的结题做充足的准备。除此之外，在课题研究中，进行理论学习也是工作重点，毕竟传统文化与现代课堂教学实践研究是需要理论支持的，没有丰富的理念知识，再多的实践也禁不起推敲，因此各类期刊、学术研究成为课题进行的理论支撑，语文组内的相关教研为课题的进行提供了现实指导。相信对中华传统文化与现代课堂教学的教学方式研究的会越来越深入，课题的成果也会越来越有分量。

古代经典探究性学习指导研究

战　磊　大庆市第三十九中学

一直以来经典古诗文都是中华民族精神文化的重要载体，从《诗经》到百家典籍，无不彰显着中华文化的源远流长与博大精深。在文化交融迅速的当下，高中生更应以传承中华传统文化为己任，提高自身的文化素养。

自课题开展以来，至今已有近一年的时间。回顾过去的研究工作，有过迷茫、有过失落，但更多的是收获后的欣喜与满足。这一年中，我们课题组成员，在学校领导的大力支持下，在教科研室的协助和指导下，较好地完成了预期规定的课题实验研究任务，现总结如下：

一、以教学为主阵地，用教科研推动教学工作

在开展课题研究实验的前期阶段，我们充分利用课堂教学，侧重指导学生的古诗文背诵、积累等能力，以提高学生的古诗文阅读水平。

在实验过程中，我们采取了以年级为单位，分别制定出不同等次的试验计划。比如高一年级，我们主要是利用教材中的古诗文，如《孟子》中的《寡人之于国也》,荀子的《劝学》等以此来向学生渗透儒家的“仁爱”“和而不同”“民本”思想，加深学生对中国古典文化的喜爱，提高他们的学习兴趣。在教学的同时，教师注重引导学生认识学习的意义和作用，正确地认识自己、评价自己。在教授《劝学》后，很多同学就“学习”的重要性展开了深入地探讨，并且彼此分享了学习方法和学习感悟，将课上所学与现实生活进行了密切联系。

又比如在学习李清照的《声声慢》时，我侧重讲解了李清照坎坷的一生，唤醒学生对词人生命中不同阶段的不同情感的观照。这节课我由《如梦令》导入，这首词是李清照幸福的少女生活的写照：郊游、饮酒、嬉闹。在品读《声

[**作者简介**]战磊（1981年—)，大庆市第三十九中学，一级教师，语文学科教研兼备课组长，主要从事高中语文教学研究。

声慢》时，我紧扣一个“愁”，引导学生体会词人“愁”的内涵：丧夫、国破、故土难回、金石散尽、孤苦无依……引导学生对《声声慢》和《醉花阴》进行比较学习。同样是写愁，后者表达的只是离别相思之愁，前者则是抒发晚年国破家亡、夫死流离的那种浓重的悲痛与哀愁。后者呈现的是一种轻烟袅袅、天气初凉和菊花吐蕊时的清新、寂静的意境。前者营造的则是一种晚风送寒、秋雨连绵、黄花零落、北雁南飞的凄惨、悲凉的意境。两首词进行对比，让同学们深刻地了解历史背景的不同、生活处境的变化对作者的思想情感产生的巨大影响。

在讲授苏轼词两首时，由于高一第一册的古代散文单元选编有苏轼的《赤壁赋》，学生已经对苏轼的生活经历、文学创作和思想倾向有所了解，而且《赤壁赋》与本课的两首词作同创作于他被贬黄州时期，其生活境况和思想情感都有许多相似之处。让同学们在理解词作的基础上探究词人的情感变化是必要的。

二、开展丰富多彩的活动，让研究更有特色和生机

为调动学生学习古诗文的热情，也相应培养他们诵读的习惯，提高学生的古诗文阅读理解能力，自开展课题研究以来，我们课题组每学期都制定活动计划，开展富有我们课题特色的系列活动。

高一年级在第一学期便开展了古诗文书法大赛。书法是中国传统文化艺术发展五千年来最具有经典标志的民族符号。它是用毛笔书写汉字并具有审美惯性的艺术形式。让同学们在行云流水间感悟文字的魅力和古诗文的内蕴实在是极好的。对于本次活动学生们积极踊跃报名、参与热情、态度积极。对于优秀的作品我们进行了装裱展示，对于积极配合参与的班级进行表彰和奖励。

我们还开展了“我最喜爱的诗人 / 词人”主题演讲比赛。“采菊东篱下，悠然见南山”的隐士陶潜、“回首向来萧瑟处，归去，也无风雨也无晴”的苏东坡、“莫道不消魂，帘卷西风，人比黄花瘦”的李清照都是孩子心目中的偶像。言语之间是对他们的崇敬和喜爱。

还有的班级开辟了“古诗文天地”，学生们可以将自己的诗作在这里进行展示，相互品、评互相切磋。语文老师还会将优秀的作品在班级进行赏析，并推荐到校报上，以此鼓励学生们的创作热情。

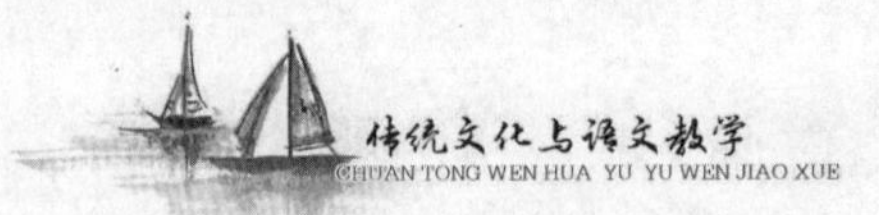

三、积极参加课题培训，努力提高课题研究水平

本课题从立项至今，课题组成员先后举行了数十次研讨、学习、听课、评课、调查、访谈、交流等研究活动。我们一方面认真学习《高中语文课程标准》，提高自己的业务水平、转变教学理念；另一方面加强理论修养，逐渐把自己的教学实践转化成理论。

总之，在过去的时间里，我们课题组确实做了一些相应的工作。坚持每月活动一次，活动期间，坚持总结上一阶段工作，讨论完善下一阶段计划。而且，我们课题组成员非常团结，尽心尽力，做好每个人的实验研究工作。这些都为我们课题的开展奠定了一个良好的基础。我们相信，在各位领导的大力协助下，我们的课题一定会按预定时间顺利结题。

中华优秀传统文化与现代课堂教学实践研究

屈彦奎　大庆实验中学

一、中期研究活动简介

我课题组自课题批准，有序展开各项研究，先后在不同阶段组织了以下研究活动：

1. 开题报告会（2016 年 9 月 2 日）

在开题报告会上，我们传达了课题组的相关要求，学习了总课题组的相关文件，制定了研究计划，并对研究内容、研究方向、研究方法进行分析，明确了每个人的研究分工、确定了在研究过程中遇到困难时的解决方案，用微信群建立了相关联系方式，为正式展开研究活动奠定了良好基础。

2. 个人实践研究活动（2016 年 9 月—2017 年 5 月）

我课题组成员在课题主持人屈彦奎老师的组织下，在课题展开阶段先后做了以下工作：

展开文献研究，课题组成员王欣宇、逄治乐、赵枫、司恒宇、胡炳姝等老师通过阅读整理相关文献，对课题研究提供理论支撑。

展开调查研究，应波、纪顺、赵胤等老师对学生的学习习惯和学习方式展开了调查研究，了解了学生语文学习的策略、习惯和困难，为课题研究提供了事实依据。

展开实践研究，屈彦奎、纪顺老师展开了“四个一读书法”的实践研究，利用课前五分钟组织学生阅读《笨拙的力量》，取得了较好的成果；范玉珠老师对文言实词的传统学习策略展开研究，并出公开课，受到好评；张郑洋老师的“批注式阅读”参加课题区域中心阶段性验收工作，并展示课题组研究成果，

[作者简介] 屈彦奎（1982 年—），吉林省松原人，大庆实验中学，一级教师，主要从事高中语文教育教学研究。

形成良好影响；司恒宇老师对文言文的教学策略展开研究，并将研究成果形成公开课，受到专家好评。

3. 阶段研究总结工作（2017 年 6 月）

按照课题组要求，我们在 2017 年 6 月进行了组内研究情况总结，收集研究成果，并进一步制定了下一步的研究计划。

二、课题研究阶段性结论及成果

1. “据形索义、因声求义”教学策略在文言实词中教学中的应用

结论：我们利用传统教学策略，将研究古书词义的学科训诂学的相关知识应用在教学中，引导学生从汉字的形与音的角度去推断字义。尝试着教给学生两种推断词义的方法，使学生能在临场推断词义方面有所进步。 据形索义法来源于训诂学中的“形训”,因声求义法依据“声训”,但都非严格意义上的“形训”“声训”。因为汉字集音、形、义于一体，我的构想就是从形拓展到音，二者相辅相成来推断词义,但是真正实践时却发现这样的设计顾及了横向的拓展，而纵向的深层挖掘却不够充分，在据形索义这一方法的教学中，感觉有些匆忙，对形旁意义的总结不够充分。 但是学生的小组活动比较精彩，学生按照老师的示范，通过查字典来总结常见偏旁的意义指向，然后通过小组活动展示成果，在这个过程中学生的表现很出色,对偏旁的解说比较到位。通过本节课的学习，学生对够对据形索义和因声求义这两种推断方法有一个大体的认识，在推断文言实词词义方面有了进步。

2. 批注式阅读在高中语文学习中的应用研究

结论：批注阅读富有传统教学策略典型特征，我们利用文献研究、实践研究、理论研究等方法，指导学生在自主阅读时，对文章的语言进行感知，对文章的内容、层次、思想感情、表现手法、语言特色、精彩片段、重点语句，在思考、分析、比较归纳的基础上，用线条、符号或简洁的文字加以标注的读书方法。批注精彩之处，感受语言的温度；批注动人之处，感悟到了别样的人生态度；批注疑问之处，增加了思维的厚度。批注阅读，是与作者的对话，文本的交流，也是思想的碰撞，灵感的流露。2016 年 9 月至 2017 年 6 月进行批注阅读的研究，收获了学生批注的样本、批注教学的教学设计、课件等资料；对

批注教学有了更深入地了解和研究，并付诸实践，经历了一节公开课的历练，获得了较好的评价，成长颇多。

3. 四个一读书法在高中语文核心素养形成中的应用研究

课题组成员利用语文课前五分钟，指导学生“读一读、画一话、写一写、想一想”四个一读书方法指导学生利用《笨拙的力量》进行阅读教学实践，此书是《读者》创办数十年来的卷首语合集，以散文为主，适合学生进行批注阅读训练。主要研究方法是结合古代传统的批注阅读理论进行的阅读教学实践研究。本研究从2016年9月开始，到2017年6月结束。在进行本次阅读教学实践后，认为批注式阅读法有利于学生阅读水平的提高，特别是以文字固化的批注札记，更有助于学生写作能力的提升。本研究取得了论文及教学设计等成果，影响较好。

阶段性研究成果目录：

1. 公开课：《据形索义、因声求义》
2. 教学设计：据形索义、因声求义教学设计
3. 课件：据形索义、因声求义教学课件
4. 公开课：批注阅读《念奴娇·赤壁怀古》
5. 导学案：批注阅读《念奴娇·赤壁怀古》导学案
6. 教学设计：批注阅读《念奴娇·赤壁怀古》教学设计
7. 课件：批注阅读《念奴娇·赤壁怀古》课件
8. 实录：批注阅读念奴娇赤壁怀古讲稿
9. 论文：基于课堂教学的高中语文整本书阅读教学实践
10. 课件：如何做阅读批注

三、下一步研究计划及预期成果

我们会对组内其他成员承担的相关课题内容进一步指导，在下一步的研究中继续进行科学规划、细致研究：

1. 吟诵在高中语文教学中的实践研究
2. 中学语文传统教学策略在教学实践中的应用方面的理论研究
3. 文言、文化方面的教学策略研究

古代经典探究性学习指导研究

苍雪梅　大庆铁人中学

一、课题研究的意义和内容

（一）课题研究的意义

1. 激发兴趣

由于受到应试教育和急功近利思想的影响，现在许多高中学生不重视语文学习，在语文学习上不够投入。学生古诗文学习兴趣随年级的增高呈下降趋势，既是长期应试训练的必然结果，又与高中教材部分篇目艰深难懂、缺乏可读性有关，更与学习方式有很大关系。为提高学生对古代经典篇章的学习兴趣，所以我们课题组各位教师在内容的选择、问题设置、学生活动等各方面都要进行研究。

2. 分层教学

我们在日常教学中发现，现在的高中学生基本上没有古代经典学习的方法，不少学生缺少诵读、书写潦草、懒得动笔、懒得思考、懒于使用工具书，自学习惯差，尤其缺少积累的习惯等。为此，我课题组老师在教学中，十分注意引导学生养成探究性学习的良好习惯，帮助学生掌握有效的学习方法。

3. 课堂高效

探究性学习的课堂就是学生积极参与的课堂，这种参与是充分地参与而不是表面化的浅层次参与，不是学生被老师拽着走、领着走，是学生能够积极主动地参与到学习活动中，并使自己的才能得以施展，潜力得到开掘。这种课堂学生的参与是有价值地参与，学生是在积极主动地吸收，积极主动地思考，积极主动地释放自己的能量。学生在课堂中既能学到新的知识，提高个人能力；

［作者简介］苍雪梅 (1978 年—)，大庆铁人中学。高级教师，语文教研组长，市兼职教研员 ，研究领域为高中语文教学。

又能有积极的情感体验，产生进一步学习的强烈要求，会更主动投入到学习中去。

4. 学校发展

教育讲究“因材施教”，以往的教育教学方法已经难以适应如今的学生现状，我们要想取得有效的教学效果就必须进行系统地、全方位地教学改革。我校的智慧课堂就是利用平板电脑提供的有效信息和相关数据来促进高效课堂的建设，那么在古代经典探究性学习方面，我们会尝试与智慧课堂合作，更多地利用高科技电化教学手段，真正做到促进学校的长远发展。

（二）课题研究的内容

1. 研究教学资源

教学资源主要包括必修 1–5 涉及的古代诗文、选修教材《古代诗歌散文欣赏》《先秦诸子散文选读》，以及校本教材《中华经典诗文赏读》。在准确理解教学资源的基础上，充分探究教学资源中蕴含的古代经典价值，开阔学生的眼界，提升学生的思想，并培养学生的学习与阅读能力。

2. 研究教学策略

在古代经典的教学中，积极探讨引导学生主动探究解疑的方法，使课堂变成“学堂”。

3. 研究学习教学模式

把优化古代经典的课堂教学模式作为研究重点，充分发挥古代经典的文学文化思想教育意义。

二、课题研究的方法和过程

（一）课题研究的方法

1. 文献资料法

这是一种具有历史继承性特点的研究方法。它不会受到时间和空间的限制，在已有的相关文献资料的基础上，加以重新组合和升华，探究事物间的新联系和新规律。我们在本课题中，网罗有关本课题研究内容的相关资料，进行仔细搜集和查阅，在整理和研究这些内容的基础上，形成课题的理论基础。

2. 访谈法

为了更全面地提升学生的探究性学习能力，我们选取不同层次的教师、学生作为访谈对象，访谈过程中将笔录和音频录音相结合，方便访谈结束后信息的及时补充和提取。对相关访谈资料进行整合和分析，明确古代经典教学中存在的具体问题和值得肯定的长处,进一步探究问题背后的主要原因及解决策略。

3. 案例分析法

通过我校不同年级、不同层次班级教师课堂实录等途径，收集大量有关不同层次班级教师在高中语文古代经典教学中有关诵读教学、写作教学、小组合作教学、学生实践课等实践资料。以此为本研究提供实践层面的支撑，强化本论题的实用价值。

4. 实践分析法

通过收集不同层次班级针对古代经典教学中不同内容的教学素材，课题成员自主探索新课改指导下不同层次班级语文教学的新思路，并进行了一系列的教学实践尝试，以期为本课题的展开提供实践依据，使本研究更好地为高中语文教学实践服务。

5. 个案研究法

在课堂实践中要及时发现不同层次班级对某一教学内容的理解和接受存在的问题，及时提供有效措施，并加以总结提炼，以点带面，达到整体进步的效果。

6. 经验总结法

从课题成员及同行的教学实践中总结、找出符合课题信息的内容，提炼成理性经验，形成理论性的文章。

（二）课题研究的主要过程

本子课题计划分三个阶段：

1. 准备阶段（2016 年 6 月—2016 年 7 月）

（1）明确内容（2016 年 6 月）

在集体讨论的基础上，确立课题内容，明确研究思路，成立子课题组，完成课题研究方案的设计和论证。

（2）组建课题队伍（2016 年 6 月—2016 年 7 月）

精选具有良好科研能力的教师组成课题研究团队，召开开题论证会，制定子课题实施方案，开展科研方法培训。

2. 实施阶段（2016 年 7 月—2017 年 7 月）

按既定方案组织实施，开展专项研究活动，并分阶段对课题实施情况进行检察、评估；不断完善实施方案，改进研究与实验工作。

（1）做好原始资料的积累工作。梳理高中语文教材中的必修 1~5 中的古代诗歌散文经典篇目，选好选修教材中的《古代诗歌散文欣赏》和《先秦诸子选读》及铁人中学校本教材中的经典篇目。

（2）按照确定的子课题方案扎实细致地开展研究工作。

3. 总结阶段（2017 年 9 月—2018 年 7 月）

（1）进行成果总结及课题结题工作。

（2）完成结题报告，申请结题鉴定。

三、课题研究效度和信度

（一）订单式教研

2016 年 11 月 7 日至 11 月 11 日，历时一周的时间，大庆市高中语文学科在我校完成了“订单式”教研的地毯式的听课，当堂检测的 5 分钟命题、阅卷、分析、指导等相关工作。此次铁人中学教研活动，是按照铁人中学卢士安校长的亲自安排，每位任课教师一节课，每人一个报告单，且每节课必须预留 5 分钟的时间，由听课教研员现场命题检测所学内容。我课题组成员表现优秀，但“金无足赤，人无完人”，课亦无完课，有优点的同时，也有不足之处。

1. 授课教师：崔敬

课题：奇妙的对联

优点：教师课堂教学走向做到深入浅出，教师拥有教学机智，适时适当地进行教学点拨启发。教师对学情把握很到位，教学有的放矢。学生参与度高，且思维活跃，学生很精彩，教师很成功。小组展示环节应再规范些。

缺点：个别小组展示，学生没有按照要求进行，致使耽误时间，影响收效。

2. 授课教师：梁喜静

课题：《诗经·氓》

优点：师生互动很好，课堂气氛活跃，生生之间有争议，课堂有生成，学生参与度高。

缺点：教学目标中有熟读成诵，教学结束后，学生做不到熟读，更未成诵。

3. 授课教师：殷晓光

课题：《卫风·氓》

特点：给学生学习思考探究时间，教学环节紧凑，教学设计较为合理，课件使用有助于教学。

缺点：诗歌教学，诵读不够，诵读次数少，导致学生分析有困难，鉴赏不到位。

4. 授课教师：李洪泽

课题：《赏析诗句的作用》

优点：案例教学直观，有的放矢；教学内容清晰，有条理。

缺点：读懂诗歌是前提，三首诗词学生未读懂，鉴赏起来困难。

5. 授课教师：赵圣

课题：《陈情表》

优点：思路清晰，以陈情为线索，娓娓道来，徐徐展开。

缺点：注重取舍，哪些该讲，讲精、讲透、讲清；哪些可讲可不讲，而不是面面俱到，顺时推移。

6. 授课教师：余雪利

课题：《阿房宫赋》

优点：逐字翻译、积累文言实词

缺点：尊重文本研究教学方法

7. 授课教师：吴宏光

课题：《书愤》

优点：注重个性备课，深度挖掘“愤”字包含的情感；重视文本后面资料的解读，来帮助学生理解陆游及其《书愤》的内容和感情。

缺点：注意时间的分配。

8. 授课教师：李晨

课题：《登快阁》

优点：切入是学生问题最多的、最困难的鉴赏问题，所以，侧重于第15小题诗歌鉴赏黄庭坚的《登快阁》来讲解，然后给出解读这类诗歌的一些具体的方法，还是比较实用的。

缺点：需要当堂选择一首类似的诗歌强化训练加以巩固。

9. 授课教师：王德英

课题：《越中览古》

优点：关注思想内容的理解、情感的抒发，以及学法指导。

缺点：可以在细节上做文章，视学生学习状态相机而动。

10. 授课教师：苍雪梅

课题：《登岳阳楼》

优点：引入竞争机制，激活课堂教学。

缺点：可以增加教学内容的厚度。

前四节课是高一年级的，后六节课是高二年级的。可以这样说，最快乐的课堂是苍雪梅老师，最钻研文本的是吴宏光老师，最耐心的讲解是余雪利老师，最关注学生问题是李晨老师，最认真备课的是梁喜静老师，最研究学法指导的是王德英老师，最利用资源崔敬的是老师，最活泼教学风格的李洪泽是老师，最有个性见解的是殷晓光老师，最随和友爱的是赵圣老师。

（二）名优示范课

按照学校要求，名优教师示范课是本学期的重要教学工作，是推进探索具有特色的高效课堂模式的重要过程。我课题组成员将古代经典探究性教学融入其中，取得了有效的研究结果。

1. 时间：2016年11月23日

授课内容：《梦游天姥吟留别》

授课人：苍雪梅

课程简介：语文学科高级教师苍雪梅，在语文的新授课中，以学生为主体，学生自主提问互答，教师适时点拨，课堂气氛活跃，高潮迭起。

2. 时间：2016年12月1日

授课内容：《春江花月夜》

授课人：吴宏光

课程简介：语文学科小班教师吴宏光，教学结构清晰，美词达佳句，体现了教师素质与学生素质的完美结合。课前通过布置作业带动学生赏析诗歌，课堂上通过独特形式的吟诵感知全诗引导学生置身诗境，通过问题带动学生思考，缘景明情。整个课堂不仅注重学生活动，课堂效率，而且结合学科特点，引导学生感悟语文课堂的语文味。

（三）高效展示课

继前两期“名优骨干教师‘高效课堂’示范课”活动获得大丰收后，高效课堂展示课再次开场。本次活动受到了学校领导、年级领导、年级师生的广泛关注，校长卢士安、高一年级副校长胡晓明、高二年级副校长王少清、高三年级副校长何显志、校长助理刘文秋等深入课堂，把脉一线教学。

本期进行示范课展示的我课题组教师，以践行“高效课堂”理念为宗旨，以“古代经典探究性学习”为手段，关注每一个学生的发展，调动全体学生的学习积极性，培养学生自主学习、探究学习、合作学习。不仅如此，他们还结合本学科特色，努力探究适合学科发展的特色教学方法。

1. 时间：2016 年 12 月 1 日

授课内容：《采薇》

授课人：李洪泽

课程简介：本课通过多种朗诵、合作探究等方式，梳理诗意，把握诗情，深刻体会诗歌以乐景写爱情的手法的绝妙之处，深入领悟古代将士思念故乡之情和对和平的渴望。

2. 时间：2016 年 12 月 21 日

授课内容：《归园田居》

授课人：殷晓光

课程简介：本课通过沙画导入，然后引导学生诵读，整体感知，再次自主探究文脉及情感，合作探究景、境、法，最后小结，拓展延伸，让学生理解陶渊明对淳朴、宁静的生活理想的追求，以及自由超脱的人格品质。

3. 时间：2016 年 12 月 22 日

授课内容：《姓氏源流与文化寻根》

授课人：梁喜静

课程简介：通过了解姓氏来源的几种常见的形成方式，引导学生对文化现象进行思考。培养学生的自主合作学习及探究能力，增强民族自豪感与认同感。

4. 时时间：2017 年 4 月 5 日

授课内容：《无端崖之辞》

授课人：苍雪梅

课程简介：以《无端崖之辞》中的三个寓言故事为核心内容设计本课教学，通过“读知识——析内涵——拓视野”的教学环节由浅入深，有效引导学生回顾所学，挖掘现学，拓展未学，由文本深入思想，由思想联系生活。在教学过程中，苍老师积极调动学生的积极性，让学生乐于参与，敢于表达。学生在本节课中学习了知识、拓展了思维、开阔了视野、锻炼了能力。

（四）智慧课堂展示课

我校在本学期之初，在高一年级开设了两个智慧课堂班级，在信息中心、高一学年的共同跟踪推进下，在短短的三个月里，这两个班级的教学成绩有了较大地提升，这与教师们的辛苦努力付出是分不开的，信息化的教学已经席卷铁人中学。我课题组教师相祎宁以时间串联诗词，带领学生领略诗词中时间的变化，充分展示了信息技术与学科教学的深度融合，为铁人中学的教育教学信息化注入了新的活力！

时间：2017 年 5 月 31 日

授课内容：《光阴的故事》

授课人：相祎宁

课程简介：课堂以《夜雨寄北》的重读作为微课破题，用《醉花阴》小词鉴赏落实知识与能力，以扩写《雨霖铃》升级美感体验、拓展写作能力，最后让学生用自己的话来表达自我心中的时间，用阅读引导写作，用写作落实阅读，让语文更具文学色彩，也更具专业魅力。用智慧课堂的教学方式逆推教学设计，打造任务整合式课堂，通过任务调动学生，提升能力。

（五）下步工作：总结阶段（2017 年 9 月—2018 年 7 月）

1. 针对前期调查及研讨课活动、及时反思、撰写课例及相关反思材料。

2. 进行成果总结及课题结题工作。

3. 完成结题报告，申请结题鉴定。

基于优秀传统文化的语文课堂教学艺术研究

王　颖　大庆市东风中学

课题研究已经有一年的时间了，在这段时间里，我们通过基于课堂，梳理整合教材，开展形式多样的教学研讨活动、多姿多彩的校园文化活动、提升素养的书香校园建设活动，以及打开国际视野的交流活动来提高学生的审美感悟力，从实践上提高了教师的教学素质，增强了课堂教学的文化氛围，把传统文化和语文教学有机地结合了起来，激发了学生的学习兴趣。使学生初步感受中华民族的优秀文化，激发热爱祖国的情感。使学生学会运用多种阅读方法，初步具有一定的研读文化著作的能力，能初步理解、鉴赏文学作品、受到高尚情操与趣味的熏陶，发展个性，丰富自己的精神世界。

一、梳理整合教材

深入挖掘传统教材中有关传统文化的内容，并拓展教材，尝试与之适用的教学方法。走近古诗文，增加学生传统经典文化方面的积累和积淀。在选修教材中，重点挖掘《中国古代诗歌散文》，并在不同层次进行《先秦诸子散文》的阅读与讲授。三个年纪分层次开展古诗文诵读活动，每周三次在早读时间进行。由王颖老师执教的《学生自主阅读鉴赏宋词导读设计》，研究了学习方式，开展合作阅读探究活动，效果良好，校级范围进行推广。李长春老师执教《天下有道，丘不与易也》一课，对先秦诸子进行了独特地解读，让学生对《论语》产生了浓厚的兴趣，激发了课内课外对《论语》的阅读兴趣。在高三教学中，开展了古代文化常识专题教学，既丰富了传统文化知识，又对接高考，效果良好。

[**作者简介**]王颖（1975 年—），大庆市东风中学，正高级教师，研究领域高中古诗词教学，市兼职教研员。

二、开展教学研讨活动

第一，聘请教育专家，对我校语文教师进行培训，尤其是教师专业成长的培训，手把手教我们的老师如何在教学中提升个人和学生的人文素养。介休一中的语文高级教师、山西省学科带头人王加梅老师做了一场《教师专业成长和语文教学》的精彩讲座。王老师从教学方法的改进、学生人文素养的培养、大语文观的树立，以及教师专业成长等方面侃侃而谈，不遗余力地介绍了诸多经验，为在场的东风全体文科教师带来了心灵的震撼和思想的启迪。第二，开展组内教研、校际教研、市级教研员进校指导活动，跟踪听课，及时反馈。发扬新老帮教的优良传统，让我们的优秀的老教师和新起的年轻教师交流经验，进行校本培训。徐慧影老师在骨干教师示范课进行了《汉家寨》一文的讲授。该课以小组合作的方式让学生围绕“环境、人物、精神”三方面品读文章，梯度设置问题，学生自主探究，教师要点导悟，激发学生思考感悟传统文化中“坚守”的精神美及其现实意义，引领学生文化审美。

三、开展的校园文化活动

举办《诵读经典诗文，弘扬传统文化》古诗文朗诵会，让学生在诵读中涵养经典，弘扬传统文化。积极组织并参与大庆市读书与教育演讲比赛，我校语文教师庞宏霞老师斩获一等奖。在此次比赛中，我校乔慧颖和丁丽娟两位老师担任了评委，我校荣获优秀组织奖。

四、开展特色阅读

建立年级专属阅览室，增设教师阅览室，设置图书推介板。语文老师定期采购有关传统文化的书籍书种类繁多，各具特色。图书的选择、购置、分类、上新等都有专业的语文老师进行规划管理。以保证图书新鲜实用。引导学生进行大量阅读，在阅读中积累传统文化的精华。作为文化对照，还引导学生关注一些经典外国名著。通过对比阅读，学生更清楚地认识到中国传统文化与西方文化的异同，明白了当今文化的源头，甚至于自主去了解一些文化思想的流变。并把学校各教学场所的走廊、楼梯拐角增加读书座椅，鼓励师生每周读书、每日读书，处处可读书，鼓励师生以读书为乐。

五、展示中国传统文化

加深对民族的文化认知，增强民族自豪感。我校开通国际直通车，先后与美国、澳大利亚、新加坡等国相关大学达成合作办学协议，联合国教育代表团及省市领导参加了“感悟大庆,走进东风中学”主题文化交流活动。欢迎仪式后，参加活动的联合国代表团来宾和领导开始了在我校的中国文化体验之旅。我校共设立了八个主题区，包括太极、茶艺、手工、民乐、民族舞、宋词、班级文化、教师办公区文化等主题文化区。本次活动在向外国友人全面展现东风中学的风采，深厚的文化底蕴的同时，也增强了民族自豪感，提升了文化素养 。

在近期的课题研究中，我们取得了一些成果并总结了经验方法，但是仍然有很多不足，如改革的观念有些陈旧，在高考成绩的压力下改革的步伐不够大胆。为了扭转这些困境，下一步我们计划 :

做到真正转变观念，更新知识，进一步具备厚实的文化素养，创造性地理解、使用教材，进一步积极开发课程资源，灵活运用多种教学策略，增强语文教科研的能力。促使广大教师树立“大语文”教学观，丰富文化内涵，提升文化品位。

为了更好地传承中国优秀的传统文化，完全可以开设专门的校本课程进行学习，内容可包括国学经典课、文学欣赏课、诗文写作、书法等。

诵读的经典诗文不再囿于必考课文，适当加入其他经典诗文，更好地感受传统的经典文化。

诗词诵读活动继续开展，并加入学生理解性自主性开放性的活动，如经典之我读等类型活动。

特色读书课程中，书目应分为必读和选读两类书单，并要求学生读整本书，更好地理解经典。

现代课堂教学特质指导下的古诗文教学研究

李海燕　大庆市肇源县第一中学

一、研究内容

作为教师，应该授人以“渔”，而不是授人以“鱼”。在实践中探索，结合本课题，我试着从以下五方面入手：

（一）分析古诗文学习现状及其成因。

（二）建构文古诗文教学导学模式。

（三）指导自主诵读，熟读精思文脉，涵泳体悟文气，创设教学情境。

（四）疏导文章骨骼，合作触类旁通，融汇古今知识，设置导读问题。

（五）引导探究魂魄，挖掘审美情趣，沐浴文化芳泽，组织探究活动。

二、研究目标

（一）组建队伍（2016 年 6 月—2016 年 12 月）

印发《课题指南》，课题组组建，确定实验教师，召开开题论证会，制定子课题实施方案，开展培训活动。在集体讨论的基础上，确立课题内容，明确研究思路，成立总课题组，完成课题研究方案的设计和论证。

（二）实施阶段（2017 年 3 月—2017 年 12 月）

按既定方案组织实施，开展专项研究活动，并分阶段对课题实施情况进行检察、评估；不断完善实施方案，改进研究与实验工作。

首先，要做好问卷调查，问卷的设计从两个方面入手，一是“学生的学”问题设计，二是“教师的教”的问题设计。主要通过行动研究法、个案研究法、比较研究法等形成一种较为典型的导读课堂形式，并以学校的教研活动为平台，展示研究成果，形成几节典型的课堂实录、教学反思、典型课件、图片等目标。

［**作者简介**］李海燕（1979 年—），大庆市肇源县第一中学，一级教师，主要从事高中语文教学研究。

做好原始资料的积累工作。

其次，按照确定的子课题方案扎实细致地开展研究工作。

（三）总结阶段（2018 年 3 月—2018 年 6 月）

1. 整理资料及子课题结题工作。主要通过经验总结法，对整个试验期间的各个阶段的研究结果进行分析，对取得的经验与存在的问题，进行总结，收集数据，形成文字和材料，用以指导教学实践。

2. 客观真实的撰写 3 篇典型的论文和 1 篇课题报告，申请结题鉴定。

三、研究情况

本课题自从 2016 年 6 月开题以来，在学校教科研领导的大力支持和全体课题组成员的共同努力下，比较顺利地按照课题研究方案有条不紊的进行，具体工作有以下四点：

（一）每月一次的课题组成员的商讨会如期举行，真实地反映在这一个月的课题研究中取得了那些成绩，存在哪些问题和困难，以及下一阶段的具体做法。

（二）在本课题的研究过程中，切实贯彻“导学策略”，每位教师通过课后备课、写教后记、课后反思，以及集体备课、共同研究、群策群力，不断更新教学观念、改善教学行为，养成对自己教学现象、教学问题独立思考的习惯，真正成为教学和教育研究的主人。

（三）实行听课制：通过同伴互助听课，达到共同提高的目的，充分利用学校每学期开展校本教研活动来把近段时间的科研成果利用这个平台加以展示，并对研究成果加以推广。

（四）实行集体备课制：每周四位集体备课时间，集思广益，资源共享，团队协作，从整体的教学设计到具体的细节处理、板书设计、问题设置等分工明确每个人盯住一个方面，每个环节用多长时间，板书设计、语言过渡、提问题、回答问题评价等。

四、研究成果

（一）教学中的导学策略的运用，使课堂气氛活跃，学生的参与热情明显提高，提高了课堂教学效果。

（二）在学校的教研活动中，通过集体备课，赵杰老师和屈天奇老师的校级公开课获优秀奖,教学方法灵活多变,教学手段直观先进,收到了广泛的好评。

（三）在中华优秀传统文化与现代语文课堂教学实践研究首届成果征集、评审活动中，我校李海燕老师的论文《浅谈将中华优秀传统文化渗透到语文教学中》荣获一等奖，孙晓焕老师的论文《浅谈高中文言文教学》荣获一等奖，王东旭的课件《水龙吟·登建康赏心亭》荣获二等奖，金国全老师的课件《师说》荣获二等奖,王雪原老师的课件《归园田居》荣获一等奖,赵杰的课件《望海潮》荣获二等奖，张魏娜老师的课件《醉花阴》荣获一等奖，赵宇楠老师的课件《归去来兮辞》荣获一等奖，孙邈旭的课件《诗歌表达技巧鉴赏之修辞手法》荣获一等奖，于红侠老师的课件《林黛玉进贾府》荣获二等奖，张魏娜老师的录像课《归园田居》荣获二等奖；张魏娜老师的教学设计《醉花阴》荣获三等奖，张魏娜老师组织学生参加了第十七届全国中学学生“创新杯”征文大赛，有三十名同学获奖。

（四）通过反复吟诵，引发了学生的想象、联想、体验和感受。给学生设计安排了一些活动，采用各种形式地读，使学生在读中做到了理解、感悟、体验、积淀。

（五）通过启发想象，品味意境，学生已能充分调动想象和联想，将自己设想成作者本人，从作者当时的立场设身处地地考虑感受，使诗中描写的形象和景象一一浮现于脑海中，再现逼真的情景。

五、存在问题

（一）由于水平有限，在研究中好多经验很难上升到一定的理论高度。

（二）平时单元教学中古诗文教学课时受到限制，加上学生对古诗文课外活动课的认识不到位，未能大面积充分开展古诗文课外活动。

（三）相关资料的整理不够及时。

（四）实验变量不能有效控制，由于文理分班，一部分学生转班。

六、下步工作

（一）阅读专家这方面的著作，通过学习，使自己的理论水平有所提高。

（二）在后面的研究中帮助学生进一步认识活动的重要性，并对活动的组织方式、评比办法、点评等方面多加研究以调动学生参与活动的积极性。

（三）继续开展本阶段的工作，通过考试成绩反思实验结果，并形成阶段成果。

（四）课题组的成员撰写一篇论文或设计一节与课题研究相关的教学设计、说课教案，课题组成员共同研究，集体讨论，总结此阶段的研究成果。

（五）写出实验班和对比班的本阶段的调查研究报告。

我们立足实践，以实践研究为主，可以预期的研究成果有公开课、课件、教学设计、论文等。

我们希望进一步获得专家的指导和支持，使课题组的研究工作能更加科学有效地进行。

结题报告

中华优秀传统文化与语文教学资源研究

大庆市第四中学

2016年，我校申请参加中国高等教育学会教师教育分会“十三五”科研课题“中华优秀传统文化与现代课堂教学实践研究”的子课题中华优秀传统文化与语文教学资源研究实验，经总课题组批准正式成为实验学校。在课题组专家的精心指导下，经过全体实验教师共同努力，更多优秀的传统文化走进了我校的课堂，使学生的语文素养、人文素养得以提升。同时，课题的研究与实验还为师生提供了一个良好的展示平台，拓展了教师的发展空间，有力地促进了教师的专业化发展，从而整体提高了我校语文学科教学质量，促进了学校办学水平的提升。回顾课题研究与实验，我们由于实施了较为科学的研究策略，基本实现了预期目标。现把研究情况做以总结。

一、课题研究的背景

我们中华民族有着五千年悠久的历史，正是在这历史的长河中，我们的祖先给我们留下了源远流长、博大精深的中华文化。中华民族精神是中华文化的核心和灵魂。著名哲学家、北京大学教授张岱年先生认为，“每一伟大民族都有其民族文化；每一民族文化都有其基本精神，亦可称为民族精神。”

在语文单独设科时，叶圣陶先生提出了著名的论断——“语文姓语”，吕叔湘、张志公二人也都同意这个观点。语文核心素养是构建现代语文教学体系的起点与归宿。语文是人文学科，而且是母语学科。语文教学中需要“转变观念，注重人文教育，着眼于学生的全面发展。”因此在中学语文课堂教学中，不仅仅要培养学生的语文能力，学会运用语文工具，而且要使学生受到语文丰富的人文精神的陶冶，使他们能够养成正确的价值观，在培养他们文化基础上，让学生自主发展，积极地参与社会活动，成为一个真正的全面发展的人。著名教育学家苏霍姆林斯基的《给教师的建议》中提出：“我们应该使每一个学生在毕业时候，带走的不仅仅是一些知识和技能，最重要的是带走渴求知识的火花，并使它众生不熄地燃烧下去。”语文教师，应该义不容辞地担当起这历史使命：充分发挥语文学科实施人文素质教育的特殊功能，通过祖国的山川之美、民俗之美、历史之美、文化之美和传统之美，让学生在祖国的灿烂的文化长河中游弋、翱翔，使中华文化传统得以发扬光大。

二、课题研究的目标

让学生在接触、了解、诵读经典诗文的同时，初步感受中华民族的优秀传统文化，汲取祖国深厚的文化精神养料，成为中华优秀文化的继承者和传播者；另一方面，通过人文素质教育，提高学生识真伪、分善恶、辨美丑的能力。在教会学生认识和掌握本民族的语言文字的同时，使学生学会运用多种阅读方法，诵读经典，培养高尚情操与趣味，发展个性，丰富自己的精神世界。具有一定的文化经典名篇的积累和文化底蕴。在新课程标准理念的指导下，使广大语文教师及时转变观念，更新知识，具有比较厚实的文化素养和创造性地理解、使用教材的能力，以及积极开发课程资源，灵活运用多种教学策略的能力和科研能力。

三、课题研究的方法

在课题推进过程中，我们课题组成员团结协作各司其职，精研教材，从教学设计、论文研究、教学感悟和录像课进行子课题的研究。本人与齐志伟、王学南老师、邹丽丽老师、南丽老师、张贺坤老师负责古诗文教学资源整合与研究，温丽丽和张妍老师以论文的形式对中华优秀传统文化与语文教学关系进行探讨，而李敏老师和张妍老师则身体力行，通过教学实践，把中华传统文化渗透到课堂里，取得了很好的效果。

四、课题研究的过程

（一）文化中的文学，文学中的生活

负责人：万云、齐志伟、张贺坤、王学南、叶颖

研究内容：1. 引导学生立足陶渊明的诗歌，寻找诗作之中的“菊花”与“酒”

的意象，并以此作为切入点窥探陶渊明性情及情感的表达，尤其是呈现出的“魏晋风流”的文学特点，成为一个时期的文学特征。陶渊明建立的精神后花园无形之中成为后世文人精神的栖息地，也成为我国思想文化领域不可或缺的组成部分。

2. 诗歌发展到唐代，蔚为大观。由李白而形成的“盛唐气象”，更是为后人所追捧。李白不仅属于盛唐，更属于整个时代，只有盛唐才会造就李白，也只有李白才能代表盛唐。我们在研究时，一定着眼于李白在诗歌之中所呈现出的姿态和精神气度，读李白的诗歌，更应从“气”与“神”两方面把握，跳出诗歌艺术的框架，找寻自由洒脱的性情，找寻自信大国的姿态。

3. 词发源于晚唐，成熟于宋代。词作为抒发情感的新的文学样式，为我国文学增添了浓重的一笔。尤其是到了苏轼，扩大的词的题材，可谓“无一字不可入词”，呈现出“以文为词”的豪放风格，但是苏轼无论在仕途上，还是情感上，都是多舛的，正所谓“国家不幸诗家幸”“文章憎命达”。所以立足苏轼的词作探寻其生命轨迹非常有研究价值了。

（二）探讨汉字之美，领悟经典之义

负责人：温丽丽、李敏、刘敏、张妍

研究内容：

1. 从象形、指事、会意和形声等构字方法入手，感受汉字独特的形体结构对音、义的记录，体悟汉字构成演变之趣；感受汉字字形中蕴含的丰富的文化底蕴，体悟汉字字形流变之美。以古代经典著作作为根基，尝试整理成语。据《成语探源辞典》统计，出自《诗经》的成语有 177 条，出自《论语》的成语有 173 条，出自《孟子》的有 136 条，出自《庄子》的有 161 条，出自《史记》的有 265 条，出自《汉书》的有 158 条，出自唐诗的有 310 条，出自宋代诗词的有 140 条。成语是中华文化的微缩景观，中华传统文化的精华，在一定程度上也隐含在这些成语之中。我们要追根溯源，自主选择阅读古代典籍，按照一定类别找出若干成语，编成一本手册。

2. 展开浩如烟海的古典试卷，咏月诗词俯拾即是，或描摹其绰约姿态，或寄托思乡之情，或抒发旷达情怀……月这一传统意象是人类情感的共同载体。当然，在研究古代诗词的同时，大家可以将眼光放远，看看中国现实诗歌，如《潮汐》(王家新)《两个月亮》(徐志摩)等;品品外国诗词,如《致月亮》(歌德)《月之光》(波德莱尔)等。在中外诗歌的比较之中,体味月亮承载的审美价值和情感态度。

(三)书香飘溢校园,经典浸润人生

负责人:郭熟武、邹丽丽、李娜

研究内容:

1.“读一本好书,就是找到了一个好朋友。”理想的教育应该重视让学生与书本为友,与大师对话,在人类优秀文化遗产中净化自己的灵魂,升华自己的人格。通过开展“经典诵读”活动,为学生营造良好的阅读氛围,改善学生的阅读状态,激发他们持久的阅读兴趣,养成阅读的良好习惯,使阅读成为他们精神成长的需要,提高广大学生文化和道德素质,增强民族自信心和自豪感。

2. 诵读篇目

唐诗诵读:

《茅屋为秋风所破歌》杜甫

《将进酒》李白

《蜀道难》李白 《琵琶行》白居易

《春江花月夜》张若虚

宋词诵读:

《钗头凤》陆游

《满江红》岳飞

《破阵子》辛弃疾

《声声慢》李清照

五、课题研究的成果

(一)在课题研究过程中,我校多名教师多人次获得以下奖项

1. 教学设计

万云《奇妙的对联》教学设计　　一等奖

南丽《孔雀东南飞》教学设计　　一等奖

李敏《扬州慢》教学设计　　　　　　　　二等奖

齐志伟《兰亭集序 》教学设计　　　　　　一等奖

王学南《奇妙的对联》教学设计　　　　　一等奖

邹丽丽《夜归鹿门歌》教学设计　　　　　一等奖

张贺坤《诗经 氓》教案设计　　　　　　　一等奖

2. 教学论文：

温丽丽《用传统文化灌溉现代课堂》　　　一等奖

张妍《情感教学之我见》　　　　　　　　二等奖

3. 录像课：李敏《扬州慢》　　　　　　　一等奖

张妍《纪念刘和珍君》　　　　　　　　　一等奖

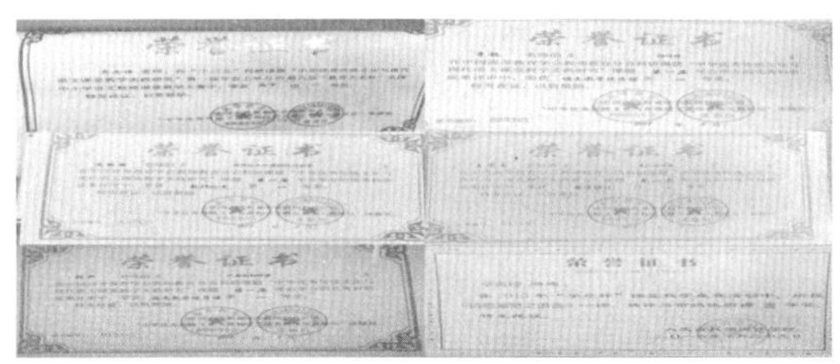

齐志伟老师在 2017 年 7 月，代表黑龙江省大庆市区域研究中心参加在内蒙古呼和浩特市由课题组组织举行的第六届“教育艺术杯”高中组现场课，荣获一等奖。

齐志伟老师获奖照片

第六届“教育艺术杯”
全国中小学语文教师课堂教学大赛
壹等奖
2017.7. 内蒙古·呼和浩特

（二）在课题研究过程中，我校学生积极参加各类竞赛，获得以下奖项：

在第二届、第三届中华之星国学大赛中取得优异成绩，高三一班郑轶丹高三十三班田依格荣获全国一等奖，高三十三班王禹萱荣获黑龙江赛区二等

奖，高三三班赵梓涵等多名同学荣获黑龙江赛区三等奖。

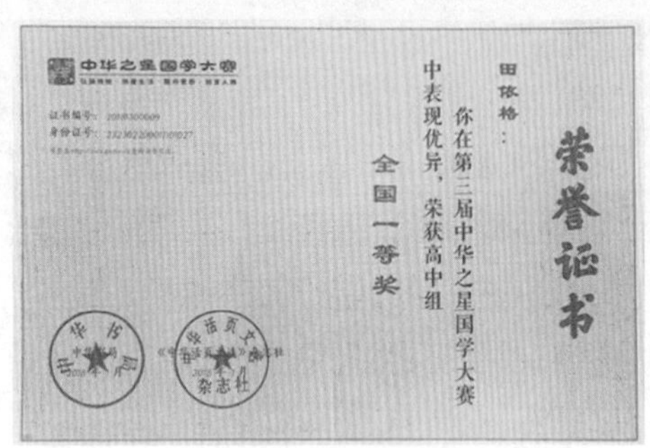

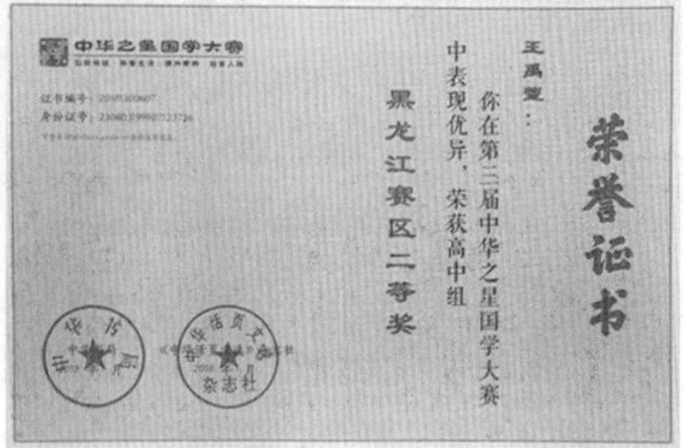

部分学生获奖证书

（三）依托校园的语文功能室“文澜书屋”，我们以兴趣小组和第二课堂的形式，开展了形式多样的优秀传统文化知识的普及和传承工作，在我校兴起了一股“国学热”。

国学社“文澜书屋”活动照片

六、课题研究的前景

我校自承担“中华优秀传统文化与语文教学资源研究”这个课题以来，

全校师生予以高度重视，学校领导亲自参与，并鼓励语文组的相关老师积极投入这个课题的研究工作，随着课题研究的深入，我们愈发感觉到中华优秀传统文化的丰富与宝贵，我们身为传承优秀传统文化的一线老师，更应该结合教材与教学实际，让优秀的传统文化在我们现代语文课堂上焕发出更强大的生命力与其他文化所不具备的魅力。为此我们在以后的研究中要立足本校实际，做到以下三点改进措施：

（一）在组内鼓励教师多读书，丰富视野，提高自己，让教师在做人作文方面不断引领学生，做学生精神方面的指路者和导师，始终走在吸取与传播优秀传统文化的最前沿。

（二）充分利用文澜书屋与国学社的平台，继续做好国学常识的普及工作，必要时可以举行校内的国学知识竞赛，做好传统文化的继承和发扬工作。

（三）在具体的古诗文教学教学实践中，要对教材进行大胆地取舍，系统地加工整理，不仅传授传统文化知识，更要引导学生理解中华传统文化的精髓，使其在学生人格养成方面起到积极的作用 。

这个课题的研究虽告一段落，但我们仍然要把我们的优秀传统文化当作我们语文课堂上“取之无禁，用之不竭”的资源宝库，也只有这样，我们的语文课堂才会变为有源头的活水，有营养的土壤。

大庆市第四中学　　万云

现代课堂教学特质指导下的古诗文教学研究

大庆市第十中学

一、科研成果

两年来，我校课题组在研究中解决困惑，总结经验，形成成果，在总课题组阶段性评比中取得了较好成绩。

（一）基本功大赛

1. 沈佳：2016.7，一等奖；2017.7，诵读、书法组一等奖；2017.7，微课大赛中学组一等奖

2. 牟东梅：2016.7，一等奖

3. 于丽丽：2017.7，诵读、书法组一等奖；2017.7，微课大赛中学组二等奖

4. 刘佳莹：2017.7，写作组一等奖

（二）教研论文

1. 巩固：《借助新媒体技术弘扬传统文化——浅谈微课在古诗文教学中的运用》，一等奖

2. 许艳华：《浅谈高中古诗文的情境教学》，一等奖

3. 张艳：《古诗词——传统文化中的瑰宝》，一等奖

4. 孙丽：《把中华优秀传统文化经典“嵌”在学生脑子里》，二等奖；《把经典嵌入脑海，让诵读浸润心灵》发表在国家级刊物《教育艺术》2017 年第 8 期

（三）教学设计

1. 沈佳：《阁夜》，一等奖

2. 牟东梅：《文言倒装句式》，一等奖

3. 杨海民：《古代官职的升降》，一等奖

4. 张典群 :《项羽之死》，一等奖

5. 刘佳莹 :《登高》，二等奖

（四）教学课件

1. 黄锦石 :《优美的汉字》，一等奖

2. 沈佳 :《中国建筑的特征》，一等奖

3. 刘佳莹 :《登高》，一等奖

4. 王凤华 :《雨霖铃》，一等奖

5. 苗占英 :《诗词入文神韵来》，一等奖

6. 牟东梅 :《鉴赏古代诗歌中的意象》，一等奖

7. 巩 固 :《名篇名句默写专项练习》，二等奖

（五）教学案例

1. 沈佳 :“激发学习兴趣，生动语文课堂——名著导读《论语》教学课例研究报告”一等奖

2. 牟东梅 :“探寻规律，化难为易——《高考文言文复习之文言特殊句式》教学课例研究报告”一等奖

3. 高微 :“掌握方法，志在必得——《高考文言文复习之文言翻译》教学课例研究报告”二等奖

（六）教学优质课

1. 孙丽 :《黄山奇松》，一等奖

2. 于丽丽 :《优美的汉字》，一等奖

（七）教学微课

1. 沈佳《文言文特殊句式之判断句》，一等奖

2. 牟东梅《文言倒装句小练习》，二等奖

3. 张典群《交际中的语言运用》，二等奖

（八）实践活动

1. 卢又宁 :“‘迎端午，缅故人，扬传统’端午节班会活动设计方案”一等奖

2. 孙丽 :“‘我是向上向善好队员’主题队会”活动设计，一等奖

3. 张文明 :“中西方节日之比较”一等奖

（九）“创新杯”作文征文大赛一等指导奖教师

沈佳、巩固、黄锦石、刘佳莹、史丽丽、许艳华、于丽丽、张典群、张艳、葛岚、杨海民、孙丽

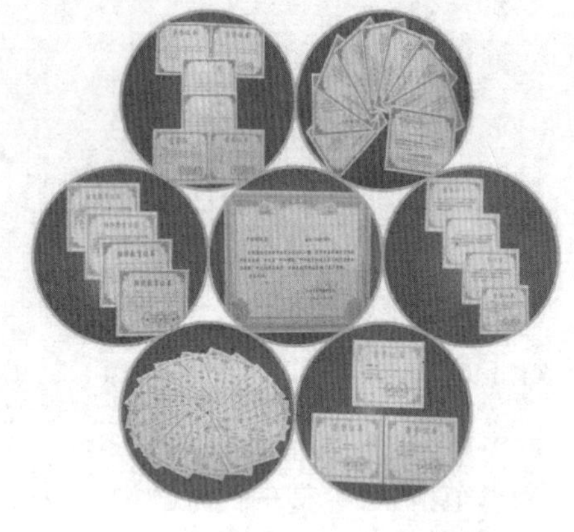

（十）荣誉称号

1. 课题优秀学术指导

高广、杨文、牛艳丽、张艳、刘佳莹

2. 优秀主持人

高广

3. 优秀实验校长

杨文

4. 优秀实验教师

沈佳、巩固

二、课堂实践

实验教师将现代教学理念带进课堂，在古诗文教学中开展研究，总结经验。在学校组织的各种形式的公开课活动中交流展示、相互吸收、分享反馈、积极改进、努力提升。

1. 沈佳 :《名著导读 —— 论语》、《中国建筑的特征》

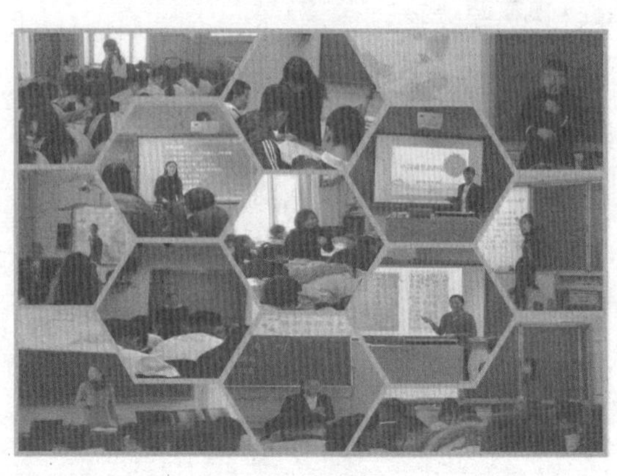

2. 牟东梅 :《文言翻译能力提升训练》《倒装句》

3. 高微 :《文言翻译》《兰亭集序》

4. 于丽丽 :《试卷讲评》《诗歌传千古，人间有温情 —— 清明节例说》

5. 巩固 :《判断句》《劝学》

6. 黄锦石 :《优美的汉字》

7. 梁爽 :《子路、曾皙、冉有、公西华侍坐》

8. 高一组（杨宏霞、王凤华、苗占英、陈立忠、牟东梅、高 微）同课异构:《兰亭集序》

9. 高二组（许艳华、张典群、沈佳、史丽丽、巩固、邹文稳）同课异构:《蜀相》

三、教研活动

课题组成员积极参加校内外的教研活动，学习先进理念，借鉴成功经验，积极推动课题研究的有效开展。

1. 2016.6.23，说课

2. 2016.7.19—7.22，课题威海年会

3. 2016.12.12，大庆实验中学研讨会

4. 2017.3.15，大庆市骨干教师培训

5. 2017.3.18，大庆市东风中学培训

6. 2017.4.19，大庆市融合骨干培训

7. 2017.5.3，大庆市融合骨干培训

8. 2017.5.4，大庆市第十中学新媒体新技术培训

9. 2017.5.11，大庆市第十中学“教师专业成长”培训

10.2017.5.20—5.27，大庆市名师工作室深圳培训

11.2017.6.6，大庆市小学语文何华名师工作室培训

12.2017.6.7，刘佳莹教研活动

13.2017.6.13，大庆市融合骨干培训

14.2017.6.15，大庆市小学语文马智华名师工作室培训

15.2017.6.16，大庆市初中语文孙靖宇名师工作室培训

16.2017.6.20，大庆市初中语文徐昭君名师工作室培训

17.2017.6.29，大庆市名师工作室深圳学习汇报会

18.2017.7.19—7.21，课题呼和浩特年会

19.2017.9.14，大庆市第十中学高考改革、课程设计与开发培训

20.2017.10.11，大庆市骨干教师培训

21.2017.10.19，沈佳教研活动

22.2017.10.31，大庆市高中语文王颖名师工作室培训

23.2017.12.8，大庆市小学语文名师工作室台州学习汇报会

24.2017.12.21，刘佳莹教研活动

四、总结经验

（一）查找不足，明确努力方向

1. 教学目的偏差，情感韵味不足

一段时间以来，我们的古诗文教学是以应试为主导、以掌握字词语法翻译为主要内容的教学。古诗文课堂，尤其是文言文的学习普遍存在重视字词句义和语法，忽视整体文学性的问题。教师按照高考考点，如庖丁解牛般将诗文肢解成字词格律、主旨意境、艺术手法等板块，让诗文失去情感和韵味，变成冷冰冰的知识点，导致古诗文的文化内涵和审美教育无法体现，更让学生失去了学习兴趣。

2. 中考高考有别，衔接脱节不畅

初高中学习方式有较大差异，中考对古诗文的考查以课内为主，高考考查的却是课外作品，这就要求学生不仅要具备读懂文言文的能力、一定的鉴赏能力，同时还要具备一定的阅读量和迁移能力。其次，我校大部分学生在初中没有养成学习古诗文的良好习惯，进入高中看到长篇幅古诗文就产生厌烦情绪，提不起学习兴趣。再加上缺少知识与能力转化的条件，无法做到触类旁通。

3. 学法教法低效，思考流于形式

教师授课时采用多媒体技术应用和自主、合作、探究的学习方式，固然让课堂变得很热闹，但知识点夯实不够，学生又易心浮气躁，习惯利用课外辅导书找现成答案，不会自己思考，学习知识只靠死记硬背，很少有从心底热爱古

诗文的。

要解决以上问题，我们一是要提高教师文学修养，二是要改进教法学法，让学生能够通过古诗文这一载体充分感受中华文化的博大精深。

（二）文化专题，消除“今”“古”隔阂

我们在研究中发现学生之所以对古诗文产生抵触，很大一部分是由于不了解作品的时代背景，不理解古人的思想价值观，一味地以现代的眼光去揣摩古诗文的意义，又因传统的教学方式对文化常识部分的学习只是有什么讲什么，呈现零碎化、片面化的状态。因此开展文化专题讲座是很有必要的。初期我们将教材中和传统文化相关的部分单独列出进行教研，形成完整的模式后进行授课。例如沈佳的《中国建筑的特征》、于丽丽的《清明节例说》和黄锦石的《优美的汉字》，将课文中的文化常识与所蕴含的传统文化串联起来，又补充了很多教材中没有的知识。中期我们又将教材中没有，但高考可能会出现的文化常识提取出来，如传统节日和古代纪年计时方法等，形成专题，让学生对传统文化知识更加系统地了解。

（三）组织活动，激发学习兴趣

1. 组织课前演讲，积累文化知识

课前演讲是我校的传统，演讲内容包括读书心得、时事评论、美文共享等。开展课题研究以来，我们将课前演讲的内容设置为文化知识积累。例如成语积累，每节课由一名学生讲述一个成语，包括成语的古今义、典故来源等，一段时间后再根据学生的掌握情况，组织成语竞赛等活动对其考查。一年来，学生对成语的含义、用法掌握得比较准确。在作文中也能熟练运用成语，甚至叙述典故作为例证，让死板的知识活起来。

2. 开展节日活动，培养文化意识

一是利用清明、七夕、重阳等传统节日，让学生讲解节日由来和民俗，搜寻并欣赏相关文学作品。二是组织民俗活动，如剪纸、猜灯谜、对对联等，让学生在活动中了解文化传统，培养热爱祖国、传承文化的情感。

3. 举办知识竞答，评选古典之星

采用知识竞答形式进行测评，对古诗文和文化知识积累丰富的同学予以表彰，授予“古典之星”的称号。学生的活动热情很高，既加深了学生对知识的

记忆和理解，又促使其主动学习。

（四）联系生活，延续诗文魅力

“语文即生活”，古人和我们的思想情感是相通的，但现代文和古诗文的表达方式存有差异，学生在阅读古诗文时很容易产生语言障碍。教师要把文章中的思想感情和当下的生活现实结合起来，使学生在接受中主动探索。如讲授《孔雀东南飞》时，教师先让学生发表对当下婆媳关系、夫妻关系等家庭问题的看法，再引导学生通过课文了解千年前汉朝的婚姻生活。学生在探讨后发现古人的烦恼现代人同样也有，就产生了共鸣，从而帮助学生树立正确的婚姻观和家庭观。

（五）释文悟言，品析诗文韵味

现代汉语的许多用法脱胎于古语，因此教师不能只单纯地让学生记忆书中注释，而要联系学过的知识，加以描述启发，让学生理解语言的深意。如“修”有长、高的意思，但只简单直白地理解就容易失去韵味。《兰亭集序》中有“茂林修竹”一句，作者以“修”饰“竹”，其意不尽在竹，而是借竹之坚韧挺拔、清雅淡泊来表现作者修身自好的情趣。同样，《邹忌讽齐王纳谏》中“邹忌修八尺有余”的“修”比直接说身高八尺更能写出邹忌伟岸英俊之相貌。这样讲解后，学生很容易体会到古汉语用词的准确、表意的丰富，所以古诗文教学要摒弃死记硬背，要熟练运用“因言释文，因文悟言”的方法，达到理解性记忆。实践证明，此种教学方法让学生对难懂的文言知识点不再抗拒，在文言翻译和古诗鉴赏方面有较大提升，比传统教学收效明显。

（六）借助学案，构建高效课堂

我校学生语文底子薄，多数没有养成自主学习的习惯，于是我们进行了借助学案推进自主探究能力的实验。学生利用学案预习完成学习目标、背景知识、知识点和相关探究性问题的任务，授课过程中学生分组对提前预习的问题进行展示，师生互评。借助学案有效指导了学生课前预习、听讲和自我反馈，但一定程度上也限制了教师和学生主观能动性的发挥，课堂缺少激情，对此我们会继续总结经验教训，进行改进。

（七）媒体技术，服务诗文教学

通过不断尝试，我们寻找到几种适合古诗文教学的媒体和软件，节省教师教学的精力，克服学生抗拒的心理，同时对学生的学习进行动态的跟踪评估。交互式电子白板可以生动展示图片、视频等素材，将文字的意象转化成更直观的形象；教师可以直接在画面上做批注，学生也可以借助白板做展示，将结论分享给其他同学。教师可以借助 Focusky 动画演示大师制作符合教学内容和学生接受程度的微课视频，增强吸引力，提高教学效率。如介绍作者生平和写作背景时，可以将这些内容制作成几分钟的视频展示给学生，既激发了学习兴趣，又节省了时间。易企秀软件更适合拓展一些课外知识，比如《兰亭集序》中“修禊”这一古代文化习俗，教师可以用该软件制作微视频，上传至师生讨论群分享。希沃授课助手可以使手机和电脑同屏，学生可以在手机上观看课件，也可以将自己的成果拍照上传，实现交互式教学。布置、批改作业时使用的 QQ 作业、作业盒子软件，批改试卷的智学网等媒体技术，在测评学生的学习情况方面发挥了较大作用。

总之，在古诗文教学中多媒体技术的应用有力地激发了学生的学习兴趣，化艰涩难懂的古诗文为优美的画面，加深了知识的内化理解，也节省了时间和精力，但一定要注意把握使用的“度”，要以知识的巩固、道德情操的陶冶为目的，不能喧宾夺主，失去初心。

五、发现问题

古诗词教学我们基本采用的是疏言、显象、悟意等步骤；文言文教学采用“因言释文，因文悟言”的方法。不同层次的学生要采取不同形式的教学方法，同时因教育思想、教学形式、学生素质等都在不断变化，所以，对古诗文教学的研究也存在着一定的变量。这些都需要我们在教学实践中继续总结经验，真正形成具有针对性的教学模式。

我们的教学研究并未因本课题的告一段落而停下脚步，下一步的研究方向是对教学效果的科学评估，进一步思考如何促进学生不断吸收传统文化，提升语文素养，培养文化情怀，进而构建真正的现代课堂。

大庆市第十中学　　沈佳（执笔）

中华优秀传统文化与语文教学资源研究

大庆市第十三中学

2016年06月，大庆市第十三中学高中语文组几个老师参与国家十三五“中华优秀传统文化与现代课堂教学实践研究”课题的子课题“中华优秀传统文化与语文教学资源研究”。确立课题以来，我们严格遵守课题研究的有关程序和要求，认真组织、落实课题研究实施方案。目前，课题组已初步完成了预定的研究任务，在理论和实践两个方面都取得了显著的成果。现将相关研究情况汇报如下：

一、课题研究的基本情况

（一）课题研究的主要内容及解决的问题

研究教材——明确优秀传统文化在语文教学资源中对学生产生的巨大作用。

研究学生——针对学情，采取能够切实提升学生素养的有关中华优秀传统文化能够以何种方式作为语文教学资源，各位教师分别做多种尝试，提高学生语文素养。

研究教师——立足学情，整合教学资源，有效、高效教学。“教什么”是科学；“怎么教”是艺术。从而解决以下三个方面的问题：

1. 准确理解教材内容，挖掘教材的教学价值，发挥教材这个“例子”的教育和示范作用，选编适合我校学情的课本有关传统文化教学内容进行整合。

2. 课外中华优秀传统文化对我校学情下语文教学资源的合理挖掘；教材之外，应该给学生更多的选择空间。研究如何把中华优秀文化经典融入教学活动；把古代教育思想精华渗透到课堂教学中。

3. 语文课堂外中华优秀传统文化对语文教学资源的合理拓展。

（二）课题的实施步骤和最终的成果

本课题研究分为课题准备阶段、前期实施阶段、后期实施阶段和总结鉴定阶段。

1. 课题准备阶段（2016 年 1 月—2016 年 6 月）：成立课题组，对本课题进行论证，设计课题研究方案，完成课题申报工作。分解课题研究任务，举行开题论证会。

2. 实施阶段（2016 年 7 月—2017 年 12 月）按既定方案组织实施，开展专项研究活动，并分阶段对课题实施情况进行检察、评估；不断完善实施方案，改进研究与实验工作。

3. 总结阶段（2018 年 1 月—2018 年 3 月）召开课题成果总结会议，撰写研究工作报告和结题报告，汇编研究成果，结束课题。展示优秀的课件、课堂实录、教学设计等资料。总结研究经验及价值。

最终研究成果：⑴ 优秀教学课件；⑵ 课堂实录、教学设计；⑶ 优秀论文；⑷ 展示活动资料。

二、课题研究具体实践

（一）课题研究的课堂实践

1. 2016 年 6 月 5 日，确立本组课题为“十三五”科研课题“中华优秀传统文化与现代课堂教学实践研究”子课题“中华优秀传统文化与语文教学资源研究”。

2. 2016 年 6 月，本组课题“中华优秀传统文化与语文教学资源研究”课题进行材料申请。

3. 2016 年 6 月，先后展开以课题组为依托的公开课活动，为课题组成员研究提供材料。

2016 年 6 月 13 日，崔晶莹《定风波》；

2016 年 6 月 13 日，李素芹《张衡传》；

2016 年 6 月 14 日，吴婷婷《张衡传》；

2016 年 6 月 14 日，李佳《千古兴亡多少事，叹人叹已叹人生 —— 读懂咏史怀古诗》；

2016 年 6 月 15 日，刘丹丹《比兴艺术手法赏析》。

4. 2016 年 9 月 2 日，课题组全体人员齐聚会议室进行开题报告。布置阶

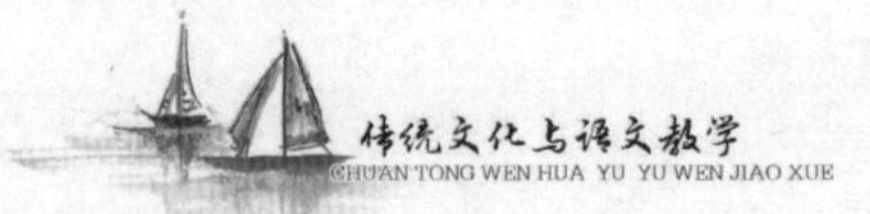

段性研究策略、要求。

5. 2016年11月30日，崔晶莹公开课《菩萨蛮》，依托公开课研讨课题。

6. 2016年12月30日，向课题组提交研究成果共计20余项。

7. 2017年3月期间，先后展开以教研组为依托的公开课活动，为课题组成员研究提供材料。

2017年3月12日，课题组教研、指导语文教师李腾达《蜀道难》公开课。

2017年3月13日，课题组教研、指导语文教师张雅楠《伶官传序》公开课。

2017年3月14日，课题组教研、指导杨琳琳《小说阅读之自然环境描写的作用》公开课。

2017年3月14日，高中部校长迟德华参与课题研究讨论会，课题组以传统文化为依托，从课堂问题设计的角度进行解读、讨论，李素芹、杨雪岩、刘矿有等进行了指导，课题研究收获很大。

8. 2017年3月17日，课题组成员刁国利示范公开课《高三试卷讲评课》，探讨高考试卷中的传统文化知识点，强调语文课堂回归传统文化。

9. 2017年4月10日，课题组成员周园园示范公开课《高一试卷讲评课》，探讨高一语文传统文化知识点总结，强调语文课堂回归传统文化基准点上。

10. 2017年4月18日，课题组成员崔晶莹示范课《高二试卷讲评课之诗歌鉴赏》，探讨高考试卷中诗歌鉴赏中相关传统文化知识点，强调语文课堂回归传统文化。

11. 2017年5月17日、20日，课题组成员周园园进行了《声声慢》试讲，课题组成员教研，挖掘课堂优秀传统文化闪光点，开拓本节课传统论教学资源。

12. 2017年5月23日，课题组成员周园园进行了公开课《声声慢》展示课题成果。依托学校高效精准教研，开展课题传统文化在古诗词中的合理运用。

13. 2017年5月23日，课题组成员召开会议，汇总课题的阶段研究成果。向课题组提交研究成果共计18项。

14. 2017年9月28日，课题组成员崔晶莹《意象分析》教学设计参与市级教学设计比赛。

2017年9月20日，吴佳楠《烛之武退秦师》一课展示课题成果。

2017年10月17日，李腾达《雨霖铃》一课展示课题成果。

15. 2017 年 11 月 12 日，课题组成员崔广辉进行了公开课“英雄梦，中国梦：《战狼 2》电影赏析”展示课题结题成果。

2017 年 11 月 20 日，迟德华校长课题成果示范课《包身工》。

2017 年 11 月 23 日，课题组成员刘丹丹进行了公开课《流行音乐中的“文化美”》展示课题结题成果。

（二）课题研究的活动实践

迟德华校长示范课《包身工》

刘丹丹公开课《流行歌曲中的“文化美”》

依托课题研究，我课题组成员开展了“一二九”学校大型经典诵读活动，“公平而有质量的教育”大型语文公开课交流活动，“首届学校艺术节”书法比赛活动，校本班本教材公开课展示活动等。

3. 拓展语文教学内容、开展多种形式语文活动

校诵读活动现场

班本教材《英雄梦，中国梦：战狼 2》

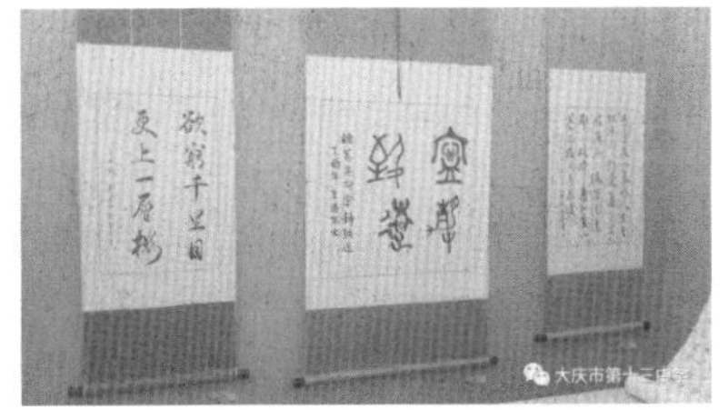

首届艺术节书法作品展示

“公平而有质量的教育”活动现场

课题开展以来，我校课题成员先后20余项教学设计、课件、论文等获得一等奖，征文参赛篇目340余篇，其中刘丹丹、刘矿有、周园园、崔广辉、吴婷婷获优秀实验教师称号，崔晶莹获优秀课题主持人称号，迟德华获优秀课题学术指导称号，杨德林获优秀课题实验校长称号。2017年7月在呼和浩特举办的国家级大赛中，崔晶莹获“中小学语文教师微课教学大赛”一等奖，周园园获“中小学语文教师基本功大赛”书法、朗诵两项一等奖。

周园园老师获奖照片

崔晶莹老师获奖照片

三、存在问题及改进

学情、教情在不断变化中，对课题的研究永远没有最好，只有更好。现阶段课题研究中，我们需要针对研究情况，总结反思提升。

（一）存在问题

1. 首次尝试课题研究，缺少经验，问题研究的广度与深度不够，校内课堂实例单一，内容没有广泛性，结论却有特殊性。

2. 过程和成形性资料汇总不能及时完成，文字、照片积累不足。

3. 课题研究过程的成果推广度有待提高。

（二）改进措施

1. 在以后的教学中，继续学习与课题相关的理论，深入研究教学案例，及时反思并整理资料，积累教育资源，推进课题研究。

2. 进一步做好课题研究追踪工作，在实际教学中多思考，在资料收集及理论学习上多下功夫。做好课题材料文字照片积累，保存好一手资料。

3. 开展好与课题相关的校本教材、班本教材开发和整理工作。

4. 细化工作，规范方法，做好经验推广和总结工作。

大庆第十三中学　　崔晶莹（执笔）

现代课堂教学特质指导下的古诗文教学研究

大庆市第二十八中学

一、科研成果

课题组成员教师通过不断地探索、学习和交流，加强了自身的修养，丰厚了教师自身底蕴，提升了语文课堂教学的质量。在举行的多层次教学公开课、观摩课、研究课中，深受各级领导与同行的好评，同时，课题组成员撰写了一批教学科研论文和研究报告，在各级赛事中均有好评。

（一）教学课件

1. 邵 艳：《舌尖上的美味：中国古代美食》《登高》一等奖

2. 罗 丹：《死生契阔之中国婚俗》一等奖

3. 张久亮：《小说复习 1（故事情节）》一等奖

4. 潘美好：《将进酒》《游沙湖》二等奖

5. 丁欣蕊：《声声慢》二等奖

6. 唐媛媛：《边城》二等奖

7. 徐荣丽：《短歌行》三等奖

（二）教学设计

1. 潘美好：《定风波》一等奖

2. 魏 莉：《将进酒》三等奖

（三）优秀课例

1. 唐媛媛：二等奖

2. 张久亮：一等奖

（四）研究论文

潘美好：《建构主义理论下的高中语文选修课教学研究》一等奖

（五）荣誉称号

1. 优秀指导教师

潘美好 唐媛媛 帅德杰 邵 艳

2. 优秀主持人

邵 艳

二、课堂实践

语文教学过程是一个认知过程，为了让学生感知教材，为了让教材中的语言文字变得生动，就必须运用多媒体辅助教学，以利于正确认识事物，激起多彩的情感。所以我们在常规教学中要善于运用多媒体，寻求现代教育技术与语文教学目标的最有效的融合点，尤其是在传统文化教学中，以往的教学模式不足以满足学生兴趣的提高和主观能动性的增强，所以运用多媒体技术促进教学过程最优化，以便更有效地提高语文古诗文课堂教学的整体效益。

（一）微课与网络分享

微课是指按照新课标和教学实践的要求，以视频为主要载体，围绕某个知识点进行解读的教学手段，教师可以通过网络平台分享给学生，通过图文、音像的多媒体方式，激发学生的学习兴趣。例如在语文教材中讲解苏轼的《念奴娇·赤壁怀古》时，可以将微课《苏轼及其创作》上传到平台上，让学生下载观看，通过生动有趣的动画讲解，回顾苏轼的生平事迹和文学贡献，有助于教师对新课的讲解。同时，由于古诗词教学中知识点往往多而杂，学生在课堂上难免会有遗漏，教师可以将自己教学的过程录制成微课，让学生进行知识的复习和重难点的强化，进一步提高古诗文教学的效率。

（二）白板的互动课堂

在传统的教学方式中，教师和学生的互动往往比较单一，仅仅用板书、语言、手势、目光或者提问等方式与学生交流，很难让学生参与到教学活动中来，学生参与度低，主动性差，对古诗文又觉得深奥难懂，难免会兴味索然。而运用交互式电子白板，由于操作简单、效果鲜明，学生很有兴趣，积极响应，踊跃参与。在《定风波》这首词的讲解中，为了突出苏轼屡遭贬谪的人生际遇，教师在白板上展示了一幅中国地图，标注地点让学生在白板中画出苏轼被贬路线，使学生直观体会苏轼坎坷的人生历程，这样再和诗词感情中洒脱旷达的思想感情结合起来，更能引发学生对其人生的思考。

（三）学生创造性地运用

在现代课堂中，真正的改革应该是学生可以自主提出并解决问题，真正把课堂交给学生。其实教师忽视和低估了学生的创造力，在激发学生学习主动性和积极性的前提下，学生可以运用自己的智慧实现课堂效率的飞跃。教师的责任是把握方向，帮助并辅导学生，提供有效的建议。

例如针对学生个体差异的分组教学法，小组由 6 ~ 8 人组成，成员至少有 1 ~ 2 人是成绩较突出的学生，2 ~ 3 人是学习成绩中等的学生，2 ~ 3 人是学习稍有困难的学生，这样科学分组，让每一组的学生都有发挥能力的空间，也有互相竞争的意识。以《游沙湖》篇古代散文为例，教师课前布置了任务，探究苏轼“皆一时异人也”的“异”是如何体现的，分别让四个小组的学生去查找资料，自己通过多媒体展现的方式呈现讨论结果，取得了很好的成效。以下展示四小组的研讨成果：

第一组从苏轼的文学成就方面进行介绍，将组内搜集到的信息进行整理，得出苏轼“以手为口”是因为诗词书画精通，异在“才华出众”。

第二组结合历史材料，制作成了 H5 分享到群里，大家通过精美的图片、清晰明了的文字全面了解了乌台诗案的来龙去脉，从而得出苏轼“以手为口”惹下文字狱，异在被贬谪排斥。

第三组通过分析苏轼被贬前后诗词的变化，体会苏轼心境的变化，异在装聋作哑。

第四组通过苏轼“被死亡”事件，提出昏官庸吏捕风捉影，他们才是这个社会真正的“异人”，异在一语双关。

由此学生得出了苏轼在这句看似平淡无奇的话中蕴含的深刻含义。通过学生对这句重点语句的探讨交流，利用了网上搜集、课前整理、H5 群分享、白板课堂展示，达到了增强学生主体意识、激发学习兴趣、优化学习方法、提高学习效率的目的，从而实现了积极性、有效性和主动参与性、共享性的促进。

三、开展活动

（一）诗歌创作大赛

（二）全校诗歌朗诵比赛

（三）古诗文教学优质课大赛

（四）精准教研说课大赛

（五）古诗文教学模式示范课

（六）古诗文教学研讨会

1. 古诗文教学资源的整合开发利用

2. “支架式”教学模式的初探

3. 信息化在古诗文教学中的应用

4. 古诗文复习课的新模式

5. "精准教学研究"在古诗文教学中的探索

四、经验总结

（一）学生方面

在实践探索中，在课题组成员的不断实验，反复打磨中，学生学习古诗文的积极性得到了很大的提高，背诵和鉴赏能力有了显著的提升。学生在教师的主导下，充分发挥自身的主体作用，在课堂上通过提出问题、自主研究、合作交流，培养了认真学习的态度、鉴赏思考的能力、互助合作的精神和创新的意识。使学生能够创造出一种民主、和谐的课堂气氛，增强了语文课堂的学习效果。在提高语文成绩的同时，对中国优秀传统文化也有了更深刻地理解和认识。

（二）教师方面

在课题实验中，成员组教师努力探索，积极实践，摸索出适合我校的古诗文教学模式——"文化激趣，精准研读"的教学模式。

1. 导入新课

（1）文化激趣

影响课堂效果的一个关键，就是预习。预习不单能让学生更充分地自学课本，通过查阅资料，对文本中出现的问题进行整理，带着问题听课，使学习具有更强的针对性，而且可以激发学生的学习兴趣，最大限度地提高课堂效率，因此设计合理的预习导学是教学成功的首要因素。一是通过预习对旧知识进行系统地梳理巩固，使学生有更充裕的时间通过课堂研讨学习新知识，为学生建构新知体系做好准备。二是通过预习检测学生自学效果，"继续提高学生观察、感受、分析、判断能力，重点关注学生思考问题的深度和广度，使学生增强探究意识和兴趣，学习探究的方法，使语文学习的过程成为积极主动探索未知领域的过程。"在《优美的汉字》的预习导学中，学生通过自学汉字的形体发展、构成，查找自己喜欢的名人和学生的书法作品，以及他国文字作品，了解汉字所承载的中华文化，激发了强烈的爱国热情，并且从汉字发展规律中总结方法，养成自觉规范书写汉字的习惯，极大地增强了学生的民族自豪感和珍视汉字的感情。

（2）情境激趣

教师设置情境，让学生通过想象，再现诗人创作情境的方法，是教师解读古典诗词的有效形式。以这种方式阐述诗意，既要掌握丰富的背景知识，又要能够深入理解诗人的内心世界，此外还要有较强的想象能力，是一种综合性的学习古典诗词的活动，使教学探究过程达到事半功倍的效果。

以李清照的《声声慢》为例，首先教师在网上查找有关李清照的生平资料，主要是一些李清照本人和故居的图片，并且配上古筝的乐曲声，串好解说词，以郭沫若的解说词作结“大明湖畔，趵突泉边，故居在垂杨深处；漱玉集中，金石录里，文采有后主遗风”。这个短片可以让学生一方面了解泉城济南的秀丽风光对李清照的熏陶，另一方面通过李清照的故居图片和画像使学生感受古典氛围，并结合她的词作展示领略到词人的风范，从而激起学生的向往之情，为后面解读诗歌起到了良好的铺垫作用。

2. 精准教学，科学高效

（1）精准考纲，设置目标

纵观近几年黑龙江省高考，文言文阅读的断句重在考查原文语段中某个句子的停顿；而对学生进行相关的一些古代文化常识的侧重考查，分析概括作者在文中的观点态度及评价文章的思想内容，与以往考试的考查不尽相同。古诗词鉴赏所考查的范围，大多选取名家或非名家，但具有代表性的古典诗歌，比较阅读也在考查范围之内，形式灵活多样，但考点始终围绕思想情感和艺术手法两个方面展开。名篇名句的默写，更是从语境内容上对古典诗词掌握程度的深层次考查。对考试大纲的精准把握，是提高教学效率的根本。据此设定的教学目标，才能有的放矢。在常规教学中，按照《语文课程标准》的建议，充分利用现代化教学手段，制定计划，指导学生诵读经典诗文，使学生在诵读、感悟、赏析中体味中华民族的传统文化。每周两次二十分钟的语文晨读，对学生进行朗读和理解的指导，提高学生解读、欣赏古诗词的能力，深入体会中华民族的传统文化精髓。如《氓》这篇《诗经》中最具现实主义风格的代表作，传统教学环境下的教学目标只设定在相关文学常识的识记和简单的背诵默写上，但在精准教学中，必须设计精准的教学目标，即对诗歌中体现的现实主义风格要有一个精准的解释和运用，通过自行创作的诗篇来准确界定掌握程度，给学生提供展示才华的舞台。

（2）精准问题，讨论交流

做好精准教学，关键在精准，目标是解决问题，核心是培养学生解决问题的能力。一是要精，对教学大纲、高考考纲、学生情况做到精确把握；二是要准，把教学的目标和重难点，都聚焦在解决学生学习最困难的问题上，根据不同课型、时代、题材等特点，确定解决方法和手段；三是要实，创新教学方法，把每个教学环节都落到实处，并见实效，培养学生自主学习、解决问题的能力；四是要真，带着一片真心真情与学生进行情感的交流，用教师的人格魅力感染学生，使学生的修养、素质在潜移默化中得到提升，真正实现教书育人的目的。在《定风波》的教学中，教师通过四个问题的设定，对全诗进行了整体解读。①抒情主人公这一形象，你是通过哪些词句把握的？②请用一句话总结上阕的内容。③诗词中除了写自然界忽晴忽雨、变化不定外，还有什么言外之意？④“也无风雨也无晴”写出了词人怎样的人生感悟？此番设题，避免了逐字逐句的讲解和远离文本的“肢解式”教学模式，通过设置具有导向性的探究问题，激发学生的探究欲，把学习的主动权交给学生，使学生从内容和情感上对诗词有全面地把握。

五、发现问题

1. 由于研究周期短，课题研究的许多方面都只是初步地探讨研究，需要在今后的教学中继续落实跟进。

2. 研究教师受知识和经验等因素限制，研究水平还有待提高。

3. 班级层次不一，后端学生基础较差，参与度不高。在存在个体化差异的情况下，还应继续研究如何确保研究课题方案实施的普遍性。

4. 研究教师在实践时受客观环境和条件的局限，导致课堂教学达不到预期的效果，下一步要研究适合目前客观实际的教学模式。

5. 有些教师对传统模式的教学存在着习惯性，导致开展课题新模式范围有限，下一步要致力研究课题方案的推广和有效施行。

大庆第二十八中学　　邵艳（执笔）

现代课堂教学特质指导下的古诗文教学研究

大庆市第三十五中学

一、课题提出的背景

《语文课程标准》开宗明义地指出："语文课程应培育学生热爱祖国语文的思想感情、指导学生正确地理解和运用祖国的丰富语言，培养语感，发展思维，使他们具有适应实际需要的识字写字能力、阅读能力、写作能力、口语交际能力。"《全日制普通高级中学语文教学大纲》中提出语文教学"要致力于学生语文素养的整体提高，重视积累、感悟和熏陶，重视语文运用能力和语感的培养"。

现今中学古诗文教学，并没有切实落实新课程标准和大纲中规定的培养学生学习兴趣，传承中华优秀传统文化的要求，古诗文教学中长期存在的诸如片面强调掌握考点，强调文本思想内容的分析，忽视学生语言能力、文化熏陶及文化传承责任的培养，忽视学生对文本材料的感受、领悟，造成学生缺乏古诗文学习兴趣等诸多弊端。

加强古诗文中优秀传统文化的教学，有利于实施古诗文教学由注重知识的传授向注重能力的培养转变；由注重对课文思想内容的理解，向对文本的感受、领悟转变；由注重篇章结构的详细剖析，向对语言的推敲、品味转变；由注重静态的语言分析，向注重学生动态语言的学习转变；由单纯重视语言表达，向同时重视学生对传统文化的体验转变。

二、课题研究的意义

（一）研究的内容

1. 变革古诗文教学的内容。变单纯的古诗文知识教学为追求知识、能力、审美全面发展的古诗文综合教学效应。

2. 变革古诗文教学方法。变单纯地逐字逐句地串讲和对译为学生主动参与、自主感知的学习方式。

3. 探索一套行之有效的古诗文训练的操作程序和方法。

（二）课题研究的价值

1. 古诗文教学的理论和实践研究，有助于人们正确认识语文课程的性质。语文不仅具有工具性，还具有人文性。工具性和人文性的统一，是语文学科的基本特征。语文是人类文化的重要组成部分。但是，多年来，由于人们对语文人文性认识不足，使语文教学一度走偏到技术化的路上去了，机械训练，题海战术，烦琐的知性分析等，让语文出现了诸多的错位现象。优秀文化传承的理念，呼唤着人文的回归，古诗文不仅要求学生掌握语文知识，对言语客观意义的理解，更重要的是要求学生透过言语的语表意义认识其语里意义，把握其隐含在言语背后的情感、情味、意图、风格、意向，让学生感悟中华优秀传统文化的博大精深，激发学生对祖国文化的热爱等，这些都是精神方面的要素，只有重视古诗文教学，才能重视语文的精神培育，才能使“瘦身”的语文变得血肉丰满起来。

2. 古诗文教学的理论和实践研究，有助于全面提高师生的语文素养。古诗文是语文素养的核心，落实优秀传统文化是全面提高学生语文素养的主要途径。语文教育高耗低效，一味地追求分数的提高，不能很好地培养起学生的语文素养与文化传承的责任感。坚持不懈地进行古诗文教学将有助于提高语文教学的有效性。

3. 古诗文教学能更好地体现语文学科的人文性特征。语文学科是基础性与人文性相统一的社会学科，传统语文教学观强调的诸如文道统一、情意统一等，正是语文教学中包含的道德情操、个人品格、人生价值、审美情趣等方面的人文因素，与语感处在同一层面上。在语文教学中加强古诗文训练，融进了现代语言学、教育学、心理学、思维科学的成果，是基于传统又超越传统的积极扬弃。古诗文教学能顺利地贯彻“文道统一”的原则，是实行德育和美育的有效条件。

三、课题研究的方法和步骤

课题研究的方法：

基于以上研究目标和内容，我们确立了比较法、文献研究法、经验总结法、调查法、统计法、分析法等主要的研究方法。

课题研究的步骤：

1. 准备阶段：（2016 年 9 月—2017 年 3 月）

成立课题组，确定课题研究方向。查找有关文献资料及科学数据，制订具体的研究计划，并具体实施研究，拟写论文、撰写研究报告。

2. 实施阶段（2017 年 4 月—2018 年 3 月）

定期组织实验教师进行课题研讨交流，组织教师在现实教学中分别采用不同的小结形式，定期总结经验并且取得相关数据。督促试验教师自我监控、自我测试、自我检查，进行阶段性检查和总结，撰写中期研究报告，接受中期评估。

阶段成果：中期研究报告、获取课题研究成果。

3. 总结阶段（2018 年 3 月—2018 年 6 月）

撰写课题研究报告和结题报告。把论文、教学设计、说课稿、教学反思、教学案例、微课、教学课件等建立资源库，以供教学使用。接受课题鉴定组终期评估鉴定。

四、课题研究的过程

（一）第一阶段：研究准备

1. 确定课题组成员。课题组成员都是从本校提出书面申请教师中慎重挑选出来的。挑选的依据既考虑个人的强烈意愿和兴趣，更考虑到相关人员的学术研究能力。其中孙维君、李春良老师曾经参与过省级课题的研究工作，张丽、赵芳芳两位老师都是研究型的教师，主要参加者均是一线任课教师，均参加过“十一五”“十二五”课题研究，具有一定的教育科研经验和研究基础。因此，我们完全可以保证研究项目的顺利实施。课题组成立后，我们多次召开全体成员会议，对课题成员进行培训。

2. 我们进行了研究资料的准备。经调查，本课题相关的理论资料我校图书馆及区图书馆可以查阅到十多种。根据研究的需要，我们又从中国图书网购进了一批图书资料。资料种类很多，完全可以满足前期研究工作开展的需要；研究中需要的其他资料，我们会及时购进。

3. 我们与学校领导进行了沟通，使得本课题研究得到校方大力支持。

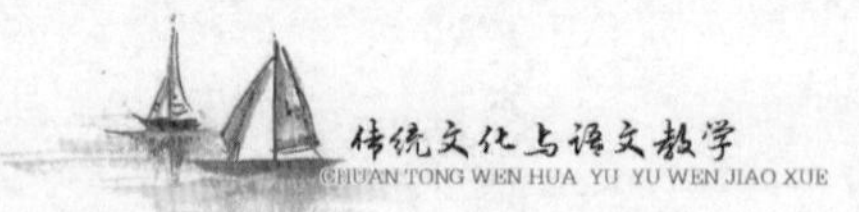

（二）第二阶段：全面实施

经过前期一系列深入而有效的准备,课题于2017年3月进入全面实施阶段。在这个阶段，我们一方面组织教师或通过自学、撰写读书心得来加深认识，或通过由骨干教师主持讲座，起到以“点”带“面”的学习效果。另一方面，我们坚持立足课堂，研究与实践紧密结合。课题组以学校开展的活动为契机，以学校的大规模课堂教学评比为抓手，既作为参赛者亲身参与到评比之中，也能够跳出比赛外，研究学生、研究自身。此外，课题组还结合学校实际，利用一切机会推进课题的研究工作。综合起来，从课题的研究内容来看，我们的课题前期主要是从调查与活动”两个角度展开的，而后期则专注于研究新的方案的设想”。下面汇报一下我们的研究。

1. 完善开题报告

课题立项后，我们在认真学习了有关课题的相关材料后进行开题。我们邀请了我校有课题研究经验的校长董立国、教科研主任李光辉、语文教研组长刘永才等作为专家组成员进行开题指导。会上课题主持人庞金艳从课题的各个方面进行了介绍，董立国校长与李光辉主任对研究方案及人员分工进行指导，我们及时进行了调整。副校长孙维军指出课题研究要为教学服务，研究要落到实处，要与我们的课堂紧密联系，要有时效性。

2. 进行实践研究

（1）以调查问卷形式进行研究

课题组成员赵芳芳与张丽精心制作了教师调查问卷与学生调查问卷，并对师生进行实际调查，两位老师对问卷反馈的信息进行整理，以供课题组进行有针对性地研究。

（2）借助传统节日进行研究

“春节”“端午”“清明”等是我国的传统节日，蕴含着优秀的传统文化。我们布置学生在假期搜集有关“春节”“端午”“清明”的古诗文与相关习俗资料。我们进行了检查，发现学生不仅对相关信息进行了搜集，而且还了解了不同民族过春节的习俗。

（3）凭借开展活动进行研究

课题研究以来我们进行了两次古诗文朗诵比赛，都收到了良好的效果。激发了学生诵读经典诗文的兴趣，有效地促进了学生养成教育的全面实施。古诗文中抒发的亲情、友情和乡情，感染了学生，培养了他们高远的志向和博大的胸怀。

通过板报设计比赛，学生掌握了传统民俗的深刻内涵，开拓了学生的视野，对学生学习语文兴趣的培养起到了积极作用。

课题组精心组织了课题内容竞赛，同学们不仅掌握了许多传统文化的相关知识，而且对中华优秀传统文化的内涵有了更深地理解，提升了文化自觉与文化自信。

3. 教师认真研究，喜获得优秀成果。

（1）2016 年 12 月

大庆市第三十五中学校被授予优秀实验学校称号。

庞金艳获得优秀主持人称号。

孙维军获得优秀实验校长称号。

赵芳芳、李秀华、尹韶俊、胡炳瑜、赵立娟、张丽、郭婷婷 7 人获得优秀实验教师的称号。

一等奖：

郭婷婷的《高中作文教学对中华优秀文化的继承探究》与《高中作文教学对中华优秀文化的继承探究》、赵芳芳的《诗歌鉴赏语言之练字》、庞金艳的《短歌行》与《诗歌专项复习—练字》、尹韶俊的《雨霖铃》、胡炳瑜的《归园田居》、张丽的《短歌行》、胡炳瑜的《伶官传序》。

二等奖：

庞金艳的《诗歌鉴赏之人物形象分析》、赵立娟的《蜀相》、赵芳芳的《咏怀古迹》、张丽的《短歌行》、胡炳瑜的《文言文阅读》、尹韶俊的《劝学》

（2）2017 年 8 月

一等奖：

宗颖的《浅谈如何在高中语文教学中渗透传统文化》、赵立娟的《古诗鉴赏答题技巧例说》、张丽的《菩萨蛮·江南好》、迟建国的《语言的得体》、庞金艳的《水龙吟·登建康赏心亭》、赵芳芳的《归园田居》、胡炳瑜的《伶官传序》、尹韶俊的《拟行路难》。

二等奖：

宗颖的《登高》与《记梁任公先生的一次演讲》、郭婷婷的《浅析高中文言文课程资源对传统文化教育的作用》、尹韶俊的《拟行路难》、郭婷婷的《过秦论》、赵立娟的《提高文言文课堂教学的有效性》、赵芳芳的《归园田居》。

三等奖：

张丽的《醉花阴》、迟建国的《劝学》、庞金艳的《水龙吟·登建康赏心亭》、宗颖的《小狗包弟》。

作文：

赵芳芳老师在第十七届全国中小学生“创新杯”作文正文中，获得一等指导奖。

学生：徐双、单新鑫、田雨薇等获得一等奖。

胥锦屿、刘萌萌等获得二等奖。

王纯、于欣彤等获得三等奖。

2018 年 6 月：

一等奖：

孙光有的《六国论》、宗颖的《一剪梅》、庞金艳的《一字一词总关情——诗歌鉴赏之炼字》的设计与反思及课件、赵晓菲等《浅论中国传统文化在高中语文教学中的渗透》《念奴娇赤壁怀古》、郭婷婷等《高中语文教学中传统文化的运用》《菩萨蛮》、赵立娟的《咏史怀古诗鉴赏》与《新词新语与流行文化》、张丽的《咬文嚼字》、王亚莉的《曹刿论战》、胡炳瑜的《稳步向前推进语文教学改革》、胡炳瑜的《滕王阁序》、赵芳芳的《古今兴亡多少事——咏史怀古诗复习课》优质课与教学设计及课件、尹韶俊的《梦游天姥吟留别》、孙志多的《信息技术教学与中国传统文化的融合》、李秀华的《浅析传统文化在教学中的重要性》、孙维军的《荆轲刺秦王》、李春良的《赤壁赋》。

二等奖：

庞金艳的《一字一词总关情——诗歌鉴赏之炼字》、孙光有的《短歌行》、宗颖的《奥斯威辛没有什么新闻》、赵晓菲的《念奴娇·赤壁怀古》、赵晓菲的《走进苏轼——苏轼词两首》、郭婷婷的《浅析传统文化与高中教学的融合》与《诗歌鉴赏之炼字》、赵立娟的《语文教学中传统文化的渗透》与《高中语文现代技术与传统文化传承的探究》、张丽的《咬文嚼字》、胡炳瑜的《高中语文作文教学体会》、赵芳芳的《古今兴亡多少事——咏史怀古诗复习课》、尹韶俊的《游褒禅山记》学案教师版。

五、存在的问题

在古诗文课堂教学中还存在思想保守不敢大胆创新的现象，不敢放手把时间交给学生，学生的思维没能得到很好地锻炼，教师讲得过多不利于优秀传统文化的落实。

由于时间久远，语言的时代性强，学生理解起来难度较大，另外学生对古典文学作品的谋篇布局、修辞炼字等文学表现手法的理解上也存在一定的困难。

六、今后拟改进的措施

改进古诗文的教学方式，充分发挥学生的主体意识，重在学生阅读能力的培养。推荐内容合适的古典作品让学生阅读，拓宽学生古诗文阅读范围，提高学生的阅读能力。现在课题即将结题，我们会更专注于研究，相信在领导及同事的支持和帮助下，也一定能收到优秀的成果。

大庆市第三十五中学校　　庞金艳（执笔）

中华优秀传统文化与语文教学资源研究

大庆市第三十五中学

在 2016 年 6 月我们学校语文组成员有幸参加了中国高等教育学会教师教育分会“十三五”科研课题“中华优秀传统文化与现代课堂教学实践研究”的子课题“中华优秀传统文化与语文教学资源研究”的研究，课题历时 3 年。为了真正探索出一套关于高中语文学科传统文化渗透到传统教学中的创新教学模式和整合语文教学资源，在实施中认真学习总课题的指导理念，用总课题的指导理念来指导实践。实践中坚持遵循课题研究原则，公开教学研究，用课改理念反思教学。我们由于实施了较为科学的研究策略，基本实现了预期目标，现把研究情况做一总结。

一、课题研究的背景

我们中华民族有着五千年悠久的历史，正是在这历史的长河中，我们的祖先给我们留下了源远流长、博大精深的中华文化。中华民族精神是中华文化的核心和灵魂。著名哲学家、北京大学教授张岱年先生认为，“每一伟大民族都有其民族文化；每一民族文化都有其基本精神，亦可称为民族精神。”这个基本精神就是我们民族赖以生存、繁衍和发展的精神支柱和力量源泉。

人们在创造、构建新文化时，首先要正视传统文化的存在，在前人文化遗产的基础上继续开拓，只有使传统文化的精华成为新文化的重要组成部分时，才能实现文化的创新。传统文化是新文化的摇篮和基础；新文化是传统文化的延伸和发展。站在时代的讲台，手执新教材的语文教师，应该义不容辞地担当起这历史使命：充分发挥语文学科实施人文素质教育的特殊功能，通过祖国的山川之美、民俗之美、历史之美、文化之美和传统之美，让学生在祖国的灿烂的文化长河中游弋、翱翔，使中华文化传统得以光大。

二、课题研究预设目标

《高中语文课程标准》中关于古代作品的学习设定有这样的目标："学习中国古代优秀作品，体会其中蕴含的中华民族精神，为形成一定的传统文化底蕴奠定基础。"它突出了弘扬和培育民族精神的重要性。

1. 本次课题研究主要是把更多的传统文化内容整合到语文教学资源中，依托学生阅读与写作训练，力图使学生在阅读中认识传统、感受传统、理解传统；进而使学生扩展到身边的传统，并能够在自己的写作当中体现出一定的传统文化修养。把更多的中华优秀传统文化的资源引入到语文教学中来，继承和发扬传统文化，培养人文品格；激发和培养爱国情怀，倡导真、善、美，全面提高学生的语文修养。

2. 使广大语文教师在新课程理念的指导下，真正转变观念，更新知识，进一步具备厚实的文化素养，创造性地理解、使用教材，进一步积极开发课程资源，灵活运用多种教学策略，增强语文教科研的能力。促使广大教师树立"大语文"教学观，丰富文化内涵，提升文化品位。

三、课题实施的全部程序

第一阶段：准备阶段

（一）选题论证，制定方案，组建团队，调查现状，分析成因；整理新教材有关体现中华民族文化的课文，整合教学资源，制订教学方案。

（二）讨论研究课题实施策略，设计研究的重点及措施；课题组的老师每人设计一个与弘扬民族文化教学有关的活动课方案，资源共享。

第二阶段：实施阶段

（一）开始实施"亲近古诗文"经典工程，邀请专家指导课题。撰写论文，每学期根据研究专题撰写课题论文，不断充实研究水平。

（二）开展语文实践活动，举行优质课展示。

（三）整理资料，完成课题阶段总结报告。

第三阶段：总结阶段

（一）开展假期语文实践活动，扩充教学资源。

（二）继续实施完善后的课题方案，课题总结，全面总结课题研究成果，整理资料，完成课题总结报告，并进行成果推广。

第四阶段：巩固总结阶段

巩固课题研究成果，汇总各种研究资料，进行分析比较，撰写结题报告，召开结题自查会，申请课题验收。

四、课题研究的方法

（一）诵读经典法：研究如何把中华优秀文化经典融入教学活动中是教学资源开发的主要途径。

（二）调查研究法：运用各种调查方法和手段，了解学情，确定课题实施进度，及时调整实施方法或步骤。完成了学生学习方法问卷调查情况与汇总，为本课题研究提供理论依据。

（三）阶段咨询法 ：向有经验的专家与教师请教。

（四）行动研究法 ：参与课题研究的教师，不仅是一个行动者，而且是一个研究者。要通过行动研究理性地分析和评价自己的教学活动，认识制约课堂教学效益的各种因素，每人设计一个与弘扬民族文化教学有关的活动课方案，资源共享。

（五）经验总结法：坚持边探索、边研究、边总结、边修正、边引导等过程性研究，及时形成阶段性小结。

五、课题研究的内容

1. 现代中学生对本民族传统文化了解的现状调查分析。

2. 新教材所蕴含的优秀传统文化的挖掘与弘扬。

3. 品味和积累祖国语言文字、解读民族文化典籍的策略研究。

4. 家乡传统文化的发掘与研究。

5. 在新课标下弘扬中华优秀传统文化的策略，以及文化课堂教学资源的研究。

6. 研究如何把传统文化内化为学生的思想内涵，升华为做人的行为。

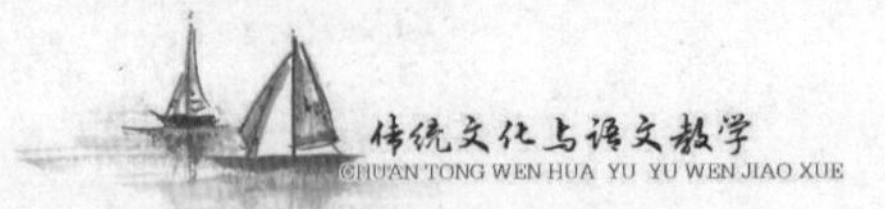

六、课题研究中举行的一系列活动

1.“传统文化知多少”调查活动，传统文化知识竞赛。

2. 迎教师节师生书画作品展活动

3.“我们的节日 —— 中秋节”主题文化活动，引导学生认知传统节日，尊重传统习俗，弘扬传统文化。活动分为“我们的节日 —— 中秋节”主题黑板报比赛和班级诗文朗诵会两部分。

4. 举办“我爱你中国”主题诗歌朗诵会，庆祝伟大祖国六十七华诞。

5. 举办纪念“一二・九”运动八十一周年演讲比赛。

6. 书法是中华民族传统文化的瑰宝，组织学生开展《弟子规》硬笔书法比赛。

7.“我爱唐诗”朗诵比赛

8. 师生参观《永远的铁人 —— 王进喜事迹展》，牢记铁人语录，领会大庆精神、铁人精神内涵。2017 年 3 月 21 日，再次观看铁人纪念馆虚拟场馆，让同学再次受到了大庆精神、铁人精神的熏陶感染，对本地区的民族文化有更深地了解。

9.“感悟清明，追忆先烈”板书设计比赛和主题班会，并开展“网上祭英烈”活动。

10.“诵中华经典，品华夏古韵”“迎五四，颂青春”名家名篇师生朗诵会。

11. 师生共同观看《中国诗词大会第二季》，感悟传统文化的魅力，并感受同为高中生的武亦姝精彩的表现和对自己的激励作用。

12. 诗词大会之后，董卿主持的《朗读者》节目倍受好评，观看了《朗读者》一期节目，本期节目的主题是“眼泪”，看后反响巨大。陆川朗读的《藏羚羊的跪拜》和斯琴高娃朗读的贾平凹的《写给母亲》。这期节目起到了很好地教育作用，它教育我们的学生如何感恩，让他们懂得感念父母之恩，孝敬父母；感念师长之恩，尊重师长；感念社会之恩，为社会服务；感念祖国之恩，报效祖国……

七、课题研究的成果

传统文化是中华民族的根，是华夏儿女的魂，弘扬传统文化就是要把中华民族精神道德的精髓植入每个人的心里。三年来，我们在课题的研究中不断努力，在摸索中前行。我们及时总结经验，积极撰写论文，并付诸实践，在“中华优秀传统文化与语文教学资源”课题研究中，我们实验学校的孙维军校长被评为课题优秀实验校长光荣称号。

宗颖老师被评为课题优秀主持人的光荣称号。尹韶俊、胡炳瑜、赵芳芳、赵丽娟等老师被评为课题优秀实验教师的光荣称号。

我所在的“大庆三十五中学”被评为课题先进单位的光荣称号，并颁发铜牌。

实验教师也多次在课题成果评审中获优质课、微课、教学设计、课堂实录、教学反思等成果一等奖，宗颖、张丽等老师在大庆市“传统文化与语文教学”课堂教学大赛中，分获一、二等奖。

八、课题研究的体会

(一) 积极的学习兴趣是培养学生热爱传统文化、自觉地学习传统文化的前提。

爱因斯坦说过:“兴趣是最好的老师”，而兴趣总是在一定的情景中产生的。因此在教学中应努力为学生创造良好的氛围，让学生始终被这种气氛陶醉、感染、激励，由此而产生兴趣，主动积极地学习，提高教学质量。

(二) 采用多种手段，增强语文教学的趣味性，在趣味盎然的浓郁的传统文化气氛中，更能促进教师落实教学设想，更好地渗透传统文化到语文教学中。

(三) 挖掘教材中有关传统文化的内容，开展课题研究。

教学过程中，必须贯彻“量力而行”的原则。这就要求我们在教学中，要“用”好教材，发挥好教材的特殊作用。开展本课题研究的前提必须要先研究教材，从中挖掘适合“中华优秀传统文化与语文教学资源研究”的内容，这样才能保证课题有目的地开展。为此，35 中学的课题组教师在教学中边学习研究，边实验边总结，采取“小步子”式的探索实验。

(四)学生学习语文的兴趣有了明显地增加,自主学习能力有了明显地提高。

有效的课堂教学给学生带来了更多的快乐，学生的学习态度和学习效果有了明显的变化，他们能够积极主动地参与自主性合作学习。

(五)对家乡的“大庆精神”“铁人精神”有更全面地了解，对家乡的民俗文化更为关注。

九、课题研究存在的主要问题

我们课题组虽然做了大量的工作，在理论上进行了一些探索。但由于我们的科研能力有限，理论素养还有待提高，本课题研究的内容还有待进一步地深入挖掘，研究方法还有待进一步完善。

(一)过程性资料保留得不够完善。大家重课堂教学，做了很多工作，但对过程性资料的搜集、整理不太及时。

(二)课题研究的进展不是很顺利。由于课题组教师工作任务重，参与研究的积极性未被充分调动；对本课题研究还不够深入。致使课题研究只是蜻蜓点水式，有“动静”，无“涟漪”。

总之：对传统文化的传播并不是这一时实验课题的内容，它是我们语文教师的职责所在，在这次试验课题的指引下，我们将更奋然而前行，为传统文化的传播做出自己应有的努力。

大庆第三十五中学校　宗颖(执笔)

语文学科传统学习方式与现代学习方式的比较研究

大庆市第三十九中学

《语文学科传统学习方式与现代学习方式的比较研究》子课题于 2016 年 6 月立项并开题至 2018 年 6 月已历时两年的时间。自开展本课题研究工作以来，我课题组在日常的课堂教学中积极主动地开展专题研究和教改实验，大大提高了对中华文化传统资源进行课堂教学的积极性，提高了教育教学的质量和效率。

一、子课题研究取得成果

开展《语文学科传统学习方式与现代学习方式的比较研究》的研究，其目的在于将中华博大精深的经典文化融于课堂教学，以丰富活泼的形式开展教育教学活动，让青少年快乐地学习、科学地传承、健康地成长，从而实现道德素养、全面素质的提升。我课题组教师进行了一系列地针对中华民族传统文化教育的开发与转化的实践，努力把现代语文学习方式引入课堂，使中华传统文化与现代语文学科教育完美整合。我课题主持人关红被评为中国高等教育学会教师教育分会“十三五”科研课题“中华优秀传统文化与现代语文课堂教学实践研究”课题优秀学术指导。

关 红同志在 2016 年度被评为中国高等教育学会教师教育分会“十三五”科研课题“中华优秀传统文化与现代语文课堂教学实践研究”课题优秀学术指导。

特发此证，以资鼓励。

荣誉证书

[illegible]同志在 [illegible] 年度被评为中国高等教育学会教师教育分会“十三五”科研课题“中华优秀传统文化与现代语文课堂教学实践研究”课题优秀实验教师。

特发此证，以资鼓励。

荣誉证书

[illegible]同志在 [illegible] 年度被评为中国高等教育学会教师教育分会“十三五”科研课题“中华优秀传统文化与现代语文课堂教学实践研究”课题优秀实验教师。

特发此证，以资鼓励。

荣誉证书

[illegible]同志在 [illegible] 年度被评为中国高等教育学会教师教育分会“十三五”科研课题“中华优秀传统文化与现代语文课堂教学实践研究”课题优秀实验教师。

特发此证，以资鼓励。

课题组成员安莉、张继红、张卉、钱丽华、刘原序、马宪颖、杨咏梅、邵江涛、朱东媛、李霞、刘原序、李旸被评为中国高等教育学会教师教育分会“十三五”科研课题“中华优秀传统文化与现代语文课堂教学实践研究”课

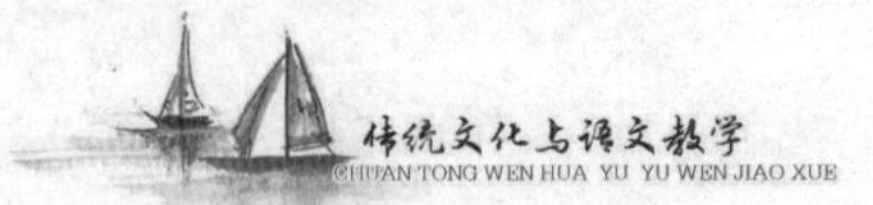

题优秀实验教师。

二、子课题参与者取得成果

从本课题开始实施至今，我课题组共 14 名教师，全部参与实践研究，围绕“语文学科传统学习方式与现代学习方式的比较研究”，主要采用行动研究法和案例研究法，结合实际调查、经验总结、讨论开展了一系列的研究工作，取得了一系列的科研成果。

首先学习理论，转变观念，明确课题研究的方向。

观念是行为的先导。课题的实施需要明确的指导思想和可操作的方法。因此，我们针对课题，对《中国传统文化与教育》《民族文化传统与教育现代化》及《新课程标准解读》等进行了学习，并通过学习相关材料、理论专著，把教师的理性和感性认识集中到“传统文化与高效课堂”上，从而进一步深化了课题思想，丰富了课题内涵，充实了研究方法，并自觉地把全面提高学生素质为己任，努力改进和优化教法，着力提高课堂教学效率。

其次以点带面，逐步推进，提高课题活动的效率。

结合我校学生的实际，我们先在高一年级开展小范围的语文学科的研究，通过一学期的实践后，开始在其他班级推广。采用的形式是：教师之间结成研究伙伴，边学习、边研究、边总结；使我校的教科研氛围愈加浓郁。

最后突出重点，优化教学，加快课题研究的进程。

课堂是传播中华传统文化的主渠道。因此，我们把研究重点放在优化课堂教学上，力求通过课堂教学，使学生感悟到中华文化的魅力，懂得弘扬中华民族精神的道理，自觉接受优秀的传统文化教育，成为人格完善、德才兼备的接班人。在这个过程中每一位课题组成员都认真对待，取得了一系列科研成果。

关红老师的《鉴赏诗歌情感》在中国高等教育学会教师教育分会科研课题“中华优秀传统文化与现代语文课堂教学实践研究”第一届年会举办的优秀科研成果评审中，荣获教学课件一等奖。

安莉老师的《咏史怀古诗鉴赏》在中国高等教育学会教师教育分会科研课题“中华优秀传统文化与现代语文课堂教学实践研究”第一届年会举办的优秀科研成果评审中，荣获教学课件一等奖。

张继红老师的《念奴娇·赤壁怀古》在中国高等教育学会教师教育分会科研课题“中华优秀传统文化与现代语文课堂教学实践研究”第一届年会举办的优秀科研成果评审中，荣获教学课件一等奖。

张卉老师的《如何在现代语文课堂中渗透中华传统文化》在中国高等教育学会教师教育分会科研课题“中华优秀传统文化与现代语文课堂教学实践研究”第一届年会举办的优秀科研成果评审中，荣获论文一等奖。

钱丽华老师的《项羽之死》在中国高等教育学会教师教育分会科研课题“中华优秀传统文化与现代语文课堂教学实践研究”第一届年会举办的优秀科研成果评审中，荣获教学课件一等奖。

刘原序老师的《把中华优秀传统文化经典嵌在学生脑子里的策略与方法研究》在中国高等教育学会教师教育分会科研课题“中华优秀传统文化与现代语文课堂教学实践研究”第一届年会举办的优秀科研成果评审中，荣获论文一等奖。

马宪颖老师的《蜀相》在中国高等教育学会教师教育分会科研课题“中华优秀传统文化与现代语文课堂教学实践研究”第一届年会举办的优秀科研成果评审中，荣获教学课件二等奖。

李霞老师的《现代语文课堂中的传统文化教育初探》在中国高等教育学会教师教育分会科研课题“中华优秀传统文化与现代语文课堂教学实践研究”第一届年会举办的优秀科研成果评审中，荣获论文二等奖。

杨咏梅老师的《氓》在中国高等教育学会教师教育分会科研课题“中华优秀传统文化与现代语文课堂教学实践研究”第一届年会举办的优秀科研成果评审中，荣获教学设计二等奖。

邵江涛老师的《神奇的汉字》在中国高等教育学会教师教育分会科研课题“中华优秀传统文化与现代语文课堂教学实践研究”第一届年会举办的优秀科研成果评审中，荣获教学课件二等奖。

朱东媛老师的《语文学科传统学习方式与现代学习方法的比较研究》在中国高等教育学会教师教育分会科研课题“中华优秀传统文化与现代语文课堂教学实践研究”第一届年会举办的优秀科研成果评审中，荣获教学课件二等奖。

张卉老师的《鉴赏诗歌的人物形象》在中国高等教育学会教师教育分会科

研课题“中华优秀传统文化与现代语文课堂教学实践研究”第一届年会举办的优秀科研成果评审中，荣获教学课件三等奖。

荣誉证书

[illegible] 老师的《 [illegible] 》在中国高等教育学会教师教育分会科研课题“中华优秀传统文化与现代语文课堂教学实践研究”课题 第一届 年会举办的优秀科研成果评审中，荣获 教学课件 类 一 等奖。

特发此证，以资鼓励。

中国高等教育学会教师教育分会
“中华优秀传统文化与现代语文课堂教学实践研究”课题组

证书编号：007033

2017 年 4 月

荣誉证书

[illegible] 老师的《 [illegible] 》在中国高等教育学会教师教育分会科研课题“中华优秀传统文化与现代语文课堂教学实践研究”课题 第一届 年会举办的优秀科研成果评审中，荣获 教学课件 类 一 等奖。

特发此证，以资鼓励。

中国高等教育学会教师教育分会
“中华优秀传统文化与现代语文课堂教学实践研究”课题组

证书编号：007033

2017 年 4 月

李霞老师的《琵琶行》在中国高等教育学会教师教育分会科研课题“中华优秀传统文化与现代语文课堂教学实践研究”第一届年会举办的优秀科研成果评审中，荣获教学课件三等奖。

刘原序老师的《锦瑟》在中国高等教育学会教师教育分会科研课题“中华优秀传统文化与现代语文课堂教学实践研究”第一届年会举办的优秀科研成果评审中，荣获教学课件三等奖。

李旸老师的《咏怀古迹》在中国高等教育学会教师教育分会科研课题“中华优秀传统文化与现代语文课堂教学实践研究”第一届年会举办的优秀科研成果评审中，荣获教学课件三等奖。

三、课题研究中的实践活动

根据研究目的的指导，我课题组成员主要开展了三项实践活动：

（一）开展多种活动，实施本课题的研究：中华传统文化与学科教学的整合培训，进行学科教学的竞赛，写中华传统文化应用的心得体会等活动。认真记录，及时总结调整。

通过古诗词背诵比赛，调动学生学习的积极性。在语文课堂上组织一场小型的古诗词背诵比赛。比赛的形式可以依托高考默写题的形式，采取分难度答题的方法，采用给上对下、给下对上或者情景式默写的题型，也可以借鉴中华诗词大会的形式，设置“飞花令”等环节。让语文课堂充满传统文化的魅力，也让语文课堂充满比赛的热烈气氛，最大限度地调动学生学习传统文化的积极性。

（二）设计调查表，就此课题的效果进行调查，根据学生学习反馈，调整实验方式。考察兄弟学校在中华文化传统方面的教学情况，吸收先进经验。

（三）制定适合我校具体情况的巧借中华传统文化、打造优质高效课堂教学的评价标准，检查并记录其效果。

在集体研究中我们还发现高中语文课本中选入了大量经典的古诗、古文篇章，因此在古诗词教学中，我们改变以往的方式，更注意整合吟咏不同对象的篇章，教会学生审美，在优美的文字与意境中吸取文化精髓。如吟咏自然山水的篇章，可以运用多媒体展示的方法，再现诗词画面，让学生受到美的熏陶。杜甫的《登高》，“风急天高猿啸哀，渚清沙

白鸟飞回。无边落木萧萧下，不尽长江滚滚来。”八个意象绘出一幅“老病独登台图”，单凭想象，对于多数学生来说，理解上有一定难度，如果借用多媒体就能在学生的脑海中呈现出一幅鲜活的古代生活场景，从而理解诗歌是意象和意境的浓缩和升华。让学生们感受到古典诗词的诗境之美的同时把传统的内容与现实的生活结合起来，提高了学生的语文素养。

四、在实验中关于发现的问题，并提出解决的措施

中华传统文化博大精深。古老的中华民族在走过的五千年，积淀了丰富的物质精神财富，这就是中华民族的传统文化。五千年的传承，它早已成为重要的文化遗产。然而随着外来文化的渗透，传统文化在学生心目中的地位越来越低，他们对传统文化知之甚少，甚至不屑。语文学科，作为中华民族传统文化的载体，承载着传承中华民族的精神和灵魂的重任，因此更应该适应时代的要求，更新教育理念，改革教学内容和方法，提高学生的语文素养，促进学生的终身发展。作为语文学科的教师，在教学活动中传承弘扬传统文化更是义不容辞的责任。

大庆市第三十九中学　　关红（执笔）

古代经典探究性学习指导研究

大庆市第三十九中学

春暖花开，乍暖还寒，在这样一个充满希望的日子里，迎来了本校课题的完美收官。“弘扬优秀传统文化，传承民族文化基因；提高课堂教学质量，培育语文核心素养”是这次课题研究的核心理念。“十八大”以来，党中央明确指出，文化越来越成为民族凝聚力和创造力的重要源泉，在综合国力竞争中具有重要的地位和作用。习近平总书记说：“优秀传统文化是一个国家、一个民族传承和发展的根本，如果丢掉了，就割断了精神命脉。”总书记的一系列讲话，精辟地阐明了传承中华优秀传统文化的精神内涵和战略价值，是指导社会主义文化建设，也是指导语文课程改革的重要思想和工作指针。

中华优秀传统文化是中华民族共同创造、共同拥有的精神财富和物质财富，具有源远流长、博大精深、多元包容、丰富多彩的特点。《诗经》的浅吟低唱，《楚辞》的仰天长啸，诸子百家的思想光华，《史记》《汉书》的历史长卷，唐诗宋词的华美辞章，明清小说的艺术形象，四大发明的杰出贡献，秦皇汉武唐宗宋祖成吉思汗的帝王伟业……都是中华优秀传统文化的典型代表。

作为一名基层的语文工作者，更有力、更高效地把传统经典文化撒播到每个孩子的心中，责任重大、任重道远。为此我校课题组教师做了大量的前期准备工作，从教师和学生两个不同的视角开展调查问卷，认真做好前期的预热工作，充分了解古代经典文化在高中语文教学课堂中存在的问题，并认真在开题会议中组织讨论研讨，并分别让不同学年的备课组长研究制定可行而有效的实施方案，以课题理念为指导，促进现代课堂教学的合理化应用，让中国传统经典文化实现真正深入人心的传播。

开题后，我们严格执行实施步骤，分学年，分研究项目在自己擅长的领域开展中期实践，让传统文化更好地走进课堂，我们开展了一系列的古文诗词进心间活动：比如高一年级孙丹老师在第一学期便开展了古诗文书法大赛。让同学们在行云流水间感悟文字的魅力和古诗文的内蕴，同时在高二学年战磊老师还开展了“我最喜爱的诗人/词人”主题演讲比赛。“采菊东篱下，悠然见南山”的隐士陶潜、“回首向来萧瑟处，归去，也无风雨也无晴”的苏东坡、“莫道不消魂，帘卷西风，人比黄花瘦”的李清照都是孩子心目中的偶像。言语之间是对他们的崇敬和喜爱。同时在高一、高二学年胡文科班级内部，带领学生在班级内部开辟了“古诗文天地”。在这片天地里学生可以将自己的诗作进行展示，相互品评互相切磋。这一片天地已经成了班级里才子佳人吟诗作对的好场所，满满的文学气息在这里弥漫。他们各自有属于自己的笔名，来历各不相同，却也各具风采。一个同学在这片天地留下两行诗，第二天一早便会收获满满一黑板的对答。当然，他们也会对创作的诗歌进行点评：一个“擎”字用得极好，“奄奄落日”愁绪满满……通过这种方式学生学习古诗文的兴趣得到了极大提高，并将优秀的作品在班级进行赏析，推荐到校报上，以此鼓励学生的创作热情。

教学相长，我们在教授学生的同时，也不断地提升自我。每月召开一次课题例会，定期进行集体理论学习。在每两周一次的业务学习中，每次由课题组长拟定一个话题，然后由教师搜集网上资料，并结合自己的教学实践，谈谈自己的看法。我们分别围绕“诗歌是一条诗意的河”“如何挖掘语古典诗歌中的生命教育”“高中语文教学活动中渗透生命教育初探”“诗歌语言审美”每月召开一次课题例会，定期进行集体理论学习。以课题组成员为核心，组织有关教师进行互动，促使大家努力向科研型教师迈进。特别是充分利用好本课题的专题研究微信的功能，组织本组教师在学习中把握教改动态，更新教学理念，提高自身的理论水平。

课题研究以“课例”为抓手，扎根于日常课堂，探讨如何在课堂上探究高中古代经典文化的探究。例如关红老师讲授的《师说》，在教学过程中，在掌握文言基础知识的基础上，让学生学会正反对比论证的写作方法，学习如何清晰有力地表达自己的想法。任恒老师讲授的《琵琶行》，特别注重语感和整体把握的能力。注重培养学生的探索能力，培养他们的创新和探索的意识和兴趣。赵梦迪老师在《登高》等课文的讲授中特别注意诗词的诵读，只有通过反复诵读，熟读精思，才能领悟文言文的内涵，欣赏文言文中特有的美，从而使自己的心灵受到陶冶，境界得到升华，达到我们提高文言文教学的目的。文言作品必须通过朗读将无声的语言变成有感情的音响，它充满活力，跳跃着生命，从而使学生从内容、感情、特色全面地体会作品。

同时在中期探究中，我们也取得了一系列可喜的成绩：基本功是合格教师所必备和最基本的教学能力。我们安排的基本功大赛分写作组和诵读、书法组进行。书法比赛包括粉笔字、钢笔字和毛笔字。赛场上，老师们或奋笔疾书，或高声吟诵，或挥毫泼墨，尽显功力和才华。这是教师们对自己职业和身份的高度认同和追求，也体现了他们对写作、诵读和书法的无比喜爱，间接给学生展示了教师的语文风采。

任恒老师的《师说》获得语文教学优质课一等奖，孙丹老师的《琵琶行并序》获得教学课件二等奖。战磊老师获得优秀主持人称号，孙丹老师获得优秀学术指导称号，任恒老师获得优秀实验教师称号。

回过头来，看一路辛苦走过的路途，有困苦、有迷茫、有奋斗、有收获，希望通过全体课题组成员的不断努力，可以培养学生热爱古代经典、热爱古代文化的热情，进而提高学生的审美能力，甚至自己再创作，达到学以致用的地步。我们既可以领略到诗歌的奥秘，如同面对良师益友，又可以聆听古人的教诲，受到古人风骨的陶冶，可以让学生感觉古代文化的芬芳，得到古代经典文化雨露的滋润。

更多的则是我们一线语文教师对教育、对人生、对未来的美好憧憬和深深的思考。我们更期待："中华优秀传统文化与现代语文课堂教学实践研究"行稳致远！

大庆市第三十九中学　　孙丹（执笔）

传统语文教育策略与方法在语文教学中的应用研究

大庆实验中学

2016年06月，大庆实验中学高中语文组参与的国家十三五“中华优秀传统文化与现代课堂教学实践研究”课题的子课题“传统语文教育策略与方法在语文教学中的应用研究”经课题组专家考核，允许立项。自课题开题以来，我们严格遵守课题研究的有关程序和要求，认真组织、落实课题研究实施方案。经过近三年的实践研究，课题组已基本完成了预定的研究任务，在理论和实践两个方面都取得了丰富的成果。

一、课题研究基本情况

（一）课题研究的主要内容及解决的问题

我们对以下问题展开了较为深入而细致的研究。

传统语文教学策略和方法有具体方式及相关的优缺点。

传统语文教学策略和方法与现代语文教学内容和理念的协调与取舍。

传统语文教学策略和方法在现代语文教学中应用、创新的方式方法。

其中，关键问题为“传统语文教学策略和方法在现代语文教学中应用、创新的方式方法”，我们通过实践研究总结了相关的经验与案例，为现代语文有效教学提供了借鉴。

（二）课题研究的阶段性成果和最终成果

我们的课题研究经过了以下三个阶段：

1. 准备阶段（2016年6月—2016年10月）

（1）课题队伍培训（2016年7月—2016年12月）

我们召开了课题研究筹备会议，针对课题研究内容和研究方案，对课题组人员展开了培训，明确了任务分工，以此分工为基础，适时调整，展开了相关实践研究。

2. 实施阶段（2016 年 10 月—2018 年 3 月）

我们按既定方案组织实施，开展了专项研究活动，并分阶段对课题实施情况进行了检察、评估；不断完善实施方案，改进研究与实验工作。

（1）我们利用文献研究法，研究了传统语文教学策略和方法与具体方式及相关优缺点并形成相关认识。

（2）我们利用文献研究法，研究了传统语文教学策略和方法与现代语文教学内容和理念的协调与取舍问题，并进行了相关的讨论。

（3）我们主要利用行动研究法，探索了传统语文教学策略和方法在现代语文教学中应用、创新的方式方法。

3. 总结阶段（2018 年 3 月—2018 年 4 月）

现在正处于搜集整理研究过程中形成的成果阶段。完成结题报告，申请结题鉴定。

最终研究成果：

⑴ 优秀教学课件。

⑵ 课堂实录、教学设计。

⑶ 优秀论文。

⑷ 相关优质课录像课。

二、课题研究的具体实践

（一）实践研究方式与课题分工

我们根据课题组成员的专业擅长领域及研究兴趣，对课题进行了分解，确定了 6 个研究方向和子课题小组，分别如下：

1. 高中文言文实词有效教学方法的研究（核心成员：范玉珠、王欣宇、应波）。

2. 批注阅读在语文教学中的应用研究（核心成员：张郑洋、赵枫、胡炳姝）。

3. 行为子过程在古典诗歌教学中的重要意义（核心成员：逄治乐、屈彦奎、纪顺）。

4. 诵读法在语文教学中的重要意义（核心成员：赵欣怡、屈彦奎、赵枫）。

5. 吟诵在语文教学中的传统文化传承方式的实践研究（核心成员：赵胤、王欣宇、纪顺）。

6. 整本书批注式阅读的实践式研究（核心成员：纪顺、司恒宇、屈彦奎）。

课题组成员分工不是截然分开和对立的，而是相互学习、相互帮助，在小组承担子课题研究时，其他课题组成员进行了协助和讨论。

（二）课题研究的课堂实践

体验之一：高中文言文实词有效教学方法的研究

2016 年 7 月 范玉珠 大庆实验中学观摩课《优美的汉字》。

2017 年 9 月 范玉珠校内公开课《据形索义 因声求义 —— 文言实词词义的推断》。

体验之二：批注阅读在语文教学中的应用研究

2017 年 3 月参加课题研究。

2017 年 4 月参加课题研究初期阶段性验收，在东风中学展示了一节《提要钩玄，批注阅读 ——< 念奴娇 · 赤壁怀古 >》的公开课，荣获大庆市研究区

课题组老师参加全国课题研讨会

域一等奖 。

2017 年 7 月，赴内蒙古呼和浩特参加课题第一届年会。

2017 年 7 月，在课题第一届年会举办的全国中小学语文教师微课教学大赛中荣获中学组二等奖。

2017 年 7 月，在课题第一届年会举办的全国中小学语文教师第二节教师基本功大赛中，荣获诵读、书法组一等奖。

2017 年 7 月，《浅谈古文字在高中文言文教学的运用》一文在课题第一届年会举办的优秀科研成果评审中，荣获教研论文一等奖。

2017 年 8 月，《念奴娇 · 赤壁怀古》教学设计在课题第一届年会举办的优秀科研成果评审中，荣获教学设计二等奖。

2017 年 8 月，《赤壁赋》一课在课题第一届年会举办的优秀科研成果评审中，荣获语文教学优质课一等奖。

2017 年 8 月，在 2016—2017 年度被评为课题优秀教师。

2018 年 1 月，《划下心灵印记 感受语言温度》一文入书。

体验之三：行为子过程在古典诗歌教学中的重要意义。

2017 年 1 月，逄治乐完成《声声慢》教学设计。

张郑洋老师参加课题组教师现场基本功竞赛获得国家级一等奖

2017 年 9 月，逄治乐完成《荆轲刺秦王》《孔雀东南飞》课件制作。

2017 年 11 月，逄治乐在大庆实验中学完成《探究“渔父”意象》的公开课。

2017 年 12 月，逄治乐发表《浅析语文教学中行为子过程的具体表现及重要意义——以 < 探究“渔父”意象 > 教学设计为例》一文。

体验之四：诵读法在语文教学中的重要意义

2016 年 9 月至 2016 年 12 月，展开课题资料搜集与整理工作。

2017 年 10 月，赵新怡《荷塘月色》课件制作。

逄治乐老师在上公开课

2017 年 12 月，赵新怡《短歌行》教学设计。

2018 年 1 月，赵新怡在《高考》杂志上发表题为《非连续性文本阅读教学策略初探》的论文。

体验之五：吟诵在语文教学中的传统文化传承方式的实践研究

2017 年 3 月，参加课题研究市内会议。

2017 年 7 月，赴内蒙古呼和浩特参加课题第一届年会。

2017 年 7 月，在课题第一届年会举办的全国中小学语文教师第二节教师

课题组老师在认真研讨

基本功大赛中，荣获诵读、书法组一等奖。

2017 年 7 月，《核心素养视域下的高中古诗词吟诵案例探究 —— 以大庆实验中学煜风古诗词吟诵团为例》在课题第一届年会举办的优秀科研成果评审中，荣获教学案例一等奖。

2017 年 7 月，《皮声入境，因声求气 ——< 登高 > 吟诵课》在课题第一届年会举办的优秀科研成果评审中，荣获语文教学优质课一等奖。

2017 年 7 月，在课题第一届年会举办的全国中小学语文教师微课教学大赛中荣获中学组二等奖。

2017 年 8 月，在 2016—2017 年度被评为课题优秀教师。

2017 年 9 月，创办并指导的吟诵社团 —— 煜风古诗词吟诵团在团中央举办的第二届中华学子青春国学荟活动中，被评为全国优秀中学生国学社团。

2017 年 11 月，在大庆市文明办举办的“中华长歌行·中秋诵经典”活动中，

赵胤老师在上公开课

煜风古诗词吟诵团报送的吟诵节目《春江花月夜》荣获优秀节目奖。

2017 年 11 月，校内完成经典词作《虞美人》的公开课教学，并荣获现场授课一等奖。

2017 年 11 月，参加大庆市教育学会“智慧教育巡讲团”，在大庆市十三中学进行吟诵展示课《我们一起来吟诵》，收到广泛好评。

2017 年 3 月，《虞美人》课件制作在大庆实验中学课件创意大赛中荣获一

等奖。

2018 年 4 月中旬，大庆市传统吟诵专业委员会成立，并于 4 月 13 日进行第一次吟诵公益培训讲座，参训教师近 200 人。

体验之六：整本书批注式阅读的实践式研究。

2016 年 10 月《走进论语，走近君子》一课在第五届高中语文教师教学基本功展评优秀课例评比一等奖 。

2016 年 12 月在大庆实验中学“构建高效课堂，聚焦核心素养”教学研讨会中，完成研讨课《春夜宴从弟桃花园序》。

2017 年 5 月完成《春夜宴从弟桃花园序》教学设计、教学反思。

2017 年 8 月《边塞诗思想情感》一课在中国高等教育学会教师教育分会科研课题“中华优秀传统文化与现代语文课堂教学实践研究”课题第一届年会，获语文教学优质课一等奖。

三、课题研究的成果展示

（一）课题研究的基本结论

结论之一：高中文言文实词有效教学方法的研究

课题组会议学习

文言实词的有效教学是传统语文教育策略与方法课题研究的一个重要方面。在国内，针对文言实词教学的研究有很多，形成了很多论文，但是更多教师关注的是文言实词的分类研究及词义的推断，很少有针对文言文实词有效教学方法的总结与研究。虽然也有一些教师进行了非常好的教学有效性实践，但也没有进行很好地分析总结。我们把文言实词有效教学方法的研究作为传统教学策略课题的一个方面来做，针对传统的文言实词教学“耗时耗力、效率低下”的状态，我们深入挖掘了主客观原因，在查阅大量相关资料、调查访问、教学实践等基础上，以课程标准、教育改革纲要等为理论依据，借鉴、吸收理论界有关研究的成功经验，从文言实词教学本身的特点出发，经过课堂实践的多次验证，我们形成了五种有效的文言实词教学方法。本课题对高中文言文实词有效教学方法的系统研究，有利于形成全面系统的文言文教学的体系，为广大教师在文言文课堂教学有效性方面提供了可作借鉴的操作方法，借以提高文言文课堂教学的质量，为高中生的文言文学习打下坚实的基础。

通过一年多的研究，我们总结出了的文言实词有效的教学方法：形训教学法、音训教学法、语法教学法、语境教学法、结构教学法。将这几种方法融会贯通地运用到文言实词教学中，能够化难为易，促进学生对文言实词词义的准确理解，增强文言文教学的课堂教学效益。这五种教学方法得到了学生和其他教师的一致认可，目前这几种方法已推广应用到我校高二年级的文言文教学中。

结论之二：批注阅读在语文教学中的应用研究

在参与传统语文教育策略与方法在语文教学中的应用研究课题的过程中，我主要研究实践了批注阅读、古文字等在语文教学中的应用实践。研究发现，在实践批注阅读的教学方法以前，中学生对圈点勾画、批注阅读知之甚少，不能有效熟练地运用到语文学习中。在日常的教学中和试题的讲解上，特别是，一般论述类文本阅读、文言文阅读等，逐渐地推行此方法，让学生们不动笔墨不读书，圈点勾画出重点的词句，卓有成效。比如，一般论述类文本，圈点勾画出论点、论据、关联词语、表示范围、时间、程度等重点的词句，会帮助学生集中注意力、加深重点词句的印象、提高阅读做题的效率和速读，更清晰地地理解文本的内容。文言文教学中，圈点勾画出人名、地名、时间、官职等不需要翻译的词、画出重要的谓语动词，会更有效地帮助学生们理解文言文的内容，降低翻译的难度。传统语文教育策略在语文教学中的应用广泛，如能深入研究和实践，将会对语文教学有莫大的帮助，值得深思与借鉴。

结论之三：行为子过程在古典诗歌教学中的重要意义

语文课堂应该是有节奏、有计划、有步骤地始终经历“探索”和“研究”两大行为层次的课堂，由此推动学习活动向前不断推进。而在这个过程中体现出的行为子过程，就反映了教学系统中听、说、读、议等要素存在的稳定性和它们之间发展变化的层次性，有利于学生分清学习层次，理顺学习步骤，促进学习质量和学习效率的提高。

行为子过程是构成探究式教学的最基本且最重要子过程之一，它强调用全部心灵去体验学习情境；在活动中强化体验，在体验中促进活动。因而，行为子过程，在行为上表现为“活动”，在心理上表现为“体验”，完整地表达即是“全身活动，心灵体验”。具体来说，它是在创设情境，激发学生的学习兴趣的前提下，让学生们以探索者、研究者的主体身份去分析古典诗歌的规律性。这其实就是我们强调的认识论中的“再实践、再认识”的一个过程，“运用”过程实质上是一个“再探索、再研究”的过程，或者说，“迁移”过程实质上是一个“再观察、再思考”的过程。

充分考虑到学情，有些时候，由于高中生的知识储备有限，所以需要充分发挥教师的引导作用，具体来说，就是在教师导向性信息诱导下，学生活跃气氛、合作探究的“满堂学”，以课堂上的行为过程设计来促进学生认知过程的顺利完成，注重课堂知识的生成。

语文教学要有效地利用行为子过程来链接学生已有的知识储备。让学生们在诵读、思考、讨论、听讲和展示中了解和学习古典诗歌。既激发了学生们的学习兴趣，又使其能在活动中训练学生们的思维，引导学生形成思维的链条，进而透过课堂生成内容达到启迪心智、文化濡染的目的。

综上，高中阶段的诗歌教学，自主地“读和听”是基础，“思和议”是学习的辅助，“说和做”是学习过程的深化。因此，教学中老师们高度重视并且认真设计课堂行为子过程。

结论之四：诵读法在语文教学中的重要意义

关于“读”，在中国传统语文教学中多有记述。“故书不厌百回读，熟读深思子自知”，讲的是读书既要默读，更要诵读。荀子“诵数以贯之，思索以通之”说的也是诵读教学对于文章理解的重要意义。

周一贯先生于 2008 年 1 月 17 日在《中国教育报》发表了题为《在千年视野内寻找语文教学的传统》一文罗列了中国语文教学传统的经验，包括注重识字、本于诵读、体察涵泳、重视习练。

诵读法在传统语文教学策略中占有重要地位，这是由汉字音形结合的特点决定的。中国汉字语段的韵律、平仄，只能通过“诵读”进行体会，达到“声与心通，声可求气，亦可传情”的效果。通过声音将语言文字的符号性特征转化为言语性特征，同时在“诵读”中将符号背后的情感与意蕴予以阐释和澄澈。语文教学，唯有通过多种形式的诵读，才能读出语言文字的意蕴，才能在反复的“咀嚼”中品出语言文字的“味道”。《语文课程标准（2011 年）》在教学的具体建议中明确要求“各个学段的阅读教学都要重视朗读和默读”。可见，“读”是语文教学的基本规律之一。

结论之五：吟诵在语文教学中的传统文化传承方式的实践研究

在参与传统语文教育策略与方法在语文教学中的应用研究课题的过程中，我们主要研究进行了传统吟诵与高中语文教学结合、吟诵学生社团的研究。吟诵之中国最为传统的读书方式，也是古人作诗作文的方法，在高中古典诗词教学中，适时适当地进行吟诵的运用，在具体的实践中，一步一步，从无到有，从有到精，进行了吟诵公开课、吟诵社团、吟诵专业委员会的相关实践，取得了一定的成果，吟诵作为传统文化的精髓，影响面也越来越广。实践研究证明，对于提高学生古典诗词鉴赏能力、提高古典诗词学习兴趣、传承传统文化文化大有裨益。

结论之六：整本书批注式阅读的实践式研究

课题组成员利用《笨拙的力量》进行的批注式阅读教学实践，此书是《读者》创办数十年来的卷首语合集，以散文为主，适合学生进行批注阅读训练。主要研究方法是结合古代传统的批注阅读理论进行的阅读教学实践研究。本研究从 2016 年 9 月开始，到 2017 年 6 月结束。在进行本次阅读教学实践后，认为批注式阅读法有利于学生阅读水平的提高，特别是以文字固化的批注札记，更有助于学生写作能力的提升。本研究取得了论文及教学设计等成果，影响较好。

四、深入研究的问题及思考

十九大报告指出，坚定文化自信，推动社会主义文化繁荣兴盛。大力弘扬和传承中华优秀传统文化，让中国优秀传统文化在学生中生根发芽，得到传承与发扬永远在行进的路上而没有终点。课题组成员坚持正确的政治方向和科研方法，已经对传统语文教育策略与方法在语文教学中的应用进行了较为深入地研究。但是，面临新形势和学生教育的新特点，我们仍然有一些问题需要进一步思考。

（一）深入研究的问题

1. 传统文化在语文教学中作为对象客体在当前信息时代面临的挑战及应对策略。

2. 学生作为传统文化接受主体的新特点及对待传统文化的态度变化。

3. 教师在语文教学中对传统文化接受主体与接受客体之间矛盾的融合策略。

（二）下步计划，相关思考

1. 教师要根据国家的教育目标及教育要求培养富有传统文化精神的现代中国青年，因此要熟悉青年学生、传统文化、现代社会的特点，根据这些特点和相互之间的关系进行研究展开教学。

2. 教师要及时发现新问题，转变教育理念，调整教学策略，使传统文化的传承落到实处。

3. 教师要不断根据教学实践进行总结、提升，进而进行新的探索。

我们相信，我们已经取得的课题成果是教学实践的真实反映，下一步课题组教师将会对课题成果进行进一步总结和提升，使之更加富有实践性品格，在实践中检验我们的课题研究。

大庆实验中学　　屈彦奎（执笔）

古代经典探究性学习指导研究

大庆铁人中学

国家级重点课题，中国高等教育学会教师教育分会“十三五”重点科研课题“中华优秀传统文化与现代语文课堂教学实践研究”,（课题批准号：2016128），我校承担了子课题“古代经典探究性学习指导研究”，由苍雪梅、胡晓明老师主持，历经三年的辛苦研究，收获了一些认识，取得了一定的成绩。

一、课题研究的意义和内容

（一）课题研究的意义

1. 激发兴趣

2. 分层教学

3. 课堂高校

4. 学校发展

（二）课题研究的主要内容

1. 研究教学资源

教学资源主要包括必修 1~5 涉及的古代诗文、选修教材《古代诗歌散文欣赏》《先秦诸子散文选读》及校本教材《中华经典诗文赏读》。在准确理解教学资源的基础上，充分探究教学资源中蕴含的古代经典价值，开阔学生的眼界，提升学生的思想，并培养学生的学习与阅读能力。

2. 研究课堂教学策略

在古代经典的教学中，积极探讨引导学生主动探究解疑的方法，使课堂变成“学堂”。

3. 研究探究性学习的教学模式

把优化古代经典的课堂教学模式作为研究重点，充分发挥古代经典的文学文化思想教育意义。

（三）拟解决的关键问题

1. 激发学生积极探究古代经典的学习兴趣

在自主探究中激发学生学习古代经典的兴趣，进而体悟古代经典的丰富内涵。

2. 培养学生主动探究古代经典的思维品质

培养学生阅读古代经典的主动性、自主性、体验性、问题性和独特性，使学生养成主动查阅资料的习惯，利用好手头的材料进行探究性地学习习惯，提高学生语文阅读能力。

3. 构建古代经典探究性学习的教学模式

探究性学生要求教师转变观念，构建发挥学生的主体作用的教学模式，培养学生探究意识和创新能力，加强学生的学习体验，引导学生在探究中学会举一反三、融会贯通。

二、课题研究的方法和过程

（一）课题研究的方法

1. 文献资料法
2. 访谈法
3. 案例分析法
4. 实践分析法
5. 个案研究法
6. 经验总结法

（二）课题研究的主要过程

本子课题计划分三个阶段：

1. 准备阶段（2016 年 6 月—2016 年 7 月）

（1）明确内容（2016 年 6 月）

在集体讨论的基础上，确立课题内容，明确研究思路，成立子课题组，完成课题研究方案的设计和论证。

（2）组建课题队伍（2016 年 6 月— 2016 年 7 月）

精选具有良好科研能力的教师组成课题研究团队，召开开题论证会，制定子课题实施方案，开展科研方法培训。

2. 实施阶段（2016 年 7 月—2017 年 7 月）

按既定方案组织实施，开展专项研究活动，并分阶段对课题实施情况进行检察、评估；不断完善实施方案，改进研究与实验工作。

（1）做好原始资料的积累工作。梳理高中语文教材中的必修 1~5 中的古代诗歌散文经典篇目，选好选修教材中的《古代诗歌散文欣赏》和《先秦诸子选读》及铁人中学校本教材中的经典篇目。

（2）按照确定的子课题方案扎实细致地开展研究工作。

3. 总结阶段（2017 年 9 月—2018 年 7 月）

（1）进行成果总结及课题结题工作。

（2）完成结题报告，申请结题鉴定。

三、科研成果及获奖情况

（一）2016 年 7 月课题开题年会举办的优秀科研成果评审

1. 苍雪梅的教学设计《苏武传》荣获教学设计类一等奖。

2. 吴宏光的录像课《优美的汉字》荣获语文教学优质课类一等奖。

3. 余雪利的课件《荆轲刺秦王》荣获教学课件类二等奖。

4. 王德英的教学设计《登高》荣获教学设计类二等奖。

5. 李晨、李洪泽分别获教师基本功大赛朗读组、书法组一等奖，赵圣获得二等奖。

6. 吴宏光、余雪利、崔敬被评为课题先进个人。

7. 苍雪梅被评为优秀课题主持人。

8. 我校被评为优秀实验校。

（二）2017 年 7 月课题第一届年会举办的优秀科研成果评审

1. 胡晓明的微课《古典诗歌意象 —— 明月光》获一等奖。

2. 苍雪梅的论文《古代经典教学中如何启发学生创造性思维》获一等奖。

3. 吴宏光的录像课《春江花月夜》获一等奖。

4. 余雪利的论文《浅谈古代经典探究性学习与高中学生作文思想性的关系》获一等奖。

5. 崔敬的论文《古代诗文教学之诵读的几点思考》获一等奖。

6. 李晨的课件《我善养吾浩然之气》获二等奖。

7. 赵圣的课件《韩非子》获二等奖。

8. 殷晓光的论文《文言文高效课堂探究——以〈师说〉为例》获二等奖。

9. 梁喜静的论文《高中语文古代经典教学探究》获二等奖。

10. 李洪泽的教学设计《书愤》获二等奖。

11. 王德英的课件《作文讲评》获三等奖。

12. 相祎宁的教学设计《光阴的故事》获三等奖。

13. 相祎宁、王德英分别获教师基本功大赛微课组、朗诵组一等奖。

14. 王德英、相祎宁、殷晓光被评为课题优秀实验教师，卢士安校长被评为优秀校长，卢士安、苍雪梅被评为优秀指导奖。

（三）开题报告被收录，中期报告受表扬

我校由崔敬、梁喜静、殷晓光、余雪利、赵圣、王德英、李晨参加撰写的，由苍雪梅老师编辑整理的开题报告被收录到《十三五科研课题中华优秀传统文化与现代语文课堂教学实践研究开题报告与实施方案》一书高中组部分（黑龙江省几十家学校参与评比，最终被录取的仅有我市铁人中学和十中两家）。

苍雪梅老师撰写的五千余字的中期报告亦深受课题组好评。

（四）论文集中收录多

由课题地区负责人马玉杰老师负责的论文集中，我校教师共上交学术论文及课后反思 12 篇。

四、研究结论

（一）古代经典篇章的“循路背诵法”。

我课题组重点尝试“读、写、积、背、探、练”六字语文学习法，使大部分学生语文学习步入科学高效的轨道。这里仅以“背”为例进行重点汇报。

在古代经典教学中，背诵更是一项经常且重要的活动，但学生经常把背诵当作苦差事。如何让学生用最短的时间背诵，且过程愉快，印象深刻，我课题组教师给学生提供了“循路背诵法”，以帮助学生提高识记能力。具体做法如下。

1. 把整篇文章化长为短。在面对一篇篇幅很长的古文时，我们不要贪多，把篇幅长的文章或段落分成几个短小的部分来背。

2. 分析理解文章的思路，从结构思路的角度考虑，以小连大。例如课题组教师苍雪梅在讲授陶渊明《归去来兮辞》一文，就根据文章写作思路把课文分为以下几个层次：归途中，心情急切——看见家门，家人迎接，兴奋不已——庭院景色，宛如从前——家中生活，舒适愉悦——园中生活，趣味无穷。课题组教师的每张板书都是浓缩的行文提纲，学生抄过笔记之后，循路背诵，效果极好。

3. 限定时间进行背诵。

4. 充分利用点滴时间。

5. 以理解性默写的形式出题，帮助学生进行巩固提升。

（二）古代经典教学也需要以学生为主体，教师为主导

1. 要对语文教材有充分地理解，用灵活的方法来处理教材，精心设计出有价值的问题。

2. 注意提问的针对性与辐射面。

3. 注意为学生提供思维的时间与空间。

4. 创设民主、和谐的课堂教学环境。

5. 关注学生的课堂参与度。

6. 运用多种教学手段，充实课堂内涵。

7. 教师要加强个人的文学艺术修养，用教师的自身魅力来吸引学生。

五、研究建议

（一）语文教学改革既要放得开，又要收得拢

1. 教学内容的改革可以更大胆。古代经典教学应是“大语文”教学的体现，除了课本教学以外，还可以引入更为丰富的内容，如：演讲与口才、周记与随笔、古诗吟唱与课本剧等。

2. 教学方法的改革可以更大胆。有些课，可以以学生独立学习、自主探究为主，甚至翻转课堂，大胆放手，相信学生、培养学生。

3. 教师角色的转变可以更大胆。针对学习能力和学习兴趣特别强的同学，有些相对简单、可操作性强的文章可以完全放手让学生去做，老师则完全退居

幕后，只在必要时提供一定的引导和辅助。

4. 但同时我们也要清楚地认识到，语文课堂内容的容量绝对不是越大越好，主要看是否适合班情，班级学生基础好、接受能力强，教师就可以进行拓展延伸，反之，就要脚踏实地、认认真真地领学生从基础做起，绝不好高骛远。必修四里辛弃疾的词《水龙吟 · 登健康赏心亭》下阕中的三个典故，学生看了课下注释也说不清楚辛弃疾用典的深意，这样的课文让学生处理效果未必好。

（二）评价体系需要改革

虽然教育教学改革进行得如火如荼，但如果教育评价体系不进行改变，所有的改革都将是围绕分数旋转的陀螺，不会有本质上的变化。语文教学多元评价体系应包含如下内容。

1. 看是否建立了流畅的表达体系。

2. 看是否提高了语文素养。

3. 看是否健全了完善的人格。

（三）基础教育应更重视基础

小学、初中减负确实应当，但孩子的基础应该扎实些，该背诵的篇目一定要背，该写的字、词就应该写到位，不要错别字连篇；历史课上讲过的内容、最起码的文史知识就要记住，不要等到高中了还要问北宋和南宋哪个在前，南宋和南朝宋有什么区别。

大庆铁人中学　　苍雪梅（执笔）

基于优秀传统文化的语文课堂教学艺术研究

大庆市东风中学

中国高等教育学会教师教育分会“十三五”科研课题“中华优秀传统文化与现代课堂教学实践研究”，课题批准号：2016128。其子课题“基于优秀传统文化的语文课堂教学艺术研究”,其研究起止时间为2016年6月—2018年6月，为期两年。本课题研究主要研究内容为语文现代课堂教学如何传承中华优秀文化,如何通过现代语文课堂教学把中华优秀文化基因嵌入学生的核心素养之中,如何发挥语文学科的优势,让中华优秀传统文化成为培养学生民族精神的沃土、滋养生命的源泉。本课题组的研究实验工作得到了全校领导的大力支持，顺利完成了实验任务，取得了丰硕的实验成果。

一、开展课题研究

中华优秀传统文化是中华民族在中国古代社会形成和发展起来的比较稳定的文化形态，反映中华文明永恒价值特征，积淀着中华民族最深沉的精神追求，是我们最深厚的软实力。

加强中华优秀传统文化教育，引导青少年学生全面、准确地认识中华民族的历史传统、文化积淀和基本国情，弘扬中华优秀传统文化，增强民族文化的自信心和自信力，自觉践行社会主义核心价值观，培养富有民族自信心和爱国主义精神的社会主义事业建设者和接班人，是摆在我们面前的重大任务和历史使命。

十八大以来，习近平总书记一系列关于传统文化的讲话精辟地阐明了传承中华优秀文化的精神内涵和战略价值，是指导社会主义文化建设，特别是青少年教育的重要思想和工作指针。在此背景下，进行优秀传统文化与现代语文课堂教学实践研究，着力于培养学生的核心素养，具有重大的现实意义。

二、研究目的

（一）感受民族的传统文化，激发师生热爱祖国的情感。让师生在祖国深厚的文化土壤中汲取大量的精神养料，成为中华优秀文化的继承者和传播者，提高学生识真伪、分善恶、辨美丑的能力，弘扬中华优秀文化传统，成为社会主义新文化的开拓者和建设者。

（二）以“传统文化与语文教学相结合，实现课内外衔接”为指导思想，初步形成“课内外结合、学用结合”的语文教学策略，构建全新的语文文化课堂教学模式。

（三）通过传统文化在语文教学中的渗透，使学生初步具有一定的研读文化著作的能力，培养高尚情操与艺术趣味，发展个性、丰富精神。

三、研究内容

（一）语文现代课堂教学如何传承中华优秀文化，如何通过现代语文课堂教学把中华优秀文化基因嵌入学生的核心素养之中，如何发挥语文学科的优势，让中华优秀传统文化成为培养学生民族精神的沃土、滋养生命的源泉。

（二）课题组将通过对“教学资源”“教学规律”“教学策略”“教育艺术”“学习方式”“教学语言”“教学评价”等内容进行研究，并遵循传承性、创新性、适可性、发展性、实践性五大原则。以期通过本课题为弘扬中华传统文化、提升语文教育水平贡献力量。

四、研究过程

（一）研究过程

1. 研究起动阶段（2016 年 6 月— 2016 年 7 月）

（1）通过调查问卷，对高中各年级学生进行问卷调查，了解学生语文学习状况，尤其是积累、阅读传统文化方面的状况。

（2）初步研究和制定研究方案。

具体活动：

首先，我校在 2016 年 6 月初对课题可行性进行了论证，召开了课题动员大会，邀请有课题研究意向的教师参加研究。全校共有十一名教师参加实验。

其次，主持人王颖老师撰写了实验方案和计划，全体实验教师对方案的可行性进行了论证。

第三，通过调查问卷，了解目前学生语文学习状况，我们设置了 20 个与高中语文教学及传统文化相关的问题，想以此来了解目前学生语文学习状况，尤其是对中国优秀传统文化了解的状况。

第四，初步研究和制定研究方案。我们结合调查中学生身上存在的一些具体情况，根据参考文献和根据自己的经验设计解决问题的方案，制定一个衔接计划，并在以后的教学中执行落实。

2. 研究的实施阶段（2016 年 9 月—2018 年 2 月）

（1）分别以同层次不同班级的学生为研究对象，立足于对“教学资源”“教学规律”“教学策略”“教育艺术”“学习方式”“教学语言”“教学评价”等方面进行研究实践，然后再与非实验班进行横向比较，不断地从中吸取经验和不足。

（2）实施研究计划，采取理论研究与行动研究相结合的方式，研究基于优秀传统文化的语文课堂教学艺术研究的主要途径和方法。

（3）定期阶段调查，总结实验的成与败，及时发现问题及时解决，改进实验方法，继续探究。

（4）定期阶段调查，及时发现问题及时解决，改进研究方法，继续探究。定期自查，督促研究的进展。

具体活动：

首先，梳理整合教材，深入挖掘传统教材中有关传统文化的内容，并拓展教材，尝试与之适用的教学方法。走近古诗文，增加学生传统经典文化方面的积累和积淀。在选修教材中，重点挖掘《中国古代诗歌散文》，教材内容并在不同层次进行《先秦诸子散文》的阅读与讲授。三个年级分层次开展古诗文诵读活动，每周三次在早读时间进行。

其次，开展教学研讨活动。第一，聘请教育专家，对我校语文教师进行培训，手把手教我们的老师如何在教学中提升个人和学生的人文素养。介休一中的语文高级教师、山西省学科带头人王加梅老师做了一场《教师专业成长和语文教学》的精彩讲座。王老师从教学方法的改进、学生人文素养的培养、大语文观的树立，以及教师专业成长等方面介绍了诸多经验。第二，开展组内教研、校际间教研、市级教研员进校指导活动，跟踪听课，及时反馈。徐慧影老师在骨干教师示范课进行了《汉家寨》一文的讲授，激发学生思考感悟传统文化中“坚守”的精神美及其现实意义，引领学生文化审美。

第三，开展相关的校园文化活动，举办《诵读经典诗文，弘扬传统文化》古诗文朗诵会，让学生在诵读中涵养经典，弘扬传统文化。积极组织并参与大庆市读书与教育演讲比赛，我校语文教师庞宏霞老师斩获一等奖。

第四，开展特色阅读 ，建立年级专属阅览室，增设教师阅览室，设置图书推介板。引导学生在阅读中积累传统文化的精华。作为文化对照，引导学生关注一些经典外国名著。通过对比阅读，使学生更清楚地认识到中国传统文化与西方文化的异同，了解当今文化的源头，进而自主去了解文化思想的流变。把学校各教学场所的走廊、楼梯拐角增加读书座椅，鼓励师生每周读书、每日读书，处处可读书，鼓励师生以读书为乐。

第五，在对外活动中由师生共同展示中国传统文化，加深对民族文化的认知，增强民族自豪感。我校共设立了八个主题区，包括太极、茶艺、手工、民乐、民族舞、宋词、班级文化、教师办公区文化等主题文化区。本次活动在向外国友人全面展现东风中学的风采，深厚的文化底蕴的同时，也增强了民族自豪感，提升了文化素养 。

3. 研究的终结验收阶段（2018 年 2 月—2018 年 6 月）

（1）整理研究资料，总结研究成果。

（2）对实验班班学生的语文成绩和对传统文化的态度进行分析。

（3）根据收集的结果进行分析，撰写研究报告，准备研究验收。

（二）研究方法

根据本课题涉及的语文学习面较广，应用性与操作性较强，又有一定理论深度的特点，我们尝试用理论探索与实践操作相结合的具体研究方法 ：

1. 问卷调查法：在研究前、中、后期采用问卷、谈话、比赛等方法进行调查，为研究提供科学依据 ；我们首先使用了调查法，利用调查问卷的形式对学生掌握传统文化的基本情况作了调查，然后使用定量分析法对数据进行统计、归类与分析。

2. 实验分析法：通过教学实践，对学生学习态度和学习成绩进行横向和纵向对比，得出结论。

3. 文献研究法：搜集和查阅有关文献资料，为课题研究提供科学的论证资料和研究方法，对新教材有关体现民族文化的内容进行挖掘、分析和归类。对现行人教版高中教材中的文言知识等进行了全面梳理。

4. 行动研究法：我们针对学生基础状况，抓住学生兴趣点，针对学生薄弱面做出对策，寻找恰当切入口，构筑相关知识系统。一方面利用常规教学对学生进行传统文化的教育，另一方面，我们还围绕他们的兴趣进行了一些讲座。

5. 经验总结法。对在实践中搜集的材料全面完整地进行归纳、提炼，进行定量和定性分析，得出能揭示教育现象的本质和规律，确定具有普遍意义和推广价值的方法。

五、研究结论

实验证明，做好基于优秀传统文化的语文课堂教学艺术的研究，切实能够改善学生的学习方法，提高语文成绩，切实能够提高教师的素质，培养教师的科研能力和课程改革理念。

（一）实验教师的教学理念得以更新。实行“基于优秀传统文化的语文课堂教学艺术的研究”实验以来，我校教师逐渐树立了全新的教学理念。在语文课堂教学中，教师初步改变了机械地灌输传统文化知识，改变了不考虑学生的实际条件生搬硬套，改变了所讲知识完全以高考为唯一标准的教育理念，更加重视优秀传统文化知识对学生世界观、人生观、价值观形成的影响，更注重对高中生树立远大理想抱负、追求更高的思想道德目标的熏陶与培养。

（二）提升了学生的自信心和学习兴趣，形成了浓厚的学习气氛。基于优秀传统文化的语文课堂教学教育手段，极大调动学生学习语文的积极性。如为了使中国传统文化体现得更加淋漓尽致，开展“古诗文朗诵会”“经典阅读”“特色阅读”等实践操作大比拼活动等。让学生们通过多种渠道，进一步感受中国传统文化的精美。障碍减少了，学习进步了，兴趣自然就更高了。同时教师对学生学法的指导，对学习又是一个极大地促进。这种良性循环使得我校的语文学习气氛越来越好。

（三）养成了学生良好的学习习惯，学生的学习成绩全面提高。通过各项活动及我们的特色教学，学生对优秀传统文化教育重要性有了一个再认识，推动了学生自觉接受优秀传统文化熏陶的进程。

六、实验成果

（一）行之有效的指导方法

1. 使学生在阅读中认识传统、感受传统、理解传统。在经典阅读中增加传统文化的积淀。引导学生进行大量阅读，在阅读中积累传统文化的精华。

2. 倡导理论联系实际的学风，有效地开展研究性学习，使学生在获取知识的过程中，思维得到锻炼，激发和培养学生的科学和创新品格。在常规教学中有效渗透传统教育。在常规教学中渗透传统文化的方法可以不拘一格，比较随意，可以加入传统服饰文化、传统建筑文化、传统礼仪文化、传统军事文化等。

3. 使广大语文教师在新课程理念的指导下，真正转变观念，更新知识，进一步具备厚实的文化素养，创造性地理解、使用教材，进一步积极开发课程资源，灵活运用多种教学策略，增强语文教科研的能力。促使广大教师树立“大语文”教学观，丰富文化内涵，提升文化品位。

（二）研究之后的实体成果

1. 教学设计6篇：刘丽老师《卫风 氓》，乔慧颖老师《过秦论》，王颖老师《学生自主阅读鉴赏宋词导读设计》，王彤宇老师《涉江采芙蓉》，鲍金玉老师《琵琶行》，果婷婷老师《清兵卫与葫芦》。

2. 教学实录1篇：徐慧影老师《汉家寨》。

3. 论文5篇：李莉老师《含英咀华 沉浸醲郁》，王朴老师《〈窦娥冤〉及戏曲教学浅探》，王朴老师《高中语文质疑式课堂教学浅探》，宫显芳老师《“以字载德”的德育新途径思考》，李艳侠老师《探究式学习在语文教学中的运用》。

4. 教学课件1个：王朴老师《定风波》。

5. 结题报告1篇。

七、不足之处

1. 有些教师对这种基于优秀传统文化的语文课堂教学艺术研究的认识不足，理解不深，存在有在教学中不按规范操作，简化步骤的现象。

2. 宣传鼓动工作做得不到位，使得个别学生的积极性没有调动起来，学习研究研讨得不充分，影响了课堂教学的效果。

3. 课外经典阅读环节需要进一步加强。我们将采取制定阅读制度，定期检查学生的读书笔记等方法，保证课外阅读的质与量。

4. 教师教学中目标设计层面单一，既想照顾优秀学生，又想兼顾基础较差的学生，结果造成培优工作不突出，补差落实也不到位的被动局面。解决这一问题，我们想下一步要加强分层次教学，教学目标作分层要求。

5. 理论研究还不够深入，缺乏及时地经验总结。

大庆市东风中学　徐慧影（执笔）

现代课堂教学特质指导下的古诗文教学研究

肇源县第一中学

我校自2016年6月起到2018年6月止，历时三年时间，完成了中国高等教育学会教师教育分会“十三五”科研课题“中华优秀传统文化与现代课堂教学实践研究”子课题“现代课堂教学特质指导下的古诗文教学研究”的研究。历时近三年进行了行之有效的实验与研究，转变了传统古诗文教学模式，激发了学生的积极性、创造性，有效地提高了学生古诗文的鉴赏水平。下面对课题研究进行总结。

一、开题的基础工作

（一）深入了解学情，确定子课题

古诗文作为中华民族文化的瑰宝，包含有丰富的中华优秀传统文化及历史知识，对传承中华文明，提高学生的文化素养来说非常重要。但同时古诗文因为离我们时代较为久远，要读懂它并不容易，面对陌生化的语言，学生往往也无从下手，而且古诗文作为古代的一种文学存在，作为最精粹的汉语言文学，又包蕴丰富的情感和表达手段，因此，学会赏析古典诗文有相当难度，尤其对于普通高中的学生来说，更是如此。对于教师来说，也时常面对费时费力地教，学生能力却难以提高的窘境。而且，课改的全面实施也对古诗文教学提出了新的要求，作为语文教学的难点之一，如何提高古诗文教学的有效性就成为我们语文教师必须关注的一个重要问题。特别是高中学生，他们重视数学、文综、理综的同时，忽略了语文的学习，由于课业负担重，更忽视了语文中蕴含的优秀文化，感受不到优秀文化对人生的影响，体会不到“心有诗书气自华”的深意。结合我校学生学习古诗文的现实情况，通过课题小组的分析和研究，我们选择《现代课堂教学特质指导下的古诗文教学研究》这一课题，向课题组申报。

（二）认真学习相关资料，进行开题

课题被批准后，我们认真学习了“中国高等教育学会教师教育分会重点科研课题“中华优秀传统文化与现代语文课堂教学实践研究”课题组开题总报告，积极进行了开题，我校徐永刚校长于 2016 年 10 月 12 日上午，召开了实验学校开题会议。会上徐校长对课题研究进行了细致地指导，建立课题群，方便下达任务及互相学习，做好计划，有的放矢，使研究具有时效性，为地方教育提供帮助。

通过开题会，全体课题组老师开拓了课题研究的思维，进一步明晰了课题研究的思路，进一步完善了课题研究方案。我们课题组将紧紧围绕这主题展开教学与研究，用成效推进我校课堂教学工作，促进教师信息化行为的转变，提高自己的教学能力。课题组成员将凝心聚力、潜心钻研，不仅按时保质地把课题做好，而且要争取做成优秀课题、精品课题。

（三）加深理论学习，明确研究目标

1. 通过学习，我们课题小组的老师对“现代课堂教学特质指导下的古诗文教学研究”这一课题提出的背景和理论依据，以及遵循的新课程理念，都有了明确的认识，这样对我们今后的研究有很好的思想指导。

2. 我们利用教研时间深入地学习了《现代课堂教学特质指导下的古诗文教学研究》，对高级中学古诗文教学的内涵和相应的教学模式等有了比较深入的认识。

3. 我们深入学习了新课标，明确了语文课程的基本特点和基本理念，进一步了解初中古诗文教学的目标。新课改的许多思想都对古诗文教学具有启示和指导意义。有了理论指导做依据，我们重新审视了古诗文教学的问题，我们发现：语文教学中，人们时常把关注的目光投向阅读教学、写作教学，对于古诗文教学只是换汤不换药，不能激起学生的学习兴趣，更不能达到培养学生传承优秀传统文化能力的目的。

二、课题的理论假设

研究的理论、实践、政策依据：《高中语文新课程标准》要求高中学生要“学会鉴赏文学作品……”“认同中国古代优秀文学传统，体会其基本精神和丰富内涵，为形成一定的传统文化底蕴奠定基础”，并进一步做出具体指导：“背诵一定数量的我国古代诗文名篇，学习中国古典诗词格律的基础知识，了解相关的中国古代文化常识,丰富文化积累,为形成传统文化的底蕴打下扎实基础。”《高考考纲》规定古诗文默写和鉴赏是必考内容。

本课题注重突出古诗文教学的有效性，切实将传统程式化教学模式转变为以学生为本位的开放式古诗文教学模式。把教师从繁重的无效的劳动中解脱出来，把更多的精力投入到提高教学水平上。

三、课题研究目标

总体目标：强化学生的主体作用和教师的主引作用，激发学生的思考与情感,突出课堂教学目标的重要性,突出“三维目标”（知识与技能、过程与方法、情感态度与价值观）的完成。

具体目标：注重学生“审美、情操和价值观”的启发和培养，让学生通过课文的学习涵泳，接受审美欣赏、情感熏陶，感受感情世界的丰富多彩，从而培养热爱生活、健康向上的审美态度和人生理想，同时，让学生进一步体验中国传统文化的博大精深，以增进对祖国文化的亲近感和归属感。

四、研究对象

现代课堂教学特质指导下的古诗文教学研究。

五、研究内容

对高中古诗文教学现状进行调查及分析，以问卷调查为主要研究手段，以对教师进行访谈、课堂观察为辅助研究手段，通过对调查结果的分析，找到当前高中古诗文教学中存在的问题。调查所得结论将为我们有针对性地进行应对策略研究打下良好的基础。针对发现的问题，提出改进策略。同时，梳理古诗文赏析方法，探究高中学生古诗文学习方法，总结高中师生对古诗文教与学的一般规律。重点是探索如何让学生体会古诗文的丰富内涵，培养学生的古诗文阅读能力；让学生明确在高考中古诗文考察的基本内容，熟练掌握古诗文解题方法，建立正确的答题模式。难点是通过古诗文教学，促进学生语言文学能力发展，并在写作过程中充分发挥这种能力。

六、研究方法

（一）调查研究法。形式为问卷式、访谈式等。

（二）教育实验法。课题组成员通过教学实践，不断发现问题，交流成果，寻找有效教学的新途径，如通过朗读（集体、小组、个人、竞赛）、背诵（竞赛）、默写、赏析、训练、规范解题等方法提高学生的古诗文素养，激发他们对优秀传统文化的情感，熏陶他们的情操。

七、研究的实施

（一）实施过程

1. 组建课题队伍（2016 年 6 月—2016 年 12 月）

印发《课题指南》，课题组组建，确定实验教师，召开开题论证会，制定子课题实施方案，开展培训活动。集体讨论的基础上，确立课题内容，明确研究思路，成立总课题组，完成课题研究方案的设计和论证。

2. 实施阶段（2017 年 3 月—2017 年 12 月）

按既定方案组织实施，开展专项研究活动，并分阶段对课题实施情况进行检察、评估；不断完善实施方案，改进研究与实验工作。

（1）首先要做好问卷调查，问卷的设计从两个方面入手，一是“学生的学”问题设计，二是“教师的教”的问题设计。做好原始资料的积累工作。

（2）按照确定的子课题方案扎实细致地开展研究工作。

3. 总结阶段（2018 年 3 月— 2018 年 6 月）

（1）整理资料及子课题结题工作。

（2）完成结题报告，申请结题鉴定。

4. 相关活动

课题实施过程中，课题组将适时组织各种类型的研讨活动，如:朗诵比赛。

通过大量诵读中华古诗，激发了学生诵读经典诗文的兴趣，形成了诵读的良好氛围。使学生初步掌握诵读的方法，并能运用，部分学生还能把学到的经典语句运用于作文之中。经典诗文不仅语言精练优美，而且意蕴深刻，境界动人，是对青少年进行爱国主义教育，培养学生初步树立正确的人生观和道德情操，陶冶高尚情趣的重要教材。通过歌颂祖国大好河山和美丽风光的古诗，使学生充分感受到我们祖国江山如画，从而激发他们作为中华儿女的自豪感，培养他们高远的志向和博大的胸怀。不少古诗抒发了亲情、友情和乡情，诵读这些古诗，可以培养学生爱家乡、爱长辈、爱亲朋的健康情感。

（二）成果形式

本课题研究成果的主要形式是论文、案例、教学录像、研究报告等。

（三）学校及教师取得的荣誉及称号：

1. 获得优秀称号：肇源县第一中学获得年度先进单位称号。

徐永刚、张显军获得优秀实验校长称号。

乔凤彩获得优秀学术指导称号。

李海燕获得优秀主持人称号。

赵雨楠、于红侠、金国全等人获得优秀实验教师的称号。

2. 科研成果

论文：孙晓焕的论文《浅谈高中文言文教学》获得“中华优秀传统文化与现代语文课堂教学实践研究”课题优秀成果一等奖。

李海燕的论文《浅谈将中华优秀传统文化渗透到语文教学中》获得“中华优秀传统文化与现代语文课堂教学实践研究”课题优秀成果一等奖。

优质课：张魏娜的录像课《归园田居（其一）》获得“中华优秀传统文化与现代语文课堂教学实践研究”课题优秀成果二等奖。

教学设计：张魏娜的《醉花阴》教学设计获得“中华优秀传统文化与现代语文课堂教学实践研究”课题优秀成果二等奖。

教学课件：

赵雨楠的课件《归去来兮辞》获得“中华优秀传统文化与现代语文课堂教学实践研究”课题优秀成果一等奖。

张魏娜的课件《醉花阴》获得“中华优秀传统文化与现代语文课堂教学实践研究”课题优秀成果一等奖。

王雪原的课件《归园田居》获得“中华优秀传统文化与现代语文课堂教学实践研究”课题优秀成果一等奖。

金国全的课件《师说》获得“中华优秀传统文化与现代语文课堂教学实践研究”课题优秀成果二等奖。

赵杰的课件《望海潮》获得“中华优秀传统文化与现代语文课堂教学实践研究”课题优秀成果二等奖。

王东旭的课件《水龙吟·登建康赏心亭》获得“中华优秀传统文化与现代语文课堂教学实践研究”课题优秀成果二等奖。

屈天奇的课件《醉花阴》获得“中华优秀传统文化与现代语文课堂教学实践研究”课题优秀成果二等奖。

于红侠的课件《林黛玉进贾府》获得“中华优秀传统文化与现代语文课堂教学实践研究”课题优秀成果二等奖。

孙邈旭的课件《诗歌表达技巧鉴赏之修辞手法》获得“中华优秀传统文化与现代语文课堂教学实践研究”课题优秀成果一等奖。

作文竞赛：

张魏娜老师在第十七届全国中小学生“创新杯”作文征文中，获得一等指导奖。

八、思考

（一）教师要加强学习，提高引导学生的能力

“亲其师，信其道”，教师的职业素养是吸引、获得学生认可的基本素养。要提高古诗文教学的有效性，教师的人格魅力和自我修养是头等重要的事情。因此，作为教师，首先应关注自我人格魅力的提升，其次要关注包括课堂教学设计能力、语言表达、书写（含板书）能力、阅读习惯、启发引导鼓励能力、说理能力和“纳谏”能力等自我职业素养的提升，关注教学方式方法的选择，关注自我的知识储备。如果我们教师自己也只能围着课本这“一亩三分地”，那怎么能够把学生往知识面广、创新能力强这个方向上引导呢？同时，中国的古诗文文化博大精深，要想准确地引导好学生，没有过硬的古诗文功底是不行的。

（二）以生为本，全面提高学生的合作探究能力

新课标背景下，教师以学生为本，常以小组合作探究的学习方式授课，引

导通过合作探究解决问题。这种方法提高了学生的积极性，提升了学生的能力。但是在小组学习中，存在一小部分基础较差的学生懒于完成组长布置的任务，或是懒于思考，总想着小组的其他成员会给出答案。在学习小组中，能力强的变得更强，弱的变得更弱。如何提高全体组员的积极性，让基础较弱同学也积极参与合作探究是我们要思考的问题。再者，我们学校的学生大部分是住宿的，学校教学条件有限，学生没有办法上网找资料，得到的资源也是有限的，势必影响学生的积极性。

（三）提高古诗文教学的有效性，评价需多元化

要提高古诗文教学有效性，势必离不开诵读。所谓"熟读唐诗三百首，不会作诗也会吟"，说的也是诵读的重要性。现行高考制度只考察学生的古诗文阅读鉴赏能力、默写能力，不考察诵读能力，所以有些任课教师担心学生时间不够，往往压缩了学生的诵读时间，这个度不大好把握。对学生来说也同样存在如何评价诵读问题。在我们的课堂上对学生的评价可以是多元的，课堂上，我们小组展示诵读成果，由全班同学做大众评委，以掌声的分贝决定名次。这个评价方式是各位同学的"掌声"，调动了同学们参与评价的热情。但作为一个语文老师，我们能在自己的课堂暂时做主，在考试中，还是一张卷子定乾坤，家长或其他老师看的还是学生们的卷面成绩。

大庆市肇源县一中学　　李海燕（执笔）

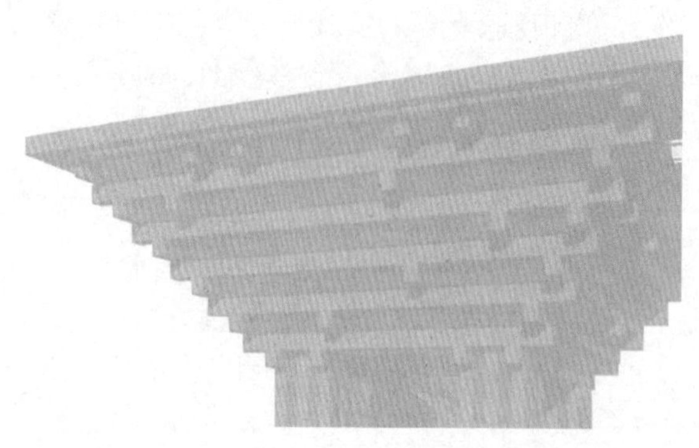

中华优秀传统文化与现代语文课堂教学实践研究

黑龙江省大庆市区域研究中心

国家级重点课题“中华优秀传统文化与现代语文课堂教学实践研究”，（课题批准号：2016128），课题研究工作于2016年在黑龙江省大庆市正式开始，该研究由马玉杰、苍雪梅老师主持，在大庆市共设立19家学校做课题实验校，参加课题研究的实验教师共计100多人，课题研究历时三载，收获颇丰，现将其中的12家子课题实验学校的研究结果汇总如下：

一、研究意义

（一）传承中华优秀文化是国家发展战略的需要

博大精深的中华优秀传统文化是我们在世界文化激荡中站稳脚跟的根基。中国特色社会主义道路是在对中华民族悠久文明的传承中走出来的，具有深厚的历史渊源和广泛的现实基础。完善中华优秀传统文化教育，对于坚定走中国特色社会主义道路，实现中华民族伟大复兴的中国梦，具有重大而深远的历史意义。

（二）弘扬中华传统文化是建立文化自信的基础

加强中华优秀传统文化教育，引导青少年学生全面、准确地认识中华民族的历史传统、文化积淀和基本国情，弘扬中华优秀传统文化，增强民族文化的自信心和自信力，自觉践行社会主义核心价值观，培养富有民族自信心和爱国主义精神的社会主义事业建设者和接班人，是摆在我们面前的重大任务和历史使命。在此背景下，进行优秀传统文化与现代语文课堂教学实践研究，着力于培养学生的核心素养，具有重大的现实意义。

（三）渗透中华传统文化是语文教学的关键

课堂教学是保证教育教学质量的关键环节，是实现人才培养目标的主渠道。

基础教育课程改革是一个漫长的过程，课堂教学改革正在摸索向前。有继承才有创新，在传承中华优秀文化，优秀教育教学思想的基础上，构建具有中国特色的现代语文课堂教学，渗透中华优秀传统文化是语文教学的首要任务。

二、概念界定

中华优秀传统文化：中华优秀传统文化是中华民族在中国古代社会形成和发展起来的比较稳定的文化形态，是中华民族智慧的结晶，体现了五千多年连绵不断的中华文明，反映中华文明永恒价值特征。中华优秀传统文化积淀着中华民族最深沉的精神追求，是中华民族共同培育的民族精神和共同坚守的理想信念，是中华民族生生不息，发展壮大的丰厚滋养，是我们最深厚的软实力。

现代课堂教学：课堂教学是在相对稳定的空间（教室）和时间（45分钟）内，学生在教师的指导下，把课程文本、课程资源及体验性课程结合在一起，主动学习的过程。对于课堂教学的关注和研究，应该在时代的、文化的、生命的大背景上去进行，应该从教学技巧的层面提升到教育理念和生命塑造的高度去认识。要从生命的高度，用动态生成的观点看课堂教学。

核心素养：核心素养是学生在接受相应学段的教育过程中，逐步形成的适应个人终身发展和社会发展需要的必备品格和关键能力。核心素养回答“培养什么人”的问题，关乎学生人格发展和学力发展，有助于实现从学科中心转向对人的全面发展的关注，为育人模式、评价方式的转型奠定了基础，指明了方向。

实践研究：实践研究属于行动研究的范畴，指的是实践者为解决自身问题而参与进行的研究，其目的在于提高对自己所从事的实践活动的理性认识，用科学的方法来研究自己所遇到的问题，以期引导、改进和评价自己的决定与行动。本课题研究的主题是一线教师，研究的对象是真实的课堂教学状况，研究的结果用于改进、完善课堂教学教学，以期取得良好的教学效果。

三、研究内容及研究方法

（一）研究内容

在中华优秀文化传统的关照下，本课题研究的主要内容有：

1. 研究教学资源

准确理解教材内容，挖掘教材的教学价值，发挥教材这个“例子”的教育和示范作用。

教材之外，应该给学生更多的选择空间。研究如何把中华优秀文化经典融入教学活动，把古代教育思想精华渗透到课堂教学中。

2. 研究教学规律

基本规律：“教师为主导，学生为主体”——解决师生定位与关系的问题；“为学而教，以学定教”——解决“为谁教”与“教什么”的问题；“少教多学”——解决教学策略与方法的问题。改革目标：构建“生命课堂，人文课堂，和谐课堂，绿色课堂”，为学生的未来发展打下良好基础。

3. 研究教学策略

“教学策略”指的是按照教学目标的要求，结合教材及学生的实际而制定的教学的行为方式和行为艺术。教学策略注重于教学设计、情境创设、情绪调动、节奏调控和课堂教学资源的生成和利用；教学策略的实施是在师生互动的过程中完成的，这个过程不仅是动态的，而且是多变的、不可完全预设的。

4. 研究教学艺术

“教什么”是科学，“怎么教”是艺术。科学使教育更加严谨，艺术使教育更加生动。只有把教育艺术视为真正的艺术时，才能从宏观到微观全面提高教育质量，从内容到形式都使教育成为一种美的享受。

5. 研究学习方式

课程改革的核心任务是变革学生的学习方式。学习方式是一个综合的概念，它融合了包括理念、兴趣、意志、思维、方法、技巧、策略、情感、性格等在内的诸多因素，而形成一种品质性的东西，是教学过程中的基本变量，对教学的效率和质量起着决定性的作用。现代课堂教学应该培养学生学习运用现代学习方式。现代学习方式的特点是：独立思考，主动质疑；亲身体验，动手实践；合作学习，相互启发；善于反思，尊重宽容；体现学习的主动性、自主性、体验性、问题性和独特性。

6. 研究教学评价

有什么样的评价，就有什么样的教学。发挥教学评价对教学活动的引领和矫正作用。课堂教学评价应从教学态度、专业素质、基本技能、教学语言、教学理念、教学策略、学习状态、教学效率等方面去考察，做出综合性的评价。

（二）研究方法

本课题所采用的研究方法有：

1. 文献研究法。

2. 调查研究法。

3. 案例研究法。

4. 行动研究法。

5. 实践经验总结法。

四、指导思想

（一）指导思想

1. 党的“十八大”精神及习近平总书记有关中华优秀传统文化的精辟论述。

2. 教育部《完善中华优秀传统文化教育指导纲要》。

3. 国家《基础教育课程改革纲要》。

4. 新修订的《课程标准》。

5. 国内外课堂教学研究最新成果。

（二）研究原则

1. 传承性原则：在展现中华优秀传统文化的博大精深、丰富多彩的基础上，找准古代教育思想与现代课堂教学理念的契合点，挖掘古代经典的现代教育价值，体现中华民族优秀文化的源远流长，一脉相承。

2. 创新性原则：既要传承中华优秀文化，更要吸收现代教育科学研究成果；既要给学生传统文化的丰富营养，更要激发学生的好奇心、想象力和探究精神，探索具有中国特色的课堂教学理念、策略和方法。

3. 适可性原则：从国情出发，从实际出发，打造教师能够接受的、适合学生需要的课堂教学。真正实现为基层教学服务，为学生发展服务。

4. 发展性原则：从人的发展的广阔角度来看待课堂教学所面临的问题及改革的方向。在具体的教学活动中，体现由浅入深、由易到难、由表及里的层次性，充分反映学生主动学习的动态的发展过程。

5. 实践性原则：研究的题目来自教学实践，研究的过程紧随教学实践，研究的结果要靠教学实践检验，反过来又给教学实践以指导。

五、实施过程

本课题研究周期预计为三年（2016—2018年），计划分三个阶段：

（一）组建课题队伍（2016年6月—2016年12月）

1. 成立地区指导中心，统一印发《课题指南》下发各校，逐层开展相关培训活动。

2. 各实验学校完成实验学校及实验教师申报工作，并分别召开开题论证会，制定子课题实施方案。参加本次结题的实验学校共12所选择的子课题及负责人名单如下：

1	大庆市第四中学	中华优秀传统文化与语文教学资源研究	万　云
2	大庆市第十中学	现代课堂教学特质指导下的古诗文教学研究	沈　佳
3	大庆第十三中学	中华优秀传统文化与语文课堂教学实践研究	崔晶莹
4	大庆第二十八中学	现代课堂教学特质指导下的古诗文教学研究	邵　艳
5	大庆第三十五中学校	现代课堂教学特质指导下的古诗文教学研究	庞金艳
6	大庆第三十五中学校	中华优秀传统文化与语文教学资源研究	宗　颖
7	大庆市第三十九中学	语文学科传统学习方式与现代学习方式的比较研究	关　红
8	大庆市第三十九中学	古代经典探究性学习指导研究	战　磊
9	大庆实验中学	传统语文教育策略与方法在语文教学中的应用与研究	屈彦奎
10	大庆铁人中学	古代经典探究性学习指导研究	苍雪梅
11	大庆市东风中学	基于优秀传统文化的语文课堂教学艺术研究	王　颖
12	大庆市肇源县一中学	现代课堂教学特质指导下的古诗文教学研究	李海燕

（二）实践研究阶段（2017年1月—2018年3月）

各实验校按既定方案组织开展专项研究活动，并分阶段对课题实施情况进行检察、评估；不断完善实施方案，改进研究与实验工作，主要展开方式如下：

1. 课堂内，探索提高教学质量的有效方法。

（1）公开课上显身手。各课题学校的实验教师们将现代教学理念带进课堂，在古诗文教学中开展研究，总结经验，相互吸收，分享反馈，积极改进，努力提升，研究如何把中华优秀文化经典融入教学活动，把古代教育思想精华渗透到课堂教学中。据不完全推荐，此期间各校实验教师所出研讨课、公开课、示范课、课例课共计200多节，充分展现了实验教师们优秀的执教水平、科研能力和课堂驾驭技巧。铁人中学、肇源一中课题组表现尤为突出。

（2）教材处理见胆识。精讲精学重点诗歌古文篇目，品读经典，讲透讲好。语文教学归根到底是传统文化的传授和学习过程。在实际教学中我们发现，一些经典内容在教学中需要进行拓展教学。

语文教学学时安排有限，现行教材中一些经典篇目处理不当。为准确理解教材内容，挖掘教材的教学价值，发挥教材这个“例子”的教育和示范作用，课题组教师认为应对适合学情的课本有关传统文化教学内容进行增删、整合处理。凡是能够体现古代哲学思想的文章，放一个单元讲，古代散文文体一致或有前后承袭性的，也会放在一起讲。精讲精学，不是面面俱到，而是挑一重点，讲透，使学生能够在前后文一系列学习中明确这一重点，做到一讲即透;讲好，使学生能够在学习中感受到文章的本真美，在记忆深处记识这节课，从而真正做到对传统文化的珍惜和喜爱。东风中学和十中提供了宝贵经验。

（3）媒体技术做辅助。十中、二十八中的多媒体教学技巧更纯熟。交互式电子白板可以生动展示图片、视频等素材，将文字的意象转化成更直观的形象；教师可以直接在画面上做批注，学生也可以借助白板做展示，将结论分享给其他同学。教师可以借助Focusky动画演示大师制作符合教学内容和学生接受程度的微课视频，增强吸引力，提高教学效率。易企秀软件更适合拓展一些课外知识，比如《兰亭集序》中“修禊”这一古代文化习俗，教师可以用该软件制作微视频，上传至师生讨论群分享。希沃授课助手可以使手机和电脑同屏，学生可以在手机上观看课件，也可以将自己的成果拍照上传，实现交互式教学。布置、批改作业时使用的QQ作业、作业盒子软件，批改试卷的智学网等媒体技术，在测评学生的学习情况方面发挥了较大作用。

总之，在古诗文教学中多媒体技术的应用有力地激发了学生的学习兴趣，化艰涩难懂的古诗文为优美的画面，加深了知识的内化理解，也节省了时间和精力，但一定要注意把握使用的“度”，要以知识的巩固、道德情操的陶冶为目的，不能喧宾夺主，忘记初心。

（4）创新方式拓思路。实验中学的批注阅读法给我们拓宽了研究思路。研究发现，在实践批注阅读的教学方法以前，中学生对圈点勾画、批注阅读知之甚少，不能有效熟练地运用到语文学习中。在日常的教学中和试题的讲解上，特别是，一般论述类文本阅读、文言文阅读等，逐渐地推行此方法，让学生们不动笔墨不读书，圈点勾画出重点的词句，卓有成效。比如，一般论述类文本，圈点勾画出论点、论据、关联词语、表示范围、时间、程度等重点的词句，会帮助学生集中注意力、加深重点词句的印象、提高阅读做题的效率和速读，更清晰地理解文本的内容。文言文教学中，圈点勾画出人名、地名、时间、官职等不需要翻译的词、画出重要的谓语动词，会更有效地帮助学生们理解文言文的内容，降低翻译的难度。传统语文教育策略在语文教学中的应用广泛，如能深入研究和实践，将会对语文教学有莫大的帮助，值得深思与借鉴。

2. 课堂外，拓展语文教学内容、开展多种语文活动。

这一点，各实验学校都有不同形式的表现，其中四中、十三中、三十五中、三十九中成绩卓著。

（1）组织课前演讲，积累文化知识。课前演讲是我校的传统，演讲内容包括读书心得、时事评论、美文共享等。开展课题研究以来，我们将课前演讲的内容设置为文化知识积累。例如成语积累，每节课由一名学生讲述一个成语，包括成语的古今义、典故来源等，一段时间后再根据学生的掌握情况，组织成语竞赛等活动对其考查。一年来，学生对成语的含义、用法掌握得比较准确。在作文中也能熟练运用成语，甚至叙述典故作为例证，让死板的知识活起来。

（2）落实经典诵读，激发阅读兴趣。各校通过开展“经典诵读”活动，为学生营造良好的阅读氛围，改善学生的阅读状态，激发他们持久的阅读兴趣，养成阅读的良好习惯，使阅读成为他们精神成长的需要，提高广大学生文化和道德素质，增强民族自信心和自豪感。

通过大量诵读中华古诗，形成了诵读的良好氛围。使学生初步掌握了诵读的方法，并能运用，部分学生还能把学到的经典语句运用于作文之中。

（3）开展节日活动，传承文化情感。课堂是使学生掌握了大量的古诗文知识，从字词的积累到名家名篇的阅读，培养学生对古诗文的阅读，落实蕴含其中的优秀传统文化，培养学生传承的有效阵地，传统节日是落实优秀传统文化的有效途径，有效地利用课堂及传统节日，能够培养学生学习优秀传统文化的兴趣与传承的责任感。具体做法一是利用清明、七夕、重阳等传统节日，让学生讲解节日的由来和民俗，搜寻并欣赏相关文学作品。二是组织民俗活动，如剪纸、猜灯谜、对对联等，让学生在活动中了解文化传统，培养热爱祖国、传承文化的情感。

（4）举办竞赛活动，评选优秀学子。课题组针对传统文化这一核心要素，进行了一系列不需要在课堂学习、通过课下语文活动来展示的活动，比如古代文化常识讲座、《成语大赛》《语文趣味竞赛》、书法比赛等，采用知识竞答形式进行测评，对古诗文和文化知识积累丰富的同学予以表彰，授予“古典之星”等称号。学生的活动热情很高，既加深了学生对知识的记忆和理解，又促使其主动学习。这些活动，真正地调动了全体学生参与到传统文化的热情，是现阶段我们最有效最高效的研究成果和教学手段。

（5）联系生活实际，延续大语文魅力。“语文即生活”，古人和我们的思想情感是相通的，但现代文和古诗文的表达方式存有差异，学生在阅读古诗文时很容易产生语言障碍。教师要把文章中的思想感情和当下的生活现实结合起来，使学生在接受中主动探索。如讲授《孔雀东南飞》时，教师先让学生发表对当下婆媳关系、夫妻关系等家庭问题的看法，再引导学生通过课文了解千年以前汉朝的婚姻生活。学生在探讨后发现古人的烦恼现代人同样也有，就产生了共鸣，从而帮助学生树立正确婚姻观和家庭观。

六、研究成果

（一）行之有效的指导方法

1. 各实验学校均能结合本校实际学情总结切实有效的教育教学方法。如二十八中的“文化激趣，精准研读”教学模式，精准教学、科学高效。铁人中学题组重点尝试“读、写、积、背、探、练”六字语文学习法，使大部分学生语文学习步入科学高效的轨道。实验中学的“行为子过程”和“诵读法”等教学方法使学生能在阅读中更好地认识传统、感受传统、理解传统，在经典阅读中增加传统文化的积淀。东风中学引导学生进行大量阅读，在阅读中积累传统文化的精华。作为文化对照，还引导学生关注一些经典外国名著进行比较学习。

这些教学方法扎实有效、收效明显，是课题组教师们的心血结晶。

2. 有效地提高了学生的学习能力。在实践探索中，学生学习古诗文的积极性得到了很大的提高，背诵和鉴赏能力有了显著地提升。学生在教师的主导下，充分发挥自身的主体作用，在课堂上通过提出问题、自主研究、合作交流，培养了认真学习的态度、鉴赏思考的能力、互助合作的精神和创新的意识。学生能够创造出一种民主、和谐的课堂气氛，增强了语文课堂的学习效果。在提高语文成绩的同时，对中国优秀传统文化也有了更深刻的理解和认识。

3. 促进了教师的业务水平的提高。广大语文教师在新课程理念的指导下，真正转变观念，更新知识，进一步具备厚实的文化素养，创造性地理解、使用教材，进一步积极开发课程资源，灵活运用多种教学策略，增强了语文教科研的能力。

（二）实体成果的推广交流

大庆市地区的科研进程和课题总部的研究始终步调一致、协调统一。从青岛海滨的开题盛会到内蒙古大草原的第一届年会，大庆地区的实验学校和实验教师们多次上交各类参评成果，有一百余份教学设计、教学实录、教学论文、教学课件等获得奖项；更取得了若干课题优秀主持人、优秀实验教师、优秀校长、先进指导等多种荣誉称号。其中齐志伟老师在 2017 年 7 月，代表黑龙江省大庆市区域研究中心参加了在内蒙古呼和浩特市由课题组组织举行的第六届“教育艺术杯”高中组赛课，荣获了一等奖。2018 年夏天，课题组教师上交的科研成果结集出版了，该论文集由大庆市区域中心负责人马玉杰老师担任主编，是大庆地区该课题研究的最新成果。

（三）理论研究阶段（2018 年 4 月— 2018 年 6 月）

（1）逐级进行成果及子课题结题工作。

（2）完成结题报告，申请结题鉴定。

七、整改措施

（一）发现问题

1. 由于研究周期短，课题研究的许多方面都只是初步地探讨研究，需要在今后的教学中继续落实跟进。

2. 过程和成形性资料汇总不能及时完成，文字、照片积累不足。

3. 课题研究过程了成果推广度有待提高。

（二）改进措施：

随着课题研究的深入，我们愈发感觉到中华优秀传统文化的丰富与宝贵，我们身为传承优秀传统文化的一线老师，更应该结合教材与教学实际，让优秀的传统文化在我们现代语文课堂上焕发出更强大的生命力与其他文化所不具备的魅力。为此我们在以后的研究中要立足本校实际，做到以下几点改进措施：

1. 继续寻找有关有效教学的理论书籍，为课题研究寻找更多的理论依据，细化工作，规范方法，做好经验推广和总结工作。

2. 强化教师的“诵读”意识，进而影响学生，让教师在做人作文方面不断引领学生，做学生精神方面的指路者和导师。始终走在吸取与传播优秀传统文化的最前沿;加强诵读指导，充分利用早读和课堂的时间，指导学生有效诵读，是学生爱读，提高学习文言文的积极性。

3. 教师要进一步改进文言文的教学方式，充分发挥学生的主体意识。重在学生阅读能力的培养。在具体的古诗文教学实践中,要对教材进行大胆地取舍，系统地加工整理，不仅传授传统文化知识，更要引导学生理解中华传统文化的精髓，使学生在爽其人格养成方面起到积极的作用 。

4. 下一步的研究方向是对教学效果的科学评估，进一步思考如何促进学生不断吸收传统文化，提升语文素养，培养文化情怀，进而构建真正的现代课堂。

这个课题的研究虽告一段落，但我们作为中国人，对中华优秀传统文化的热爱之情不停；作为语文教师，我们对传统文化与现代教学的探索之志不止，因为我们的优秀传统文化是我们语文课堂上“取之无禁，用之不竭”的资源宝库。祝福我们的语文教学在今后的日子里取得更多的成绩，创造更多的辉煌！

黑龙江省大庆市区域研究中心负责人：马玉杰　苍雪梅

苍雪梅（执笔）